Primavera

AN INTRODUCTION TO
Italian language and culture

Helen McFie
María Rosa Menocal
Luigi Sera

The University of Pennsylvania

Holt, Rinehart and Winston

NEW YORK   CHICAGO   SAN FRANCISCO   PHILADELPHIA
MONTREAL   TORONTO   LONDON   SYDNEY
TOKYO   MEXICO CITY   RIO DE JANEIRO   MADRID

Acknowledgements for the use of the photographs, illustrations, and readings that appear in this book are on page 395.

PUBLISHER: Rita Pérez
PROJECT EDITOR: Lisa Owens
PRODUCTION MANAGER: Lula Schwartz
DESIGN SUPERVISOR: Robert Kopelman

Library of Congress Cataloging in Publication Data

McFie, Helen.
  Primavera: an introduction to Italian language and culture.

  Includes index.
  1. Italian language—Text-books for foreign speakers.
I. Menocal, Maria Rosa.   II. Sera, Luigi.   III. Title.
PC1128.M42 1983   458.2'421   82-23270
ISBN 0-03-061564-X

Address correspondence to:
383 Madison Avenue
New York, N.Y. 10017

3   4   5   6   039   9   8   7   6   5   4   3   2   1

CBS COLLEGE PUBLISHING

Holt, Rinehart and Winston
The Dryden Press
Saunders College Publishing

contents

UNIT **I**

A prima vista   12

Unit II
La dolce vita   80

Unit **III**

Cose d'Italia   144

Primavera

AN INTRODUCTION TO
Italian language
and culture

Unit VI
Pane e fantasia   296

Unit **IV**

Il sacro e il profano   **198**

Unit **V**
Ruoli nuovi   250

preface

This new book is not just another first-year grammar book. *Primavera*
provides a modern, comprehensive approach to the learning of Italian. The
two basic assumptions behind the book's preparation are: 1) that the
development of reading, writing, and speaking skills can and should be
incorporated into a single process; 2) that this single process allows students
to feel from the start that the language they are learning is neither artificial
nor arbitrary but an instrument much like their mother tongue: a means to
communicate effectively.

In accordance with these assumptions we provide, from the beginning,
many exercises specifically designed to elicit and promote a high degree of
conversational practice in class. Moreover, readings in Italian are presented
from the very first chapter and continue throughout the book. The numerous
questions and activities accompanying the different reading selections are
designed to help students develop reading and writing skills as they learn
the basic structural elements of the language, as well as to provide
additional practice in self-expression.

We have attempted to make the book an enjoyable pedagogical tool, for
teachers and students alike. We strongly feel that both teaching and learning
a new language ought to be a pleasurable experience, one filled with humor
and adventure. The variety and humor highlighting the readings and
exercises will facilitate the acquisition of basic grammar, while stimulating
interest in a new culture. Throughout the book we have emphasized those
universals that are always of interest: people, their differences, love,

politics, and religion. Without neglecting traditional cultural information, we have attempted to introduce it within this context.

We have departed from traditional presentations of grammar when they did not adhere to other working assumptions. We assume, for example, that there are good reasons for presenting ''difficult'' material (such as the subjunctive) earlier than some ''easier'' material (such as the future). An earlier introduction to difficult structures than is customary gives students a longer time period in which to practice them and diminishes the students' fear of them. Also, we believe that, in presenting language structures, the most basic morphological patterns should be emphasized. As a result, some of our verb presentations differ from traditional ones, which tended to follow Latinate patterns.

Our reason for including readings from the beginning is principally to have students discover how easily the passive skill of reading is acquired. Marginal notes are provided for difficult words in the readings, which, for the most part, are simple and straightforward. In each chapter we have provided a vocabulary list. If the lists at times seem dauntingly long it is because they are exhaustive, but they contain many cognates and readily recognizable words.

Many items traditionally presented as grammar have been relegated to the vocabulary sections. Certain details have been omitted altogether or merely alluded to, allowing teachers the freedom to explain them in detail should they deem further explanation necessary. Finally, we have tried to stress current usage: the *voi* form is emphasized rather than the increasingly obsolete *Loro* form, for example.

The following information about the different components of *Primavera* further explains our objectives and demonstrates how the book can be used in the classroom.

A. Dialogues. In addition to providing material to be used for oral practice of the language, the dialogues serve several other purposes.

1) They introduce the new grammatical material for each chapter.

2) They present new vocabulary in a specific, relevant context, using the structures of the language in a natural, authentic fashion.

3) They provide possibilities for further conversation: the questions following each dialogue test the students' understanding of the dialogue and require that they use the language to express new ideas and personal opinions.

Although the dialogues appear at the beginning of each chapter, they may be used either before or after the new grammar is introduced.

B. Grammar presentations and reinforcement exercises immediately following grammar presentations. Besides the basic sequencing differences between this book and others, the following observations can be made about the presentation of grammar in each chapter.

1) In introducing points of grammar, particularly verb tenses, we emphasize acquisition of a basic rule or sets of rules (patterns) rather than

memorization of many different paradigms. Understanding one or several patterns that can be used to generate the correct forms for other verbs not yet learned individually is the distinctive approach to the grasp of a new language stressed in this book. For example, the verbs are broken down into simple components for each tense: the stem of the verb and the pattern of endings for each stem. We do not present verbs as having a single stem that has different endings for each tense, but present, when they occur, the different stems for each tense. Furthermore, in our treatment of verbs we emphasize the system they represent, the existence of parallel simple/ compound tenses, and the applicability of the universal rules governing compound tenses. Thus, we feel, once the students have acquired the different rules for the *passato prossimo* (which auxiliary to use, rules of agreement, etc.), they will understand how to form all the different compound tenses that correspond to the simple tenses they are learning. In effect, this cuts in half the number of new tenses students have to master.

2) The exercises that follow immediately after each grammar presentation are intended to reinforce the point of grammar that has just been presented. In many cases, two kinds of exercises are provided: one that requires only that the student provide the correct form of the structure just explained, and one that requires the manipulation of that form in a slightly more complex manner.

C. *Esercizi, dialoghi, attività*. This section provides a variety of exercises to supplement those given after each grammar presentation. Some exercises clearly lend themselves to oral work in class; others are primarily intended for written practice; a large percentage can be used in either or both ways and may be done either impromptu or with advance preparation. We have tried to provide more exercises for each chapter than most instructors would be able to use to maximize the amount of choice and flexibility for every classroom situation. Most of the chapters include at least one of the following exercises.

1) A transformational drill, for which a partial sample pattern is given along with a list of questions. The point of these exercises is to "drill" the students in new structures by having them answer questions, repeat what another student has said (in response to a question), and ask questions of other students and/or the teacher.

2) Exercises further reinforcing the new points of grammar may range from the mechanical (fill-in-the-blanks) to the more demanding (personal answers to questions).

3) *Domandare a un altro studente:* The exercises under this heading serve several purposes at once. Required to ask for personal information and/or opinions from classmates, students learn to form questions from statements and practice new patterns, as well as previously learned ones, in "natural" contexts. These exercises can be used to minimize the amount of time the teacher spends speaking and to maximize the amount of oral practice time for students. Most questions could and should be asked several times. We also recommend using these exercises for group work: after being divided

into pairs or groups, the students could ask each other these questions. If the teacher wished, students could then be asked to report to the class as a whole on the answers given by the other(s) in their groups.

4) Translation exercises are provided for the first five Units. In many chapters the sentences to be translated are part of a continuous passage.

5) *Dialoghi da sviluppare*: These range in complexity from a mere reworking of the dialogue at the beginning of a chapter to the creation of completely original dialogues. There are many different ways in which these *dialoghi da sviluppare* may be used. We offer a few suggestions here among the many possibilities.

a) Students could be assigned to prepare the *dialoghi* at home, in pairs or in groups, and present them in class the following day. Since we usually provide more than one possible *dialogo* (and each instructor may of course supplement one with others), different students could prepare different dialogues. The presentation in class would normally be very short, allowing all students a chance to perform.

b) The dialogues may be assigned in class to be improvised on the spot, again with each dialogue lasting no more than a few minutes.

c) Students could be assigned to write the *dialoghi* at home, and then different students could be asked to perform these dialogues in class.

6) *Temi da svolgere/Rispondere alle domande:* Under both of these headings will be found questions that can be used, as they are or in modified form, both for more extended class discussion and for the writing of compositions at home. As with the questions presented in the *Domandare a un altro studente* exercises, this material can be used for small-group discussions.

7) Special games: In some chapters ideas and instructions for games that can be played in class are included. We have found these games to be very successful in holding the students' attention and in encouraging them to communicate in Italian.

D. Readings followed by questions and activities. The readings themselves were written to fulfill two principal purposes: to teach students how to read extended prose passages in Italian from the very beginning, and to introduce students to certain contemporary issues concerning Italy that would be of general interest. The level of difficulty of the passages is often substantially higher than that of the dialogues and exercises since reading is a skill that can be developed at a higher level of difficulty than speaking. While almost all new vocabulary is explained in either notes accompanying the readings or in the vocabulary lists, we strongly urge instructors to encourage or require students to purchase a dictionary and teach them how to use one. (We especially recommend the *Dizionario Garzanti italiano-inglese*, recently published in paperback.)

The questions following each reading are intended to test the students' comprehension of the reading passage. Perhaps most important are the questions that require the students to speak about issues raised in the reading, to compare their experiences or beliefs with those of Italians or of other students, and to express their opinions.

From chapter 4 onward a series of *attività* follows the questions on the reading. These activities include *temi da svolgere*, additional topics to be discussed in class and/or to be written up as essays or short compositions, and *temi da dibattere*, in every case a declarative sentence (of a provocative or controversial nature) that should serve as a springboard for either informal discussion or a more structured debate. One way of handling these *temi da dibattere* that can be very successful is to assign one half of the class to defend the statement, and the other half to refute it. In class, each of the two sides can then present and debate each of the two points of view. Other activities presented are self-explanatory, such as, ''Write a letter to. . . .''

E. End of Unit Sections. Intended as a break from the presentation of new material, these sections provide a series of special activities (incorporating reading, writing, and conversational skills) that serve to reinforce in new and creative ways patterns already learned. We have eliminated the traditional review exercises. Most instructors will find that we have provided, in this section as in others, more activities than they will wish to use, thus allowing for maximum flexibility.

F. Maps and poems. The different maps and poems provided in each Unit may be used as the basis for additional activities. The poems may be memorized by the students, who may also be assigned to write their own short poems, in imitation of those in the text. The maps may be used for different descriptive activities: students may simply describe what they see or they may also construct an imaginary itinerary, using a map.

G. The tape program. Each tape lesson corresponds to a chapter in the book. It is recommended that the tape lesson be used after the chapter has been gone over in class. With the exception of the *lezione preliminare*, every tape lesson includes:

1) A reading of the dialogue, with pauses on the tape for students to repeat each sentence as they hear it.

2) One or more exercises testing comprehension of the dialogue as well as command of the grammar structures presented in the dialogue.

3) A variety of exercises on the grammar of the chapter requiring a verbal response.

4) A dictation, to be written out in the lab manual. This dictation is closely based on the reading provided at the end of the corresponding chapter to reinforce command of new vocabulary and grammar.

H. Suggested general syllabi for first-year courses.

1) In a two-semester course, with each semester approximately thirteen weeks in length: The first three Units would be covered in the first semester and the second three in the second semester, or ten chapters in each

semester. A recommended syllabus might be: one chapter per week; at the end of each Unit, two or three days could be spent on the End of Unit Section and on additional review, if necessary, followed by an hourly exam. This would provide for hourly exams at the end of the fifth, ninth, and thirteenth weeks of each semester.

2) In a three-quarter, one-year course, with each quarter approximately eight weeks in length: two Units would be covered per quarter, according to the pattern described above.

The authors and the publisher would like to thank the following professors for their thoughtful suggestions during the development of *Primavera*:

Fiora A. Bassanese, University of Wisconsin-Milwaukee; Rocco Copazzi, University of Toronto; Nicholas De Mara, Michigan State University; Catherine Feucht, University of California, Berkeley; Silvano Garofalo, University of Wisconsin-Madison; Emmanuel Hatzantonis, University of Oregon; Louis Kibler, Wayne State University; Harry Lawton, University of California, Santa Barbara; Edoardo A. Lebano, Indiana University; Josephine Mangano, University of Minnesota; Augustus Pallotta, Syracuse University; Mary E. Ricciardi, University of Missouri–Columbia; Corradina Szykman, Queens College, CUNY; Alfred A. Triolo, Pennsylvania State University; Maria Rosaria Vitti-Alexander, University of Michigan.

The authors would like to express their thanks to the patient and helpful teaching fellows at the University of Pennsylvania who worked with the book in manuscript form: Linda Armao, Samuel Patti, and Michael Ward. We also express our thanks to our publisher, Rita Pérez, for her encouragement, patience, and resilient surrogate editing. Many thanks also go to George Calhoun and to his ever trusty and friendly TRS-80's. Most of all, the authors wish to express their gratitude to each other as exemplary co-authors, colleagues, and friends.

Primavera

AN INTRODUCTION TO
Italian language
and culture

LEZIONE PRELIMINARE

I. Pronuncia e ortografia
(Pronunciation and spelling)

Most words in Italian are accented on the next-to-last syllable. An accent on the final vowel indicates that the stress falls on that final vowel. Words accented on other syllables must be learned by practice.

A. L'alfabeto (The alphabet)

LETTER	NAME	LETTER	NAME
a	a	n	enne
b	bi	o	o
c	ci	p	pi
d	di	q	cu
e	e	r	erre
f	effe	s	esse
g	gi	t	ti
h	acca	u	u
i	i	v	vu
(j)	(i lunga)	(w)	(doppia vu)
(k)	(cappa)	(x)	(ics)
l	elle	(y)	(ipsilon)
m	emme	z	zeta

Letters in parentheses occur only in words of foreign origin.

B. Vocali (Vowels)

Vowels have a clear, crisp sound and are not pronounced with a slur. Pronounce and spell out loud each group of words below. Listen carefully to the teacher's pronunciation.

a: pronounced much as in *father*.

casa	*house*	papa	*pope*	matita	*pencil*
lavagna	*blackboard*	bambina	*child*	pasta	*pasta*

e: the distinction between open (short) and closed (long) **e** is becoming increasingly less obvious in Italian. With practice, you will learn the sounds. In general, **e** is pronounced much as in *Betty's kettle is made of metal.*

dente	*tooth*	treno	*train*	festa	*party*
vendette	*vendettas*	Venezia	*Venice*	bene	*well*
pepe	*pepper*	benedetto	*blessed*	minestra	*soup*
candele	*candles*	negligente	*negligent*	fede	*faith*

i: pronounced much as in *The mean machine is parked on the green.*

vini	*wines*	libri	*books*	bambini	*children*
violini	*violins*	banditi	*bandits*	Pisa	*Pisa*

u: pronounced as in *The crowd booed the rude dude.*

uno	*one*	uso	*use*	
spumante	*sparkling wine*	futuro	*future*	
fungo	*mushroom*	luna	*moon*	

o: as in the case with **e**, the distinction between open (short) and closed (long) **o** is becoming increasingly less obvious in Italian. In general, **o** is pronounced much as in *Your chore is a bore.*

nome	*name*	olio	*oil*	Torino	*Turin*
posto	*place*	oro	*gold*	Roma	*Rome*
pollo	*chicken*	moda	*fashion*	cotone	*cotton*
pronto	*ready*	nobile	*noble*	rosa	*rose*
porta	*door*				

esercizio

Pronunciare le seguenti parole (*Pronounce the following words*):

melanconia	*melancholy*	cappuccino	*cappuccino coffee*
letteratura	*literature*	dizionario	*dictionary*

Chi siete?

esclamazione	*exclamation*	frigorifero	*refrigerator*
pericolosamente	*dangerously*	vocabolario	*dictionary*
effettivamente	*effectively*	cannelloni	*canelloni*

C. Consonanti (Consonants)

Single consonants, in general, are pronounced as in English, except that, as with vowels, they are clear and crisp and not slurred. A few consonants need special mention:

r: vibrated on the tip of the tongue, which points upward behind the upper teeth.

tenore	*tenor*	raramente	*rarely*	tre	*three*
ripetere	*to repeat*	porta	*door*	regolare	*regular*
Roma					

s: a single **s**, between vowels, or followed by certain consonants (**b, d, g, l, m, n, r, v**) at the beginning of a word, is voiced (the vocal cords vibrate) and is pronounced like the English sound *z*, as in *chose*.

sbaglio	*mistake*	snello	*slender*	casa	*house*
sguardo	*glance*	rosa	*rose*	sviluppo	*development*

Otherwise, and always when it is double, the **s** is unvoiced (the vocal cords do not vibrate) and is pronounced like the *ss* in *hiss, kiss*.

rosso	*red*	presto	*soon, early*	studente	*student*
sosta	*stop*	spesso	*often*		

d and **t**: are tighter in Italian than in English. The tip of the tongue presses the back part of the upper teeth and no air is let through.

tutto	*everything*	dodici	*twelve*	tanto	*so much*
donna	*lady*	torta	*cake*	dove	*where*

l: is pronounced in the forward part of the mouth with the tip of the tongue held firmly against the edge of the upper gums.

sale	*salt*	lingua	*tongue*	luna	*moon*
lana	*wool*	bello	*handsome*	lavagna	*blackboard*

z: single or double **z** is either voiced (approximately as in *beds*) or unvoiced (approximately as in *pots*).

voiced:		*unvoiced:*	
zona	*zone*	piazza	*plaza*
zingaro	*gypsy*	Lazio	
zio	*uncle*	pizza	

q: is always followed by **u** and has the sound *qw*, as in *question*.

qualità	*quality*	questo	*this*	quantità	*quantity*
quale	*which*	quinto	*fifth*	quarto	*fourth*
				qui	*here*

h: is never pronounced and always silent.

hotel   harem   ha   hurrà

Some individual sounds are represented by a combination of letters:

gli: is like the sound *llio* in *million*.

bottiglia	*bottle*	famiglia	*family*
sbagliare	*to make a mistake*	figlio	*son*
meglio	*better*	foglio	*sheet of paper*

gn: is like the sound *nyo* in *canyon*.

ogni	*every*	lavagna	*blackboard*	insegnare	*to teach*
Bologna		giugno	*June*	sogno	*dream*

Some sounds present no difficulty in pronunciation but their spelling is to be noted:

c and **g**: are always hard before **a, o, u,** as in *cap, gap*.

caffè	*coffee*	casa	*house*	conto	*bill*
cubismo	*cubism*	curioso	*curious*	gala	*gala*
gondola		gufo	*owl*	gambero	*shrimp*
gomma	*tire*	gusto	*taste*		

ch and **gh**: produce the *same* hard sound in front of **e** and **i**.

perché	*why*	ghetto	*ghetto*	ghiotto	*glutton*
chilo	*kilo*	cherubino	*cherubim*	ghepardo	*cheetah*
chiamare	*to call*	ghiaccio	*ice*		

c and **g**: before **e** and **i** always have a soft sound, as in *chat, gentle*.

Cesare	*Caesar*	gelato	*ice cream*	cinema	*movies*
gigante	*giant*	gesso	*chalk*	cena	*supper*
Cinzano		Cina	*China*	farmacia	*pharmacy*

ci and **gi**: before **a, o, u,** produce the *same* soft sound.

camicia	*shirt*	ciao	*bye*	cioccolata	*chocolate*
già	*already*	giugno	*June*	Giotto	
gioco	*game*				

sc: before **a, o, u** is a hard sound, as in *scam*.

scala	*stair*	scandalo	*scandal*	scolaro	*scholar*
scuola	*school*	scomodo	*uncomfortable*	scusa	*excuse*

sch: before **e** or **i** produces the *same* sound.

pesche	*peaches*	schema	*outline*	schermo	*screen*
dischi	*records*	scherzo	*joke*	schiavo	*slave*

sc: before **e** or **i** is a soft sound, as in *shell*.

pesce	*fish*	sci	*ski*	conoscere	*to know*
scena	*scene*	uscita	*exit*	scienza	*science*
scisma	*schism*	scimpanzé	*chimpanzee*		

sci: before **a**, **o**, **u** produces the *same* sound.

sciopero   *strike*   asciugamano   *towel*

esercizio

Pronunciare e scandire per lettere le seguenti parole (*Pronounce and spell out loud the following words*).

1. **ce, ci, cia, cio, ciu**

celebre	cibo	ciascuno	cioccolata
celeste	cinema	cominciare	bacio
cena	cinque	caccia	abbraccio
cento	città	faccia	calcio

2. **che, chi, ca, co, cu**

che cosa?	chilo	caffè	comico	cucina
perché	chiesa	caldo	cognate	cugino
qualche	chiedere	cambiare	colazione	cultura
scherzo	chiudere	capire	colore	curioso

3. **ge, gi, gia, gio, giu**

gesso	giro	giacca	giocare	giugno
geografia	gita	giallo	gioia	giusto
generale	gigante	giardino	giorno	giudice
gelato	ginnasio	giapponese	giovane	giù

4. **ghe, ghi, ga, go, gu**

ghepardo	ghiaccio	gambero	gonna	gusto
ghetto	ghianda	gatto	gondola	ragù
alghe	ghibellino	paga	vago	lugubre
spaghetti	Ghiberti	magari	mago	Gucci

5. **gua, gue, gui** (pronounced as *gw*)

guardare	guerra	guida
guadagnare	sangue	Guido
guasto	guelfo	Guicciardini

6. **sce, sci, scio, sciu**

nascere	scienza	sciocco	sciupare
pesce	scivolare	sciopero	asciugamano
scelta	scimmia	sciovinista	scena
scemo			

7. **sche, schi, sca, scu**

pesche	dischi	scarpa	scolaro
scheletro	fiaschi	scatola	scorso
mosche	maschio	scarso	scomodo
moschea	fischi	scapolo	scontento
scuro	scusa	scultore	ciascuno

Come si chiama, Lei?

8.

raramente	conto	dodici	sguardo
ciao	gomma	lana	ghepardo
rosso	torta	snello	quarto
piazza	scomodo	ghiaccio	zio
pesce	sci	hotel	foglio
curioso	giugno	regolare	sbagliare
quale	gesso	lavagna	

D. Consonanti doppie (Doubled consonants)

In order to pronounce a double consonant one holds the sound for a double length of time.

Pronounce and spell the following words.

Single				Double	
roba	*stuff*	babbo	*Dad*	pubblico	*public*
acuto	*acute*	macchia	*stain*	macchina	*car*
		specchio	*mirror*		
facile	*easy*	faccia	*face*	braccio	*arm*
dado	*dice*	raddoppiare	*to double*	addio	*goodbye*
afa	*muggy*	affaticarsi	*to become tired*	muffa	*mold*
agio	*ease*	maggio	*May*	viaggio	*trip*
		spiaggia	*beach*		
mago	*magician*	aggredire	*to attack*	aggressione	*aggression*
facile	*easy*	illecito	*illicit*	culla	*cradle*
		cavallo	*horse*		
Como		commosso	*moved*	immagine	*image*
nono	*9th*	nonno	*grandfather*	gonna	*skirt*
		anno	*year*		
papa	*Pope*	sviluppo	*development*	pappa	*mush*
		troppo	*too much*		
acqua	*water*	soqquadro	*confusion*		
caro	*dear*	birra	*beer*	irrevocabile	*irrevocable*
spesa	*shopping*	cassa	*chest*	messa	*mass*
		basso	*low*		
meta	*goal*	gatto	*cat*	corrotto	*corrupt*
		fatto	*done*		
evidente	*evident*	ovvio	*obvious*	avvocato	*lawyer*
		avversario	*adversary*		
mozione	*motion*	piazza	*plaza*	tazza	*cup*
		razza	*race*	pizza	

II. *Salutiamoci!*
(Let's greet each
other!)

1. Il professore e gli studenti

Buon giorno!
Buon giorno, professore (professoressa)!
Buon giorno, come si chiama?
Buon giorno, mi chiamo Robert.

E Lei, come si chiama?
Mi chiamo Luisa.
Buon giorno, Luisa, come sta?
Buon giorno, professore, sto bene, grazie. E Lei, come sta?
Sto bene, grazie.

2. Due studenti

Ciao! Mi chiamo Susanna, come ti chiami?
Ciao, Susanna. Mi chiamo Stefano. Come stai?
Non c'è male, grazie. E tu, come stai?
Bene grazie!

**III. Parole ed
espressioni utili**
(Useful words and
expressions)

Cominciamo la lezione!	*Let's begin the lesson.*
Impariamo delle parole!	*Let's learn some words.*

Come si dice . . .	*How do you say . . . ?*
Che cosa vuol dire . . .	*What does . . . mean?*
Come si scrive . . .	*How do you write (spell) . . . ?*
Come si pronuncia . . .	*How do you pronounce . . . ?*
Ho una domanda.	*I have a question.*

ciao	*hi*	lavagna	*blackboard*	gesso	*chalk*
aula	*classroom*	finestra	*window*	matita	*pencil*
cancellino	*eraser*	penna	*pen*	libro	*book*
quaderno	*exercise book, notebook*	orologio	*watch*	porta	*door*

Che cosa dice il professore? *What does the teacher say?*

Aprite i libri.	*Open your books.*
Chiudete i libri.	*Close your books.*

Leggete!	Read!
Scrivete!	Write!
Pronunciate!	Pronounce!
Ripetete!	Repeat!
Capite?	Do you understand?
Tutti insieme!	All together!
Va bene?	OK?

IV. Some tips on recognizing cognates

English has many words that derive from Latin and they can be easily recognized in their Italian form.

1. Words ending in **-zione** in Italian and -*tion* in English.

station	stazione
illustration	illustrazione
inspiration	ispirazione
organization	organizzazione
situation	situazione
revolution	rivoluzione
attention	attenzione

2. Words ending in **-za** in Italian and -*ce* in English.

elegance	eleganza
independence	indipendenza
importance	importanza
competence	competenza
violence	violenza
concordance	concordanza
sustenance	sostanza
constance	costanza

3. Words ending in **-tà** in Italian and in -*ty* in English.

opportunity	opportunità
identity	identità
city	città
serenity	serenità
community	comunità
charity	carità
piety	pietà

4. Words in Italian beginning with a consonant plus **i** and words in English beginning with that consonant plus *l*.

blond	bionda
Florentine	fiorentino
Florence	Firenze
flower	fiore
plaza	piazza
flame	fiamma
flume	fiume
plant	pianta
cloister	chiostro
flask	fiasco
closed	chiuso

unit I

A PRIMA VISTA

unit outline

Capitolo 1 / 15–26

Dialogo   I. L'articolo determinativo e il nome: il singolare   II. Pronomi personali soggetto   III. *Essere*   IV. *C'è, ecco*
Essere italiano

Capitolo 2 / 27–42

Dialogo   I. L'articolo indeterminativo   II. L'articolo determinativo e il nome: il plurale   III. Verbi   IV. Cambi ortografici   V. Frasi negative   VI. *Si parla italiano*
L'Italia in regioni

Capitolo 3 / 43–60

Dialogo   I. Verbi   II. Aggettivi   III. Interrogativi   IV. *Avere*
La lingua italiana

Capitolo 4 / 61–79

Dialogo   I. Verbi   II. *Dire, bere, uscire, tenere* e *venire*   III. Numerali cardinali   IV. Preposizioni articolate
La famiglia italiana

End of Unit Section: *L'arte della comunicazione*

CAPITOLO 1

Dialogo

A Hollywood

TOPOLINO: Buon giorno. Sei Pinocchio, vero?
PINOCCHIO: Sì, e tu chi sei? Di dove sei?
TOPOLINO: Sono Topolino. Sono di San Francisco. Oh, ecco Minnie.
MINNIE: Ciao, Pinocchio.
PINOCCHIO: E tu chi sei? Come ti chiami?
MINNIE: Mi chiamo Minnie. Sono la fidanzata di Topolino.
PINOCCHIO: Piacere. Che bella coppia siete!
TOPOLINO: Grazie. Pinocchio, perché sei qua?
PINOCCHIO: Per il film su Pinocchio. In America, c'è interesse per me?
MINNIE: Oh, sì. In America c'è interesse *per tutto quello che è ita-* — for all that is
liano. *Benvenuto a* Hollywood, Pinocchio. — welcome to

domande

1. Dove è la scena?
2. Di dove è Topolino?
3. Chi è Minnie?
4. Perché Pinocchio è a Hollywood?
5. C'è interesse in America per Pinocchio? Perché?
6. Chi sei?
7. Di dove sei?
8. Di dove è la professoressa / il professore?
9. Come si chiama Topolino in inglese?
10. Sei qua per la classe d'italiano o per il film su Pinocchio?

Grammatica

I. L'articolo determinativo e il nome: il singolare (The definite article and nouns: singular)

Most Italian nouns end in a vowel and belong to one of three categories, depending on that final vowel.

Nouns are always either masculine or feminine in gender even when they refer to abstract ideas or inanimate objects. If you learn each noun with its definite article it will be much easier to remember the gender.

In Italian the noun is generally accompanied by the definite article, which is used much more frequently than in English.

Category 1: Nouns ending in **-o.** Most of these nouns are masculine.

il ragazz**o**	*the boy*	**lo** stat**o**	*the state*
lo zi**o**	*the uncle*	**l'**amic**o**	*the friend*

The basic form of the definite article (*the*) for a masculine noun is **il.** This form will vary according to the first letter of the noun it precedes. Nouns beginning with **s** + consonant (called **s impure** in Italian), **z,** or a consonant cluster such as **ps** or **gn,** will have **lo** as the definite article.

The form of the article for a noun beginning with a vowel is **l'.**

Category 2: Nouns ending in **-a.** Most of these nouns are feminine.

la ragazz**a**	*the girl*	**l'**aul**a**	*the classroom*
la fidanzat**a**	*the fiancee*	**la** zi**a**	*the aunt*
la coppi**a**	*the couple*	**la** studentess**a**	*the student*

The basic form of the definite article for a feminine noun is **la.** The only variation in this form occurs when a feminine noun begins with a vowel and the article **la** is then shortened to **l'.**

Category 3: Nouns ending in **-e.** These nouns may be either masculine or feminine and their gender must be learned as they are encountered. The definite article is the same as for the nouns of Category 1 (if the noun is masculine) or Category 2 (if the noun is feminine).

masculine		**feminine**	
il padre	*the father*	**la** madre	*the mother*
lo studente	*the student*	**l'**arte	*"the" art*
l'ospedale	*the hospital*	**la** nazione	*the nation*

Definite article: singular

	Masculine	*Feminine*
Before a consonant	**il**	**la**
Before *s impure, z*	**lo**	**la**
Before a vowel	**l'**	**l'**

Sei qua per la classe d'italiano o per il film su Pinocchio?

esercizio

Dare l'articolo determinativo per i seguenti nomi (*Give the definite article for the following nouns*).

1. bambino
2. amico
3. casa
4. nonno
5. professoressa
6. zio
7. famiglia
8. ragazzo
9. attrice
10. sorella
11. tavola
12. madre
13. stadio
14. nazione
15. zia

II. Pronomi personali soggetto
(Subject pronouns and forms of address)

First person (The person who is speaking)

singular	plural
io	**noi**

Second person (The person being spoken to)

singular	plural
tu (*informal*) **Lei** (*formal*)	**voi** (*informal*) **Loro** (*formal*)*

Third person (The person being spoken about)

singular	plural
lei (*feminine*) **lui** (*masculine*)	**loro**

***Voi**, rather than **Loro**, is generally used in speech.

esercizio

Tu o Lei?

1. il professore	6. la dottoressa
2. lo zio Mario	7. l'amico
3. il cane	8. la signora Alighieri
4. la sorella	9. il signor Veneziani
5. Minnie	10. la madre

III. *Essere* (to be)

Essere (*to be*) is an irregular verb and its forms must be memorized. Its forms in the present tense are as follows:

singular	plural
(io) sono	(noi) siamo
(tu) sei	(voi) siete
(Lei) è	(loro) sono
(lei, lui)	

Note that **Lei**, the polite form of address, takes the third person singular form of the verb:

Lei è il professore, signore.   *You are the professor, Sir*

In English, the subject pronoun is always used. In Italian, however, the use of the subject pronoun with a verb is optional. In fact, the subject pronoun is usually *not* used except when needed for emphasis or clarity.

Sei Pinocchio, vero?   Che bella coppia siete!
Sono Topolino.   E Lei chi è?

esercizio

Completare le frasi (*Complete the sentences*).

1. _____è la professoressa.

2. Noi _____in America, _____siete in Italia.

3. Loro _____Groucho, Harpo, Chico, Gummo, e Zeppo.

4. Il presidente è _____.

5. Io _____di Hollywood.

IV. *C'è, ecco*

C'è (*there is*) states that something or someone exists or is at a certain place:

C'è interesse per Pinocchio
There's interest in Pinocchio

C'è il professore oggi?
Is the professor here today?

Si, c'è.
Yes, he is.

Ecco (meaning *here is, here are, there is, there are*) is an exclamation that simply draws attention to someone or something:

Ecco la galleria d'arte.
There's the art gallery.

Ecco Minnie!
Here's Minnie.

Ecco il conto!
Here's the check.

esercizio

Dare **c'è** o **ecco** (Give **c'è** or **ecco**).

1. _____ la lavagna!

2. A New York _____ il Metropolitan.

3. _____ anche Times Square.

4. _____ Pinocchio e Topolino.

5. In America _____ interesse per il film di Pinocchio.

Ecco la galleria d'arte!

In primavera, a Venezia.

Esercizi, dialoghi, attività

1. Domandare, rispondere, riassumere, sviluppare (*Transformational drill*).

A. PROFESSORE: Io sono il professore. Io sono _____ (nome). E tu (Lei)?

STUDENTE 1:   Io sono lo studente. Io sono _____ (nome).

PROFESSORE: Lui è _____ . Chi è lui?

STUDENTE 2:   Lui è _____ .

PROFESSORE: E tu?

STUDENTE 2:   Io sono _____ .

PROFESSORE: Ed io?
STUDENTE 3: Lei e _____ .
CONTINUAZIONE . . .

B. PROFESSORE: Sono di New York. Tu, di dove sei?
STUDENTE 1: Sono di San Francisco.
PROFESSORE: Di dove è _____ ?
STUDENTE 2: È di San Francisco.
PROFESSORE: Ed io?
STUDENTE 3: Lei è di New York.
CONTINUAZIONE . . .

2. Mettere l'articolo determinativo davanti ad ogni nome (*Give the definite article for each noun*).

Esempio: professore
il professore

bambino	ospedale	conto
bambina	attore	famiglia
studente	attrice	zio
fratello	parola	madre
sorella	amico	nazione
presidente	amica	stadio

3. At a party you are handing out the drinks. Following the example, say to whom you would give each drink.

Esempio: *La Coca-Cola è per la nonna.*

vino	nonno
caffè	zio Marco
aranciata	bambino
latte	amico di Minnie
scotch	padre
acqua minerale	professoressa
camomilla	Topolino

4. Domandare a un altro studente (*Ask another student*).

Esempio: (il professore) Studente 1: *Dov'è il professore?*
Studente 2: *Ecco il professore.* (pointing to the professor)

la lavagna	il libro
la porta	il gesso
il quaderno	il cancellino
	uno studente

Io sono Marco Polo.

5. Completare le frasi (*Complete the sentences*).

Esempio: Marco _____ lo studente.
Marco è lo studente.

1. Noi _____ in classe.

2. Hollywood _____ in California.

3. Voi _____ di Chicago?

4. Noi _____ di _____.

5. Loro _____ di _____.

6. Chi _____ loro?

7. Chi _____ il professore / la professoressa?

6. Presentarsi (*Introduce yourself*).

Io sono . . .
Sono di . . .
Durante l'estate sono a . . .
La famiglia è a . . .

7. Tradurre (*Translate*).

1. The student is from Rome.
2. They are in class.
3. We are in Hollywood.
4. Here is the professor.
5. Why are you here?
6. What is your name?

8. Dialoghi da sviluppare.

A. Riformulare il dialogo, sostituendo le informazioni personali (*Re-create the dialogue in this chapter, substituting personal information*).

B. Dialoghi immaginari.
Io sono Cristoforo Colombo
            Marco Polo
            la nonna di Cappuccetto Rosso (*Little Red Riding Hood's grandmother*)
            Mata Hari

Lui è Cristoforo Colombo.

È d'Italia l'alta moda.

Italiano è il cinema di successo.

Lettura

essere italiano

Oggi è *di moda* essere italiano. È italiano il tenore con bella voce. È italiana la ballerina *di molta grazia*. Italiano è il cinema *di successo*, è d'Italia l'*alta moda* per donna e per uomo. La *macchina da corsa*, il mobile per la casa, la rivista di architettura, il libro d'arte sono italiani e sono per la persona *di gusto*. A New York, a Londra, a Parigi c'è la presenza italiana: il cinema, la galleria d'arte, il ristorante . . . La bellezza, l'arte, l'eleganza, la modernità, la tradizione sono in *ogni* persona e cosa d'Italia.

fashionable

very graceful/successful

high fashion/racing car

of (good) taste

every, each

domande

1. Che cosa è di moda oggi?
2. Di dov'è l'alta moda per donna e per uomo?
3. La rivista di architettura per chi è?
4. Dove c'è la presenza italiana?
5. Cosa c'è in ogni persona e cosa d'Italia?
6. Chi è tenore? Chi è soprano?
7. Chi è ballerina? Chi è ballerino?
8. Che cosa è italiano a . . . (nome di città)?
9. Oggi chi è italiano di successo?
10. Come si chiama il ristorante italiano vicino a casa?

È italiano il tenore con bella voce.

Vocabolario

Nouns

acqua minerale mineral water
amico/a friend
aranciata orangeade
l'arte, *f.* art
l'attore actor
l'attrice actress
aula classroom
bambino/a child
bellezza beauty .
il caffè coffee; coffee shop, café
camomilla camomile tea
il cane dog
casa house
città (le città) city
conto check; bill
coppia couple
cosa thing
donna woman
l'estate, *f.* summer
famiglia family
fidanzato/a fiancé/e
fratello brother
galleria d'arte art gallery
l'interesse, *m.* interest
il latte milk
libro book
Londra London
la madre mother
il mobile furniture
la nazione nation
il nome name
nonno; nonna grandfather;
  grandmother
l'ospedale, *m.* hospital
il padre father
papà daddy
Parigi Paris
parola word
persona person
porta door
presenza presence
quaderno workbook
ragazza girl
ragazzo boy
il ristorante restaurant
rivista magazine

scena scene
scotch Scotch whisky
signora woman, Mrs., ma'am
signore man, Mr., sir
sorella sister
stadio stadium
stato state
lo studente student, *m.*
studentessa student, *f.*
tavola table
il tenore tenor
uomo man
vino wine
la voce voice
zia aunt
zio uncle

Verbs

chiamarsi to be called
come si chiama? what is your
  (*form. sing.*) (his, her) name?
come ti chiami? what is your
  (*inf. sing.*) name?
piacere ''It's a pleasure,''
  ''Pleased to meet you''
essere to be

Adjectives

bello beautiful, handsome
inglese English

Others

anche also
buon giorno good morning
chi who
come how
di of
dove where
durante during
ecco here is, here are
grazie thank you
oggi today
per for
perché because, why
qua/qui here

CAPITOLO 2

Dialogo

*A una festa, a Washington, uno studente italiano che visita gli Stati Uniti
incontra una signora americana.*

SIGNORA: Lei è italiano, vero?

LUIGI: Sì, io sono italiano. E Lei?

SIGNORA: Io sono americana. *Parlo italiano** perché *studio l'italiano**.
Spero di diventare ambasciatrice in Italia.

LUIGI: Ah, magnifico! Auguri. Io, invece, sono solamente uno studente.

SIGNORA: Come mai è in America?

LUIGI: Desidero visitare gli Stati Uniti. Qui *si parla inglese**. Spero
così d'*imparare l'inglese**.

SIGNORA: È facile imparare l'inglese in America. Gli Americani aiutano
volentieri i turisti che non parlano inglese.   gladly

domande

1. Dove incontra Luigi una signora americana?
2. Che cosa spera di diventare la signora?
3. Chi è Luigi?
4. Che cosa desidera Luigi? Che cosa spera?
5. Gli Americani aiutano i turisti che non parlano inglese? Si parla
   italiano in America?
6. Che cosa speri di diventare tu?
7. Che cosa studi?
8. Che lingue parla un ambasciatore? Che lingue parli tu?
9. Che paesi desideri visitare?
10. Chi abita a Washington? A Roma? A Parigi? A Mosca?

* Note the omission of the definite article after **parlare.**

Grammatica

I. L'articolo indeterminativo
(The indefinite article)

The forms of the indefinite article (*a, an*), like those of the definite article, vary according to gender and the first letter of the noun they precede.

With masculine nouns:

un ragazzo   **uno st**udente
un amico   **uno z**io
un padre   **uno gn**ostico
un ospedale

The basic form for masculine nouns is **un**. This form changes to **uno** when the article precedes a noun beginning with **s impure, z,** or a consonant cluster, just as the definite article **il** changes to **lo** under those same circumstances.

With feminine nouns:

una ragazza   **un'a**mica
una zia   **un'a**rte
una studentessa
una tavola

Sono solamente una studentessa!

The basic form for feminine nouns is **una.** This form changes to **un'** when the article precedes a noun beginning with a vowel, just as the definite article **la** changes to **l'** under those same circumstances.

Definite article: plural

	Masculine	Feminine
Before a consonant	**un**	**una**
Before *s impure,* z	**uno**	**una**
Before a vowel	**un**	**un'**

esercizio

Dare la forma corretta dell'articolo indeterminativo (*Give the correct form of the indefinite article*).

casa   amico
professore ospedale
porta   studente
amica   zio
zia   fratello

II. L'articolo determinativo e il nome: il plurale (The definite article and nouns: plural)

The plural of nouns is formed according to their categories. The plural forms of the definite article should be learned at the same time.

Category 1: ——o ——→ ——i

il ragazz**o**   **i** ragazz**i**
l'amic**o**   **gli** amic**i**
lo zi**o**   **gli** zi**i**

The basic form of the plural definite article for masculine nouns is **i.** For nouns with the singular articles **lo** or **l',** the plural form is **gli.**

Nouns that end in **-co** will normally have the plural in **-chi,** if the accent falls on the next-to-last (penultimate) syllable:

il fuo**co**   **i** fuo**chi**   (*fire*)
il dis**co**   **i** dis**chi**   (*record*)

NOTE: **Amic***o* ——→ **amic***i* is an important exception to this rule!

If the accent falls on a previous syllable, the plural will end in **-ci:**

il medi**co**   **i** medi**ci**   (*doctor*)
il politi**co**   **i** politi**ci**   (*politician*)

Nouns that end in **-go** will usually have the plural in **-ghi:**

il catalo**go**   **i** catalo**ghi**   (*catalogue*)
il dialo**go**   **i** dialo**ghi**   (*dialogue*)
il la**go**   **i** la**ghi**   (*lake*)

Category 2: ──**a** ──→ ──**e**

la ragaz**za**   **le** ragaz**ze**
la studentes**sa**   **le** studentes**se**
l'ami**ca**   **le** ami**che**

The plural definite article for feminine nouns is always **le.**

Una famiglia moderna.

Nouns ending in -ca (**amica**) or -ga (**riga**), add an -h to the plural to retain the hard **c** and **g** sounds: **amiche, righe.**

Category 3: —— e ——→ —— i

As in the singular, the articles for nouns of this category are the same as those of either the first or second category, depending on the gender of the noun.

	masculine	feminine	
il padre	i padri	la madre	le madri
lo studente	gli studenti	l'arte	le arti
l'ospedale	gli ospedali		

Definite article: singular and plural

	masculine		feminine	
	singular	plural	singular	plural
Before a consonant	il	i	la	le
Before s impure, z	lo	gli	la	le
Before a vowel	l'	gli	l'	le

Ci sono is the plural form of **c'è:**

Ci sono turisti in America.
There are tourists in America.

Ci sono feste a Washington.
There are parties in Washington.

esercizi

1. Mettere al plurale (*Give the plural form*).

la famiglia	lo studente	la parete	l'amica
la professoressa	la lingua	il conto	il medico
la ragazza	la madre	il libro	l'amico

2. Dare la forma corretta dell'articolo determinativo al plurale (*Give the correct form of the definite article in the plural*).

_____ pareti   _____ tavole
_____ fratelli   _____ stati

_____ porte	_____ teatri
_____ arti	_____ sedie
_____ nonni	_____ presidenti
_____ articoli	_____ lavagne
_____ sorelle	_____ zie

3. Domandare se «**Ci sono** _____ **in Italia**» e rispondere (Ask **Ci sono** _____ **in Italia**) *and answer the question.*

Esempio: (professori) *Ci sono professori in Italia?*
—Sì, *ci sono professori in Italia!*

feste   turisti   attori
case   ospedali studenti

III. Verbi
(Verbs)

One present tense in Italian conveys the meaning of all three present tenses in English: **Io parlo:** *I speak, I am speaking, I do speak.*

The first group of verbs to be learned are those that end in **-are. -are** is called the infinitive ending. The infinitive is the form by which verbs are identified: **essere** (*to be*); **parlare** (*to speak*).

The conjugated forms of a verb indicate the person doing the action (first person, second person, third person, singular or plural) and the tense (present, past, future).

In learning how to conjugate each tense, you must first identify the *stem* and then learn the *endings.* The stem is the part of the verb that remains the same. The stem for the present tense of verbs ending in **-are** is formed by dropping the infinitive ending **-are: parlare** ⟶ **parl-.**

The endings are the variations that specify person. The endings for these verbs in the present tense are the following:

		singular		**plural**
1st person	(io)	parl-**o**	(noi)	parl-**iamo**
2nd person	(tu)	parl-**i**	(voi)	parl-**ate**
3rd person	(lui, lei, Lei)	parl-**a**	(loro)	parl-**ano**

The *boot pattern* (sometimes called the "L" pattern) can be seen for most verbs in Italian.

The first three persons singular and the third person plural are alike: in the present tense the accent falls on the *stem.*

The first and second person plural are alike: in the present tense the accent falls on the *ending.*

esercizi

1. Dare la forma corretta del verbo (*Give the correct form of the verb*).

Esempio: studiare (l'ambasciatrice)
L'ambasciatrice studia.

1. lavorare (io)
2. desiderare (voi)
3. guardare (noi)
4. studiare (gli studenti)
5. abitare (i nonni)
6. chiamare (il padre)
7. ascoltare (io)
8. telefonare (voi)
9. comprare (la madre)
10. tornare (tu)

2. Formare una frase (*Form a sentence*).

Esempio: studiare (l'ambasciatrice, le lingue)
L'ambasciatrice studia le lingue.

1. lavorare (tu, molto)
2. abitare (gli Italiani, in Italia)
3. abitare (io, a ——)
4. chiamare (la madre, i bambini)
5. comprare (io, il libro d'italiano)
6. guardare (i ragazzi, la televisione)
7. ascoltare (il nonno, la radio)
8. studiare (la studentessa, la lezione)
9. tornare (noi, a casa)
10. parlare (Pinocchio, italiano)
11. parlare (i Canadesi, francese e inglese)
12. telefonare (tu, sempre)

IV. Cambi ortografici
(Spelling changes)

Verbs ending in **-iare** (**mangiare, cominciare, studiare**) have only one **-i** in the second person singular and in the first person plural:

io	mang-**o**	noi	mang-**iamo**
tu	mang-**i**	voi	mangi-**ate**
lui	mangi-**a**	loro	mangi-**ano**

Verbs ending in **-care** or **-gare** (**giocare, pagare**), insert an **-h** in the second person singular and first person plural to preserve the hard sound of the stem:

io	gioc-**o**	noi	gioc-**hiamo**
tu	gioc-**hi**	voi	gioc-**ate**
lui	gioc-**a**	loro	gioc-**ano**

Roma, città eterna.

esercizio

Dare la forma corretta del verbo in una frase.

Esempio: studiare (tu)
Tu studi l'italiano.

1. cominciare (io)
2. studiare (noi)
3. pagare (voi)
4. giocare (tu)
5. mangiare (io)
6. mangiare (noi)
7. giocare (voi)
8. cominciare (tu)
9. studiare (io)
10. pagare (lui)

V. Frasi negative
(Negative sentences)

Non simply means "no." To negate a sentence **non** is placed before the conjugated verb.

Non parlo inglese.
I don't speak English.

Gli Americani non aiutano i turisti.
Americans don't help tourists.

esercizio

Mettere al negativo (*Make into a negative sentence*).

Esempio: Io sono in Italia.
Io non sono in Italia.

1. Lo studente mangia spaghetti ogni giorno.
2. L'ambasciatore parla italiano.
3. La California è una penisola.
4. I cani mangiano formaggio.
5. Siamo gatti.
6. Gli Italiani guidano a sinistra (*on the left*).

VI. *Si parla italiano*

The pronoun **si** is used very frequently in Italian as an impersonal subject. It is used where in English one would use a wide variety of impersonal subjects (*one, we, they, you, people*).
   Si is generally used with the third person singular form of the verb. In a negative sentence, **non** precedes **si** and the verb.

A New York si parla inglese, non si parla italiano.
In New York they (one) speak(s) English, not Italian.

Si compra pane ogni giorno.
Bread is bought every day. OR *One buys bread every day.*

Come si dice . . .
How do you say . . .

If the object is plural, however, the third person plural form of the verb is used with **si**:

Si studiano le lingue a scuola.
You study (one studies) languages at school.

esercizio   Rispondere alle domande (*Answer the questions*).

Esempio: Come si dice «Good morning» in italiano?
—Si dice «Buon giorno».

1. Dove si mangia bene?
2. Che cosa si studia a scuola?
3. Si gioca il baseball in Italia? In America?
4. Come si chiamano i fratelli Marx?
5. Si parla francese a New York?

Esercizi, dialoghi, attività

1. Domandare, rispondere, riassumere, sviluppare (*Transformational drill*).

A. Professore: Tu studi l'italiano?
Studente 1:   Sì, io studio l'italiano.
Professore: Domanda a _____ se lui studia il francese.
Studente 2:   _____ , tu studi il francese?
Studente 3:   No, io non studio il francese.
Professore: Lui studia il francese?
Studente 4:   No, non studia il francese.
Professore: Studiamo noi il francese?
Classe: No, non studiamo il francese.
Continuazione . . .   usando le seguenti espressioni:
parlare (inglese, spagnolo, italiano)
abitare a (nomi di città)
guidare (una Rolls Royce, una Ferrari)
insegnare (la biologia, l'antropologia)

B. Professore: Come ti chiami?
Studente 1:   Mi chiamo . . .
Professore: Come si chiama lui?
Studente 2:   Si chiama . . .
Continuazione . . .

2. A. Formare il singolare.

Esempio: i cani
il cane

le aule	i fratelli	gli zii
i bambini	le studentesse	le parole
gli Americani	i signori	i padri
gli Italiani	le vacanze	le signore

B. Al singolare, sostituire l'articolo determinativo con l'articolo indeterminativo (*In the singular, replace the definite article with the indefinite article*).

Esempio: il cane
un cane

3. A. Dare l'articolo indeterminativo (*Give the indefinite article*).

Esempio: gnostico
uno gnostico

fratello	presidente	sorella
ospedale	stadio	parola
attore	zia	padre
lingua	nazione	amica

B. Formare il plurale con l'articolo determinativo (*Give the plural, with the appropriate form of the definite article*).

Esempio: uno gnostico
gli gnostici

4. Domandare a un altro studente (*Ask another student. Where appropriate, the other student should answer in the negative*).

Esempio: parlare (portoghese) *Tu parli portoghese?*
—*Sì, io parlo portoghese*—o—*No, non parlo portoghese.*

1. giocare (a tennis)
2. pagare (il conto)
3. desiderare (diventare un'attrice)
4. sperare di (visitare l'Australia)
5. insegnare (la fisica)
6. imparare (l'italiano)
7. abitare (in Europa)
8. aiutare (i turisti)

5. Rispondere alle domande (*Answer the questions*).

Esempio: I ragazzi insegnano?
—*No, i ragazzi non insegnano. I ragazzi imparano e il professore insegna.*

1. I milanesi abitano a Roma?
2. Impariamo il cinese?
3. I bambini pagano il conto?
4. Gli Americani parlano italiano?
5. Guardiamo la televisione?

6. Rispondere (*Answer the questions*).

Esempio: Gli Italiani parlano inglese?
—*No, in Italia si parla italiano.*

1. Gli Italiani mangiano «hot dogs»?
2. Gli Inglesi guidano a destra?
3. Gli Spagnoli ballano lo «shake»?
4. Le Americane trattano male i mariti?

7. Formulare una frase (*Make up a sentence*).

Esempio: gli Italiani, giocare a baseball
Gli Italiani non giocano a baseball.

1. io, studiare, ogni giorno
2. uno studente, desiderare, studiare
3. i professori, insegnare, bene
4. Sofia Loren, abitare, in Italia
5. gli Americani, comprare, spaghetti italiani

8. Rispondere (*Answer the questions*).

Esempio: Pinocchio guida la macchina?
—*No, Pinocchio non guida la macchina.*

1. Marcello Mastroianni è un professore d'italiano?
2. Il presidente americano parla italiano?
3. I Rockefeller pagano le tasse?
4. Il professore balla in classe?
5. Gli Inglesi mangiano bene?

9. Tradurre (*Translate*).

1. I want to visit the *moon* (**la luna**).
2. *On the moon* (**sulla luna**) they eat *bread and cheese* (**pane e formaggio**).

3. One day they speak English, one day Italian.
4. They do not pay to (**per**) telephone.
5. Students teach and professors learn.
6. Dogs don't sing. They eat cheese.

10. Dialoghi da sviluppare.

A. Seguendo il modello del dialogo, due studenti si presentano (*Two students introduce themselves, using the dialogue as a model. Make sure to ask each other* **Come si chiama? Lavora? Studia? Dove abita?** *etc.*)

B. Dialoghi immaginari: due studenti si presentano come . . . (*Imaginary dialogues: two students introduce themselves as . . .*)

1. una studentessa americana e uno studente italiano.
2. Sofia Loren e il professore d'italiano.
3. un presidente americano e un attore famoso.
4. un abitante della luna e un abitante di New York.

Lettura

l'italia in regioni

L'Italia è una penisola con la forma di uno *stivale*. Se si guarda una   boot
carta geografica, si nota subito una caratteristica: la divisione in
regioni. L'Italia è infatti divisa in regioni. Come si chiamano le grandi
regioni d'Italia? Il Piemonte, la Lombardia, la Liguria, il Veneto, la
Toscana, il Lazio, gli Abruzzi, la Campania, la Puglia, la Calabria, la
Sicilia, la Sardegna. Ci sono regioni *di montagna* e regioni *di pianura*.   mountainous/flat
Ci sono regioni industriali e regioni agricole. *Tra* una regione e l'altra   between
in Italia cambiano il dialetto, la cucina, il clima. Il regionalismo
italiano *genera svantaggi* ma è anche causa di fascino.   to cause/disadvantages

Abitiamo in montagna.

L'Italia è un'isola o una penisola?

domande

1. L'Italia è un'isola o una penisola?
2. Com'è divisa l'Italia?
3. Come si chiamano le regioni d'Italia?
4. In Italia ci sono regioni industriali e regioni agricole? E in America?
5. Che cosa cambia in Italia tra una regione e l'altra?
6. Quali sono le regioni in America?
7. Sei di una regione industriale o agricola?
8. Che cosa cambia in America tra una regione e l'altra?
9. Ci sono dialetti in America?
10. C'è regionalismo in America?

Vocabolario

Nouns

l'abitante, *m.,f.*   inhabitant
l'ambasciatore, *m.*   ambassador
l'ambasciatrice, *f.*   ambassador
antropologia   anthropology
augurio   wish
biologia   biology
caratteristica   characteristic
carta geografica   map
catalogo   catalogue
causa   cause
il clima (i climi)   climate
cucina   kitchen; cuisine,
  cooking
dialetto   dialect
fascino   fascination
festa   party
fisica   physics
formaggio   cheese
fuoco   fire
gatto   cat
gnostico   gnostic
Italia   Italy
lingua   language
luna   moon
macchina   car
marito   husband
medico   doctor
Mosca   Moscow
il paese   country; small town
il pane   bread
la parete   wall
penisola   peninsula
la radio (le radio)   radio(s)
la regione   region
scuola   school
sedia   chair
gli Stati Uniti   the United States
tassa   tax
la televisione   television
il/la turista (*pl.* i/e)   tourist
vacanza   vacation

Verbs

abitare   to live
aiutare   to help
ascoltare   to listen

ballare   to dance
cantare   to sing
cominciare   to begin
comprare   to buy
desiderare   to want
diventare   to become
giocare   to play
guardare   to look at
guidare   to drive
imparare   to learn
incontrare   to meet
insegnare   to teach
lavorare   to work
mangiare   to eat
notare   to notice, note
pagare   to pay
sperare   to hope
studiare   to study
telefonare   to telephone
tornare   to return
trattare   to treat
visitare   to visit

Adjectives

agricolo   agricultural
altro   other
americano   American
canadese   Canadian
cinese   Chinese
diviso   divided
facile   easy
francese   French
industriale   industrial
italiano   Italian
magnifico   magnificent
milanese   Milanese
ogni   each, every
spagnolo   Spanish

Others

bene   well
come mai?   how come?
così   thus, so
a destra   to, on, the right
invece   instead
male   badly
solamente   only

CAPITOLO 3

Dialogo

È la prima settimana di scuola.

LAURA: Ciao. *Segui anche tu il corso* d'italiano? *seguire un (il) corso* = to take a course
FRANCIS: Sì, questo è il primo giorno che sono a scuola. Arrivo *proprio adesso* da casa. Conosco già un po' l'italiano right now
perché i genitori sono italiani.
LAURA: Oggi la classe è divisa in gruppi. I ragazzi domandano e le ragazze rispondono.
FRANCIS: È un buon metodo. Io, però, non ho il libro.
LAURA: *Peccato,* ma non importa per oggi. too bad
PROFESSORESSA: Siamo pronti per gli aggettivi? Chi domanda e chi risponde?
LAURA E FRANCIS: Io, cioè, noi.
FRANCIS: Lucrezia Borgia è . . .
LAURA: Gentile e bella, dolce e fedele.
FRANCIS: Casanova è . . .
LAURA: Gentile e bello, ma infedele.

domande

1. Da dove arriva Francis?
2. Perché lui conosce un po' l'italiano? Conosci tu un po' l'italiano?
3. In classe, chi domanda e chi risponde?
4. Conosci un bel libro? Un buon libro?
5. Desideri un amico brutto e fedele o bello e infedele?
6. Conosci un Casanova?
7. Chi arriva in classe senza libro?
8. Che corsi segui tu?
9. È importante conoscere un'altra lingua? Perché?
10. Laura è imparziale?

Casanova è gentile e bello . . . ma infedele.

Grammatica

I. Verbi (Verbs)

The second group of verbs to be learned have infinitives ending in **-ere** and **-ire.**

As with verbs ending in **-are,** the stem is formed by dropping the infinitive ending:

vedere ⟶ ved-   sentire ⟶ sent-
    to see   *to hear, feel*

The endings for both **-ere** and **-ire** verbs in the present tense are the same, except for the second person plural, as follows:

	singular	plural
1st person	ved-**o**	ved-**iamo**
2nd person	ved-**i**	ved-**ete**/ sent-**ite**
3rd person	ved-**e**	ved-**ono**

As with the verbs you have already learned, the accentuation follows the boot pattern: the **noi** and **voi** forms are accented on the ending and the other forms on the stem.

esercizi

1. Dare la forma corretta del verbo (*Give the correct form of the verb*).

1. vedere (tu; io; le ragazze)
2. sentire (Lei; noi; il marito)
3. scrivere (lo scrittore; voi)
4. leggere (la professoressa; gli studenti)
5. partire (i genitori; io; tu)
6. rispondere (lo studente; i medici; tu)
7. perdere (i bambini; la squadra nazionale)
8. servire (il cameriere; noi; la madre)

2. Formare una frase (*Form a complete sentence*).

Esempio: Seguire (io, il corso d'italiano)
               Seguo il corso d'italiano.

1. leggere (gli studenti, ad alta voce)
2. perdere (noi, la partita di calcio)
3. aprire (il cameriere, la bottiglia di vino)
4. vedere (noi, un film ogni giorno)
5. ricevere (io, una lettera di . . .)
6. dormire (i bambini, molto)
7. rispondere (la professoressa, in italiano)
8. sentire (il cane, tutto)

II. Aggettivi
(Adjectives)

An adjective is a word that modifies (tells something about) a noun. **Il ragazzo** is a noun with a definite article. If we add the adjective **italiano** (*Italian*), it tells us more about the boy:

il ragazzo italiano
the Italian boy

Adjectives, like nouns, belong to categories according to their endings. There are two principal categories:

Category 1: Adjectives ending in **-o** in the masculine singular, such as **nuovo** (*new*). These adjectives have four endings:

	singular	**plural**
masculine	nuov-**o**	nuov-**i**
feminine	nuov-**a**	nuov-**e**

Some other adjectives that belong to this category are:

aperto	*open*	bravo	*good*
straordinario	*extraordinary*	quanto	*how many*
stupendo	*wonderful*	vecchio	*old*
questo	*this*	molto	*much, many*
chiuso	*closed*	piccolo	*small*
lungo	*long*	rosso	*red*

americano, italiano, tedesco, messicano, spagnolo

Adjectives that end in **-co,** like nouns ending in **-co,** normally have the plural in **-chi** if the accent falls on the penultimate syllable:

bian**co**   bian**chi** (*white*)
fres**co**   fres**chi** (*fresh*)
po**co**   po**chi** (*few*)

If the accent falls on a previous syllable, the plural is usually in **-ci**:

simpati**co**   simpati**ci**
magnifi**co**   magnifi**ci**

Adjectives that end in **-go** normally add an **-h**:

lun**go**   lun**ghi**

The feminine forms always add an **-h**:

bian**ca**	bian**che**	fres**ca**	fres**che**
simpati**ca**	simpati**che**	magnifi**ca**	magnifi**che**
lun**ga**	lun**ghe**	po**ca**	po**che**

Adjectives must agree in gender (masculine or feminine) and number (singular or plural) with the nouns they modify:

un libro nuovo	questa classe
le studentesse americane	molti libri
le arti italiane	quanti gruppi?
un amico magnifico	le ragazze simpatiche

Category 2: Adjectives that end in **-e** in the singular, such as **gentile** (*nice*). These adjectives have the same form for masculine and feminine, and thus have only two forms, singular and plural.

singular: gentil**e**
plural: gentil**i**

Some other adjectives belonging to this category are:

intelligente	normale
inglese	interessante
cinese	giapponese
francese	canadese

giovane	*young*	facile	*easy*
industriale	*industrial*	fedele	*faithful*
importante	*important*	infedele	*unfaithful*

These adjectives agree only in number (singular or plural) with the nouns they modify:

la studentess**a** francese	**gli** animali intelligent**i**
i bambin**i** gentil**i**	**uno** studente interessant**e**
le ragazz**e** giovan**i**	Casanova è infedel**e**

Notes on usage:

1. Adjectives usually follow the noun they are modifying:

gli amici simpatici	*the nice friends*
le cravatte rosse	*the red ties*
la squadra nazionale	*the national team*

2. Certain adjectives must precede the noun and are always used *without* an article: **questo, molto, quanto,** and **tanto**

questo libro	*this book*
molte macchine	*many cars*
quanti zii	*how many uncles*
tanto interesse	*so much interest*

3. Other commonly used adjectives may precede the noun:

un bravo ragazzo   *a good boy*
una vecchia chiesa   *an old church*
la nuova casa   *the new house*

4. The adjectives **bello** (*beautiful*) and **quello** (*that*) usually precede the noun they modify and have forms that are parallel to those of the definite article, as follows:

il libro	il **bel** libro	**quel** libro
i libri	i **bei** libri	**quei** libri
lo studente	il **bello** studente	**quello** studente
gli studenti	i **begli** studenti	**quegli** studenti
l'ospedale	il **bell**'ospedale	**quell**'ospedale
gli ospedali	i **begli** ospedali	**quegli** ospedali
la ragazza	la **bella** ragazza	**quella** ragazza
le ragazze	le **belle** ragazze	**quelle** ragazze
l'arte	**la bell**'arte	**quell**'arte
le arti	**le belle** arti	**quelle** arti

5. The adjective **buono** (*good*), when it precedes the noun it is modifying, has forms that are parallel to those of the indefinite article, as follows:

un libro	un **buon** libro
uno studente	un **buono** studente
un'amica	una **buon**'amica
una ballerina	una **buona** ballerina

6. What we call "proper" adjectives in English (such as nationalities) are not capitalized in Italian:

la musica tedesca   *German music*
i musicisti inglesi   *the English musicians*

7. The adjective **tutto** (*all*) requires that the article that corresponds to the noun it is modifying be placed between **tutto** (in its appropriate form) and the noun:

tutto il giorno   *the whole, entire day*
tutta la nazione   *the whole country*
tutte le regioni   *all the regions*
tutti i gruppi   *all the groups*

8. If you add **-issimo** to the end of virtually any adjective it makes it mean *very*:

bello   bellissimo (*very beautiful*)
simpatico   simpaticissimo (*very nice*)

esercizi

1. Dare la forma corretta dell'aggettivo (*Give the correct form of the adjective*).

Esempio: la porta (chiuso)
          la porta chiusa

1. la ragazza (italiano, bello, francese, simpatico, tedesco, americano, inglese, fedele)
2. il libro (nuovo, interessante, vecchio, chiuso, bello, tutto, buono)
3. lo studente (milanese, straordinario, gentile, romano, intelligente)
4. l'arte (moderno, bello, questo, italiano, stupendo, rinascimentale, quello)

2. Ripetere, al plurale (*Repeat in the plural*).

Esempio: la porta chiusa
          le porte **chiuse**

Siamo pronti per gli aggettivi?

III. Interrogativi
(Questions)

There are a variety of ways to form questions in Italian.

1. A statement can become a question with a change in the tone of voice.
2. A change in word order may indicate a question: the subject may be placed *after* the verb:

Casanova è infedele.   È infedele Casanova?

3. Adding **vero**? or **non è vero**? at the end of a statement will also make it into a question:

Lucrezia è gentile, non è vero?

4. There are interrogative words that are used to ask specific kinds of questions:

chi? (*who, whom?*) is used only with people:

Chi domanda e chi risponde?

che, che cosa, cosa? (*what?*):

Che cosa studi?   Che mangi?   Cosa rispondi?

dove? (*where?*) Note that the **e** of **dove** is dropped in front of the third person singular of **essere, è:**

Dov'è il libro di Francis?
Dove si parla il romano?

come? (*how?*):

Come si dice . . . ?

The final **e** of **come** also drops before **è:**

Com'è l'Italia?

quando? (*when?*):

Quando arriva Francis?

perché? (*why?*)

Perché si studia l'inglese in Italia?

quale, quali? (*which?*) is an adjective of the second category:

Quale libro leggono Francis e Laura? Quali studenti rispondono?
Quale lingua si parla in Italia? Quali ragazze sono simpatiche?

Generally, **quale** becomes **qual** before words beginning with a vowel:

Qual amico . . . ?

quanto? (*how many?*) is an adjective of the first category:

Quanti dialetti ci sono in Italia?
Quante lingue parla la professoressa?

esercizio Provvedere un interrogativo e rispondere alla domanda (*Supply an interrogative and answer the question.*)

Esempio: _____arriva in classe senza libro?
Chi arriva in classe senza libro? —Francis arriva in classe senza libro . . . o
Perché arriva in classe senza libro? —Arriva senza libro perché è il primo giorno.

1. _____è il rettore di questa università?
2. _____si mangia in Italia? in America?
3. _____si chiama un signore bello ma infedele?
4. _____si studia l'inglese?
5. _____dialetti ci sono in Italia?
6. _____arriviamo a scuola?
7. _____è la capitale d'Italia?
8. _____studenti sono bravi?

IV. *Avere* (*to have*) The verb **avere,** (*to have*) is irregular and its forms must be memorized. However, note that the boot pattern still exists!

	singular	plural
1st person	ho	abbiamo
2nd person	hai	avete
3rd person	ha	hanno

Avere is used in many idiomatic expressions whose English equivalents use the verb *to be*:

Ho caldo.
I'm hot.

Non hai freddo?
Aren't you cold?

Non ho fame. Ho sete.
I'm not hungry. I'm thirsty.

Ha sempre sonno.
She's always sleepy.

Il professore non ha mai torto, ha sempre ragione.
The professor is never wrong, he's always right.

Abbiamo bisogno di una casa nuova.
We need a new house.

Ha voglia di andare in America?
Do you feel like going to America?

Ho fretta.
I am in a hurry.

esercizio

Rispondere.

1. Hai bisogno di una macchina?
2. Di che cosa hai bisogno?
3. Il presidente ha sempre ragione?
4. Chi ha sempre ragione?
5. Hai voglia di andare in montagna?
6. Di che cosa hai voglia?
7. Hai fame?
8. Che cosa hai voglia di mangiare?
9. Hai sete?
10. Che cosa hai voglia di bere?

1. Domandare, rispondere, riassumere, sviluppare (*Transformational drill*).

PROFESSORE: Hai sonno?
STUDENTE 1:   No, non ho sonno.
PROFESSORE: Lui ha sonno?
STUDENTE 2:   No, non ha sonno.
PROFESSORE: Hai un amico interessante?
STUDENTE 3:   Sì, ho un amico interessante.
CONTINUARE con le seguenti espressioni:
        avere (genitori stravaganti / molti libri / amici canadesi /
        un amico nuovo / una sorella giovane)
        scrivere una lettera
        ripetere le parole difficili
        rispondere bene
        dormire in classe
        sentire la radio

2. A. Completare le frasi usando **avere** (*Complete the sentence with an avere expression*):

Esempio: Il cliente *ha sempre ragione!*

1. Io _____ quando non dormo bene.

2. Giuseppe _____ e beve una Coca-Cola.

3. I bambini _____ a tutte le ore.

4. La mamma _____ di andare in Italia.

5. Noi _____ quando nevica.

B. Scrivere una frase per ciascuna illustrazione a pagine 52-53 (*Write a sentence for each illustration on pp. 52-53*).

3. Dare la forma corretta di **bello, quello,** o **buono** (*Give the correct form of bello, quello, or buono*).

1. Piera è una _____ amica.

2. _____ ragazzi rispondono bene.

3. Marco è un _____ uomo; è alto, snello, con _____ occhi neri.

4. Vedi _____ studente?

5. Leggo un _____ libro.

6. Chi sono _____ signori?

7. _____ bambina è _____ e _____.

8. Non conosco _____ città

9. L'italiano è una _____ lingua.

10. _____ amica di Piero è simpatica.

4. Formare delle domande (*Form questions*).

Esempio: Piero legge in biblioteca.
Chi legge in biblioteca? o
Dove legge Piero?

1. La zia è una ballerina.
2. Paolo mangia ogni giorno.
3. Dormiamo a casa della nonna stasera.
4. Michele non è un proletario.
5. Il professore di storia canta bene.

5. Rispondere alle domande (*Answer the questions*).

1. Scrivi spesso in dialetto?
2. Conosci New York?
3. Che cosa leggi?
4. Senti la radio ogni giorno?
5. Dove dormi?
6. Vedi un buon film ogni settimana?
7. Che cosa vedi in questa stanza?

6. Dare la forma corretta del verbo e formare una frase (*Give the correct form of the verb and make a sentence*).

Esempio: Io (partire)
Io parto sempre in ritardo.

1. Noi (rispondere)
2. Gli zii (leggere)
3. I ragazzi (correre)
4. Lucrezia (sentire)
5. Tu (partire)
6. Francis (ripetere)
7. Casanova (scrivere)
8. I bambini (dormire)
9. La squadra nazionale (perdere)
10. Voi (vedere)

7. Usando le espressioni seguenti, fare una domanda ad un altro studente (*Using the following expressions, ask another student a question*).

Esempio: (perdere molto tempo) *Dove perdi molto tempo?*
   —*Perdo molto tempo in discoteca!*

1. leggere il giornale ogni giorno
2. ricevere molte lettere
3. conoscere (una persona famosa)
4. aprire la porta per il professore
5. avere fame

8. Dare la forma corretta dell'aggettivo (*Give the correct form of the adjective*).

1. Gli zii sono (avaro) _____.

2. Che (bello) _____ gambe (lungo) _____.

3. I fratelli Borgia sono (gentile) _____ ma non sono (bravo) _____ a scuola.

4. (Tutto) _____ ragazzi sono (infedele) _____, dice Lucrezia.

5. È (nuovo) _____ (questo) _____ stile di vita?

6. (Quanto) _____ ragazzi (francese) _____ conosci?

7. (Questo) _____ animale è piccolo e carino.

8. (Quanto) _____ libri legge un astronauta?

9. (Molto) _____ Italiani visitano gli Stati Uniti?

10. Perché conosci tu (tanto) _____ stranieri?

9. Da scegliere (*Pick and choose*).

Esempio: *Io conosco un medico ricco.*
   Scrivo lettere a un milionario repubblicano.
   Amo un barbiere francese.

io conosco	studente	straordinario
desidero conoscere	astronauta	ricco
scrivo lettere a	ballerino	sportivo
un amico ideale è	milionario	liberale
amo	prima donna	repubblicano
io sono	contadino	stravagante
ho bisogno di	proletario	serio
	maestro	francese
	barbiere	
	medico	

la vita è bella in tre
io, te e un bel caffè!

Descrivere (*Describe*).

1. una persona che conosci
2. una persona immaginaria
3. una persona ideale
4. una persona strana

10. Tradurre (*Translate*).

1. Americans write and receive many *cards* (**cartolina**)* and *letters* (**lettera**).
2. I am American but I don't write *often* (**spesso**) and I don't receive letters.
3. I am a *gypsy* (**zingaro/a**) and I travel in many countries.
4. Gypsies don't receive letters.
5. We *read palms,* (**leggere le mani**) not cards.
6. What do you (**voi**) read?

11. Dialoghi da sviluppare: Due amici parlano dei loro gusti (*Two friends talk about their tastes*). Usare le espressioni seguenti (*Use the following expressions*).

conoscere	(una persona, famosa)
	(una città)
	(un paese)
leggere	(un libro, una rivista, un articolo)
amare	(una persona)
	(un disco)
	(un animale)
visitare	(un parente)
	(un amico)
	(un pianeta)

Lettura

la lingua italiana

Quale lingua si parla in Italia? L'italiano, naturalmente. A Milano, a Roma, a Napoli, in città e *in campagna*, in ufficio e a scuola, si parla italiano. *Se* ascoltiamo la radio, se guardiamo la televisione, se apriamo i giornali, sentiamo o vediamo che si usa la *stessa* lingua che oggi tutti gli Italiani conoscono.

in the country

if

same

* Note that all Italian words given in parentheses for translation exercises are given in their base form: verbs in the infinitive, nouns in the singular, and so forth. Be sure to transform these into the appropriate form, as required by the sentences.

Molti Italiani parlano anche il dialetto *del luogo d'origine*. Dialetti importanti sono il romano, il napoletano, il siciliano, il bolognese, il milanese e il veneziano. Oggi, però, per *ragioni di praticità* e di costume si tende a usare *soprattutto* la lingua nazionale e *meno* il dialetto regionale.

of the place of origin

for practical reasons

above all, especially / less

L'italiano è una lingua neolatina come il francese, lo spagnolo e il portoghese, e ha una illustre tradizione letteraria. L'italiano di oggi è una lingua con parole ed espressioni nuove che riflettono una società complessa ed uno *stile di vita* moderno.

lifestyle

domande

1. Cosa si parla in Italia?
2. Ci sono dialetti in Italia? In Inghilterra? E negli Stati Uniti?
3. Quali altre lingue sono come l'italiano?
4. Conosci scrittori italiani?
5. La lingua inglese cambia molto?
6. Conosci un dialetto italiano? Quale?
7. Sono importanti i dialetti? Perché?
8. Quale lingua straniera desideri studiare? Perché?

Vocabolario

Nouns

l'animale, m.   animal
il barbiere   barber
birra   beer
bisogno   need
caldo   heat
il cameriere   waiter
contadino   peasant
corso   course
disco   record
la fame   hunger
freddo   cold
i genitori   parents
il giornale   newspaper
gruppo   group
maestro   teacher (elementary school)
metodo   method
il / la parente   relative
il pianeta   planet
la ragione   reason
il rettore   university president
lo scrittore / la scrittrice   writer

la sete   thirst
settimana   week
sonno   sleep
squadra   team
straniero   foreigner
ufficio   office
voglia   desire, wish

Verbs

aprire   to open
arrivare   to arrive
conoscere   to know
domandare   to ask
dormire   to sleep
importare   to matter
leggere   to read
partire   to leave
perdere   to lose
ricevere   to receive
riflettere   to reflect
rispondere   to answer, reply
scrivere   to write
sentire   to hear; feel

servire   to serve
vedere   to see

Adjectives

aperto   open
bianco   white
bravo   smart, clever, good at
brutto   ugly
buono   good
carino   cute
chiuso   closed
dolce   sweet
fedele   faithful
fresco   fresh
gentile   nice, polite
giovane   young
immaginaria   imaginary
imparziale   impartial
infedele   unfaithful
lungo   long
molto   many, much, a lot of
nazionale   national
nuovo   new
piccolo   small
pronto   ready

quale   which
quanto   how much
quello   that
questo   this
rinascimentale   of the
  Renaissance
romano   Roman
simpatico   nice
straordinario   extraordinary
stravagante   eccentric
stupendo   great, super
tedesco   German
tutto   all, the whole
vecchio   old

Others

che, che cosa   what?
cioè   that is
da   from, by
già   already
però   however, but
poco, po'   little
prima   earlier, before, first
quando   when
sempre   always
senza   without

CAPITOLO 4

Dialogo

Un vecchio professore di storia parla con un cameriere a Lugano, in Svizzera.

PROFESSORE:	Domani lascio la pensione. Parto per l'Italia.
CAMERIERE:	Beato Lei! Com'è la storia italiana? L'Italia è vecchia come la Svizzera? Sono così ignorante!
PROFESSORE:	L'Italia, come nazione, nasce circa *settecento anni fa*.
CAMERIERE:	Perché proprio allora?
PROFESSORE:	Perché allora, in varie regioni del paese, *si diffonde* una nuova lingua, *non più* latina, che si chiama il «volgare».
CAMERIERE:	Perché si chiama il «volgare»?
PROFESSORE:	Perché si usa tra il «volgo» cioè tra *la gente* comune che non capisce più il latino.
CAMERIERE:	Come me?
PROFESSORE:	Beh, la situazione è diversa.
CAMERIERE:	E poi? Cosa succede dopo? È importante la cultura italiana?
PROFESSORE:	Oh sì. Il *Rinascimento* incomincia una tradizione culturale e artistica che influenza la cultura e l'arte di molti paesi europei. Meno buona è la situazione politica perché proprio durante il Rinascimento l'Italia perde l'indipendenza.
CAMERIERE:	Capisco. Quando diventa l'Italia uno stato indipendente e unito?
PROFESSORE:	Circa cento anni fa, durante il Risorgimento*.
CAMERIERE:	Com'è l'Italia oggi?
PROFESSORE:	L'Italia di oggi ha cinquantasette milioni di abitanti. È un paese industriale e agricolo. La capitale è Roma. Altre città importanti sono Milano, Bologna, Napoli, Palermo, Firenze, Venezia. *Pensa di andarci?*
CAMERIERE:	Sì, appena ho un po' di soldi e di tempo libero.

700 years ago

spreads
no longer

people (**gente** is always singular)

Renaissance

pensare *di* + *inf.* = to think of (doing something) / to go there

* The period of the struggle for Italian independence and unification, circa 1820–1870.

domande

1. Quando nasce la nazione italiana? E la nazione americana?
2. Che cosa è il «volgare»?
3. Conosci artisti italiani di secoli passati?
4. Che cosa è un paese industriale?
5. Quali altri paesi sono industriali, oltre l'Italia?
6. Preferisci l'arte moderna o l'arte rinascimentale?
7. Si parla ancora latino? E greco?
8. Preferisci la storia moderna o la storia antica?
9. Conosci un eroe del Risorgimento? E della Rivoluzione americana? E della Rivoluzione francese?
10. Pensi di andare un giorno in Italia?

Grammatica

I. Verbi (Verbs)

The third and final regular group of verbs in the present tense is made up of those verbs whose infinitives end in **-ire** but which have an **-isc-** inserted between the stem and the endings "inside the boot."

As for other verbs, the stem is formed by dropping the infinitive endings:

cap-ire ⟶ **cap-** **fin-ire** ⟶ **fin-**

The endings are the same as those learned for other **-ire** verbs:

cap-**isc**-o	cap-**iamo**
cap-**isc**-i	cap-**ite**
cap-**isc**-e	cap-**isc**-ono

esercizi

1. Dare la forma corretta del verbo (*Give the correct form of the verb*).

1. finire (io, gli studenti, il cameriere, il film, il programma)
2. capire (tu, le studentesse, voi, il gatto, la bambina)
3. pulire (il cameriere, noi, i genitori, gli studenti, io)

2. Formare una frase (*Form a sentence*).

Esempio: capire (io, la lezione)
Io capisco la lezione.

1. capire (noi, cinese)
2. preferire (il cameriere, la Svizzera)
3. spedire (le librerie, i libri)

4. capire (il professore, il tedesco)
5. preferire (il cowboy, i cavalli)
6. spedire (Santa Claus, i regali)
7. spedire (io, molte cartoline)
8. capire (gli studenti, le parole nuove)
9. preferire (voi, il vino)

Settecento anni di storia.

II. *Dire, bere, uscire, tenere* e *venire* (*To say, to drink, to go out, to hold,* and *to come*)

1. The verb **dire** in the present tense is conjugated as follows:

dic-o	dic-iamo
dic-i	**di**-te
dic-e	dic-ono

Note that the endings are regular, but that there is an irregularity in the stem.

2. The verb **bere** behaves as if its infinitive were **bevere.** It is really the infinitive that is irregular.

bev-o	bev-iamo
bev-i	bev-ete
bev-e	bev-ono

Io bevo, tu bevi . . .

3. The verb **uscire** has a stem change: one stem is used for the persons inside the "boot," i.e., the first three persons singular and the third person plural, and another is used for the two persons outside the "boot," the **noi** and **voi** forms:

esc-o	**usc**-iamo
esc-i	**usc**-ite
esc-e	esc-ono

4. **Tenere** (*to hold, to keep*) and **venire** (*to come*) have irregular forms:

ten**go**	teniamo	ven**go**	veniamo
tieni	tenete	vieni	venite
tiene	ten**gono**	viene	ven**gono**

Ma che bei turisti arrivano ogni giorno!

esercizio

Dare la forma corretta del verbo (*Give the correct form of the verb*).

1. uscire (tu; voi; i bambini)
2. tenere (io; Roberta; noi)
3. bere (i ragazzi; voi; tu)
4. dire (voi; io; il professore)
5. venire (la ballerina; noi; loro)

III. Numerali cardinali (Cardinal numbers)

The cardinal numbers from 1–30 are:

uno	undici	ventuno
due	dodici	ventidue
tre	tredici	ventitré
quattro	quattordici	ventiquattro
cinque	quindici	venticinque
sei	sedici	ventisei
sette	diciassette	ventisette
otto	diciotto	ventotto
nove	diciannove	ventinove
dieci	venti	trenta

Notes on usage:
1. Cardinal numbers are invariable except for **uno / una,** which follows the pattern for the definite article.
2. The numbers by tens from thirty on are:

trenta	(30)	settanta (70)
quaranta	(40)	ottanta (80)
cinquanta	(50)	novanta (90)
sessanta	(60)	cento (100)

The formation of numbers between 30 and 40, 40 and 50, etc., is the same as that between 20 and 30. Note that before **uno** and **otto,** which begin with a vowel, **venti, trenta, quaranta,** and so on, drop the final vowel: **trentotto** (38), **settantuno** (71).

NOTE: In Italian the entire number can be written as one word:

settecentocinquantatré (753)

mille (1000) has an irregular plural, **mila:**

Costa tre mila lire. *It costs 3000 lire.*

milione (1,000,000) plural, **milioni,** is followed by **di:**

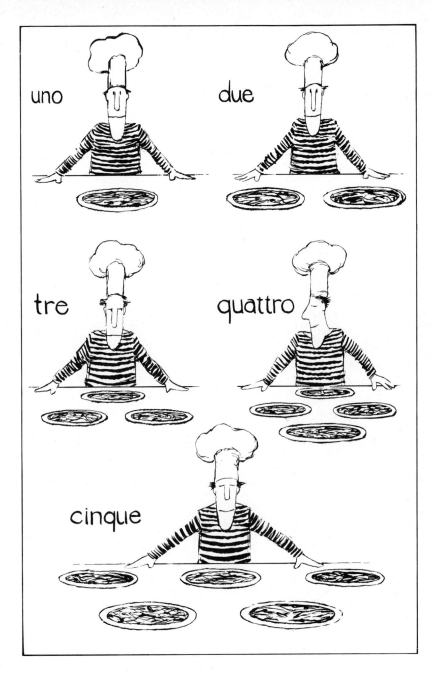

È un uomo molto ricco; guadagna due milioni di dollari ogni mese!
He's a very rich man; he earns $2,000,000 every month!

3. To say how old someone is, use the expression **avere . . . anni:**

Io ho vent'anni ma lui ha ventidue anni.

esercizi

1. Leggere ad alta voce (*Read out loud*).

(32) trentadue   (56) cinquantasei
(89) ottantanove   (105) centocinque
(175) centosettantacinque   (264) duecentosessantaquattro
(502) cinquecentodue   (1006) millesei
(4300) quattromilatrecento

2. Dire e scrivere i seguenti numeri (*Say and write the following numbers*).

78	31	15
22	66	156
518	201	1437
1003	88	1982

3. Completare le frasi con un numero (*Complete the sentences with a number*).

1. Ho bisogno di _____ Cadillac.

2. Le piramidi hanno _____ anni.

3. Lui è ricco, ha _____ dollari.

4. Ci sono _____ studenti in quella classe di filosofia.

5. _____ turisti arrivano ogni giorno.

6. L'Italia nasce circa _____ anni fa.

7. Il club segreto ha _____ membri.

8. Ci sono _____ studenti in questa classe.

9. Questa città ha circa _____ abitanti.

10. È una fanatica! Ha _____ gatti!

11. L'Italia d'oggi ha circa _____ abitanti.

12. Sheharazade racconta _____ belle storie.

13. I marziani hanno _____ gambe, _____ teste e _____ cuori.

14. Leggo _____ libri ogni giorno, sono un vero intellettuale!

15. Il mio numero di telefono è _____ .

16. La pensione ha _____ camere.

IV. Preposizioni articolate
(Prepositions with articles)

The prepositions **a, da, di, in,** and **su** combine with the articles as follows:

Article preceded by:	a *(to, at)*	da *(from, by)*	di *(of)*	in *(in)*	su *(on, about)*
masc. sing.					
il	al	dal	del	nel	sul
lo	allo	dallo	dello	nello	sullo
l'	all'	dall'	dell'	nell'	sull'
fem. sing.					
la	alla	dalla	della	nella	sulla
l'	all'	dall'	dell'	nell'	sull'
masc. pl.					
i	ai	dai	dei	nei	sui
gli	agli	dagli	degli	negli	sugli
fem. pl.					
le	alle	dalle	delle	nelle	sulle

Alla, sulla, nella fontana.

esercizio   Sostituire la preposizione articolata (*Substitute the different prepositions with articles*).

Esempio: Il libro del ragazzo (la ragazza)
Il libro della ragazza.

1. La casa della nonna (nonni; zii; amica; amico; genitori)
2. La lettera dalla zia (zio; amico; amici; madre; padre)
3. Il libro sul tavolo (sedia; quaderno; tavola)
4. Parlo al professore (professoressa; amico; studenti; cugini; amica; direttore)
5. Il messaggio nella bottiglia (libro; palla; quaderno)

Esercizi, dialoghi, attività

1. Domandare, rispondere, riassumere, sviluppare.

PROFESSORE: Preferisci la musica classica o la musica moderna?
STUDENTE 1:   Preferisco la musica moderna.
PROFESSORE: Quale musica preferisce lui?
STUDENTE 2:   Preferisce la musica moderna.
PROFESSORE: E tu?
STUDENTE 3:   Io preferisco la musica classica.
PROFESSORE: Domandare a _____ se preferisce la musica classica o moderna.
STUDENTE 4:   _____, quale musica preferisci tu?
CONTINUARE con le seguenti espressioni:

     la musica di Verdi, la musica di Lennon, la musica di Beethoven
     venire (stasera, a lezione ogni giorno)
     dormire (in classe, in giardino, a casa, ecc.)
     uscire (di casa ogni sera)
     capire (lingue diverse, persone diverse)
     bere (un caffè, un'aranciata, una birra)
     pulire (la casa, la lavagna)
     finire (il libro, l'articolo, i compiti)
     dire (la verità, una bugia)
     quanti anni hai?

2. Dare la forma corretta del verbo tra parentesi (*Give the correct form of the verb*).

1. Tu (spedire) _____ una lettera ogni giorno.

2. Voi (preferire) _____ la radio o la televisione?

3. In quel ristorante il cameriere (pulire) _____ anche la cucina.

4. Noi (capire) _____ tutto!

5. Le rivoluzioni (finire) _____ sempre male.

6. La signora (tenere) _____ la finestra aperta.

3. Domandare a un altro studente (*Ask another student*).

1. Che cosa finisce volentieri.
2. Quanti amici ha.
3. Quanti anni ha il presidente.
4. Che tipo di amico (musica, film, libro) preferisce.
5. Che cosa si spedisce a Natale.
6. Perché non ha mai fame (ragione, sonno, freddo).
7. Che lingua capisce bene.
8. Di che cosa ha voglia.

4. Chi sono (*20 questions*). One student imagines he is a famous person and the other students in the class try to guess who he is by asking him 20 questions about that person.

5. Tradurre (*Translate*).

1. Why does the *sun* (**il sole**) *disappear* (**sparire/isc**) every day?
2. In New York there are _____ inhabitants.
3. The teacher does not remember how many students there are in the class.
4. In which country are there fifty states?
5. When I finish the *homework* (**i compiti**), I watch television, listen to the radio, or read a book.

6. Scrivere una frase per ciascuna illustrazione a pagina 67. (*Write a different sentence for each of the illustrations on page 67.*)

7. Dialoghi da sviluppare: Una conversazione fra due amici. Parlano di che cosa preferiscono fare . . .

la mattina	durante le vacanze
in estate	in Italia
a Natale	il weekend
la sera	in una *giungla* (jungle)

Tutti mangiano insieme.

Lettura

la famiglia italiana

In Italia la famiglia tradizionale è grande: *non solo* il padre, la madre
e i bambini abitano *insieme*; anche i nonni, le zie e gli zii non sposati
vivono nella stessa casa. *Di solito* la madre lavora in casa e prepara i
pasti. La nonna e la zia aiutano la madre. Il padre e il nonno lavorano
fuori casa tutta la giornata e tornano la sera. Tutti mangiano insieme.
Dopo cena gli adulti guardano la televisione mentre parlano di affari o
di politica; i bambini guardano la televisione e poi *vanno a letto*.

La vita però cambia in Italia e la famiglia tradizionale sparisce. La
famiglia oggi è spesso piccola. Abitano insieme *soltanto* il padre, la
madre e i bambini. Di solito anche la madre lavora fuori casa e spesso
il padre aiuta in casa. I bambini giocano con i «videogames».

not only
together
usually
pasto = meal
outside the home/all day

go to bed

only

domande

1. Chi lavora fuori casa in una famiglia tradizionale?
2. Chi prepara i pasti in una famiglia italiana? In una famiglia americana? In una famiglia del futuro?
3. Chi abita insieme in Italia? In America?
4. Dopo cena, di che cosa parlano gli adulti in Italia? E in America?
5. Chi aiuta la madre in una famiglia italiana?
6. La famiglia è importante per la società? Perché?
7. In generale, in America, dove abitano i nonni?
8. Desideri avere una famiglia tradizionale o moderna? Perché?
9. Quanti bambini hai voglia di avere?
10. Dopo cena, tu guardi la televisione?

attività

1. Descrivere una tipica famiglia americana.
2. Descrivere una famiglia del futuro.
3. Descrivere una famiglia ideale.

Vocabolario

Nouns

anno year
bottiglia bottle
camera bedroom
la capitale capital
cena supper
cultura culture
il cuore heart
erba grass
l'eroe, *m.* hero
gamba leg
la gente people
indipendenza independence
latino Latin
marziano Martian
mattina morning
membro member
messaggio message
il Natale Christmas
numero di telefono telephone
  number
palla ball
pasto meal
la pensione boarding house
le piramidi pyramids
la rivoluzione revolution
sera evening
lo scaffale shelf
la situazione situation
il sole sun
la storia story; history
tempo weather; time
testa head
tipo type
la tradizione tradition

Verbs

avere to drink
capire (isc) to understand

dire to say
finire (isc) to finish, end
incominciare to begin
influenzare to influence
lasciare to leave
nascere to be born
preferire (isc) to prefer
pulire (isc) to clean
sparire (isc) to disappear
spedire (isc) to send
succedere to happen
tenere to have; hold
uscire to go out
venire to come

Adjectives

beato happy; blessed
culturale cultural
diverso different
europeo European
greco Greek
indipendente independent
libero free
segreto secret
sposato married
unito united
vario varied

Others

allora then, so
appena as soon as
circa about
dopo after, later
meno less
mentre while
oltre besides

L'arte della comunicazione

A. Una telefonata

A. *Pronto.* Chi parla?
B. Pronto. Sono Marco. Sono a Firenze.

hello

A. Marco? Io non conosco nessun Marco. C'è uno *sbaglio.*
B. Lei è la signora Martini, non è vero?

mistake

A. Sì, sono io. Ma chi è Lei?
B. Io sono il *nipote* americano.

nephew

A. Io ho molti nipoti in America. Di chi sei *figlio* tu?
B. Sono figlio di Toni Marini.

son

A. Ah, di Toni! Toni *non* scrive *mai* e adesso *manda* un nipote? *Va bene.*
  Dove sei? Arrivo *fra poco* in macchina.
B. Sono alla stazione.

never / *mandare* = to send/ O.K. / soon, in a while

A. *Ci si vede davanti* all'entrata principale. Arrivo *subito.*
B. Benissimo! Arrivederci!

see you / in front of / immediately, right away

attività

1. Fai un numero sbagliato e parli con la persona che risponde (*You dial the wrong number and you speak with the person who answers*).
2. Chiami al telefono un amico italiano ma risponde sua madre che non parla inglese (*You call the number of an Italian friend but his mother, who does not speak English, answers the phone*).

B. Dove sono?

A. Scusi, signore, dove sono?
B. Che cosa dice, signorina? Lei non sta bene?

A. Sto benissimo. Ma dove siamo? Non conosco la città.
B. Siamo a Firenze.

A. Sì, sì, lo so. Ma dove a Firenze? Abito vicino al Duomo ma non trovo
la *strada*.   street, road
B. Che *indirizzo* cerca, signorina?   address

A. Cerco la via Cavour, il numero 18.
B. Ma signorina, è questa via Cavour. Ecco il numero 58. Il 18 non è
lontano. *L'accompagno?*   May I come with you?

A. No, grazie. Lei è molto gentile. Grazie tante.
B. È libera *stasera*?   tonight

A. No, no, grazie ancora. Addio.
B. Peccato, addio.

attività

1. Un turista arriva nella vostra città o paese. Fare da guida (*A stranger
   arrives in your home town. You are the guide*).
2. Tu e un'amica siete in un paese sconosciuto e trovate, per fortuna, un
   italiano che vi aiuta (*You and a friend are in a strange country and
   by good fortune you find an Italian who helps you out*).

C. Una lettera

New York, 25 maggio

Caro zio Mario,

Ho finalmente il *biglietto aereo* per l'Italia! Parto da New York con   plane ticket
l'Alitalia il 3 giugno e arrivo a Roma *alle undici di mattina* il giorno   at eleven in the morning
dopo. Sono contentissimo! Ti spiego come intendo *vestire*—*altrimenti*,   to dress / otherwise
con tanti passeggeri, *come fai* a riconoscere un nipote che non *assomiglia* how will you / (r)assomigli-
a quello nelle foto di cinque anni fa? Adesso sono alto, *snello*, maturo   are = to resemble, look like
(spero!) e ho anche la barba. Per il viaggio porto jeans *gialli* e *camicia* slim, slender
rossa. Sono sicuro di essere l'unico passeggero vestito così! Ho poi una   giallo = yellow/red shirt
valigia blu. *Ci vediamo* all'aeroporto? Aspetto *una tua risposta*.   suitcase/I'll see you/your re-
Tanti cari saluti da tutta la famiglia.   ply

A presto,
ROBERTO

L'Italia in regioni. ⟶

SVIZZERA

AUSTRIA

UNGHERIA

VALLE D'AOSTA
Aosta

PIEMONTE

Torino

Alessandria

Bergamo
Milano

LOMBARDIA

Brescia

ALTO ADIGE
Bolzano

TRENTINO
Trento

FRIULI-VENEZIA GIULIA
Udine

VENETO
Verona
Vicenza
Padova
Venezia

Trieste

Parma

Ferrara

EMILIA-ROMAGNA

Bologna

Ravenna

LIGURIA
Genova

LIGURE

TOSCANA

Firenze

Pisa

Siena

SAN MARINO

MARCHE

Ancona

Perugia

UMBRIA

Ascoli Piceno

Viterbo

Pescara

L'aquila

ABRUZZI

Roma

LAZIO

MOLISE
Campobasso

Foggia

Benevento

PUGLIA

Bari

CAMPANIA

Napoli
Salerno

Potenza

BASILICATA

Brindisi
Lecce

Taranto

MARE ADRIATICO

IUGOSLAVIA

MARE

Sassari

SARDEGNA

Nuoro

Cagliari

MAR

TIRRENO

Cosenza

Catanzaro

CALABRIA

Messina

Reggio Calabria

MAR

MARE

MEDITERRANEO

Palermo

SICILIA

Agrigento

Siracusa

Catania

IONIO

Ma dove siamo? Non conosco la città.

attività

1. Fra poco visiti un parente in un paese europeo e scrivi una lettera per annunciare il tuo arrivo (*You will be visiting a relative in some European country. Write her or him a letter announcing your arrival*).

2. Scrivi una lettera a . . .

uno (una) svedese che studia l'italiano
una persona in prigione
un marziano incuriosito dai terrestri
una persona di vostra scelta

(*Write a letter to . . .
a Swede who is studying Italian
a person in prison
a Martian interested in earthlings
a person of your own choice*)

Un bicchiere di latte

Un bicchiere di latte ed una piazza
col monumento. Un bicchiere di latte
dalle tue dolci sporche nuove mani.

Sandro Penna (1906–   )

unit II

LA DOLCE VITA

unit outline

CAPITOLO 5

Dialogo

Elena e Maria sono due ragazze italiane che frequentano una «business school» negli Stati Uniti e abitano in una città americana con molte persone di origine italiana. Hanno la passione della cucina e desiderano preparare una ricetta italiana. Un giorno, per fare la spesa, vanno al mercato italiano della città.

ELENA: Ecco il mercato italiano. Qui si trova tutto per fare gli spaghetti alla carbonara.

MARIA: Se andiamo da Ambrogio, «il re del formaggio», troviamo il parmigiano e la pancetta. A casa ho già gli spaghetti e le uova.

ELENA: È una buona idea andare da Ambrogio. Ci vado spesso a fare la spesa. È quasi come in Italia.

MARIA: Buon giorno, Ambrogio, come sta?

AMBROGIO: Ah, le signorine italiane; bene grazie, e voi?

MARIA: Anche noi stiamo bene, grazie. Ha del parmigiano e della pancetta? Se non ha pancetta, il «bacon» *fa lo stesso.* it's all the same Quanto? Vediamo . . . un *etto* di ciascuno. 1/10 of a kilo

AMBROGIO: Ecco il parmigiano ed ecco la pancetta per gli spaghetti alla carbonara.

ELENA: Bravo, Ambrogio! Solo un re del formaggio capisce qual è la ricetta quando dà la roba ai clienti.

domande

1. Dove abitano Elena e Maria? Perché sono negli Stati Uniti?
2. Perché c'è un mercato italiano in quella città? Conosci tu un mercato italiano? Ci sono mercati americani in Europa?
3. Quale passione hanno Elena e Maria? E tu?
4. Conosci delle ricette italiane?
5. Quali cucine conosci? Quale preferisci?
6. Fai colazione ogni giorno?
7. Chi sta a dieta, mangia pasta? Mangi tu molta pasta?
8. Perché è bravo Ambrogio?
9. Quali ingredienti si usano per fare gli spaghetti alla carbonara?
10. Qual è un tipico piatto americano? Come si prepara?

Hanno la passione della cucina.

Grammatica

I. Il presente di andare, fare, stare e dare (The present tense of **andare,** to go; **fare,** to do; **stare,** to stay; and **dare,** to give)

These four verbs are the only verbs in **-are** to be irregular in the present tense. Their stems are variable, but note that the endings are the same for all four, as follows:

andare		fare	
vad-**o**	and-**iamo**	facci-**o**	facc-**iamo**
v-**ai**	and-**ate**	f-**ai**	f-**ate**
v-**a**	v-**anno**	f-**a**	f-**anno**

stare		dare	
st-**o**	st-**iamo**	d-**o**	d-**iamo**
st-**ai**	st-**ate**	d-**ai**	d-**ate**
st-**a**	st-**anno**	d-**à**	d-**anno**

esercizio

Dare la forma corretta del verbo.

1. Maria va al mercato oggi (anche noi; Piero e Mauro; anch'io; voi)
2. Gli studenti fanno gli spaghetti alla carbonara (io; tu; Elena e Maria; Ambrogio)
3. Oggi il professore sta bene (gli studenti; noi, le zie; voi, tu)
4. Ambrogio dà la pancetta a Elena (lo zio Mario; la cuoca; noi; io)

A

II. Use of the prepositions **a, da, di, in, su,** and **con**

The preposition **a** precedes the indirect object: it indicates *in,* *to,* or *at* a place, *to* a person or thing. It is always used with cities and towns to indicate *in* and *to.*

Abito a New York.
I live in New York.

Sono a letto.
I'm in bed.

Vado a Roma / all'aeroporto / al cinema / al mercato italiano / alla stazione.

I'm going to Rome / to the airport / to the cinema / to the Italian market / to the station.

Sto a casa oggi.
I'm staying at home today.

Passo l'estate al mare.
I spend the summer at the shore.

Diamo la ricetta a Maria / allo studente / alla signora Child.
We give the recipe to Maria / to the student / to Mrs. Child.

It is also used with the following expressions of *place:*

Vado a casa / a scuola / a letto / a teatro / al mare / al cinema / all'ospedale.
I'm going home / to school / to bed / to the theatre / to the shore / to the movies / to the hospital.

Although most expressions of a means of going somewhere are introduced by **in** (see below), two such expressions are introduced by **a:**

Torniamo a casa a piedi.
We return home on foot (walking).

Perché non andiamo a cavallo?
Why don't we go on horseback?

DA

The preposition **da** indicates *from* a place or person, *by* a person or thing. It is also used to mean *at someone's house, place,* like the expression "chez," in French. When it precedes an infinitive, it indicates that there is need or obligation to do the action expressed by the infinitive.

Pietro arriva da Roma oggi.
Pietro is arriving from Rome today.

La sfilata va dalla stazione alla Biblioteca Nazionale.
The procession goes from the station to the National Library.

La professoressa riceve una mela dallo studente.
The teacher receives an apple from the student.

La lettera è firmata dal direttore.
The letter is signed by the director.

Andiamo da Ambrogio.
We're going to Ambrogio's.

Cappuccetto Rosso va dalla nonna.
Little Red Riding Hood is going to her grandmother's house.

Abbiamo molto da comprare al mercato.
We have a lot to buy at the market.

C'è sempre troppo da mangiare dai cugini.
There's always too much to eat at the (our) cousins' house.

DI

The preposition **di** indicates:

possession: Ecco il negozio di Ambrogio. *There's Ambrogio's shop.*
Elena è l'amica di Maria. *Helen is Mary's friend.*

origin: Molti piatti americani sono di altri paesi. *Many American dishes are from other countries.*
Di dove sei?—Sono di Bari e mi chiamo Nicola. *Where are you from?—I am from Bari, and my name is Nicholas.*

about: A tavola si parla di tutto. *At the table, one talks about everything.*

some: Del formaggio? *Some cheese?*

See also, p. 90

IN

The preposition **in** indicates *into*, or *to* a place. With countries, it is always used to indicate both *in* and *to*.

La mamma è in cucina.
Mom's in the kitchen.

Le signore entrano nel negozio di generi alimentari.
The women go into the food store.

Vado in Italia ogni estate.
I go to Italy every summer.

Many expressions of place are introduced by **in:**

Vado in città   in montagna
      in chiesa   in ufficio
      in biblioteca in salotto
      in campagna   in camera
      in cucina   in casa

Most expressions of means of going are introduced by **in:**

Andiamo in auto/macchina in pullman (*bus*)
         in treno   in barca (*boat*)
         in tram   in piroscafo (*ferry*)
         in autobus   in bicicletta
         in aereo

SU

The preposition **su** indicates *on:*

Sul tavolo ci sono dei bicchieri di vino.
On the table there are some glasses of wine.

It also indicates *on* in the sense of *about:*

Ho un libro sulle origini della cucina messicana.
I have a book on the origins of Mexican cooking.

CON

The preposition **con** generally means *with.* The only forms that are normally contracted with an article are **col** (**con il**) and **coi** (**con i**).

Gli spaghetti alla carbonara si fanno con formaggio e pancetta.
Spaghetti alla carbonara is made with cheese and bacon.

Piero è in giardino con i (coi) bambini.
Piero is in the garden with the children.

Il cane gioca con il (col) gatto.
The dog plays with the cat.

esercizio   Dare la forma corretta della preposizione (articolata o no).

1. Oggi andiamo in posti diversi: la mamma va _____ dentista; gli zii vanno _____ caffè; io vado _____ mare; i bambini vanno _____ zoo; Roberto va _____ cinema con gli amici; e le zie vanno _____ stadio a vedere una partita di calcio.

2. Parliamo spesso di cose diverse: Pietro parla _____ partita di baseball; la mamma parla _____ cucina francese; il papà parla _____ clienti; i bambini parlano _____ animali; ed io parlo _____ amore!

3. Oggi c'è molto movimento in città: dei signori scendono _____ autobus e entrano _____ ufficio; dei bambini partono _____ casa e vanno _____ scuola; delle signore entrano _____ negozi, _____ farmacie, _____ chiese, e _____ caffè. Altre persone sono sedute _____ panchine _____ giardino pubblico.

4. _____tavolo ci sono molti bicchieri e molte bottiglie. _____bottiglie c'è vino e _____bicchieri non c'è ancora niente.

5. Lo zio scrive un libro _____storia gastronomica _____mondo. Oggi fa una conferenza _____spaghetti scoperti _____Marco Polo.

6. Il padre di Luisa va _____ufficio ogni giorno ma il padre di Antonella sta _____casa.

7. Siamo fortunati, abbiamo una casa _____montagna e un'altra _____mare.

8. Pietro va _____lezione _____bicicletta; Maria va _____piedi; il professore va _____macchina e io vado _____autobus.

9. Stasera non andiamo _____teatro, andiamo _____cinema.

Abbiamo molto da comprare al mercato.

III. Come si dice «some» (Some ways to say some)

1. The partitive (**di** + a singular article) can be used to express an unspecified or undetermined quantity:

C'è del vino nel frigo.
Metto dello zucchero nel caffè.

Before mass nouns (indicating quantities not composed of single units: time, not hours; bread, not loaves) the phrase **un po' di** may be used instead of the partitive. **Un po' di** is also used before **questo** or **quello**:

Perché non compriamo un po' di pane al mercato?
Si beve sempre un po' di vino a pranzo.
La signora desidera un po' di questo formaggio?

2. In the plural (**di** + plural article) the partitive can be seen as the plural form of the indefinite article:

Invitiamo un'amica alla festa.   Invitiamo delle amiche alla festa.
Conosco un italiano.   Conosco degli italiani.

The adjectives **alcuni** (masculine) and **alcune** (feminine) are also used to express some in the plural. These adjectives may also be used before **questo** or **quello**. They must be used with any expression using **di**.

Ci sono alcuni negozi al mercato.
Ho bisogno di alcuni fogli di carta.
Conosciamo alcune regioni d'Italia.
Compro alcuni libri. Compro alcuni di questi libri.

3. The adjective **qualche** is always used with a singular noun but it expresses the plural idea of some:

Abbiamo bisogno di qualche lezione d'italiano prima di andare in Italia.
Conosci qualche buona ricetta?

4. As a general rule, some is expressed in positive sentences and may be expressed in questions. It is not expressed, however, in the negative:

Ho degli amici in Inghilterra.
Hai (degli) amici in Messico?
Non ho amici in Francia.

The appropriate form of the negative adjective **nessun** may be used in a negative sentence to indicate not . . . any:

Non ho nessun amico in Francia.

Ha del parmigiano e della pancetta?

esercizio   Mettere una forma di «some».

1. Non ho fame. Prendo _____ insalata, _____ frutta e basta.

2. Papà ordina _____ acqua minerale, _____ spaghetti e
   _____ formaggio.

3. Conosco _____ avvocato e _____ ingegnere in questa città ma
   non conosco _____ medico.

4. Passiamo _____ ore insieme. Leggiamo _____ libri,
   _____ riviste e _____ giornali.

5. A Firenze ci sono _____ palazzi, _____ musei,
   _____ chiese, e _____ giardini.

6. Prendete _____ latte? No, ma prendiamo _____ aranciata.

7. A New York c'è _____ grattacielo, no?

FARE

Gli studenti **fanno il compito** volentieri!

I giornalisti **fanno delle domande** difficili al presidente.

Al mare **facciamo il bagno** ogni giorno.

La mattina, prima si **fa il bagno**, poi **la colazione**.

Jane desidera **fare la conoscenza** di Dick.

Hai fretta? **Facciamo presto!** Non c'è tempo da perdere.

Il professor Schweitzer **fa una conferenza** oggi.

Se **facciamo le valigie** poco prima di partire, poi bisogna **fare presto**.

Penso di **fare un viaggio** in Canada quest'estate.

Giorgio **fa il meccanico** perché adora le macchine; il fratello Filippo **fa
il medico**.

Troppo zucchero **fa male** al corpo; correre **fa bene** al corpo!

Faccio una fotografia a Marcello.

Fa bello! Perché non **facciamo una passeggiata**?

Elena e Maria vanno al mercato a **fare la spesa**.

STARE

Oggi **sto bene**. E tu, come **stai**?

È uno studente bravissimo: **sta** sempre **attento** a lezione.

I bambini **stanno fermi** raramente; fanno sempre qualcosa.

Perché parli sempre? Non **stai** mai **zitto**?

Alla stazione alcune persone **stanno in piedi**, altre **stanno sedute**, ma
tutte aspettano il treno.

DARE

Io **do del Lei** al professore ma lui **dà del tu** agli studenti.

Quando si **fa la conoscenza** di una persona si **dà la mano**.

Ogni anno **diamo una festa** per il compleanno della nonna.

La musica rock **dà noia** al professore di musica.

Il fumo **dà fastidio** a molta gente.

ANDARE

When an infinitive form of the verb follows **andare**, it is preceded by **a**:

Adesso **andiamo a** casa **a** mangiare.

Vado a comprare del formaggio.

Vanno al cinema **a** vedere un film.

esercizio

Rispondere alle domande.

1. Fai il compito ogni giorno?
2. Stai sempre bene?
3. Che cosa dà fastidio alla professoressa?

4. Chi fa molte domande?
5. Fai colazione ogni giorno?
6. Chi non sta attento in classe?
7. A chi dai del tu?
8. A chi dai del Lei?
9. Quando fai presto?
10. Al cinema, stai zitto durante il film?

Esercizi, dialoghi, attività

1. Domandare, rispondere, riassumere, sviluppare (*Transformational drill*).

PROFESSORE: Vai spesso a New York?
STUDENTE 1: No, non vado spesso a New York.
PROFESSORE: Lui va spesso a New York?
STUDENTE 2: No, lui non va spesso a New York.
PROFESSORE: E tu, vai spesso a San Francisco?
STUDENTE 3: Sì, io vado spesso a San Francisco.
CONTINUAZIONE . . .
        nomi di città e di paesi diversi
        fare (il compito, una passeggiata)
        dare (del tu, del Lei)
        stare a casa (il weekend, la sera)

2. Descrivere una giornata tipica usando le seguenti espressioni.

mangiare (la mattina, a mezzogiorno, la sera)
studiare
andare a scuola
parlare con gli amici
giocare (a tennis, a pallacanestro, a calcio, ecc.)
guardare la televisione
stare a casa
andare al cinema
andare dagli amici

3. Dove si va . . .

in barca?   in macchina?
in treno?   in aereo?
in bicicletta?   a piedi?
a cavallo?   in pullman?

4. Dare una forma di «some».

1. Ci sono _____ studentesse francesi in questa classe.

2. Ordiniamo _____ biscotti e _____ tè al bar.

3. È uno studente eccezionale, ha sempre _____ mele per la professoressa.

4. Ha _____ libro della biblioteca a casa.

5. Perché?

Esempio: . . . andiamo al cinema?
    Andiamo al cinema a vedere un film.

1. andiamo in biblioteca?
2. andiamo in cucina?
3. andiamo a scuola?
4. andiamo in ufficio?
5. andiamo al mare?

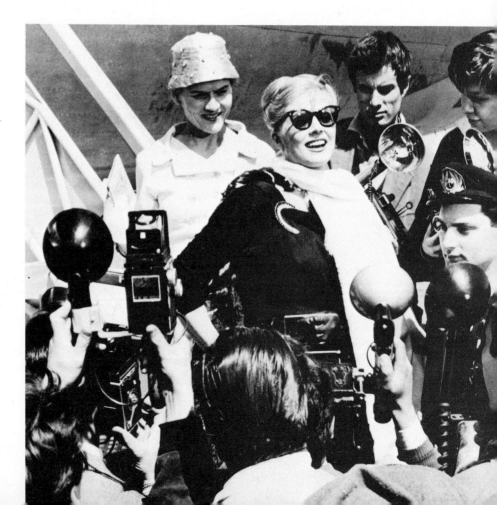

A chi si dice la verità?

6. Quando e perché?

Esempio: si va a letto?
   Si va a letto la sera a dormire.

1. si va in campagna?
2. si va al mercato?
3. si va in giardino?
4. si va a Roma?
5. si va in America?

7. Domandare a un altro studente . . .

1. dove va ogni estate.
2. che cosa si mangia in un ristorante italiano (francese, greco, cinese, americano).
3. che cosa fa durante le vacanze.
4. perché dà regali al professore.
5. quando sta bene e quando sta male.
6. che cosa è la dolce vita.

8. Dare la forma corretta delle preposizioni articolate o semplici.

1. _____amici si mangia sempre bene.

2. Abito _____Stati Uniti ma vado spesso _____Messico.

3. _____tavola c'è _____riso, _____insalata e

   _____formaggio.

4. Vado _____cinema _____amiche.

5. _____giardini giapponesi ci sono sempre _____fiori e

   _____piccoli alberi.

6. Secondo _____scrittori di fantascienza _____luna si trova

   _____formaggio verde.

7. _____classe d'italiano si parla _____politica,

   _____tempo, _____cucina, _____filosofia e

   _____vita in generale!

8. A Natale si dà un regalo _____genitori, _____fratelli,

   _____sorelle e _____amici.

9. Rispondere alle domande.

1. A chi si dice la verità?
2. Dove si va per mangiare bene?
3. A chi si dà del Lei? Del tu?
4. Come si fa un bel viaggio?
5. Dove si va per fare una bella passeggiata?
6. Da chi ricevi molti regali?

10. Tradurre.

1. What is the *difference* (**differenza**) between Italian coffee and American coffee?
2. In the U.S. we do not eat much *at noon* (**a mezzogiorno**): some *sandwiches* (**panini**), some *fruit* (**frutta**), and that's all.
3. Tourists don't pay attention when they are sleepy and hungry.
4. Do you bathe in *milk* (**latte**)? It's good for the body!
5. Do you wish to meet the *Queen of England* (**la regina d'Inghilterra**)? She lives in an old and famous *palace* (**palazzo**).
6. In Florence the *noise* (**rumore**) of the cars and buses is bothersome.
7. What bothers the professor?
8. At the museum some people are sitting in front of *the Mona Lisa* (**La Gioconda**).

11. Dialoghi da sviluppare: Una conversazione fra due amici. Parlano di . . .

un viaggio in Italia.
un viaggio su un altro pianeta.
un viaggio gastronomico.
un viaggio nelle capitali culturali del mondo.

Che cosa è la dolce vita?

Lettura

mangiare

L'uomo e la donna non vivono di pane soltanto, ma anche di carne, pesce, verdura, pasta, riso, burro, latte, vino, frutta, dolci e altro. Mangiare è un'occupazione comune a persone di ogni razza e lingua, di ogni religione e ideologia. Si parla di mangiare in casa e per strada, in treno e in aereo, nei giornali e alla radio, al cinema e al ristorante, in Cina e in Francia, in Australia e in America, in Russia e in Italia.

I pasti *scandiscono* la giornata, regolano il lavoro, definiscono una cultura. «A tavola non s'invecchia»* dice il proverbio. A tavola si celebrano compleanni e matrimoni, si prepara la politica, si decide l'economia.

scandire (isc) = to break up, pace, regulate

In Italia di solito la gente fa tre pasti: la mattina, a mezzogiorno, la sera. Il pasto della mattina è leggero e si chiama prima colazione. A mezzogiorno c'è il pranzo e alla sera la cena. Fare uno spuntino vuol dire mangiare qualcosa fuori dei pasti principali. La cucina italiana ha caratteristiche regionali e quindi varia di regione in regione. Un pranzo di solito comincia con l'antipasto; c'è poi il primo piatto di pasta o riso o minestra; il secondo piatto di carne o pesce; la verdura; il dolce e la frutta. Chi *sta a dieta* fa poco uso della pasta. Quando si va a tavola è *buona usanza* dire «Buon appetito!»

stare a dieta = to be on a diet
good manners, polite

domande

1. Che cosa si mangia, oltre il pane?
2. Mangiare è un'occupazione rara o comune?
3. Che cosa dice il proverbio circa la tavola? Che cosa vuol dire?
4. Com'è un tipico pranzo italiano? Com'è un tipico pranzo americano?
5. Che cosa si dice quando si va a tavola in Italia? In America?
6. Che differenza c'è tra la prima colazione italiana e americana?
7. Di solito, in Italia, quanti pasti si fanno? Quali sono? E negli Stati Uniti? E in altri paesi?
8. Quando si serve l'antipasto? E l'insalata?
9. Preferisci il dolce o la frutta alla fine del pasto?
10. Tu mangi fuori dei pasti principali? Che cosa mangi?
11. Come traduci e come spieghi queste espressioni a un amico italiano? «kitchen cabinet»; «a loaf of bread, a jug of wine, and thou».

*__A tavola non s'invecchia__ is a proverb meaning, literally "you do not grow old at the table" ("Eat well and stay young").

Temi da discutere e svolgere.

1. Un pranzo tipico dai genitori.
2. Una cena dagli amici.
3. La ricetta preferita.
4. La cucina dietetica.

Spaghetti alla carbonara

Dosi per 4 persone

Ingredienti; 400 grammi di spaghetti; 3 uova; 100 grammi di pancetta o «bacon»; 100 grammi di formaggio parmigiano grattugiato; 50 grammi di burro; sale; pepe.

1. Mettere sul fuoco una pentola, quasi piena d'acqua. Quando l'acqua bolle, mettere dentro due cucchiai di sale. Aggiungere gli spaghetti e cucinare «al dente».
2. In una padella, tostare la pancetta o il «bacon».
3. In una terrina, battere leggermente le uova con una forchetta; aggiungere del formaggio parmigiano grattugiato e del pepe.
4. Scolare gli spaghetti.
5. Rimettere gli spaghetti nella pentola e aggiungere il contenuto della padella (pancetta o «bacon» con un po' di grasso).
6. Rimettere la pentola sul fuoco; aggiungere le uova e il burro; mescolare tutto lentamente per circa 2 minuti.
7. Versare gli spaghetti nei piatti. Si beve vino rosso.

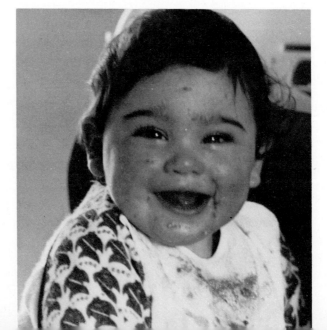

C'è sempre troppo da mangiare dai cugini.

Vocabolario

Nouns

l'amore, m. love
l'autobus (gli autobus), m. bus
avvocato lawyer
il bar (i bar) bar
barca boat
biblioteca library
biscotto cookie
burro butter
la carne meat
cavallo horse
chiesa church
il, la cliente client
la colazione breakfast; lunch
compleanno birthday
il, la dentista (pl. -i/-e) dentist
dieta diet
il dolce dessert
economia economy
farmacia drugstore
fastidio bother
la fine end
giardino garden
grattacielo skyscraper
idea idea
l'ingegnere, m. engineer
l'ingrediente, m. ingredient
insalata salad
letto bed
la mano (le mani) hand
matrimonio marriage, wedding
il mare sea
mela apple
mercato market
mezzogiorno noon
minestra soup
mondo world
movimento movement
museo museum
negozio store
ora hour
l'origine, f. origin
palazzo palace
panchina bench
passeggiata walk, stroll
la passione passion
persona person

pesce fish
piatto dish; plate
il piede foot
piroscafo steamship
posto place
pranzo lunch; dinner
il pullman (i pullman) bus
quarto quarter
razza race
il re (i re) king
regalo gift
regina queen
ricetta recipe
riso rice
rivista magazine
roba stuff, things
salotto living room
scoperta discovery
spesa shopping
tè tea
il tram (i tram) tram, trolley
treno train
l'uomo (gli uomini) man
uovo (le uova) egg
usanza use; custom, manners
uso use
verdura vegetable
verità (le verità) truth
zoo zoo

Verbs

andare to go
celebrare to celebrate
dare to give
decidere to decide
definire (isc) to define
entrare to enter
fare to do
firmare to sign
invecchiare to get old
ordinare to order
prendere to take
preparare to prepare
regolare to regulate
stare to stay
usare to use
uscire to go out

variare   to vary
venire (vengo)   to come
vivere   to live

Adjectives

ciascuno   each
comune   common
dietetica   dietetic
eccezionale   exceptional
fortunato   fortunate
leggero   light
preferito   favorite

pubblico   public
raro   rare
secondo   second
tipico   typical

Others

ancora   yet
basta!   enough!
niente   nothing
quasi   almost
quindi   thus, so
spesso   often

CAPITOLO 6

Dialogo

Paul è un giocatore di pallacanestro americano che gioca per una squadra italiana. Una mattina entra in una latteria di Ravenna.

PAUL:	Buon giorno. Posso avere un bel bicchiere di latte fresco?
LATTIVENDOLA:	Vuole *latte magro* o *grasso*?
PAUL:	Grasso. *Devo mettere su peso.*
LATTIVENDOLA:	Ecco a Lei.

Margine: skim milk, whole milk
to put on weight

Dopo qualche minuto:

PAUL:	Un altro bicchiere, per favore. Mi piace molto.
LATTIVENDOLA:	E a me piacciono le persone che bevono latte. Purtroppo Giovanni, il mio uomo, non beve mai latte. Preferisce il vino.
PAUL:	Mi piace bere latte tutto il giorno. Un altro bicchiere, per piacere.
LATTIVENDOLA:	C'è della gente che beve solo vino. Quella gente frequenta l'osteria e non la latteria. Quella gente non mi piace.
PAUL:	Mi piace il latte, il burro, il formaggio, la mozzarella. Mi piacciono le mucche, le capre, le stalle, i prati.
LATTIVENDOLA:	Non mi piace il vino. Cerco un uomo romantico che vuole latte a tutte le ore, a tutti i pasti.
PAUL:	Sono io quell'uomo. E mi chiamo Paul.
LATTIVENDOLA:	Io sono Francesca.
PAUL:	Francesca, vogliamo andare in campagna a bere latte fresco di vacca?
FRANCESCA:	Volentieri, Paul, ma prima devo chiudere il negozio.

Da quel giorno, ogni giorno, Paul e Francesca si incontrano, grazie al latte.

Andiamo in campagna a bere latte fresco?

domande

1. Perché Paul è in Italia?
2. Perché entra in una latteria?
3. Che cosa piace a Paul? E a Giovanni?
4. Perché Francesca chiude il negozio?
5. Ti piace il latte? Ti piace la vita in campagna?
6. Perché Paul è un uomo romantico, secondo Francesca? Sei tu una persona romantica? Perché?
7. Esistono le latterie negli Stati Uniti? Dove si compra il latte? E il formaggio?
8. Cosa bevi la mattina? Cosa bevi la sera?

Grammatica

I. Il presente di *dovere*, *volere* e *potere* (The present tense of ***dovere***, *to have to, to be supposed to, must;* ***volere***, *to want;* and ***potere***, *to be able to*)

Dovere, volere, and **potere,** which are sometimes called *modal auxiliaries* because they express the mood of the infinitive that follows them, are irregular in the present tense and their forms must be memorized. Notice, however, the similarities in the conjugations:

dovere		**volere**	
(to have to)		*(to want)*	
devo	dobbiamo	voglio	vogliamo
devi	dovete	vuoi	volete
deve	devono	vuole	vogliono

potere	
(to be able to)	
posso	possiamo
puoi	potete
può	possono

Devo andare in biblioteca.	*I must go to the library.*
Devono arrivare stasera.	*They are supposed to arrive tonight.*

Non voglio studiare adesso.	*I don't want to study now.*
Vuoi andare in campagna?	*Do you want to go to the country?*

Dove posso trovare una latteria?	*Where can I find a **latteria** (dairy bar)?*

Non vogliono andare in biblioteca.

Il telefono è guasto; non possiamo telefonare alla zia.   *The phone is out of order, we can't telephone our aunt.*

Puoi venire con me stasera?   *Can you come with me tonight?*

When **dovere** is used without an infinitive following it, it means *to owe.*

Perché devi tanti soldi alla banca?
Why do you owe so much money to the bank?

Volere can also be used without an infinitive:

"Voglio una donna."   *"I want a woman." (Fellini's Amarcord)*
Ti voglio bene.   *I love you.*

esercizio

Riscrivere le frasi con i diversi soggetti fra parentesi.

1. Paul deve correre ogni giorno. (tutti i giocatori; noi; tu; voi)
2. Non possiamo capire l'amore folle. (io; Giulietta e Romeo; i bambini; un adulto)
3. Voglio trovare un uomo romantico. (voi; noi; le fanciulle)
4. Posso leggere questo romanzo? (le ragazze; noi; Paolo e Francesca)
5. Devi tornare a casa subito! (io; noi; i bambini; il cane)
6. Vuole due altri bicchieri di latte. (i gatti; voi; la donna innamorata)

II. Possessivi
(Possessives)

The possessive in Italian can be used both as an *adjective* (modifying a noun: *It's* **my** *book*) and as a *pronoun* (standing in place of a noun: *It's* **mine**). The forms are the same for both adjectives and pronouns. These

Voglio trovare un uomo romantico.

forms must agree in both number and gender with the thing or person possessed:

masculine		feminine	
singular			
il mio libro	il nostro libro	la mia casa	la nostra casa
il tuo libro	il vostro libro	la tua casa	la vostra casa
il suo libro	il loro libro	la sua casa	la loro casa
plural			
i miei libri	i nostri libri	le mie case	le nostre case
i tuoi libri	i vostri libri	le tue case	le vostre case
i suoi libri	i loro libri	le sue case	le loro case

A Paolo piace il suo cane. A Francesca piace il cane di Paolo, ma preferisce il suo.
Paolo likes his dog. Francesca likes Paolo's dog, but she prefers hers.

Questo libro è tuo? —Sì è mio. Il tuo è in giardino.
Is this your book? —Yes, it's mine. Yours is in the garden.

I miei amici sono contenti. E i tuoi?
My friends are happy. And yours?

esercizio

Dare la forma corretta del possessivo.

1. Ma no! Francesca è _____ amica, non è _____ !

2. Noi preferiamo _____ modo di vivere e voi preferite _____ .

3. Andate in campagna con _____ amiche?

4. I bambini giocano con _____ amici, lo zio legge _____ giornale, e papà guarda _____ programma preferito alla televisione.

5. Io voglio dare tutto _____ amore a un uomo perfetto.

The article of the possessive adjective is omitted with singular, unmodified nouns referring to family members.

Mia madre è a casa adesso e anche mio padre.
My mother is at home now and also my father.

Perché tuo fratello non viene al cinema con noi?
Why doesn't your brother come to the movies with us?

But notice that the article must be used if the noun referring to the family members is plural, if it is modified, or if it is accompanied by **loro**:

I miei genitori sono molto generosi.
La sua bella sorella arriva oggi da Parigi.
Il loro cugino è sempre da Giulietta.

esercizio   Completare le frasi.

> **Esempi:** (La loro cugina) *La loro cugina è bellissima.*
> (La mia vecchia macchina) *La mia vecchia macchina non è bella ma mi piace lo stesso.*

1. Il tuo professore di storia dell'arte . . .
2. Negli Stati Uniti, le nostre biblioteche . . .
3. Il mio libro preferito . . .
4. I nostri ricordi . . .
5. La vostra squadra . . .
6. La mia vita . . .
7. Conosco Paul. La sua ragazza . . .
8. Mio fratello . . .
9. I miei genitori . . .
10. Le loro ricette . . .

III. *Mi piace* and indirect object pronouns

To say that you like something in Italian you use the expression **mi piace**, *I like*, (literally: *(something) is pleasing to me*). For the different persons, the expression is used as follows:

	singular	**plural**
1st person	**mi** piace	**ci** piace
2nd person	**ti** piace (*informal*)	**vi** piace
	Le piace (*formal*)	
3rd person	**le** (*fem*) / **gli** (*masc*) piace	piace **loro** / **gli** piace

> **Esempi:** Mi piace il latte. *I like milk.*
> Mi piace bere latte tutto il giorno. *I like to drink milk all day.*

If the thing or person liked is in the plural, the verb form changes to **piacciono**:

Mi piacciono le mucche e i prati.
I like cows and fields.

In a negative sentence, **non** precedes the personal pronouns (**mi, ti, ci, le, gli**):

Non mi piace quella gente.
I don't like those people.

> **Altri esempi:** Mi piace il formaggio italiano ma non mi piacciono i formaggi francesi!
> Ti piace correre?
> Non vi piacciono gli spaghetti? —Sì, ci piacciono molto!
> Non le piace Giovanni perché beve sempre vino.

The pronouns (**mi, ti, gli,** etc.) that accompany **piacere** are indirect object pronouns, "pronomi oggetto indiretto." They may be used with other verbs that take an indirect object. The indirect object is usually introduced by **a:**

Il professore dice la verità agli studenti.	*The professor tells the students the truth.*
Il professore dice loro (gli dice) la verità.	*The professor tells them the truth.*

Notice that **loro** is the only one of the indirect object pronouns that follows the verb. Perhaps that is why in speech it is often replaced by **gli,** which used to be used only for the third person singular.

La professoressa parla a te e a me ogni giorno.	*The professor speaks to you and me every day.*
La professoressa ci parla ogni giorno.	*The professor speaks to us every day.*

Notice that **io** and **tu** become **me** and **te** when they follow a preposition. All other pronouns retain their subject form: **a noi, per voi, da lui, di lei,** etc. In the sentence above, the **me** and **te** are placed *after* **a** for emphasis; normally the indirect object pronouns would be used:

La professoressa **mi** parla.

L'uomo italiano è capace di sottile seduzione e grazia.

esercizi

1. La classe è divisa in gruppi di due studenti che si fanno le seguenti domande. Uno studente, poi, riferisce alla classe la risposta dell'altro studente (*In groups of two, ask each other the following questions. Then, report the other person's likes and dislikes to the rest of the class*).

1. Che tipo di musica ti piace?
2. Che tipo di cucina ti piace?
3. Che cosa non ti piace?
4. Quale sport ti piace fare?
5. Ti piacciono i gelati?

2. Rispondere alle domande con un pronome oggetto indiretto.

Esempio: Telefoni alla nonna ogni settimana?
—Sì, *le telefono ogni settimana.*

1. Mandi una cartolina agli amici?
2. Insegni la grammatica al professore?
3. Dai del Lei al cane?
4. Offri un caffè all'amico?
5. Ti piace dormire in classe?

IV. *Ci, Vi* (There)

You have already met **ci**, meaning *there*, in the expressions **c'è** and **ci sono**. When referring back to a place or an expression introduced by **a**, we also use **ci**, (and, more rarely, **vi**). The **ci** is placed directly before the conjugated verb or it is attached to the end of the infinitive form:

Vai a Roma? —Sì, ci vado.

Dobbiamo andare dal dentista?
—Sì, ci dobbiamo andare oggi. **o**
Sì, dobbiamo andarci oggi.

Vuoi andare al mare? —Sì, voglio andarci **o** Sì, ci voglio andare.

Pensi alla lettera di Paolo? —No, non ci penso.

esercizio

Rispondere alle domande.

1. Vai al cinema questo weekend?
2. Vai a lezione stasera?
3. Devi andare in banca oggi?
4. Puoi andare in Italia questa settimana?
5. Ti piace andare dal dentista?
6. Vuoi andare in discoteca?
7. Pensi spesso all'amore?
8. Quando torni a casa?

V. Nomi irregolari
(Irregular nouns)

By now you will have noticed that there are certain nouns that do not follow the regular patterns presented in Chapter 1.

Two major categories of irregular nouns are those that are accented on the final syllable and those that end in a consonant. These nouns do not have separate plural forms. The plural is indicated only by the plural article and/or a plural adjective:

Quest'università è molto grande. Anche in Europa **le università** sono grandi.
Quante **belle città** conosci tu? **Quella città** è brutta.
Vedo **un film** italiano ogni settimana. **I film** cinesi non si vedono molto spesso negli Stati Uniti.
Ci sono ancora **tram** in questa città? C'è soltanto **un tram** storico.
Gli sport dove sono popolari?
Il re di Oz è un mago ma non tutti **i re** sono maghi.

A third category of irregular nouns are the masculine nouns that end in **-a** in the singular, and in **-i** in the plural:

il program**a/i** programmi   **il** poet**a/i** poeti
il turist**a/i** turisti   **il** giornalist**a/i** giornalisti

The noun **cinema** is an exception: it is masculine, ends in **-a** and has no separate plural form!

Perché non andiamo al **cinema** stasera? A Peoria ci sono molti **cinema!**

Esercizi, dialoghi, attività

1. Domandare, rispondere, riassumere, sviluppare.

A. PROFESSORE: Dove vuoi andare quest'estate?
STUDENTE 1: Voglio andare in California.
PROFESSORE: Dove vuole andare lei?
STUDENTE 2: Vuole andare in California.
PROFESSORE: E tu?
STUDENTE 3: Io voglio andare in Italia.

CONTINUAZIONE . . .
Che film vuoi vedere?
Che libro vuoi leggere?
Che persona vuoi conoscere?

B. CONTINUAZIONE . . .

Devi scrivere una lettera?
Che libro devi leggere?
Che compito devi fare?
Dove devi andare dopo la lezione?

C. CONTINUAZIONE . . .

Che lingue puoi capire? scrivere? parlare?
Che poesie puoi recitare?
Che favola puoi raccontare?
A che età si può votare?

2. Completare le frasi seguenti.

Esempio: Io devo studiare . . .
Io devo studiare *ma voglio andare al cinema.*

1. Dobbiamo imparare la grammatica ma . . .
2. Devo incontrare il mio amico ma . . .
3. Gli studenti devono scrivere un tema ma . . .
4. Voi dovete andare in ufficio ma . . .
5. Posso andare alla lezione di matematica ma . . .
6. L'attore deve recitare Hamlet ma . . .
7. Posso telefonare stasera ma . . .
8. La lattivendola deve lavorare ogni giorno ma . . .

3. Tradurre il possessivo tra parentesi.

1. (My) _____ amici sono tutti eccezionali.

2. Ti piace (her) _____ nuova gonna?

3. Leggiamo (his) _____ libro in classe.

4. (Our) _____ parenti abitano a _____ .

5. (Their) _____ ragioni non sono convincenti.

6. (Their) _____ musica non mi piace.

7. Voglio (my) _____ soldi!

8. Capisci (my) _____ punto di vista?

4. Completare le frasi.

Esempio: Se sono a Firenze . . .
Se sono a Firenze *devo vedere il Duomo e posso andare agli Uffizi.*

1. Se andiamo in Cina . . .
2. Se mangiamo in un ristorante cinese . . .
3. Se gli studenti studiano l'italiano . . .
4. Se la professoressa spiega bene la lezione . . .
5. Se il sindaco governa bene . . .
6. Se tu ami la tua amica . . .
7. Se mi piace un libro . . .
8. Se un autore vuole scrivere un romanzo . . .

5. Un'intervista. La classe è divisa in gruppi di due studenti: uno è una persona famosa di oggi o del passato, l'altro è un giornalista (*An interview. In groups of two, conduct interviews. One of the two plays the role of a famous person, historical or contemporary; the other plays a journalist who specializes in personal interviews*).

6. Formare delle frasi, usando i possessivi.

Esempio: (madre . . . giovane) Sua *madre è giovane. Lei ha solo 35 anni!*

1. classe d'italiano . . . affascinante
2. immaginazione . . . fertile
3. cugini . . . divertenti
4. idee . . . originali
5. vestiti . . . chic
6. zio . . . generoso

7. Domandare a un altro studente . . .

1. quale film (libro / professore / paese / attore) gli piace.
2. quale macchina (attrice / rivista / città) gli piace.
3. che cosa deve fare quest'estate.
4. che cosa vuole fare quest'estate.
5. se deve soldi a qualcuno.
6. che cosa si può vedere dalla finestra.

La donna italiana è considerata dolce e forte allo stesso tempo.

8. Immaginare la prima parte delle seguenti frasi.

Esempio: *Mi piace Dante* ma preferisco Petrarca.

1. . . . ma preferisco l'italiano.
2. . . . ma preferisci i Beatles.
3. . . . ma preferiscono il caffè italiano.
4. . . . ma preferisce la vita solitaria.
5. . . . ma preferisco l'archittetura gotica.
6. . . . ma preferiamo la cucina messicana.
7. . . . ma preferiamo i romanzi di Agatha Christie.
8. . . . ma preferisce la mia compagnia.

9. Tradurre.

1. I like to go to the movies with my friends.
2. Dante says to Beatrice: You are my love.
3. American women want their *freedom* (libertà) but they must work too.
4. Juliet wants *to marry* (sposare) Romeo, but her relatives don't like him.
5. Our cousins are supposed to arrive today. We must go to the station.

10. Dialoghi da sviluppare: Due amici parlano di . . .

i loro attori preferiti.
i loro film preferiti.
perché devono studiare all'università.
dove vogliono mangiare stasera.
che cosa è la dolce vita (si va . . . , si mangia . . . , si vede . . . , si beve . . .)

Lettura

vivere d'amore in italia

Italia terra del sole, dell'arte, dell'amore. È l'opinione di Goethe, di Stendhal, di D. H. Lawrence, di Hemingway. Soprattutto l'Italia è *conosciuta* come terra dell'amore.   known

È vera quest'immagine dell'Italia? La letteratura d'Italia e di altri paesi, il turismo, il cinema rappresentano ancora l'Italia come il paese romantico per eccellenza, dove è facile perdere la testa e vivere ogni fantasia amorosa. Secondo questa idea, l'uomo italiano è capace di sottile seduzione e di grazia. La donna è considerata dolce e forte *allo stesso tempo*. Il rapporto tra l'uomo e la donna è come un gioco   at the same time leggero e affascinante. L'uomo recita la parte dell'innamorato che soffre per amore e la donna appare come la fredda padrona dei sentimenti

Il rapporto tra l'uomo e la donna è come un gioco leggero e affascinante.

dell'uomo. Alla fine, la donna, *commossa*, cede alle insistenti richieste dell'innamorato e ricambia il sentimento.

moved

C'è anche un'altra frequente idea dell'amore italiano. Secondo questo altro concetto, l'uomo italiano è egoista e infedele e la donna è passiva e confinata in casa.

Come sempre, la verità sta nel mezzo di due estremi opposti. Soprattutto la verità sta nei casi singoli. *Intanto* si deve dire che in Italia è *cambiato* il tradizionale costume di galanteria e rapporto tra i due sessi. In un certo senso, non c'è più l'adorazione dell'altro sesso, ma non c'è *nemmeno* più il dominio, la sottomissione. La donna italiana oggi è istruita, viaggia da sola, è interessata alla carriera; l'uomo è inserito in una società con nuovi valori. Il rapporto tra il sesso femminile e il sesso maschile, *di conseguenza*, prende forme diverse.

meanwhile, in any case
changed

not even

as a result, consequently

Naturalmente, esistono ancora i fidanzamenti e i matrimoni. Gli innamorati dicono ancora: «Mi piaci», «Ti voglio bene», «Ti amo», secondo la maggiore o minore intensità dei loro sentimenti. Molto però è cambiato. Oggi non c'è più molta separazione tra due persone di sesso diverso. Ragazzi e ragazze sono spesso insieme a scuola, vanno insieme *in gita*, al cinema, in discoteca. Si parla senza inibizioni e falsi pudori, e giornalisti e sociologi parlano di rivoluzione sessuale e dei costumi. Si vive ancora d'amore ma anche in questo campo in Italia oggi c'è più realismo e meno romanticismo.

short trips, outings

domande

1. Quale opinione ha Goethe dell'Italia? E il turista americano medio? E tu?
2. L'Italia è un paese romantico? Per te, quale paese è romantico? Quale città?

3. Come deve essere l'uomo con la donna? E come deve essere la donna con l'uomo?
4. In amore, preferisci il realismo o il romanticismo?
5. Che storia d'amore ti piace?
6. Dove vanno insieme, in questa città, i ragazzi e le ragazze?
7. In America che pensano i giovani dell'amore?
8. Secondo te, chi è l'uomo romantico per eccellenza?
9. Secondo te, chi è la donna romantica per eccellenza?
10. Cosa pensano i tuoi genitori della rivoluzione sessuale? E tu?

attività

Temi da svolgere: Descrivere. . . .

1. la mia famiglia
2. la mia amica preferita / il mio amico preferito
3. il mio autore preferito
4. la mia città preferita

Vocabolario

Nouns

adulto adult
l'autore, m. author
campo field
capra goat
carriera career
caso case
compagnia company
concetto concept
il costume costume
distanza distance
dominio domination
estremo extreme
età age
fanciulla girl
finestra window
galanteria courteousness
gelato ice cream
gioco game
il giocatore player
il/ la giornalista
   (pl. -i/-e) journalist
gita outing; walk

grazia grace
l'immaginazione,
   f. imagination
l'immagine, f. image
l'inibizione, f. inhibition
intervista interview
latteria dairy store, milk store
lattivendola milk seller
letteratura literature
matematica math
mezzo(a) one half
minuto minute
modo di vivere life style
mucca cow
musica music
l'opinione, f. opinion
osteria inn
la pallacanestro basketball
poesia poem, poetry
il poeta (i poeti) poet
prato field, meadow
il programma
   (i programmi) program
il pudore modesty

il punto di vista point of view
la ragione reason, right
rapporto relationship
realismo realism
richiesta request
ricordo remembrance, souvenir
romanticismo romanticism
romanzo novel
la seduzione seduction
senso sense, direction
sentimento sentiment, feeling
sesso sex
sindaco mayor
i soldi money
la sottomissione submission
lo sport (gli sport) sport
stalla barn
il tema (i temi) theme, topic, subject
terra land, earth
tipo type, kind
università university
vacca cow
il valore value
vestito dress; suit

Verbs

amare to love
apparire to appear
cedere to cede, give in
chiudere to close
correre to run
dovere to have to
esistere to exist
frequentare to attend
governare to govern
lavorare to work
mandare to send
mettere to put, place
offrire to offer
piacere to be pleasing to
potere to be able to
raccontare to recount, to tell a story, to narrate
rappresentare to represent
recitare to act out, recite
ricambiare to return; exchange
soffrire to suffer

volere to want
votare to vote

Adjectives

affascinante fascinating
amoroso amorous
capace capable
confinata confined
convincente convincing
divertente amusing
egoista selfish
falso false
femminile feminine
fertile fertile
folle crazy
frequente frequent
generoso generous
gotico gothic
grasso fat
guasto out of order
innamorato in love
insistente insistent
istruito learned
magro thin, skinny
maschile masculine
opposto opposite
originale original
passivo passive
perfetto perfect
popolare popular
romantico romantic
sessuale sexual
singolo single
solitario lonely
sottile subtle
speciale special
sportivo athletic
storico historic

Others

intanto meanwhile
nemmeno not even
per favore please
purtroppo unfortunately
qualcuno someone
secondo according to
stasera tonight

CAPITOLO 7

Dialogo

Sul treno Firenze-Venezia un giovane italiano, Carlino, incontra due ra-
gazze americane, Kathy e Susan.

CARLINO: Scusate, dove andate? Io vado a Bologna per la partita di *cal-*   soccer
cio.

  KATHY: Noi andiamo a Venezia. Lei . . . tu, usiamo il tu invece del
Lei, va bene? Abbiamo più o meno la stessa età. Io sono Kathy,
lei è Susan.

CARLINO: Sì, è meglio darsi del tu. Io mi chiamo Carlino.

  KATHY: Conosci Bologna?

CARLINO: No, non la conosco. È la prima volta che ci vado. So che c'è
un'antica università. Ma dite: in America le città sono tutte
nuove?

  SUSAN: Ci sono anche città americane vecchie, come Boston e Filadelfia.

CARLINO: Non le conosco ma *ne* ho sentito parlare. Mio cugino importa   about them
frisbees da Filadelfia. È una bella città?

  SUSAN: **Per me non c'è nessuna città al mondo bella, vivace ed ele-**
gante come Filadelfia.

CARLINO: Vedete Venezia e poi giudicate. Perdonatemi se parlo così, ma
sono veneziano.

  KATHY: Che bella coincidenza. Di', come andiamo nel centro di Venezia dalla stazione?

Il treno arriva a Bologna.

CARLINO: Prendete il vaporetto che vi porta a Rialto. Lì siete nel centro.
Oh, il treno riparte! Ciao, ciao.

  KATHY: Buon divertimento alla partita. Ti vediamo a Venezia?

CARLINO: Arrivo stasera, dopo la partita. Chiamatemi a casa. Ciao, ciao.

Poco dopo, sul treno.

  SUSAN: Come possiamo chiamarlo? So che si chiama Carlino ma non
conosco il suo cognome.

  KATHY: Nemmeno io.

domande

1. Chi incontra Carlino sul treno Firenze-Venezia? Quando tu viaggi in treno preferisci conversare, leggere o dormire?
2. Dove va Carlino? Dove vanno Kathy e Susan?
3. Chi viaggia in treno, di solito? Preferisci viaggiare in aereo, in treno o in autobus?
4. Quali sono le città vecchie in America? Nella tua città ci sono edifici storici?
5. A Venezia si prende il tassì o il vaporetto? E nella tua città che cosa si prende?
6. Gli studenti poveri preferiscono viaggiare a piedi, in bicicletta o a cavallo?
7. Nella tua città qual è lo sport preferito? Qual è il tuo sport preferito?
8. Vai tu alle partite di calcio? A quali partite vai?
9. Di dov'è Carlino? Di dove sono le ragazze? Di dove sei tu? Di dove sono i tuoi genitori?
10. Perché le ragazze non possono chiamare Carlino? Ricordi tu facilmente i nomi delle persone?

Grammatica

I. Sapere e conoscere (to know)

You have already learned one verb in Italian that means to know, **conoscere**. There is another, **sapere**, which is irregular in the present tense:

so	sappiamo
sai	sapete
sa	sanno

Although both of these verbs correspond to the English to know they are usually not interchangeable.

Conoscere indicates a familiarity or an acquaintance with people, places, and things:

Conosci quella ragazza?
Conosci Filadelfia? Conosci Venezia?
Conosciamo un buon ristorante a Roma.

Sapere indicates knowledge of a fact, of something that has been learned:

Le ragazze non sanno come andare a Rialto.
Sapete dove c'è un buon ristorante in questa città?

When followed by an infinitive, **sapere** means *to know how to:*

Sai giocare a tennis?
Sapete guidare?
Mia madre non sa cucinare.

esercizi

1. Dare la forma corretta di **sapere** o **conoscere**.

1. Vuoi _____ la verità?

2. Abbiamo un piccolo problema: lui non _____ guidare e noi non _____ la città.

3. Io _____ la Germania ma non _____ parlare tedesco.

4. _____ come possiamo andare nel centro dalla stazione?

5. I bambini ancora non _____ leggere.

6. Scusi, signorina, _____ dirmi quando parte il treno?

2. Rispondere alle domande.

1. Quali sport sai giocare?
2. Quali strumenti sai suonare?
3. Quali città conosci?
4. Conosci bene la tua città?
5. Sappiamo che cosa fa il presidente ogni mattina?
6. Che persona importante conosci?
7. Gli studenti sanno dov'è la biblioteca?
8. Tu sai cucinare? Che cosa?
9. Quali lingue conosci?

II. Pronomi complemento oggetto (*Direct object pronouns*)	subject	direct object	example
	io	mi	Maria **mi** vede. (*Maria sees* **me**.)
	tu	ti	**Ti** chiamo stasera. (*I'll call* **you** *this evening.*)
	lui	lo	**Lo** cerco. (*I'm looking for* **him/it**.)
	lei, Lei	la	**La** invito alla festa. (*I invite* **her** *to the party.*) Arriveder**la**. (*See* **you**!)
	noi	ci	Non **ci** riguarda. (*It doesn't concern* **us**.) Arriveder**ci**.
	voi	vi	Il vaporetto **vi** porta a Rialto. (*The vaporetto [ferry] takes* **you** *to Rialto.*)
	loro	li (*masc*) le (*fem*)	**Li** conosco bene. (*I know* **them** *well.*) Carlino **le** incontra sul treno. (*Carlino meets* **them** *on the train.*)

Object pronouns usually precede the conjugated verb. Before a vowel, **lo** and **la** may be elided, but **li** and **le** are not:

Guardi la televisione?   —Sì, la guardo ogni sera.
Aspetti Susan?   —Sì, l'aspetto.
Conosci le ragazze?   —No, non le conosco.

Object pronouns are attached directly to **ecco** and to infinitives, from which the final **-e** is dropped:

Dov'è la rivista?   —Eccola!
Dove sono i ragazzi?   —Eccoli finalmente!
Conosci Carlino?   —Vado a trovarlo stasera.

With the modal auxiliaries, object pronouns may either precede the conjugated verb or be attached to the infinitive.

Cerco il giornale, voglio leggerlo **o** Lo voglio leggere.
Dove sono gli zii? Devo salutarli **o** Li devo salutare.

In negative sentences, the pronoun comes between **non** and the verb:

Non mi vedete?   —No, non ti vediamo.

Note that for the polite form of address, **Lei,** the feminine form **La,** which is often capitalized, is used when one is addressing a man or a woman:

La ricordiamo, signore, Lei è . . .
Buona sera, signorina, posso accompagnarLa a casa?
ArrivederLa!

esercizi

1. Sostituire un pronome all'oggetto diretto.

Esempio: Carlino incontra le ragazze americane.
    Carlino le incontra.

1. Faccio la spesa più tardi.
2. Guardiamo le carte geografiche.
3. Accompagno Kathy a casa.
4. Vado a trovare gli zii stasera.
5. Vedi spesso i film stranieri?
6. Non bevi la birra?
7. I bambini vogliono sentire un disco.
8. Conosciamo i cugini di Susan.

2. Rispondere alle domande.

Esempio: Leggi il giornale ogni giorno?
—Sì, *lo leggo ogni giorno.*

1. Fai i compiti ogni pomeriggio?
2. Pulisci la casa il sabato?
3. Prendi la macchina dei genitori?
4. Avete la bicicletta?
5. Guardate la partita di pallacanestro?
6. Conosci il suo nome? E il suo cognome?
7. Ricordi il cognome di Carlino?
8. Dai il tuo numero di telefono a tutti?

A che ora è la partita di pallacanestro?

Televisione

RETE 1

13.00 Da Palazzo Cuttica - **Alessandria:** «Un concerto per domani» a cura di Luigi Fait.
13.30 Telegiornale - Oggi al Parlamento.
17-19.45 Fresco fresco - Quotidiana in diretta di musica, spettacolo e attualità: «Le isole perdute» 7° episodio: «L'evasione», con Tony Hughes, Jane Vallis, Robert Edgington, Amanda Ma, Christ Benaud (17.05). «La frontiera del drago» (18). Lilll Put Put «Ragno» Cartone animato di Bruno Bozzetto. «Dick Barton - agente speciale» (4° episodio) con Tony Vogel, James Cosmo, Anthony Heaton (19). «Mazinga Z» (15° episodio) «Il mostro volante», da un racconto di Go Magai (19.20).
19.45 Almanacco del giorno dopo - Che tempo fa.
20.00 Telegiornale.
20.40 «Giochiamo al variété» Spettacolo di Antonello Falqui e Michele Guardi, con Gino Bramieri, Enzo Jannacci, Bruno Lauzi, Milva.
21.40 «Fifa e arena» Film di Mario Mattoli con Totò, Isa Barzizza, Mario Castellani.
23.05 Telegiornale - Oggi al Parlamento.

RETE 2

13.00 TG 2 - Ore tredici.
13.15 «Storia del cinema didattico d'animazione» di Francesco Coniglio, a cura di Alberto Pellegrinetti (6ª puntata).
17.00 «I giorni della speranza» Film per la TV dalla grande guerra al 1926. «1921: La rivolta». (Prima parte).
17.50 TV 2 Ragazzi: «Panzanella» Rassegna di cartoni animati per l'estate.
18.30 Dal Parlamento - TG 2 - Sportsera.
18.50 «Appuntamento in nero» Sceneggiato di André Var da un romanzo di William Irish, con Didier Haudepin (quarta puntata). Ai termine: Previsioni del tempo.
19.45 TG 2 - Telegiornale.
20.40 Eddie Shoestring, detective privato: «Il microfono amico». Telefilm con Trevor Eve, Michael Medwin, Doran Goldwin, Liz Crowther.
21.35 «TG 2 - Dossier». Il documento della settimana, a cura di Ennio Mastrostefano.
22.25 «Gli Spandau ballet in concerto» a cura di Sylvia Del Papa.
23.10 TG 2 - Stanotte.

PRIMARETE INDIPENDENTE

18.30 Cartoni animati.
18.45 «Alice e l'amico selvaggio» (1ª parte). Telefilm della serie «S.O.S. Squadra Speciale».
19.15 «Il sospetto» Telefilm della serie «I cavalieri del cielo».
19.45 «24 piste». Quotidiano musicale condotto da Cristiano Minellono con Silvia Annichiarico.
20.15 Telefilm della serie «Thibaud».
21.00 Lunario - Contatto
21.15 «L'eredità Ferramonti». Film di Mauro Bolognini con Fabio Testi, Anthony Quinn, Dominique Sanda, Gigi Proietti.
23.05 Sceneggiato: «Un uomo da impiccare»
00.05 «Colpo grosso al casinò». Film di Henr. Verneuil con Jean Gabin, Alen Delon.

RETE 3

19.00 TG 3.
19.15 TV 3 Regioni. Cultura, spettacolo, avvenimenti, costume.
19.50 «Antologia di Delta». Settimanale di scienza e tecnica. «Le pillole della serenità».
20.10 «Genitori e bambini dopo Spock». (5ª puntata).
20.40 «Rosso Tiziano» di Vittorio Salvetti (1ª puntata).
21.40 TG 3.
22.05 «Delta». Settimanale di scienza e tecnica - «Viaggio nel sangue».

TELEALTO CAN. 56

18.45 Basket americano.
19.45 Corriere d'informazione Tv.
20.00 Il grande clik.
20.30 «Gli amori di Ercole» Film di C.L. Bragaglia con J. Mansfield, M. Hargitay.
22.00 L'oroscopo di Stella Carnacina.
22.05 Telefilm «Medical Center».
23.00 Vietato ai minori. «Crepa padrone: tutto va bene». Film di J. L. Godard con Y. Montand, J. Fonda.
0.30 Buonanotte con la playmate.

CANALE 5

13.30 «Boys and girls scout». Telefilm.
14.00 «Mezzanotte d'amore». Film.
16.00 «Gli eroi della stratosfera». Film.
17.30 Cartoni animati.
18.00 «Grizzly». Telefilm.
19.00 «Simon Templar». Telefilm.
20.00 Speciale Canale 5.
20.30 «Arsenio Lupin». Telefilm.
21.30 «Io la conoscevo bene». Film.
23.15 Notizie notte (Lombardia).
23.30 Speciale Canale 5.
23.45 «Sette giorni a maggio». Film.

SVIZZERA - TELEGIORNALE: ore 18.30, 20.15, 23.10. 15.30-16.30 Tour de France. 19.30 Missili perforanti. 20.40 «Cento milioni per morire». Film. 22.00 Prego s'accomodi.

CAPODISTRIA -TELEGIORNALE: ore 20.15, 21.50. 17.30 Film. 19.30 Jazz sullo schermo. 20.30 «Il fuorilegge della valle solitaria». Film. 22.00 «Chi conosce l'arte?». Asta.

FRANCIA - TELEGIORNALE: ore 12.45, 18.30, 20, 23.20. 15.55 Tour de France. 18 Recré A 2. 20.35 «Un capriccio di Caroline Cherie». Film.

MONTECARLO - NOTIZIARIO: ore 19.45, 23.10. 19.55 I giochi di Telemontecarlo. 20.35 «Occhio per occhio dente per dente». Film. 22.15 Bolle di sapone.

RADIO

Radiouno

GIORNALE RADIO: ore 7, 8, 10, 12,13, 14, 17, 19, 23.
9 Radio anch'io '81. 11 Quattro quarti.
12.25 Via Asiago Tenda. 13.15 Master.
15 Errepiuno-Estate. 17.03 Blu Milano.

19.15 Una storia del jazz. **19.40** «La nemica». 21.15 Black-out.

Radiodue

GIORNALE RADIO: 6.30, 7.30, 8.30, 9.30, 11.30, 12.30, 13.30, 15.30, 16.30, 17.30, 18.30, 19.30, 22.30.
9.05 «Delitto e castigo». 12.45 L'aria che tira. 13.41 Sound-Track. 15 Le interviste

impossibili. 15.42 Tutto il caldo minuto per minuto. 19 e 22.40 Facciamo un passo indietro. 20.30 «La grande duchessa de Gerolstein».

Radiotre

GIORNALE RADIO: 7.25, 9.45, 11.45, 13.45, 18.45, 20.45.
7, 8.30 e 10.45 Concerto del mattino. 10

Noi, voi, loro donna. 11.55 Pomeriggio musicale. 15.30 Un certo discorso. 17.30 Spazio Tre. 21 «La grotta di Trofonio».

Radiomontecarlo

9.05 Il gioco dell'occhio. 13.30 Buon compleanno. 15 Il grande Torino. 17 Il discolo. 18.10 Tommy'z. 18.30 Il rally canoro.

III. L'imperativo
(The imperative)

The imperative is the form of the verb used to make requests and to give commands. The stem for the imperative is found by taking the **io** form of the present tense and dropping the **o.**

To this stem are added the following endings:

	Verbs ending in -*are*	Other regular verbs
(tu)	guard-**a**	rispond-**i**
	parl-**a**	finisc-**i**
	cammin-**a**	sent-**i**
(Lei)	guard-**i**	rispond-**a**
	parl-**i**	finisc-**a**
	cammin-**i**	sent-**a**
(voi)	guard-**ate**	rispond-**ete**
	parl-**ate**	fin-**ite**
	cammin-**ate**	sent-**ite**

Note that the **voi** forms are the same as in the present tense.

Esempi: Prendi il vaporetto.   *Take the **vaporetto** (ferry).*
Scusate!   *Excuse (me)!*
Ma dite, in America . . .   *But tell me, in America . . .*
Veda, signora . . .   *Look, ma'am . . .*

To give a negative command with **tu,** use **non** + *infinitive* of the verb:

Parla a quel signore!   Non parlare a quel signore!
Leggi questa lettera!   Non leggere questa lettera!

To give a negative command with **Lei** and **voi,** simply place **non** before the imperative form of the verb:

Venite a Venezia con me!   Non venite a Venezia con me.
Giudichi il prigioniero   Non giudichi il prigioniero.

The following are a few of the common verbs that have irregular imperative forms:

	essere	**avere**
(tu)	sii	abbi
(Lei)	sia	abbia
(voi)	siate	abbiate

	andare	**dare**	**fare**
(tu)	va' (vai)	da' (dai)	fa' (fai)
(Lei)	vada	dia	faccia
(voi)	andate	date	fate

	stare	**sapere**	**tenere**
(tu)	sta' (stai)	sappi	tieni
(Lei)	stia	sappia	tenga
(voi)	state	sappiate	tenete

	dire	**venire**
(tu)	di'	vieni
(Lei)	dica	venga
(voi)	dite	venite

To say *Let's* . . . in Italian, the first person plural of the present tense is used, without a subject pronoun:

Chiamiamo Carlino!   *Let's phone Carlino.*
Andiamo al cinema stasera!   *Let's go to the movies tonight!*

An object pronoun, whether direct, indirect, or reflexive (which you will learn in the next chapter), is attached to the **tu, noi,** and **voi** forms, but must precede the **Lei** form of the imperative:

Chiamatemi a casa.   *(Phone me at home.)*
Chiamami a casa.
Mi chiami a casa.
Chiamiamolo a casa.

Mi dica, signora . . .   Ci faccia il piacere . . .
Digli la verità.   Telefonatele a casa.

When one of the monosyllabic (one-syllable) **tu** imperatives (**fare, dare, dire, andare, stare**) has a pronoun attached to it, the first letter of the pronoun is doubled. The exceptions to this are **gli** and, of course, **loro,** which does not attach to any form.

Dimmi la verità.   Dacci il libro.   Fallo subito.
Di' loro la verità. Dagli il libro.

In negative commands, pronouns precede the **Lei** form, follow the **noi** form, and may either precede or follow the **tu** and **voi** forms.

Non ci racconti storie.
Non invitiamoli!
Non mi dire queste cose. Non dirmi queste cose!
Non gli rispondete! Non rispondetegli!

esercizi

1. Dare la forma corretta dell'imperativo.

1. Kathy e Susan, (andare) _____ a Venezia e poi (giudicare) _____ !

2. (Sentire) _____ , signora, (prendere) _____ il vaporetto, (scendere) _____ a Rialto, (camminare) _____ verso il centro e (vedere) _____ San Marco!
   (Essere) _____ felice!

3. (Dire) _____ caro, dove andiamo? Caro, (ascoltare) _____ , (sentire) _____ , non (leggere) _____ quando ti parlo!

2. Rispondere alle domande con due frasi all'imperativo.

Esempio: Parlo a Carlino?
—*Sì, parlagli. No, non gli parlare.*

1. Invito Maria? Sì, . . . No, . . .
2. Telefoniamo agli amici? Sì, . . . No, . . .
3. Diamo una mano al signore? Sì, . . . No, . . .
4. Ti do il numero? Sì, . . . No, . . .
5. Scrivo la lettera? Sì, . . . No, . . .

IV. I pronomi dimostrativi (Demonstrative pronouns)

You have already learned the demonstrative adjectives (*this, that, these, those*). **Questo** and **quello** also serve as pronouns and have four endings:

quest**o**	quest**i**	quell**o**	quell**i**
quest**a**	quest**e**	quell**a**	quell**e**

These pronouns agree in gender and number with the noun they replace:

Quell'automobile è nuova ma preferisco questa.
That car is new, but I prefer this one.

Questa città è carina ma quella è meravigliosa.
This city is charming, but that one is marvelous.

Preferisco la cucina italiana a quella francese.
I prefer Italian cooking to French.

Quegli studenti sono bravi, questi mediocri.
Those students are bright, these are mediocre.

Menù

PESCE

Sogliola al Gratin

Sogliola alla Pescatora

Sogliola alla Cecilia

Scampi alla Diavola

Mazzancolle alla Pescatora

DOLCI

Dolci assortiti

Mantegato

Torta gelata

Cassata

FRUTTA

Frutta di stagione

Macedonia di frutta

Frutta cotta

Caffè

SECONDI PIATTI

Lombata alla Salvia

Saltimbocca alla Romana

Scaloppine al Marsala

Cotoletta alla Bolognese

Cotoletta alla Milanese

SPECIALITA'

Scrigno alla Cecilia

Stracci alla Cecilia

Pappardelle alla Crema con funghi e piselli

Risotto con Scampi al Curry

Risotto di Pollo

Pollo alla « Nerone »

Pollo alla Romana con peperoni

Anatra all'Arancia (1 porzione)

¼ di Fagiano al Crostone

Filetto di Tacchino alla Cecilia

Scaloppine alla Zingara con piselli e funghi

Filetto di Vitello al tegamino

Misto griglia

esercizio Completare le frasi con i pronomi dimostrativi adatti.

1. Non ho il numero di Carlino, ho _____ di Piero.

2. Questa chiesa è grande, ma _____ è più bella.

3. Non consiglio quella medicina ma _____

4. Non andiamo a quella partita ma a _____

5. Questi libri sono utili, ma _____ no.

V. L'ora (Telling time)

Che ora è? → *What time is it?*
Che ore sono? →

A che ora?   *At what time?*

È l'una.

È mezzogiorno.

È mezzanotte.

Sono le due.

Sono le quattro.

Sono le dieci.

Sono le tre e venti.

Sono le cinque e dieci.

Sono le nove meno
venticinque.

È mezzanotte
meno cinque.

Sono le otto
e mezzo/mezza.

È mezzogiorno
meno un quarto.

Sono le due
e un quarto.

Sono le sei
e tre quarti.

È l'una in punto!

The expressions **di mattina, del pomeriggio,** and **di sera** can be used to indicate A.M. or P.M. In official situations (train schedules, radio or TV listings, etc.) the 24-hour form is used, and the expressions **quarto** and **mezzo** are not used.

esercizi

1. Completare secondo l'esempio.

Esempio: (7:15 P.M.) *Sono le sette e un quarto.*
Il treno arriva alle diciannove e quindici. (forma ufficiale)

6:10 P.M.   9:30 A.M.
4:20 P.M.   3:00 P.M.
11:45 A.M.   noon
midnight   1:05 A.M.

2. Dire l'ora.

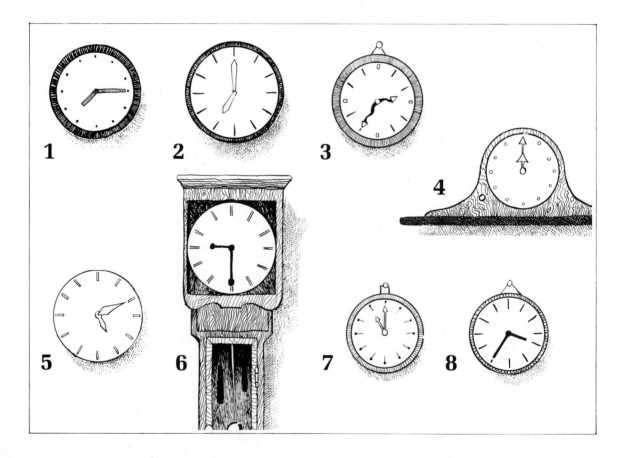

VI. Espressioni negative (Negative expressions)

You have already learned that a sentence may be negated simply by placing **non** before the conjugated verb:

Capisco bene.   Non capisco bene.

There are other words that also convey negative meanings and serve to negate sentences. Some of them are listed below, according to parts of speech (Note that some may be used as more than one part of speech):

  pronouns: **niente** (*nothing*); **nulla** (*nothing*); **nessuno** (*no one*)
  adjectives: **nessun** (*no, none, not any*) (has forms like **un** and **buon**)
  adverbs (Adverbs modify verbs, adjectives, and other adverbs): **mai** (*never, ever*); **mica** (*at all*); **non . . . più** (*any more*); **non . . . affatto** (*not at all*)
  conjunctions: **neanche, nemmeno, neppure,** (*not even*); **né . . . né** (*neither . . . nor*)

There are two ways in which these words may be used in a negative sentence. If one of these negative words comes *before* the conjugated verb, **non** will not be used:

Nessuno capisce il professore.
No one understands the professor.

Neanche gli insegnanti parlano latino.
Not even the teachers speak Latin.

Né Venezia né Firenze sono in Sicilia.
Neither Venice nor Florence is in Sicily.

If the negative word *follows* the conjugated verb, **non** must precede the verb, as in simple negative sentences:

Voi non capite niente!
You don't understand anything!

Non compro né libri né riviste perché non leggo mai.
I don't buy either books or magazines because I never read.

Non si lavora mai il weekend!
One never works on weekends!

La gente comune non capisce più il latino.
The common people don't understand Latin any more.

esercizi

1. Dare una parola negativa (*Give an appropriate negative word*).

1. _____ arriva _____ in orario.

2. Non capisce _____ una parola.

3. Quei ragazzi non discutono _____ .

4. La gente _____ parla _____ latino.

5. Oggi _____ scrittore scrive _____ vera poesia!

6. _____ guarda la televisione, _____ legge i giornali, non fa

    _____ .

7. Non mangia _____ : _____ frutta, _____ verdura,

    _____ carne.

8. _____ famiglia è perfetta!

2. Mettere le frasi al negativo (*Negate the following sentences*).

Esempio: Conosco tutte le stelle del cinema.
   Non conosco nessuna stella del cinema.

1. Anch'io sono famosa.
2. Vedo tutti i film stranieri.
3. Preferiamo l'arte e la musica classica.
4. Tutti partono per il Polo Nord.
5. Parliamo sempre greco.
6. Conosco bene il Rinascimento italiano.
7. Amo tutti gli eroi della Rivoluzione americana.
8. Il professore conosce anche la capitale del Perù!

Esercizi, dialoghi, attività

1. Domandare, rispondere, riassumere, sviluppare.

A. PROFESSORE: Tu conosci il nome del vice-presidente?
STUDENTE 1: Sì, conosco il nome del vice-presidente.
PROFESSORE: Che cosa conosce lui?
STUDENTE 2: Lui conosce il nome del vice-presidente.
PROFESSORE: E tu che cosa sai?
STUDENTE 3: Io so la verità.

PROFESSORE: Domanda a _____ che cosa sa.
STUDENTE 4: Che cosa sai, _____ ?
CONTINUAZIONE . . .

sai guidare (una macchina, un aeroplano, una nave)?
sai parlare (inglese, italiano, spagnolo, *ecc.*)?
sai giocare (sport diversi)?
Che persona famosa conosci?
Quali città conosci?

B. PROFESSORE: Di' a _____ di scrivere una lettera.
STUDENTE 1: Scrivi una lettera.
PROFESSORE: Che cosa devi fare _____ ?
STUDENTE 2: Devo scrivere una lettera.
PROFESSORE: Di' lo stesso a me, _____ .
STUDENTE 3: Scriva una lettera.
PROFESSORE: Che cosa devo fare?
STUDENTE 4: Deve scrivere una lettera.

C. PROFESSORE: Di' lo stesso a _____ e a _____ .
CONTINUAZIONE . . .

parlare italiano
leggere ad alta voce
descrivere un film
essere felice
avere pazienza
arrivare in orario
andare alla stazione alle tre
dire la verità
non giudicare senza conoscere bene
mandare un regalo ai genitori
scrivere una lettera alla nonna
bere un bicchiere di latte ogni giorno
mangiare bene
essere un buon esempio per la classe
non parlare inglese
non dire bugie.

2. Domandare a un altro studente . . .

1. che cosa sa suonare.
2. se si può dare del tu al professore? Al rettore? Al presidente?
3. dove si può trovare un buon ristorante in questa città.
4. quale città americana preferisce.
5. chi sa giocare a tennis.
6. se conosce le capitali di ogni stato americano.
7. che cosa non si può fare in classe.
8. se conosce qualcuno veramente importante.

3. Rispondere alle domande sostituendo un pronome all'oggetto.

Esempio: Chi conosce Bologna?
   Susan la conosce.

 1. Chi mangia gli spaghetti?
 2. A che ora fai colazione?
 3. Dove leggono i libri gli studenti?
 4. Quando studiano le lezioni gli studenti?
 5. Perché insegna l'italiano la professoressa?
 6. Perché preferisci la musica rock?
 7. Chi studia l'astrofisica?
 8. Dove compriamo il caffè?
 9. Chi paga le tasse?
10. Chi capisce il russo?

4. Inserire la forma corretta dell'imperativo dei verbi fra parentesi.

 1. Pietro, (raccontare) _____una bella barzelletta ai compagni!

 2. Ragazzi, (tornare) _____a mezzogiorno!

 3. Signora, (cercare) _____di capire!

 4. Professore, (essere) _____meno severo!

 5. Mamma, (avere) _____pazienza!

 6. Ragazzi, (dire) _____allo zio quello che si fa stasera!

 7. Signore, (dare) _____una mano al direttore!

 8. (voi, andare via) _____subito!

 9. (noi, sentire) _____un disco!

10. (tu, aprire) _____la porta, per favore!

5. Completare le frasi.

Esempi: Mi piace quel ragazzo *ma preferisco questo.*
   Questi studenti sono bravi *ma quelli sono cattivi (belli, strani, bravissimi).*

 1. Posso comprare questi fiori . . .
 2. Quella ragazza parla italiano . . .
 3. Vogliamo leggere questo libro . . .
 4. Conosco questa città . . .
 5. Dai del tu a quel signore . . .
 6. Nessuno capisce questo romanzo . . .
 7. Questi studenti studiano l'inglese . . .
 8. So suonare questo strumento . . .
 9. Si può capire questa filosofia . . .
10. Questi politici sono onesti . . .

6. A. Dire a un altro studente di . . .

1. non mangiare tanto.
2. arrivare sempre in orario.
3. fare attenzione.
4. stare zitto.
5. non bere a tutte le ore.
6. darti il suo libro.
7. scrivere una frase alla lavagna.
8. non fare sempre la stessa domanda.

B. Dire alla professoressa (o al professore) di . . . .

1. avere pazienza.
2. ripetere la domanda.
3. non parlare di politica.
4. leggere ad alta voce.
5. non dire quelle cose.
6. non correggere gli esami.
7. domandare che ore sono.
8. venire alla festa.

C. Dire ai tuoi amici di . . .

1. non essere immaturi.
2. andare via.
3. fare presto.
4. guardare la luna.
5. aspettarti davanti al cinema.

7. Rispondere alle domande al negativo.

Esempio: Vanno tutti alla partita?
—*No, nessuno va alla partita* **o** *No, non va nessuno alla partita.*

1. Il professore è sempre ragionevole?
2. Susan ricorda il cognome di Carlino?
3. Capite tutto?
4. Scrivi al presidente e al senatore?
5. Vado anch'io?
6. Gli piace tutto?
7. Arriva sempre in orario?
8. Vengono tutti alla nostra festa?

8. Domandare a un altro studente a che ora . . .

1. comincia la lezione d'italiano.
2. si fa la cena in Italia/negli Stati Uniti.

3. guarda la televisione.
4. va a letto.
5. fa colazione la mattina.
6. si può parlare con la professoressa.
7. mangia il pasto principale.
8. vuole andare al cinema.
9. deve arrivare la posta (*the mail*).
10. c'è il telegiornale (*the news*).
11. i cani abbaiano alla luna (**abbaiare:** *to bark*).
12. telefonano i genitori.

9. Descrivere . . .

1. la mia giornata normale, quando sono all'università.
2. una giornata tipica durante l'estate.
3. la mia giornata ideale.
4. la giornata di una persona che non deve lavorare.

10. Tradurre.

1. I like music but I don't know how to play the piano, and I can't *sing* (**cantare**) either.
2. The train is supposed to arrive at 12:15. Be there by a quarter of 12. Don't be late!
3. He is very *rich* (**ricco**) and if he wants something he buys it. Do you know him well?
4. What is the Italians' favorite sport? Do you like soccer? Can you play it?
5. "Come to my house at midnight," says Dracula to his *victim* (**vittima**).
6. "Tell the truth," says the victim, "You want my *blood* (**il sangue**), don't you?"

11. Temi da svolgere.

1. Scrivere una lettera ai genitori: tu sei a (scegliere il posto) da sei mesi; loro vengono a trovarti e tu dai loro l'informazione necessaria.
2. Dare dei consigli a uno studente del primo anno su cosa fare e cosa non fare all'università.
3. Scrivere una lettera al presidente: dargli consigli sul governo del paese.

12. Dialoghi da sviluppare.

Un italiano incontra due americani che parlano italiano sul treno New York-Chicago.
Due amici parlano del loro sport preferito.
Due cani parlano del bizzarro orario dei loro padroni.

Conosci qualche campione di calcio?

Lettura

lo sport in italia

Che giorno è oggi? È domenica 15 settembre, la prima domenica del campionato di calcio e tutta l'Italia cambia orario e abitudini. Per tutta la durata del campionato, ogni domenica pomeriggio, la televisione e la radio trasmettono in continuazione informazioni sull'*andamento* o   progress sull'esito delle partite. L'orario dei pasti serali e delle visite agli amici è basato sull'orario della partita di calcio e la serenità familiare è spesso interrotta da dispute sui vari campioni.

Il calcio è davvero una passione collettiva in Italia. Ogni città e paese ha la sua squadra e ogni domenica c'è un incontro. I *tifosi* seguono con trepidazione le sorti della loro squadra preferita e vanno da una città all'altra per esprimere il loro *sostegno*. Le squadre di calcio famose sono: Inter, Juventus, Torino, Milano, Roma, Napoli. La stagione calcistica va da settembre a maggio.

tifoso = fan

support

Un altro sport molto *seguito* in Italia è il ciclismo. La *gara* ciclistica più importante è il «Giro d'Italia» che *ha luogo* in maggio. È importante anche il «Giro di Francia», detto «Tour», che ha luogo in giugno.

followed/competition

avere luogo = to take place

Altri sport abbastanza popolari in Italia sono: il pugilato, l'automobilismo, il motociclismo, la pallacanestro, il tennis, lo sci, l'atletica leggera. Sono invece quasi *sconosciuti* i grandi sport americani: il football e il baseball.

sconosciuto = unknown

domande

1. Quale sport è molto popolare in Italia? E in America?
2. Conosci qualche campione di calcio? E di tennis?
3. Perché domenica 15 settembre è un giorno importante in Italia? Che effetto produce? In America, quale campionato sportivo produce lo stesso effetto?
4. Quando incomincia e quando finisce la stagione del calcio? E la stagione del baseball?
5. Vuoi fare l'atleta di professione? In quale sport?
6. Si può giocare a tennis alla nostra scuola?
7. Quale sport preferisci fare?
8. Quale sport preferisci seguire alla televisione?
9. Gli atleti devono guadagnare soldi o devono giocare per la gloria?
10. Qual è la squadra preferita della tua città?

attività

Temi da svolgere.

1. Il mio sport preferito
2. Una partita straordinaria
3. «Mente sana in corpo sano.»

Vocabolario

Nouns

l'abitudine, *f.*   habit
aeroplano   airplane
astrofisica   astrophysics
il/ la atleta (*pl.* **gli/ le**)   athlete
atletica leggera   track and field
barzelletta   joke
bugia   lie
campionato   championship
centro   center
ciclismo   bicycle racing
il cognome   last name
compagno   friend, roommate, pal
consiglio   advice
corpo   body
disputa   argument
domenica   Sunday
durata   duration, length
edificio   building
effetto   effect
esito   result
il fiore   flower
gara   competition
gloria   glory
governo   government
incontro   meeting
maggio   May
medicina   medicine
la mente   mind
la mezzanotte   midnight
la nave   ship
pazienza   patience
politico   politician
pomeriggio   afternoon
posta   mail
la presentazione   presentation
prigioniero   prisoner
la professione   profession
pugilato   boxing
sabato   Saturday
lo sci   skiing
lo scrittore   writer
il senatore   senator
la serenità   serenity
settembre   September

la sorte   outcome, destiny
sostegno   support
la stagione   season
strumento   instrument
il telegiornale   TV news
tifoso   fan
volta   time (as in one time, two times)

Verbs

abbaiare   to bark
andare via   to go away
basare   to base
consigliare   to advise
conversare   to converse
correggere   to correct
descrivere   to describe
dire   to say
discutere   to discuss
esprimere   to express
giudicare   to judge
importare   to matter
invitare   to invite
perdonare   to excuse, forgive
produrre   to produce
ricordare   to remember
riguardare   to regard, concern
salutare   to greet
sapere   to know
scegliere   to choose
scusare   to excuse
suonare   to play (an instrument), to sound, to ring
tenere   to keep
trasmettere   to transmit

Adjectives

antico   old, ancient
bizzarro   bizzare
calcistico   soccer
ciclistico   cycling
collettivo   collective
favoloso   wonderful, fabulous
felice   happy
interrotta   interrupted

Others

mediocre   mediocre

meraviglioso   wonderful, marvelous

onesto   honest

povero   poor

principale   principal, main

ragionevole   reasonable

sano   healthy

serale   evening

severo   severe

utile   useful

veneziano   Venetian

vivace   lively, vivacious

abbastanza   enough

buon divertimento!   have fun!

in continuazione   continuously

davvero   really

facilmente   easily

invece   instead

mai   never

meglio   better

mica   at all

neanche/nemmeno   not even

nessuno   no one

niente/nulla   nothing

in orario   on time

più o meno   more or less

L'arte di corteggiare

A. Fare la conoscenza

Dialoghi da sviluppare.

1. Un italiano che viaggia negli Stati Uniti per la prima volta incontra una studentessa all'università di _____ .
2. Sull'aereo fra New York e Milano un giovane americano fa la conoscenza di due sorelle italiane che tornano in Italia.
3. Due americani che studiano giornalismo intervistano il segretario di uno dei partiti politici italiani.

B. Lettere d'amore

(Frammenti di una lettera in italiano di Lord Byron alla sua *amante*, Teresa Guiccioli.)   *lover, mistress*

Anima mia   *soul, life*
. . . Il sentimento espresso nella tua lettera è purtroppo *corrisposto* da   *reciprocated*
parte mia, ma è difficile per me rispondere nella tua bella lingua alle espressioni dolcissime che meritano una risposta piuttosto di fatti che

Tu sei la delizia della mia vita.

di parole. . . . Tu che sei il mio unico ed ultimo Amor, tu che sei il mio solo *diletto*, la delizia della mia vita, tu che sei la mia sola *Speranza*, tu che sei tutta mia, *tu sei partita*—ed io resto isolato nella mia desolazione. Ecco in poche parole la storia nostra! È un caso comune che dobbiamo soffrire con tanti altri *poiché* l'Amor non è mai *felice* . . . Questo ti prometto però—tu mi dici *qualche volta* che sono il tuo primo Amor vero, ed io ti assicuro che tu sei la mia ultima Passione . . . Tu parli di *pianti*, e della tua infelicità; il mio dolor è interno, io non verso *lacrime* . . . Ho mille cose da dirti e non so come dirle, mille *baci* da mandarti ed, oimè, quanti *sospiri* . . . Non dubitare di me—sono il tuo più tenero Amante . . .

> delight, joy
>
> hope/you have left, gone away
>
> since
>
> happy/sometimes
>
> *pianto* = weeping
>
> *lacrima* = tear
>
> *bacio* = kiss/*sospiro* = sigh

BYRON

attività

Scrivere una lettera d'amore . . .

1. di Giulietta a Romeo / la risposta di Romeo a Giulietta
2. a un insegnante affascinante
3. di Casanova a una sua amante / la risposta dell'amante a Casanova
4. di Beatrice a Dante / la risposta di Dante a Beatrice
5. al tuo primo amore
6. la risposta di Teresa a Byron

C. Una storia d'amore

Federigo e il suo falcone

(Questa è la storia del nobile Federigo degli Alberighi che per amore sacrifica il suo falcone e riceve l'amore della sua donna.)

Nella Firenze del tempo antico abita un giovane nobile e gentile che si chiama Federigo degli Alberighi. Un giorno, ad una festa, Federigo incontra una donna bellissima, Giovanna, che subito ama. Giovanna però è sposata e, donna di sentimenti onesti com'è, ignora la corte di Federigo. Il giovane dà feste e *ricevimenti* per attirare l'attenzione di Giovanna. In breve tempo spende tutto il suo *patrimonio* e diventa povero. Va allora ad abitare in una sua modesta casa di campagna dove vive con la *cacciagione* procurata dal suo falcone, un *uccello* di grande valore e *ormai* unico bene di Federigo.

> ricevimento = reception
> inheritance, fortune
>
> game/bird
> now, at that point

Nel frattempo avviene che muore il ricco marito di Giovanna e la virtuosa *vedova* pensa solo a educare il suo unico figlio, che ama con tutta la forza del suo cuore. Durante l'estate Giovanna e suo figlio vanno in una loro proprietà di campagna che, per caso, non è lontana da quella dove abita Federigo. Il figlio di Giovanna diventa presto amico di Federigo e va spesso, insieme con lui, a caccia con il falcone.

> in the meantime
> widow

Un giorno, però, il ragazzo cade gravemente ammalato. La madre, disperata, *viste inutili* tutte le medicine e le cure dei medici, chiede al figlio che cosa desidera avere. Lui risponde che desidera grandemente il falcone di Federigo. La madre sa che il falcone è l'unico *mezzo di sostentamento* di Federigo ma per amore del figlio decide di andare da Federigo a chiedere il falcone.

> seeing . . . useless
>
> means of sustenance

Federigo quando vede Giovanna venire alla sua umile casa, è sorpreso e pieno di felicità. Dopo i reciproci saluti, invita Giovanna a restare per il pranzo. Giovanna accetta l'invito e, verso la fine del pranzo, prende coraggio e chiede a Federigo il falcone in dono per il figlio.

Federigo cambia colore e tra le lacrime dice: «Oh quanto infelice è il mio amore. Ora che la donna che io amo più di tutto al mondo mi chiede un regalo, io non ho quello che mi chiede. Il mio falcone, Giovanna, non c'è più. Alla tua venuta, non avendo altro cibo in questa povera casa, per preparare il pranzo *ho ammazzato* il falcone.»

> I killed

Poco dopo muore il figlio di Giovanna e la bella donna rimane sola e molto triste. Molti eminenti uomini di Firenze propongono nuove *nozze* e Giovanna rifiuta tutti. Lei ricorda però il grande amore di Federigo.

> wedding, matrimony

Dopo poco tempo, con l'approvazione dei suoi fratelli, che considerano sincero e disinteressato l'amore del giovane nobile diventato povero, Giovanna sposa Federigo per vivere poi sempre felici e ricchi insieme.

Da una novella di Giovanni Boccaccio (1313–1367)

domande

1. Chi è Federigo? Chi è Giovanna?
2. Perché Giovanna ignora la corte di Federigo?
3. In quale maniera diventa povero Federigo?
4. Di che cosa vive in campagna?
5. Che cosa fanno insieme Federigo e il figlio di Giovanna?
6. Che cosa vuole il ragazzo malato?
7. Perché Giovanna va da Federigo?
8. Federigo vuol dare il falcone a Giovanna? Perché non può?
9. Come finisce la storia?
10. Giovanna può risposarsi senza il permesso dei fratelli?

attività

1. Scrivere e raccontare in classe.

La tua storia d'amore preferita.
Una storia d'amore originale.

2. Da dibattere.

Non ci sono più donne di sentimenti onesti.
Non ci sono più uomini galanti.
Il matrimonio è passato di moda.

Io già sento primavera

Io già sento primavera
che s'avvicina coi suoi fiori:

versatemi presto una tazza di vino dolcissimo.

Salvatore Quasimodo (1901–1968)

Notte d'estate

Dalla stanza vicina ascolto care
voci nel letto dove il sonno accolgo.
Per l'aperta finestra un lume brilla,
lontano, in cima al colle, chi sa dove.

Qui ti stringo al mio cuore, amore mio,
morto a me da infiniti anni oramai.

Umberto Saba (1883–1957)

Bacco adolescente (*Michelangelo da Caravaggio*)

LEGENDA

1. Chiesa di San Giovanni. Eretta nel 1338, possiede una pala d'altare di Leandro Bassano (fine '500) e un affresco settecentesco dell'Urbani sul soffitto del coro.
2. Porta San Giovanni. È il rifacimento cinquecentesco di una più antica porta.
3. Pozzetto delle gru. Vera da pozzo con due gru di bronzo, simbolo della città (fine '400).
4. Il Palazzo del Comune o Municipio. Uno dei più belli e più antichi edifici di Portogruaro.
5. La pescheria.
6. I molini. Sono due antiche costruzioni sul fiume Lemene.
7. Il campanile pendente. È alto 59 metri e risale ai secoli XII–XIII.
8. Il duomo di Sant'Andrea.
9. Palazzo del Catasto.
10. Porta San Gottardo.
11. Giardini.
12. Villa Comunale (Sec. XVI).
13. Palazzo Marzotto (Sec. XVI).
14. Museo romano-concordiese. Vi sono importanti testimonianze romane, ellenistiche e paleocristiane portate alla luce nella vicina Concordia Sagittaria (anticamente Julia Concordia).
15. Chiesa di San Luigi. La più antica chiesa di Portogruaro.
16. Palazzo Venanzio (Sec. XVII). Bell'esempio di rinascimento veneziano.
17. Collegio «G. Marconi.» Risale ai primi anni del '700.
18. Porta Sant'Agnese. È la più antica della città.

domande

Osservare la pianta della città e rispondere alle domande usando le seguenti parole ed espressioni: **in, davanti, dietro, vicino a, lontano da, a destra, a sinistra, di fronte a, tra, andare avanti, tornare indietro.**

1. Dov'è il Palazzo del Comune?
2. Come si va da Porta Sant'Agnese a Piazza della Pepubblica?
3. Dov'è la Villa Comunale?
4. Come si va dai Giardini al Museo romano-concordiese?
5. Dov'è il Pozzetto delle gru?

Portogruaro

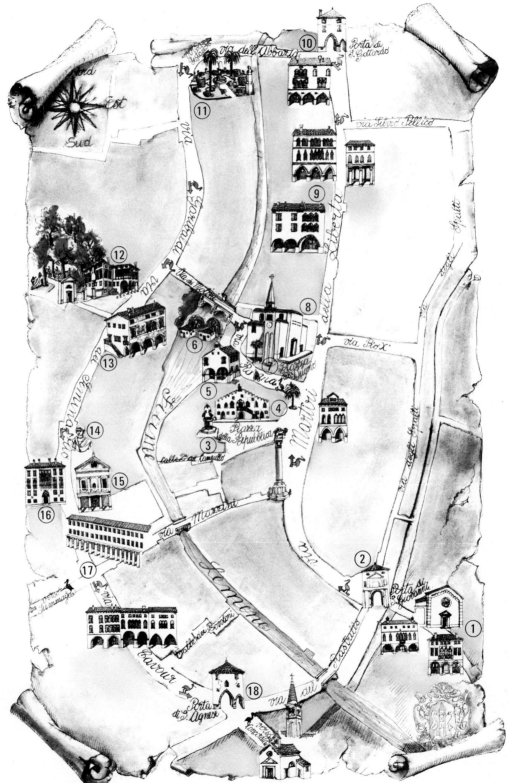

unit III

COSE D'ITALIA

unit outline

Capitolo 8 / 147–162

Dialogo **I. Il passato prossimo** **II. Avverbi** **III. Verbi riflessivi**
Lettera da Pompei

Capitolo 9 / 163–180

Dialogo **I. L'imperfetto** **II. Uso del passato prossimo e dell'imperfetto** **III. I mesi dell' anno, le stagioni e le espressioni di tempo nel passato** **IV.** *Volere, potere* e *dovere* **al passato prossimo**
Il fascismo in Italia

Capitolo 10 / 181–194

Dialogo **I. Il trapassato prossimo** **II. Tempi semplici e tempi composti** **III. Due pronomi oggetto** **IV. I giorni della settimana e la data:** *Che giorno è oggi?*
Lettera da Firenze

End of Unit Section: *Giulietta e Romeo*

CAPITOLO 8

Dialogo

Lo scultore americano, Bob, vive a Roma. Un suo amico francese, il pittore Marcel, è arrivato da Parigi pochi giorni prima.

BOB: Andiamo a fare la spesa. Non ho più niente nel frigorifero.

MARCEL: Voglio comprare qualcosa anch'io. Ho perduto il mio spazzolino da denti. Ho visto all'incrocio di via Mazzini e via Botteri una profumeria . . .

BOB: Ci vado sempre volentieri. L'ho scoperta il giorno del mio arrivo a Roma. Il proprietario si chiama Cesare, è molto simpatico.

Poco dopo, al negozio.

BOB: Buon giorno, Cesare, come va?

CESARE: Di salute non c'è male, ma gli affari non vanno bene. Stamattina mi sono alzato presto, alle sei, e sono venuto subito in negozio. Ho *tirato fuori* dalle scatole i prodotti *appena* arrivati e li ho messi negli scaffali. *Finora*, però, non sono venuti più di cinque clienti, *compresi* voi due.

MARCEL: Io sono appena arrivato dalla Francia. Anche lì è la stessa cosa. I negozianti si lamentano perché la gente non spende.

BOB: C'è la crisi economica e non ci sono soldi. Il giornale di oggi però dice che il periodo di crisi è quasi terminato.

CESARE: *Magari!* Intanto si parla soltanto di inflazione e interessi alti . . . Beh, che cosa posso servire a questi fedeli clienti?

MARCEL: Uno spazzolino da denti . . .

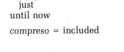

tirare fuori = to take out / just
until now

compreso = included

I wish

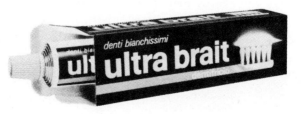

domande

1. Che cosa fanno Bob e Marcel? Da dove vengono?
2. Perché molti artisti stranieri vivono in Italia?
3. Perché Bob e Marcel vanno a fare la spesa?
4. A quale negozio vanno i due amici? Dove si trova?
5. L'ultima volta che sei andato a fare la spesa che cosa hai comprato?
6. Di che cosa si lamenta Cesare? Di che cosa si lamenta la gente oggi?
7. Che cosa dicono oggi i giornali della situazione economica? Tu sei d'accordo?
8. Che cosa è l'inflazione? E la disoccupazione?
9. Bob e Marcel sono veramente «fedeli clienti»?
10. Che cosa si può comprare in una profumeria?

Grammatica

I. Il passato prossimo (The present perfect)

The **passato prossimo** is a compound tense that indicates a *completed* action in the past (*I ate, I have eaten, I did eat*). It is compound because it has two components: an auxiliary (or "helping") verb, **essere** or **avere**, plus the past participle of the verb.

The past participles of verbs are formed according to their infinitive endings, as follows:

-are ⟶ -ato	-ere ⟶ -uto	-ire ⟶ -ito
parlare parl**ato**	vedere ved**uto**	capire cap**ito**
mangiare mangi**ato**	vendere vend**uto**	sentire sent**ito**

Some verbs have irregular past participles. Some of the most common are:

essere	stato	venire	venuto	dire	detto
leggere	letto	mettere	messo	aprire	aperto
scrivere	scritto	rispondere	risposto	nascere	nato
morire	morto	decidere	deciso	fare	fatto
vedere	visto*	perdere	perso*		

To form the **passato prossimo**, the "helping" or auxiliary verb, **avere** or **essere**, is put into the present tense, and is followed by the past participle.

Verbs that may take a direct object (usually referred to as transitive verbs) are conjugated with **avere**:

Ho mangiato alle undici.
I ate at 11 o'clock.

* These two irregular past participles exist alongside the regular ones for these two verbs: **veduto** and **perduto**.

Di salute non c'è male, ma gli affari non vanno bene.

Ha perduto il suo spazzolino da denti.
He's lost his toothbrush.

Hai capito la regola?
Have you understood the rule?

Abbiamo visto quel film ieri sera.
We saw that film last night.

Avete detto la verità?
Have you told the truth?

I ragazzi non hanno comprato molto.
The boys didn't buy much.

Verbs that cannot take a direct object (usually referred to as intransitive verbs) are conjugated with **essere:**

Io sono arrivato dalla Francia.
I arrived from France.

Perché sei andato alla farmacia?
Why did you go to the drugstore?

Non è venuto neanche un cliente.
Not even one customer has come.

When a verb is conjugated with **essere,** the past participle must agree in gender and number with the subject of the verb. Past participles have four endings, like **-o** ending adjectives—in fact, they are often used as adjectives.

Mia sorella **è andata** in Francia.
My sister went to France.

Siamo partiti dopo la prima partita.
We left after the first game.

Perché non **siete venuti?**
Why didn't you come?

Non **sono venuti** più di cinque clienti.
No more than five customers have come.

Verbs conjugated with **avere,** on the other hand, will have the past participle agree only with a preceding direct object, usually in the form of a pronoun.

Gina? L'ho vista ieri.
Gina? I saw her yesterday.

Li ho messi negli scaffali.
I put them on the shelves.

esercizi

1. Formare il participio passato.

avere	studiare	dormire	cantare
conoscere	preferire	essere	perdere
sentire	partire	rispondere	insegnare
abitare	pulire	imparare	finire
comprare	leggere	ricevere	scrivere
guardare	andare		

2. Formare il passato prossimo.

Esempio: scrivo
ho scritto

mangio	studiamo	canta	impari
scrive	ricevo	capisci	sento
leggiamo	arrivi	sono (io)	sono (loro)
andiamo	parte	vado	usciamo

3. Dare la forma corretta del passato prossimo.

1. Gli studenti (venire) _____ senza difficoltà, ma la professoressa non (arrivare) _____ in orario. Lei (partire) _____ in ritardo.
2. Noi (comprare) _____ molti spazzolini nella profumeria.
3. Marcel (andare) _____ in Italia a trovare ispirazione artistica, ma (perdere) _____ lo spazzolino da denti.
4. Chi (rispondere) _____ alle domande?
5. (Essere, io) _____ a casa tutta l'estate.
6. (Incontrare, voi) _____ il nuovo rettore?
7. (Essere, lui) _____ bravissimo: (arrivare) _____ a mezzogiorno e (insegnare) _____ fino alle tre.
8. Cesare non (vendere) _____ molto ieri.
9. (Finire, io) _____ il compito, ma il cane lo (mangiare) _____ .
10. Chi (scoprire) _____ l'America?

II. Avverbi
(Adverbs)

Adverbs are the part of speech used to modify verbs, adjectives, and other adverbs. You have already learned some of the most common adverbs, such as **ancora, mai, già, più, sempre,** etc. Other adverbs may be regularly formed from almost any adjective: the ending **-mente** is added to the feminine singular form of the adjective:

serio   seriamente   strano   stranamente
intelligente   intelligentemente

If the adjective ends in **-le** or **-re** in the feminine singular, the final **-e** is dropped before adding the adverbial ending:

normale   normalmente   regolare   regolarmente

Note that most of the short, irregular adverbs of time you have already learned will be placed between the auxiliary and the past participle in a compound tense such as the **passato prossimo:**

Non **ho mai visto** quel film.
I have never seen that film.

Siamo sempre andati a Parigi in primavera.
We have always gone to Paris in the springtime.

The longer adverbs formed with **-mente,** however, will normally follow the entire verb:

Cesare **arriva normalmente** in orario ma ieri **è arrivato stranamente** in ritardo.
Cesare *usually arrives* on time but yesterday, *strangely, he arrived* late.

esercizio

Formare un avverbio e poi usarlo in una frase.

Esempio: breve . . . *brevemente*
Ha visitato il museo brevemente.

1. tranquillo   4. stupido
2. estremo   5. dolce
3. bizzarro   6. veloce

III. Verbi riflessivi
(Reflexive verbs)

Reflexive verbs are recognized by **-si** attached to the regular infinitive minus **-e.** These reflexive verbs are conjugated simply by inserting the appropriate reflexive pronoun immediately before the conjugated verb. The reflexive pronouns for the different persons are:

mi		ci
ti		vi
	si	

For example, the present tense of **vedersi,** *to see oneself,* is:

mi	vedo	**ci**	vediamo
ti	vedi	**vi**	vedete
si	vede	**si**	vedono

There are two ways in which verbs are used reflexively in Italian:

1. To indicate that the action of the verb is done *by* the subject *to* the subject. Some of these are reflexive in both English and Italian:

lavarsi:
Mi lavo ogni mattina.
I wash myself every morning.

farsi male:
Molte volte i bambini **si fanno male** quando giocano.
*Very often children **hurt themselves** when they play.*

vedersi:
La strega **si vede** nello specchio.
*The witch **sees herself** in the mirror.*

Many other verbs are reflexive in Italian but may not translate as reflexives into English:

svegliarsi	*to wake up*	annoiarsi	*to be bored*
lamentarsi	*to complain*	accorgersi/rendersi	*to realize*
alzarsi	*to get up*	conto	
vestirsi	*to get dressed*	trovarsi	*to be somewhere,*
divertirsi	*to have fun*		*to be located*
arrabbiarsi	*to get mad*		

Cesare si alza presto.
Ci lamentiamo spesso.
Il museo si trova vicino al Duomo.

2. Some verbs can be used reflexively to indicate reciprocal action:

Marcel e Bob **si scrivono** spesso.
*Marcel and Bob **write to each other** often.*

In negative sentences, **non** precedes the reflexive pronoun:

Non ci annoiamo mai nella classe d'italiano.

In compound tenses, such as the **passato prossimo,** reflexive verbs are always conjugated with **essere,** and thus the past participle must agree with the subject of the verb:

Non **ci siamo divertiti** alla festa.
Le ragazze **si sono svegliate** presto ma non **si sono vestite** fino alle dieci!
La professoressa **si è arrabbiata** con me!

When the object of the reflexive verb is obviously possessed by the subject of the verb, such as a part of the body, then the possessive adjective is usually not used:

Mi sono lavata **i capelli** stamani.
*I washed **my hair** this morning.*

I ragazzi devono lavarsi **le mani** prima di mangiare.
*The children should wash **their hands** before eating.*

esercizi

1. Dare la forma corretta del verbo al presente.

Esempio: arrabbiarsi / la professoressa / spesso
La professoressa si arrabbia spesso.

1. trovarsi / la farmacia / qui vicino
2. alzarsi / i miei genitori / sempre alle sei
3. vestirsi / io / velocemente
4. non lamentarsi / un bravo studente / mai
5. farsi male / gli atleti / spesso
6. lamentarsi / i negozianti / quando la gente non spende
7. perché / lamentarsi / voi?
8. divertirsi / tu / a scuola?
9. lavarsi i capelli / Rapunzel / ogni giorno
10. dove / divertirsi / in estate?

2. Dare la forma corretta del verbo al passato prossimo.

1. Noi (annoiarsi) _____ieri sera alla festa di Marcel.

2. Sì? Peccato, Gianni e Piero (divertirsi) _____un mondo.

3. Io (arrabiarsi) _____con Paolo.

4. Perché? Perché (innamorarsi) _____della tua amica e non ha ballato con te?

5. No, perché (addormentarsi) _____nel mio letto!

3. Rispondere alle domande.

1. Ti annoi spesso? Perché?
2. Quando ti arrabbi?
3. Ti sei divertito ieri sera? Che cosa hai fatto?
4. Di chi ti sei innamorato?
5. A che ora ti alzi la mattina?

Esercizi, dialoghi, attività

1. Domandare, rispondere, riassumere, sviluppare.

PROFESSORE: Ti svegli presto ogni mattina?
STUDENTE 1: Sì, mi sveglio presto ogni mattina.
PROFESSORE: Lui si sveglia presto ogni mattina?
STUDENTE 2: Sì, si sveglia presto ogni mattina.
PROFESSORE: E tu ti sei svegliato/a presto stamattina?
STUDENTE 3: No, non mi sono svegliato/a presto stamattina.
CONTINUAZIONE . . .

     lavarsi i capelli ogni giorno / oggi
     andare al mare ogni estate / l'estate scorsa
     studiare ogni sera / ieri sera
     addormentarsi presto ieri sera / ogni sera
     dormire bene ieri notte / ogni notte
     leggere il giornale ogni giorno / stamani
     ricevere una lettera ogni settimana / la settimana scorsa
     vestirsi in fretta sempre / stamani

2. Mettere i verbi fra parentesi al passato prossimo.

1. I nonni (vendere) _____ la villa in campagna, e (comprare) _____ una casa al mare. Quanto (pagare) _____?

2. Ieri io e Maria (fare) _____ una bella passeggiata nel parco. (Vedere) _____ tanti alberi e tanti fiori. Poi (passare) _____ dalla nonna e (mangiare) _____ delle paste. Alle sei (tornare) _____ a casa, e (guardare) _____ la TV fino a mezzanotte.

3. A che ora (cominciare) _____ la conferenza? Non lo so, (lasciare) _____ l'orologio a casa.

4. Papà, (dormire) _____ bene? No, non (dormire) _____, (lavorare) _____.

5. (arrivare) _____ la posta? Io (scrivere) _____ una lettera a un amico la settimana scorsa, e lui (dire) _____ ieri a Maria di aspettare la risposta oggi.

3. Domandare a un altro studente . . .

1. a che ora è andato a letto ieri sera.
2. se ha fatto colazione stamattina; che cosa ha mangiato; che cosa ha bevuto.
3. se sa a che ora è nato/a.
4. che cosa ha fatto di bello ieri sera.
5. che cosa ha letto sul giornale domenica.

4. Rispondere alle domande.

1. A che ora ti alzi di solito? A che ora ti sei alzato stamani?
2. Di chi ti sei innamorato la prima volta? Ti sei mai sposato?
3. Quando hai sentito parlare dell'Italia per la prima volta?
4. Perché hai deciso di studiare l'italiano?
5. Dove sei nato? Dove sono nati i tuoi genitori?
6. Dov'è nato Cristoforo Colombo? Dov'è morto?
7. Che bel film hai visto quest'anno?
8. Che bel libro hai letto quest'anno?
9. Che cosa di valore hai perso recentemente?
10. A chi hai scritto la tua prima lettera d'amore? Hai mai scritto una lettera a un giornale?

5. A. Dare l'avverbio che corrisponde all'aggettivo.

1. lento   4. gentile
2. rapido   5. veloce
3. intelligente 6. sfortunato

B. Formulare una frase con ciascun avverbio.

6. A. Chi sono? Descriversi, spiegando . . .

quello che ho fatto nella mia vita.
dove e quando sono nato.
che scuola ho frequentato.
quando ho viaggiato.
le persone che ho conosciuto.
ecc.

B. Fare lo stesso, ma per una persona immaginaria o una persona famosa.

7. Finire le frasi seguenti, sostituendo un pronome nella seconda parte della frase.

Esempio: Oggi abbiamo ricevuto la lettera . . .

Oggi abbiamo ricevuta la lettera e l'abbiamo letta ad alta voce.

1. Ha studiato la grammatica pazientemente . . .
2. Ho scritto la lettera dopo cena . . .
3. Abbiamo telefonato ai genitori . . .
4. Il presidente non capisce l'italiano ma . . .
5. Ho spiegato il problema alla professoressa . . .

8. Dire il contrario, usando un avverbio.

1. Cesare si lamenta regolarmente.
2. Marcel guida velocemente.
3. La vedo raramente.
4. Ci hanno ascoltato attentamente.
5. Arriva presto.
6. Ha parlato stupidamente.

9. Tradurre.

This morning my brother got up at 6:30, had a bath, *shaved* (**rasarsi; farsi la barba**), dressed, had breakfast, and left the house at 8:00. My aunt phoned at 9:00, and she and my mother *chatted* (**chiacchierare**) for 15 minutes.

Yesterday was a *crazy* (**pazzesco**) day. My cousin arrived from Rome at 7:00 in the morning. My mother went to the station to *pick him up* (**prendere**), and left the keys (**la chiave**) in the car. They took a *taxi* (**tassì**) home. Then seven uncles and six aunts and their children came for lunch and stayed all afternoon. But we had fun!

10. Riscrivere il brano al passato prossimo.

Oggi la signorina Bianchi non va a lavorare e si diverte molto. Esce di casa alle nove e va in un caffè. Beve un espresso, mangia una pasta e legge il giornale. Verso le dieci passa da un'amica. Le due donne vanno insieme al museo, dove vedono una mostra d'arte moderna. Poi fanno una bella passeggiata nel parco pubblico. All'una tornano a casa.

11. Dialoghi da sviluppare. Due amici parlano di . . .

un film che hanno visto recentemente.
un libro che hanno letto.
un sogno che hanno fatto.
quello che hanno fatto durante le vacanze.

Lettura

lettera da Pompei

Pompei, 24 agosto

Caro Gianfranco,

Mentre scrivo questa lettera sono seduto *all'ombra di* un pino, *vicino a* un anfiteatro. Sono a Pompei, l'antica cittadina romana distrutta dall'eruzione vulcanica del monte Vesuvio nel 79 d.C. Che disastro! Immagina: per tre giorni e tre notti è caduta su Pompei una continua pioggia di fuoco, fumo, pietre e cenere. È stata una terribile calamità che ha portato morte e distruzione. Pompei è rimasta sepolta sotto la lava fino al *diciottesimo secolo*. Negli ultimi 200 anni di scavi e restauri *è stata portata alla luce* una testimonianza unica sui costumi pubblici e privati degli antichi romani. Ma tu certamente sai tutto questo!

Sono dunque seduto qui tra le rovine di Pompei e mi sento come trasportato in un'altra epoca. Sento le *risa* e le conversazioni dei turisti e mi sembrano le *grida* dei gladiatori. Ecco Via dell'Abbondanza, piena di turisti di ogni parte del mondo.

Dei turisti giapponesi si fermano al thermopolium (osteria) di Asellina, anticamente famoso per il buon vino aromatico e per le

in the shade of / near

the 18th century

has been brought to light

il riso (le risa) = laughter
il grido (le grida) = cry

Sono dunque seduto qui tra le rovine di Pompei.

È stata portata alla luce una testimonianza unica sui costumi pubblici e privati degli antichi romani.

cameriere sempre pronte a concedere le loro grazie. Sui muri sono ancora scritti i nomi di alcune di quelle ragazze. Che bei nomi! Smyrna, Agle, Asellina.

Alcuni turisti con le camicie a fiori e i pantaloni variopinti (devono essere americani!) si fermano davanti a un antico *pistrinum* (forno). Il profumo del pane sembra riempire l'aria.

Questa mattina ho visitato una casa privata. *Si tratta* della famosa Casa dei Vettii. Quando sono entrato, ho subito ammirato i pavimenti di mosaico bianco e nero con molti disegni geometrici. Sui muri delle stanze sono dipinte varie divinità greche. Sono poi arrivato nell'*atrium* (atrio) dove ho immaginato un *paterfamilias* (capofamiglia) nell'atto di ricevere i clienti. Sono quindi andato nel *triclinium* (triclinio) dove ho immaginato di partecipare a un pranzo *luculliano*. Che bello camminare nel *peristylium* (peristilio)! Si sentono forse i bambini ridere mentre giocano e si divertono con i loro *cagnolini?* Il *peristylium* è pieno di fiori, di statue di marmo e di fontane di alabastro.

Sento di nuovo i turisti. I suoni di parole italiane si mescolano a descrizioni in francese e inglese. Da qui ora vedo un gruppo di tedeschi che ascoltano attentamente la guida. Sono molto disciplinati e si preparano a visitare la palestra. Fa uno strano effetto vedere gente con vestiti di oggi e macchine fotografiche *aggirarsi* negli antichi templi di Giove, di Apollo, di Diana, di Venere. Da qui vedo anche la basilica (tribunale) con la porta aperta. Quante meraviglie! Quanto rumore anche! Chi fa tutto questo rumore? I turisti o i gladiatori?

Vale (ciao)!

LIVIO

trattarsi di = to be talking about, to be a matter of

lucullian: refers to a sumptuous meal

cagnolino = puppy, little dog

to wander around

domande

1. Dov'è seduto Livio? Quando tu scrivi una lettera dove ti siedi?
2. Ti piace il vino secco o il vino aromatico?
3. Dove si trova Pompei? Ci sei mai stato?
4. Chi fa molto rumore a Pompei? C'è molto rumore in una città moderna? Perché?
5. Quali turisti vede Livio? Ci sono molti turisti nella tua città? Perché o perché no?
6. Che cosa ha distrutto Pompei? Ci sono state recentemente eruzioni vulcaniche? Dove?
7. I gladiatori che cosa sono? Chi sono i gladiatori di oggi?
8. Perché è speciale la casa dei Vettii? Sono diverse le case moderne? In quale modo?
9. Che tipo di persona è Livio? È romantico o realistico?
10. Ti piace scrivere lettere e cartoline agli amici quando sei in viaggio?

attività

1. Scrivere una lettera a un amico . . .

dalla tua città preferita.
da una località turistica.
da un posto che non ti piace.

2. Sei giornalista. Devi scrivere un articolo sui costumi . . .

degli abitanti di un'isola che hai scoperto.
della gente del tuo paese d'origine.

Il Vesuvio.

Vocabolario

Nouns

alabastro alabaster
albero tree
anfiteatro amphitheater
aria air
arrivo arrival
l'artista (gli artisti, le artiste) artist
atto act
calamità calamity
capelli, *m. pl.* hair
capofamiglia head of the family
la cenere ash
cittadina little town
la crisi (le crisi) crisis
il dente tooth
la descrizione description
disastro disaster
disegno design
la disoccupazione unemployment
la distruzione destruction
divinità divinity
effetto effect
epoca period, age
l'eruzione, *f.* eruption
espresso expresso coffee
fontana fountain
forno oven, bakery
frigorifero refrigerator
fumo smoke
fuoco fire
il gladiatore gladiator
incrocio crossing
l'inflazione, *f.* inflation
l'interesse, *m.* interest
isola island
l'ispirazione, *f.* inspiration
lava lava
la luce light
marmo marble
meraviglia marvel, wonder
il monte mountain
mosaico mosaic
mostra show, exhibition
muro (le mura) wall

il, la negoziante merchant, shopkeeper
la notte night
palestra gym
pantaloni, *m. pl.* pants
parco park
pasta pastry
pavimento floor
periodo period
pietra stone
pino pine
pioggia rain
il pittore painter
primavera spring
prodotto product
profumeria sundries store
profumo smell, perfume
proprietario owner
regola rule
restauro restoration
rovina ruin
il rumore noise
la salute health
scatola box, can
scavo excavation
lo scultore sculptor
lo scrittore writer
sogno dream
spazzolino da denti toothbrush
stanza room
statua statue
strega witch
suono sound
tempio (i templi, i tempi) temple
testimonianza testimony
villa villa

Verbs

accorgersi (*p.p.*** accorto)** to realize
addormentarsi to fall asleep
alzarsi to get up
ammirare to admire
arrabbiarsi to get mad
bagnarsi to get wet
concedere to concede

dipingere (p.p. dipinto) to paint
distruggere (p.p. distrutto) to destroy
divertirsi to have fun
immaginare to imagine
innamorarsi to fall in love
lamentarsi to complain
mescolare to mix
partecipare to participate
pulire to clean
rendersi (p.p. reso) conto to realize
riempire to fill
rimanere (p.p. rimasto) to remain
scoprire (p.p. scoperto) to discover
sedersi to sit down
sposarsi to get married
svegliarsi to wake up
trasportare to transport
trattarsi di to be about, to be a matter of
trovarsi to be, to be located; to find oneself
vestirsi to get dressed

Adjectives

aromatico aromatic
artistico artistic
compreso including
disciplinato disciplined
distratto distracted

economico economic
geometrico geometric
giapponese Japanese
lento slow
moderno modern
privato private
rapido fast
regolare regular
scorso last
secco dry
seduto seated
sepolto buried
serio serious
sfortunato unfortunate
terminato ended, finished
tranquillo calm, tranquil
variopinto multicolored
veloce fast
vulcanico volcanic

Others

attentamente carefully
certamente certainly
d'accordo OK, agreed
di valore of value
dunque then, consequently
in fretta in a hurry
mentre while
non c'è male! not bad!
prima earlier
qualcosa something
recentemente recently
sotto under
vicino a near

CAPITOLO 9

Dialogo

Margaret, una ragazza canadese, e Dolores, una ragazza messicana, sono a Bologna da alcuni mesi per studiare all'università. Si rivedono un lunedì mattina, al ritorno da un weekend che hanno passato fuori città. L'incontro avviene alla fermata dell'autobus.

DOLORES: *Chi si vede! Già di ritorno?*   Well, look who it is!

MARGARET: Sono tornata un'ora fa. Che weekend stupendo. Sono stata in alcune città del Veneto: a Venezia, a Padova, a Verona. E tu cosa hai fatto?

DOLORES: Io sono stata in montagna, a sciare. Sabato mattina ho preso il «pullman della neve». Dopo cinque ore di viaggio siamo arrivate a Cortina d'Ampezzo. Cortina è un sogno. Non ho mai visto montagne così belle. Però faceva freddo.

MARGARET: Io ho visto Cortina in un film di James Bond . . . Quando ero piccola mi piaceva la montagna. Adesso mi piace di più il mare. Ma dimmi, hai speso molto per sciare?

Chi si vede a Cortina!

DOLORES:	Costa *parecchio* sciare a Cortina ma *vale la pena.* È molto chic. E tu, ti sei divertita a Venezia?	quite a bit, a lot/*valere la pena* = to be worthwhile
MARGARET:	C'era nebbia. La città sembrava irreale, magica. Piena di malinconia e di dolcezza. Non volevo più partire. Mi sono piaciute molto anche Padova e Verona.	
DOLORES:	Ah Verona! L'ho vista nel film «Giulietta e Romeo». Noi al ritorno ci siamo fermate a Ferrara. È una piccola, *deliziosa* città.	*delizioso* = delightful (not delicious, *squisito*)
MARGARET:	L'Italia è piena di posti che non si sentono mai nominare.	
DOLORES:	In Messico sentivo parlare solo di Roma, di Firenze, di Venezia. Ma ci sono *decine* e *decine* di altre città che vale la pena di visitare.	lit. tens and tens; fig. dozens and dozens
MARGARET:	È vero. Prima della mia partenza dall'Italia voglio visitarle tutte. Oh, ecco l'autobus.	

domande

1. Dove sono state le due ragazze durante il weekend? E tu?
2. Dov'è Cortina? Durante le vacanze preferisci andare in montagna o al mare?
3. Quando eri piccolo dove andavi durante le vacanze?
4. Di quali città italiane si sente parlare qui?
5. Quali città italiane hai visto al cinema? In quali film?
6. Conosci qualche opera di letteratura inglese ambientata in una città italiana?
7. Com'è Venezia con la nebbia? E la nostra città?
8. Di quali città americane si sente parlare in Europa? Perché?
9. Quali piccole città vale la pena di visitare nel tuo stato?
10. Qual è un posto turistico chic in America?

Grammatica

I. L'imperfetto (The imperfect)

While the **passato prossimo** indicates a completed action in the past, there is another past tense in Italian, the **imperfetto,** which is used to indicate a habitual or ongoing action in the past (what *used to occur,* what *was occurring*).

The stem for conjugating verbs in the imperfect is regularly formed by dropping the **-re** of the infinitive (**andare ⟶ anda-**). To this stem are then added the following endings:

	singular	plural
1st person	anda-**vo**	anda-**vamo**
2nd person	anda-**vi**	anda-**vate**
3rd person	anda-**va**	anda-**vano**

Note that accentuation follows the ''boot pattern'' presented on p. 32. In the first three persons singular and the third person plural the accent falls on the stem; in the **noi** and **voi** forms the accent falls on the ending.

The verb **essere** is the only completely irregular verb in the imperfect:

ero	eravamo
eri	eravate
era	erano

The following verbs have irregular stems, but the endings are regular:

| fare | ⟶ | face- | **face-vo** | bere | ⟶ | beve- | **beve-vo** |
| dire | ⟶ | dice- | **dice-vo** |

esercizi

1. Dare la forma corretta del verbo all'imperfetto.

conoscere (io)	dare (tu)	perdere (noi)
andare (voi)	essere (voi)	fare (loro)
avere (io)	vivere (lui)	vedere (tu)
mangiare (noi)	dire (lei)	mettere (lei)
potere (io)	vendere (loro)	nuotare (tu)

2. Mettere le frasi all'imperfetto.

Esempi: Tu sei brava
Anche prima eri brava.
Io mangio poco
Quando ero piccolo mangiavo poco.

1. Dolores studia poco.
2. Io faccio molto sport.
3. I giocatori di football bevono molta birra.
4. Tu leggi molti libri.
5. Roberto dorme tanto.
6. Noi abbiamo molto da fare
7. La città sembra irreale.
8. Mi piace la montagna.
9. Margaret finisce presto il compito.
10. Papa dà sempre la mancia.
11. I Bianchi escono ogni sera.
12. Andiamo spesso al cinema.

*Sciare qui costa
parecchio perché è molto
chic.*

II. Uso del passato prossimo e dell'imperfetto
(Usage of the present perfect and imperfect)

The following are some general guidelines for the differences in usage between the **passato prossimo** and the **imperfetto**.

1. A simple, completed action in the past is almost always expressed with the **passato prossimo.** The moment of completing the action (time, day, year, etc.) may be either indicated or understood.

Sono tornata un'ora fa.
I returned an hour ago.

E tu cosa hai fatto?
And what did you do?

Hai speso molto per sciare?
Did you spend a lot to ski?

2. The imperfect is used to denote a habitual, repeated, or ongoing action in the past:

Quando ero piccola, andavo sempre in montagna.
When I was little, I always used to go to the mountains.

In quel tempo ci vedevamo ogni giorno.
In those days, we used to see each other every day.

3. Verbs or verbal expressions that indicate states of mind or emotions (such as *to be afraid, to love, to like,* etc.) tend to be used in the **imperfetto,** since those "actions" are by nature not single, completed actions. Expressions of weather, age, and other past states of being, particularly an undefined past, are also included in this category. The **imperfetto** is generally used for descriptions in the past and for actions that were repeated in the past.

Quando avevo dieci anni mi piaceva sciare.
When I was 10 years old I (used to) like to ski.

Venezia sembrava irreale.
Venice seemed unreal.

Però faceva freddo.
But it was cold.

4. Both past tenses can be used in the same sentence. It may be helpful
to visualize the difference between the two as follows:

(imperfetto) (passato prossimo)

Io ero in Italia quando il presidente si è dimesso.
I was in Italy *when the President resigned.*

Guardavo la televisione quando tu hai telefonato.
I was watching television *when you telephoned.*

esercizio

Mettere all'imperfetto o al passato prossimo il verbo fra parentesi.

Marco (essere) _____ molto felice perché (andare) _____ a trovare sua nonna. Non la (vedere) _____ da due mesi e, dato che le
(volere) _____ molto bene, (essere) _____ impaziente di rive-
derla.

Alle due (uscire) _____ da casa sua, (salire) _____ in macchina
e (partire) _____ per la casa della nonna che (essere) _____ in
un'altra città. Strada facendo (*on the way*), (fermarsi) _____ in un
negozio di fiori e (comprare) _____ dodici rose rosse. Venti minuti
più tardi, (arrivare) _____ a casa della nonna. (Scendere)
_____ dalla macchina, (avvicinarsi) _____ alla porta, (suonare)
_____ il campanello e (aspettare) _____. Non (venire)
_____ nessuno ad aprire. (Suonare) _____ una seconda volta. Ancora nessuno! Poi (ricordare) _____! (Essere) _____ giovedì. Il
giovedì la nonna (andare) _____ sempre da un'amica. Marco (sedersi)
_____ e (decidere) _____ di aspettarla lì, davanti alla porta.

III. I mesi dell'anno, le stagioni e le espressioni di tempo nel passato
(The months of the year, the seasons, and expressions of time in the past)

Notes on usage:

1. To say *In January* (or any other month), either **a** or **in** may be used:

Siamo andati a Cortina **in** gennaio.
Palermo è molto bella **a** febbraio.

2. **Fa** is the equivalent of «ago»:

I suoi antenati sono arrivati in America molti anni fa.
Sono tornata un'ora fa.
Due mesi fa ho conosciuto l'amore della mia vita.

3. **Da,** plus an expression of time, when the verb is in the present tense, expresses the notion of *for a period of time:*

Lo conosco **da due mesi.**
*I have known him **for two months.***

Da quando sei qua?
***How long** have you been here?*

Sono qui **da due settimane.**
*I have been here **for two weeks.***

4. When **da** is used with an expression of a specific moment of time (a year or a date, for example), plus a verb in the present tense, it expresses the notion of *since:*

Lo conosco **dal 1976.**
*I have known him **since 1976.***

Sono qui **dalla settimana scorsa.**
*I have been here **since last week.***

Da quando sei qua?
***How long** have you been here?*

NOTE: Both of these expressions require the present tense in Italian, even though in English we use the present perfect. The **passato prossimo** is *never* used with these expressions!

5. The **imperfetto** may be used with **da,** to mean either *since* or *for* when one wants to express these ideas in the pluperfect:

Lo conoscevo **da anni** quando ho saputo che era tuo fratello.
*I had known him **for years** when I found out he was your brother.*

esercizio   Rispondere alle domande.

1. Da quanto tempo abiti qui?
2. Da quando studi l'italiano?
3. Che festa c'è in dicembre? E in luglio?
4. Dove abitavi dieci anni fa?
5. In quale mese è il tuo compleanno?
6. Quanto tempo fa è venuta in America la regina d'Inghilterra?
7. Da quando esiste la televisione?
8. Qual è il mese che ti piace di più?
9. Quanti anni fa ti sei innamorato per la prima volta?
10. Quanti anni fa sei nato?
11. Da quanto tempo la tua famiglia è in America?
12. Quali sono i mesi di vacanza?

Che tempo fa?

È primavera. Piove.

È estate. Fa caldo. C'è sole.

È autunno. Tira vento.

È inverno. Fa freddo. Nevica.

Expressions of weather:

1. with **fare:**

Che tempo fa?		*What's the weather like?*	
Fa caldo.	*It's hot.*	Fa bel tempo/fa bello.	*It's nice.*
Fa freddo.	*It's cold.*	Fa brutto tempo/fa	*The weather's bad.*
Fa fresco.	*It's cool.*	brutto.	

2. with **essere:**

C'è sole.	*It's sunny.*
C'è afa.	*It's muggy.*
È sereno.	*It's fair/clear.*
C'è vento.	*It's windy.*
C'è nebbia.	*It's foggy.*
È nuvoloso.	*It's cloudy.*

3. Others:

piove	*It is raining.*
nevica	*It is snowing.*
tira vento	*It is windy.*

Note that in the **passato prossimo** these verbs can be conjugated either with **avere** or with **essere:**

è piovuto
ha piovuto } *it rained*   è nevicato
ha nevicato } *it snowed*

esercizio   Completare le frasi.

Esempio: Di solito a luglio *fa caldo;* quest'anno *ha fatto fresco!*

1. Di solito in gennaio _____; quest'anno _____.

2. Di solito a maggio _____; l'anno scorso _____.

3. In Inghilterra _____.

4. Al mare in febbraio _____; a luglio, invece _____.

5. In montagna in dicembre _____; ad aprile _____.

6. Dove abito io _____.

7. Nel Texas _____ anche d'inverno.

8. Preferisco (maggio, giugno, ecc.) _____ perché _____.

IV. *Volere, potere* e *dovere* al passato prossimo (The modal auxiliaries in the present perfect)

In Chapter 6 you learned that **potere, dovere,** and **volere** are called modal auxiliaries because they express the mood of the verb they accompany. Because of this, when they are used in the **passato prossimo,** they may be conjugated with either **essere** or **avere,** depending on which of these two the verb in the infinitive would take.

Non sono potuto venire prima.
I *couldn't come* before.

Potere is conjugated with **essere** because **venire** would be conjugated with **essere.**

Abbiamo potuto vedere il nuovo film di Fellini ieri sera.
We were able to see Fellini's new movie last night.

Potere is conjugated with **avere** because **vedere** would be conjugated with **avere.** Note, however, that this is not a strict rule and that **avere** is often used as the auxiliary in both cases.

In addition, **dovere** and **volere** have different meanings in the **passato prossimo** than in the **imperfetto.**

Le ragazze **sono dovute venire** a trovarci.
The girls *had to* (and did) *come* to see us.

Le ragazze **dovevano venire** a trovarci.
The girls *were supposed* to come and see us (no implication that they did).

Il professore **ha voluto** darci un esame.
The professor *wanted* to (and did) give us an exam.

Il professore **voleva** darci un esame.
The professor *wanted* to give us an exam (no implication that he did).

esercizio

Rispondere alle domande.

1. Dove sei sempre voluto andare? Ci sei potuto andare?
2. Che cosa hai dovuto fare per guadagnare i primi soldi?
3. Perché hai voluto venire a questa università?
4. Perché non sei potuto andare al mare ieri?
5. Perché non hai voluto alzarti presto stamani?

Esercizi, dialoghi, attività

1. Domandare, rispondere, riassumere, sviluppare.

PROFESSORE: Da quando conosci (nome di un altro studente)?
STUDENTE 1: Lo conosco da due mesi.
PROFESSORE: Da quando lo conosce?
STUDENTE 2: Lo conosce da due mesi.
PROFESSORE: Chi conosci da molti anni?
CONTINUAZIONE . . .
      Chi conosci da settembre?
      Quanti anni avevi due / tre / quattro anni fa?
      Dove abitavi dieci anni fa?
      Cosa guardavi alla televisione cinque / dieci / quindici anni fa?

2. Mettere all'imperfetto il verbo fra parentesi.

In quel periodo Gianni e Pina (essere) _____ fortunati. Il loro padre (avere) _____ un buon lavoro e (guadagnare) _____ molti soldi. La loro madre (lavorare) _____ ma (essere) _____ sempre a casa la sera quando loro (tornare) _____ da scuola. Ogni sabato i genitori (portare) _____ i bambini in campagna e tutti (divertirsi) _____ molto: (camminare) _____ nei campi, (giocare) _____ e (ridere) _____. La domenica, tutta la famiglia (andare) _____ in chiesa; poi, (fare) _____ una gita in macchina e (mangiare) _____ in trattoria.

3. Domandare a un altro studente . . .

1. che cosa faceva in agosto quando era piccolo.
2. quali corsi e quali professori gli piacevano al liceo.
3. quali sport preferiva quando aveva dodici anni.
4. con chi giocava quando aveva otto anni.
5. da quanto tempo sa nuotare.
6. da quando frequenta la scuola / l'università.

Il tempo oggi

TEMPO PREVISTO: Al nord, al centro e sulla Sardegna nuvoloso con precipitazioni temporalesche che a nord, sulla Toscana, sull'Umbria e sulle Marche saranno di forte intensità. Tendenza al miglioramento sulle regioni settentrionali. Sulle regioni meridionali della penisola e sulla Sicilia nuvolosità in aumento con precipitazioni dalla sera.

TEMPERATURA: In diminuzione su tutte le regioni.

VENTI: Moderati da nord-est sulle regioni settentrionali; moderati, a tratti forti da sud, sulle regioni centro-meridionali, tendenti a provenire da nord sulle regioni centrali e sulla Sardegna.

MARI: Molto mossi, tendenti ad agitati.

SOLE: Sorge alle 5,30 e tramonta alle 21,06.

LUNA: Ultimo quarto il 25 alle 6,25.

AEROPORTO DI PERETOLA

	ore 8	ore 14	ore 20
Barometro m.b.	1009,4	1007,6	1004,4
Umidità %	89	46	66

LA TEMPERATURA	OSSERVATORIO XIMENIANO
Minima 19,6 Massima 32,4	Minima 21,6 Massima 32,4

NELLE ALTRE CITTA'

Città	Min	Max	Città	Min	Max	Città	Min	Max
Bolzano	12	26	Bologna	19	28	Napoli	18	27
Verona	19	27	Pisa	19	30	Potenza	16	24
Trieste	20	28	Ancona	21	26	Reggio C.	22	34
Venezia	18	26	Perugia	19	27	Messina	23	32
Milano	16	26	Pescara	21	29	Palermo	24	33
Torino	13	26	L'Aquila	16	29	Catania	20	35
Cuneo	16	23	Roma	23	30	Alghero	21	29
Genova	20	26	Bari	24	33	Cagliari	19	35

CAPITALI E CITTA' ESTERE

Città	Min	Max	Cielo	Città	Min	Max	Cielo
Amsterdam	12	20	coperto	Londra	12	17	sereno
Atene	20	32	sereno	Madrid	20	36	sereno
Belgrado	17	23	piogg.	Mosca	np	np	coperto
Berlino	6	17	coperto	New York	np	np	sereno
Bruxelles	8	18	coperto	Oslo	12	17	coperto
Chicago	17	22	sereno	Parigi	9	22	coperto
Ginevra	14	26	coperto	Stoccolma	10	16	coperto
Helsinki	10	14	piogg.	Tokio	19	27	sereno
Lisbona	21	38	sereno	Vienna	17	24	piogg.

4. Tema da svolgere: «Il mio mese preferito».

Che tempo fa?
Che cosa facevo in quel mese quando ero piccolo?
Che cosa succede normalmente in quel mese, ecc.?

5. Interviste tra due studenti: «Chi sei?»

quello che facevo nella mia gioventù
gli amici che frequentavo
dove andavo quando uscivo la sera
quello che mi piaceva fare

6. Raccontare: A uno a uno, ogni studente deve aggiungere una frase alla storia. (*One student should begin telling a story by finishing the sentence below. One by one, each student should continue the story by adding another sentence.*)

C'era una volta nel West . . .

7. Dire a qualcuno di fare qualcosa e poi dire che cosa ha fatto.

Esempi: Dire a un amico di venire subito.
Vieni subito. È venuto subito.
Dire alla professoressa di raccontarci una bella storia.
Ci racconti una bella storia, professoressa. Ci ha raccontato una bella storia.

A. Dire a un altro studente di . . .

1. essere bravo.
2. raccontare la storia della sua vita.
3. accompagnarti a casa.
4. non arrivare in ritardo.
5. leggere il brano ad alta voce.
6. dare regali agli altri studenti.

B. Dire al professore o alla professoressa di . . .

1. ripetere la spiegazione agli studenti.
2. scrivere la parola alla lavagna.
3. accomodarsi.
4. non dare un compito per le vacanze.

C. Dire agli altri studenti di . . .

1. venire a casa tua per una festa.
2. sbrigarsi.
3. non essere cattivi.
4. finire subito.

8. Tradurre.

There was a train strike in Italy when I arrived in Rome. I took a taxi to go to a hotel near the colosseum (**colosseo**). The weather was nice, so I decided to stay in Rome for a few days. When I went to the Vatican, I saw a large *crowd* (**folla**) in St. Peter's Square.

They were all waiting to see the Pope. It was hot and everyone was thirsty and hungry. They had been waiting for hours. Finally, the Pope arrived and everyone applauded (**applaudire**).

9. Rispondere: Da quando . . . Da quanto tempo . . .

voti alle elezioni nazionali?
puoi bere legalmente in questo stato?
abiti da solo / sola?
t'interessa la cultura italiana?

10. Che cosa hai fatto . . . Dove sei andato . . . Che cosa hai voluto fare
. . . Che cosa non hai potuto fare?

per le vacanze?
un anno fa?
cinque anni fa?

11. Dialoghi da sviluppare: «Ai miei tempi» (*"In the good old days"*).

Parlano: due pensionati
un giornalista e un ex-giocatore di football
un giornalista e una ex-attrice

Lettura

il fascismo in Italia

Dopo *la prima guerra mondiale* in Italia c'erano disoccupazione e proteste. C'erano scioperi e occupazioni delle fabbriche e delle campagne. Opposte fazioni, di estrema destra e di estrema sinistra, *si scontravano* sulle piazze e il governo di Roma era incapace di impedire gli atti di violenza.

Nel 1919, Benito Mussolini, un ex-socialista, ha fondato a Milano il partito fascista. Nazionalisti, *reduci di guerra*, *latifondisti* hanno *appoggiato* subito il nuovo partito. L'hanno appoggiato molti impiegati dello stato, l'ha appoggiato *il ceto medio* di nuova formazione. I partiti del centro e della sinistra erano divisi e deboli.

All'inizio il fascismo non aveva un chiaro programma politico. Invece di una dottrina politica, sembrava una tecnica per conquistare e mantenere il potere con la forza. I fascisti detestavano ugualmente la democrazia liberale e i movimenti socialisti. Dicevano che il forte deve comandare il debole, che lo stato deve *imporre* la legge e l'ordine. Il loro motto era: «Credere, obbedire, combattere».

Nel 1922, Mussolini ha marciato su Roma per dimostrare la sua forza. Il re, Vittorio Emanuele III, che temeva una guerra civile, ha *incaricato* Mussolini di formare il governo. Mussolini ha mostrato subito la sua vocazione autoritaria e nel 1925 ha dichiarato il partito fascista unico partito legale in Italia.

È iniziata la dittatura fascista. L'opposizione ha dovuto prendere la strada della clandestinità e, più tardi, dell'esilio. Mussolini voleva uno stato forte all'interno e temuto all'estero, e parlava di «immortali destini» e di «eredità romana» del popolo italiano. Diceva che la guerra è per l'uomo ciò che la maternità è per la donna.

the first world war

scontrarsi = to clash

war veterans/il latifondista (latifondisti) = large landowner
appoggiare = to support the middle class

to impose

incaricare = to charge with

La situazione internazionale, intanto, è diventata *minacciosa*. Nel 1933, in Germania, è andato al potere Hitler con un programma nazionalista e razzista. Qualche anno dopo Mussolini ha ordinato l'invasione dell'Etiopia e *l'invio di truppe* in Spagna a combattere per Franco contro i repubblicani. Ha formato anche una *stretta* alleanza diplomatica con la Germania nazista e il regime autoritario del Giappone. Nel 1940, Mussolini ha dichiarato guerra alla Francia e all'Inghilterra. Poco dopo l'Italia si è trovata in guerra anche contro la Russia e gli Stati Uniti. Era la seconda guerra mondiale.

Negli ultimi giorni di guerra, ormai perduta dall'Italia, Mussolini, *travestito* da soldato tedesco, ha tentato di fuggire in Svizzera. È stato però fermato e riconosciuto dai *partigiani*. La fine di Mussolini è stata violenta: è stato *fucilato*. Con la fine di Mussolini è finito il regime fascista in Italia. Era l'anno 1945.

minaccioso = menacing

the dispatching of troops

stretto = lit. tight, narrow; fig. close

disguised

partigiano = Resistance fighter

fucilare = to shoot

Il loro motto era: «Credere, obbedire, combattere».

domande

1. Cosa c'era in Italia dopo la prima guerra mondiale?
2. Chi ha fondato il partito fascista?
3. Il re ha favorito o ha ostacolato il fascismo in Italia?
4. Mussolini era alleato o avversario di Hitler? E degli Stati Uniti?
5. Quando è finito il regime fascista in Italia?

attività

A. Temi da discutere e svolgere.

1. Esiste ancora il fascismo nel mondo?
2. Quando è necessario lo sciopero?
3. Quali sono le cause e gli effetti della disoccupazione?
4. Quali sono le differenze tra un governo conservatore e uno progressista o liberale?
5. Che cosa è un latifondista? In America chi assomiglia ai latifondisti?
6. Che cosa ricordano i tuoi genitori e che cosa i tuoi nonni della seconda guerra mondiale?

B. Da dibattere.

1. La religione o il nazionalismo sono sempre state le cause delle guerre.
2. La guerra rilancia l'economia.
3. La guerra è inevitabile.

Vocabolario

Nouns

agosto August
alleanza alliance
alleato ally
aprile April
autunno autumn, fall
avversario adversary, enemy
brano passage
campanello bell
causa cause
clandestinità clandestinity
il debole the weak person
destino destiny

dicembre December
dittatura dictatorship
dolcezza sweetness
dottrina doctrine
economia economy
l'elezione, *f.* election
eredità heredity
esilio exile
fabbrica factory
fascismo fascism
la fazione faction
febbraio February
fermata stop

la fine end
il forte the strong person
gennaio January
giovedì Thursday
giugno June
governo government
guerra war
impiegato employee
inizio beginning
l'invasione, f. invasion
inverno winter
lavoro work
la legge law
luglio July
lunedì Monday
maggio May
malinconia melancholy
mancia tip
marzo March
maternità motherhood
il mese month
motto motto
movimento movement
nazionalismo nationalism
nebbia fog
la neve snow
novembre November
opera opera, work
l'opposizione, f. opposition
l'ordine, m. order
ottobre October
partenza departure
pensionato retired person
periodo period
piazza plaza, square
popolo the people
il potere power
protesta protest
il regime regime
la religione religion
ritorno return
rosa rose
sciopero strike
settembre September
soldato soldier
la spiegazione explanation
strada road
Svizzera Switzerland
tecnica technique
trattoria family restaurant
vento wind
la vocazione vocation

Verbs

accomodarsi to make oneself
  comfortable
aggiungere to add
ambientare to set
avvicinarsi to get close to
comandare to command
combattere to fight
conquistare to conquer
dare la mancia to tip
decidere (p.p. deciso) to decide
detestare to detest
dichiarare to declare
dimettersi (p.p. dimesso) to
  resign
dimostrare to show
diventare to become
fare caldo, freddo, ecc. to be
  (hot, cold, etc.)
favorire to favor
fermarsi to stop
fondare to found, begin
formare to form
guadagnare to earn
impedire to prevent
iniziare to begin, start
mantenere to keep, maintain
marciare to march
mostrare to show
nevicare to snow
nominare to name
obbedire to obey
ostacolare to block
piovere to rain
ridere (p.p. riso) to laugh
rivedere to see again
salire to go up
sbrigarsi to hurry up
scendere (p.p. sceso) to go
  down
sedersi to sit down
sembrare to seem, to appear
temere to fear
tentare to try
tirare vento to be windy
volere bene to be fond of, to
  like

Adjectives

autoritario authoritarian
caldo warm, hot

chiaro clear
chic chic
civile civil
conservatore conservative
debole weak
diplomatico diplomatic
fascista fascist
festivo festive
freddo cold
fresco fresh, cool
immortale immortal
impaziente impatient
incapace incapable
inevitabile inevitable
internazionale international
irreale unreal
magico magic
messicano Mexican
nazionalista nationalist
nazista nazi
nuvoloso cloudy
perduto lost
pieno full

progressista progressive
razzista racist
repubblicano republican
rosso red
sereno tranquil, serene
stupendo wonderful
tedesco German

Others

all'estero abroad
all'inizio at the beginning
all'interno inside
al ritorno upon returning
contro against
dato che since
di nuova formazione newly formed
legalmente legally
più tardi later
strada facendo on the way
ugualmente equally

CAPITOLO 10

Dialogo

*Roberta, una disegnatrice di alta moda e Federico, un fotografo, **entrambi** italiani, sono a New York per ragioni professionali.*   both

FEDERICO: *Cosa hai fatto di bello* ieri sera, Roberta?   what (fun thing) did you do?

ROBERTA: Dopo la sfilata, sono andata a un negozio di dischi sulla Fifth Avenue. Ho voluto comprare qualche disco prima di tornare in Italia.

FEDERICO: Che coincidenza! Sono andato anch'io in un negozio di dischi stamattina. Volevo comprare un disco o un nastro di musica folklorica americana ma non ho trovato niente. Avevano venduto tutto a un gruppo di turisti australiani che era arrivato poco prima.

ROBERTA: Peccato. Senti, Federico: ho un piccolo problema e tu forse puoi aiutarmi. Voglio regalare un giradischi a mio marito per il suo prossimo compleanno. Non so però quale marca scegliere con tutta la varietà che c'è.

FEDERICO: Per i giradischi mi sono sempre piaciute le marche giapponesi. Anche quelle americane, però, sono buone. Se vuoi ti accompagno al negozio e chiediamo insieme qualche informazione.

ROBERTA: È una buon'idea. Io non ho mai capito molto di voltaggio e registratori, di altoparlanti e mangianastri. Mi basta ascoltare la musica. Beh, ci andiamo?

FEDERICO: Sì, sì, andiamo. Fai bene a comprare questa roba a New York perché qui costa poco. Anch'io voglio comprare giocattoli elettronici per mio figlio.

domande

1. Che cosa è una sfilata? Ti piacciono le sfilate?
2. Perché Roberta e Federico sono andati a dei negozi di dischi? Perché Federico non ha trovato niente?
3. Che marca di giradischi hai tu?
4. Usi di più il mangianastri o il giradischi?
5. Quale disco voleva comprare Federico? Quale tipo di musica ti piaceva quando eri piccolo? E adesso?
6. Perché Federico e Roberta sono a New York? Che lavoro fanno?
7. Ci sono molti visitatori stranieri a New York? E nella tua città?
8. Che cosa comprano gli Europei in America? Che cosa comprano gli Americani in Europa?

La presenza italiana a New York.

Grammatica

I. Il trapassato prossimo (The pluperfect)

The **trapassato prossimo,** usually called the pluperfect in English, is the compound verb tense formed with the auxiliary (**avere** or **essere**) in the **imperfetto,** plus the past participle. It is used to indicate an action that *had been done* or *had taken place* in the past:

È arrivata alla stazione alle due ma il treno era già partito.
She arrived at the station at 2:00, but the train had already left.

Volevo comprare qualche disco di Caruso ma li avevano venduti tutti.
I wanted to buy some Caruso records but they had sold them all.

Quando ho conosciuto Romeo era troppo tardi: si era già innamorato di Giulietta!
When I met Romeo it was too late: he had already fallen in love with Juliet!

esercizio

Riscrivere le frasi al trapassato prossimo.

1. Io l'ho incontrato per la prima volta in Italia.
2. Siamo arrivati in ritardo.
3. Il ladro è scappato in bicicletta.
4. Gli studenti hanno studiato molto prima dell'esame.
5. Ha vinto quel premio diverse volte.
6. Sono rimasti indietro.
7. Ho capito subito la verità.
8. Ci siamo alzati molto presto.
9. Ha scritto molte lettere al giornale.
10. Si sono sposati in primavera.

II. Tempi semplici e tempi composti (Simple and compound tenses)

The Italian verb system has a symmetrical verb structure: for every simple tense there is a corresponding compound tense. The compound tense is always formed with the auxiliary (**avere** or **essere**) in the simple tense, plus the past participle of the verb. So far, you have learned two simple tenses (the present and the imperfect) and their corresponding compounds (the **passato prossimo** and the **trapassato prossimo**):

	simple	compound
present	mangio	ho mangiato
	arrivo	sono arrivato
imperfect	mangiavo	avevo mangiato
	arrivavo	ero arrivato

The same rules you learned for the **passato prossimo** will apply for all compound tenses:

1. Transitive verbs (those that may take a direct object) take the auxiliary **avere.**
2. Intransitive verbs (those that may not take a direct object) take the auxiliary **essere**.
3. Verbs conjugated with **avere** have agreement between a preceding direct object (usually in the form of a pronoun) and the past participle of the verb.
4. Verbs conjugated with **essere** have agreement between the subject of the verb and the past participle.

III. Due pronomi oggetto (Combining object pronouns)

When both a direct and an indirect object pronoun are used in the same sentence:

1. The indirect object pronoun always precedes the direct object pronoun.
2. As in the case of a single pronoun, the two pronouns precede the conjugated verb or are attached to the end of an infinitive.
3. The -**i** of the indirect object pronouns **mi, ti, ci, vi,** becomes -**e**: (**me, te, ce, ve**).

Lui mi dice sempre la verità.   Lui me la dice sempre.
Vuole regalarti l'anello.   Vuole regalartelo. Te lo vuole regalare.

4. The third person indirect object pronouns **gli** and **le** both become **glie-,** with the direct object pronoun attached to it.

Ho dato il libro a Giuseppe.   Glielo ho dato.
Preferisco dare la risposta alla professoressa.   Preferisco dargliela.

5. In a compound tense, a preceding direct object pronoun requires agreement of a past participle if the verb is conjugated with **avere.**

Abbiamo spiegato i problemi alla fanciulla.   Glieli abbiamo spiegati.
Ho mandato una cartolina agli amici.   L'ho mandata loro.

6. When the verb is in the imperative, the pronouns precede the **Lei** form, and all negative forms, but are attached to the affirmative **tu** and **voi** forms.

Ci racconti la storia, signore.   Ce la racconti, signore.
Di' la barzelleta al giovane.   Digliela.
Non mi prestare i soldi.   Non me li prestare.

7. **Loro,** as always, is the exception: it follows the conjugated verb and is thus not affected by these rules.

Dillo loro!   Lo mandiamo loro.   L'abbiamo dato loro.

esercizio   Cambiare le frasi, sostituendo pronomi agli oggetti.

Esempio: Roberta compra il giradischi per suo marito.
Roberta glielo compra.

1. Non voglio dare il libro a mia sorella.
2. Ci ha detto la verità.
3. Chi vi ha mostrato quel negozio?
4. Ho spedito i regali ai bambini.
5. Federico ha comprato giocattoli per suo figlio.
6. Mia madre mi ha fatto questa gonna.
7. Chi ti ha detto quella bugia?
8. Quando ero piccolo portavo sempre fiori alla maestra.
9. Il papa dà la benedizione ai fedeli.
10. Sheharazade ha raccontato la favola al sultano.
11. Il gelataio vende gelati ai turisti.
12. La guida ha spiegato la storia del Vaticano alla turista.

IV. I giorni della settimana e la data:
Che giorno è oggi?

1. The days of the week are:

lunedì	Monday
martedì	Tuesday
mercoledì	Wednesday
giovedì	Thursday
venerdì	Friday
sabato	Saturday
domenica	Sunday

Note that the days of the week, like the names of the months, are not capitalized in Italian.

2. To say the date, use the cardinal number, preceded by the definite article, for all days of the month except *the first*, which is always **primo:**

il quattro luglio
il due giugno
il primo maggio

3. The definite article is *not* used if the date is preceded by the day of the week:

Oggi è . . . lunedì, primo maggio
mercoledì, ventidue settembre
sabato, sedici marzo

4. To indicate *every* or *on* a day of the week, the singular definite article is used:

La domenica dormiamo tutta la mattina ma il lunedì ci alziamo alle sette.
On Sundays we sleep all morning, but on Mondays we get up at seven.

5. Years are expressed with the cardinal numbers, which are preceded by the definite article **il**:

Il mille novecento sessantasei (1966) è stato un buon anno.
Sono nato nel mille novecento ventidue (1922).
Oggi è venerdí, trenta ottobre, mille novecento quarantadue (1942).

6. To ask what day it is, you say: **Che giorno è oggi? —Oggi è mercoledì.**

To ask what the date is, you say: **Quanti ne abbiamo oggi? —Oggi è il ventinove marzo** OR **Oggi ne abbiamo ventinove.**

7. In Italian, dates written out as numbers always state the day before the month: 1/12/53 is the 1st of December, 1953.

esercizi

1. Rispondere alle domande.

1. Quando è la festa nazionale americana?
2. Qual è il tuo giorno preferito della settimana?
3. Quando sei nato?
4. Quando è nato tuo padre? E tua madre?
5. Che giorno è oggi?
6. In che anno è incominciata la seconda guerra mondiale?
7. In quali giorni della settimana non si deve lavorare?
8. Studi di più il venerdì o il sabato?
9. Quando è incominciata la guerra civile americana?
10. Qual è la tua festa preferita? Quando ha luogo?

2. Dire in italiano:

9/4/53   25/12/82   17/2/41   5/5/69   19/7/76

Esercizi, dialoghi, attività

1. Domandare, rispondere, riassumere, sviluppare.

PROFESSORE: Quando avevi 6 anni, avevi già letto un giornale?
STUDENTE 1: No, quando avevo 6 anni non avevo ancora letto un giornale.
STUDENTE 2: Lui non aveva ancora letto un giornale quando aveva 6 anni.
CONTINUAZIONE . . .
        imparare a scrivere il proprio nome
        fare un viaggio in aereo
        andare a «Disneyworld»
        tuffarsi in una piscina

2. Mettere i verbi tra parentesi al trapassato prossimo.

1. Quando sono uscito (smettere) _____ di piovere.

2. Ha detto che (capire) _____ ma non ha capito un bel niente!

3. Gli ho mostrato la foto che tu mi (fare) _____.

4. Volevo vedere Federico, ma quando sono arrivata all'albergo lui (partire, già) _____.

5. Roberta voleva comprare un disco di Caruso ma quando è arrivata al negozio (vendere, già) _____ tutti.

6. Quando sono tornata a casa i miei genitori (mangiare, già) _____ e (andare) _____ a letto.

3. Rispondere alle domande, sostituendo pronomi ai nomi.

Esempio: Hai detto a Piero dove abiti?
       Sì, glielo ho detto.

1. Hai portato il lupo alla nonna?
2. Maria deve dare le rose al professore?
3. I bambini vogliono portare il cane ai loro cugini?
4. Il postino ti ha portato le lettere?
5. Hai detto la verità al prete?
6. Roberta ha regalato il giradischi al marito?
7. Federico ha spedito il giocattolo al figlio?
8. Vogliamo regalare il nastro agli amici?

4. Mettere all'imperativo, sostituendo pronomi oggetto diretto e indiretto ai nomi e ai pronomi.

1. A un gruppo di bambini: dire di pulire la stanza e raccogliere i giocattoli.
2. Ai genitori di un amico: dire di accomodarsi e di dare a noi i cappotti.
3. A un'amica: dire di scrivere una lettera a te ogni settimana.
4. All'impiegato di una libreria: dire di mandare i libri a me a questo indirizzo.
5. Al cameriere in un ristorante: dire di dire a noi le specialità; di portare a noi l'acqua minerale; di preparare il conto per noi.

5. Completare le frasi.

Esempio:　Non ti ho telefonato perché . . .
　　　　　Non ti ho telefonato perché *avevo lasciato il tuo numero a casa.*

1. Non ho fatto colazione perché . . .
2. Stamani sono dovuto tornare a casa perché . . .
3. Non ho preso il treno delle dieci perché . . .
4. Il gatto ha dormito fuori perché . . .
5. Il bambino si è lamentato perché . . .

6. Domandare a un altro studente . . .

1. se raccontava barzellette agli amici quando era piccolo.
2. se si era già svegliato stamattina quando è suonata la sveglia.
3. se era già stato in Italia quando ha deciso di studiare l'italiano.
4. se aveva già imparato a camminare quando è nato suo fratello / sua sorella.
5. che cosa gli piaceva fare il giorno del suo compleanno quando era piccolo.
6. che regali ha ricevuto per il suo ultimo compleanno.

7. Rispondere.

Esempio:　Quando mi dai una risposta?
　　　　　Te la do domani.

1. Quando ci mandate una cartolina?
2. Quando vuoi portare le ragazze al mare?
3. Quando mi presenta sua moglie?
4. Quando ci parlate delle elezioni?
5. Quando mandi la lettera ai genitori?
6. Quando dobbiamo dare i soldi alla banca?

8. Dire in italiano.

1/4/22	2/3/43	9/9/77	18/5/63	23/6/72
30/10/55	28/2/51	12/11/80	19/12/32	3/1/22

9. Storia da raccontare: Lunedí scorso è successa una cosa strana . . .

10. Tradurre.

A. I had to go to Milan last Friday. It was April 15, 19—. When I got to the station, the 7:45 train had already left and the next one was not due to leave for another hour. I was in a hurry, so I decided to phone Maria. She had gotten up but she hadn't dressed yet so she could not drive me to Milan. I called Gianni, but he had left the office. So I went back to the *platform* (**binario**) and discovered that I had made a mistake: a train for Milan *was about to* (to be about to: **stare per**) leave and I gladly got on board.

Sono andata a Milano da sola.

B. On Sundays we do different things. My brother likes to play soccer and he has a game every Sunday at three in the afternoon. My father likes to go and watch the game, but if the weather is bad he prefers to stay at home and watch a game on television. I like to go to the movies and then walk *downtown* (**in centro**). The city is so nice on Sundays!

11. Dialoghi da sviluppare.

I presidenti di due paesi parlano di quello che avevano promesso durante la campagna elettorale.

Due immigranti parlano della vita che avevano fatto prima di venire in America.

Due femministe parlano delle lotte che avevano già vinto prima degli anni sessanta.

Lettura

lettera da Firenze

Firenze, 30 ottobre

Cara zia Giuliana,

Sono a Firenze da poco più di un mese e sono già tutta piena di spirito rinascimentale. È proprio così. I corsi che frequento all'università sono tutti su vari aspetti e momenti del Rinascimento. Stamattina, per esempio, il professore di letteratura ha *affrontato* il tema della periodizzazione e ha detto che il Rinascimento italiano va dalla fine del *Trecento* alla prima metà del *Cinquecento*. Quei due secoli sono stati un periodo di straordinario vigore intellettuale e artistico. Fiorivano i commerci e le industrie, si costruivano nuovi edifici e monumenti, sorgevano nuove accademie e scuole. Si studiavano le lingue classiche, si pubblicavano le opere di scrittori e filosofi greci e latini. Pittori, scultori, architetti preparavano opere d'arte *di ogni genere.*

Firenze, più di ogni altra città italiana, è stata il centro di tale rinascita culturale e artistica. A Firenze venivano da ogni parte d'Italia e anche dall'estero letterati e artisti *accolti* con grandi onori alla corte dei Medici. Non hai mai sentito parlare dei Medici? Erano i signori di Firenze. Avevano accumulato enormi ricchezze con riuscite operazioni finanziarie e *a poco a poco* avevano preso il controllo politico della città. Sotto Lorenzo dei Medici, detto il Magnifico, Firenze ha conosciuto uno splendore senza precedenti. Lorenzo è stato un abile politico e un generoso *mecenate.* È stato anche un *discreto* poeta. Per molti studiosi Lorenzo il Magnifico è il simbolo dell'uomo universale

affrontare = to deal with

the 14th century/the 16th century

of every kind

accolto = received, welcomed

little by little

patron of the arts/modest

del Rinascimento. Io però non dimentico che è stato un signore
assoluto, contrario alle istituzioni repubblicane.

Oltre a Lorenzo vale la pena di ricordare altre personalità e scrittori
fiorentini: i cancellieri-umanisti Coluccio Salutati e Leonardo Bruni che
univano all'amore per Firenze l'amore per la storia e le lettere; il
versatile *trattatista* Leon Battista Alberti; gli storici Machiavelli e   essayist
Guicciardini; il capo religioso Savonarola.

Nel *Quattrocento* e nel Cinquecento Firenze è stata anche un centro   the 15th century
molto importante per le arti figurative. Qui hanno vissuto e lavorato
Brunelleschi, Ghiberti, Donatello, Masaccio, Botticelli, Fra Angelico.
Qui hanno lasciato molti dei loro capolavori i sommi Leonardo,
Michelangelo, Raffaello.

Prima della mia venuta a Firenze, pensavo al Rinascimento come a
un'epoca sinistra, di intrighi politici e amori illeciti, di violenza e
crudeltà. Ero molto ignorante e non avevo ancora letto le opere degli
umanisti fiorentini che trattano della libertà e dignità umana e della
nobiltà e del valore di tutte le persone. Non avevo ancora visto le opere
d'arte del Rinascimento che sono a Firenze. Le statue, le pitture, *la
stessa pianta* della città riflettono una *concezione* razionale e moderata   even the design/concept
della vita e dei rapporti tra le persone. E che dire dei palazzi, dei
monumenti, delle chiese? Dappertutto c'è eleganza, armonia,
semplicità.

Questi concetti astratti vengono alla mente in modo *del tutto* naturale   completely
a Firenze. Quando cammino per le strade e le piazze di Firenze mi pare
di sentire il fiorentino come era parlato cinque secoli fa.

Tutto questo io sento con particolare intensità a Firenze. Spero tutto
bene con te. Io sto bene e penso spesso ai bei momenti che abbiamo
passato insieme l'estate scorsa.

> Un caro abbraccio,
> LORENZA

*Qui hanno vissuto e
lavorato Brunelleschi,
Ghiberti, Donatello . . .*

Dappertutto c'è eleganza, armonia, semplicità.

domande

1. Perché piace Firenze a Lorenza?
2. Qual è il periodo del Rinascimento?
3. Chi erano i Medici?
4. Quando era ignorante Lorenza?
5. Quali sono le arti figurative?
6. Quando e dove hai sentito parlare di Firenze per la prima volta?
7. Che periodo storico conosci bene?
8. Quando arrivi in una città nuova, che cosa ti piace visitare?

attività

A. Temi da discutere e svolgere.

1. Descrivere un'opera di un famoso artista italiano.
2. Scrivere una lettera a un parente o a un amico all'estero descrivendo la storia e la cultura della tua città.
3. Discutere le qualità ideali di una persona del Rinascimento. Esiste ancora oggi qualche persona universale?

B. Da dibattere:

1. I musei sono un dispendio di fondi pubblici.
2. Un capo politico deve essere un intellettuale.

Vocabolario

Nouns

abbraccio hug
accademia academy
albergo hotel
l'altoparlante, m. loud speaker
architetto architect
armonia harmony
aspetto aspect
la benedizione blessing
campagna campaign;
  countryside
il cancelliere chancellor
capolavoro masterpiece
cappotto overcoat
coincidenza coincidence
commercio commerce
controllo control
la corte court
crudeltà cruelty
dignità dignity
il disegnatore designer, m.
la disegnatrice designer, f.
dispendio waste
domani tommorrow
edificio building
eleganza elegance
favola fairy tale; story
femminista feminist
fondi funds
fotografo photographer
gelataio ice-cream vendor
giocattolo toy
giradischi record player
guida guide
ieri yesterday
industria industry
l'informazione, f. information
intensità intensity
intrigo intrigue
l'istituzione, f. institution
ladro thief
letterato well-read person
  (literati)
libertà freedom
lotta struggle
luogo place
lupo wolf

il, i mangianastri tapedeck
marca brand, make
meta goal
la moglie (le mogli) wife
momento moment
monumento monument
nastro tape
nobiltà nobility
l'onore, m. honor
la parte part
personalità personality
piano piano
piscina swimming pool
pittura painting
postino mail carrier
il precedente precedent
premio prize
il prete priest
il registratore tape recorder
ricchezza wealth
rinascita rebirth
secolo century
semplicità simplicity
sfilata (fashion) parade
simbolo symbol
specialità specialty
spirito spirit
statua statue
sultano sultan
sveglia alarm clock
il tema (i temi) theme, subject
il trattatista
  (i trattatisti) essayist
l'umanista (gli
  umanisti) humanist
varietà variety
venuta coming
il vigore strength
il visitatore visitor
voltaggio voltage

Verbs

abbracciare to hug, embrace
accumulare to pile up,
  accumulate
avere luogo to take place
bastare to be enough

camminare to walk
costare to cost
costruire to build
fiorire to flower, flourish
parere (p.p. **parso**) to seem
prestare to lend
promettere (p.p. **promesso**) to promise
raccogliere (p.p. **raccolto**) to gather, pick up
rubare to steal
scappare to escape
scegliere (p.p. **scelto**) to pick, to choose
smettere (p.p. **smesso**) to quit, stop
sorgere (p.p. **sorto**) to rise
trattare to treat
tuffarsi to dive
unire to unite
vincere (p.p. **vinto**) to win

Adjectives

abile capable
assoluto absolute
astratto abstract
classico classic
contrario contrary
detto said (called)
diverso different, several
elettorale electoral
elettronico electronic

enorme huge
figurativo figurative
finanziario financial
fiorentino Florentine
folklorico folk
generoso generous
illecito illicit
moderato moderate
particolare particular
professionale professional
prossimo next
razionale rational
riuscito successful
sommo highest, greatest
studioso studious
tale such
ultimo last
umanista humanistic
umano human
universale universal
vario various
versatile versatile

Others

indietro behind
per esempio for example
prima di before
senza without
sotto beneath
stamani, stamattina this morning

Giulietta e Romeo

Giulietta e Romeo

Personaggi e interpreti:

Giulietta	Olivia Hussey
Romeo	Leonard Whiting
Mercuzio	Michael York
Frate Lorenzo	Milo O'Shea

Regia: Franco Zeffirelli

La trama:

Nella città di Verona abitavano le potenti famiglie Montecchi e Capuleti. Tra le due famiglie, da tempi immemorabili, esisteva un grande *odio*. Un giorno, Romeo, un giovane Montecchi, aveva incontrato Giulietta, una giovane Capuleti, a *un ballo in maschera* e subito si era innamorato. *A sua volta*, Giulietta si era innamorata di Romeo e di notte sospirava d'amore sul balcone.

Poco dopo, frate Lorenzo ha sposato segretamente i due adolescenti innamorati. La felicità è però durata poco perché Romeo ha *ucciso* il *prepotente* Tebaldo dei Montecchi che aveva ucciso in duello il suo amico Mercuzio. Frate Lorenzo ha consigliato allora a Romeo di *fuggire* a Mantova e di *attendere* là i suoi ordini.

Nel frattempo, la famiglia ha trovato un fidanzato per Giulietta, contro la volontà della fanciulla. Per *evitare* il fidanzamento, frate Lorenzo ha invitato Giulietta a bere una pozione magica che dava una morte apparente per 42 ore e *ha cercato di* informare Romeo. Il giovane

Right margin glosses:

hate

a costume ball

for her part

uccidere (ucciso) = to kill

arrogant

to flee

to wait

to avoid

cercare di = to try

. . . si sono innamorati subito.

non ha ricevuto il messaggio che il frate gli aveva mandato e invece ha ricevuto la notizia della morte di Giulietta. Arrivato alla tomba dei Montecchi, Romeo ha visto il corpo immobile della moglie e, disperato, ha bevuto un mortale *veleno*. Quando Giulietta si è svegliata, ha trovato Romeo ormai senza vita e anche lei si è data la morte.

poison

domande

1. Dove abitavano i Capuleti e i Montecchi?
2. Che cosa pensava una famiglia dell'altra?
3. Chi era Mercuzio? Chi l'aveva ucciso? Chi ha ucciso Romeo? Perché?
4. Che cosa ha dato frate Lorenzo a Giulietta? Perché?
5. Chi è morto prima, Romeo o Giulietta?
6. Hanno sempre torto i genitori quando si occupano dell'amore dei figli?
7. Secondo te, quale è più triste: un amore non corrisposto o un amore corrisposto ma contrastato?
8. Quali altre versioni di questa storia conosci?

attività

1. Riscrivere la conclusione di «Giulietta e Romeo» con un finale lieto.
2. Recitare questo nuovo finale.
3. Scrivere una breve commedia di un amore contrastato, come quello di Giulietta e Romeo, ma situandolo al tempo d'oggi. La conclusione può essere lieta o no.
4. Temi da discutere o sviluppare:

Perché Shakespeare ha scelto l'Italia, in particolare Verona, per «Giulietta e Romeo»?

Quali altre commedie di Shakespeare sono ambientate in Italia?

Quali altri autori anglofoni hanno situato la trama delle loro opere (romanzi, novelle, commedie) in Italia?

La notte d'ottobre

Mi ha svegliato il tuo canto solitario
Triste amica dell'ottobre, innocente civetta
Era la notte,
Brulicante di sogni come api.

Ronzavano
Agitando le chiome di fuoco
E le bionde barbe
Ma i loro occhi erano rossi e tristi.

Tu cantavi, malinconica
Come una prigioniera orientale,
Sotto il cielo azzurro . . .
Io ascoltavo battere il mio cuore.

Attilio Bertolucci (1911–   )

Due occhi giovani

Ho morso a tre a tre
i gradini
per chiudere entro quattro mura
due occhi giovani.
Sulla porta
c'eri tu
a chiedermi se ero stanco.

Giacomo Botteri (1929–   )

LA LORO CARTA D'IDENTITÀ	I GUERRIERI DI RIACE
Età:	2500 anni circa
Paternità:	ignota (Fidia?, Policleto?, Mirone?)
Data di ritrovamento:	agosto 1972
Luogo di ritrovamento:	fondale di Riace (Calabria)
Altezza:	m. 2,05 e m. 1,97
Peso:	400 chili
Valore:	incalcolabile
Materiale:	bronzo
Segni particolari:	un guerriero ha i denti d'argento; entrambi hanno gli occhi in avorio (ma a un guerriero ne manca uno), le labbra e i capezzoli di rame e le ciglie anch'esse in argento.
Professione:	guerrieri
Residenza:	Museo Nazionale di Reggio Calabria

unit IV

IL SACRO E IL PROFANO

unit outline

CAPITOLO 11

Dialogo

Elvira e Giovanni sono seduti insieme un bel pomeriggio di settembre.

GIOVANNI: Puoi dirmi cosa ti piace di me?

ELVIRA: Beh, la tua intelligenza, il tuo modo di parlare, la tua sensibilità, la tua . . .

GIOVANNI: No, no, parlo del mio aspetto esteriore. Come ti sembra che io sia?

ELVIRA: Più bello del più bell'attore di cinema. Bello come Apollo. Amo i tuoi capelli, non sono né troppo ricci, né troppo lisci. Mi piace anche il loro colore.

GIOVANNI: E ti piace il colore dei miei occhi?

ELVIRA: Sì, moltissimo. Mi piacciono più gli occhi scuri che quelli chiari.

GIOVANNI: Non pensi che le mie orecchie siano troppo grandi?

ELVIRA: Oh no! Sono perfette. Ti stanno benissimo. E adoro il tuo naso. Così com'è, leggermente aquilino. È veramente un bel naso. (*Gli bacia il naso*).

GIOVANNI: Devo però perdere un po' di peso. Non credo di essere abbastanza magro. Recentemente sono stato in Francia, Spagna, Germania, Turchia e dappertutto ho mangiato con appetito.

ELVIRA: Sei meno grasso di quel che pensi. Forse hai bisogno di un po' di esercizio. Il tuo sorriso è affascinante e le tue labbra dolci. I tuoi denti sono più bianchi del latte.

GIOVANNI: Dici sul serio?

ELVIRA: Sì. E ora dimmi tu qualche parola gentile.

Che colore ha l'amore?

Come ti sembra che io sia?

domande

1. Piace a Elvira l'aspetto esteriore di Giovanni? Perché?
2. Le orecchie di Giovanni sono troppo grandi? E le tue?
3. Giovanni crede di essere abbastanza magro? E tu?
4. Di cosa sono più bianchi i denti di Giovanni?
5. Una persona è affascinante per le sue qualità intellettuali, morali o fisiche?
6. Dov'è stato recentemente Giovanni?
7. Chi conosci che abbia un sorriso affascinante?
8. I tuoi capelli sono lisci o ricci? Di che colore sono?
9. Ti piacciono più gli occhi scuri o chiari? Di che colore sono i tuoi occhi?
10. Che tipo di persona è Giovanni? Conosci qualcuno come lui?

Grammatica

I. Il congiuntivo
(The subjunctive)

The tenses you have already learned indicate actions that take place at different times (present, past) within the indicative mood. Tenses in the indicative mood indicate or relate known actions or those believed to be true in the past, present, or future. In Italian, there is a second mood called the subjunctive. Tenses in the subjunctive express what is not known to be true: what one *feels*, *thinks*, *desires*, *fears*, what *may* or *might* happen. This uncertainty is almost invariably expressed in a dependent clause:

I do not think (a fact) that he came (unsure).

Below are some of the verbs that usually require a subjunctive in a dependent clause because they introduce an idea that is *not* being expressed as fact:

essere contento (che)
essere felice (che)
avere paura (che)
credere (che)
dubitare (che)
pensare (che)
immaginare (che)
volere (che)
desiderare (che)

The following impersonal expressions also introduce clauses that require the subjunctive:

È possibile (che)
È impossibile (che)
È meglio (che)
Bisogna (che)
Sembra (che)
È probabile (che)
È strano (che)

Però bisogna che non nasca più nessuno, se no dove li mettiamo quelli nuovi?

Spero che inventino una pillola per diventare immortali.

The present subjunctive is formed as follows: to form the stem, drop the **-o** ending from the *io* form of the present indicative (this is the same stem used for the imperative, Chapter 7):

parlo ⟶ **parl-**   posso ⟶ **poss-**
vedo ⟶ **ved-**   parto ⟶ **part-**

To these stems the following endings are added:

For verbs ending in *-are*		For all other verbs	
parl-**i**	parl-**iamo**	ved-**a**	ved-**iamo**
parl-**i**	parl-**iate**	ved-**a**	ved-**iate**
parl-**i**	parl-**ino**	ved-**a**	ved-**ano**

It is important to note that because the forms for the first three persons singular are identical, subject pronouns may have to be used for clarification.

Verbs that are characterized in the present tense by a stem change for the **noi** and **voi** forms carry over that different stem in the present subjunctive:

veng-a	*ven-iamo	finisc-a	*fin-iamo
veng-a	*ven-iate	finisc-a	*fin-iate
veng-a	veng-ano	finisc-a	finisc-ano

Andare and **fare** are two **-are** verbs that take the endings for the other group of verbs. **Andare** also has the stem change just explained:

facci-**a**	facci-**amo**	vad-**a**	*and-**iamo**
facci-**a**	facci-**ate**	vad-**a**	*and-**iate**
facci-**a**	facci-**ano**	vad-**a**	vad-**ano**

The following six verbs have irregular stems, as follows:

avere		**essere**		**sapere**	
abbia	abbiamo	sia	siamo	sappia	sappiamo
abbia	abbiate	sia	siate	sappia	sappiate
abbia	abbiano	sia	siano	sappia	sappiano

dare		**stare**		**dovere**	
dia	diamo	stia	stiamo	debba	dobbiamo
dia	diate	stia	stiate	debba	dobbiate
dia	diano	stia	stiano	debba	debbano

* Note that the forms of the imperative for **Lei** and **Loro** (the latter is very rarely used) are the subjunctive forms.

Andiamo su un altro pianeta con i missili.

Io voglio stare qui.

esercizi

1. Dare la forma corretta del verbo al congiuntivo.

Esempio: voglio
che io voglia

vedi	va	piace (piaccio)	vieni
mangiamo	andate	stanno	capisco
vuole	so	puoi	ricordi
speriamo	devo	cominciamo	do

2. Dare la forma corretta del verbo tra parentesi al congiuntivo.

1. Ho paura che quel professore (essere) _____ molto severo.

2. Pensi che il tuo amico (venire) _____ alla festa?

3. Mia madre crede che tutti i miei amici (essere) _____ strani.

4. Gli studenti hanno paura che l'esame (durare) _____ più di un'ora.

5. Non vogliamo che i nostri cugini ci (visitare) _____ quest'estate.

6. Perché credi che loro non (volere) _____ accompagnarci?

7. Non mi sembra che (essere) _____ giusto.

8. Speriamo che il treno (arrivare) _____ in orario.

9. Bisogna che gli studenti d'italiano (studiare) _____ molto.

10. Mi dispiace che i politici (avere) _____ tanta ambizione.

3. Completare le frasi.

1. Tutti gli studenti credono che . . .
2. I professori vogliono che . . .
3. Giovanni vuole che . . .
4. I politici sperano che . . .
5. I bambini hanno paura che . . .
6. Gli attori pensano che . . .
7. Elvira crede che . . .
8. È necessario che il nostro governo . . .
9. È impossibile che . . .
10. È incredibile che . . .

If the subject of both verbs in a sentence is the same (*I am afraid that I won't be able to come*), the subjunctive is not used. Instead, the preposition **di** introduces the second clause and the verb in that clause is in the infinitive:

Ho paura che Luigi non possa venire.
I'm afraid that Luigi won't be able to come.

Ho paura di non poter venire.
I am afraid that I won't be able to come.

Lui spera che i ragazzi l'accompagnino.
He hopes that the boys will accompany him.
Lui spera di accompagnarci.
He hopes to accompany us.

Note that when no particular subject is stated in a clause following an impersonal expression the infinitive is used instead of the subjunctive:

Non è possibile che Luisa dorma tutta la giornata.

Non è possibile dormire tutta la giornata.

It isn't possible to sleep all day.

Bisogna che gli impiegati rimangano in ufficio.

Bisogna rimanere in ufficio.

It is necessary to stay in the office.

esercizi

1. Completare le frasi.

Esempi: È possibile   (a) *che i professori siano intelligenti.*
            (b) *imparare il congiuntivo facilmente.*

            Spero   (a) *che i miei amici mi accompagnino al cinema.*
            (b) *di andare alla festa.*

1. È meraviglioso (a)
     (b)
2. Immagino (a)
    (b)
3. Non è possibile (a)
     (b)
4. I miei genitori sono contenti (a)
         (b)
5. È meglio (a)
    (b)
6. Perché dubitate (a)
     (b)
7. È importante (a)
     (b)
8. Avete paura (a)
    (b)

2. Dare la prima parte delle frasi.

Esempio: . . . che la risposta sia così semplice
     Dubito che la risposta sia così semplice.

1. . . . che il presidente sia così intelligente.
2. . . . che gli studenti capiscano tutto.
3. . . . che io finisca in orario.
4. . . . che loro dicano la verità.
5. . . . che parli l'italiano perfettamente.

II. Comparativi
(Comparisons)

A comparison of equality (**comparativo di uguaglianza**), such as *I am as smart as he* and *He eats as much as they*, is expressed as follows:

1. If the comparison is *adjectival*, **tanto . . . quanto** is used. Both **tanto** and **quanto**, which are adjectives with four endings, must agree with the nouns they modify:

Ho tanti libri quante riviste.
I have as many books as magazines.

Ci sono tante ragazze quanti ragazzi in quella classe.
There are as many girls as boys in that class.

2. If the comparison is *adverbial*, either **tanto quanto** or **così come** may be used. Both expressions are invariable.

Abbiamo mangiato tanto quanto gli altri.
We ate as much as the others.

Zaza è così bella come le sue sorelle.
Zaza is as beautiful as her sisters.

Generally, **tanto quanto** indicates quantity and **così come** is used in other cases. Sometimes the first of the two words will be dropped, but it is best to always use both until you are very familiar with stylistic usage.

Comparison of inequality (**comparativo di minoranza e maggioranza**), such as *I am smarter than she is* and *I eat more than they do*, is expressed as follows:

1. **più** (or **meno**) **di** is used when one of the two items being compared is the subject of the verb:

Firenze è più bella di Pittsburgh.
Florence is more beautiful than Pittsburgh.

Il nuovo re sembra essere più bravo dell'ultimo.
The new king seems to be better than the last one.

Sei più bello del più bell'attore.
You are more beautiful than the most beautiful actor.

I tuoi denti sono più bianchi del latte.
Your teeth are whiter than milk.

2. If the second item of comparison is a conjugated verb, **di quel che** (or **di quello che**) is used:

Lui è più simpatico di quel che sembrava.
He is nicer than he seemed.

Mangio sempre più di quel che occorre.
I always eat more than is normal (than I should).

Sei meno grasso di quel che pensi.
You are less fat than you think.

3. In all other cases **che** is used. Note that the use of **che** is always marked by the two things being compared standing in direct comparison to each other after the comparative expression (**più** or **meno**):

A Washington ci sono più politici che camerieri.
In Washington there are more politicians than waiters.

È più bello camminare che andare in macchina.
It is nicer to walk than to ride in a car.

Mi piace più sciare che nuotare.
I like to ski more than to swim.

Mi piacciono più gli occhi scuri che quelli chiari.
I like dark eyes more than light ones.

Sei più bella della più bella attrice.

4. *More than* and *less than* are simply **più di** and **meno di**:

Ho più di quattordici gatti.
I have more than 14 cats.

Ci sono meno di ventimila abitanti in questo paese.
There are less than 20,000 inhabitants in this town.

Irregular adjectives of comparison: Certain very frequently used adjectives have an irregular form that already contains **più** or **meno** within it. (This is like the English *better* instead of *more good*.) The principal adjectives formed like this are:

buono	migliore (*as well as* più buono)
cattivo	peggiore (più cattivo)
grande	maggiore (più grande)
piccolo	minore (più piccolo)

Both irregular and regular forms may be used in Italian. The regular comparative forms are used to convey the literal meaning: (physically bigger, smaller). The final **-e** on any of these irregular forms may be dropped before a noun that does not begin with **s impure** or **z.**
Certain adverbs also have irregular comparative forms:

bene	meglio
male	peggio
poco	meno
molto	più

esercizi

1. Dare la forma corretta di **tanto quanto** o **così come**.

1. Sfortunatamente, il mio amico non è _____bello _____Gio-vanni!

2. Nessuna città americana ha _____chiese _____Firenze.

3. Quale altra città ha _____ponti _____Venezia?

4. Perché tu non studi _____gli altri studenti?

5. Non siamo intelligenti _____il professore.

6. Ho _____cani _____gatti.

2. Dare la forma corretta di **di, di quel che** o **che**.

1. Secondo te, la tua città è più o meno bella _____Roma?

2. Certamente New York è più grande _____Verona.

3. Non credi che quel film sia meno noioso _____hanno detto i critici?

4. Mi piace più leggere un bel romanzo _____studiare la grammatica.

5. L'italiano è molto più facile _____credevo.

6. I golosi mangiano più _____altri.

7. Quella diva è certamente più bella _____me, ma io sono più intelligente _____lei.

8. Dubito che a Venezia ci siano più italiani _____turisti.

9. I bambini non sono sempre più innocenti _____adulti.

10. Conosco meno astronauti _____scrittori.

3. Completare.

Esempio: Io canto bene ma Pavarotti . . .
Io canto bene ma Pavarotti *canta meglio*.

1. Giovanni è cattivo ma Leporello . . .
2. Io sono piccolo ma Pollicino (Tom Thumb) . . .
3. Io parlo poco ma la Bella Addormentata (Sleeping Beauty) . . .
4. L'acqua è buona ma il vino . . .
5. I ricchi hanno molti soldi ma i poveri . . .

III. Nomi irregolari
(Irregular nouns)

Some nouns are irregular in that they have regular masculine singular forms, **il braccio** (*the arm*), but their plural forms have the feminine plural article and the feminine plural form: **le braccia**. For purposes of agreement these forms are feminine plural: **le braccia lunghe.** Some nouns that function in this way are:

il dito (*the finger*)	le dita
il centinaio (*a hundred*)	le centinaia
il migliaio (*a thousand*)	le migliaia
l'osso (*the bone*)	le ossa
l'uovo (*the egg*)	le uova
il paio (*the pair*)	le paia
il labbro (*the lip*)	le labbra
il muro (*the wall*)	le mura

Esempi: Le tue labbra sono belle.
Ci sono centinaia di turisti a Pompei ogni giorno.

The noun **orecchio** is masculine in the singular, **l'orecchio,** and feminine in the plural, **le orecchie**:

Non pensi che le mie orecchie siano troppo grandi?

Esercizi, dialoghi, attività

1. Domandare, rispondere, riassumere, sviluppare.

PROFESSORE: Che cosa bisogna che tu faccia in classe?
STUDENTE 1: Bisogna che io parli italiano.
PROFESSORE: Che cosa bisogna che lui faccia?
STUDENTE 2: Bisogna che lui parli italiano.
PROFESSORE: Bisogna parlare italiano in classe?
STUDENTE 3: Sì, bisogna parlare italiano.
CONTINUAZIONE . . .
Che cosa hai paura che succeda nel futuro?
Che cosa vuoi che facciano i tuoi genitori / i tuoi professori / i politici a Washington?
Quale pensi che sia il problema più grave oggi?
Che cosa è incredibile per te?
Nel dialogo che tipo di persona ti sembra che sia Giovanni? E Elvira?

2. Completare ogni frase usando **di, di + articolo, che, di quel che, come, quanto.**

1. Beviamo più Coca-Cola _____ vino.

2. Elvira ha meno pazienza _____ Giovanni.

3. Studio più _____ crede il professore.

4. Il film mi è piaciuto meno _____ libro.

5. Mauro ha più dischi _____ libri.

6. L'italiano è tanto difficile _____ il francese?

7. È più facile dirlo _____ farlo.

8. Tua figlia è più bella _____ te.

9. Ho meno _____ cinque dollari.

10. L'Italia è più piccola _____ Stati Uniti.

3. Dare la forma corretta del verbo fra parentesi.

1. Bisogna che io ci (andare) _____ subito.

2. Vuoi che i bambini (divertirsi) _____ , no?

3. Il professore non permette che gli studenti (fumare) _____ in classe.

4. I miei genitori vogliono che io (scrivere) _____ loro ogni settimana.

5. Dubito che Giovanni (amare) _____ veramente Elvira.

6. Il padrone ha paura che gli operai (fare) _____ uno sciopero.

7. Mi dispiace che Lei (sentirsi) _____ male.

8. È strano che a Elvira (piacere) _____ Giovanni.

4. Formulare delle frasi comparative con le parole date.

Esempio: (Elvira / ha / amore / buon senso) *Elvira ha più amore che buon senso* **o** *Elvira ha meno buon senso che amore* **o** *Elvira ha tanto buon senso quanto amore.*

1. Ci piace / il latte / la birra
2. In estate / a Firenze / ci sono / stranieri / italiani
3. Mi piace / ascoltare la musica / suonarla
4. Il suo vestito / è costato / il tuo
5. Giovanni / è / simpatico / bello

6. Cesare / è / simpatico / sua sorella
7. Il professore / è / severo / credono gli studenti
8. Gli Italiani / guidano / rapidamente / gli Americani

5. Domandare a un altro studente che cosa pensa . . .

1. della situazione economico-politica di oggi.
2. dell'energia nucleare.
3. del sistema di studi all'università.
4. della possibilità di una terza guerra mondiale.
5. dell'opera lirica.
6. degli ultimi film.
7. dei Don Giovanni.
8. della musica che è popolare oggi.

6. Fare una descrizione fisica di una persona che tu credi che sia affascinante.

7. Completare le frasi usando un verbo al congiuntivo.

1. I genitori vogliono sempre che i loro figli . . .
2. Quando andiamo in montagna a sciare vogliamo che . . .
3. Quando c'è buio i bambini hanno paura che . . .
4. Se uno studente non studia molto dubita che . . .
5. A maggio e a giugno speriamo che . . .

8. Tradurre.

1. I like that tenor more now that he has lost weight.
2. Do you think that an *orange* (**arancione**) *sweater* (**maglione**) goes well with red hair?
3. Oh, grandma! Your ears are longer than I remembered and your fingers are so big!
4. We're hoping she will be able to forget him soon.
5. She was not as nice as he. Besides, she was much richer than he.

9. Dialoghi da sviluppare.

1. Diamo una festa stasera: discutere quello che ognuno deve fare.
2. Facciamo sciopero: discutere quello che vogliamo ottenere.
3. Due amici paragonano:
   due squadre sportive
   due partiti politici
   due professori
   due film
   due complessi musicali
   due libri popolari
   due presidenti

Lettura

cattolici comunisti

In Italia esistono tre grandi partiti: la Democrazia cristiana (Dc), il Partito socialista italiano (Psi) e il Partito comunista italiano (Pci). Ci sono anche partiti più piccoli: di centro, di destra, di sinistra. I principali attori della scena politica sono la Dc e il Pci, in costante rivalità per ottenere la maggioranza dei voti. L'uno, la Dc, sembra essere prevalentemente un partito di cattolici; l'altro, il Pci, sembra che sia prevalentemente un partito di marxisti. Quasi tutti gli Italiani si dichiarano di religione o formazione cattolica. Come è possibile, allora, che ci siano tanti comunisti, circa il trenta per cento? Soprattutto gli stranieri si chiedono perché questo succeda. La spiegazione è semplice: molti cattolici votano comunista e non credono che sia sbagliato. La chiesa, in un primo momento, aveva dichiarato che *chi* era comunista   he who non poteva essere cattolico. Più tardi ha preferito ignorare il problema dei cattolici che votavano comunista. I cattolici comunisti frequentano così la chiesa e partecipano alle attività religiose. Pensano che una società senza classi sia più giusta che una società classista.

In Italia, la politica è oggi meno importante che nel passato. La religione è più privata che la religione di qualche *decennio* fa e meno *legata* alla politica. Dopo tutto, sono gli stranieri che parlano dell'Italia come del paese dove si mescola la politica con la religione. Sembra che gli Italiani non se ne accorgano. O *perlomeno*, sembra che non si preoccupino troppo se mescolano il sacro e il profano. Ma non è probabile che questo avvenga dappertutto?

decade

legato = tied

at least

domande

1. Quanti sono i grandi partiti in Italia? E negli Stati Uniti?
2. Quale partito sembra che sia di cattolici?
3. Quale partito sembra essere di marxisti?
4. Che cosa pensano della società i cattolici comunisti?
5. Perché gli Italiani mescolano il sacro e il profano?
6. È probabile che dappertutto si mescoli il sacro e il profano?
7. La religione influenza la politica negli Stati Uniti?
8. Che cosa pensano i comunisti della società americana? Tu sei d'accordo o no? Perché?
9. Ti sembra logico che un comunista vada in chiesa?
10. Che cosa pensi della separazione chiesa-stato?

Pensano che una società senza classi sia più giusta . . .

attività

1. Temi da discutere e svolgere.

la mia educazione religiosa
la mia educazione politica

2. Da dibattere.

La religione è l'oppio delle masse.
I comunisti devono avere un ruolo nella nostra politica.

Vocabolario

Nouns

l'ambizione, *f.* ambition
appetito appetite
braccio (le braccia) arm
buio darkness
centinaio (le
  centinaia) hundred
complesso musicale musical
  ensemble
critico critic
il dente tooth
dito (le dita) finger
diva star (film)
energia energy
l'esame, *m.* exam
la formazione education
futuro future
intelligenza intelligence
labbro (le labbra) lip
maggioranza majority
massa mass
migliaio (le migliaia) thousand
minoranza minority
il muro (le mura) wall
naso nose
occhio eye
opera lirica opera
operaio worker, unskilled
  laborer
oppio opium
orecchio (le orecchie) ear

osso (le ossa) bone
paio (le paia) pair
passato past
paura fear
peso weight
il ponte bridge
possibilità possibility
qualità quality
rivalità rivalry
ruolo role
sensibilità sensibility
senso sense
la separazione separation
società society
sorriso smile
Turchia Turkey
uovo (le uova) egg
voto vote

Verbs

accorgersi to realize
adorare to adore
baciare to kiss
bisognare to be necessary
credere to believe
dubitare to doubt
durare to last
esistere (*p.p.* esistito) to exist
fumare to smoke
influenzare to influence
legare to join

mescolare to mix
occorrere to need, to be necessary
ottenere to obtain
paragonare to compare
perdere to lose
permettere to allow
preoccuparsi to worry

Adjectives

aquilino aquiline
cattolico Catholic
chiaro light, clear
classista class-conscious
costante constant
esteriore exterior, outer
fisico physical
giusto just, right
goloso greedy
impossibile impossible
incredibile incredible
innocente innocent
intellettuale intellectual
liscio smooth, straight
logico logical
maggiore larger, bigger
marxista marxist
migliore better
minore smaller, younger, minor
morale moral
noioso boring
nucleare nuclear

peggiore worse
perfetto perfect
popolare popular
possibile possible
privato private
profano profane, secular
riccio curly
sacro sacred
scuro dark
semplice simple
terzo third
ultimo last

Others

con appetito with a (good) appetite
così . . . come as . . . as
dopo tutto after all
essere d'accordo to agree
leggermente lightly, slightly
meglio better
meno di less
mi dispiace I'm sorry
percento percent
prevalentemente prevalently, mostly
probabile probable
più di more
qualcuno someone
recentemente recently
sul serio seriously
tanto quanto as much as

CAPITOLO 12

Dialogo

Il giorno di Natale Pierangelo e Cristina sono in piazza S. Pietro a Roma. Ci sono venuti a piedi da Campo dei Fiori, dove abitano con le loro famiglie.

PIERANGELO: La piazza è molto affollata oggi. Senti quante lingue straniere si parlano?

CRISTINA: Guarda in quanti modi diversi è vestita la gente. *Di sicuro,* noi siamo in minoranza.

for sure, certainly

PIERANGELO: Guarda quel gruppo di pellegrini con il cartellone «Greetings from California». E guarda quel gruppo di Svizzeri in costume che marciano *cantando* verso il Vaticano. Sembra di essere al circo.

singing

CRISTINA: Spero che i turisti sappiano che lasciano l'Italia quando attraversano la *striscia di marmo* vicino al colonnato del Bernini.

strip of marble

PIERANGELO: Molti stranieri non sanno cosa sia il Vaticano e pensano che Roma appartenga ancora al papa.

CRISTINA: Temo che tu abbia ragione.

PIERANGELO: *Eppure* è affascinante che questo piccolissimo stato del Vaticano, circondato da Roma e dall'Italia, abbia il suo proprio governo, il suo servizio postale, la sua polizia.

and yet

CRISTINA: Sai che la basilica di S. Pietro è la più grande chiesa dell'*Occidente*?

the West

PIERANGELO: Sì. Ci sono entrato parecchie volte ma non l'ho mai visitata completamente.

CRISTINA: A me sembra un museo con tutte le opere d'arte che contiene. Ogni volta che vedo la Pietà mi sembra impossibile che Michelangelo l'abbia scolpita quando aveva solamente 24 anni!

PIERANGELO: Oh, ecco le campane che squillano. Questo suono è conosciuto in tutto il mondo, trasmesso dalla radio e dalla televisione, via satellite. Annuncia l'arrivo del papa. Senti la gente che grida «*Viva il papa*»!

Long live the Pope!

CRISTINA: Com'è bello essere qui in questa importante festa di pace. *Buon Natale,* Pierangelo.

Merry Christmas

La gente grida «Viva il Papa».

domande

1. Dove si trovano il giorno di Natale, Pierangelo e Cristina? Dove abitano?
2. Com'è vestita la gente? Come ti vesti tu quando vai in chiesa? E come, quando vai al museo?
3. Perché Pierangelo trova affascinante il Vaticano?
4. Qual è la più grande chiesa dell'Occidente? C'è una chiesa grande nella tua città?
5. Che cosa trova Cristina incredibile circa la «Pietà»? Hai mai conosciuto un genio?
6. Perché squillano le campane? Perché il loro suono è conosciuto in tutto il mondo?
7. Dove ti trovavi il Natale scorso? Cosa fai di solito a Natale?
8. Hai mai visto il papa in persona? E alla televisione?
9. Trovi interessanti i programmi religiosi alla televisione?
10. Per te, qual è la festa religiosa più importante dell'anno?

Grammatica

I. Il congiuntivo, continuazione (The subjunctive, continued)

The present subjunctive has a compound form that is like other compounds you have learned: it is formed with **avere** or **essere** in the present subjunctive, plus the past participle of the verb.

The past subjunctive, like the present subjunctive, is used when the verb of the main clause is in the present tense. It indicates that the action of the verb in the subjunctive clause *may have* or *might have* taken place previous to the time (tense) of the action of the main verb. The compound or past subjunctive follows all the same rules for compound tenses that you have already learned.

Esempi

È impossibile che io abbia dimenticato!
It is impossible that I would have (might have, could have) forgot!

Mi sembra che lui l'abbia scolpita all'età di 24 anni.
It seems to me that he sculpted it at the age of 24.

Spero che lui sia già arrivato.
I hope he has already arrived.

È strano che non abbiano ancora ricevuto la lettera; l'abbiamo mandata tre giorni fa.
It is strange that they haven't yet received the letter; we sent it three days ago.

The subjunctive is also used after the following conjunctions:

affinché (*so that, in order that*)

Lo spiego ancora affinché tutti capiscano.
I will explain it again so that everyone may understand.

a meno che . . . non (*unless*)

Possiamo andare da Pierangelo stasera a meno che tu non voglia restare a casa.
We can go over to Pierangelo's unless you want to stay at home.

benché, sebbene (*although*)

È un buon presidente benché abbia commesso certi errori.
He's a good president although he has made certain mistakes.

malgrado (despite)

Malgrado sia un don Giovanni, l'amo molto.
Despite his being a don Juan, I love him very much.

prima che (before)

Andiamo a vedere la Pietà prima che ci sia troppa gente.
Let's go to see the Pieta before there are too many people.

purché, a condizione che, a patto che (provided that)

Ti porto al mare purché tu prometta di comportarti bene.
I'll take you to the beach provided you promise to behave well.

senza che (without)

Non si può dire niente a lei senza che lo dica a tutti.
You can't tell her anything without her telling everyone.

esercizi

1. Dare la forma corretta del verbo al congiuntivo passato.

1. Ho paura che lui non (trovare) _____ quell'indirizzo.
2. È impossibile che loro (mandare) _____ la lettera la settimana scorsa.
3. Il professore spera che gli studenti (capire) _____ la lezione.
4. Non è certo che Cristoforo Colombo (arrivare) _____ negli Stati Uniti.
5. È stupendo che Lei (vincere) _____ il Premio Nobel!

2. Completare le frasi.

1. Ti voglio bene benché . . .
2. . . . non ti sia piaciuto quel film.
3. Vado dai genitori ogni fine settimana affinché . . .
4. . . . abbia trovato il segreto della gioventù.
5. Ti dico il mio segreto purché . . .
6. . . . non abbiano mai visto la capitale del paese.
7. Non andare in Italia prima che . . .

II. Il superlativo
(The superlative)

Superlatives (*This is the **best** book I have ever read, She is the **nicest** girl in the class*), occur in two kinds of sentences in Italian:

1. If the qualifier at the end of the sentence is a noun phrase (*in the world*), it is introduced by **di**:

È l'attore più conosciuto del cinema italiano.
È la chiesa più grande dell'Occidente.

2. If the qualifier is a verbal expression (*that I have ever seen*) it is introduced by **che**, and the verb is placed in the subjunctive:

È la più bella lettera che io abbia mai ricevuto.
It is the most beautiful letter I have ever received.

È la chiesa più grande che io abbia mai visto.
It is the biggest church I have ever seen.

The first part of both kinds of sentences is the same: the **più** + *adjective* may either follow or precede the noun it is modifying:

Lei è la ragazza più bella *o* Lei è la più bella ragazza.
Questo è il libro più interessante *o* Questo è il più interessante libro.

If the adjective of comparison is one of those with irregular forms learned in the last chapter, the superlative is formed simply by inserting the definite article before it: **Luisa è *la* migliore studentessa della classe.**

esercizio

Rispondere alle domande con una frase completa.

1. Chi è la più bella attrice del cinema americano? E del cinema italiano?
2. Chi è stato il miglior presidente degli Stati Uniti? E il peggiore?
3. Chi è la studentessa più brava di questa classe? E lo studente?
4. Qual è il miglior film che tu abbia mai visto? E il peggiore?
5. Chi è la persona più affascinante che tu abbia mai conosciuto?
6. Qual è la chiesa più grande che tu abbia mai visto?
7. Qual è il più bel libro che tu abbia mai letto? Il più noioso? Il più lungo?
8. Qual è stato l'anno più felice della tua vita?

III. *Ci e ne*

You have already learned in Chapter 6 that **ci** can stand for a place toward which one is going or in which one is:

Vai a Roma quest'estate? —Sì, ci vado.
Sei mai stato in Italia? —No, non ci sono mai stato.
Vai al cinema stasera? —Sì, ci vado con il mio amico.

Tutte le strade portano a Roma.

Ci may also stand for something that one is thinking about (**pensare a**) or that one believes in (**credere a**):

Credi **all'oroscopo?** —No, non **ci** credo.
Pensi **a quello che** ti ha detto la zingara? —Sì, **ci** penso spesso.

Ne replaces prepositional phrases introduced by **di**:

Ho bisogno **di lui.**   **Ne** ho bisogno.
Parla sempre **di politica.**   **Ne** parla sempre.

Ne also replaces partitives. In sentences that specify a quantity, **ne** must be used to refer to the quantity which is specified:

Ho comprato del pane perché ne avevo proprio bisogno.
Non ho tre dollari, ne ho solamente due.
Quanti bambini hanno? —Ne hanno cinque.

The position of **ne** and **ci** in a sentence is the same as that of all object pronouns. If **ne** is used with another pronoun, usually **ci**, the **ci** becomes **ce** and the **ne** follows it:

Quanti studenti ci sono a quest'università? —Ce ne sono duemila.

When **ne** is used with a verb in a compound tense, the past participle must agree in number and gender with the noun replaced if **ne** is acting as a direct object pronoun:

Hanno letto cinque romanzi.   Ne hanno letti cinque.

esercizio   Rispondere alle domande, usando **ne** o **ci**.

1. Credi all'oroscopo?
2. Quanti romanzi hai letto quest'anno?
3. A che ora sei uscito di casa stamani?
4. Pensi alle vacanze?
5. Sei mai stato in Europa?
6. Quanti fratelli hai? E sorelle?
7. Parli spesso di politica?
8. Quante volte sei stato al Vaticano?
9. Ogni quanto vai al cinema?
10. Quanti geni conosci?

Esercizi, dialoghi, attività

1. Domandare, rispondere, riassumere, sviluppare.

PROFESSORE: Ti sembra che sia piovuto molto il mese scorso?
STUDENTE 1: No, non mi sembra che sia piovuto molto il mese scorso.
PROFESSORE: E l'anno scorso, che tempo ti sembra che abbia fatto?
STUDENTE 2: Mi sembra che abbia fatto molto caldo l'anno scorso.
PROFESSORE: Domanda a _____ che tempo gli sembra che abbia fatto l'anno scorso.

CONTINUAZIONE . . .

Hai l'impressione che _____ sia stato un buon presidente?
Sei contento che _____ abbia vinto le ultime elezioni?
Sei contento che _____ (nome di una squadra) abbia vinto l'ultima partita?
Ti sembra che _____ (nome di un altro studente) abbia dormito bene ieri sera?, abbia studiato molto ieri sera?, si sia divertito molto ieri sera?

Molti stranieri pensano ancora che Roma appartenga al Papa.

2. Dare il congiuntivo presente o passato del verbo tra parentesi.

1. È possibile che il treno (partire, già) _____?

2. Non credo che il Vaticano (essere) _____ parte di Roma.

3. Dubito che (esserci) _____ molta gente alla dimostrazione ieri.

4. È incredibile che il Vaticano (avere) _____ il proprio servizio postale.

5. È probabile che Pierangelo e Cristina (andare, già) _____ a Piazza S. Pietro.

6. Ma perché Lei dubita che io (potere) _____ finire il compito ieri?

7. Siamo contenti che il nostro amico (trovare) _____ un nuovo lavoro.

8. È un po' pazzo: crede che il papa lo (invitare) _____ a cena la settimana scorsa, ma non credo che (essere) _____ possibile.

3. Cambiare ogni frase, sostituendo l'oggetto con **ne** o **ci**.

1. Ci sono venticinque studenti in questa classe.
2. Ogni estate vado alle isole.
3. Ci sono sempre due o tre membri difficili in ogni club.
4. Non vedo più di tre film ogni anno.
5. Quanti comunisti ci sono a Bologna?
6. Volevo comprare un po' di gelato.
7. Che cosa vendono vicino al Vaticano?
8. Ha mangiato un paio di uova stamani.

4. Domandare a un altro studente . . .

1. che cosa gli fa piacere
2. che cosa gli pare poco giusto
3. che cosa gli sembra strano
4. che cosa immagina che tu abbia fatto ieri sera

5. Completare le frasi.

1. Telefonami prima che . . .
2. Ti do tutti i miei soldi purché . . .
3. Devo vendere la macchina senza che . . .
4. Possiamo vederci stasera a condizione che . . .
5. Ti mando in Italia perché . . .
6. Arriva sempre prima di noi affinché . . .

6. Rispondere.

Esempio: Parte oggi lo zio?
  —Ho l'impressione che sia partito ieri.

1. Compra un nuovo vestito Piero?
2. La guardia svizzera arriva adesso?
3. Vanno al cinema stasera Cristina e Pierangelo?
4. Il professore ha un appuntamento con il rettore oggi?
5. Votano oggi i cardinali?
6. I gelatai fanno sciopero oggi?

7. Rispondere alle frasi usando **ne** o **ci**.

1. Vai spesso al cinema?
2. Da quando sei negli Stati Uniti?
3. Quanti libri ci sono nella tua biblioteca?
4. Quante difficoltà hai?
5. Chi va alla biblioteca ogni giorno?

8. Domandare a un altro studente . . .

1. chi è il miglior attore del cinema americano
2. chi è la miglior attrice del cinema americano
3. quale città del mondo è . . . la più interessante / la più bella / la più pericolosa / la più inquinata / la più brutta / la più artistica . . . e perché.
4. chi è la persona più simpatica che conosca, e perché.
5. quale rivista preferisce leggere e perché.
6. qual è la lingua più bella del mondo.

9. Tradurre.

1. I hope Maria phoned home yesterday. Don't you think she did? She is supposed to phone once a week and usually she does, but I am afraid she might have forgotten to yesterday.
2. Do you know the results of the exam yet? I hope my brother passed. I'm afraid he didn't study much and I doubt he did well.
3. We're so glad you could come to dinner last night. We must see each other more often; we had a good time.
4. It's incredible that it snowed so much during the night. What a pity we didn't go up to the mountains yesterday.
5. I'm sorry that you are a communist. My mother does not like communists and even though you are a Catholic I don't think she will allow me to go out with you.

10. Temi da svolgere.

Le più belle vacanze della mia vita.
La città più grottesca che io abbia mai visto.

11. Dialoghi da sviluppare.

1. Al termine dei loro studi due studenti fanno il bilancio degli anni trascorsi all'università.
2. Dialogo fra un ragazzo, la sua amica che porta a casa per la prima volta e i genitori molto conservatori e severi del ragazzo.
3. Dialogo fra una ragazza, il suo amico religioso che porta a casa per la prima volta e i genitori molto progressisti e permissivi della ragazza.

Lettura

il patrimonio artistico della chiesa

L'importanza della chiesa è evidente anche nel campo delle arti. Si dice che la chiesa di Roma abbia il più grande patrimonio artistico del mondo. Si dice *pure* che la chiesa cattolica abbia trovato in Italia le condizioni più favorevoli per il suo sviluppo e la sua diffusione. In realtà, la chiesa può vantare in Italia una lunghissima, ininterrotta storia, dall'epoca romana ad oggi. Per molti secoli, la storia civile e culturale d'Italia è *coincisa* con la storia della chiesa. Nei venti secoli della sua esistenza, la chiesa ha sperimentato persecuzioni, *scismi*, eresie, trionfi e *sconfitte*. A volte gli interessi temporali sono stati più forti di quelli spirituali; in certi periodi i papi sono sembrati più capi politici e uomini di mondo che capi religiosi. E *tuttavia*, anche nei momenti più difficili, la chiesa ha sempre esercitato una grandissima influenza sulle arti; solo in epoca moderna l'arte ha preso un *indirizzo* prevalentemente *laico*.

L'influenza della chiesa sull'arte si è espressa soprattutto nell'architettura, nella pittura, nella scultura. Anche in musica e in letteratura, il sentimento religioso ha ispirato composizioni di vario genere. Nel più piccolo villaggio d'Italia come nelle più grandi città, dappertutto esistono i segni dell'arte cristiana. L'arte bizantina, romanica, gotica, rinascimentale, barocca ha in Italia i più illustri esempi in chiese, *battisteri*, *campanili*, in *raffigurazioni* pittoriche e scultoree che celebrano i grandi temi della religione.

La chiesa in Italia ha oggi perduto molta della sua importanza politica ma le resta un grande posto nel campo dell'arte. Glielo assicura il suo ricco passato di patrona delle arti. Uno studio dell'arte italiana è *per gran parte*, almeno fino al Settecento, uno studio dei *capolavori* artistici ispirati dalla religione.

also

coincidere (*conciso*) = to coincide with
lo scisma (gli scismi) = schism
sconfitta = defeat

nevertheless, however, and yet

direction
secular

battistero = baptistery/il campanile bell tower/la raffigurazione = representation

on the whole

capolavoro = masterpiece

Il sentimento religioso ha ispirato composizioni di vario genere.

domande

1. Perché è importante il patrimonio artistico della chiesa di Roma?
2. Quali periodi di storia dell'arte conosci? Quali preferisci?
3. L'arte moderna è ancora molto influenzata dalla religione?
4. Oltre l'Italia, in quali altri paesi pensi che la chiesa abbia un ricco patrimonio artistico?
5. Secondo te, è giusto che i capolavori artistici siano conservati nelle chiese? O pensi che si debbano conservare nei musei?
6. Quali musei americani conosci? Vai spesso al museo?
7. In America, le chiese hanno molte opere d'arte?
8. Oltre la chiesa, quali altri importanti patroni dell'arte conosci?

attività

1. Temi da svolgere.

La mia educazione artistica.
Il primo museo che io abbia mai visitato.
Oggi, i mecenati dell'arte sono . . .

2. Da dibattere.

Il papa è un personaggio politico.
È preferibile per gli Stati Uniti il sistema monarchico. Viva il re!

Vocabolario

Nouns

appuntamento rendezvous, appointment
bilancio balance
campana bell
il cardinale cardinal
il cartellone sign
circo circus
colonnato colonade
la condizione condition
la diffusione diffusion, spread
la dimostrazione demonstration
eresia heresy
esistenza existence
guardia guard
genio genius
la gioventù youth
importanza importance
isola island
opera d'arte work of art
la pace peace
la parte part
patrono patron
pellegrino pilgrim
la persecuzione persecution
polizia police
il satellite satellite
sconfitta defeat
scultura sculpture
segno sign

segreto secret
servizio postale postal service
il sistema (i sistemi) system
suono sound
trionfo triumph
villaggio village

Verbs

appartenere to belong
attraversare to cross
circondare to surround
contenere to contain
dimenticare to forget
esprimere (p.p. **espresso**) to express
gridare to shout
ispirare to inspire
scolpire to sculpt
sperimentare to experiment
squillare to ring
trascorrere (p.p. **trascorso**) to spend (time)
trasmettere (p.p. **trasmesso**) to transmit
vantare to boast

Adjectives

affollato crowded
barocco baroque

bizantino byzantine
cristiano Christian
evidente evident, obvious
favorevole favorable
gotico Gothic
illustre illustrious
ininterrotto uninterrupted
inquinato polluted
monarchico monarchic
pazzo crazy
pericoloso dangerous
permissivo permissive
pittorico pictorial
preferibile preferable
romanico Romanesque
spirituale spiritual

svizzero Swiss
temporale temporal

Others

**a condizione che, a patto
  che** provided that
affinché so that
a meno che unless
benché although
completamente completely
in realtà in reality
malgrado despite, although
ogni quanto? how often?
prima che before
purché provided that
senza che without

CAPITOLO 13

Dialogo

Marilyn e Bette sono due archeologhe americane che da sei mesi abitano a Palermo. La scena si svolge nell'appartamento di Bette, un sabato sera.

MARILYN: Almeno Marcello e Nino venissero e ci invitassero da qualche parte!

BETTE: Che brutta serata. Siamo a Palermo e non c'è nessuno che ci inviti. Penso che sia meglio andare al cinema.

MARILYN: Hai ragione ma ho paura che i ragazzi chiamino e non ci trovino. Aspettiamo un *altro po'*?   *a little longer*

BETTE: Sì, sì. Non si sa mai. Sembra che qua abbiano *tutto un altro*   *quite a different* concetto della puntualità.

MARILYN: Non essere sempre così critica. Piuttosto, hai dei giornali o riviste italiani?

BETTE: Non ho soldi per comprare giornali ma puoi leggere quelli che mi passa la padrona di casa. Me li dà una volta la settimana. Dopo che li ho letti, glieli restituisco.

MARILYN: Dove li tieni?

BETTE: Non li vedi? Sono sopra il tavolo, in cucina.

MARILYN: Sono vecchi *numeri* di «Epoca», «Panorama», «Espresso».   *numero = issue* Sono riviste che trattano di politica. Non hai qualche rivista di moda?

Sembra che qua abbiano tutto un altro concetto della puntualità.

Niente moda qui. Ci sono cose più importanti della moda.

BETTE: No, niente moda qui. Ci sono cose più importanti della moda. E poi a me non piace la moda italiana.

MARILYN: Per me invece è bellissima, la migliore di tutte le mode. Magari fossi un po' più magra, per indossare solamente vestiti italiani.

BETTE: E così sia! Credo che la moda italiana ti sia andata alla testa. E allora, questi Nino e Marcello vengono o no?

MARILYN: Eccoli, eccoli. Sono appena scesi dalle loro motociclette.

MARCELLO: Salve, ragazze. Siete pronte? Si va fuori Palermo.

MARILYN: Che bello. Scendiamo subito.

BETTE: No, io ho paura di avere un incidente con la motocicletta. Non ci vengo.

NINO: La solita guastafeste. Vuoi che andiamo al cinema?

BETTE: Sì, a patto, però, che paghi tu.

domande

1. Chi sono Marilyn e Bette? Che cosa fanno a Palermo?
2. Che cosa spera Marilyn?
3. Che cosa pensa Bette della serata?
4. Di che cosa ha paura Marilyn?
5. Bette compra giornali e riviste? Quali riviste piacciono a Marilyn? Quali riviste piacciono a te?
6. Cosa pensa Bette della moda italiana? Cosa ne pensa Marilyn? Cosa ne pensi tu? Secondo te, qual è la miglior moda del mondo?
7. Perché Bette non vuole andare in gita?
8. Che cosa propone Nino?
9. Chi conosci che sia un/una guastafeste?
10. Chi deve pagare quando una coppia va al cinema o a teatro? Al ristorante o al bar?

Grammatica

I. Il congiuntivo, continuazione

The tense of the subjunctive in the dependent clause of a sentence is determined by the tense of the verb in the main clause. When the verb in the main clause is in the *present* tense (and, more rarely, in the future or imperative), the *present* or *past* subjunctive is used:

Spero che vengano Marcello e Nino.
I hope that Marcello and Nino come.

Spero che siano già arrivati Marcello e Nino.
I hope that Marcello and Nino have already arrived.

When the verb in the main clause is in a *past* tense (**passato prossimo, imperfetto, trapassato prossimo**), the *imperfect* subjunctive or its compound form, the *pluperfect* subjunctive, is used.

The imperfect subjunctive (**imperfetto congiuntivo**) indicates what *may* or *might happen* simultaneously with or after the action of the main verb. To form the stem of the imperfect subjunctive, drop the **-re** from the infinitive of the verb. To this stem add the following endings:

	singular	plural
1st person	parla-**ssi**	parla-**ssimo**
2nd person	vede-**ssi**	vede-**ste**
3rd person	capi-**sse**	capi-**ssero**

A few verbs have irregular stems to which, however, the same regular endings are added:

essere ⟶ fo-		dare ⟶ de-	
fo-**ssi**	fo-**ssimo**	de-**ssi**	de-**ssimo**
fo-**ssi**	fo-**ste**	de-**ssi**	de-**ste**
fo-**sse**	fo-**ssero**	de-**sse**	de-**ssero**

Other irregular stems are:

dire ⟶ **dice-** stare ⟶ **ste-**
fare ⟶ **face-** bere ⟶ **beve-**

Esempi:

Speravo che Marcello e Nino arrivassero in orario.
I hoped that Marcello and Nino would arrive on time.

Io volevo che mia madre venisse con me in Italia.
I wanted my mother to come with me to Italy.

Era impossibile che gli studenti capissero tutto.

It was impossible for the students to understand everything.

The pluperfect subjunctive (**trapassato congiuntivo**) is the compound form of the imperfect subjunctive. It is formed with either **avere** or **essere** in the imperfect subjunctive, plus the past participle of the verb. It indicates that the action of the verb *may have* or *might have* taken place previous to the time of the action in the main clause:

Io speravo che Marcello e Nino fossero arrivati in orario.

I hoped that Marcello and Nino had arrived on time.

Era impossibile che gli studenti avessero capito tutto dopo una breve lezione.

It was impossible that the students had understood everything after one brief lesson.

Era stranissimo che lui non fosse venuto alla festa.

It was very strange that he had not come to the party.

Tense of main clause	Tense of subjunctive	
	(Action simultaneous to or after main clause)	(Action before main clause)
present	*present*	*past*
Spero che	**vengano**	**siano venuti**
past	*imperfect*	*pluperfect*
Speravo che	**venissero**	**fossero venuti**

esercizi

1. Dare il verbo all'imperfetto congiuntivo.

1. parlare (io, voi, loro)
2. spedire (tu, noi)
3. fare (Marcello, Bette e Marilyn)
4. essere (io, tu, noi)
5. capire (i ragazzi, la professoressa)
6. dire (le studentesse, voi, io)
7. conoscere (mia madre, i bambini)
8. avere (la padrona, il giornale, i libri)
9. leggere (lo studente, mio fratello, voi)
10. stare (il cane, i gatti, noi)

2. Dare la forma corretta del verbo tra parentesi all'imperfetto o al trapassato.

1. Era dubbio che noi non (sapere) _____ la verità.

2. Volevo che mio cugino mi (accompagnare) _____ alla stazione.

3. Speravi che tua madre ti (scrivere) _____?

4. Perché non volevi che la professoressa ci (dare) _____ un esame?

5. Sembrava impossibile che tutta la classe (imparare) _____ il congiuntivo senza difficoltà.

6. Affinché il regalo (arrivare) _____ per Natale, l'abbiamo mandato in settembre.

7. Marilyn e Bette volevano che (arrivare) _____ Nino e Marcello.

8. Avevamo sempre l'impressione che si (parlare) _____ cinese in Cina.

Other expressions also take a verb in the subjunctive:

1. Indefinite words and expressions:

qualunque / qualsiasi (*any*) and **qualunque cosa / qualsiasi cosa** (*whatever*)

Sono felice in qualunque parte del mondo mi trovi.
I am happy in any (whatever) part of the world I might be.

Qualsiasi cosa voglia la figlia, i genitori gliela danno.
Whatever the daughter wants, her parents give it to her.

chiunque (*whoever, whomever*)

Non aprire la porta, chiunque ci sia.
Don't open the door, whoever is there.

comunque (*however, no matter how*)

Comunque domandassero, la madre non permetteva loro di uscire la sera.
No matter how they asked, their mother didn't let them go out at night.

dovunque (*wherever*)

Dovunque vada è riconosciuta.
Wherever she goes she is recognized.

2. **come se** (*as if . . .*) and **magari** (*if only . . .*) always take the imperfect or pluperfect subjunctive:

L'ho sempre amato come se fosse mio fratello.
I have always loved him as if he were my brother.

È un animale che ti guarda come se fosse umano.
It's an animal that looks at you as if it were human.

Magari venissero i ragazzi!
If only the boys would come!

esercizio

Completare le frasi.

1. Magari . . .
2. Gli ho sempre parlato come se . . .
3. Dovunque io vada . . .
4. Ti amo sempre, comunque . . .
5. È un professore magnifico, qualsiasi . . .

II. L'imperfetto e il trapassato congiuntivo col superlativo (The imperfect and pluperfect subjunctive in superlative sentences)

Superlative sentences with the principal verb in a past tense and a verbal clause ending will have an imperfect or pluperfect subjunctive in that verbal clause:

Bette era la più bella donna che avessi mai conosciuto.
Bette was the most beautiful woman I had ever met.

Venezia era la città più interessante che conoscesse Byron.
Venice was the most interesting city that Byron knew.

esercizio

Rispondere alle domande.

1. Quando tu eri piccolo . . .
   chi era la persona più interessante che conoscessi?
   qual era il gioco più divertente che giocassi?
   qual era il tuo dolce preferito?

2. Quando tu hai finito la scuola secondaria . . .
   qual era il libro più bello che avessi letto?
   qual era il film più strano che avessi visto?
   qual era la canzone che ti fosse piaciuta di più?

Per me la moda italiana
è bellissima, la migliore
di tutte le mode.

III. Gli ordinali
(Ordinal numbers)

1. The ordinal numbers for *first* through *tenth* must be learned individually:

primo (*first*)   sesto (*sixth*)
secondo (*second*)   settimo (*seventh*)
terzo (*third*)   ottavo (*eighth*)
quarto (*fourth*)   nono (*ninth*)
quinto (*fifth*)   decimo (*tenth*)

2. After *tenth*, all ordinal numbers are formed by dropping the final vowel of the cardinal number (except the monosyllables **tre** and **sei**) and adding **-esimo:**

dodici	dodicesimo (*twelfth*)
venticinque	venticinquesimo (*twenty-fifth*)
cento	centesimo (*hundreth*)
ottantatré	ottantatreesimo (*eighty-third*)
sessantasei	sessantaseiesimo (*sixty-sixth*)

3. Ordinal numbers must agree in number and gender with nouns they are modifying, which they normally precede. They are adjectives of four endings:

Abito al quarto piano.
I live on the fourth floor.

È la terza volta che te lo devo dire.
It's the third time I have to tell you.

4. The 13th through 20th centuries are often referred to with the following cardinal numbers rather than with ordinal numbers:

13th (il tredicesimo secolo)	il Duecento
14th (il quattordicesimo secolo)	il Trecento
15th (il quindicesimo secolo)	il Quattrocento
16th (il sedicesimo secolo)	il Cinquecento
17th (il diciassettesimo secolo)	il Seicento
18th (il diciottesimo secolo)	il Settecento
19th (il diciannovesimo secolo)	l'Ottocento
20th (il ventesimo secolo)	il Novecento

esercizi

1. Dare il numero ordinale.

1. diciannove	6. sei
2. sedici	7. cinque
3. quarantatré	8. dieci
4. settanta	9. venti
5. due	10. novantanove

2. Rispondere.

1. Su che piano abiti?
2. Quali sono i secoli del Rinascimento?
3. In che secolo Cristoforo Colombo ha scoperto l'America?
4. In quale secolo hanno avuto luogo le rivoluzioni americana e francese?
5. Quale anno di studio è questo per te?

Esercizi, dialoghi, attività

1. Domandare, rispondere, riassumere, sviluppare.

PROFESSORE: Che cosa ti stupiva nei primi giorni al liceo?
STUDENTE 1: Nei primi giorni al liceo mi stupiva che gli altri studenti fossero così grandi.
PROFESSORE: Ti stupiva la stessa cosa?
STUDENTE 2: No, non mi stupiva che gli altri studenti fossero così grandi. Mi stupiva che ci fossero professori diversi per ogni materia.
PROFESSORE: Domanda a _____ che cosa lo stupiva nei primi giorni al liceo.
CONTINUAZIONE . . .
    nei primi giorni all'università / la prima volta che sei andato all'estero
    Che cosa temevi quando eri piccolo?
    Che cosa ti meravigliava quando eri piccolo?

2. Dare la forma corretta dell'imperfetto congiuntivo.

1. Aspettavo che lui (telefonare) _____.

2. Marilyn e Bette volevano che Marcello e Nino (arrivare) _____.

3. Mia madre voleva che io (smettere) _____ di fumare.

4. Temevo che il rumore delle motociclette (dare) _____ fastidio ai vicini.

5. Vi abbiamo dato i biglietti perché (potere) _____ andare alla partita.

6. Il professore voleva che tutti (ascoltare) _____.

7. Speravamo che (essere) _____ vero!

8. Magari (essere) io _____ magra, come un'attrice del cinema!

Che cosa ti meravigliava quando eri piccolo?

3. Dare la forma corretta del trapassato congiuntivo.

1. Mi è dispiaciuto che voi (dire) _____ di no.
2. Lui non era sicuro che tutti (capire) _____ bene quello che aveva detto.
3. Bette non era contenta che Nino la (invitare) _____ al cinema.
4. Mio marito temeva che io (dimenticare) _____ di comprare i fiori.
5. Mi ha fatto piacere che voi (divertirsi) _____ alla mia festa.
6. Si sono stupiti che io (riuscire) _____ a trovare la strada.
7. Era straordinario che i comunisti (arrivare) _____ al potere così facilmente.
8. Era bello che la nonna (potere) _____ venire con noi.

4. Rispondere alle domande.

1. Che persona famosa conosci del Quattrocento? Del Settecento? Dell'Ottocento?
2. Come si chiama il papa che c'è adesso? E lo scorso?
3. Come si chiama la regina d'Inghilterra?
4. Chi è stato l'ultimo re delle colonie americane?

5. Domandare a un altro studente . . .

1. se i suoi genitori erano contenti che lui avesse deciso di frequentare questa università o se preferivano che frequentasse un'altra.
2. di che cosa si stupiva quando era adolescente.
3. di che cosa aveva paura quando è venuto in questa città.
4. che cosa gli pareva che durasse per sempre quando era bambino.
5. a che età non credeva più a Santa Claus.
6. che cosa voleva che i genitori gli regalassero quando era piccolo.

6. Riscrivere le frasi al passato.

Esempio: Spero che tu ti senta meglio.
  Speravo che ti sentissi meglio.

1. Vuoi che andiamo al cinema? Sì, purché paghi tu.
2. È necessario che Lei parli così forte?
3. Hai l'impressione che il professore abbia sbagliato?
4. Temo che voi non vi divertiate alla festa.
5. Penso che sia meglio andare al cinema.
6. Dubito che Marilyn sia riuscita a trovare le chiavi.
7. Ho paura che i ragazzi chiamino e non ci trovino.

8. Sei contento che venga Antonella?
9. Bisogna che gli studenti finiscano subito quel lavoro.
10. È strano che sia arrivato in ritardo.

7. Completare le frasi.

1. Durante l'estate volevo che il mio amico . . .
2. C'erano tante cose da fare. Volevo che noi . . .
3. Quando ero piccola i miei amici speravano che io . . .
4. Ogni giorno al lavoro non vedevo l'ora che . . .
5. I miei genitori erano contenti che . . .

8. Temi da svolgere.

Le cose che volevo di più quando ero più giovane
Quando avevo 15 anni pensavo che la cosa più importante del mondo
  fosse . . .
Il periodo storico che trovo più affascinante
Quando ero più giovane i miei genitori speravano che io diventassi . . .

9. Completare le frasi.

1. Ieri il mio compagno di camera voleva che io . . .
   Oggi, invece vuole che . . .
2. La settimana scorsa il professore d'italiano voleva che noi . . .
   Questa settimana vuole che . . .
3. L'anno passato i nostri genitori non permettevano che . . .
   Quest'anno permettono che . . .

10. Tradurre.

I couldn't believe it! Roberto Cipolla had asked me to go to the ball with
him! That handsome boy with the motorbike and so many girlfriends had
asked me, the *shyest* (**timido**) girl in the class, to go out with him. At
first I was amazed that he had phoned me. Then I was scared that I had
been *dreaming* (*to dream:* **sognare**) and that he hadn't called me at all!
Then I was glad that my brother was going to the same ball. At that point
I was no longer afraid and *longed for* (*to long for:* **non vedere l'ora di/
che**) the evening to come.

11. Dialoghi da sviluppare.

1. Due amici ricchissimi parlano dei loro posti preferiti nel mondo.
2. Due mendicanti (o vagabondi) parlano delle gioie e dei guai della loro
   vita.
3. Due madri pignole parlano dei loro figli che frequentano l'università.

Lettura

l'Indice: che cosa si può leggere the Index

Durante la sua *millenaria* storia, la Chiesa di Roma ha decretato *precetti e proscrizioni.* Alcune delle sue antiche leggi sono ancora valide, altre sono cadute in disuso. In generale, *il magistero della Chiesa* porta il segno dei tempi.

Nel XVI secolo, la Chiesa aveva dovuto affrontare un movimento di protesta contro la sua autorità. In Germania, in Svizzera, in Inghilterra, in Francia, in Scandinavia, insomma in tutta l'Europa centrale e nordica, era *divampata* un'aperta ribellione contro Roma. L'avevano guidata, tra gli altri, Lutero, Calvino, Enrico VIII. Erano stati criticati gli interessi *mondani* della Chiesa romana e anche alcuni principi di fede. Sebbene il papa avesse scomunicato i ribelli, il dissenso non era diminuito. C'era *anzi* il timore che il movimento protestante, detto comunemente *Riforma,* si estendesse all'Europa del Sud. Era necessario che la Chiesa prendesse qualche iniziativa prima che fosse troppo tardi.

In risposta alla Riforma protestante, il papa indice il Concilio di Trento e inizia così il periodo della *Controriforma.* Contro il pericolo di altri scismi e eresie, il Concilio *sancisce* che il papa ha la più grande autorità sui fedeli. Stabilisce anche che l'interpretazione della Bibbia *spetta* alla Chiesa. *Inoltre,* nel nuovo spirito di severità e scrupolo, papa Paolo IV, nel 1557, ordina che si pubblichi l'Indice, cioè l'elenco dei libri proibiti.

L'Indice decideva quindi quali libri si potessero leggere e quali non si potessero. Per quattro secoli, la Chiesa ha indicato e proibito tutti i libri che riteneva che fossero pericolosi per la fede e la morale dei cattolici. Purtroppo, anche opere di grande valore artistico e scientifico sono state messe all'Indice. In tempi moderni, l'Indice ha causato alla Chiesa parecchie critiche. Gliele facevano specialmente le persone di cultura che lo consideravano uno strumento di repressione e arbitrio. Nel 1966, durante il Concilio Vaticano II, l'Indice dei libri proibiti è stato abolito.

Glosses (right margin):
- thousand-year old
- *precetto* = precept, law/ *la proscrizione* = prohibition
- the teaching of the Church
- *divampare* = to burst out, to explode
- *mondano* = worldly
- thus, indeed
- the Reformation
- the Counter-Reformation
- *sancire (isc)* = to sanction
- *spettare* = belong to, to be the responsibility of/ besides

domande

1. Che segno portano le leggi della Chiesa?
2. Che cosa è la Riforma? Chi ha guidato la protesta contro Roma?
3. Che cosa è l'Indice? Ricordi qualche libro o autore censurato in Europa? E in America?
4. Esiste ancora l'Indice?
5. Ci sono più protestanti o cattolici negli Stati Uniti?

attività

1. A. Scrivere una lista di libri che, secondo te, si devono mettere all'Indice e spiegare perché.

B. Scrivere una lista di film che si devono proibire e spiegare perché.

2. Temi da svolgere.

Secondo te, tutte le religioni sono rispettabili?
Chi deve decidere quello che possiamo leggere?
La mia educazione intellettuale.

3. Da dibattere.

È giusto proibire certi libri e certi film.

Vocabolario

Nouns

adolescente adolescent
appartamento apartment
autorità authority
arbitro arbitrator, judge
Bibbia Bible
la canzone song
Concilio Council
dissenso dissent
elenco list
la fede faith
il/la guastafeste spoilsport
l'incidente, m. accident
l'interpretazione,
  f. interpretation
iniziativa initiative
liceo secondary school
materia subject
il/la mendicante beggar
la morale moral
motocicletta motorcycle
padrona di casa landlady
pericolo danger
piano floor, level
il principe prince
puntualità punctuality

la repressione repression
la ribellione rebellion
scrupolo scruple
segno sign
serata evening
severità severity
strumento instrument
testa head
il timore fear
vagabondo vagabond
vicino neighbor

Verbs

abolire to abolish
affrontare to confront
censurare to censor
considerare to consider
decretare to decree
diminuire (isc) to diminish
estendere (p.p. esteso) to extend
indire (p.p. indetto) to summon
indossare to wear
proibire (isc) to prohibit
proporre (p.p. proposto) to propose

restituire (isc) to give back
ritenere to retain
scomunicare to excommunicate
sperare to hope
stupire to amaze
svolgere (*p.p.* **svolto**) to
  develop, write

Adjectives

critico critical
decimo tenth
nono ninth
nordico nordic
ottavo eighth
pignolo busybody, fussy
protestante protestant
quarto fourth
quinto fifth

rispettabile respectable
scientifico scientific
sesto sixth
settimo seventh
umano human
valido valid

Others

almeno at least
chiunque whoever
come se as if
comunque whatever
dovunque wherever
in giro around
insomma all in all, in short
piuttosto rather
qualsiasi whatever
qualunque whichever

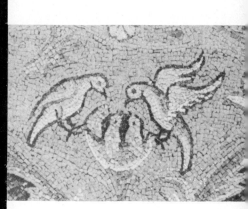

L'arte della discussione politica

Forse in nessun paese europeo si discute tanto di politica quanto in Italia. Gli Italiani discutono di politica per la strada, in casa, al ristorante. Ne parlano sui giornali, nei libri, con i film. La esaminano ai *convegni*, durante gli scioperi, alle *tavole rotonde*. La politica in Italia significa *fare il tifo* per un partito e criticare gli altri partiti: la gente pensa che il proprio partito sia il più giusto e il più bello e che gli altri partiti siano *abominevoli*. Ci sono partiti di destra, di centro, di sinistra. Ci sono programmi conservatori e progressisti, *filocattolici* e *filomarxisti*.

convegno = convention, meeting/*tavola rotonda* = round table, symposium/to back, to champion

abominevole = detestable, abominable
pro-Catholic

pro-Marxist

Gli Italiani parlano di politica in modo vivace o *sfumato*, con bizantinismi o con *perentorietà*. Il loro linguaggio indica la loro simpatia politica. Sicuramente il tono è sempre elevato e gli Italiani conoscono senza *incertezze* la politica *interna* e la politica *estera*. Nel campo politico, gli Italiani hanno dei *primati*: in Italia esiste il più grande partito comunista occidentale; un partito è stato ininterrottamente al potere per quarant'anni.

nuanced, subtle

peremptoriness

incertezza = uncertainty/domestic/foreign
primato = record, first

La discussione politica in Italia ha una vecchia tradizione e un vecchio rituale. C'è chi è freddo, prudente, e parla sottovoce perché non vuole che nessuno lo conquisti; c'è chi è pieno di calore e grida perché vuole conquistare tutti. C'è chi, per motivi politici, ha la barba *incolta*, la camicia *sbottonata* e gli *occhiali* da intellettuale; c'è chi, sempre per motivi politici, porta *giacca e cravatta*, e tiene i capelli corti e ben *pettinati*.

incolto = unkempt/*sbottonato* = unbuttoned/glasses/coat and tie

pettinare = to comb

I capi politici si incontrano per dibattiti alla televisione e parlano come se fossero prime-donne. Chi li ascolta non deve capire quello che dicono ma quello che vogliono dire. Usano parole difficili come «*politologo*» e «*qualunquismo*». I dibattiti politici alla televisione hanno più spettatori di qualsiasi altro programma. La discussione politica è davvero un *rito* e un'arte in Italia.

political expert/indifference to politics

rite

La gente pensa che il proprio partito sia il più giusto e il più bello.

domande

1. Dove e quando gli Italiani discutono la politica? E gli Americani?
2. In Italia che cosa pensa la gente del proprio partito? E in America?
3. Quali sono i primati politici degli Italiani?
4. I dibattiti politici in Italia hanno più o meno spettatori degli altri programmi televisivi? E negli Stati Uniti?
5. Alla televisione chi parla come se fosse una prima donna?

attività

1. Un dibattito.

La classe si divide in due gruppi. Si sceglie un **soggetto di attualità** (*topic of current interest*) da dibattere. Un gruppo è per il sì e l'altro è per il no.

Parlano di politica con perentorietà.

2. Un discorso politico.

Scrivere e fare un breve **discorso** (*speech*) politico.

3. A. Due candidati politici rispondono alle domande di un gruppo di
giornalisti.
B. Due studenti rappresentano due partiti diversi. Gli altri studenti
fanno la parte dei giornalisti.

4. Una conferenza stampa.

Uno studente fa la parte di un presidente (da scegliere). Gli altri studenti
fanno la parte dei giornalisti e gli fanno delle domande.

5. Un editoriale.

Scrivere un editoriale su un problema di attualità.

6. Lettere politiche.

Scrivere una lettera . . .
all'editore di un giornale o una rivista.
a un amico all'estero spiegando qualche aspetto della politica americana.
al presidente.

Gigi

non sono sereno stasera
portami un kocktail di sette colori
come usano a parigi
che mi faccia diventare arcobaleno

Farfa (1881–1964)

Guarda là

Guarda là quella vezzosa,
guarda là quella smorfiosa.

Si restringe nelle spalle,
tiene il viso nello scialle.

O qual mai castigo ha avuto?
Nulla. Un bacio ha ricevuto.

Umberto Saba (1883–1957)

unit V

RUOLI NUOVI

unit outline

CAPITOLO 14

Dialogo

Nora e Stefano sono due amici di Trieste. Una mattina, per caso, si trovano **tutti e due** davanti all'edicola dei giornali. Poco dopo arriva Giacomo, il fratello di Stefano.

both; tutti e tre, quattro, ecc. = all three, four, etc.

NORA: Ci saranno le elezioni fra un mese, lo sai?

STEFANO: Sì, il sedici giugno. Ho visto che sei candidata. Chi le vincerà?

NORA: Non lo so; si dice che i comunisti perderanno voti.

STEFANO: Conteremo i voti dopo le elezioni. Anche voi democristiani avrete problemi, non credi?

NORA: Li risolveremo. Dopo le elezioni ci sarà un nuovo governo ma senza i comunisti.

STEFANO: Governerete sempre voi? Vedremo sempre la stessa gente al governo? Quando lascerete il potere?

NORA: Calma, calma. Tutti saranno più contenti con un nuovo governo. Qualsiasi governo sarà migliore di quello che abbiamo adesso.

GIACOMO: Ciao, ragazzi! Scommetto che parlate di politica. Verrete alla festa per il mio compleanno, il sedici giugno?

NORA: Tu hai sempre idee frivole in testa. Qui parliamo di cose serie.

GIACOMO: Quali sono le cose serie?

NORA: La politica . . . A proposito, voterai per me alle prossime elezioni?

GIACOMO: Solo se prometti di venire alla mia festa.

STEFANO: Il solito cretino! Mi vergogno di essere tuo fratello!

domande

1. Quando ci saranno le elezioni?
2. Chi vincerà le elezioni?
3. Gli amici saranno contenti se cambierà il governo?
4. Quanti punti di vista diversi sono espressi in questa discussione?
5. Questa è una discussione politica tipica o no?
6. Ti piace parlare di politica? Con chi?
7. Cosa pensi delle ultime elezioni in America?
8. Secondo te, c'è bisogno di un nuovo governo? Potrà risolvere i problemi attuali?
9. Hai intenzione di fare carriera politica?
10. Quando ci sarà una donna presidente? Ti piace l'idea?

Grammatica

I. Il futuro (The future tense)

The future tense is used primarily as it is in English, to indicate what *will take place* or what *is going to take place*. There are two stems for the future tense:

1. Verbs ending in **-are** form the stem by dropping the final **e** and changing the **a** to an **e**:

parlare ⟶ **parler-**   portare ⟶ **porter-**
*pagare ⟶ **pagher-**   *mangiare ⟶ **manger-**

* To conserve the sound of the infinitive, spelling changes must be made in the future as they are in the present.

2. All other verbs simply drop the final **-e** of the infinitive stem:

finire ⟶ **finir-**   perdere ⟶ **perder-**
aprire ⟶ **aprir-**   capire ⟶ **capir-**
ripetere ⟶ **ripeter-** mettere ⟶ **metter-**

To these two stems are added the same endings for all verbs:

	singular	plural
1st person	parler-**ò**	parler-**emo**
2nd person	capir-**ai**	capir-**ete**
3rd person	metter-**à**	metter-**anno**

Some verbs have irregular stems, but the same regular endings are added to them:

1. **Essere** has the irregular stem **sar-**:

sar-**ò**   sar-**emo**
sar-**ai** sar-**ete**
sar-**à**   sar-**anno**

UN GIORNO DOVRÒ ANDARE A SCUOLA ANCH'IO, LUCY ?

CERTO CHE SÌ! DOVRAI ANDARCI PER DODICI ANNI!

DODICI ANNI ?!? MISERICORDIA!

SARÒ UN VECCHIO!!!

2. Many **-ere** verbs have an irregular stem which drops the stem vowel **-e**:

avere ⟶ **avr-**   dovere ⟶ **dovr-**
avr-**ò**   avr-**emo**   dovr-**ò**   dovr-**emo**
avr-**ai** avr-**ete**   dovr-**ai** dovr-**ete**
avr-**à**   avr-**anno**   dovr-**à**   dovr-**anno**

potere **potr-** potr-**ò**
sapere **sapr-** sapr-**ò**
cadere **cadr-** cadr-**ò**

andare also drops the stem vowel:

andare ⟶ **andr-**
andr-**ò**   andr-**emo**
andr-**ai** andr-**ete**
andr-**à**   andr-**anno**

3. Some verbs have irregular stems ending in **-rr**:

rimanere	**rimarr-**	rimarr-**ò**
volere	**vorr-**	vorr-**ò**
bere	**berr-**	berr-**ò**
tenere	**terr-**	terr-**ò**
venire	**verr-**	verr-**ò**

The same regular endings are added to all verbs.

vorr-**ò**	vorr-**emo**
vorr-**ai**	vorr-**ete**
vorr-**à**	vorr-**anno**

esercizio

Mettere al futuro.

1. Nora vince.
2. Il professore insegna.
3. Io pago il conto.
4. Lui mi telefona.
5. I comunisti perdono.
6. Noi mangiamo insieme.
7. Anche loro hanno problemi.
8. Andiamo a Trieste insieme.
9. Sanno i risultati subito.
10. Devi contare i voti.
11. Bevete del vino dopo le elezioni.
12. Voglio vederti.
13. Sono contenti se vincono.
14. Apre la porta alla professoressa.
15. Possiamo risolvere i problemi.
16. Governate sempre voi?
17. Per chi vota Stefano?
18. Giacomo festeggia il suo compleanno.
19. Voto per te, certo.
20. Chi può governare bene?

II. Il futuro anteriore (The compound or anterior future)

The compound or anterior future is used to express what *will have taken place*. Like all other compound verbs it is formed with **avere** or **essere** in the future tense, plus the past participle of the verb.

Prima dell'anno prossimo, sarò partito per l'Italia.
Before next year I will have left for Italy.

Fra un mese Nora avrà vinto le elezioni.
In a month Nora will have won the election.

esercizio

Mettere al futuro anteriore.

1. Io parlerò con Giacomo.
2. Noi verremo insieme.
3. Finirai il compito per tempo.
4. Il treno arriverà domani.
5. I comunisti perderanno le elezioni.
6. Gli studenti capiranno.
7. Perché venderà la casa?
8. Verrete alla festa?
9. Mangeremo alle due.
10. Dormiranno tutta la giornata.

III. L'uso di *fra* (*tra*) e *in*

Fra (tra) and **in** both mean *in* with regard to time.

Fra (tra) poco mangeremo.
We will eat in a short while.

Fra (tra) means *in* with the more precise meaning of *an hour/year/ month from now*. It indicates *when* something will begin to happen.

Ci saranno le elezioni tra un mese.
There will be elections in a month.

In has the more precise meaning of *within (in the space of) an hour/ year/month*. It indicates the *length of time* required for the completion of an act.

Impareremo a parlare italiano in due mesi.
We will learn how to speak Italian in (the space of) two months.

Ha finito il lavoro in sei giorni.
He finished the work in six days.

Lucy una primadonna tre milioni e mezzo di anni fa.

Donald Johanson
Maitland Edey

Lucy
LE ORIGINI DELL'UMANITÀ

La scoperta del nostro più lontano antenato
in un racconto affascinante che pone
incalzanti interrogativi alla ricerca scientifica
e alla generale curiosità

MONDADORI

esercizio   Rispondere alle domande.

1. Che cosa farai fra un'ora? Fra un anno? Fra una settimana?
2. In quanto tempo hai imparato l'inglese? E l'italiano?
3. Fra quanto imparerai un'altra lingua?
4. Secondo la Bibbia, Dio ha creato il mondo in quanti giorni?
5. Secondo te, fra quanto finirà il mondo?

IV. Usi speciali del futuro e futuro anteriore (Special usages of the future and compound future)

1. Both the future and compound future tenses have a special idiomatic use: they are used to express probability or conjecture. The simple future expresses probability in the present:

Mia madre non è in casa; sarà in giardino.
My mother is not in the house; she is probably (maybe, perhaps) in the garden.

Ma chi sarà alla porta a quest'ora?
Who could that be at the door at this hour?

The compound future expresses conjecture or probability in the past:

Chi avrà detto quella bugia?
Who could have told that lie?

Dove sarà andato Giacomo? Lo cerco da un'ora. Sarà andato al bar!
Where can Giacomo have gone? I've been looking for him for an hour.
He must have gone to the bar!

2. The future tense is also used with **se** and **quando** when the future is
   implied, although in the equivalent situation in English one would
   use the present tense:

Se (quando) andrai a Roma, ti troverai bene.
If (when) you go to Rome, you will like it.

Quando avranno fame, mangeranno qualcosa.
When they are hungry, they will eat something.

3. The two tenses are used together when one action in the future is
   completed before another is to take place:

Quando avrò finito verrò a trovarti.
When I (will) have finished I will come to see you.

Quando avranno vinto le elezioni, avranno potere assoluto.
When they (will) have won the elections, they will have absolute power.

Note, however, that when the two future actions are almost simultaneous the simple future can be used to express both:

Appena arriverò ti telefonerò.
As soon as I arrive I will phone you.

Quando sarò a Napoli ti scriverò.
When I get to Naples I will write to you.

4. The future tense may be used instead of the present subjunctive if the
   verb in the dependent clause expresses a future idea:

Credo che possa vincere le elezioni **o** Credo che potrà vincere le elezioni.
I believe that she will be able to win the elections.

È possibile che arrivi col treno delle undici **o** È possibile che arriverà
   col treno delle undici.
It's possible that he will arrive on the eleven o'clock train.

But the future may not replace the subjunctive when the verb expresses a wish or a command:

Voglio che vinca le elezioni.
I want her to win the elections.

esercizio   Rispondere alle domande.

1. Che cosa farai quando andrai in Italia?
2. Chi pensi che vincerà le prossime elezioni?
3. Chi speri che le vinca?
4. Chi sarà l'attrice più famosa del mondo?
5. Chi sarà la persona più conosciuta del mondo?
6. Che lingua parlerai quando sarai in Italia?
7. Che cosa farai stasera quando avrai finito di lavorare?
8. Che cosa farai quando avrai finito i tuoi studi?
9. Dove avrà studiato la professoressa?
10. Che cosa comprerai appena avrai molti soldi?

Esercizi, dialoghi, attività

1. Domandare, rispondere, riassumere, sviluppare.

PROFESSORE: Che cosa farai l'estate prossima?
STUDENTE 1:   Lavorerò l'estate prossima.
PROFESSORE: Che cosa farà lui?
STUDENTE 2:   Lui lavorerà.
PROFESSORE: Anche tu lavorerai l'estate prossima?
STUDENTE 3:   No, io non lavorerò. Studierò.
PROFESSORE: Domandare a _____ che cosa farà l'estate prossima.
STUDENTE 4:   _____ che cosa farai l'estate prossima?
CONTINUAZIONE . . .

Che cosa studierai l'anno prossimo?
Che film vedrai questo fine settimana?
Che cosa succederà nelle prossime elezioni?
Quando leggerai la Divina Commedia?
Quando potrai comprare una casa?
A che ora finirai la lezione?
A che ora tornerai a casa stasera?
Quando andrai in Italia?
Che cosa farai quando avrai finito i tuoi studi?
Quando parlerai bene l'italiano?
Quando conoscerai una persona famosa?
Fra quanto festeggerai il tuo prossimo compleanno?
Che cosa mangerai e che cosa berrai stasera?

2. Domandare a un altro studente . . .

1. quanti studenti ci saranno a quest'università.
2. quanti corsi avrà seguito alla fine dell'anno.
3. chi vincerà il premio per il miglior attore quest'anno. E per la miglior attrice.
4. quali saranno considerati i migliori film dell'anno.
5. chi sarà il professore più benvoluto dell'università.
6. se lui andrà in esilio dopo le prossime elezioni.
7. a che ora mangerà stasera.
8. che cosa farà quando sarà laureato.
9. quando sarà contenta la professoressa.
10. perché saranno bravi tutti gli studenti d'italiano.

3. Ogni studente deve assumere un ruolo.

1. Io sono una studentessa. Domani io . . .
2. Io sono ricchissimo e non lavorerò mai. Io . . .
3. Io sono uno zingaro e indovino il futuro della gente. (Per esempio, indovinare il futuro di una persona famosa o il futuro di un altro studente.)
4. In un sogno ho di nuovo 12 anni. Domani è sabato e . . .

4. Rispondere alle domande.

1. Perché ti inviteranno a pranzo alla Casa Bianca?
2. Che cosa farai quando sarai arrivato a Istanbul?
3. Quando avrai bambini che cosa insegnerai loro?
4. Come saranno e cosa faranno i tuoi compagni di classe fra dieci anni?
5. Che cosa farai quando andrai in pensione?

Quando leggerai la **Divina Commedia?**

5. Cambiare ogni frase al futuro o al futuro anteriore e completarla.

Esempio: Mi piacciono gli studi universitari . . .
Mi piaceranno gli studi universitari quando li avrò finiti!

1. Non abbiamo trovato il cane perché . . .
2. Non si può bere acqua dal rubinetto perché . . .
3. _____ ha vinto le ultime elezioni perché . . .
4. Gli studenti hanno fatto festa tutta la notte perché . . .
5. Non hanno studiato molto perché . . .
6. Volete andare a San Francisco perché . . .
7. Mi piace un esame difficile quando . . .
8. Sono la persona più felice del mondo quando . . .

6. Tema da svolgere.

Il giorno del mio ottantesimo compleanno.

7. Tradurre, dando le informazioni personali necessarie.

1. Dear _____ . I will be so happy to be with you next summer. Thank you for the *invitation* (**invito**).
2. I will leave _____ as soon as classes are over.
3. So I will arrive in _____ on _____ , early in the morning.
4. Will you meet me at the airport?
5. I hope so. My (Italian, French, etc.) _____ won't be very good yet.
6. However, in a few months I'll be speaking it perfectly!
7. You won't mind speaking to me in _____ all summer, will you?
8. Will your parents be there when I arrive?
9. Or will they already have left for their summer vacation?
10. We will have so much fun. *I can't wait* (**non vedo l'ora**)!

8. Dialoghi da sviluppare.

Due amici discutono . . .

chi vincerà il premio Nobel che sarà consegnato fra un mese.
chi vincerà la «World Series» (o un altro campionato sportivo).
che cosa faranno quando avranno molti soldi.
che cosa leggeranno l'estate prossima.
che cose importanti avranno fatto quando avranno 50 anni.
le cose che vedranno quando andranno in Italia.

essere donna

Per quanto mi è possibile, evito sempre di scrivere sulle donne o sui problemi che riguardano le donne. Non so perché, la cosa *mi mette a disagio*, mi appare ridicola. Le donne non sono una fauna speciale e non capisco per quale ragione *esse* debbano costituire, specialmente sui giornali, un argomento a parte: come lo sport, la politica e il bollettino metereologico. Il *padreterno* ha fabbricato uomini e donne perché stessero insieme, e dal momento che ciò può essere molto piacevole, *checché* ne dicano certi deviazionisti, trattare le donne come se vivessero su un altro pianeta dove si riproducono per partenogenesi mi sembra *privo di senso*. Ciò che interessa gli uomini interessa le donne: io conosco uomini (assolutamente normali, *badate*) che leggono «Harper's Bazaar» e donne (assolutamente normali, badate) che leggono il *fondo* del «Times»: ma non per questo sono più cretini o cretine degli altri. Così, quando qualcuno mi chiede: «Lei scrive per le donne?» io mi arrabbio profondamente.

makes me feel ill at ease

they pl. (literary form)

God (the eternal father)

regardless of what

senseless

mind you; badare = to mind, pay attention to

editorial

Oriana Fallaci: *Il sesso inutile*

Tre donne.

domande

1. Ti interessa parlare delle donne e dei problemi che le riguardano?
2. In America, le donne e gli uomini hanno gli stessi interessi?
3. Ti sembra privo di senso trattare le donne come se vivessero su un altro pianeta?
4. Ci sono donne che leggono il *Wall Street Journal?* E ci sono uomini che leggono *Cosmopolitan?*
5. Quali riviste legge tua madre? E tuo padre?
6. In Italia, le donne e gli uomini hanno gli stessi diritti? E in America?
7. Che cosa irrita Oriana Fallaci? Che cosa irrita te?
8. Quali scrittori trattano i problemi delle donne? Tra questi, quali preferisci?
9. Sei d'accordo con il punto di vista espresso dalla Fallaci? Perché o perché no?

*Ci sono donne che leggono il fondo del **Times**.*

attività

1. Temi da svolgere.

Descrivere un'ideale situazione matrimoniale.
Quali sono le differenti situazioni delle donne negli Stati Uniti e in altri paesi?
Quale sarà il ruolo della donna nella nostra società fra 25 anni?

2. Da dibattere.

La donna è superiore!

Vocabolario

Nouns

argomento   subject, topic
bollettino
  metereologico   weather forecast
calma   calm
candidato   candidate
carriera   career
Casa Bianca   White House
cretino   cretin
deviazionista   deviationist
diritto   right
edicola   kiosk
esilio   exile
fauna   fauna
la partenogenesi   parthenogenesis
il pianeta   planet
il potere   power
risultato   result
rubinetto   faucet
ruolo   role
sesso   sex
sogno   dream
voto   vote

Verbs

andare in pensione   to retire
arrabbiarsi   to get angry
contare   to count
costituire   to constitute, form
distruggere (*p.p.* **distrutto**)   to destroy
evitare   to avoid

fabbricare   to manufacture, produce
festeggiare   to celebrate
governare   to govern
indovinare   to guess
laurearsi   to graduate (from university)
riguardare   to regard, concern
riprodurre (*p.p.* **riprodotto**)   to reproduce
risolvere (*p.p.* **risolto**)   to solve, work out
scommettere (*p.p.* **scommesso**)   to bet
trattare   to treat
vergognarsi   to be ashamed

Adjectives

attuale   present, current
eterno   eternal
frivolo   frivolous
matrimoniale   matrimonial, conjugal
piacevole   pleasant
ridicolo   ridiculous
serio   serious
speciale   special

Others

a proposito   by the way
per caso   by chance
profondamente   profoundly

CAPITOLO 15

Dialogo

Peggy, un'americana espatriata in Italia, e il suo bambino, Linus, guardano le vetrine dei negozi a Venezia, in Calle Larga. **Assieme a** loro è Vittorio, un amico italiano.

together with, along with

LINUS:	Oh guarda, mamma. Un negozio di giocattoli.
PEGGY:	Non *farti delle idee*. Niente giocattoli oggi.
LINUS:	Oh, ti prego. Avrei proprio bisogno di un giocattolo.
PEGGY:	Niente più giocattoli. Te ne ho già comprati molti. Li lasci sempre sparpagliati dappertutto nella tua camera.
VITTORIO:	Sì, gli compri troppi giocattoli. È un bambino viziato.
LINUS:	Prometto di raccoglierli. Entriamo nel negozio un momento, solo per guardare.
PEGGY:	Lo so che non ti basterebbe guardare.
LINUS:	Lo prometto. Oh guarda quella macchinetta rossa. Mamma, ti prego.
VITTORIO:	Compragliela, così si calma.
PEGGY:	Quanto costa quella macchinetta?
NEGOZIANTE:	4500 lire.
PEGGY:	Non è molto, la prendo.
VITTORIO:	Davvero gli compri troppi giocattoli.

farsi della idee = to get ideas

domande

1. Dove sono Peggy e Linus? Perché abitano in Italia?
2. Chi è Vittorio?
3. Che cosa vuole Linus? Che tipo di bambino è?

4. Che tipo di madre è Peggy? Tua madre è come lei?
5. Quando eri piccolo, quali giocattoli ti piacevano? E adesso?
6. Chi fa delle promesse nel dialogo? Ti piace la gente che fa promesse?
7. Che cosa vuol dire «espatriato»? Ne conosci qualcuno?
8. Quali americani famosi hanno vissuto da espatriati? Dove?

Andiamo in gondola?

Grammatica

I. Il condizionale
(The conditional)

The conditional tense indicates actions that *would* take place. The stems for the conditional are the same as for the future tense. To these stems are added the following endings for all verbs:

	singular	plural
1st person	giocher-**ei**	giocher-**emmo**
2nd person	scriver-**esti**	scriver-**este**
3rd person	andr-**ebbe**	andr-**ebbero**

Dove andresti?
Where would you go?

So che non ti basterebbe guardare.
I know it wouldn't be enough for you just to look.

Che cosa compreremmo?
What would we buy?

In Italian, the conditional is often used, as it is in English, to express wishes or requests more politely:

Preferirei andarci da solo.
I would prefer to go there alone.

Vorrei vederti subito.
I would like to see you right away.

Potresti aiutarmi?
Could (would) you help me?

In these cases, the use of the conditional makes the statements less forceful. Similarly, with the verb **dovere** the conditional is used to make it less harsh:

Dovresti raccogliere i giocattoli, Linus.
Linus, you should pick up the toys.

Dovresti fare il tuo compito.
You should (ought to) do your homework.

esercizio

Mettere al condizionale.

Esempio: Mi fai un favore? (tu; Lei; voi)
Mi faresti un favore?
Mi farebbe un favore?
Mi fareste un favore?

1. Porto i bambini allo zoo. (la mamma; noi)
2. Come lo sa lui? (io; Vittorio)
3. Abiti ın campagna? (loro; voi)
4. Vuoi accompagnarmi al cinema? (voi; Lei)
5. Guardiamo la televisione? (Linus; loro)
6. Posso venire anch'io? (noi; Vittorio e Peggy)
7. Ti diverti alla festa? (Lei; voi)
8. Andiamo in treno? (loro; tu)
9. Vengo volentieri. (Linus; noi)
10. Devono andare a casa. (io; tu)
11. Voglio una birra. (noi; lui)
12. Finiamo tutto in cinque minuti. (io; loro)
13. Ce lo spieghi? (voi; Lei)
14. Paghiamo subito. (io; Peggy)
15. Giochi a tennis ogni giorno? (loro; Lei)

II. Il condizionale passato (The past or compound conditional)

The past, or compound, conditional indicates actions that *would have* taken place. It is formed with **avere** or **essere** in the simple conditional, plus the past participle of the verb.

Dove saresti andato?
Where would you have gone?

Che cosa avrebbe fatto.
What would you have done?

Io non gli avrei comprato il giocattolo.
I wouldn't have bought him the toy.

The past conditional of **dovere** + *infinitive* is equivalent to *should have* or *ought to have* + *past participle*:

Avrebbe dovuto dirmelo prima.
He should have told me before.

Avremmo dovuto comprare il giocattolo in quell'altro negozio.
We should have bought the toy in that other store.

Avresti dovuto telefonare.
You should have phoned.

Non avrebbe dovuto comprargli il giocattolo.
She shouldn't have bought him the toy.

The past conditional of **potere** + *infinitive* is equivalent to *could have* or *might have* + *past participle*:

Avresti potuto parlarmene.
You could have talked to me about it.

Sarebbe potuto arrivare oggi.
He might have arrived today.

It is important to note that in indirect speech in Italian the *past* conditional expresses a *future* action in a subordinate clause when the verb of the main clause is in the past. (In English, the simple or present conditional is used.)

Ha detto che sarebbe venuta stasera.
She said that she would come this evening.

Hanno scritto che l'avrebbero mandato subito.
They wrote that they would send it immediately.

Ho telefonato che sarei stata a casa.
I phoned to say that I would be at home.

esercizi

1. Riscrivere le frasi.

Esempio: Mi hai telefonato. (dovere)
Mi avresti dovuto telefonare.

1. L'abbiamo invitata. (dovere)
2. Abbiamo mangiato tutta la torta. (potere)
3. L'ha spiegato bene. (dovere)
4. Ho ballato tutta la notte. (potere)
5. Peggy è arrivata alle sette. (dovere)
6. Gli ho dato una mano. (potere)

2. Riscrivere le frasi.

Esempio: Maria verrà stasera. (dire)
Maria ha detto che sarebbe venuta stasera.

1. Gli zii arriveranno domani. (telefonare)
2. Linus mi farà un regalo. (scrivere)
3. Papà andrà a Parigi il mese prossimo. (dire)
4. La libreria ci manderà tutti i libri. (scrivere)
5. Peggy traslocherà a Venezia. (scrivere)
6. Ci troveranno in Calle Larga. (dire)

Esercizi, dialoghi, attività

1. Domandare, rispondere, riassumere, sviluppare.

PROFESSORE: Che cosa avresti voluto fare l'estate scorsa?
STUDENTE 1: Avrei voluto fare un viaggio in Europa.
PROFESSORE: Che cosa avrebbe voluto fare?
STUDENTE 2: Avrebbe voluto fare un viaggio in Europa.
PROFESSORE: Domanda a _____ che cosa avrebbe voluto fare lei?
STUDENTE 3: Che cosa avresti voluto fare tu l'estate scorsa?
CONTINUAZIONE . . .
    Che cosa vorresti fare l'estate prossima?
    Che cosa avresti voluto essere in un'altra vita?
    Che cosa potresti mangiare ogni giorno?
    Che lingua vorresti parlare molto bene?
    Che cosa ti piacerebbe mangiare stasera?
    Che film preferiresti vedere questo fine settimana?
    Che cosa rifaresti nella tua vita?
    Che nome ti piacerebbe avere?
    A che altra università saresti voluto andare?

2. Domandare a un altro studente . . .

1. che cosa gli piacerebbe fare con centomila dollari.
2. quanti fratelli e sorelle ha e quanti ne vorrebbe avere.
3. se preferirebbe essere italiano o francese.
4. dove gli piacerebbe viaggiare ogni estate.
5. dove preferirebbe studiare in Italia.
6. che cosa farà l'anno prossimo e che cosa preferirebbe fare.
7. dov'è nato e dove avrebbe preferito nascere.
8. a chi avrebbe dovuto scrivere la settimana scorsa.

3. Cambiare le frasi al condizionale presente o passato.

Esempio: Voglio mangiare. *Vorrei mangiare.*
Ho mangiato tutto il pane. *Avrei mangiato tutto il pane.*

1. Io sono un re generoso.
2. Ho passato un fine settimana delizioso con Humphrey Bogart.
3. Pensavo tutto il contrario.
4. Arriveremo in orario.
5. Ma chi crede a quelle bugie?
6. Dice che verrà stasera.
7. Mi fai un favore?
8. Mi prestate la macchina?
9. Voglio un caffè.
10. E chi è quell'uomo lì?
11. Devo scrivere una lettera.
12. Puoi telefonarmi domani?
13. Qual era il punto di vista di Michelangelo quando dipingeva la Cappella Sistina?
14. Preferiamo andare al mare.
15. Chi è stato capace di scrivere quell'articolo?

4. Completare le frasi.

1. Preferirei essere un cittadino _____ perché . . .

2. Avrei dovuto studiare _____ invece di _____ perché . . .

3. Quando ero piccolo i miei genitori avrebbero dovuto . . .

4. Secondo me i professori dovrebbero . . .

5. So che il film _____ ha vinto l'ultimo Oscar, ma l'avrebbe dovuto vincere . . .

6. Avrei voluto dire la verità ma . . .

7. La persona più viziata che io conosca è _____ ; io vorrei . . .

8. Sarei completamente felice . . .

5. Da raccontare: uno studente finisce la prima frase e poi ogni studente
ne aggiunge un'altra per formare un racconto.

«Molti anni fa c'era un professore che faceva tutto male . . .»

6. Temi da svolgere.

Un giorno mi piacerebbe . . .
Sarei dovuto diventare . . .

7. Rispondere alle domande.

1. C'è molta violenza negli Stati Uniti?
2. In confronto con altri paesi, diresti che c'è più o meno violenza negli
   Stati Uniti?
3. Che cosa si potrebbe fare per risolvere il problema della violenza?
4. Preferiresti abitare in una città grande o in un piccolo paese?
5. Secondo te, ci sono ancora problemi nella nostra società per le donne?
   Per esempio?
6. Come cambieresti la nostra società per eliminare questi problemi?
7. Ci sono società che non hanno questi problemi?
8. Preferiresti vivere nella nostra società o in un'altra?

Sarei completamente felice . . .

8. Tradurre.

1. I would like to be a very famous person when I'm thirty. I would also like to be very rich: I would live in a different city of the world every month. There are so many interesting ones that I could never pick just one!
2. When I was younger I had dozens of animals: I had some small ones and some big ones but the best of all was my _____ .
3. Since you ask me . . . I like the country more than the city. But I would like to live in both. Their advantages? There are so many of them. For example, in the city I would go to the opera or the movies or a play every night. In the country, *on the other hand* (**invece**), I would have a *vegetable garden* (**orto**) and I would have a very peaceful life.

9. Dialoghi da sviluppare.

1. Due amici parlano di quello che vorrebbero fare quando si saranno laureati.
2. Due famosi personaggi storici discutono quello che avrebbero dovuto fare (Per esempio: Nixon: «Avrei dovuto distruggere quei nastri!»).
3. Due persone di opinioni diverse discutono come sarebbe la società ideale.

Lettura

i rapimenti

Un'industria molto florida in Italia è quella dei rapimenti. Un anno ce ne sono di più, un altro di meno, ma dal 1970 ce ne sono già stati moltissimi. Si dice che i rapimenti avrebbero fatto circolare tanti soldi quanti ne farebbe circolare un'industria nazionale di media grandezza.

Rapimento, o sequestro di persona, vuol dire fare prigioniera una persona per chiedere o ottenere un *riscatto*. Di solito sono rapite persone ricche affinché le loro famiglie paghino alti riscatti. Ci sono anche rapimenti per *scopi* politici. In questi casi sono rapite persone che occupano un posto importante nei partiti o nell'amministrazione dello stato. I rapitori allora chiedono che siano liberati dalle prigioni dei terroristi o che siano *diffusi* i loro proclami politici alla radio o nella *stampa*. Un rapimento politico che ha avuto una fine tragica è stato quello del leader democristiano Aldo Moro.

La tecnica è sempre la stessa per ogni rapimento: *agguato*, rapimento, *attesa*, trattative, liberazione. Qualche volta le trattative si interrompono e la persona rapita è uccisa. Il governo vorrebbe resistere

ransom

scopo = aim, purpose

diffuso, p.p.; diffondere = to broadcast, make public
press

ambush
waiting period

ma cede a qualche richiesta per motivi umanitari. Ogni volta che c'è un rapimento, un generale sentimento di condanna si leva in tutto il paese. Malgrado la polizia lavori molto per impedire questi crimini, è spesso impotente di fronte alle bande criminali. Ci sarebbe il metodo per *sconfiggere* la criminalità: abolire le libertà individuali. Questo però non è possibile in un regime democratico. Intanto molti si muovono con le guardie del corpo o le macchine *blindate*. È opinione diffusa che molti rapimenti siano organizzati dalla mafia.

to defeat, beat

blindato = armored

domande

1. I rapimenti dove sono un'industria florida?
2. Ci sono rapimenti in America?
3. Cosa vuol dire sequestro di persona?
4. Di solito sono rapite persone ricche o povere? Perché?
5. In un rapimento politico, che cosa chiedono i rapitori?
6. Qual è la tecnica dei rapimenti?
7. Quale sarebbe il metodo per sconfiggere la criminalità?
8. Hai paura di uscire solo durante la notte? Perché?
9. Favorisci la libera vendita di armi da fuoco?
10. Favorisci la pena di morte?

C'è un metodo per sconfiggere la criminalità?

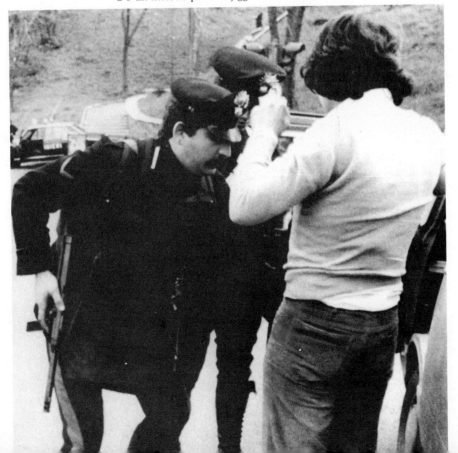

attività

1. Temi da svolgere.

Raccontare un celebre rapimento.
Suggerire metodi per la prevenzione dei rapimenti.

2. Da dibattere.

Una società senza libertà e senza delitti è migliore di una società libera
dove si commettono delitti.

*Hai paura di uscire da
sola durante la notte?*

Vocabolario

Nouns

l'amministrazione, *f.* administration
arma (le armi) arm, weapon
le armi da fuoco firearms
banda gang
cittadino citizen
criminalità criminality
il crimine crime
condanna condemnation
contrario contrary
delitto crime
il favore favor
grandezza size, greatness
la guardia del corpo bodyguard
la liberazione liberation
libertà freedom
metodo method
pena di morte death penalty
la prevenzione prevention
la prigione prison
prigioniero prisoner
il proclama proclamation
promessa promise
punto di vista point of view
rapimento kidnapping
il rapitore kidnapper
richiesta request
sequestro seizure, kidnapping
tecnica technique
il/la terrorista terrorist
torta cake
trattativa negotiation
vendita sale
vetrina shop window
violenza violence

Verbs

abolire to abolish
calmarsi to calm down
cedere to give in, yield
circolare to circulate
commettere (*p.p.* commesso) to commit
dipingere (*p.p.* dipinto) to paint
eliminare to eliminate, get rid of
favorire to favor
impedire to prevent
interrompere (*p.p.* interrotto) to interrupt
levarsi to rise, get up
liberare to free
migliorare to improve
occupare to occupy
organizzare to organize
ottenere to obtain
raccogliere (*p.p.* raccolto) to pick up; to gather
rapire to kidnap
resistere (*p.p.* resistito) to resist
sparpagliare to strew, scatter
suggerire to suggest
traslocare to move; to transfer
uccidere (*p.p.* ucciso) to kill

Adjectives

criminale criminal
espatriato expatriate
florida thriving, flourishing
impotente impotent, powerless
individuale individual
libero free
medio average, middle
rapito kidnapped
ucciso killed
umanitario humanitarian
viziato spoiled

Others

in confronto con compared with
di fronte a faced with

CAPITOLO 16

Dialogo

È festa nazionale e le banche sono chiuse. Gina e Sandro—l'una americana, l'altro italiano—impiegati di una banca internazionale a Roma, si parlano al telefono. Dovrebbero incontrarsi per andare a Tivoli, a visitare Villa d'Este, ma . . .

SANDRO: Pronto. Ciao, Gina. Che peccato! Piove proprio il nostro primo giorno di vacanza.

GINA: Ho paura che pioverà fino a domani. Almeno così dice la radio.

SANDRO: E io che aspettavo con impazienza di fare con te una bella corsa in macchina fino a Tivoli.

GINA: Nemmeno a Franz Liszt piacerebbe Villa d'Este in una giornata così piovosa. Se ci andassimo, non vorrei fotografare le fontane sotto la pioggia. Perché non ci andiamo un'altra volta, quando c'è il sole?

SANDRO: E oggi, che facciamo?

GINA: Ti andrebbe di andare al cinema? Mi piacerebbe vedere l'ultimo film di Sergio Leone. È un western all'italiana. Sono curiosa di vedere com'è trattato il nostro mito del West in Italia.

SANDRO: D'accordo, però poi andiamo in discoteca a *fare quattro salti.*   to dance (informal)

GINA: Ti ho già detto che non mi piace andare in discoteca dove c'è tutto quel fumo di sigarette. Dopo il cinema potremmo ascoltare della buona musica classica. Stasera c'è un concerto di musica barocca nella chiesa di San Carlo. Ci andresti?

SANDRO: *Senz'altro.* Sei così brava e convincente quando fai dei programmi. Dove hai imparato questa tua virtù?   sure, of course

GINA: Al collettivo femminista «Sottosopra» di piazza Navona.

Sono curiosa di vedere com'è trattato il nostro mito del West in Italia.

domande

1. Perché sono chiuse le banche? Quando sono chiuse le banche in America?
2. Se tu fossi il capo del paese, istituiresti una nuova festa nazionale? Quale?
3. A Franz Liszt piacerebbe Villa d'Este in una giornata di pioggia? E a te che cosa piace in una giornata di pioggia? In una di neve?
4. Perché Gina non vuole usare la macchina fotografica? Quando piace fotografare a te?
5. Perché Gina vuole vedere un western all'italiana? Cosa è il mito del West?
6. Hai mai visto un western all'italiana? Sono conosciuti in America? Quali? Ti piacciono?
7. Ti piace il western americano? Lo trovi rilassante, noioso, commovente, o altro?
8. Che nome daresti tu a un collettivo femminista?
9. Dove lavorano Gina e Sandro? Conosci qualche banca internazionale? Quale?
10. Ti piacerebbe lavorare all'estero? Dove? Per chi?

Dove hai imparato questa tua virtù?

Grammatica

I. Frasi ipotetiche
(Hypothetical or contrary-to-fact sentences)

Very often one wants to express an idea that is hypothetical or contrary to fact: what *would* happen if something *were* true (but it's not); what *would have* happened if something *had been* true (but it wasn't).

In Italian, sentences like these are expressed with the conditional or conditional perfect in a *result clause* (which expresses what would or would have happened) and the imperfect or pluperfect subjunctive in the *if* or **se** clause. The order of the clauses is variable: either one may come first.

1. Sentences expressing what *would* happen if something *were* true are formed with the *simple* conditional and the *imperfect* subjunctive:

Se fossi ricco, comprerei una macchina nuova.
If I were rich I would buy a new car.

Andremmo a Tivoli, se non piovesse.
We would go to Tivoli if it weren't raining.

Se ci andassimo, non vorrei fotografare sotto la pioggia.
If we went there I wouldn't want to take pictures in the rain.

Se lui fosse educato, ti avrebbe accompagnato a casa.
If he were polite he would have accompanied you home.

2. Sentences expressing what *would have* happened if something *had been* true are formed with the conditional *perfect* and the *pluperfect subjunctive*.

Non avresti fatto male l'esame, se avessi studiato.
You wouldn't have done badly on the exam if you had studied.

Se il treno non fosse arrivato in ritardo, saremmo venuti prima.
We would have come sooner if the train hadn't arrived late.

Avrebbe imparato qualcosa, se non avesse parlato durante la conferenza!
He would have learned something if he hadn't talked during the lecture!

Questo non sarebbe successo, se avessimo preso la mia macchina; saremmo già lì!
This wouldn't have happened if we had taken my car; we would already be there!

esercizio   Dare la forma corretta del verbo tra parentesi.

1. Se fossimo andati in discoteca ieri sera, (ballare) _____ molto e (divertirsi) _____ molto.

2. Potremmo andare al cinema se tu non (volere) _____ stare a casa!

3. Se fossi al mare, io (fare) _____ il bagno ogni giorno e (mangiare) _____ solo pesce.

4. Gli avresti detto di sì se lui ti (piacere) _____?

5. Se ti avesse domandato di accompagnarlo, lo (fare) _____?

6. Che cosa (comprare) _____ se tu vincessi il Totocalcio?

7. Se mi amassi, (venire) _____ a trovarmi più spesso.

8. Che cosa potrebbe fare Gina se Sandro (essere) _____ meno gentile?

II. Altre frasi con se: riassunto (Other se sentences: review)

You have already learned how to use **se** in sentences where real or possible situations are described. The following is a summary of the different combinations of tenses that may be used in sentences with *if* clauses. Remember that the order of the two clauses, as in contrary-to-fact sentences, is variable.

1. **Se** plus the present tense: Result clause—present, future or imperative.

Se studiate, imparate.
If you study, you learn.

Ci divertiremo, se andiamo alla festa.
We'll have fun if we go to the party.

Se vedi Sandro, digli di telefonarmi.
If you see Sandro, tell him to telephone me.

2. **Se** plus a past tense: Result clause—present, future, imperative, or any past tense.

Se tu hai letto il giornale, sai già la notizia.
If you have read the newspaper you already know the news.

Arriverà subito, se ha preso la macchina.
He'll arrive soon if he took the car.

Non sapeva quel che diceva, se ha detto queste cose.
He didn't know what he was saying if he said those things.

Se la fanciulla è già tornata, dille di mettersi a studiare.
If the girl is already home tell her to start studying.

3. **Se** plus the future: the result clause must be in the future.

Se potremmo, ti aiuteremo.
We will help you if we can.

III. Concordanza dei tempi al congiuntivo col futuro e il condizionale (Sequence of tenses with the future and conditional when the subjunctive is required)

1. The sequence of tenses for verbs in the subjunctive when the main clause verb is in the future is the same as when the main clause verb is in the present tense.

When a verb requiring a subjunctive is in the future tense, the verb in the dependent clause will be in the present subjunctive if the action of the verb is simultaneous with or after the action of the main verb:

Proporrò che il voto sia segreto.
I will propose that the vote be secret.

Bisognerà che voi telefoniate alla zia.
It will be necessary for you to phone (your) aunt.

If the action of the verb in the subjunctive has occurred before that of the main verb, then the past subjunctive is used:

Le telefoneremo, quando penseremo che sia già arrivata.
We will phone her when we think she has already arrived.

Avrà paura che tu l'abbia dimenticata.
She is probably (or she will be) afraid that you have forgotten her.

2. The sequence of tenses in the subjunctive when the main clause verb is in the conditional or past conditional is the same as when the main clause verb is in a past tense.

If the main clause verb is in the conditional or conditional perfect and the action of the verb in the subjunctive is *simultaneous with* or *after* that of the main verb, the imperfect subjunctive is used:

Vorrei che tu venissi.
I would like you to come.

Sarebbe bene che vi cambiaste prima di pranzo.
It would be good for you to change before dinner.

Chi avrebbe mai pensato che fosse così gentile.
Who would have ever thought he was so nice.

If the main clause verb is in the conditional or conditional perfect and the action of the verb in the subjunctive has taken place *before* that of the main verb, the pluperfect subjunctive is used:

Sarei più contenta se lui fosse partito subito.
I would be happier if he had gone immediately.

Avrebbero preferito che tu avessi telefonato prima.
They would have preferred that you had phoned earlier.

CINEGUIDA

Competition

Regia: Joel Olianski. Interpreti: Richard Dreyfus, Amy Irving, Lee Remick, Sam Wanamacher.

Che succede se, in un concorso per giovani pianisti, il più bravo e la più dotata si innamorano? Suoneranno l'uno contro l'altra oppure Eros ammorbidirà l'ansia di emergere? Love story ampiamente riscattata da una accurata incursione fra le quinte del mondo musicale.

Odeon

Ludwig

Regia: Luchino Visconti. Interpreti: Helmut Berger, e Romy Schneider.

Recuperato e amorevolmente restaurato da un gruppo di devoti amici e collaboratori di Luchino Visconti (con in testa Suso Cecchi D'Amico) «Ludwig» fu presentato per la prima volta in edizione integrale lo scorso settembre alla mostra di Venezia. Aldilà dei giudizi sull'opera (forse non una delle più felici di Visconti) il salvataggio di un film d'autore scempiato ai suoi tempi dai distributori, è un avvenimento da onorare.

Principe

Ricomincio da tre

Regia e testo: Massimo Troisi. Interpreti: Massimo Troisi, Florenza Marcheggiani, Lello Arena.

Dopo Nichetti, Verdone, Moretti e Benigni, un altro comico giovane, stavolta di impostazione ed estrazione partenopea: Massimo Troisi racconta lo spaesamento di un napoletano a Firenze. L'autore è vivace, l'attore molto felice.

Modernissimo

Dossier 51

Regia: Michel Deville.

Itinerario tra realistico e fantapolitico entro gli intrighi e gli arbitrii dei servizi segreti. L'esistenza di un ambasciatore scomposta e ricomposta pezzo per pezzo finché «il potere» trova un punto debole per ricattarlo.

Alfieri Atelier

La spiaggia di sangue

Regia: Jeffrey Bloom. Interpreti: David Hoffman, Mariana Hill, John Saxon, Burt Young.

Misteriose sparizioni sulla costa del Sud della California: le sabbie inghiottiscono uomini, donne, cani. Quale misteriosa entità si nasconde nel sottosuolo? Paura e suspense, e un epilogo che lancia inquietanti messaggi.

Supercinema

Passione d'amore

Regia: Ettore Scola. Interpreti: Valeria D'Obici e Bernard Girandueau.

Da un racconto dello scapigliato Tarchetti, un film di splendido formalismo (ma anche teso e appassionato). La singolare storia d'amore e morte che lega un uomo bello e una donna brutta viene letta da Scola con l'occhio di un intellettuale moderno, che conosce l'angoscia della nevrosi e dell'isteria. La compagnia d'attori, con Valeria D'Obici nei panni di Fosca, è d'alta classe.

Goldoni   Vittoria

Ben Hur

Regia di William Wyler. Interpreti: Charlton Heston e Stephen Bovd.

Tre ore e mezzo di spettacolo su schermo ultrapanoramico, un solenne affresco della Roma imperiale già corrosa dalla rivoluzione Cristiana. William Wyler, gran professionista per tutte le stagioni, riscatta nuna certa lentezza generale con improvvisi colpi d'ala (la corsa delle bighe). Rifacimento del classico di un muto con Ramon Novarro, questo Ben Hur è del '59: e da allora ciclicamente nelle prime visioni con discreti incassi.

Manzoni

esercizio

Dare la forma corretta del verbo tra parentesi.

1. Gina vorrebbe che anche noi (andare) _____ al cinema stasera.

2. Bisognerà che tu (venire) _____ il più presto possibile.

3. Dubito che Sandro (volere) _____ accompagnarci questa volta.

4. Sarà importante che loro (scrivere) _____ al rettore.

5. Mi piacerebbe che tu (potere) _____ riuscire.

6. Sono sicuro che lei preferirà che noi (telefonare) _____ stasera.

7. Nessuno avrebbe pensato che l'esame (essere) _____ così difficile.

8. Ho paura che (piovere) _____ tutta la settimana.

9. Avresti preferito che Sandro ti (comprare) _____ fiori invece di caramelle?

10. Non sarebbe meglio che tu (dormire) _____ un po'?

11. Basterebbe che loro (dire) _____ di sì.

12. Perché avrà l'impressione che noi (essere) _____ italiani?

IV. Riassunto: verbi semplici e composti; concordanza dei tempi col congiuntivo
(Review: simple and compound verbs; sequence of tenses with the subjunctive)

1. Simple verb tenses and their corresponding compound forms (exemplified in the **io** form):

Indicative

Simple	Compound
present	*passato prossimo*
mangio	ho mangiato
arrivo	sono arrivato
imperfect	*pluperfect*
mangiavo	avevo mangiato
arrivavo	ero arrivato
future	*future perfect*
mangerò	avrò mangiato
arriverò	sarò arrivato
conditional	*conditional perfect*
mangerei	avrei mangiato
arriverei	sarei arrivato

Subjunctive

Simple	Compound
present	*past*
che io mangi	che io abbia mangiato
che io arrivi	che io sia arrivato
imperfect	*pluperfect*
che io mangiassi	che io avessi mangiato
che io arrivassi	che io fossi arrivato

2. In summary, the sequence of tenses with the subjunctive is determined by
   (1) the tense of the verb in the main clause;
   (2) whether the action of the subjunctive verb is:
      a. simultaneous with or after that of the main verb
      b. previous to that of the main verb

1. Domandare, rispondere, riassumere, sviluppare.

PROFESSORE: Come vivresti se fossi ricco?
STUDENTE 1: Se fossi ricco, vivrei molto bene.
PROFESSORE: Come vivrebbe?
STUDENTE 2: Se fosse ricco, vivrebbe molto bene.
PROFESSORE: Domanda a _____ come vivrebbe se fosse molto ricco.
STUDENTE 3: _____ come vivresti se fossi ricco?
CONTINUAZIONE . . .

Dove abiteresti se potessi vivere in qualsiasi città del mondo?

Chi saresti se potessi essere una persona famosa?

Se potessi, con chi mangeresti stasera?

Se avessi potuto scegliere, in quale paese saresti nato?

2. Domandare a un altro studente . . .

1. che cosa vorrà che i suoi figli pensino di lui/lei.
2. che cosa vorrebbe che i suoi figli diventassero.
3. che cosa è impossibile che faccia l'estate prossima.
4. che cosa voleva sempre che i suoi genitori facessero quando era piccolo.
5. che cosa comprerebbe se vincesse mille dollari.
6. che voto vorrebbe che gli desse il professore d'italiano.
7. di che cosa avrebbe paura se dovesse fare un discorso in pubblico.
8. che premio vorrà che gli diano quando avrà 50 anni.
9. che nome avrebbe preferito avere.
10. che cosa sarebbe strano che succedesse adesso.

3. Completare le frasi.

1. Andrò in Italia l'estate prossima sebbene . . .
2. Se fossi un poliziotto . . .
3. Ho un amico italiano e vorrei che . . .
4. Ho sempre voluto che i miei professori . . .
5. Se potessi parlare una lingua perfettamente . . .
6. Ti voglio bene, amico mio, benché . . .
7. Avrei voluto che la mia gioventù . . .
8. Se io fossi un re onnipotente . . .
9. Non è possibile che gli Americani . . .
10. Gli uomini latini preferiscono che le donne . . .

Quale sarebbe il rapporto ideale tra donna e uomo?

4. Rispondere alle domande.

1. Che cosa pensi del divorzio?
2. Quali pensi che siano le differenze principali tra la situazione delle donne negli Stati Uniti e quella delle donne in altri paesi?
3. In generale, che cosa vorrebbero gli uomini che fossero le donne?
4. In generale, che cosa vorrebbero le donne che fossero gli uomini?
5. Secondo te, è possibile che un uomo divorziato sia un genitore adatto? E una donna divorziata?
6. Se tu potessi progettare il rapporto ideale tra donna e uomo, quale sarebbe?

5. Temi da svolgere: Se avessi potuto . . .

che libro avresti scritto, e perché?
che film avresti girato, e perché?
che personaggio storico saresti stato e perché?
che personaggio della letteratura saresti stato e perché?

6. «Ritratto cinese»

Game: One person leaves the room; the others choose a person, famous or otherwise, known to everyone in the room, whom the person who is "it" has to guess. The person who is "it" returns to the room and must guess the identity by asking the following kinds of questions (to which an answer in a complete sentence must be given):

Se tu fossi un negozio, che tipo di negozio saresti?

One of the people in the room must answer as if he or she were the person whose identity is being guessed (for example, Pavarotti):

—Se io fossi un negozio, sarei un negozio di dischi!

Then the person who is "it" might ask:

Se tu fossi un animale, che tipo di animale saresti?

And the answer might be:

—Se io fossi un animale, sarei un usignolo (a nightingale)!

And so forth, (asking, for example, «**se tu fossi un edificio/un fiore/una macchina/un albero,**» etc.) until the person who is "it" guesses the identity of the person.

7. Tradurre.

1. Quote from Corinthians (I) 13, 1–2:
   "Though I speak with the *tongues* (**lingua**) of men and of *angels* (**angelo**), and have not *charity* (**carità; amore**), I am *become* (**sarei**) as *sounding brass* (**un trombone risonante**) or a *tinkling cymbal* (**cembalo tintinnante**). And though I have the *gift of prophecy* (**il dono della profezia**), and understand all the *mysteries* (**mistero**), and all *knowledge* (**scienza**); and though I have all *faith* (**la fede**), so that I could remove mountains, and have not charity, I am nothing."
2. "If I were a *carpenter* (**il falegname**), and you were a lady, would you marry me anyway . . ."
3. I regret (**mi dispiace**) that I *have but* (**non ho che**) one life to give . . .
4. "If I ruled the world every day would be the first day of spring . . ."
5. "If I had a dollar for every time . . . I would be rich."
6. "I could have been a *contender* (**un finalista**), I could have been something . . ."

8. Dialoghi da sviluppare.

1. Due politici parlano di quel che farebbero se fossero presidenti.
2. Due studenti di letteratura italiana parlano di che cosa sarebbe l'inferno per loro.
3. Tre amici molto idealistici discutono sulla società ideale.

Lettura

il divorzio in Italia

Chi l'avrebbe mai detto? Il divorzio che è oggi una realtà in Italia, era inimmaginabile fino a qualche anno fa. Vari tentativi per introdurre il divorzio in Italia avevano sempre incontrato la netta opposizione dei cattolici.

Nel 1970 il parlamento italiano è tuttavia riuscito ad approvare la legge che regola lo *scioglimento* del matrimonio. I cattolici non erano però contenti. Malgrado il parlamento avesse approvato il divorzio, pensavano che fosse possibile annullare quella legge. Hanno infatti chiesto un referendum. Gli Italiani, cioè, avrebbero dovuto rispondere sì o no alla proposta di abrogazione del divorzio.

dissolution

La campagna in favore e contro il divorzio è stata particolarmente dura e difficile. Per molti italiani non era un problema solo civile e morale ma anche religioso. Sebbene non fosse una scelta facile, gli Italiani non hanno avuto dubbi: in grande maggioranza hanno deciso che il divorzio non dovesse essere abrogato. Era l'otto maggio 1974.

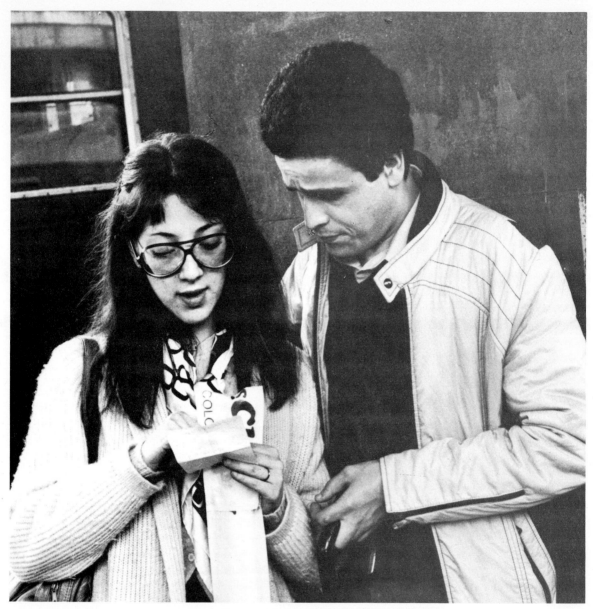

Proporrò che il voto sia segreto.

domande

1. Esiste il divorzio in Italia? Da quando? E negli Stati Uniti? Sai da quando?
2. Da quando esiste il divorzio in Inghilterra? Chi è stato il primo inglese divorziato?
3. È stato facile introdurre il divorzio in Italia? Perché o perché no?
4. La legge sul divorzio, in Italia, è stata votata dal parlamento o dal popolo?
5. Il referendum sul divorzio come si è concluso?
6. Se non ci fosse il divorzio e tu fossi legislatore, lo introdurresti?
7. Secondo te, ci sarebbero meno divorzi se le coppie abitassero insieme prima del matrimonio?
8. Secondo te, la madre dovrebbe sempre avere la custodia dei bambini?
9. Perché, secondo te, ci sono più divorzi in America che in altri paesi? Perché ci sono più divorzi oggi che cinquant'anni fa?
10. Sei in favore degli alimenti (*alimony*) per le donne?

attività

1. Temi da svolgere.

Quali sono i vantaggi e gli svantaggi del divorzio?
Conosci qualche film che tratta il problema del divorzio? Che punti di vista presenta?
Oggi quale aspetto della vita familiare è dibattuto? Che ne pensi tu?

2. Da dibattere.

Il divorzio è una conquista sociale.
Il movimento delle donne ha fatto aumentare il numero dei divorzi.

Vocabolario

Nouns

l'abrogazione, *f.* repeal
gli alimenti alimony
caramella candy
collettivo collective
concerto concert
conquista conquest
corsa race
custodia custody

differenza difference
divorzio divorce
dubbio doubt
fontana fountain
fumo smoke
giornata day (all)
impazienza impatience
impiegato employee, clerk
inferno Hell

il legislatore legislator
macchina fotografica camera
mito myth
l'opposizione, f. opposition
parlamento parliament
il pesce fish
pioggia rain
poliziotto policeman
proposta proposal
rapporto rapport, relationship
realtà reality
salto jump
scelta choice
sigaretta cigarette
tentativo attempt
Totocalcio football lottery
vantaggio advantage
la virtù virtue

Verbs

abrogare to repeal
annullare to annul
approvare to approve
aumentare to increase
bisognare to be necessary
bocciare to fail, to flunk
concludere (p.p. concluso) to conclude, end
dimenticare to forget
fotografare to photograph

girare (un film) to make a film
introdurre (p.p. introdotto) to introduce
istituire to institute, establish
mettersi (a) to begin
progettare to make plans
proporre (p.p. proposto) to propose
regolare to regulate

Adjectives

adatto suitable
commovente moving
convincente convincing
divorziato divorced
duro hard
educato polite
inimmaginabile unimaginable
netto clean, sharp
onnipotente omnipotent
piovoso rainy
rilassante relaxing

Others

in generale in general
invece instead
sotto beneath
ti andrebbe di? would you like to?

Divorzio all'italiana

Divorzio all'italiana

Personaggi e interpreti:

Ferdinando   Marcello Mastroianni
Rosalia   Daniela Rocca
Angela   Stefania Sandrelli
Carmelo Patanè Leopoldo Trieste
Avvocato   Pietro Tordi
Il prete   Antonio Acqua

Regia: Pietro Germi

La trama:
Il barone Ferdinando, gentiluomo siciliano di mezza età, è sposato con una donna austera e poco *attraente* (Rosalia). Poiché si annoia da morire a casa, cerca la voluttà in altri luoghi e si innamora di una sua cugina di sedici anni (Angela). Ora vorrebbe *sbarazzarsi* della moglie *arcigna* e bruttina. Ma come fare?

 Ferdinando trova finalmente la soluzione ideale: la moglie dovrà *compromettersi* con un altro uomo e lui avrà così il *diritto* di ucciderla. Potrà quindi sposare con onore sua cugina. E così avviene.

attractive

to get rid of/sour, sullen

to compromise oneself/right

Tenetemi, perché non so
quello che faccio.

attività

1. Immaginare un episodio adatto a questo film. Creare e recitare un
   dialogo fra due personaggi.
2. Ci sarebbero altre soluzioni al problema di Ferdinando? Quali sarebbero? Creare una nuova trama con una nuova soluzione, e recitarla.
3. Se tu fossi regista di una nuova versione di questo film, quali attori
   sceglieresti per i ruoli principali? Che cambiamenti faresti nella trama?

S'io fossi regista . . .

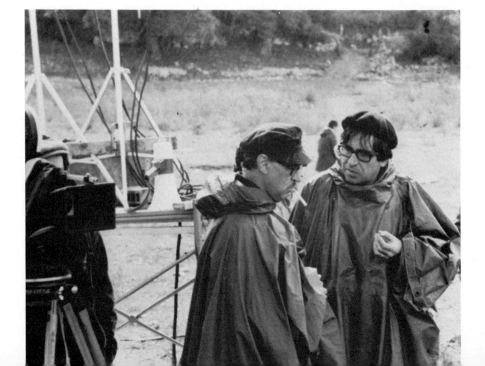

Ara Mara Amara

In fondo alla china,
fra gli alti cipressi,
è un piccolo prato.
Si stanno in quell'ombra
Tre vecchie
giocando coi dadi.
Non alzan la testa un istante,
non cambian di posto un sol giorno.
Sull'erba in ginocchio
si stanno in quell'ombra giocando.

Aldo Palazzeschi (1885–1974)

S'i' fossi foco

S'i' fossi foco, arderei 'l mondo;
    S'i' fossi vento, lo tempesterei;
    S'i' fossi acqua, io l'annegherei;
    S'i' fossi Dio, mandereil' in profondo.
S'i' fossi papa, sare' allor iocondo.
    Che' tutt' i cristiani imbrigherei;
    S'i' fossi emperator, sa che farei?
    A tutti mozzarei lo capo a tondo.
S'i' fossi morte, andarei da mio padre;
    S'i' fossi vita, fuggirei da lui;
    Similemente faria da mi' madre.
S'i' fossi Cecco com' i' sono e fui,
    Torrei le donne giovani e leggiadre,
    E vecchie e laide lascereile altrui.

Cecco Angiolieri (c. 1260–1310)

unit VI

PANE E FANTASIA

unit outline

CAPITOLO 17

Dialogo

Mary Jo è una ballerina californiana che da qualche mese vive a Firenze. Un giorno, mentre cammina, si rompe il tacco della sua scarpa. Per fortuna, poco lontano, c'è un calzolaio.

MARY JO: Buon giorno. Ripara scarpe Lei?

CALZOLAIO: Questo è il mio mestiere. Quand'ero piccolo, mio padre mi ha detto: «Fiorenzo, *impara l'arte e mettila da parte*».*

MARY JO: Il tacco della mia scarpa s'è rotto. Me lo ripari, per favore.

CALZOLAIO: Dammi la scarpa. Prima di incominciare il lavoro devo esaminarla. Forse non vale la pena neanche di aggiustarla. Non si sa mai. Il proverbio dice: «*Fidarsi è bene, non fidarsi è meglio*».**

MARY JO: Ecco la scarpa di cui Le ho parlato.

CALZOLAIO: È una scarpa straniera. Il cuoio è buono ma la lavorazione è scadente. Voi stranieri siete ricchi e avete perduto la passione del lavoro. Diceva mio nonno: «*Il lavoro nobilita l'uomo*».***

MARY JO: E la donna. Io non sono ricca. Spero che Lei possa riparare la mia scarpa che ho comprato a una svendita.

CALZOLAIO: Non agitarti. Siediti. Lasciami vedere il danno che hai fatto.

MARY JO: *Faccia pure.* go ahead

CALZOLAIO: Ecco fatto. La scarpa è aggiustata. Su, mettila.

MARY JO: Ha fatto un buon lavoro. Quanto Le devo?

CALZOLAIO: Niente. Ci ho messo un minuto. Ricorda quel che diceva mio padre: «Impara l'arte e mettila da parte».

MARY JO: Lo ricorderò. Buon giorno e grazie.

Esce e dice tra sé: «*Chissà* perché ho l'impressione che non mi abbia trattata con molto rispetto.» who knows

---

*Proverb: learn your art and store it.
**Proverb: to trust is good; not to trust is better.
***Proverb: work enobles man.

È italiana la ballerina di molta grazia.

domande

1. Perché una ballerina abiterebbe in Italia? Quali sono i centri mondiali del balletto? E dell'opera?
2. Perché la scarpa di Mary Jo dev'essere riparata?
3. Perché il calzolaio vuole vedere la scarpa prima di incominciare il lavoro?
4. È vero che i ricchi hanno perso la passione del lavoro?
5. Che cosa ha detto il padre del calzolaio? Che cosa dice sempre il tuo?
6. Secondo il calzolaio com'è il cuoio della scarpa di Mary Jo? E la lavorazione?
7. Perché Mary Jo ha l'impressione che il calzolaio non l'abbia trattata con molto rispetto?
8. Dato che in inglese non esiste la differenza tra Lei e tu, come si dimostrano deferenza e formalità?
9. Si trovano facilmente artigiani in America? Dove porti a riparare le scarpe?
10. Quale prodotto dell'artigianato italiano è apprezzato negli Stati Uniti?

Ecco le scarpe di cui le ho parlato.

Grammatica

I. I pronomi relativi (Relative pronouns)

Relative pronouns link one clause to another. Italian relative pronouns correspond in meaning to the English *who, which, whom, whose,* and *that*:

il ragazzo **che** conosco   *the boy (**whom**) I know*

Relative pronouns can sometimes be omitted in English. All relative pronouns *must* be expressed in Italian.

1. **Che** corresponds to *who, whom, which,* and *that,* and is the most commonly used relative pronoun. It is invariable, is used both for people and things, and can function both as an object and as a subject:

La musica che preferisco . . .
The music (which/that) I prefer . . .

Il cane che canta alla luna . . .
The dog that is singing at the moon . . .

La mia scarpa che ho comprato a una svendita . . .
My shoe that I bought at a sale . . .

2. **cui** is also invariable and replaces **che** after a preposition:

Ecco la scarpa di cui Le ho parlato.
Here is the shoe I talked to you about (about which I talked to you).

La città in cui abito . . .
The city in which (where) I live . . .

Dimmi la ragione per cui sei venuto.
Tell me the reason why (for which) you came.

La ragazza con cui esco stasera . . .
The girl I'm going out with (with whom I'm going out) this evening . . .

Mi piace il modo in cui ti vesti.
I like the way (in which) you dress.

3. **Il quale, la quale** and their plurals, **i quali** and **le quali,** can replace either **che** or **cui** for clarity or emphasis, especially in writing. The article and **quale** must agree in gender and number with the antecedent (the noun that is being referred back to):

La ragazza di mio fratello la quale studia fisica . . .
My brother's girlfriend who studies physics . . .

La festa alla quale siamo andati ieri sera . . .
The party we went to last night . . .

I libri dei quali parlava . . .
The books he was talking about . . .

4. **Cui:** when it is preceded by the definite article, **cui** corresponds to *whose,* the relative of possession. Note that the article does not agree with the antecedent but rather with the person or thing possessed, and **cui** itself is invariable:

La signora i cui figli lavorano per me . . .
The woman whose children work for me . . .

Il paese la cui cucina preferisco . . .
The country whose cuisine I prefer . . .

5. **quello che, quel che,** and **ciò che,** meaning *what*, are used when there is no antecedent in the sentence:

Ricorda quel che (ciò che) diceva mio padre.
Remember what my father used to say.

Devi fare quello che vuoi.
You should do what you want.

quello, quel and **ciò** may also combine with **cui:**

È proprio quello di cui parlavo.
That's exactly what I was talking about.

6. **chi,** besides being an interrogative pronoun, is the relative pronoun that corresponds to *whoever, he who,* etc. Like *whoever,* **chi** does not refer to any preceding word or expression. **Chi** refers only to persons, must be used with a verb in the third person singular, and is often used in proverb-type expressions:

Pietro non sa chi verrà stasera.
Peter doesn't know who is coming tonight.

Chi la dura la vince!
He who perseveres wins!

esercizio

Completare le frasi con un pronome relativo.

1. Ricorderai domani _____ studi oggi?

2. Il film _____ abbiamo visto ieri sera mi è piaciuto molto.

3. Lei è la ragazza con _____ Giovanni ha ballato tutta la notte?

4. Mangia _____ vuoi!

5. Vuoi sapere il motivo per _____ ti ho chiamato?

6. Il signore _____ abita alla Casa Bianca si chiama . . .

7. _____ non lavora, non mangia!

8. Il letto in _____ dorme il gatto è pieno di peli.

9. Valpolicella è il vino _____ preferiscono.

10. Hai sentito _____ ha detto la guida?

11. Non ha voluto dirci con _____ esce stasera.

12. Prendi solo _____ puoi mangiare.

II. Il passato remoto (The preterite, or past absolute)

The **passato remoto** is a simple past tense that is used primarily in writing but occasionally in speech, depending on the preferences of the speaker. It is used more frequently in the speech of certain regions of Italy, especially in the South.

This simple past indicates a completed action in the past, and its function is thus similar to that of the **passato prossimo.** It stands equally in contrast to the imperfect.

The difference between the **passato remoto** and the **passato prossimo** is indicated by their names: the **remoto** indicates a remoter past, one perceived to have little or no bearing on the present.

The stem for conjugating verbs that are regular in the **passato remoto** is formed by dropping the **-re** from the infinitive of the verb. To this stem (the same as for the imperfect and other tenses) are added the following personal endings:

	singular	plural
1st person	**-i**	**-mmo**
2nd person	**-sti**	**-ste**
3rd person	**-o;-è;-ì***	**-rono**

parlare ⟶ parla-		ripetere ⟶ ripete-	
parla-**i**	parla-**mmo**	ripete-**i**	ripete-**mmo**
parla-**sti**	parla-**ste**	ripete-**sti**	ripete-**ste**
*parl**ò**	parla-**rono**	*ripet**è**	ripete-**rono**

capire ⟶ capi-	
capi-**i**	capi-**mmo**
capi-**sti**	capi-**ste**
*cap**ì**	capi-**rono**

*The third person singular has special forms: **-are** ⟶ **-ò**; **ere** ⟶ **-è**; and **-ire** ⟶ **-ì**.

esercizio

Riscrivere le frasi al passato remoto.

1. Abbiamo comprato quella villa lì.
2. Perché sono arrivati in Italia?
3. Avete ripetuto gli stessi errori.
4. Molti esploratori hanno aperto le porte di nuovi mondi.
5. Chi ha costruito quell'edificio?
6. Siamo partiti insieme.
7. Non ha mai confessato la verità.
8. Ha esalato l'ultimo respiro.
9. Hai capito quel che voleva dire?
10. I soldati sono tornati sani e salvi.

Esercizi, dialoghi, attività

1. Domandare, rispondere, riassumere, sviluppare.

PROFESSORE: Qual è il film di cui si è parlato di più quest'anno?
STUDENTE 1: Il film di cui si è parlato di più quest'anno è . . .
PROFESSORE: Sei d'accordo?
STUDENTE 2: No, non sono d'accordo. Secondo me il film di cui si è parlato di più è . . .
PROFESSORE: Domanda a _____ che pensa lei.
STUDENTE 3: Secondo te, qual è il film di cui si è parlato di più questo anno?

CONTINUAZIONE . . .

Chi è la persona con cui ti sei divertito di più?
Chi è la persona a cui scrivi più spesso?
Qual è il libro che ti piace di più?
Chi è l'attore i cui film preferisci?
Chi è l'autore i cui libri preferisci?
Qual è il problema di cui si parla di più oggi?
Chi è la persona la cui vita personale è discussa di più sui giornali?
Qual è la musica che preferisci?
Qual è la città in cui abitano i tuoi genitori?
Qual è il paese la cui cucina preferisci?
Qual è il paese la cui lingua è la più bella, secondo te?

2. Riscrivere al passato remoto.

La famiglia Baldini è partita dall'Italia nel 1945. Il padre, la madre e i due figli si sono imbarcati a Genova. Il viaggio è durato cinque giorni ed è stato (**fu**) una bella esperienza. Alla fine del viaggio sono arrivati a New York. In poco tempo il padre è riuscito a trovare lavoro e ha installato la sua famiglia in un bell'appartamento. Poi ha trovato una scuola per i figli, i quali in pochi mesi sono diventati bilingui. Anche la madre e il padre hanno imparato a parlare inglese, ma più tardi dei figli.

3. Dare la forma corretta del pronome relativo.

1. Tu sei una persona _____ ho sempre voluto conoscere.

2. Quando eravamo piccoli andavamo sempre a casa degli amici _____ genitori avevano il televisore a colori.

3. È certamente lo spettacolo di _____ si è parlato di più quest'anno.

4. Non ho ancora visto il film di _____ il professore ha parlato oggi.

5. I problemi _____ si discuteranno a quella conferenza sono molto importanti.

4. Rispondere alle domande.

1. Chi inventò la radio?
2. Chi lottò per l'indipendenza dell'America?
3. In quale città lavorò Ben Franklin?
4. Dove si scoprì oro nel Nuovo Mondo?
5. Da dove partì Cristoforo Colombo?
6. Dove capì Napoleone che aveva perduto tutto?

5. Domandare a un altro studente . . .

1. Dove e come s'incontrarono i suoi nonni.
2. Da quale paese emigrarono i suoi antenati.
3. Quando arrivarono negli Stati Uniti i suoi antenati.
4. Chi fondò la sua città e in che anno.
5. Chi portò più gloria alla sua famiglia.

6. Rispondere alle domande.

1. Quali sarebbero i libri che porteresti con te su un'isola deserta?
2. Tu lavori durante l'anno scolastico? Dove? Ti piace?
3. Chi è la persona il cui potere ti piacerebbe avere?
4. Di solito, gli studenti americani che cosa fanno durante l'estate? Dove lavorano?
5. Qual è il film che hai visto più volte?
6. Qual è il libro che hai letto più volte?
7. Ti piace il balletto? Che balletto hai visto?
8. C'è ancora un artigianato americano?
9. Chi è l'autore italiano di cui ha parlato di più il tuo professore?
10. Secondo te, qual è il lavoro più facile del mondo? Il più difficile?
11. Se potessi scegliere liberamente la tua carriera, quale sceglieresti?
12. Qual è la città italiana della quale si parla di più negli Stati Uniti?

7. Trasformare le due frasi in una.

Esempio: È un bel libro. L'autore del libro è ancora sconosciuto.
È un bel libro il cui autore è ancora sconosciuto.

1. Conosci quella ragazza? Suo padre è il rettore dell'università.
2. Voglio leggere quel libro. L'autore ha parlato ieri nel campus.
3. Ho sempre voluto vedere la Primavera di Botticelli. Ne ho viste molte riproduzioni.
4. Gli ho comprato un bellissimo regalo. Gli piacerà molto.
5. Non ti piacerebbe conoscere quel signore? I suoi figli sono tanto simpatici.

8. Dialoghi da sviluppare.

1. Due professori di storia discutono chi scoprì l'America; chi amò Cleopatra.
2. Un genitore e suo figlio o figlia: il genitore dice al figlio quello che deve fare durante la giornata.
3. Un esercito folle: un generale impazzito dà ordini ai suoi soldati.
4. Due amici discutono le loro carriere ideali.
5. Un impresario ricchissimo consiglia a un suo amico giovane e povero come diventare milionario.
6. Due pettegoli discutono uno scandalo.
7. In un ristorante: il cameriere e un gruppo di clienti abituali.

Qual è il paese la cui cucina preferisci?

tornare in italia

(Leonardo Sciascia, *in veste di* ragazzo-narratore, racconta il ritorno della zia al suo paese, in Sicilia. La zia è tornata con la famiglia dall'America.)

in guise of

Già cominciavano le visite. Tutti quelli che avevano parenti a Nuova York venivano a domandare se mia zia li avesse visti, se stavano bene, poi domandavano se c'era qualcosa per loro: mia zia aveva un *elenco* così lungo, cercava il nome nell'elenco e diceva al marito di pagare cinque o dieci dollari. Tutti i paesani di Nuova York mandavano un biglietto da cinque o dieci dollari ai loro parenti. Era come una processione, centinaia di persone salivano le scale di casa nostra. È sempre così nei nostri paesi quando c'è uno che viene dall'America. Mia zia pareva ci si divertisse, ad ogni visitatore offriva una fotografia del parente d'America. Un gruppo familiare *in florida salute* s'*inquadrava* su uno *sfondo* in cui *facevano spicco* simbolici elementi del benessere economico di cui *godeva*. Il tale aveva una «scioppa», quell'altro una buona «giobba»; chi aveva lo «storo», chi lavorava in una «farma»; tutti avevano figli all' «aiscule» o al «collegio», e il «carro», l'«aisebocchese». Con queste parole di cui pochi capivano il significato, ma certo dovevano indicare cose buone, mia zia cantava l'America.

list

in good health
inquadrarsi = to be framed/
background/*fare spicco* =
to stand out
godere = to enjoy

Leonardo Sciascia: *Gli zii d'America*

domande

1. Chi veniva a visitare la zia? Che cosa volevano sapere?
2. Che cosa diceva la zia al marito?
3. Che cosa succedeva nei paesi siciliani, secondo Sciascia, ogni volta che qualcuno arrivava dall'America? Credi che ciò accada ancora oggi?
4. Che cosa vogliono dire le parole tra virgolette? Chi ne capiva il significato e perché? Perché dovevano indicare cose buone?
5. Perché Sciascia dice che sua zia «cantava» l'America?

attività

1. Temi da svolgere.

Il fascino dell'Italia per scrittori inglesi e americani.
Perché vorrei visitare il paese dei miei antenati.
Perché i blue jeans sono diventati così popolari in tutto il mondo? Che cosa simbolizzano?

2. Da dibattere.

L'inglese non basta più: gli Stati Uniti vedranno il trionfo del bilinguismo.
Tutti gli immigranti devono dimenticare la loro lingua d'origine e parlare soltanto quella del paese di adozione.

il lavoro nero

All'estero, chi legge i giornali, crede che l'Italia sia perennemente *sull'orlo* del disastro. Le notizie sull'Italia quasi sempre infatti riguardano crisi di governo, scandali pubblici, scioperi, rapimenti, atti di terrorismo. Ci sono poi le calamità naturali, le *inondazioni* e i *terremoti*, che, quando succedono in Italia, assumerebbero un particolare carattere apocalittico. Le *cifre* ufficiali parlano di elevate percentuali di disoccupazione e di bassi *redditi* economici. Insomma un quadro desolante. È vero tutto questo?

Chi *si reca* in Italia, ne riporta un'impressione di vitalità e benessere. Nei ristoranti ai clienti si servono ottimi cibi. Ci sono negozi in cui si può comprare tutto e dove la gente compra tutto: *elettrodomestici*, vestiti, scarpe, *gioielli*, libri, giocattoli. Dappertutto sono evidenti i segni della prosperità economica e del consumismo generalizzato. Anche l'aspetto della gente rivela, in generale, buona salute e buon umore.

Come si spiega il contrasto tra ciò che dicono i giornali e quello che si vede in Italia? Secondo molti osservatori, questo contrasto è dovuto alla presenza della «economia sommersa» e del «lavoro nero». In Italia, infatti, esistono moltissime attività lavorative che *sfuggono* alle statistiche ufficiali. Pensioni, ristoranti, negozi sono quasi sempre *a gestione* familiare, nei quali cioè lavorano tutti i membri di una famiglia. Non ci sono così *stipendi* da pagare, e nemmeno contributi assicurativi. Le tasse, di conseguenza, sono pagate in proporzione *ridotta*. Molte piccole e medie industrie che impiegano decine di persone funzionano allo stesso modo, con il tacito consenso dei *sindacati*. Si calcola che circa metà del prodotto nazionale *lordo* italiano provenga da *ditte* che non appaiono nei censimenti ufficiali.

Questa enorme massa di lavoro si esprime di solito in prodotti di alta qualità *artigianale*, i quali sono esportati in tutto il mondo. L'artigianato, moribondo altrove, è così in piena ripresa in Italia. Gli Italiani nel passato costruirono cattedrali e palazzi, scolpirono e dipinsero capolavori artistici. Oggi dedicano il loro talento estetico e il loro innato buon gusto a costruire macchine, vestiti, mobili, prodotti plastici e in *pelle* di eccezionale qualità. Questa contemporanea manifestazione del genio italiano è spesso resa possibile dal lavoro nero.

on the brink

inondazione = flood
terremoto = earthquake
cifra = number
reddito = income

recarsi = to go

electrical appliances
gioiello = jewel

sfuggire = to escape

under management
stipendio = salary

reduced

sindacato = union/gross
ditta = company, firm

artisan

leather

L'artiginato è in piena ripresa in Italia.

domande

1. Che cosa si legge circa l'Italia sui giornali americani? Qual è stato l'ultimo avvenimento in Italia che abbia ricevuto l'attenzione dei giornalisti americani?
2. Come si mangia nei ristoranti in Italia? E in altri paesi?
3. Qual è l'aspetto degli Italiani? E degli Americani?
4. Che cosa si crede all'estero circa l'Italia?
5. Secondo i giornali, quale carattere avrebbero le calamità naturali in Italia?
6. Chi lavora soprattutto nei ristoranti e nei negozi in Italia?
7. C'è la piccola e media industria in America? E in Giappone?
8. C'è il lavoro nero in America? E in Russia?
9. Come si esprimeva il genio italiano nel passato? E oggi?
10. Che impressione hanno gli Europei del lavoro in America? È giusta o no?

attività

1. Tema da svolgere.

In una società ideale chi lavora? Chi governa? Come si distribuisce la ricchezza?

2. Da dibattere.

È preferibile un'economia controllata dallo stato invece di una libera.

Vocabolario

Nouns

l'**adozione**, *f.* adoption
antenato ancestor
artigiano artisan
artigianato craftsmanship
avvenimento event, happening
ballerina dancer
balletto ballet
benessere well-being
bilinguismo bilingualism
calamità calamity
calzolaio shoemaker
cattedrale cathedral
censimento census
consenso consent
consumismo consumerism

contrasto contrast
contributo contribution
la crisi crisis
cuoio leather
danno damage
deferenza deference, respect
disastro disaster
ditta company, firm
edificio building
elemento element
esercito army
esperienza experience
l'**esploratore**, *m.* explorer
formalità formality
fisica physics
la gestione management

gioiello jewel
gloria glory
immigrante immigrant
impresario entrepreneur
la lavorazione workmanship
la manifestazione manifestation
il mestiere profession
metà half
il narratore narrator
l'osservatore, m. observer
pelo hair; fur
la percentuale percentage
pettegolo gossip
la proporzione proportion
prosperità prosperity
quadro picture
qualità quality
respiro breath
ripresa resurgence
la riproduzione reproduction
rispetto respect
ritorno return
scandalo scandal
scarpa shoe
statistica statistics
spettacolo show
stipendio salary
svendita sale
tacco heel
talento talent
il televisore T.V. set
terrorismo terrorism
trionfo triumph
virgolette quotation marks
il visitatore visitor
vitalità vitality

Verbs

aggiustare to repair
agitarsi to get upset
apparire (p.p. apparso) to appear
apprezzare to appreciate
assumere (p.p. assunto) to hire
calcolare to calculate
camminare to walk
confessare to confess
costruire (isc) to build
dedicare to dedicate
distribuire (isc) to distribute
emigrare to emigrate
esportare to export

fondare to found
funzionare to function, work
imbarcare to board
impiegare to employ
installare to install
inventare to invent
lottare to struggle
nobilitare to make noble
provenire to come from
rendere (p.p. reso) to make
riparare to repair
riportare to bring back
rivelare to reveal
rompere (rotto) to break
scolpire (isc) to sculpt
simbolizzare to symbolize

Adjectives

abituale usual, habitual
apocalittico apocalyptic
assicurativo insurance
bilingue bilingual
contemporaneo contemporary
controllato controlled
desolante distressing
eccezionale exceptional
estetico aesthetic
folle crazy
generalizzato general,
  widespread
innato innate
lavorativo working
moribondo dying
plastico plastic
ridotto reduced
scadente cheap
scolastico scolastic
simbolico symbolic
sommerso underground
tacito silent, tacit

Others

altrove elsewhere
che, il/la quale, cui who,
  whom, which, that
chi he who
per fortuna luckily
perennemente constantly
poco lontano not far
quel che, quello che, ciò
  che that which
tale such

CAPITOLO 18

Dialogo

Isabella e Teresa sono due turiste genovesi che visitano l'Italia meridionale. Sono ora a Napoli, dove, dopo una faticosa giornata di visite alla città, cercano un albergo per la notte.

ISABELLA: Guarda là: Hotel Miramare. Che te ne pare? Sono stanca morta.

TERESA: Sembra un albergo di lusso. Andiamo a chiedere.

ISABELLA: Buona sera. Ha una camera a due letti?

PORTIERE: Sì, signora. Con bagno o senza?

TERESA: Con bagno e con veduta sul mare, se è possibile.

PORTIERE: Senz'altro, camera N. 22, al secondo piano. *Vogliono favorire un documento di riconoscimento?*

would you please provide identification?

ISABELLA: Ecco il passaporto. Vorremmo sapere quanto costa.

PORTIERE: Certo, subito. Il prezzo della camera è 120 mila lire.

TERESA: Non è troppo alto?

PORTIERE: Questo è un albergo di lusso. Ci dormirono regine, re, cardinali, importanti scrittori, celebri attrici. Nella camera 22 all'inizio del secolo alloggiò il principe Giangiacomo Bellino con la grande soprano Adelaide Vocetta. Ci restarono un mese.

TERESA: E cosa successe?

PORTIERE: Un giorno Giangiacomo tornò improvvisamente da Capri, dov'era andato a trovare sua madre. Salì in camera e trovò la cantante che parlava dolcemente con il portiere. Ci fu una tremenda scenata di gelosia e fu la fine del loro amore. Se ne andarono in fretta e in furia, separatamente e senza pagare il conto.

ISABELLA: E il portiere?

Vorremmo una camera con veduta sul mare.

PORTIERE: Perse il lavoro. Da allora i portieri non salgono più nelle camere dei clienti, per nessun motivo.

TERESA: Che storia triste! Povero portiere. Ma dica, non avrebbe una camera meno famosa e meno costosa?

PORTIERE: Oh sì, la camera N. 44. Ci dormì il rinomato professore . . .

ISABELLA: Lasci perdere. Niente nomi e niente più storie. Quanto costa la N. 44?

PORTIERE: Ecco, costa 80 mila lire.

ISABELLA: È ancora cara ma la prendiamo ugualmente perché è tardi e siamo stanche.

(Poco dopo, suona il telefono in camera.)

PORTIERE: Pronto. C'è qui il mio amico Gennaro. Possiamo venirvi a trovare?

Vogliono favorire un documento di riconoscimento?

domande

1. Perché Isabella e Teresa sono stanche?
2. Che camera vogliono? Quale documento di riconoscimento danno al portiere?
3. Chi abitò all'inizio del secolo nella camera N. 22?
4. Da dove tornò improvvisamente il principe? Cosa faceva la cantante?
5. Che cosa successe al portiere?
6. Quale camera prendono Isabella e Teresa? Com'è il prezzo?
7. Perché telefona il portiere?
8. Sei mai stato in un albergo molto elegante? Descrivilo.

Grammatica

I. Il passato remoto (continuazione)

The verb **essere** has the following irregular forms in the **passato remoto:**

fui	fummo
fosti	foste
fu	furono

Many verbs have irregular forms in the **passato remoto,** but they all follow a certain pattern of irregularity:

1. There are two stems for each irregular verb, one for the **io, lui,** and **loro** forms, the other for the **tu, noi,** and **voi** forms.
2. These two stems must be learned for each verb, but generally the one used for the **tu, noi,** and **voi** forms is the same as the infinitive, minus the infinitive ending. The other is usually unpredictable in form.

3. To these two stems the following endings are added:

	singular	plural
1st person	-i	-mmo
2nd person	-sti	-ste
3rd person	-e	-ero

Note the following examples of such irregular verbs:

avere		sapere	
ebb-i	*ave-mmo	sepp-i	*sape-mmo
*ave-sti	*ave-ste	*sape-sti	*sape-ste
ebb-e	ebb-ero	sepp-e	sepp-ero

dare		conoscere	
died-i	*de-mmo	conobb-i	*conosce-mmo
*de-sti	*de-ste	*conosce-sti	*consosce-ste
died-e	died-ero	conobb-e	conobb-ero

The following is a list of other commonly used verbs that follow this pattern of irregularity. With each infinitive is given the **io** form (which will give you the stem for the **lui** and **loro** forms) and the **tu** form (which will give you the stem for the **noi** and **voi** forms).

bere	io **bevv**-i, tu **beve**-sti
chiedere	io **chies**-i, tu **chiede**-sti
chiudere	io **chius**-i, tu **chiude**-sti
conoscere	io **conobb**-i, tu **conosce**-sti
dare	io **died**-i, tu **de**-sti
dire	io **diss**-i, tu **dice**-sti
fare	io **fec**-i, tu **face**-sti
leggere	io **less**-i, tu **legge**-sti
mettere	io **mis**-i, tu **mette**-sti
nascere	io **nacqu**-i, tu **nasce**-sti
piacere	io **piacqu**-i, tu **piace**-sti
prendere	io **pres**-i, tu **prende**-sti
ricevere	io **ricevett**-i, tu **riceve**-sti
ridere	io **ris**-i, tu **ride**-sti
rimanere	io **rimas**-i, tu **rimane**-sti
rispondere	io **rispos**-i, tu **risponde**-sti
sapere	io **sepp**-i, tu **sape**-sti
scegliere	io **scels**-i, tu **sceglie**-sti
scendere	io **sces**-i, tu **scende**-sti
scrivere	io **scriss**-i, tu **scrive**-sti
spendere	io **spes**-i, tu **spende**-sti
stare	io **stett**-i, tu **ste**-sti
tenere	io **tenn**-i, tu **tene**-sti
vedere	io **vid**-i, tu **vede**-sti
venire	io **venn**-i, tu **veni**-sti
vivere	io **viss**-i, tu **vive**-sti
volere	io **voll**-i, tu **vole**-sti

esercizio

Dare la forma corretta del verbo al passato remoto per ogni soggetto.

1. (volere) io/voi/loro
2. (conoscere) il portiere/io/tu
3. (essere) lo stato/gli Americani/noi
4. (avere) il principe/Isabella e Caterina
5. (dire) il professore/io/noi
6. (leggere) io/gli studenti
7. (nascere) io/gli Italiani/voi/Dante
8. (ridere) le ragazze/noi/tu/io
9. (scrivere) l'autore/gli studenti/voi
10. (vedere) Cesare/i romani/io

II. *Lasciare* **seguito da un infinito**
(*Lasciare*, ''to let, allow, permit,''
followed by an infinitive)

1. **Lasciare,** *to let, allow, permit,* is followed directly by an infinitive. The object of **lasciare** (which is the person or thing being allowed to do something) follows the infinitive if it is a noun but precedes **lasciare** if it is a pronoun:

Lascio uscire il mio cane ogni mattina.
I let my dog go out every morning.

Lo lascio uscire ogni mattina.
I let him go out every morning.

If **lasciare** is in the infinitive, or in the **tu, noi,** or **voi** forms of the imperative, the pronoun will be attached to it, as pronouns normally are:

Perché vuoi lasciarlo uscire?
Why do you want to let him go out?

Lascialo uscire, ti prego!
Let him go out, please!

Lasciamolo stare!
Let's leave him (in peace)!

2. If the infinitive governed by **lasciare** also has an object (*let him eat the bread*), then the object of **lasciare** becomes indirect, while the object of the infinitive is direct:

Lo lascia mangiare.   Gli lascia mangiare il pane.

Perché non ci lasciate vedere le foto?

3. If the dependent infinitive is a reflexive verb, its pronoun is not expressed:

Sta male e sua madre non la lascia alzare.
*She is sick and her mother doesn't let her get up **(alzarsi).***

4. **Lasciare** may also be followed by **che** + *subjunctive:*

Perché non li lasciate telefonare?   Perché non lasciate che telefonino?
(*Why don't you let them phone?*)

esercizio   Rispondere alle domande.

1. Che cosa lasci fare al tuo compagno di stanza?
2. Quando eri piccolo, che cosa non ti lasciava fare tua madre?
3. Se avessi un gatto, lo lasceresti andar fuori?
4. I tuoi genitori lasciavano che tu andassi fuori ogni sera quando avevi dieci anni?
5. Che cosa ti piacerebbe lasciar perdere?
6. Lasceresti un tuo figlio vedere film pieni di violenza?
7. I mariti dovrebbero lasciar fare alle loro mogli quello che vogliono?

Esercizi, dialoghi, attività

1. Domandare, rispondere, riassumere, sviluppare.

PROFESSORE: Che cosa dipinse Leonardo?
STUDENTE 1:   Leonardo dipinse «L'ultima cena».
PROFESSORE: Domanda a _____ dove Leonardo dipinse «L'ultima cena».
STUDENTE 2:   Dove . . .
CONTINUAZIONE . . .
               Che cosa dipinse Michelangelo?
               Che cosa scolpì Michelangelo?
               Chi conobbe Cleopatra/Elena di Troia/Cesare?
               Che cosa scrisse Shakespeare/Chaucer/Dante/Boccaccio/ Petrarca?
               Dove visse Washington/Cesare/Lincoln/Enrico VIII?
               Che cosa scoprì Colombo/Marconi/Einstein?
               Chi furono i primi emigranti in America?

2. Domandare a un altro studente . . .

1. dove nacque suo padre.
2. chi scrisse il suo libro preferito.
3. dove vissero i suoi antenati.
4. se ha antenati che rimasero in Europa.
5. che cosa non gli lasciavano fare i suoi genitori quando era giovane.
6. che cosa non gli lasciano fare ancora.
7. quando vide una grande città per la prima volta.
8. quando imparò a nuotare.

3. Rispondere alle domande.

1. Dove nacque il primo presidente americano?
2. Che cosa festeggiò Wellington? E Napoleone?
3. Dove imparò Marco Polo a cucinare gli spaghetti?
4. Cosa disse Cesare quando arrivò in Inghilterra?
5. Come morì Cesare? Quali furono le sue ultime parole?
6. Che cosa fu il «Boston Tea Party»?
7. Chi ricevette il primo premio Nobel? In quale anno?
8. Chi scrisse la «Divina Commedia»? Quando e dove?

4. Volgere il brano al passato remoto.

Il famoso bandito Emiliano si è sposato nel 1922. È stato un bel matrimonio: lui e la sua ragazza si sono sposati in una piccola cappella in montagna. Sono andati in Messico per la loro luna di miele. Hanno fatto un bel viaggio: hanno preso una nave e hanno visto tanti bei posti. Quando sono tornati in Italia, un suo zio ha dato una festa in loro onore. Si sono divertiti tanto! Emiliano ha promesso alla moglie di abbandonare il suo vecchio mestiere. Così ha scritto un libro sulle sue avventure . . . ed è diventato miliardario!

5. Rispondere alle domande (temi da svolgere).

1. Perché hai scelto di studiare l'italiano invece di un'altra lingua?
2. Descrivi la giornata più bella della tua gioventù.
3. Secondo te, qual è il sistema educativo ideale?
4. Chi è la persona più ricca che tu abbia mai conosciuto?
5. Che cosa è l'infedeltà? Che cosa è il vero amore?
6. Che cosa è l'avarizia?
7. Quale dovrebbe essere il ruolo del denaro in un'amicizia?
8. Qual è la storia della tua città?
9. Qual è la storia dei tuoi antenati?
10. Descrivere quel che lasceresti e quel che non lasceresti fare ai tuoi figli, soprattutto in confronto con quel che ti hanno lasciato fare (e quel che non ti hanno lasciato fare) i tuoi genitori.

6. Dialoghi da sviluppare.

1. Confronto tra una madre e una figlia: la madre non vuole lasciarla uscire con un certo ragazzo.
2. Due anziani che abitano coi loro animali discutono le cose diverse che lasciano e non lasciano fare alle loro bestie.
3. Un fantasma racconta a un viaggiatore perché stregò l'albergo.
4. Un immigrante recente è invitato dal suo compagno di «college» (che è di vecchia famiglia americana) a fare la conoscenza dei propri genitori.
5. Una ragazza fidanzata con un giovane attualmente all'estero parla con un altro giovane che vuole accompagnarla al cinema.
6. Un figlio di immigranti italiani riceve un'improvvisa visita nella casa dei suoi genitori da una ricca compagna di scuola.

Molta architettura monumentale negli Stati Uniti è d'impronta palladiana.

Lettura

gli italo-americani:
una nuova cultura, una nuova lingua

La presenza italiana in America si è sempre fatta sentire in maniera
considerevole. Cristoforo Colombo scoprì l'America, Amerigo Vespucci
le diede il nome, Giovanni da Verrazzano la esplorò. La «Dichiarazione
d'indipendenza americana» del 1776 riflette chiaramente alcuni
principi del Rinascimento italiano. Molta architettura monumentale,
che si può ammirare negli Stati Uniti, è *d'impronta palladiana;* basta   of Palladian imprint
ricordare Monticello.

In ogni epoca raggiunsero l'America, isolatamente e per motivi
diversi, geniali avventurieri, patrioti, esiliati politici, letterati, artisti,
scienziati. La più determinante presenza italiana in America è tuttavia
costituita dalla popolazione italo-americana che *ammonta* oggi a circa   *ammontare* = to amount to
quindici milioni di persone.

Chi sono? Sono i discendenti degli Italiani che in gran numero emigrarono in America tra la fine del secolo scorso e l'inizio di questo. Gli emigranti italiani cercavano lavoro e migliori condizioni di vita, e ben presto misero *radici* nel nuovo paese. Si sposarono, ebbero figli, divennero cittadini americani. Fecero propri molti costumi del paese d'adozione e ne impararono la lingua, senza però dimenticare le abitudini e gli idiomi delle regioni d'origine.

radice, f. = root

Gli Italo-americani sono ora, in America, il più numeroso gruppo etnico europeo, dopo quello anglo-sassone. Hanno una propria cultura e anche una propria lingua, formata da parole ed espressioni che sono un incrocio tra l'inglese e l'italiano. Gli Italo-americani si distinguono per il loro *attaccamento* alla famiglia, per l'importanza che danno all'istruzione dei figli, e anche per la loro saporita cucina. *Essi* occupano ormai posti di prominenza in ogni campo della vita americana. È vicino il giorno in cui l'America avrà un presidente italo-americano?

attachment

they (*m. pl.*)

domande

1. Chi furono Vespucci e Verrazzano?
2. Dove sono riflessi alcuni principi del Rinascimento italiano?
3. Sei mai stato a Monticello? Chi lo costruì?
4. Che cosa rappresentò l'America per gli immigranti italiani?
5. Che cosa rappresenta per gli immigranti che arrivano oggi?
6. Conosci qualche parola italo-americana?

Hanno una propria cultura e anche una propria lingua.

1. Tema da svolgere.

La mia discendenza e il trapianto della mia famiglia in America.

2. Da dibattere.

La mafia ha distrutto la reputazione degli Italiani in America.

prosperità e amore

Avevo concluso i miei studi e guadagnato la mia laurea, non so bene in che cosa, dato che non mi è mai servita a nulla. Ho trovato poi un lavoro. Pensavo di prendere in moglie la figlia di un commerciante di acqua gassata, una rossa di capelli che prometteva bene, ma una bella sera ho incontrato per strada la professoressa Ponticelli, che si ricordava di me e voleva sapere quel che facevo.

«Signora,» le ho detto, «ho finito gli studi e ora lavoro al *catasto*.» *property tax office*
«Ti trovi bene?»

«Così così», ho risposto.

Lei mi dava del tu, come si conviene a una professoressa, io del Lei, come si conviene a uno scolaro. Ma ormai eravamo due persone grandi, io venticinque, lei trenta e rotti (più i rotti che i trenta, per la verità!). La gente ci guardava, e forse eravamo una bella coppia.

«Ti sei sposato?» ha chiesto.

«No, signora.»

Io mi vergognavo. «Volevano farmi sposare quella rossa figlia del   *acqua gassata* = bubbling
padrone delle *gazzose*, ma non mi piace.»   water

«Non hai in mente nulla?»

«In che senso?»

«Di sposarti.»

Io mi sono *fatto forza e ho buttato là.*   *I took courage and let the cat
*   *out of the bag*
«Ecco, una cosa in mente ce l'ho sempre avuta.»

Mi risponde così:

«Lo so che cosa hai in mente, da sempre.»

Sono arrossito.

«Dai, dai, che siamo grandi. Mi accorgevo di come mi guardavi, lo sai?»

«Lo sapeva?»

«Basta, caro mio, dammi del tu, e se vuoi ci sposiamo.»

In questo modo io adesso sono il secondo marito della vedova Ponticelli, unico amore della mia vita. L'eroe morto in guerra non ha lasciato alcun figlio. Noi ne abbiamo due. Ogni domenica andiamo a portare i fiori sotto il *cenotafio* (si dice così) del caduto per la Patria.   *cenotaph, tomb*
Era un gran bell'uomo. Al *primogenito* abbiamo messo il nome di lui.   *first-born*

Poveretto; se dal cielo mi vede sarà contento. Mia moglie è più grande
di me, e mi fa un poco da mamma. Ma quando facciamo l'amore esige
che si parli in inglese:
«Do you like it honey?»
«Yes, I love it.» Poi ci si addormenta.

Adattamento del racconto «Il solo amore» di *Luciano Bianciardi*

domande

1. Perché il protagonista non ha sposato la figlia del commerciante?
2. Di chi era segretamente innamorato?
3. Spiegare in italiano che cosa vuol dire «trenta e rotti.»
4. Perché si vergognava il protagonista?
5. Il matrimonio riesce bene?
6. Che cosa pensa il protagonista del marito morto?
7. Perché quando fanno l'amore lei esige che si parli in inglese?
8. A che cosa sono più adatte le varie lingue?

Bottiglia di acqua
minerale gassata.

attività

1. Tema da svolgere.

Relazioni tra docenti e studenti.

2. Da dibattere.

Il matrimonio ideale è tra un uomo e una donna più anziana di lui.

Vocabolario

Nouns

l'abitudine, *f.* habit
anziano old person
attaccamento attachment
avarizia avarice
avventura adventure
l'avventuriere, *m.* adventurer
barca boat
il/la cantante singer
il/la commerciante shopowner
compagno di stanza roommate

il/la discendente descendant
discendenza descent
il/la docente teacher
l'eroe, m. hero
il fantasma ghost
furia fury
gelosia jealousy
l'idioma, m. language
l'infedeltà, *f.* infidelity
laurea degree (university)
luna di miele honeymoon
la nave ship

l'onore, m.   honor
passaporto   passport
il/la patriota   patriot
il portiere   doorman
prezzo   price
il principe   prince
principio   principle
prominenza   prominence
scenata   scene
scolaro   student
il/la (i/le) soprano   soprano
trapianto   resettling
veduta   view
il viaggiatore   traveler

Verbs

abbandonare   to abandon
alloggiare   to lodge
ammirare   to admire
ammontare   to amount to
arrossire   to blush
esigere   to demand, require
esplorare   to explore
riflettere (p.p. riflesso)   to reflect
stregare   to haunt

Adjectives

anglo-sassone   Anglo-Saxon
considerevole   considerable
costoso   expensive
determinante   determining
educativo   educational
esiliato   exiled
etnico   ethnic
faticoso   tiring
gassata   bubbling
geniale   bright, clever
genovese   Genoese
improvviso   sudden
rinomato   renowned
saporito   savoury, full of flavor
tremendo   awful

Others

ad esempio   for example
attualmente   presently
chiaramente   clearly
dai   come on!
improvvisamente   suddenly
isolatamente   separately
ormai   by now, by then
separatamente   separately
ugualmente   equally, still, all the same

CAPITOLO 19

Dialogo

*Rosario guida lentamente la sua Alfa Romeo **decappottabile**. Vede Lucia*   convertible
che pedala su una bicicletta verde.

ROSARIO: Ti piacerebbe andare un po' più velocemente? Vieni in mac-
           china con me.

LUCIA: E la bicicletta? Che ne faccio?

ROSARIO: La mettiamo nel portabagagli. La leghiamo alla *ruota di scorta*.   spare tire
           Su, andiamo; ti faccio fare una bella nuotatina.

LUCIA: Ma la macchina si graffierebbe.

ROSARIO: Non preoccuparti. Per te, vale la pena.

LUCIA: Ma sono già fidanzata. Ci sarebbe una terribile scenata se Renzo
       ci vedesse.

ROSARIO: Se si avvicina, gli faccio fare una corsa. Quel *fannullone!*   good-for-nothing

LUCIA: Ma sono senza costume da bagno.

ROSARIO: Ti farò fare il bagno in una spiaggia privata.

LUCIA: Non so . . . Vorrei e non vorrei.

ROSARIO: Andiamo, gioia. Non te ne pentirai.

LUCIA: Mi fa pietà Renzo. L'infedeltà *verrà* punita.   will be

ROSARIO: Andiamo, andiamo. (Le tende la mano.)

LUCIA: (Gli dà la mano.) Andiamo, andiamo.

domande

1. Che fa Rosario? E Lucia?
2. Cosa vuol far fare Rosario a Lucia?
3. Perché è preoccupata Lucia?
4. Chi è Renzo? È geloso? E tu sei geloso?
5. Lucia vuole o non vuole?
6. È vero che l'infedeltà viene sempre punita?
7. Chi ti fa pietà?
8. In una situazione simile, ti comporteresti come Lucia?
9. Ti sei mai pentito per quello che hai fatto? Perché o perché no?
10. Hai mai fatto una terribile scenata? In quali circostanze?

E la bicicletta? Che ne
faccio?

Ma sono senza costume
da bagno!

Grammatica

I. *Fare* seguito da un infinito (*Fare* followed by an infinitive)

Fare + *infinitive* is used to express the idea of having someone do something or having something done. Some simple rules, very similar to those you learned for **lasciare** + *infinitive*, govern its usage:

1. **Fare** is followed directly by the infinitive. The object of **fare** (the person or thing being made to do something) or of the infinitive (the thing being done) will follow the infinitive if it is a noun and precede **fare** if it is a pronoun.

Fa scrivere lo studente.
He has the student write.

Lo fa scrivere.
He has him write.

If **fare** is in the infinitive or in the **tu, noi,** or **voi** forms of the imperative, the pronoun will be attached to it, as pronouns normally are:

Fa pulire il vestito.
Have the dress cleaned.

Fallo pulire.
Have it cleaned.

Facciamola ridere.
Let's make her laugh.

Le faccio fare una bella nuotatina.
I'll have you take a nice swim.

Facciamoli ridere.

2. If there are two objects present in the same sentence, the object of **fare** (the person being made to do something) is indirect and is introduced by **a**. The object of the infinitive is the direct object.

Il professore fa scrivere il compito a Marco.
The professor makes Marco write the assignment.

Glielo fa scrivere.
He makes him write it.

If the use of **a** to indicate the indirect object causes ambiguity, **da** may be used instead:

Fa mandare la cartolina a Maria.
He has Maria send the card or He has the card sent to Maria.

Fa mandare la cartolina da Maria.
He has Maria send the card.

3. **Farsi** + *infinitive* + **da** is used when the subject of the verb is also the recipient of the action.

Mi farò accompagnare da Pietro.
I will have Pietro accompany me.

Si fa lavare la macchina da Renzo.
He's having Renzo wash his car.

Mi faccio tagliare i capelli dal parrucchiere.
I have my hair cut by the hairdresser.

4. If the dependent infinitive is a reflexive verb, its pronoun is not expressed.

Faremo alzare i bambini alle otto.
We'll have the kids get up at 8 o'clock (**alzarsi**).

Fallo accomodare nel soggiorno.
Have him make himself at home in the living room (**accomodarsi**).

esercizio

Rispondere alle domande.

1. Da chi ti fai lavare i capelli?
2. A chi fai preparare la cena?
3. Che cosa ti fa fare il professore in classe?
4. Quando ti fai vedere dal medico?
5. Che cosa ti faceva fare tua madre quando eri piccolo?
6. Che cosa farai fare ai tuoi figli?
7. Da chi ti faresti accompagnare a casa?
8. Che cosa vorresti far fare al professore?

II. L'infinito (The infinitive)

There is both a present and past infinitive. The past infinitive is composed of **avere** or **essere** in the infinitive, plus the past participle of the verb:

essere	**essere stato**	avere	**avere avuto**
parlare	**avere parlato**	venire	**essere venuto**

As you will have noticed, the present infinitive can be used to give commands of a general nature that are not addressed to a specific person:

Scrivere le seguenti frasi al plurale.
Write the following sentences in the plural.

Rallentare.
Slow down.

Tirare.
Pull.

Mescolare le uova e lo zucchero.
Mix the eggs and the sugar.

Both present and past infinitives can be used as either the subject or object of another verb.

(Lo) sciare è piacevole.
Skiing is fun.

A Rosario piace ballare.
Rosario likes to dance.

L'aver* bevuto troppo vino gli ha fatto male.
Having drunk too much wine has made him feel poorly.

Vogliamo restare soli.
We want to be alone.

Mi dispiace di averti fatto male.
I'm sorry to have hurt you.

Avremmo preferito non esserci alzati così presto.
We would have preferred not to get up so early.

The present and past infinitive can also be used as the object of a preposition. Note that some prepositions (**con, in, da,** and **fino a**) require that the article precede the infinitive:

Cominciamo con il leggere.
Let's begin with reading.

Uscirete dopo aver fatto il compito.
You will go out when you have done the assignment.

Ha letto la lettera senza dire nulla.
He read the letter without saying anything.

* Note the stylistic omission of the final **-e** of the infinitive.

Direct and indirect object pronouns (with the exception of **loro**, of course) are attached to the auxiliary of the past infinitive:

Ho riattaccato il telefono subito dopo averglielo detto.
I hung up immediately after having said it to him.

Credo di essermi sbagliato.
I believe I have made a mistake.

esercizio

Completare le frasi con un verbo all'infinito.

Esempio: . . . fa bene al corpo.
Correre *fa bene al corpo.*

1. Mi piace molto _____.

2. Nelle grandi città è spesso pericoloso _____.

3. _____ è sempre divertente.

4. Preferirei _____ questa settimana.

5. Dopo _____ saremo liberi.

6. Mi è dispiaciuto _____.

7. Comincio ogni giorno con _____ e lo finisco con _____.

III. Il gerundio (The gerund)

The gerund (sometimes called a verbal noun) is formed by dropping the infinitive ending of the verb and adding **-ando** for **-are** verbs and **-endo** for all others. The past gerund is composed of **avere** or **essere** in the gerund, plus the past participle of the verb.

essere	**essendo**	**essendo stato**
avere	**avendo**	**avendo avuto**
mangiare	**mangiando**	**avendo mangiato**
ripetere	**ripetendo**	**avendo ripetuto**
dormire	**dormendo**	**avendo dormito**

Note that verbs with irregular stems in the imperfect use those same stems to form the gerund:

fare	**facendo**
dire	**dicendo**
tradurre	**traducendo**

The gerund is used far less frequently in Italian than it is in English. Note, for example, how many of the uses of the infinitive in the previous pages were translated into English with a gerund.

The gerund is used only to replace a subordinate clause that indicates circumstances which precede or accompany the main action of the verb, and only when the subject of the gerund is the same as the subject of the main clause.

Cadendo, mi sono fatta male.
I hurt myself falling.

Mi ha dato la chiave uscendo di casa.
He gave me the key (as he was) leaving the house.

Ci andrò correndo.
I'll go there running.

Arrivando in tempo, vedremo lo spettacolo.
If we arrive on time we'll see the show.

Avendo lavorato bene, ero contenta.
Having worked well (since I had worked well) I was happy.

esercizio

Riscrivere le frasi usando il gerundio.

1. Chiacchieravamo, mentre camminavamo.
2. Se andremo in aereo, arriveremo in poco tempo.
3. Dato che l'ha ripetuto cento volte, l'ha imparato.
4. Se partono all'una, arriveranno alle quattro.
5. Mentre parlava, agitava le mani.
6. Li abbiamo incontrati, mentre attraversavamo la strada.
7. Mentre andavano al mare, hanno visto Renzo.
8. Dato che era stata infedele, Lucia si è pentita.

IV. Il participio presente e passato (Present and past participles)

1. The present participle is formed by dropping the infinitive ending from the infinitive and adding **-ante** for **-are** verbs and **-ente** for all others. As with the gerund, verbs with irregular stems in the imperfect also have irregular stems for the present participle.

In Italian, the present participle does not function as a verb, but as an **-e** ending noun or an adjective of two endings:

il Grillo parlante	*"the talking" Jiminy Crickett*
i conducenti di autobus	*bus drivers*
l'acqua corrente	*running water*
una ragazza seducente	*a fascinating girl*
un passante	*a passer-by*
gli immigranti	*immigrants*

2. You have already learned how to form past participles. Besides being used to form compound tenses, the past participle may also function as a noun and as an adjective. You have encountered many of these already and may not have been aware that they were participles.

i feriti	the wounded
gli innamorati	people in love
il passato	the past
una macchina pulita	a clean car
i libri illustrati	illustrated books
i sequestrati	hostages

The past participle may also be used, like the gerund, to replace a temporal or causal clause for the sake of conciseness:

Avendo finito il libro, me l'ha dato. Finito il libro, me l'ha dato.

When used in this way the participle must agree with the subject, if it is an intransitive verb, or if it is a transitive verb, with the direct object, which always follows it.

Occupata la città e distruttala, i nemici sono partiti.
Having occupied the city and destroyed it, the enemy left.

Accompagnati i bambini a casa, e fatta la spesa, lo zio va al bar a trovare gli amici.
Having taken the children home and having done the shopping, our uncle goes to the bar to meet his friends.

Arrivati i Rossi, abbiamo mangiato.
The Rossis having arrived, we ate.

Esercizi, dialoghi, attività

1. Domandare, rispondere, riassumere, sviluppare.

PROFESSORE: Quando ti fai vedere dal medico?
STUDENTE 1: Mi faccio vedere dal medico quando mi sento male.
PROFESSORE: Quando si fa vedere dal medico?
STUDENTE 2: Si fa vedere dal medico quando si sente male.
PROFESSORE: Domanda a _____ se si fa vedere dal medico spesso.
CONTINUAZIONE . . .
Quando ti fai vedere dal dentista?
A chi fai pulire la casa?
A chi il professore fa leggere ad alta voce?
Da chi ti faresti accompagnare a casa volentieri?
Che cosa ti facevano sempre fare i tuoi genitori?
Che cosa ti faceva mangiare tua madre che non ti piaceva?
Da chi ti fai tagliare i capelli?

2. Formulare frasi nuove usando **fare** + *infinito*.

Esempio: La nonna pulisce la stanza.
La nonna fa pulire la stanza.
La fa pulire alla cameriera.
Gliela fa pulire.

1. Il professore ripete la parola.
2. Pietro ride.
3. Il ragazzo mangia.
4. Rosario fa un bagno.
5. La mamma si lava i capelli.
6. Mandano un libro.

3. Riformulare le due frasi in una, usando il gerundio.

1. Sono uscita di casa. Ho corso perché ero già in ritardo.
2. Ho dato il compito al professore. Gli ho spiegato perché non l'avevo finito prima.
3. Ci siamo incontrati alla stazione. Cercavamo altri amici.
4. Abbiamo ascoltato quell'opera per la prima volta. Abbiamo deciso che ci piace l'opera.
5. Ho cercato quella libreria. Ho trovato quest'altra.

4. Riscrivere le frasi cambiando il gerundio passato in un participio passato.

1. Avendo bevuto tutta la bottiglia di vino, ne abbiamo ordinata un'altra.
2. Avendo finito l'esame, gli studenti sono andati a festeggiare la fine del semestre.
3. Avendo visto Roma, abbiamo continuato il viaggio e siamo andati a Firenze.
4. Essendo arrivata a Londra, Mary Poppins ha cercato un bel domicilio.
5. Avendo scoperto il nuovo mondo, Colombo non aveva più molto da fare.

5. Domandare a un altro studente . . .

1. chi gli ha fatto capire la realtà della vita.
2. che cosa non gli lasciava mangiare sua madre quando era piccolo.
3. che cosa gli faceva mangiare che non gli piaceva.
4. se potesse, quale attore o attrice farebbe recitare in un film sulla sua vita.
5. se lascerebbe sposare una figlia sua all'età di 16 anni.
6. se lascia dormire nel suo letto i suoi gatti o cani.
7. che cosa gli fanno fare i suoi genitori che assolutamente non gli piace.
8. che cosa vorrebbe far fare al suo professore.
9. che cosa non lascerà fare ai suoi figli.
10. da chi si farebbe fare i vestiti se avesse molti soldi.

Una volta i ricchi avevano paura della rivoluzione.

6. Completare le frasi seguenti.

1. Il mangiare in Italia . . .
2. Dopo aver studiato tutta la notte . . .
3. Arrivati a Los Angeles gli stranieri . . .
4. Essendo malato . . .
5. Dopo aver detto la verità al re . . .
6. Avendo sbagliato . . .
7. Il fumare . . .
8. Essendo chiusi tutti i musei . . .
9. Volendo . . .
10. Avendo studiato la grammatica . . .

7. A. Dare il participio presente di ogni verbo e formare una frase usandolo come nome o aggettivo.

allucinare	emigrare	volare
convincere	amare	conoscere

B. Dare il participio passato di ogni verbo e formare una frase usandolo come nome.

carcerare	spendere	ferire
innamorare	produrre	espatriare

8. Temi da svolgere.

1. Che cosa ti piace regalare a Natale?
2. Negli Stati Uniti che cosa si mangia a Natale? E in altri paesi?
3. Perché il bere insieme con amici è una tradizione popolare in tante società? Lo è nella tua?
4. Che cosa ci sarebbe da comprare in un tuo negozio?
5. Quali sono i vantaggi del camminare e dell'andare in macchina? Dell'avere una macchina o del prendere il treno o altri mezzi di trasporto pubblico?

9. Racconti da immaginare e scrivere o raccontare alla classe.

1. Il mio primo Natale in Cina . . .
2. Come abbiamo festeggiato «Thanksgiving» in (nominare un paese) . . .
3. Io sono nato a (nome di una grande città) ma adesso abito a (nome di un piccolo paese) . . .
4. Io sono una persona ricchissima ma ho scelto di vivere come un povero . . .

10. Dialoghi da sviluppare.

1. Due amici discutono il problema di trovare, comprare e mandare regali per la famiglia e gli amici in un altro paese.
2. Due amici, uno americano, l'altro italiano, spiegano i differenti modi di festeggiare i compleanni nelle loro culture.
3. Un ricco e un povero paragonano i loro differenti stili di vita.

Lettura

ricchi e poveri

In Italia, come nel resto del mondo, ci sono ricchi e poveri. I ricchi e i poveri italiani hanno caratteristiche nazionali. Ai ricchi italiani piace frequentare posti esclusivi, dove tutto è molto caro. Cortina d'Ampezzo, Portofino, Capri, la Costa Smeralda in Sardegna, sono i luoghi dove loro amano *villeggiare*, lontano dalle masse. Essendo l'Italia piccola, di solito i ricchi si conoscono tra loro e organizzano feste alle quali invitano altri ricchi. Quando viaggiano, usano soprattutto l'aereo. Una volta, i ricchi in Italia avevano paura della rivoluzione, ma la rivoluzione è passata di moda e adesso non ne parlano più nemmeno gli intellettuali. I ricchi italiani non hanno fiducia nei poveri, considerandoli sovversivi.

to vacation

Di solito i ricchi si conoscono tra loro e organizzano feste alle quali invitano altri ricchi.

I poveri in Italia viaggiano poco. Di solito rimangono nei loro paesi o nelle loro città che possono essere di incantevole bellezza o di grande squallore. Il povero non si accorge delle caratteristiche del suo luogo di residenza, occupato com'è a risolvere i suoi problemi. Nemmeno i poveri credono più alla rivoluzione in Italia. I ricchi in Italia saltano spesso il pasto per ragioni di dieta. I poveri invece non si preoccupano della dieta e mangiano quasi sempre pastasciutta. I ricchi italiani probabilmente *si danno* più *arie* dei ricchi degli altri paesi. I poveri italiani probabilmente sono meno poveri di quelli di altri paesi.

darse arie = to put on airs, be arrogant

domande

1. Che cosa piace ai ricchi italiani? E ai ricchi americani?
2. Come viaggiano i ricchi in Italia? Come viaggiavano i ricchi cento anni fa?
3. I ricchi italiani hanno ancora paura della rivoluzione? E quelli di altri posti?
4. I ricchi hanno fiducia nei poveri? E i poveri nei ricchi?
5. Il povero, in generale, di che cosa si accorge e di che cosa non si accorge?
6. I poveri si preoccupano della dieta?
7. È giusto che i ricchi si diano delle arie?
8. Avendo molto denaro, quali posti ti piacerebbe frequentare? E avendo pochi soldi?

Arrivarono intere famiglie.

attività

1. Tema da svolgere.

Se io fossi la persona più ricca del mondo . . .

2. Da dibattere.

Una società in cui ci sono ricchi e poveri è preferibile a una in cui tutti sono uguali.

lavorare al nord

Un cospicuo fenomeno italiano del *dopoguerra* è l'emigrazione   postwar period
interna. Negli anni cinquanta e sessanta un grande numero di persone
si trasferì dall'Italia del Sud all'Italia del Nord, in cerca di lavoro.
Questa emigrazione rimpiazzò quella dell'inizio del secolo, verso le
Americhe, e quella che ebbe luogo subito dopo la II guerra mondiale
verso la Germania, la Svizzera, la Francia, l'Australia.

L'emigrazione italiana è una conseguenza del «problema del Mezzogiorno», cioè del *divario* economico tra il Sud e il Nord d'Italia. Mentre nell'Italia *settentrionale* si erano sviluppate le industrie e i commerci, l'Italia *meridionale* era rimasta *legata* a una economia statica, di carattere agricolo. Non avendo speranze di un futuro migliore per sé e per i propri figli nei loro luoghi d'origine, centinaia di migliaia di meridionali hanno preso la via del Nord. A Milano, a Torino, a Genova arrivarono intere famiglie chiamate da parenti o amici, trovando lavoro nelle fabbriche, nei *cantieri edilizi*, negli alberghi, nei ristoranti, nei negozi, negli uffici. Al Nord c'era lavoro per tutti e per tutti c'erano facili *guadagni*. Pochi tornarono nelle regioni d'origine. I più preferirono stabilirsi nei luoghi d'adozione dove i loro figli già andavano a scuola.

gap

northern

southern/*legare* = to tie

construction sites

earnings, wages

L'emigrazione interna si è attenuata negli anni settanta con l'aumento del tenore di vita nel Sud. La scuola, la radio, la televisione, i giornali, i telefoni, le autostrade hanno unificato l'Italia socialmente e culturalmente. *Frattanto*, negli ultimi anni, un'altra emigrazione sta avendo luogo, cioè l'emigrazione in Italia di cittadini di paesi del terzo mondo.

meanwhile

domande

1. Quando avvenne l'emigrazione interna in Italia?
2. Cos'è il «problema del Mezzogiorno»?
3. Conoscete altri paesi in cui c'è differenza tra il Sud e il Nord?
4. In quali città dell'Italia del Nord c'era offerta di lavoro?
5. La gente del Meridione va ancora a lavorare nel Settentrione?
6. Soprattutto da quali paesi provengono gli stranieri che cercano lavoro in Italia?
7. In quali altri paesi c'è immigrazione di cittadini di paesi del terzo mondo? È questo un problema?
8. I «mass media» come possono unificare un paese?
9. Ti piacerebbe vivere in una società in cui non c'è televisione?
10. Di quale «medium» ti servi per tenerti al corrente?

attività

1. Temi da svolgere.

Il Nord è sempre più ricco del Sud?
Difficoltà da superare per un immigrante.

2. Da dibattere.

La mobilità geografica e sociale è necessaria al progresso.
È molto bello vivere in un paese sottosviluppato.

Vocabolario

Nouns

autostrada highway
bellezza beauty
circostanza circumstance
il conducente driver
il costume da bagno bathing suit
domicilio residence
fenomeno phenomenon
fiducia trust, confidence
gioia joy
grillo cricket
massa mass
il medium medium
Mezzogiorno southern Italy
la mobilità mobility
nuotatina swim (little)
il parrucchiere hairdresser
il/la passante passer-by
pastasciutta pasta
pena pity, sorrow
la pietà pity, sorrow
il/i portabagagli trunk
soggiorno living room
spiaggia beach
squallore squalor
il tenore standard

Verbs

adoperare to adopt, use
agitare to shake
attenuarsi to diminish
attraversare to cross
avvicinarsi to come close
chiacchierare to chat
comportarsi to behave
consegnare to hand in
correre to run
darsi arie to put on airs
graffiare to scratch
legare to tie

pedalare to pedal
pentirsi to be sorry
preoccuparsi to be worried
punire to punish
ridere (p.p. **riso**) to laugh
rimpiazzare to replace
saltare to skip, jump
superare to overcome
tendere (p.p. **teso**) to hold out, offer
tenere to keep
trasferirsi (**isc**) to move

Adjectives

corrente current
cospicuo conspicuous
esclusivo exclusive
fidanzato engaged
geloso jealous
geografico geographical
illustrato illustrated
incantevole enchanting
legato tied
necessario necessary
prospero prosperous
seducente fascinating
simile like, similar
sociale social
sottosviluppato under-developed
sovversivo subversive
statico stagnant
terribile awful, terrible
verde green

Others

frattanto meanwhile
mentre while
tenersi al corrente to keep up with current events
terzo mondo third world

CAPITOLO 20

Dialogo

La scena avviene a Milano. Durante una violenta tempesta, con lampi e tuoni, Rodolfo sente bussare alla porta del suo appartamento.

RENATA: È permesso?

RODOLFO: Chi è?

RENATA: Sono Renata, la vicina di appartamento. È saltata l'elettricità e non ho più fiammiferi per accendere la candela. Era già stata accesa ma poi è stata spenta dal vento.

RODOLFO: Entra. Ecco i fiammiferi.

RENATA: Oh, è caduta la chiave. Aiutami a trovarla. È così buio.

RODOLFO: Non importa per la chiave. La troveremo più tardi. È cessata la tempesta e fra poco tornerà l'elettricità.

RENATA: È tornata la luce; ecco la mia chiave, lì per terra. Beh, ora vado, vedo che stai studiando.

RODOLFO: I libri sulla sinistra del tavolo sono già stati letti. I due sulla destra saranno letti entro domani. Ho un esame di storia medievale fra due giorni. Ma tu resta un poco. Ti preparo un caffè.

RENATA: Grazie. Oh, qui fa freddo; senti le mie mani.

RODOLFO: Non ho soldi per il riscaldamento. Ma tu sei pallida. Stai poco bene? Che gelide manine hai.

RENATA: Sto bene adesso, dopo il caffè, però è meglio che io vada. Tu devi studiare e io devo ripassare qualche aria de «La Bohème». Anch'io ho un esame fra due giorni al conservatorio.

RODOLFO: Cosa facciamo dopo gli esami?

RENATA: Mi spiegherai la storia medievale.

RODOLFO: E tu canterai per me.

La scena avviene a Milano.

domande

1. Che cosa sente Rodolfo durante la tempesta?
2. Perché Renata va da Rodolfo?
3. Com'è stata spenta la candela?
4. Quali libri sono stati letti da Rodolfo? Quali saranno stati letti per il giorno dopo?
5. Come sono le mani di Renata? Perché Rodolfo dice «manine»?
6. Quali arie saranno ripassate da Renata?
7. Cosa faranno Rodolfo e Renata dopo gli esami?
8. Ti sei mai trovato senza luce? Descrivere l'esperienza.
9. Conosci qualche aria operistica?
10. Ti piace l'opera? Qual è la tua opera preferita?

Devo ripassare qualche aria di «La Bohème».

Grammatica

I. La forma passiva
(The passive voice)

The passive voice is the form of the verb used to indicate that something *is* (*was, will be*, etc.) *done* to something or someone. A sentence such as *The boy bought the book* is in the active voice. If, on the other hand, one says *The book was bought by the boy*, one is using the passive voice. In Italian, the passive voice works in much the same way.

Only transitive verbs (those conjugated with **avere** in the compound tenses) can be put into the passive voice, according to the following transformation:

1. Take the active sentence from which the passive sentence will be formed.

Io **studierò** il libro *o* Rodolfo **ha letto** i libri.

2. Place the verb **essere**, which will indicate passivity, into the tense of the original sentence in the passive voice, keeping in mind that the new subject of the passive sentence will be the direct object of the original active sentence.

Il libro **sarà** . . .   I libri **sono stati** . . .

3. Add the past participle of the verb in the original active sentence, making sure it agrees, in gender and number, with the new subject.

Il libro **sarà studiato.**   I libri **sono stati letti.**

4. If you wish to indicate an agent (by whom the action was done), use the preposition **da.**

Il libro sarà studiato **da** me.   I libri sono stati letti **da** Rodolfo.

In general, it is best to use the passive voice with care. It is not used as often in Italian as in English and is most commonly used when the agent is not expressed.

In some cases, the verb **venire,** in its simple forms only, is used instead of **essere** as the auxiliary for the passive voice:

L'infedeltà verrà punita.
Unfaithfulness will be punished.

La finestra viene chiusa.
The window is (being) shut.

esercizio

Riscrivere le frasi seguenti al passivo.

Esempio: Si prepara il caffè la mattina.
Il caffè è preparato la mattina.

1. La luce si spegne durante la tempesta.
2. Rodolfo ha letto i libri di storia medievale.
3. Lucia canterà un'aria de «La Bohème».
4. Quando berrà il caffè?
5. Ho acceso la candela.
6. In un conservatorio si studierebbe l'opera.
7. Il vento ha spento la candela durante la tempesta.
8. Si conosce molto bene la storia medievale in Italia.

II. Lingua formale, lingua informale; lingua parlata, lingua scritta
(Formal and informal language; written and spoken language)

Almost all languages have differences between a formal and a less formal style, as well as between language used for speech and language used in writing. In spoken English, for example, you normally use contracted verb forms that would not be appropriate in writing. Italian also has such differences; some of the most noteworthy are:

1. The passive voice, which you have just learned, is used primarily in writing. You should be able to recognize it and know what tense the verb is in: remember that the tense of the auxiliary **essere** alone (or **venire**) determines the tense of the verb, which will be a past participle.

   In speech most people will use the impersonal **si** construction instead of the passive voice: **Si leggeva il libro** would be the much more common way to express the idea of *The book was being read* when one is speaking Italian, rather than **Il libro era letto.**

2. The use of the **passato remoto** varies in different parts of Italy, but in modern standard Italian the **passato remoto,** or preterite, is not often used in speech. It is, however, used in writing to express a definite past with no link to the present or future, which is why it is often called the historic past. Consequently, you must be able to recognize verbs in the **passato remoto** in order to read Italian, but your need to be able to use it actively in speech is very limited.

3. The forms of address you have learned are **tu** and **Lei** for the singular *you*, the **tu** being informal, the **Lei** formal. The corresponding plural forms were once **voi**, (informal) and **Loro** for (formal), but the use of the **Loro** form has to a great extent been replaced in recent years by **voi**, eliminating the distinction between formal and informal **you** in the plural. You should, however, be aware that such a distinction did exist until relatively recently and that in certain circumstances the **Loro** form might still be used. Moreover, in writing it is still often used and in texts written while the **Loro** form was more commonly used, it is, of course, found.

4. The indirect object pronouns for the third person are **le** (fem.) and **gli** (masc.) in the third person singular, and **loro** or **gli** in the third person plural. The **loro** form is the older of the two, and still considered "correct" by many speakers of Italian. In recent years, however, many native speakers have started using **gli** in its place when they speak. **Loro** is still considered to be the appropriate form to use in writing, but do not be surprised to hear speakers of Italian use **gli** instead of **loro** in everyday speech.

5. The third person singular subject pronouns you have learned are **lei** (fem.) and **lui** (masc.) in the singular, and **loro** in the plural. While these are by far the most commonly used subject pronouns, particularly in speech, there are others you will encounter, in either the more formal spoken language or in the written language.

    Egli and **esso** are two other masculine singular forms that correspond to **lui**. **Egli** can only be used to refer to a person, whereas **esso** refers to a thing or animal.

    Ella, which can refer only to a person, and **essa**, which may refer either to a person or thing, are other third person singular feminine subject pronouns.

    In the plural the masculine **essi**, usually used for people, and the feminine **esse**, which can be used for either people or things, may be found instead of **loro**.

Esercizi, dialoghi, attività

1. Domandare, rispondere, riassumere, sviluppare.

PROFESSORE: In quanto tempo fu creato il mondo?
STUDENTE 1: Secondo me, fu creato in una settimana.
PROFESSORE: Sei d'accordo?
STUDENTE 2: No, secondo me, fu creato in molti anni.
PROFESSORE: Domanda a _____ la sua opinione.
STUDENTE 3: _____ , secondo te, in quanto tempo fu creato il mondo?
CONTINUAZIONE . . .
    In quale anno è stata costruita la Casa Bianca?
    Da chi è stato costruito Monticello?
    Quando è stata unificata l'Italia?
    In quanto tempo è stato costruito il canale di Panama?
    Quando furono costruite le piramidi? Da chi?

2. Volgere le frasi nella forma passiva.

Esempi: Lo studente scrive il tema. *Il tema è scritto dallo studente.*
  Il giovane ha letto la lettera. *La lettera è stata letta dal giovane.*
  La bambina canterà la canzone. *La canzone sarà cantata dalla bambina.*

1. Ambientano il film a Parigi, così lo girano lì.
2. Il conducente controllerà i biglietti.
3. Un delinquente ha preso il portafoglio.
4. Giangiacomo trovò in camera sua il portiere.
5. La cantante accompagnerà il cameriere alla spiaggia.
6. La professoressa traduce una poesia.
7. Il direttore ha dato il permesso di partire presto oggi.
8. I soldati di Napoleone conquistarono molte città straniere.
9. Pubblicano molti libri a Quebec.
10. I rapinatori hanno sequestrato l'industriale.
11. La polizia ha arrestato i rapinatori.
12. Annunceranno i risultati del processo domani.
13. I prodotti americani invadono il terzo mondo.
14. Il vento ha spento la candela.

3. Domandare a un altro studente . . .

1. se è stato invitato a una festa sabato scorso.
2. se è mai stato chiamato con un nome strano.
3. se sarà impiegato quest'estate.
4. se è molto legato alla sua famiglia.
5. da chi è amato.
6. se è mai stato lasciato/a da una ragazza/un ragazzo.
7. dove è conosciuto.
8. se sarà mai premiato, e perché.

4. Temi da discutere e svolgere.

1. Secondo te, perché cambiano le lingue?
2. Chi stabilisce quel che è corretto in una lingua? Chi dovrebbe stabilirlo?
3. Che cosa sono i «dialetti»?
4. I dialetti sono corrotti? Sono inferiori alle lingue? Come definiresti la differenza tra lingua e dialetto?
5. Ci sono dialetti in inglese? Quali?
6. Secondo te è necessario insegnare la grammatica della propria lingua alla scuola prima dell' università? E all'università?
7. Quali errori commetti nella tua lingua? Perché?
8. Tu ti servi di livelli diversi di formalità quando parli l'inglese? Come spiegheresti questo a uno straniero?

5. Dialoghi da sviluppare.

1. Un professore di storia e un autore di un libro popolare discutono: «Da chi furono costruite le piramidi?»
2. Un professore di biologia e un ministro fondamentalista discutono le origini del mondo e degli uomini.
3. Due amici discutono: «Da chi sono stati recitati meglio certi ruoli nella storia del cinema?»

Lettura

americanizzazione o russificazione?

Dove va l'Italia? Va a destra o a sinistra? Con l'America o con la Russia? Ogni italiano che si interessi anche solo un poco di politica, dopo qualche parola, vi farà capire le sue simpatie o antipatie per l'America o la Russia. Gli stessi partiti dedicano gran parte della loro propaganda a *rimproverare* gli altri partiti di servilismo nei confronti di Washington o, viceversa, di Mosca. È quindi in atto un processo di americanizzazione o di russificazione in Italia?

scold, reproach

A guardare la situazione da vicino, si direbbe di no. Gli Italiani passano molto del loro tempo ad accusarsi *a vicenda* di cedere agli stranieri ma sono molto rispettosi delle loro tradizioni. Spesso si lamentano del loro paese ma anche ne sono *orgogliosi* e non accettano facilmente le critiche dall'estero. Se tuttavia in Italia si nota un'influenza straniera, questa sicuramente proviene dagli Stati Uniti e non dall'Unione Sovietica. L'influenza americana si fa sentire in Italia in molti campi: cinema, letteratura, musica, arte, scienza, industria. Gli Stati Uniti sono sempre più frequentemente *meta* di viaggi individuali e di gruppo da parte degli Italiani.

reciprocally

orgoglioso = proud

goal, end point

Tra l'Italia e l'America ci sono particolari *vincoli* dato il gran numero di Americani di discendenza italiana. All'inizio di questo secolo, infatti, alcuni milioni di Italiani sono emigrati in America, specialmente dall'Italia del Sud, e i loro discendenti mantengono rapporti con i parenti in Italia.

vincolo = link

Malgrado tutto ciò, l'Italia conserva una sua chiara identità. Ogni prodotto italiano, sia artistico che industriale, porta l'inconfondibile carattere del paese di provenienza.

domande

1. In Italia si parla molto della Russia e dell'America?
2. I partiti italiani a cosa dedicano gran parte della loro propaganda?
3. Gli Italiani rispettano le loro tradizioni? Accettano le critiche?
4. In quali campi si fa sentire l'influenza americana in Italia? E quella russa?
5. I turisti italiani in America sono in aumento o in diminuzione?
6. Ci sono molti Americani di discendenza italiana? Mantengono rapporti con i loro parenti in Italia? Che tipo di rapporti?
7. Gli Americani conservano le tradizioni dei loro gruppi etnici? Quali gruppi? Quali tradizioni?
8. Secondo te, quali paesi sono chiaramente americanizzati, e quali chiaramente russificati? Quali sono i segni di questi fenomeni?

attività

1. Lettere da scrivere.

Un turista italiano scrive in Italia da New York o da San Francisco sulla presenza italiana in America.
Un turista americano scrive dall'Italia sull'influenza americana in Italia.

2. Articoli per un giornale.

L'europeizzazione dell'America: reale o fittizia?
È l'Europa una colonia americana?
È l'Europa un protettorato russo?

3. Commedia da inventare e recitare.

La scoperta dell'America: la vera storia!
Una spia russa in America travestita da italiano.

l'estate italiana

L'estate è da sempre la stagione di grazia dell'Italia. Durante i mesi estivi l'intero paese *mette in disparte* i problemi che l'hanno afflitto durante il resto dell'anno e *indossa* il *giulivo* abito dell'ottimismo e della *spensieratezza*. I paesaggi urbani e rurali, marittimi e montani, immersi in uno *sfavillio* di colori e luce sotto un cielo *tersissimo* ed un sole *sfolgorante*, ostentano la propria impareggiabile bellezza artistica e naturale.

set aside
indossare = to put on, wear/ joyful
carefree(ness)
flash, sparkle, glitter/very terse, clear
blazing

In questa stagione milioni di turisti stranieri invadono pacificamente il paese e passeggiano per le piazze di antiche città, affollano pinacoteche e musei, *si abbrustoliscono* al sole delle numerose spiagge, si ristorano lungo gli ombrosi sentieri dei boschi di montagna.

abbrustolire(isc) = to roast, toast

Il lavoro diminuisce gradualmente a incominciare da giugno per segnare un generale alt nel mese di agosto quando viene chiusa gran parte degli uffici, delle fabbriche, dei negozi. Durante l'estate anche il parlamento e il governo vanno in vacanza; anche il papa va in villeggiatura. Il paese è percorso da un'ininterrotta serie di festivals di Bellezza, dell'Unità, dell'Avanti, dell'Amicizia, del Cinema, della Poesia; è animato da festeggiamenti, *sagre* paesane, feste del patrono, fiere, regate, tornei, mostre. Persino i programmi della televisione e della radio perdono il tono di *sussiego* e *compassatezza* che li rende tanto *uggiosi* durante le altre stagioni per aprire spiragli a gustosi «happenings» e spiritose «gaffes». Le voci del malaugurio, le lugubri Cassandre che non perdono occasione per tuonare sull'imminente fine dell'Italia ora *tacciono*. I professionisti della lamentela e della *tetra* profezia tacciono finalmente, sommersi dai suoni delle canzoni, delle voci festose che programmano viaggi ed escursioni, dai rumori delle macchine, dei motoscafi, delle motociclette. Tacciono anche, nel cuore dell'estate, i sinistri proclami dei terroristi e l'Italia tutta sembra pervasa da un'idilliaca atmosfera di serenità e grazia, di benessere e tempo libero.

festival

imposing air/formality

uggioso = tedious, irksome

tacere = to be silent/*tetro* = gloomy

L'estate è in tanti paesi la più *lieta* stagione dell'anno ma in nessun paese l'estate vede come in Italia una così intensa partecipazione collettiva alla festa della natura, tanto da assumere una dimensione universale, da divenire un'autentica stagione dell'animo. Un paese che può investire tanta vitalità nei mesi della vacanza non può non avere grandi riserve di energia per affrontare *di buona lena* i problemi dell'autunno e delle altre stagioni a venire.

lieto = happy

vigorously

Chi ha *trascorso* un'estate in Italia ne ha riportato un'immagine solare e una carica di energia. Si tratta quindi di conservare lo spirito dell'estate italiana.

trascorrere = to spend

Chi trascorre un'estate in Italia ne riporta un'immagine solare e una carica di energia.

domande

1. Come sono i paesaggi italiani durante l'estate? E quelli della tua regione?
2. Chi invade l'Italia durante l'estate? Che tipo d'invasione è?
3. Che cosa fanno i turisti in Italia? E in America?
4. Ti piace andare a una spiaggia affollata? Ci sono ancora spiagge deserte? Dove?
5. Che cosa succede in agosto in Italia? Succede lo stesso negli Stati Uniti?
6. Quante settimane di vacanza fanno gli Americani? È giusto?
7. È preferibile fare le vacanze tutti allo stesso tempo, come in Italia, o in epoche diverse, come negli Stati Uniti? Perché?
8. Quali festivals ci sono in Italia durante l'estate? E in America? Ne frequenti qualcuno?
9. Quali voci tacciono d'estate?
10. L'estate è in ogni paese la migliore stagione dell'anno?

Cosa fanno i turisti italiani all'estero?

attività

1. Temi da svolgere.

L'estate più bella della mia vita.
Progetti per un'estate ideale.

2. Scrivere un articolo per un giornale sui principali eventi estivi nella
tua città.

3. Da dibattere:

Soltanto i ricchi si divertono in estate.
L'ozio è il padre dei vizi.

Vocabolario

Nouns

abito clothing, dress, suit
l'americanizzazione,
   f. Americanization
animo spirit
antipatia aversion
aria aria (music), air
atmosfera atmosphere
bosco wood
candela candle
carica charge
cielo sky
colonia colony
conservatorio conservatory
critica criticism
delinquente criminal
dimensione dimension
elettricità electricity
energia energy
l'escursione, *f.* excursion
l'europeizzazione,
   f. Europeanization
festeggiamento celebration
fiammifero match
fiera fair
l'identità, *f.* identity
lamentela moaning
lampo lightning

livello level
la luce light
malaugurio ill omen
ministro minister
motoscafo motorboat
ottimismo optimism
ozio idleness
paesaggio landscape
la partecipazione participation
permesso permission
pinacoteca picture gallery
portafoglio wallet
processo process
profezia prophecy
la propaganda propaganda
protettorato protectorate
provenienza origin
regata regatta
riscaldamento heating
riserva reserve
la russificazione Russification
sentiero path
servilismo servilism
soldato soldier
spia spy
spiraglio crack
tempesta storm
teoria theory
tono tone

torneo tournament
la tradizione tradition
tuono thunder
unità, *f.* unity
villeggiatura vacation
vincolo link
vizio vice

Verbs

accendere (*p.p.* **acceso**) to light
accusare to accuse
affliggere (*p.p.* **afflitto**) to afflict
affollare to crowd
annunciare to announce
bussare to knock
cedere to yield, give in
cessare to stop
corrompere (*p.p.* **corrotto**) to corrupt
dedicare to dedicate
definire to define
divenire to become
entrare to enter
invadere (*p.p.* **invaso**) to invade
investire to invest
ostentare to show
premiare to award a prize
programmare to plan
pubblicare to publish
ristorarsi to refresh oneself
spegnere (*p.p.* **spento**) to extinguish, put out
stabilire (**isc**) to establish
tuonare to thunder

Adjectives

animato animated, full of life
autentico authentic
collettivo collective
estivo summer
festoso festive
fittizio false, fictitious

fondamentalista fundamentalist
gelido freezing
gustoso savory
idilliaco idyllic
immerso bathed
imminente imminent, impending
impareggiabile incomparable
inconfondibile unmistakable
inferiore inferior
intenso intense
intero whole, entire
lugubre gloomy
marittimo maritime
medievale medieval
montano mountainous
numeroso numerous
ombroso shady
operistico operatic
pallido pale
pervaso pervaded, full
reale real
rispettoso respectful
rurale rural
spiritoso witty
urbano urban
violento violent

Others

entro within
è permesso? May I?
gradualmente gradually
in alto on high
in aumento on the increase
in diminuzione on the decline
lì there
lungo along
nei confronti di toward
pacificamente peacefully
persino even, so far as to
per terra on the floor, ground
quindi thus
viceversa vice-versa

Pane e cioccolata

A. «Pane e cioccolata»

Personaggi e interpreti:

Nino	Nino Manfredi	*Industriale*	Johnny Dorelli
Elena	Anna Karina	*Poliziotto*	Giorgio Corioni

Regia: Franco Brusati

La trama:

Nino è un ambizioso emigrante dell'Italia meridionale. Il suo nuovo paese di residenza è la Svizzera dove tutto è pulito, ordinato, tranquillo. Nino è contento e non smette mai di stupirsi dell'alto livello di civiltà degli Svizzeri.

Un giorno incontra degli emigranti italiani che vivono in un *pollaio*   *chicken coop* e che, *a forza di* stare con i polli e le galline, si comportano appunto   *by dint of, as a result of* come polli e galline. Disgustato per l'inciviltà dei suoi connazionali, Nino si fa *tingere* i capelli e ora che non ha più l'aspetto mediterraneo   *to dye, bleach, color* ma svizzero, anche i suoi modi sembrano svizzeri.

La metamorfosi dura però poco tempo. Dopo parecchie delusioni, Nino perde il posto di lavoro. Vittima di pregiudizi anti-italiani, viene accusato di aver commesso un delitto che invece era stato commesso da un prete svizzero. Riconosciuto finalmente innocente, Nino decide di tornare in Italia.

Sul treno incontra un gruppo di emigranti che cantano, mangiano e bevono perché sono contenti di tornare in Italia. Nino prova di nuovo disgusto per l'inciviltà di questa gente e scende dal treno. Che farà ora? *Inguaribile* pesce fuor d'acqua, rimarrà in Svizzera a mangiare pane e   *incurable* cioccolata, con *incrollabile* ottimismo e *indefessa* ammirazione per quel   *unshakable/indefatigable,* "civilissimo" paese.   *unrelenting*

Che farà ora?

domande

1. Perché Nino è andato in Svizzera?
2. Per Nino, com'è diversa la Svizzera dall'Italia?
3. Che opinione degli altri Italiani in Svizzera ha Nino? Perché?
4. Perché Nino si fa tingere i capelli?
5. Nino è trattato bene in Svizzera?
6. Che cosa vuol dire l'espressione «pesce fuor d'acqua»?

attività

1. Scrivere la trama di un film su un pregiudizio (razziale o etnico o religioso) in America. Con quali attori?

2. Da dibattere.

La teoria del «melting pot» non è più valida.
Gli stereotipi etnici hanno sempre un fondamento di ragione.

3. Temi da svolgere.

La terra non basta più all'umanità. Bisogna colonizzare lo spazio extra-terrestre.
Io non ho pregiudizi però . . .

B. Lettera da scrivere

«Quello che ho imparato studiando l'italiano».

C. Poesie

1. Imparare a memoria e recitare le poesie di pagine 355–56.
2. Commentare una delle poesie.
3. Comporre una poesia simile.

D. Programma televisivo.

Tutta la classe partecipa alla produzione del programma televisivo di una serata. Si possono includere le seguenti rubriche.

1. telegiornale
2. condizioni del tempo
3. intervista a un personaggio
4. pubblicità
5. sport
6. un episodio tratto da una «soap opera»
7. commento su un recente film

E. Giornale da redigere

Tutta la classe partecipa alla redazione di un giornale dal titolo «Un anno d'italiano».

Stazione

vidi la tettoia arcuata
quale bocca di gitana
allontanare un sigaro fumante
di treno in partenza
riaccostando alle labbra
il diretto in arrivo

finché sputò lontano
l'ultimo mozzicone
di un vagone merci

Farfa (1881–1964)

Girovago

In nessuna
parte
di terra
mi posso
accasare

A ogni
nuovo
clima
che incontro
mi trovo
languente
che
una volta
già gli ero stato
assuefatto

E me ne stacco sempre
straniero

Nascendo
tornato da epoche troppo
vissute

Godere un solo
minuto di vita
iniziale

Cerco un paese
innocente

Giuseppe Ungaretti (1888–1970)

Il pappagallo

La bestia ha le piume di tanti colori
che al sole rilucon cangiando.
Su quella finestra egli sta da cent'anni
guardando passare la gente.
Non parla e non canta.
La gente passando si ferma a
guardarlo,
si ferma parlando fischiando e
cantando,
ei guarda tacendo.
Lo chiama la gente,
ei guarda tacendo.

Aldo Palazzeschi (1885–1974)

Appendix

Verb Charts

TENSE	PRESENT	IMPERFECT	FUTURE	CONDITIONAL
REGULARS 1. Stem	Drop the **-are**, **-ire** or **-ere** from the infinitive. parlare → **parl-** ripetere → **ripet-** dormire → **dorm-** capire → **cap-**	Drop the **-re** from all infinitives. parlare → **parla-** ripetere → **ripete-** dormire → **dormi-** capire → **capi-**	For **-are** verbs: drop the **-re** from the infinitive and change the **-a-** of the stem to an **-e-**. For all other verbs, drop the **-re** from the infinitive. parlare → **parler-** ripetere → **ripeter-** dormire → **dormir-** capire → **capir-**	
2. Endings	a) For **-are** verbs: -o -iamo -i -ate -a -ano b) For **-ere** and **-ire** verbs: -o -iamo -i -ete or -ite -e -ono c) Certain verbs in **-ire** insert an **-isc-** between the stem and the endings above (b) in the first three persons singular and the third person plural.	For all verbs: -vo -vamo -vi -vate -va -vano	For all verbs: **(future)** -ò -emo -ai -ete -à -anno	**(conditional)** -ei -emmo -esti -este -ebbe -ebbero
EXAMPLES:	parl-**o** parl-**iamo** parl-**i** parl-**ate** parl-**a** parl-**ano** ripet-**o** ripet-**iamo** ripet-**i** ripet-**ete** ripet-**e** ripet-**ono** dorm-**o** dorm-**iamo** dorm-**i** dorm-**ite** dorm-**e** dorm-**ono** cap-**isc-o** cap-**iamo** cap-**isc-i** cap-**ite** cap-**isc-e** cap-**isc-ono**	parla-**vo** parla-**vamo** parla-**vi** parla-**vate** parla-**va** parla-**vano** ripete-**vo** ripete-**vamo** ripete-**vi** ripete-**vate** ripete-**va** ripete-**vano** dormi-**vo** dormi-**vamo** dormi-**vi** dormi-**vate** dormi-**va** dormi-**vano** capi-**vo** capi-**vamo** capi-**vi** capi-**vate** capi-**va** capi-**vano**	parler-**ò** parler-**emo** parler-**ai** parler-**ete** parler-**à** parler-**anno** ripeter-**ò** ripeter-**emo** ripeter-**ai** ripeter-**ete** ripeter-**à** ripeter-**anno** dormir-**ò** dormir-**emo** dormir-**ai** dormir-**ete** dormir-**à** dormir-**anno** capir-**ò** capir-**emo** capir-**ai** capir-**ete** capir-**à** capir-**anno**	parler-**ei** **parler-emmo** parler-**esti** parler-**este** parler-**ebbe** parler-**ebbero** ripeter-**ei** ripeter-**emmo** ripeter-**esti** ripeter-**este** ripeter-**ebbe** ripeter-**ebbero** dormir-**ei** dormir-**emmo** dormir-**esti** dormir-**este** dormir-**ebbe** dormir-**ebbero** capir-**ei** capir-**emmo** capir-**esti** capir-**este** capir-**ebbe** capir-**ebbero**

IRREGULARS

The following verbs are some of the most commonly used irregulars in the present tense:

avere
ho	abbiamo
hai	avete
ha	hanno

essere
sono	siamo
sei	siete
è	sono

andare
vado	andiamo
vai	andate
va	vanno

bere
bevo	beviamo
bevi	bevete
beve	bevono

dare
do	diamo
dai	date
dà	danno

dire
dico	diciamo
dici	dite
dice	dicono

dovere
devo	dobbiamo
devi	dovete
deve	devono

fare
faccio	facciamo
fai	fate
fa	fanno

morire
muoio	moriamo
muori	morite
muore	muoiono

piacere
piaccio	piacciamo
piaci	piacete
piace	piacciono

potere
posso	possiamo
puoi	potete
può	possono

sedere
siedo	sediamo
siedi	sedete
siede	siedono

stare
sto	stiamo
stai	state
sta	stanno

tenere
tengo	teniamo
tieni	tenete
tiene	tengono

uscire
esco	usciamo
esci	uscite
esce	escono

valere
valgo	valiamo
vali	valete
vale	valgono

venire
vengo	veniamo
vieni	venite
viene	vengono

volere
voglio	vogliamo
vuoi	volete
vuole	vogliono

1. The following verbs have irregular stems to which the same regular endings are added:

bere ⟶ **beve-**
dire ⟶ **dice-**
fare ⟶ **face-**

2. The verbs **essere** is completely irregular:

ero	eravamo
eri	eravate
era	erano

The following verbs have irregular stems, to which the same regular endings are added:

andare ⟶ **andr-**
bere ⟶ **berr-**
dare ⟶ **dar-**
dovere ⟶ **dovr-**
morire ⟶ **morr-**
potere ⟶ **potr-**
rimanere ⟶ **rimarr-**
sapere ⟶ **sapr-**
stare ⟶ **star-**
tenere ⟶ **terr-**
valere ⟶ **varr-**
vedere ⟶ **vedr-**
venire ⟶ **verr-**
vivere ⟶ **vivr-**
volere ⟶ **vorr-**

(continued) TENSE	IMPERATIVE	PRESENT SUBJUNCTIVE	IMPERFECT SUBJUNCTIVE
REGULARS 1. Stem		The **-o** of the first person singular, present indicative, is dropped: parlare → **parl-** ripetere → **ripet-** dormire → **dorm-** capire → **capisc-**	Drop the **-re** from the ending of all infinitives: (*Note that this is the same stem as for the imperfect indicative.*) parlare → **parla-** ripetere → **ripete-** dormire → **dormi-** capire → **capi-**
2. Endings	*(Note that there are no first person forms.)* a) for **-are** verbs: -- -a -i -- -ate -ino b) for all other verbs: -- -i -ete or -ite -a -ano	a) for **-are** verbs: -i -iamo -i -iate -i -ino b) for all other verbs: -a -iamo -a -iate -a -ano	*For all verbs:* -ssi -ssimo -ssi -ste -sse -ssero
EXAMPLES:	-- parl-**ate** parl-**a** parl-**ino** parl-**i** -- ripet-**ete** ripet-**i** ripet-**ano** ripet-**a** -- dorm-**ite** dorm-**i** dorm-**ano** dorm-**a** -- cap-**ite** cap-isc-**i** cap-isc-**ano** cap-isc-**a**	parl-**i** parl-**iamo** parl-**i** parl-**iate** parl-**i** parl-**ino** ripet-**a** ripet-**iamo** ripet-**a** ripet-**iate** ripet-**a** ripet-**ano** dorm-**a** dorm-**iamo** dorm-**a** dorm-**iate** dorm-**a** dorm-**ano** cap-isc-**a** cap-**iamo** cap-isc-**a** cap-**iate** cap-isc-**a** cap-isc-**ano**	parla-**ssi** parla-**ssimo** parla-**ssi** parla-**ste** parla-**sse** parla-**ssero** ripete-**ssi** ripete-**ssimo** ripete-**ssi** ripete-**ste** ripete-**sse** ripete-**ssero** dormi-**ssi** dormi-**ssimo** dormi-**ssi** dormi-**ste** dormi-**sse** dormi-**ssero** capi-**ssi** capi-**ssimo** capi-**ssi** capi-**ste** capi-**sse** capi-**ssero**

IRREGULARS

1. Verbs which have an **-isc-** insert and others, such as **venire,** which have a different stem for the **voi** form in the imperative and *for the* **noi** *and* **voi** forms of the present subjunctive. To these stems the regular endings are added. Besides **capire** and other **-isc-** verbs, the following verbs behave in this way:

andare	sedere
dovere	tenere
morire	uscire
rimanere	valere
salire	venire
scegliere	

2. **Fare,** like **andare,** above, is an **-are** verb that takes the endings for non **-are** verbs:

facci-**a**	facc-**iamo**
facci-**a**	facc-**iate**
facci-**a**	facc-**ano**

3. The following verbs have irregular stems:

avere		**essere**	
abbia	abbiamo	sia	siamo
abbia	abbiate	sia	siate
abbia	abbiano	sia	siano

dare		**stare**	
dia	diamo	stia	stiamo
dia	diate	stia	stiate
dia	diano	stia	stiano

sapere	
sappia	sappiamo
sappia	sappiate
sappia	sappiano

dovere	
debba	dobbiamo
debba	dobbiate
debba	debbano

2. The following verbs have irregular forms:

	essere	**avere**
(tu)	sii	abbi
(Lei)	sia	abbia
(voi)	siate	abbiate

	andare	**dare**
(tu)	va' (vai)	da' (dai)
(Lei)	vada	dia
(voi)	andate	date

	stare	**sapere**
(tu)	sta' (stai)	sappi
(Lei)	stia	sappia
(voi)	state	sappiate

	dire	**fare**
(tu)	di'	fa' (fai)
(Lei)	dica	faccia
(voi)	dite	fate

	tenere
(tu)	tieni
(Lei)	tenga
(voi)	tenete

The following verbs have irregular stems, to which the regular endings are added:

bere ⟶	**beve-**
dare ⟶	**de-**
dire ⟶	**dice-**
essere ⟶	**fo-**
fare ⟶	**face-**
stare ⟶	**ste-**

(continued) TENSE	PAST ABSOLUTE	PAST PARTICIPLES	GERUND
REGULARS 1. Stem	The **-re** is dropped from the infinitive: parlare ⟶ **parla-** ripetere ⟶ **ripete-** dormire ⟶ **dormi-** capire ⟶ **capi-**	a) **-are** verbs and **-ire** verbs drop the **-re** from the infinitive ending: parlare ⟶ **parla-** capire ⟶ **capi-** dormire ⟶ **dormi-** b) **-ere** verbs drop the **-ere** and add a **-u-:** ripetere ⟶ **ripetu-**	**For all verbs: drop the infinitive ending:** parlare ⟶ **parl-** ripetere ⟶ **ripet-** dormire ⟶ **dorm-** capire ⟶ **cap-**
2. Endings	The following endings are added to all regular verbs. Note the variation in the third person singular: **-i -mmo** **-sti -ste** (-are) **-ò** (-ere) **-è** **-rono** (-ire) **-ì**	For all verbs add: **-to**	a) For **-are** verbs add: **-ando** b) For all other verbs add: **-endo**
EXAMPLES:	parla-**i** parla-**mmo** parla-**sti** parla-**ste** parl-**ò** parla-**rono** ripete-**i** ripete-**mmo** ripete-**sti** ripete-**ste** ripet-**è** ripete-**rono** dormi-**i** dormi-**mmo** dormi-**sti** dormi-**ste** dorm-**ì** dormi-**rono** capi-**i** capi-**mmo** capi-**sti** capi-**ste** cap-**ì** capi-**rono**	parla-**to** ripetu-**to** dormi-**to** capi-**to**	parl-**ando** ripet-**endo** dorm-**endo** cap-**endo**

IRREGULARS

1. The verb **essere** is completely irregular:

fui   fummo
fosti   foste
fu   furono

2. Many other verbs are irregular but follow a certain pattern of irregularity:

a) stems: each verb has two stems, listed below. The first corresponds to the **io, lui** and **loro** forms; the second to the **tu, noi** and **voi** forms.

b) endings: to these stems the following endings are added:

-i	-mmo
-sti	-ste
-e	-ero

The verbs that follow this pattern of irregularity are:

bere	io **bevv**-i, tu **beve**-sti
chiedere	io **chies**-i, tu **chiede**-sti
chiudere	io **chius**-i, tu **chiude**-sti
conoscere	io **conobb**-i, tu **conosce**-sti
dare	io **died**-i, tu **de**-sti
dire	io **diss**-i, tu **dice**-sti
fare	io **fec**-i, tu **face**-sti
leggere	io **less**-i, tu **legge**-sti
mettere	io **mis**-i, tu **mette**-sti
nascere	io **nacqu**-i, tu **nasce**-sti
piacere	io **piacqu**-i, tu **piace**-sti
prendere	io **pres**-i, tu **prende**-sti
ricevere	io **ricevett**-i, tu **riceve**-sti
ridere	io **ris**-i, tu **ride**-sti
rimanere	io **rimas**-i, tu **rimane**-sti
rispondere	io **rispos**-i, tu **risponde**-sti
sapere	io **sepp**-i, tu **sape**-sti
scegliere	io **scels**-i, tu **sceglie**-sti
scendere	io **sces**-i, tu **scende**-sti
scrivere	io **scriss**-i, tu **scrive**-sti
spendere	io **spes**-i, tu **spende**-sti
stare	io **stett**-i, tu **ste**-sti
tenere	io **tenn**-i, tu **tene**-sti
vedere	io **vid**-i, tu **vede**-sti
venire	io **venn**-i, tu **veni**-sti
vivere	io **viss**-i, tu **vive**-sti
volere	io **voll**-i, tu **vole**-sti

The following verbs have irregular past participles:

infinitive	past participle
accendere	acceso
bere	bevuto
chiedere	chiesto
dire	detto
fare	fatto
leggere	letto
mettere	messo
morire	morto
nascere	nato
parere	parso
prendere	preso
rimanere	rimasto
rispondere	risposto
scendere	sceso
vedere	visto
vivere	vissuto

The following verbs have irregular gerunds:

infinitive	gerund
bere	bevendo
dire	dicendo
fare	facendo
tradurre	traducendo

Italian/English Vocabulary

A

abbaiare to bark
abbandonare to abandon
abbastanza enough
abbraccio; abbracciare hug; to —
abile capable
l'abitante, *m.* or *f.* inhabitant
abitare to live
abito clothing, dress, suit
abituale usual, habitual
l'abitudine, *f.* habit
abolire to abolish
l'abrogazione, *f.*; **abrogare** repeal; to —
accademia academy
accasarsi to marry
accendere (*p.p.* acceso) to light
accomodarsi to make oneself comfortable
accordo: d'— agreed, OK; **essere d'—** to agree
accorgersi (*p.p.* accorto) to realize
accumulare to pile up, accumulate
accusare to accuse
acqua minerale mineral water
adatto suitable
addormentarsi to fall asleep
adolescente adolescent
adoperare to use
adorare to adore
l'adozione, *f.* adoption
adulto adult
aeroplano airplane
affascinante fascinating
affinché so that
affollare to crowd
affrontare to confront
affliggere (*p.p.* afflitto) to afflict
aggirarsi to wander about
agitare to shake

agitarsi to get upset
aggiungere to add
aggiustare to repair
agosto August
agricolo agricultural
aiutare to help
alabastro alabaster
albergo hotel
albero tree
gli alimenti alimony
alleanza alliance
alleato ally
alloggiare to lodge
allora then, so
almeno at least
l'altoparlante, *m.* loud speaker
altro other
altrove elsewhere
alzarsi to get up
amare to love
l'ambasciatore; l'ambasciatrice ambassador; ambassadress
ambientare to set
l'ambizione, *f.* ambition
l'americanizzazione, *f.* Americanization
americano American
amico/a friend
ammazzare to kill
l'amministrazione, *f.* administration
ammirare to admire
ammontare to amount to
l'amore, *m.* love
amoroso amorous
ancora yet
anche also
andare; — via to go; — away
anfiteatro amphitheater
angelo angel
anglo-sassone Anglo-Saxon
l'animale, *m.* animal
animato animated, full of life
animo spirit

anno year
annullare to annul
annunciare to announce
antenato ancestor
antico old, ancient
antipatia aversion
antropologia anthropology
anziano old person
l'ape, *f.* bee
aperto open
apocalittico apocalyptic
apparire (*p.p.* apparso) to appear
appartenere to belong
appena as soon as, hardly, just
appetito; con — appetite; with a (good) appetite
apprezzare to appreciate
approvare to approve
appuntamento appointment, rendezvous
aprile April
aprire (*p.p.* aperto) to open
aquilino aquiline
aranciata orangeade
arancione orange
arbitro arbitrator, judge
architetto architect
arcobaleno rainbow
argomento subject, topic
aria aria (music), air; **darsi arie** to put on airs
arma (le armi) arm, weapon; **le armi da fuoco** firearms
armonia harmony
aromatico aromatic
arrabbiarsi to get angry, mad
arrivo; arrivare arrival; to arrive
arrossire to blush
l'arte, *f.*; galleria d'—; opera d'— art; — gallery; work of —

artigiano; artigianato artisan; craftsmanship

l'artista (*m.* or *f.*) **(-i/-e)** artist

artistico artistic

ascoltare to listen

aspetto aspect; appearance

assicurativo (*adj.*) insurance

assoluto absolute

assumere (*p.p.* **assunto**) to hire

astratto abstract

astrofisica astrophysics

l'atleta (*m.* or *f.*) **(-i/-e)** athlete; **atletica leggera** track and field

atmosfera atmosphere

attaccamento attachment

attentamente carefully

attenuarsi to diminish

atto act

l'attore; l'attrice actor; actress

attraversare to cross

attuale present, current

attualità: soggetto di — topic of current interest

attualmente presently

augurio wish

aula classroom

aumentare to increase

aumento: in — on the increase

autentico authentic

l'autobus (gli autobus), *m.* bus

l'autore, *m.* author

autorità authority

autoritario authoritarian

autostrada highway

autunno autumn, fall

avarizia avarice

avere to have; **— luogo** to take place; **non ho che . . .** I have but . . .

avvenimento event, happening

avventura adventure

avventuriero, adventurer

avversario adversary, enemy

avvicinarsi to get close to, come close

avvocato lawyer

B

baciare to kiss

bagnarsi to get wet

ballare to dance

ballerina dancer

balletto ballet

bambino/a child

banda gang

il bar (i bar) bar

il barbiere barber

barca boat

barocco baroque

barzelletta joke

basare to base

bastare; basta! to be enough; enough!

beato happy, blessed

bellezza beauty

bello beautiful, handsome

benché although

bene; volere — well; to be fond of, to like

la benedizione blessing

benessere well-being

bere (*p.p.* **bevuto**) to drink

bestia animal, beast

bianco white; **Casa Bianca** the White House

Bibbia Bible

biblioteca library

bicicletta bicycle

bilancio balance

bilingue bilingual

bilinguismo bilingualism

binario platform, tracks

biologia biology

birra beer

biscotto cookie

bisognare to be necessary

bisogno; avere — di need; to —

bizantino byzantine

bizzarro bizarre

bocciare to fail, to flunk

bollettino bulletin; **— metereologico** weather forecast

bollire to boil

bosco wood

bottiglia bottle

braccio (le braccia) arm

brano passage

bravo smart, clever, good at

brillare to shine

brulicante swarming, teeming

bugia lie

buio darkness

buono good

burro butter

bussare to knock

C

il caffè coffee, café

calamità calamity

calcio soccer

calcistico (*adj.*) soccer

calcolare to calculate

caldo, *n.* **and** *adj.* heat, hot; **avere —** to be hot; **fare —** to be hot (weather)

calma calm

calmarsi to calm down

calzolaio shoemaker

cambiare to change

camera bedroom

il cameriere waiter

camminare to walk

camomilla camomile tea

campagna campaign, countryside

campana bell

campanello bell

campionato championship

campo field

canadese Canadian

il cancelliere chancellor

candela candle

candidato candidate

il cane dog

cantare to sing

cangiare (*archaic*) (**cambiare**) to change

il/la cantante singer

la canzone song

capace capable

i capelli hair

capire (isc) to understand

la capitale capital

capofamiglia head of the family

capolavoro masterpiece

cappotto overcoat
capra goat
caramella candy
caratteristica characteristic
il cardinale cardinal
carica charge
carino cute
carità charity
la carne meat
carriera career
carta geografica map
il cartellone sign
cartolina card
casa house
caso case; **per —** by chance
castigo punishment
catalogo catalogue
cattedrale cathedral
cattolico Catholic
causa cause
cavallo horse
cedere to give in, yield
celebrare to celebrate
cembalo cymbal
cena supper
la cenere ash
censimento census
censurare to censor
centro; in — center; downtown
certamente certainly
cessare to stop
centinaio (le centinaia) hundred
che?, che cosa?, cosa? what?
che, chi who
chiacchierare to chat
chiamarsi to be called
chiaro clear, light
chiaramente clearly
la chiave key
chic chic
chiesa church
china slope
chioma foliage, leaves
chiudere (p.p. chiuso) to close
chiunque whoever
ciascuno each
ciclismo; ciclistico bicycle racing; cycling (adj.)

cielo sky
cima top, summit, peak
cinese Chinese
cioè that is
cipresso cypress
circa about
circo circus
circolare to circulate
circondare to surround
circostanza circumstance
città city
cittadina little town
cittadino citizen
civetta owl
civile civil
clandestinità clandestinity
classe; classista class; class-conscious
classico classic
il/la cliente client
il clima (i climi) climate
il cognome last name
coincidenza coincidence
coincidere (p.p. coinciso) to coincide
la colazione breakfast, lunch
il colle hill
collettivo collective
colonia colony
colonnato colonnade
comandare to command
combattere to fight
come; — se; — mai? how; as if; how come?
cominciare to begin
il/la commerciante shopowner
commercio commerce
commettere (p.p. commesso) to commit
commovente moving
compagnia company
compagno friend, pal; **— di stanza** roommate
i compiti homework
complesso musicale musical ensemble
compleanno birthday
completamente completely
comportarsi to behave
comprare to buy

compreso including
comune common
comunque whatever
concedere to concede
concerto concert
concetto concept
concilio council
concludere (p.p. concluso) to conclude, end
condanna condemnation
la condizione; a — che condition; provided that
il conducente driver
confessare to confess
confinato confined
confronto: in — con compared with; **nei confronti di** toward
conoscere to know
conquista conquest
conquistare to conquer
consegnare to hand in
conservatore conservative
conservatorio conservatory
considerevole considerable
consigliare to advise
consiglio advice
consenso consent
considerare to consider
consumismo consumerism
contadino peasant
contare to count
contemporaneo contemporary
contenere to contain
conto check, bill
contrario contrary
contrasto contrast
contributo contribution
contro against
controllato controlled
controllo control
conversare to converse
convincente convincing
corpo; la guardia del — body; bodyguard
correggere (p.p. corretto) to correct
correre (p.p. corso) to run
corrente current
corrompere (p.p. corrotto) to corrupt

corsa race
corso course
la corte court
cosa thing
così thus, so; — ... **come** as ... as
cospicuo conspicuous
costante constant
costare to cost
costituire to constitute, form
costoso expensive
costruire (isc) to build
il costume; — da bagno costume, suit; bathing suit
credere to believe
cretino cretin
criminale criminal
il crimine crime
criminalità criminality
critico, n. and adj. critic; critical
la crisi (le crisi) crisis
cristiano Christian
crudeltà cruelty
cucchiaio spoon
cucina kitchen, cuisine, cooking
cui (after preposition) which
cultura; culturale culture; cultural
cuoio leather
il cuore heart
custodia custody

D
da from, by
dadi dice
dai! come on!
danno damage
dare to give
dato che since
davvero really
debole weak
decidere (p.p. deciso) to decide
decimo tenth
decretare to decree
dedicare to dedicate
deferenza deference, respect
definire (isc) to define

delinquente criminal
delitto crime
il dente tooth
il/la dentista (-i/-e) dentist
descrivere (p.p. descritto) to describe
la descrizione description
desiderare to want
desolante distressing
destino destiny
destra: a — to, on the right
determinante determining
detestare to detest
detto said (called)
deviazionista deviationist
di of
dialetto dialect
dicembre December
dichiarare to declare
dieta diet
dietetico dietetic
differenza difference
la diffusione diffusion, spread
dignità dignity
la dimensione dimension
dimenticare to forget
dimettersi (p.p. dimesso) to resign
diminuire (sc) to diminish
diminuzione: in — on the decline
dimostrare to show
la dimostrazione demonstration
dipingere (p.p. dipinto) to paint
diplomatico diplomatic
dire (p.p. detto) to say
diritto right
disastro disaster
il/la discendente descendant
discendenza descent
disciplinato disciplined
disco record
discorso speech
discutere (p.p. discusso) to discuss
il disegnatore; la disegnatrice designer
disegno design

la disoccupazione unemployment
dispendio waste
dispiace: mi — I'm sorry
disputa argument
dissenso dissent
distanza distance
distratto distracted
distribuire (isc) to distribute
distruggere (p.p. distrutto) to destroy
la distruzione destruction
dito (le dita) finger
ditta company, firm
dittatura dictatorship
diva star (film)
divenire to become
diventare to become
diverso; diversi different; several
divertente amusing
divertimento; buon —! fun; have —!
divertirsi to have fun
divinità divinity
diviso divided
divorziato divorced
divorzio divorce
il/la docente teacher
il dolce; dolci dessert; candies
dolce sweet
dolcezza sweetness
domandare to ask
domani tomorrow
domenica Sunday
domicilio residence
dominio domination
donna woman
dopo; — tutto after, later; after all
dormire to sleep
la dose portion
dottrina doctrine
dove where
dovere to have to, must
dovunque wherever
dubbio; dubitare doubt; to —
dunque then, consequently
durante during
durare to last

durata duration, length
duro hard

E

eccezionale exceptional
ecco here is, are
economia economy
economico economic
edicola kiosk
edificio building
educato polite
educativo educational
effetto effect
egoista selfish
eleganza elegance
elemento element
elenco list
elettorale electoral
elettricità electricity
elettronico electronic
l'elezione, *f.* election
eliminare to eliminate, get
  rid of
emigrare to emigrate
energia energy
enorme huge
entrare to enter
entro within
epoca period, age
erba grass
eredità heredity
eresia heresy
l'eroe, *m.* hero
l'eruzione, *f.* eruption
l'esame, *m.* exam
esclusivo exclusive
l'escursione, *f.* excursion
esempio; per — example;
  for —
esercito army
esigere to demand, require
esilio exile
esiliato exiled
esistenza existence
esistere (*p.p.* esistito) to exist
esito result
espatriato expatriate
esperienza experience
esplodere (*p.p.* esploso) to
  explode
esplorare to explore

l'esploratore, *m.* explorer
esportare to export
espresso expresso coffee
esprimere (*p.p.* espresso) to
  express
l'estate, *f.* summer
estendere (*p.p.* esteso) to
  extend
esteriore exterior, outer
estero: all'— abroad
estetico aesthetic
estivo, *adj.* summer
estremo extreme
età age
eterno eternal
etnico ethnic
Europa; europeo Europe;
  European
l'europeizzazione, *f.*
  Europeanization
evidente evident, obvious
evitare to avoid

F

fabbrica factory
fabbricare to manufacture,
  produce
facile easy
facilmente easily
il falegname carpenter
falso false
la fame hunger
famiglia family
fanciulla girl
il fantasma (i fantasmi) ghost
fare (*p.p.* fatto) to do;
— caldo, — freddo, *etc.* to be
  hot, to be cold, etc.
farmacia drugstore
farsi la barba to shave
fascino fascination
fascismo fascism
fascista fascist
fastidio bother
faticoso tiring
fauna fauna
favola fairy tale, story
favoloso wonderful, fabulous
il favore favor; **per —**
  please
favorevole favorable

favorire to favor
la fazione faction
febbraio February
la fede faith
fedele faithful
felice happy
femminile feminine
femminista feminist
fenomeno phenomenon
fermarsi to stop
fermata stop
fertile fertile
festa party
festeggiamento celebration
festeggiare to celebrate
festivo festive
festoso festive
fiammifero match
fidanzato/a fiancé(e)
fiducia trust, confidence
fiera, *n.* fair
figurativo figurative
il/la finalista (-i/-e) contender
finanziario financial
la fine end
finestra window
finire (isc) to finish, end
il fiore flower
fiorentino Florentine
fiorire to flower, flourish
firmare to sign
fischiare to whistle
fisica physics
fisico physical
fittizio false, fictitious
florida thriving, flourishing
folklorico *adj.* folk
folla crowd
folle crazy
fondamentalista
  fundamentalist
fondare to found, begin
fondi funds
fontana fountain
forchetta fork
formaggio cheese
formalità formality
formare to form; **di nuova**
  formazione newly formed
la formazione education
forno oven, bakery

forte strong
fortuna: per — luckily
fortunato fortunate
fotografo photographer;
  fotografare to photograph;
  macchina fotografica
  camera
francese French
fratello brother
frattanto meanwhile
freddo, *n.* and *adj.* cold;
  avere — to be
  —; fare — to be —
  (weather)
frequentare to attend
frequente frequent
fresco fresh, cool
fretta: in — in a hurry
frigorifero refrigerator
frivolo frivolous
fronte: di — a faced with
frutta fruit
fumo; fumare smoke; to —
funzionare to function,
  work
fuoco fire
furia fury
futuro future

G
galanteria courteousness
gamba leg
gara competition
gassato bubbling
gatto cat
gazzoso bubbling
gelato; gelataio ice-cream; —
  vendor
gelido freezing
gelosia jealousy
generale: in — in general
generalizzato general,
  widespread
geniale bright, clever
generoso generous
genio genius
gennaio January
genovese Genoese
i genitori parents
la gente people
gentile nice, polite

geografico geographical
geometrico geometric
la gestione management
giapponese Japanese
giardino garden
giocattolo toy
gioco; giocare;
  giocatore game; to play;
  player
la Gioconda the Mona Lisa
gioia joy
gioiello jewel
il giornale newspaper
il/la giornalista (-i/-e)
  journalist
giornata day (all)
giovedì Thursday
la gioventù youth
il/i giradischi record player
girare (un film) to make (a
  film)
giro: in — around
girovago vagabond, tramp
gita outing, walk
gitano Spanish gypsy
giudicare to judge
giugno June
giungla jungle
giusto just, right
il gladiatore gladiator
gloria glory
gnostico gnostic
goloso greedy, gluttonous
gotico Gothic
governare to govern
governatore governor
governo government
gradualmente gradually
graffiare to scratch
grammo gram
grandezza size, greatness
grasso fat
grattacielo skyscraper
grattugiare to grate
grazia grace
grazie thank you
greco Greek
gridare to shout
grillo cricket
gruppo group
guadagnare to earn

guardare to look at
guardia guard
il/la guastafeste spoilsport
guasto out of order, broken
guerra war
guida guide
guidare to drive
gustoso savory

I
idea idea
identità identity
idilliaco idyllic
idioma, *m.* (**gli**
  idiomi) language
ieri yesterday
illecito illicit
illustrato illustrated
illustre illustrious
imbarcare to board
immaginare to imagine
immaginario imaginary
l'immaginazione, *f.*
  imagination
l'immagine, *f.* image
immerso bathed
immigrante immigrant
imminente imminent,
  impending
immortale immortal
imparare to learn
impareggiabile incomparable
imparziale impartial
impazienza impatience
impedire to prevent
impiegare to employ
impiegato employee
importanza importance
importare to matter, to
  import
impossibile impossible
impotente impotent,
  powerless
impresario entrepreneur
improvvisamente suddenly
improvviso sudden
incantevole enchanting
incapace incapable
incaricare to entrust
l'incidente, *m.* accident
incominciare to begin

inconfondibile unmistakable
incontrare to meet
incontro meeting
incredibile incredible
incrocio crossing
indietro behind
indipendente independent
indipendenza independence
indire (*p.p.* indetto) to
  summon
individuale *adj.* individual
indossare to wear
indovinare to guess
industria industry
industriale industrial
inevitabile inevitable
infedele unfaithful
inferiore inferior
infedeltà infidelity
inferno Hell
l'inflazione, *f.* inflation
influenzare to influence
l'informazione, *f.*
  information
l'ingegnere, *m.* engineer
l'ingrediente, *m.* ingredient
l'inibizione, *f.* inhibition
inimmaginabile
  unimaginable
ininterrotto uninterrupted
iniziare to begin, start
inizio; all'— beginning; at
  the —
iniziativa initiative
innamorarsi to fall in love
innamorato in love
innato innate
innocente innocent
inquinato polluted
insalata salad
insegnare to teach
insistente insistent
insomma all in all, in short
installare to install
intanto meanwhile
intellettuale intellectual
intelligenza intelligence
intensità intensity
intenso intense
internazionale international
intero whole, entire

l'interpretazione, *f.*
  interpretation
l'interesse, *m.* interest
interno: all'— inside
interrompere (*p.p.*
  interrotto) to interrupt
intervista interview
intrigo intrigue
introdurre (*p.p.*
  introdotto) to introduce
invadere (*p.p.* invaso) to
  invade
invecchiare to get old
l'invasione, *f.* invasion
invece instead, on the other
  hand
inventare to invent
inverno winter
investire to invest
invitare to invite
invito invitation
irreale unreal
irritare to irritate
isola island
isolatamente separately
ispirare to inspire
l'ispirazione, *f.* inspiration
istituire to institute
l'istituzione, *f.* institution
istruito learned
Italia Italy
italiano Italian

L
labbro (le labbra) lip
ladro thief
lamentarsi to complain
lamentela moaning
lampo lightning
lasciare to leave
latino Latin
il latte milk
latteria dairy (store)
lattivendola milk seller
laurea degree (university)
laurearsi to graduate (from
  university)
lava lava
lavorativo working
la lavorazione workmanship
lavoro; lavorare work; to —

legalmente legally
legare to tie, join
legato tied
la legge law
leggere (*p.p.* letto) to read;
  — le mani — palms
leggermente lightly, slightly
il legislatore legislator
lento slow
lettera letter
letterato well-read person
  (literati)
letteratura literature
letto bed
levarsi to rise, get up
lì there
liberare to free
la liberazione liberation
libero free
libertà freedom
libro book
liceo secondary school
lingua language, tongue
liscio smooth, straight
livello level
logico logical
Londra London
lontano: poco — not far
lotta; lottare struggle; to —
la luce light
luglio July
il lume light
luna; — di miele moon;
  honeymoon
lunedì Monday
lungo long
lugubre gloomy
luogo; avere — place; to
  take —
lupo wolf

M
macchina car
la madre mother
maestro teacher (elementary
  school)
maggioranza majority
maggio May
maggiore larger, bigger
magico magical
il maglione sweater

magnifico magnificent
magro thin, skinny
mai never
malaugurio ill omen
male; non c'è —! badly; not bad!
malgrado despite, although
malinconia melancholy
mancia; dare la — tip; to —
mandare to send
il mangianastri (i mangianastri) tapedeck
mangiare to eat
la manifestazione manifestation
la mano (le mani) hand
mantenere to keep, maintain
marca brand, make
marciare to march
il mare sea
marito husband
marittimo maritime
marmo marble
marxista Marxist
marziano Martian
marzo March
maschile masculine
massa mass
matematica math
materia subject
maternità motherhood
matrimoniale matrimonial, conjugal
matrimonio marriage, wedding
mattina morning
medicina medicine
medico doctor
medievale medieval
medio average, middle
mediocre mediocre
meglio, *adv.* better
membro member
il/la mendicante beggar
mela apple
meno: a — che; di — unless; less
la mente mind
mentre while
meraviglia marvel, wonder
meraviglioso wonderful, marvelous

mercato market
mescolare to mix
il mese month
messaggio message
messicano Mexican
il mestiere profession
meta aim, goal
metodo method
mettere (*p.p.*** messo)** to put, place
mettersi (a) to begin
la mezzanotte midnight
mezzo half
mezzogiorno; a — noon; at —; **Mezzogiorno** southern Italy
mica at all
migliaio (le migliaia) thousand
migliorare to improve
migliore better
milanese Milanese
minestra soup
ministro minister
minoranza minority
minore smaller, younger, minor
minuto minute
mistero mystery
mito myth
il mobile furniture (a piece of)
mobilità mobility
moderato moderate
moderno modern
modo; — di vivere style, mode; lifestyle
la moglie (le mogli) wife
molto many, much, a lot of
momento moment
monarchico monarchic
mondiale world (*adj.*)
mondo world
montano mountainous
il monte mountain
monumento monument
la morale moral; **il morale** morale
moribondo dying
la morte; pena di — death; — penalty

mosaico mosaic
Mosca Moscow
mostra show, exhibition
mostrare to show
motocicletta motorcycle
motoscafo motorboat
motto motto
movimento movement
mozzicone butt (cigarette, cigar, etc.)
mucca cow
muro (le mura) wall
museo museum

N
il narratore narrator
nascere (*p.p.*** nato)** to be born
naso nose
nastro tape
il Natale; Buon —! Christmas; Merry —!
la nave ship
nazionale national
nazionalismo nationalism
nazionalista nationalist
la nazione nation
nazista Nazi
neanche not even
nebbia fog
necessario necessary
il/la negoziante merchant; shopkeeper
negozio store
nemmeno not even
nessuno no one
netto clean, sharp
la neve snow
nevicare to snow
niente nothing
nobiltà nobility
nobilitare to make noble
noioso boring
il nome; nominare name; to —
nonno(a) grandfather (mother)
nono ninth
nordico nordic
notare to notice, note
la notte night
novembre November

nucleare nuclear
nulla nothing
nuotatina swim (little)
numero; — di telefono number; telephone —
numeroso numerous
nuovo new
nuvoloso cloudy

O

obbedire to obey
occhio eye
occorrere to need; to be necessary
occupare to occupy
offrire (*p.p.* offerto) to offer
oggi today
ogni; — quanto?; — tanto each, every; how often?; now and then
oltre besides
ombroso shady
onnipotente omnipotent
onesto honest
l'onore, *m.* honor
opera; — d'arte work; — of art
opera, — lirica opera
operaio worker
operistico opera (*adj.*)
l'opinione, *f.* opinion
l'oppio opium
l'opposizione, *f.* opposition
opposto opposite
ora hour
ordinare to order
l'ordine, *m.* order
orecchio (le orecchie) ear
organizzare to organize
originale original
l'origine, *f.* origin
ormai, oramai by now, by this time
orto vegetable garden
l'ospedale, *m.* hospital
l'osservatore, *m.* observer
osso (le ossa) bone
ostacolare to block
ostentare to show
osteria inn

ottavo eighth
ottenere to obtain
ottimismo optimism
ottobre October
ozio idleness

P

la pace peace
pacificamente peacefully
padella frying pan
il padre father
padrona di casa landlady
il paese country, small town
paesaggio landscape
pagare to pay
paio (le paia) pair
palazzo palace
palestra gym
palla ball
la pallacanestro basketball
pallido pale
panchina bench
il pane bread
panini sandwiches
i pantaloni pants
papà Daddy
paragonare to compare
parco park
parere (*p.p.* parso) to seem
il/la parente relative
la parete wall
Parigi Paris
parlamento parliament
parola word
il parrucchiere hairdresser
la parte part
partecipare to participate
la partecipazione participation
la partenogenesi parthenogenesis
partenza departure
particolare particular
partire to leave
il/la passante passer-by
passaporto passport
passato past
passeggiata walk, stroll
la passione passion
pastasciutta pasta
pasto meal

passivo passive
pasta pastry
il/la patriota (-i/-e) patriot
patrono patron
patto: a — che provided that
paura; avere — fear; to —
pavimento floor
pazienza patience
pazzesco crazy
pazzo crazy
pedalare to pedal
peggiore worse
pellegrino pilgrim
pelo hair
pena pity, sorrow
penisola peninsula
pensionato retired person
la pensione; in — boarding house; retired
pentirsi to be sorry
pentola pot
per for; **— favore** please
percento percent
la percentuale percentage
perché because, why
perdere to lose
perdonare to excuse, forgive
perduto lost
perennemente constantly
perfetto perfect
pericolo danger
pericoloso dangerous
periodo period
permettere (*p.p.* permesso) to allow
permissivo permissive
però however, but
la persecuzione persecution
persino even, so far as to
persona person
personalità personality
pervaso pervaded, full
il pesce fish
peso weight
pettegolo gossip
piacere (a) to please; **Piacere** Pleased to meet you
piacevole pleasant
il pianeta (i pianeti) planet
piano piano, floor, level

piatto dish, plate
piazza plaza, square
piccolo small
il piede foot
pieno full
pietà pity, sorrow
pietra stone
pignolo busybody
pinacoteca picture gallery
pino pine
piovere to rain
piovoso rainy
le piramidi Pyramids
piroscafo steamship
piscina swimming pool
il pittore painter
pittorico pictorial
pittura painting
più: — (di); — o meno more; more than; more or less
piuttosto rather
plastico plastic
poco, po' little
poesia poem, poetry
il poeta (i poeti) poet
politico politician
polizia police
poliziotto policeman
pomeriggio afternoon
il ponte bridge
popolare popular
popolo (the) people
porta door
il portabagagli (i portabagagli) trunk
portafoglio wallet
il portiere doorman
possibile possible
possibilità possibility
posta mail
postino mail carrier
posto place
il potere power
potere to be able to
povero poor
pranzo lunch, dinner
prato field, meadow, lawn
il precedente precedent
precedente preceding
preferibile preferable
preferire (isc) to prefer

preferito favorite
premio; premiare prize; to award a —
prendere (*p.p.* preso) to pick up, take
preoccuparsi to worry
preparare to prepare
la presentazione presentation
presenza presence
prestare to lend
il prete priest
prevalentemente prevalently
la prevenzione prevention
prezzo price
la prigione prison
prigioniero prisoner
prima earlier, before, first; — **che, — di** before
primavera spring
principale principal, main
il principe prince
privato private
probabile probable
processo process
il proclama proclamation
prodotto product
produrre (*p.p.* prodotto) to produce
profano profane, secular
la professione profession
profumeria sundries store
professionale professional
profezia; dono della — prophecy; gift of —
profondamente profoundly
profumo smell, perfume
progettare to make plans
il programma (i programmi) program
programmare to plan
progressista progressive
proibire (isc) to prohibit
promesso promise
promettere (*p.p.* promesso) to promise
prominenza prominence
pronto ready
propaganda propaganda
proporre (*p.p.* proposto) to propose
la proporzione proportion

proposito: a — by the way
proposta proposal
proprietario owner
prosperità prosperity
prospero prosperous
prossimo next
protesta protest
protestante protestant
protettorato protectorate
provenienza origin
provenire to come from
pubblicare to publish
pubblico public
il pudore modesty
pugilato boxing
pulire (isc) to clean
il pullman (i pullman) bus
punto; — di vista point; — of view
puntualità punctuality
punire to punish
purché provided that
purtroppo unfortunately

Q
qua, qui here
quaderno workbook
quadro picture
qualcosa something
qualcuno someone
quale which
il/la quale who, whom
qualità quality
qualsiasi whatever
qualunque whichever
quando when
quanto how much
quarto fourth, quarter
quasi almost
quel che, quello che, ciò che that which
quello that, that one
questo this, this one
quindi thus, so
quinto fifth

R
raccogliere (*p.p.* raccolto) to gather, pick up
raccontare to recount, tell a story, narrate

la radio (le radio) radio
ragazza; ragazzo girl; boy
la ragione; avere — reason;
to be right
ragionevole reasonable
rapido rapid, fast
rapimento kidnapping
rapire to kidnap
il rapitore kidnapper
rapporto rapport,
relationship
rappresentare to represent
raro rare
rasarsi to shave
razionale rational
razza race
razzista racist
il re (i re) king
realismo realism
realtà; in — reality; in —
recentemente recently
recitare to act out, recite
regalo gift
regata regatta
il regime regime
regina queen; **la —**
d'Inghilterra — of England
la regione region
il registratore tape recorder
regola rule
regolare to regulate
regolare regular
la religione religion
rendere (p.p. reso) to make
rendersi (p.p. reso) conto to
realize
la repressione repression
repubblicano republican
resistere (p.p. resistito) to
resist
respiro breath
restauro restoration
restituire (isc) to give back
restringere to narrow, take in
il rettore president
(university)
riaccostare to reapproach,
draw near again
la ribellione rebellion
ricambiare to return, exchange
riccio curly

ricco rich
ricetta recipe
ricevere to receive
ricchezza wealth
richiesta request
ricordare to remember
ricordo remembrance,
souvenir
ridere (p.p. riso) to laugh
ridicolo ridiculous
ridotto reduced
riempire to fill
riflettere (p.p. riflesso) to
reflect
riguardare to regard, concern
rilassante relaxing
rilucere to shine, glitter
rimanere (p.p. rimasto) to
remain
rimpiazzare to replace
rinascimentale; Rinascimento
of the Renaissance; the —
rinascita rebirth
rinomato renowned
riparare to repair
riportare to bring back
ripresa resurgence
riprodurre (p.p. riprodotto)
to reproduce
la riproduzione reproduction
riscaldamento heating
riserva reserve
riso rice
risolvere (p.p. risolto) to
solve, work out
rispettabile respectable
rispetto respect
rispettoso respectful
rispondere (p.p. risposto) to
answer, reply
il ristorante restaurant
ristorarsi to refresh oneself
risultato result
ritenere to retain
ritorno; al — return; upon
returning
riuscito successful
rivalità rivalry
rivedere to see again
rivelare to reveal
rivista magazine

la rivoluzione revolution
roba stuff, things
romanico Romanesque
romano Roman
romanticismo; romantico
romanticism; romantic
romanzo novel
rompere (p.p. rotto) to break
ronzare to buzz
rosa rose
rosso red
rovina ruin
rubare to steal
rubinetto faucet
il rumore noise
ruolo role
rurale rural
la russificazione Russification

S
sabato Saturday
sacro sacred
salire to go up
salotto living room
salto; saltare jump; to skip,
jump
salutare to greet
la salute health
il sangue blood
sano healthy
sapere to know
saporito savory, full of flavor
il satellite satellite
sbrigarsi to hurry up
lo scaffale shelf
scadente cheap
scandalo scandal
scappare to escape
scarpa shoe
scatola box, can
scavo excavation
scegliere (p.p. scelto) to
choose, pick
scelta choice
scena, scenata scene
scendere (p.p. sceso) to go
down
lo sci; sciare ski, skiing; to
ski
lo scialle shawl
scientifico scientific

scienza science
sciopero strike
scolare to drain
scolaro student
scolastico scholastic
scolpire to sculpt
scommettere (p.p. scommesso) to bet
scomunicare to excommunicate
sconfitta defeat
scoperta discovery
scoprire (p.p. scoperto) to discover
scorso last
scotch Scotch whisky
lo scrittore; la scrittrice writer
scrivere (p.p. scritto) to write
scrupolo scruple
lo scultore sculptor
scultura sculpture
scuola school
scuro dark
scusare to excuse
secco dry
secolo century
secondo second
secondo according to
sedersi to sit down
sedia chair
seducente fascinating
seduto seated
la seduzione seduction
segno sign
segreto secret
sembrare to seem, appear
semplice simple
semplicità simplicity
sempre always
il senatore senator
sensibilità sensitivity
senso sense, direction
sentiero path
sentimento sentiment, feeling
sentire to hear, feel
senza, — che without
separatamente separately
la separazione separation
sepolto buried
sequestro seizure, kidnapping
sera; Buona — evening; Good —

serale, *adj.* evening
serata evening (all)
serenità; sereno serenity; serene, tranquil
serio; sul — serious; seriously
servilismo servilism
servire to serve
servizio postale postal service
sesso; sessuale sex; sexual
sesto sixth
la sete; avere — thirst; to be thirsty
settimana week
settimo seventh
severità severity
severo severe
sfilata (fashion) parade
sfortunato unfortunate
sigaretta cigarette
signora woman, Mrs., ma'am
signore man, Mr., sir
simbolizzare to symbolize
simbolo symbol
simile like, similar
simpatico nice
sindaco mayor
singolo single
il sistema (i sistemi) system
la situazione situation
smettere (p.p. smesso) to quit, stop
smorfioso affected, mincing
società society
sociale social
soffrire (p.p. sofferto) to suffer
soggetto; — di attualità topic; — of current interest
soggiorno living room
sogno; sognare dream; to —
solamente only
soldato soldier
i soldi money
il sole sun
solitario lonely
sommerso underground, submerged
sommo highest
sonno; avere — sleep; to be sleepy, tired

il/la soprano (i/le soprano) soprano
sorella sister
sorgere (p.p. sorto) to rise
sorriso smile
la sorte outcome, destiny
sostegno support
sottile subtle
sottile subtle
sotto under, beneath
sottosviluppato underdeveloped
la sottomissione submission
spagnolo Spanish
spalla shoulder
sparire (isc) to disappear
sparpagliare to strew, scatter
spazzolino da denti toothbrush
speciale special
specialità specialty
spedire (isc) to send
spegnere (p.p. spento) to extinguish, put out
sperare to hope
sperimentare to experiment
spesa shopping
spesso often
spettacolo show
spia spy
spiaggia beach
spiegazione explanation
spiraglio crack
spirito spirit
spiritoso witty
spirituale spiritual
sportivo athletic
lo sport (gli sport) sport
sposare to marry
sposarsi to get married
sputare to spit
squadra team
squallore squalor
squillare to ring
stabilire (isc) to establish
staccarsi to come off, break off
stadio stadium
la stagione season
stalla barn
stamani, stamattina this morning

stanza room
stare; — per to stay; to be about to
stasera tonight
gli Stati Uniti the United States
statico stagnant
statistica statistics
stato state
statua statue
stipendio salary
lo stivale boot
storia story, history
storico historic
strada; — facendo road; on the way
straniero foreigner
straordinario extraordinary
stravagante eccentric, extravagant
strega witch
stregare to hunt
stringere (p.p. stretto) to press
strumento instrument
lo studente; la studentessa student
studiare to study
studioso studious
stupendo great, super, wonderful
stupire to amaze
succedere (p.p. successo) to happen
suggerire to suggest
sultano sultan
suonare to play (instrument); to sound, ring
suono sound
superare to overcome
sveglia alarm clock
svegliarsi to wake up
svendita sale
svizzero Swiss
svolgere (p.p. svolto) to develop, write

T
tacco heel
tacito silent, tacit
tale such
talento talent

tanto quanto as much as
tardi; più tardi late; later
tassa tax
il tassì taxi
tavola table
tè tea
tecnica technique
tedesco German
telefono; telefonare telephone; to —
il telegiornale TV news
la televisione television
il tema (i temi) theme, topic, subject
temere to fear
tempesta storm
tempio (i templi, i tempi) temple
tempo; Che — fa? weather, time; How's the weather?
temporale storm
tendere (p.p. teso) to hold out, offer
tenere to have, hold, keep
tenersi al corrente to keep up with current events
il tenore tenor; — **di vita** standard of life
tentare to try
tentativo attempt
teoria theory
terminato ended, finished
terra land, earth
terribile awful, terrible
terrina tureen, serving platter
terrorismo terrorism
il/la terrorista terrorist
terzo; — mondo third; Third World
testa head
testimonianza testimony
tettoia roof
tifoso fan
il timore fear
timido shy
tintinnante tinkling
tipico typical
tipo type, kind
tono tone
tornare to return
torneo tournament

torta cake
tostare to toast
totocalcio lottery associated with soccer
la tradizione tradition
il tram (i tram) tram, trolley
tranquillo calm, tranquil
trapianto resettling, transplant
trascorrere (p.p. trascorso) to spend (time)
trasferirsi (isc) to move
traslocare to move
trasmettere (p.p. trasmesso) to transmit
trasportare to transport
trattare to treat
trattarsi (di) to be about, to be a matter of
il trattatista (i trattatisti) essayist
trattativa negotiation
trattoria (family) restaurant
tremendo awful
treno train
trionfo triumph
il trombone risonante sounding brass
trovarsi to be, to be located, to find oneself
tuffarsi to dive
tuono; tuonare thunder; to —
Turchia Turkey
il/la turista (-i/-e) tourist
tutto all; — *and def. art.* the whole; **tutti e due** both; **tutti e tre, quattro,** *etc.* all three, four, etc.; **tutto a un tratto** all of a sudden

U
uccidere (p.p. ucciso) to kill
ufficio office
ugualmente equally, still, all the same
ultimo last
l'umanista (gli umanisti) humanist
umanista *adj.* humanistic
umanistico humanistic
umanitario humanitarian

umano human
unire to unite
unità unity
unito united
universale universal
università university
uomo (gli uomini) man
uovo (le uova) egg
urbano urban
usanza use; custom, manners
uscire to go out (*esco*: I go out)
uso; usare use; to —
utile useful

V
vacca cow
vagabondo vagabond
il vagone merci freight train
valido valid
il valore; di — value; of —
vantaggio advantage
vantare to boast
variare to vary
varietà variety
vario varied, various
variopinto multicolored
vecchio old
vedere to see; **non — l'ora
  di/che** to long for; **Non
  vedo l'ora** I can't wait

veduta view
veloce fast
vendita sale
veneziano Venetian
venire (*p.p.* venuto) to come
  (*vengo*: I come)
vento; tirare — wind; to be
  windy
venuta coming
verde green
verdura vegetable
vergognarsi; vergogna to be
  ashamed; shame
verità truth
versare to pour (out)
versatile versatile
vestirsi to get dressed
vestito dress, suit
vetrina shop window
vezzoso affected
il viaggiatore traveler
viceversa vice-versa
vicino neighbor
vicino, *adj.* near
il vigore strength
villeggiatura vacation
villa villa
villaggio village
vincere (*p.p.* vinto) to win
vincolo link

vino wine
violento violent
violenza violence
virgolette quotation marks
la virtù virtue
visitare to visit
il visitatore visitor
vita life
vitalità vitality
vittima victim
vivace lively, vivacious
vivere (vissuto) to live
viziato spoiled
vizio vice
la vocazione vocation
la voce voice
voglia; avere — di desire,
  wish; to feel like
volere; — bene to want; to be
  fond of, like
volta time (as in one time,
  two times, etc.)
voltaggio voltage
voto; votare vote; to —
vulcanico volcanic

Z
zia; zio aunt; uncle
zingaro/a gypsy
zoo zoo

English/Italian Vocabulary

A

abandon abbandonare
abolish abolire
about circa
abroad all'estero
absolute assoluto
abstract astratto
academy accademia
accident l'incidente, m.
according (to) secondo
accumulate accumulare
accuse accusare
act atto
actor l'attore, l'attrice
add aggiungere
administration l'amministrazione, f.
admire ammirare
adolescent adolescente, adj. and n.
adopt adoperare
adoption l'adozione, f.
adore adorare
adult adulto
advantage vantaggio
adventure avventura
adventurer avventuriero
adversary avversario
advice consiglio
advise consigliare
aesthetic estetico
affected affettato, vezzoso
afflict affliggere (p.p. afflitto)
after; — all dopo; — tutto
afternoon pomeriggio
against contro
age età
agreed (OK); to agree d'accordo; essere d'—
agricultural agricolo
air; put on airs aria; darsi arie
airplane aeroplano
alabaster alabastro

alliance alleanza
alimony gli alimenti
along lungo
all tutto; — **in** — insomma
allow permettere (p.p. permesso)
ally alleato
almost quasi
also anche
although benché, malgrado
always sempre
amaze stupire
ambassador l'ambasciatore, l'ambasciatrice
ambition l'ambizione, f.
American americano
Americanization l'americanizzazione, f.
amorous amoroso
amount (to) ammontare
amphitheater anfiteatro
amuse (oneself) divertirsi
amusing divertente
ancestor antenato
angel angelo
anger; to get angry, mad rabbia; arrabbiarsi
Anglo-Saxon anglo-sassone
animal l'animale, m.; bestia
animated animato
announce annunciare
annul annullare
answer rispondere (p.p. risposto)
anthropology antropologia
apartment appartamento
apocalyptic apocalittico
appear apparire (p.p. apparso), sembrare
appetite; with a (good) — appetito; con —
apple mela
appreciate apprezzare
approve approvare

April aprile
aquiline aquilino
arbitrator arbitro
arched arcuato
architect architetto
argument; to argue la discussione, disputa; discutere (p.p. discusso) disputare
aria (music) aria
arm braccio (le braccia)
army esercito
aromatic aromatico
around in giro
arrival arrivo
arrive arrivare
art; — gallery; work of — l'arte, f.; galleria d'—; opera d'—
artisan artigiano
artist l'artista, m. or f. (-i/-e)
artistic artistico
as come; — . . . — così . . . come; — **if** come se
ash la cenere
ask domandare
aspect aspetto
astrophysics astrofisica
athlete; track and field l'atleta (-i/-e); atletica leggera
athletic sportivo
atmosphere atmosfera
attachment attaccamento
attempt tentativo
attend frequentare
August agosto
aunt zia
authentic autentico
author l'autore, m.
authoritarian autoritario
authority autorità
autumn autunno
avarice avarizia
average medio

aversion antipatia
avoid evitare
award (a prize) premiare
awful terribile, tremendo

B
bad; not bad! male; non c'è male!
badly male
bakery forno
balance bilancio
ball palla
ballet balletto
bar il bar (i bar)
barber il barbiere
bark abbaiare
barn stalla
baroque barocco
base basare
basketball la pallacanestro
bathe bagnarsi, fare il bagno
bathed immerso
bathing suit il costume da bagno
beach spiaggia
beautiful bello
beauty bellezza
become divenire, diventare
bed letto
bedroom camera
bee l'ape, *f.*
beer birra
before prima (di)
begin cominciare, fondare, incominciare, iniziare, mettersi (a)
beginning; at the — inizio; all'—
beggar il/la mendicante
behave comportarsi
behind dietro
bell campana, campanello
belong appartenere
bench panchina
beneath sotto
besides oltre
bet scommettere (*p.p.* scommesso)
better meglio, *adv.*; migliore, *adj.*
Bible Bibbia

bicycle; — racing; cycling bicicletta; ciclismo; ciclistico
bilingual; bilingualism bilingue; bilinguismo
biology biologia
birth; to be born nascita; nascere (*p.p.* nato)
birthday compleanno
bizarre bizzarro
blessed beato
blessing la benedizione
block ostacolare
blood il sangue
blush arrossire
board imbarcare
boarding house la pensione
boast vantare
boat barca
body; bodyguard corpo; la guardia del corpo
boil bollire
bone osso (le ossa)
book libro
boot lo stivale
boring noioso
bother fastidio
bottle bottiglia
box scatola
boxing pugilato
boy ragazzo
brand marca
bread il pane
break; — off rompere (*p.p.* rotto); staccarsi
breakfast la colazione
breath respiro
bridge il ponte
bring; to — back portare; riportare
broken (out of order) guasto
brother fratello
bubbling gassato
build costruire (isc)
building edificio
buried sepolto
bus l'autobus (gli autobus), il pullman (i pullman)
busybody pignolo
but ma, però
butter burro
buy comprare

buzz ronzare
by da
Byzantine bizantino

C
cake torta
calamity calamità
calculate calcolare
call; to be called; What is your (his, her) name?; What is your name? (informal) telefonare; chiamarsi; Come si chiama?; Come ti chiami?
calm calma, *n.*; calmo, tranquillo, *adj.*; **to — down** calmarsi
camera macchina fotografica
camomile tea camomilla
campaign campagna
can: to be able to potere
can scatola
Canadian canadese
candidate candidato
candle candela
candy caramella
capable abile, capace
capital la capitale
car macchina
card cartolina
cardinal cardinale
career carriera
carefully attentamente
carpenter il falegname
case caso
cat gatto
catalogue catalogo
cathedral cattedrale
Catholic cattolico
cause causa
cede cedere
celebrate celebrare, festeggiare
celebration festeggiamento
censor censurare
census censimento
center centro
century secolo
chair sedia
championship campionato
chancellor il cancelliere
characteristic caratteristica

charge carica
charity carità
chat chiacchierare
cheap scadente
check (bill) conto
cheese formaggio
chic chic
child bambino/a
Chinese cinese
choice scelta
choose scegliere (p.p. scelto)
Christian cristiano
Christmas; Merry —! il Natale; Buon —!
church chiesa
cigarette sigaretta; **— butt** il mozzicone
circulate circolare
circumstance circostanza
circus circo
citizen cittadino
city città
civil civile
clandestinity clandestinità
class; class-conscious la classe; classista
classic classico
classroom aula
clean netto; **to —** pulire (isc)
clear chiaro
clearly chiaramente
clever bravo, geniale
client il/la cliente
climate il clima (i climi)
clock (alarm) sveglia
close chiudere (p.p. chiuso)
closed chiuso
clothing abito, i vestiti
cloudy nuvoloso
coffee, — shop il caffè
coincidence coincidenza
cold freddo, *adj.* and *n.*; **to be —** avere —; fare — (weather)
collective collettivo
colonnade colonnato
colony colonia
come; to — from venire (vengo: *I come*) (p.p. venuto); provenire
coming venuta

command comandare
commerce commercio
commit commettere (p.p. commesso)
common comune
comfortable; to make oneself — comodo; accomodarsi
company compagnia; ditta
compare; compared (with) paragonare; in confronto con
competition gara
complain lamentarsi
completely completamente
concede concedere
concept concetto
concern riguardare
concert concerto
conclude concludere (p.p. concluso)
condemnation condanna
condition la condizione
confess confessare
confined confinato
confront affrontare
conquest conquista
conquer conquistare
consent consenso
consequently dunque
conservative conservatore, *adj.* and *n.*
conservatory conservatorio
consider considerare
considerable considerevole
conspicuous cospicuo
constant costante
constantly perennemente
constitute (form) costituire
contain contenere
consumerism consumismo
contemporary contemporaneo
contender il/la finalista (-i/-e)
continuously in continuazione
contrary contrario
contrast contrasto
contribution contributo
control controllo
controlled controllato
converse conversare
convincing convincente
cookie biscotto
cooking cucina

correct correggere (p.p. corretto)
corrupt corrompere (p.p. corrotto)
cost costare
costume il costume
council concilio
count contare
country il paese
countryside campagna
course corso
court la corte
courteousness galanteria
cow mucca, vacca
crack spiraglio
craftsmanship artigianato
crazy pazzo, pazzesco, folle
cretin cretino
cricket grillo
crime il crimine, delitto
criminal il/la criminale, n.; delinquente, *adj.*
criminality criminalità
crisis la crisi (le crisi)
critic critico
critical critico
cross attraversare
crossing incrocio
crowd folla; **to —** affollare
crowded affollato
cruelty crudeltà
cuisine cucina
cultural culturale
curly riccio
current attuale, corrente
custody custodia
custom usanza
cute carino
cymbal cembalo
cypress cipresso

D
Daddy papà
damage danno
dairy latteria
dance ballare
dancer ballerino/a
danger pericolo
dangerous pericoloso
dark scuro
darkness buio

day (all) giornata
death la morte; **— penalty** pena di —
December dicembre
decide decidere (*p.p.* deciso)
decree decretare
declare dichiarare
decline: on the — in diminuzione
dedicate dedicare
defeat sconfitta
define definire (isc)
degree (university) laurea
demand esigere
demonstration la dimostrazione
dentist il/la dentista (-i/-e)
departure partenza
descendant il/la discendente
descent discendenza
describe descrivere (*p.p.* descritto)
description la descrizione
design disegno
designer il disegnatore, la disegnatrice
desire voglia
despite malgrado
dessert il dolce
destiny destino, la sorte
destroy distruggere (*p.p.* distrutto)
destruction la distruzione
determining determinante
detest detestare
develop svolgere (*p.p.* svolto)
deviationist il/la deviazionista (-i/-e)
dialect dialetto
dice i dadi
dictatorship dittatura
diet dieta
dietetic dietetica
difference differenza
different diverso
diffusion la diffusione
dignity dignità
dimension la dimensione
diminish attenuarsi, diminuire (isc)
dinner pranzo

diplomatic diplomatico
dirty sporco
disappear sparire (isc)
disaster disastro
disciplined disciplinato
discover scoprire (*p.p.* scoperto)
discovery scoperta
discuss discutere (*p.p.* discusso)
dish piatto
dissent dissenso
distance distanza
distracted distratto
distressing desolante
distribute distribuire (isc)
dive tuffarsi
divided diviso
divinity divinità
divorce divorzio
divorced divorziato
do fare (*p.p.* fatto)
doctor medico
doctrine dottrina
dog il cane
dominion dominio
door porta
doorman il portiere
doubt dubbio
downtown in centro
drain scolare
dream sogno; **to —** sognare
dress abito, vestito; **to —** vestirsi
drink bere (*p.p.* bevuto)
drive guidare
driver il/la conducente
drugstore farmacia
dry secco
duration durata
during durante
dying moribondo

E
each ciascuno, ogni
ear orecchio (le orecchie)
earlier prima
earn guadagnare
earth terra
easily facilmente
easy facile

eat mangiare
eccentric stravagante
economic economico
economy economia
education la formazione, l'istruzione, *f.*
educational educativo
effect effetto
egg uovo (le uova)
eighth ottavo
election l'elezione, *f.*
electoral elettorale
electricity elettricità
electronic elettronico
elegance eleganza
element elemento
eliminate eliminare
elsewhere altrove
emigrate emigrare
employee impiegato
enchanting incantevole
end la fine
enemy avversario
energy energia
engaged fidanzato
engineer l'ingegnere, *m.*
ennoble nobilitare
enough; to be — abbastanza, basta!; bastare
ensemble (musical) complesso musicale
enter entrare
entrepreneur impresario
equally ugualmente
eruption l'eruzione, *f.*
escape scappare
essayist il/la trattatista (-i/-e)
establish stabilire (isc)
eternal eterno
ethnic etnico
Europe; European Europa; europeo
Europeanization l'europeizzazione, *f.*
even anche, persino
evening; Good — sera; Buona —
evening (all) serata; *n.*; serale, *adj.*
event avvenimento
every ogni

everything tutto
evident evidente
exam l'esame, *m.*
example; for — esempio; per —
excavation scavo
exceptional eccezionale
exchange ricambiare
exclusive esclusivo
excommunicate scomunicare
excursion l'escursione, *f.*
excuse scusare
exhibition mostra
exile esilio
exiled esiliato
exist esistere (*p.p.* esistito)
existence esistenza
expatriate espatriato
expensive costoso, caro
experience esperienza
experiment sperimentare
explanation la spiegazione
explode esplodere (*p.p.* esploso)
explorer; to explore l'esploratore, *m.*; esplorare
export esportare
express esprimere (*p.p.* espresso)
expresso (coffee) espresso
extend estendere (*p.p.* esteso)
exterior esteriore
extinguish spegnere (*p.p.* spento)
extraordinary straordinario
extreme estremo
eye occhio

F
fabulous favoloso
faction la fazione
factory fabbrica
fail bocciare
fair, *n.* fiera
fairy tale favola
faith la fede
faithful fedele
false falso, fittizio
family famiglia
fan tifoso
far lontano; **not —** poco —

fascinating affascinante, seducente
fascination fascino
fascism fascismo
fascist fascista
fast rapido, veloce
fat grasso
father il padre
faucet rubinetto
favor il favore; **to —** favorire
favorable favorevole
favorite preferito
fear paura, il timore; **to —** avere paura, temere
February febbraio
feel sentire
feminine femminile
feminist femminista
fertile fertile
festive festivo, festoso
fiancé(e) fidanzato/a
fictitious fittizio
field campo, prato
fifth quinto
fight combattere
figurative figurativo
fill riempire
film film; **to make a —** girare un —
financial finanziario
finger dito (le dita)
finish finire (isc), terminare
fire fuoco
first prima
fish il pesce
floor pavimento; piano (*story*)
Florentine fiorentino
flourish fiorire
flower il fiore; **to —** fiorire
fog nebbia
folk folklorico
foliage il fogliame, chioma
foot il piede
for per
forecast (weather) bollettino metereologico
foreigner straniero
forget dimenticare
forgive perdonare
fork forchetta

form; newly formed formare; di nuova formazione
formality formalità
fortunate fortunato
found fondare
fountain fontana
fourth quarto
free libero; **to —** liberare
freedom libertà
freezing gelido
freight train il vagone merci
French francese
frequent frequente
fresh fresco
friend compagno, amico/a
frivolous frivolo
from da
fruit frutta
full pieno
fun; to have —; Have—! divertimento; divertirsi; Buon divertimento!
function funzionare
fundamentalist il/la fondamentalista (-i/-e)
funds i fondi
fur pelo, pelliccia
furniture (a piece of) il mobile
fury furia
future futuro

G
gallery; picture — galleria; pinacoteca
game gioco
gang banda
garden; vegetable — giardino; orto
gather raccogliere (*p.p.* raccolto)
general; in — generale; in generale
generous generoso
genius genio
Genoese genovese
geographical geografico
geometric geometrico
German tedesco
ghost il fantasma
gift regalo

girl fanciulla, ragazza
give; to — back dare; restituire (isc)
gladiator il gladiatore
gloomy lugubre
glory gloria
gnostic gnostico
go andare; **to — away** — via; **to — down** scendere (*p.p.* sceso); **to — up** salire; **to — out** uscire
goal meta
goat capra
good buono
gossip pettegolo
Gothic gotico
govern governare
government governo
governor governatore
gradually gradualmente
grace grazia
graduate (from university) laurearsi
gram grammo
grandfather(mother) nonno/a
grass erba
grate grattugiare
great grande, stupendo
greatness grandezza
greedy goloso
Greek greco
green verde
greet salutare
group gruppo
guard guardia
guide guida
gym palestra
gypsy zingaro, gitano

H
habit l'abitudine, *f.*
hair i capelli
hairdresser il parrucchiere
half mezzo
hand; to read palms la mano (le mani); leggere le mani
handsome bello
happen succedere (*p.p.* successo)
happy beato, felice
hard duro

hardly appena
harmony armonia
have avere
head; — of the family testa; il capofamiglia
health la salute
healthy sano
hear sentire
heart il cuore
heat caldo
heating riscaldamento
heel tacco
Hell inferno
help aiutare
here (is, are) ecco
here, *adv.* qua, qui
heredity eredità
heresy eresia
hero l'eroe, *m.*
highest sommo
highway autostrada
hill il colle
hire assumere (*p.p.* assunto)
historic storico
history storia
hold tenere
homework i compiti
honest onesto
honeymoon luna di miele
honor l'onore, *m.*
hope sperare
horse cavallo
hospital l'ospedale, *m.*
hot caldo; **to be —** avere —; fare — (weather)
hotel albergo
hour ora
house casa
how; — come? come; — mai?
however però
hug abbraccio; **to —** abbracciare
huge enorme
human umano
humanist l'umanista (-i/-e)
humanistic umanista, umanistico
humanitarian umanitario
hundred centinaio (le centinaia)
hunger la fame

hurry sbrigarsi; **in a —** in fretta
husband marito

I
ice cream; — vendor gelato; gelataio
idea idea
identity identità
idleness ozio
idyllic idilliaco
illicit illecito
illustrated illustrato
illustrious illustre
image l'immagine, *f.*
imaginary immaginaria
imagination; to imagine l'immaginazione, *f.*; immaginare
immigrant l'immigrante, *m.*
imminent imminente
immortal immortale
impartial imparziale
impatience impazienza
importance importanza
impossible impossibile
impotent impotente
improve migliorare
incapable incapace
including compreso
incomparable impareggiabile
increase; on the — aumentare; in aumento
incredible incredibile
independence indipendenza
independent indipendente
individual individuale, *adj.*; individuo, *n.*
industrial industriale
industry industria
inevitable inevitabile
inferior inferiore
infidelity infedeltà
inflation l'inflazione, *f.*
influence influenzare
information l'informazione, *f.*
ingredient l'ingrediente, *m.*
inhabitant l'abitante, *m.* or *f.*
inhibition l'inibizione, *f.*
initiative iniziativa
inn osteria

innate innato
innocent innocente
inside all'interno
insistent insistente
inspiration l'ispirazione, *f.*
inspire ispirare
install installare
instead invece
instrument strumento
insurance assicurativo, *adj.*;
   assicurazione, *n.*
institute istituire
institution l'istituzione, *f.*
intellectual intellettuale
intelligence intelligenza
intense intenso
intensity intensità
international internazionale
interpretation
   l'interpretazione, *f.*
interrupt interrompere (*p.p.*
   interrotto)
intrigue intrigo
introduce introdurre (*p.p.*
   introdotto)
interest l'interesse, *m.*
invasion l'invasione, *f.*
invent inventare
invest investire
invitation invito
invite invitare
island isola
Italian italiano
Italy Italia

J
January gennaio
Japanese giapponese
jealous geloso
jealousy gelosia
jewel gioiello
joke barzelletta
journalist il/la giornalista (-i/-e)
joy gioia
judge arbitro; **to —**
   giudicare
July luglio
jump salto
June giugno
jungle giungla
just appena, *adv.*; giusto, *adj.*

K
keep tenere
key la chiave
kidnap rapire
kidnapper il rapitore
kidnapping rapimento
kill uccidere (*p.p.* ucciso),
   ammazzare
king il re (i re)
kiosk edicola
kiss baciare
kitchen cucina
knock bussare
know conoscere, sapere
knowledge scienza

L
land terra
landlady padrona di casa
landscape paesaggio
language l'idioma, *m.*; lingua
languishing languente
larger maggiore, più grande
last scorso, ultimo
later più tardi
Latin latino
laugh ridere (*p.p.* riso)
lava lava
law la legge
lawn prato
lawyer avvocato
learn imparare
learned istruito
least: at — almeno
leather cuoio, pelle
leave lasciare, partire
leg gamba
legally legalmente
legislator il legislatore
lend prestare
less meno (di)
letter lettera
level livello
liberation la liberazione
library biblioteca
lie bugia; **to —** mentire, dire
   bugie
life vita
lifestyle modo di vivere
light la luce, il lume, *n.*;
   leggero, *adj.*

light accendere (*p.p.* acceso)
lightly leggermente
lightning lampo
like piacere, volere bene
link vincolo
lip labbro (le labbra)
list elenco
listen ascoltare
literature letteratura
little poco; **a —** un po' di
live abitare, vivere (*p.p.*
   vissuto)
lively vivace
living room salotto,
   soggiorno
locate (to be located) trovarsi
lodge alloggiare
logical logico
London Londra
lonely solitario
long lungo
long (for) non vedere l'ora
   di/che
look (at) guardare
lose perdere
lost perduto
love l'amore, *m.*; **to fall in —**
   (with) innamorarsi; **to be in**
   — innamorato; **to —** amare
luckily per fortuna
lunch la colazione, pranzo

M
magazine rivista
magical magico
magnificent magnifico
mail; mail carrier; postal
   service posta; postino;
   servizio postale
maintain mantenere
majority maggioranza
make (brand) marca
make fare (*p.p.* fatto),
   rendere (*p.p.* reso)
man l'uomo (gli uomini);
   signore
management la gestione
manifestation la
   manifestazione
manufacture fabbricare
many molti, molte

map carta geografica
marble marmo
march marciare
March marzo
maritime marittimo
market mercato
marriage (wedding) matrimonio
marry sposare, sposarsi, accasarsi
Martian marziano
marvel meraviglia
marvelous meraviglioso
Marxist marxista
masculine maschile
mass massa
masterpiece capolavoro
match fiammifero
math matematica
matrimonial matrimoniale
matter importare
May maggio
mayor sindaco
meadow prato
meal pasto
meanwhile frattanto, intanto
meat la carne
medicine medicina
medieval medievale
mediocre mediocre
medium il medium
meet incontrare
meeting incontro
melancholy malinconia
member membro
merchant il/la negoziante
message messaggio
method metodo
Mexican messicano
midnight la mezzanotte
Milanese milanese
milk il latte; **— vendor** lattivendola; **dairy** latteria
mind la mente
minister ministro
minor minore
minority minoranza
minute minuto
mix mescolare
moaning lamentela
mobility mobilità

moderate moderato
modern moderno
modesty il pudore
moment momento
(the) Mona Lisa La Gioconda
monarchic monarchico
Monday lunedì
money i soldi
month il mese
monument monumento
moon luna
moral la morale
more più (di)
morning mattina; **Good —** Buon giorno; **this —** stamani, stamattina
mosaic mosaico
Moscow Mosca
mother la madre
motherhood maternità
motorboat motoscafo
motorcycle motocicletta
motto motto
mountain il monte
mountainous montano
move spostare, muovere, muoversi, traslocare
movement movimento
Mrs.; ma'am signora
Mr.; sir signore
much molto
multicolored variopinto
museum museo
music musica
must (to have to) dovere
mystery mistero
myth mito

N

name il nome; **last —** il cognome; **to —** nominare; **What is your (his/her) —?**; **What is your —? (inf.)** Come si chiama?; Come ti chiami?
narrate raccontare
narrator il narratore
narrow restringere
nation la nazione
national nazionale
nationalism nazionalismo
nationalist nazionalista

Nazi nazista
near; to get close to vicino; avvicinarsi
necessary; to be — necessario; bisognare
need bisogno; **to —** avere — di
negotiation trattativa
neighbor vicino
never mai
new nuovo
news (TV) il telegiornale
newspaper il giornale
next prossimo
nice gentile, simpatico
night la notte
ninth nono
nobility nobiltà
noise il rumore
noon; at — mezzogiorno; a —
nordic nordico
nose naso
note notare
nothing niente
notice notare
novel romanzo
November novembre
now ora, adesso; **by —** ormai, oramai
nuclear nucleare
number; telephone — numero; **— di telefono**
numerous numeroso

O

obey obbedire
observer l'osservatore, m.
obtain ottenere
occupy occupare
October ottobre
of di
offer offrire (p.p. offerto), tendere (p.p. teso)
office ufficio
often spesso
old; to get — vecchio; invecchiare
old vecchio; antico
omen; ill — augurio; malaugurio
omnipotent onnipotente

only solamente
open aprire (*p.p.* aperto)
opera opera; opera lirica; operistico (*adj.*)
opinion l'opinione, *f.*
opium oppio
opposite opposto
opposition l'opposizione, *f.*
optimism ottimismo
orange arancione
orangeade aranciata
order l'ordine, *m.*; **to —** ordinare
organize organizzare
origin l'origine, *f.*; provenienza
original originale
other; on the — hand altro; invece, d'altra parte
out (to go) uscire (*I go out:* esco)
outcome la sorte, esito, risultato
outing gita
oven forno
overcoat cappotto
overcome superare
owl civetta
owner proprietario

P
paint dipingere (*p.p.* dipinto)
painter il pittore
painting pittura
pair paio (le paia)
pal compagno
palace palazzo
pale pallido
pan (frying) padella
pants i pantaloni
parade (fashion) sfilata
parents i genitori
Paris Parigi
park parco
parliament parlamento
part la parte
participation la partecipazione
parthenogenesis la partenogenesi
participate partecipare
particular particolare

party festa
passage brano
passer-by il/la passante
passion la passione
passive passivo
passport passaporto
past passato
pasta pastasciutta
pastry pasta
path sentiero
patience pazienza
patriot il/la patriota (-i/-e)
patron patrono
pay pagare
peace la pace
peacefully pacificamente
peasant contadino
pedal pedalare
peninsula penisola
people; the — la gente; popolo
percent percento
percentage la percentuale
perfect perfetto
perfume profumo
period epoca, periodo
permission permesso
permissive permissivo
persecution la persecuzione
person; old — persona; anziano
personality personalità
pervaded pervaso
phenomenon fenomeno
photographer; to photograph fotografo; fotografare
physical fisico
physics fisica
piano piano
pick; to — up scegliere (*p.p.* scelto); prendere (*p.p.* preso); cogliere (*p.p.* colto); raccogliere (*p.p.* raccolto)
pictorial pittorico
picture quadro
pilgrim pellegrino
pine pino
pity pena, pietà
place luogo, posto; **to take —** avere luogo
plan progettare, programmare
planet il pianeta

plastic plastico
plate piatto
platform binario
play giocare (*game*); suonare (*instrument*)
player il giocatore
plaza piazza
pleasant piacevole
please per favore, per piacere, prego; **to —** piacere (a) (*p.p.* piaciuto)
pleasing piacevole
poem poesia
poet il poeta (i poeti)
poetry poesia
police polizia
policeman poliziotto
polite educato, gentile
politician politico
polluted inquinato
pool piscina
poor povero
popular popolare
portion la dose
possibility possibilità
possible possibile
pot pentola
pour (out) versare
power il potere
precedent precedente
prefer preferire (isc)
preferable preferibile
prepare preparare
presence presenza
present attuale
presentation la presentazione
presently attualmente
president (university) il rettore
press stringere (*p.p.* stretto)
pretty carino
prevalently prevalentemente
prevent impedire
prevention la prevenzione
price prezzo
priest il prete
prince il principe
principal principale
prison la prigione
prisoner prigioniero
private privato
prize premio

probable probabile
process processo
proclamation il proclama (i proclami)
produce produrre (*p.p.* prodotto)
product prodotto
profane profano
profession il mestiere, la professione
professional professionale (*adj.*); il/la professionista (-i/-e)
profoundly profondamente
program il programma (i programmi)
progressive progressista
prohibit proibire (isc)
prominence prominenza
promise promesso; **to —** promettere (*p.p.* promesso)
propaganda propaganda
prophecy; gift of — profezia; dono della —
proportion la proporzione
proposal proposta
propose proporre (*p.p.* proposto)
prosperity prosperità
prosperous prospero
protectorate protettorato
protest protesta
protestant protestante
provided (that) a condizione che, a patto che, purché
public pubblico
publish pubblicare
punctuality puntualità
punish punire
punishment castigo
put mettere (*p.p.* messo)
Pyramids le piramidi

Q
quality qualità
quarter quarto
queen; — of England regina; — d'Inghilterra
quit smettere (*p.p.* smesso)
quotation marks virgolette

R
race corsa; razza
racist razzista

radio la radio (le radio)
rain pioggia; **to —** piovere
rainbow arcobaleno
rainy piovoso
rapport rapporto
rare raro
rather piuttosto
rational razionale
read leggere (*p.p.* letto)
ready pronto
real reale
realism realismo
reality; in — realtà; in —
realize accorgersi (*p.p.* accorto), rendersi (*p.p.* reso) conto
really davvero
reapproach riaccostare
reason; to be right la ragione; avere —
reasonable ragionevole
rebellion la ribellione
rebirth rinascita
receive ricevere
recently recentemente
recipe ricetta
recite recitare
record; — player disco; giradischi
recorder (tape) il registratore
recount raccontare
red rosso
reduced ridotto
reflect riflettere (*p.p.* riflesso)
refresh (oneself) ristorarsi
refrigerator frigorifero
regard (concern) riguardare
regatta regata
regime il regime
region la regione
regular regolare
regulate regolare
relationship rapporto, la relazione
relative il/la parente
relaxing rilassante
religion la religione
remain rimanere (*p.p.* rimasto)
remembrance; to remember ricordo; ricordare
Renaissance; of the — il Rinascimento; rinascimentale, *adj.*

rendezvous appuntamento
renowned rinomato
repair aggiustare, riparare
repeal l'abrogazione, *f.*; **to —** abrogare
represent rappresentare
repression la repressione
reproduce riprodurre (*p.p.* riprodotto)
reproduction la riproduzione
republican repubblicano
request richiesta
reserve riserva
resettling trapianto
residence domicilio
resign dimettersi (*p.p.* dimesso)
resist resistere (*p.p.* resistito)
respect deferenza, rispetto
respectable rispettabile
respectful rispettoso
restaurant; family — il ristorante; trattoria
restoration restauro
resurgence ripresa
retain ritenere
retired; retiree in pensione; pensionato
result esito, risultato
return ritorno; **to —** tornare; ricambiare, restituire (*something*)
reveal rivelare
revolution la rivoluzione
rich ricco
rice riso
right diritto, *n.*; giusto, *adj.*; **to be —** avere ragione; **to the —** a destra
ring squillare, suonare
ridiculous ridicolo
rise levarsi; sorgere (*p.p.* sorto)
rivalry rivalità
road strada
role ruolo
Roman romano
Romanesque romanico
romantic romantico
romanticism romanticismo
roof tettoia

room stanza
roommate compagno (di stanza)
rose rosa
ruin rovina
rule regola
run correre (p.p. corso)
rural rurale
Russification la russificazione

S
sacred sacro
said (called) detto
salad insalata
salary stipendio
sale (s)vendita
sandwiches i panini
satellite il satellite
Saturday sabato
savory gustoso; saporito
say dire (p.p. detto)
scandal scandalo
scene scena, scenata
scholastic scolastico
school; secondary — scuola;
  liceo
scientific scientifico
Scotch (whisky) scotch
scratch graffiare
scruple scrupolo
sculpt scolpire
sculptor lo scultore
sculpture scultura
sea il mare
season la stagione
seated seduto
second secondo
secret segreto
secular profano
seduction la seduzione
see; to — again vedere; rivedere
seem parere (p.p. parso),
  sembrare
selfish egoista
simple semplice
senator il senatore
send spedire (isc), mandare
sense senso
sensibility sensibilità
sentiment sentimento
separately isolatamente,
  separatamente

separation la separazione
September settembre
serenity serenità
serious serio
seriously sul serio
serve servire
servilism servilismo
set ambientare
seventh settimo
several diversi, diverse
severe severo
severity severità
sex sesso
sexual sessuale
shady ombroso
shake agitare
shame; to be ashamed
  vergogna; vergognarsi
sharp netto
shave rasarsi, farsi la barba
shawl lo scialle
shelf lo scaffale
shine brillare, rilucere
ship la nave
shoe scarpa
shoemaker calzolaio
shopowner il/la
  commerciante
shopping spesa; **to go —**
  fare la —
shoulder spalla
shout gridare
show mostra, spettacolo; **to
  —** dimostrare, mostrare,
  ostentare
shy timido
sign il cartellone, segno, il
  segnale; **to —** firmare
silent tacito
similar simile
simplicity semplicità
since dato che
sing cantare
singer il/la cantante
single singolo
sister sorella
sit sedersi
situation la situazione
sixth sesto
size grandezza
ski lo sci; **to —** sciare

sky cielo
skyscraper grattacielo
sleep; to fall asleep dormire;
  addormentarsi
sleep; to be sleepy, tired
  sonno; avere —
slightly leggermente
slope china
slow lento
small piccolo
smaller minore, più piccolo
smart bravo, intelligente
smell profumo, l'odore (m.)
smile sorriso
smoke fumo
smooth liscio
snow la neve; **to —** nevicare
so; — that allora, così;
  affinché
soccer calcistico, adj.; calcio, n.
social sociale
society società
soldier soldato
song la canzone
solve risolvere (p.p. risolto)
someone qualcuno
something qualcosa
soprano il/la soprano (i/le
  soprano)
sorrow pena; pietà
sorry (to be) pentirsi
sound suono
soup minestra
Spanish spagnolo
speaker (sound)
  l'altoparlante, m.
special speciale
specialty specialità
speech discorso
spend (time) trascorrere (p.p.
  trascorso)
spirit animo, spirito
spiritual spirituale
spit sputare
spoiled viziato
spoilsport il/la guastafeste
  (i/le guastafeste)
spoon cucchiaio
sport lo sport (gli sport)
spring primavera
spy spia

squalor squallore
stadium stadio
stagnant statico
star (film) divo/a
state stato
statistics statistica
statue statua
stay stare, rimanere
steal rubare
steamship piroscafo
stone pietra
stop fermata; **to —** cessare, fermarsi, smettere (*p.p.* smesso)
store negozio
storm tempesta
story la storia
straight liscio (*hair*); diritto
strength il vigore, forza
strew sparpagliare
strike sciopero; **to —** fare sciopero, scioperare
strong forte
struggle lotta; **to —** lottare
student scolaro, lo studente, la studentessa
studious studioso
study studiare
stuff roba
subject materia, il tema (i temi), argomento
submission la sottomissione
subtle sottile
subversive sovversivo
successful riuscito
such tale
sudden improvviso
suddenly improvvisamente
suffer soffrire (*p.p.* sofferto)
suggest suggerire
suit abito, vestito
suitable adatto
sultan sultano
summer l'estate, *f.*; estivo, *adj.*
summit cima
summon indire (*p.p.* indetto)
sun il sole
Sunday domenica
supper cena
support sostegno
surround circondare

swarming brulicante
sweater maglione
sweet dolce
sweetness dolcezza
swim (little) nuotatina
Switzerland Svizzera
symbol simbolo
symbolic simbolico
symbolize simbolizzare
system il sistema (i sistemi)

T
table tavola
take prendere (*p.p.* preso)
talent talento
tape nastro
tapedeck il mangianastri (i mangianastri)
tax tassa
taxi il tassì
tea tè
teach insegnare
teacher il/la docente; maestro (*elementary school*); l'insegnante, m. or f.
team squadra
technique tecnica
telephone telefono; **to —** telefonare
television la televisione, il televisore
temple tempio (i templi, i tempi)
tenor il tenore
tenth decimo
terrorism terrorismo
terrorist il/la terrorista (-i/-e)
testimony testimonianza
thank you grazie
that; — which quel, *etc.*; quel che, quello che, ciò che
theme il tema (i temi)
then dunque, allora, poi
theory teoria
there lì, la
thief ladro
thin (skinny) magro
thing cosa
third terzo
thirst; to be thirsty la sete; avere —

this questo
thousand migliaio (le migliaia)
thriving florido
thunder tuono; **to —** tuonare
Thursday giovedì
thus così, quindi
tie legare
time tempo, volta; **on —** in orario
tip mancia; **to —** dare la —
tiring faticoso
toast tostare
today oggi
tomorrow domani
tongue lingua
tone tono
tonight stasera
tooth il dente
toothbrush spazzolino da denti
top cima
topic argomento, soggetto, il tema (i temi); **— of current interest** soggetto di attualità
tourist il/la turista (-i/-e)
tournament torneo
toward nei confronti di, verso
town cittadina, paese
toy giocattolo
track and field; athlete atletica leggera; l'atleta (-i/-e)
tradition la tradizione
train treno
tram il tram (i tram)
tramp girovago; vagabondo
tranquil sereno
transmit trasmettere (*p.p.* trasmesso)
traveler il viaggiatore
treat trattare
tree albero
triumph trionfo
trunk il/i portabagagli
trust fiducia
truth verità
try tentare
tureen terrina
Turkey Turchia
type tipo
typical tipico

U

uncle zio
under sotto
underdeveloped sottosviluppato
underground sommerso
understand capire (isc)
unemployment la disoccupazione
unfaithful infedele
unfortunate sfortunato
unfortunately purtroppo
unimaginable inimmaginabile
uninterrupted ininterrotto
unite unire
united unito
United States gli Stati Uniti
unity unità
universal universale
university università
unless a meno che
unmistakable inconfondibile
unreal irreale
upset: to get — agitarsi
urban urbano
use uso, usanza
use adoperare, usare
useful utile
usual abituale

V

vacation vacanza, villeggiatura
vagabond vagabondo
valid valido
value; of — il valore; di —
variety varietà
various; varied vario
vary variare
vegetable verdura
Venetian veneziano
versatile versatile
vice vizio
vice-versa viceversa
victim vittima
view; point of — vista, veduta; punto di vista
villa villa
village villaggio

violence violenza
violent violento
virtue la virtù
visit visitare
visitor il visitatore
vitality vitalità
vocation la vocazione
voice la voce
volcanic vulcanico
voltage voltaggio
vote voto; **to —** votare

W

waiter il cameriere
wake (up) svegliarsi
walk (stroll) passeggiata; **to — ** camminare
wall muro (le mura), la parete
wallet portafoglio
want desiderare, volere
war guerra
warm caldo; **to be —** avere —; fare — (weather)
waste dispendio
water; mineral — acqua; — minerale
weak debole
wealth ricchezza
weapon; firearms arma (le armi); le armi da fuoco
wear indossare
weather tempo; **How's the weather?** Che tempo fa?
week settimana
weight peso
well bene
well-being il benessere
wet bagnato; **to get —** bagnarsi
what? che?, che cosa?, cosa?
whatever comunque, qualsiasi
when quando
where dove
wherever dovunque
which cui, quale
whichever qualunque
while mentre
whistle fischiare

white; the White House bianco; la Casa Bianca
who, whom che, chi, il/la quale, cui
whoever chiunque
whole intero, tutto *and def. art.*
wife la moglie (le mogli)
win vincere (*p.p.* vinto)
wind; windy vento; tirare —
window; shop — finestra; vetrina
wine vino
winter inverno
wish augurio, voglia
witch strega
within entro
without senza (che)
witty spiritoso
wolf lupo
woman donna, signora
wonderful favoloso, meraviglioso, stupendo
wood bosco
word parola
work lavoro, opera; **to —** lavorare
workbook quaderno
worker operaio
working, *adj.* lavorativo
workmanship la lavorazione
world; Third — mondo; terzo —
worry preoccuparsi
worse peggiore
write scrivere (*p.p.* scritto)
writer lo scrittore, la scrittrice

Y

year anno
yesterday ieri
yet ancora
yield cedere
younger minore
youth la gioventù

Z

zoo zoo

Index

ANTONÍN J. LIEHM

Closely Watched Films

THE CZECHOSLOVAK EXPERIENCE

iasp *International Arts and Sciences Press, Inc.*
WHITE PLAINS, NEW YORK

Library of Congress Catalog Card Number: 72-94987

International Standard Book Number: 0-87332-036-0

Printed in the United States of America

Second Printing

*For Drahomíra
and all the splendid, talented,
brave and honest people who
almost achieved the impossible*

The triumphant revolution, in the aberrations of its nihilism, menaces those, who, in defiance of it, claim to maintain the existence of unity in totality. One of the implications of history today, and still more of the history of tomorrow, is the struggle between the artists and the new conquerors, between the witnesses to the creative revolution and the founders of the nihilist revolution. As to the outcome of the struggle, it is only possible to make inspired guesses. At least we know that it must henceforth be carried on to the bitter end.

ALBERT CAMUS

Contents

Introduction

ATLANTIS — A mythical island said to have
been located in the Atlantic
and to have been submerged
by the gods for the wickedness
and impiety of its inhabitants;
a continent which some geol-
ogists and historians believe
covered a section of what is
now the Atlantic Ocean.

The history of film is the briefest of all that comprise the history of the arts. In spite of its immense development in the
eighty years since its inception, film still stands at the beginning of the long road to equality with the other arts. The question has been posed repeatedly: Is it an art? Isn't film just a
new technique for show business; isn't it just a matter of the
creation of an entertainment industry? Film has made its reply
to this question in the best way it could: Film is a new technique
for show business, film is an entertainment industry, but film is
also a new technique for art that ultimately gives rise to a new
art.

The technology necessary to produce this new art is so costly
that it makes the act of artistic creation itself (as distinct from
its distribution, the consumer's access to it) entirely dependent
on the good or ill will, the good or poor taste, the capabilities
of those who foot the bill. So the history of film is at the same
time the history of the struggle between the effort to place film
work at the mercy of the criteria that the market has for this

1

type of mass entertainment, and the effort to obtain for film the right to become artistic endeavor, with its value measured by something other than immediate box-office success. With the onset of sound and, later, of color, the production of films and their exploitation grew even more expensive, and the existence of film as an art became increasingly difficult. This was in conflict with the development of an autonomous film language and the overall maturity of artistic film work. Isolated cases in which film art simultaneously fulfilled commercial criteria did not differ too much from similar cases in other spheres of the arts. There were two differences: literature, the theater, music, the pictorial and plastic arts — all these allowed a work of art and an artist far more time to mature or to show not only their quality, but also their ability to survive on the artistic market. And, for the industry and the distributive network, the exceptional cases of immediate commercial success of some film artists and works of art repeatedly became an argument against most film art, a reminder of its duty to "entertain" and to "make money."

The great social upheavals in Europe, culminating in World War I and the Russian Revolution, presented another opportunity to exploit the new technique and the new industry: as a tool for influencing the masses, as an instrument of illustrative propaganda and publicity. This was what V. I. Lenin had in mind when he declared, "For us, film is the most important of the arts!" If he were speaking today, he would make the same statement about television. Soviet cinematography, at first public and later fully nationalized, wrenched the new technique, the new language, the new art, from the fetters of the market and transformed it into a tool of politics. For a while it seemed that it was still for the best, that the politics would fade but that subsidized art would remain. Life in those years was bursting with politics, and the new art found a language that was adequate to the apocalypse, to the earthquake, to the chaos which obliterated the firm outlines of the old world and did not create the outlines for the new one. The temporary merging of art and politics, and the financial conditions created by nationalization in the arts, brought noteworthy results. These were to remain for some time an argument against "film art" that did not sufficiently fulfill its "political

(educational) obligations," and against "political (educational) films" that did not incorporate sufficient "artistic quality." With the stabilization of society, and the consolidation of a dictator-ship that proved to be military-bureaucratic rather than revolutionary, it became increasingly apparent that the liberation of film from the dictates of the market meant its subjugation to the dictates of the state. And artistic effort, the very artistic process, became fully dependent on the good or ill will, good or poor taste, the capabilities of the respective state and/or its leaders. The state ended up dictating to art in general and film in particular even the esthetics it was to use. Political leaders, the first and privileged audiences of the new films, were the only ones who determined success or failure. It was for them that films were made; it was their taste, their concept of entertainment and art, their views on culture and politics, that corresponded to what elsewhere was the task of the market, the box office. Every relaxation of state control enabled film to utilize the advantages presented by nationalization. Every tightening of the state's grasp made nationalized cinematography into a prison with bars so dense that art could not slip through.

East and West, the art of film strove for liberation, and in its despair it frequently saw in the system of its counterpart a simple means of salvation. Of course, a likely solution would involve a combination of the advantages of both systems, i.e., the creation of numerous forms of public filmmaking and film distribution, with a maximum of artistic autonomy within maximally open societies. The development of the techniques of film production and distribution, the miniaturization of technology and a considerable decrease in its cost, the possibility of individual consumption of film art independent of television — all that will make things easier. But even so, film as an art will require a global solution aimed at an equilibrium between public support and individual creative freedom.

*   *   *

Within a nationalized cinematography, film art is condemned to an interest in society, to politics. It can be said that politics is one of the forms of its existence. As in the West, film wages

a constant and never-ending fight, full of compromises, with the viewer and against the viewer (because, in the final analysis, the very existence of film depends on the box-office returns). The artist in a nationalized film industry wages a constant struggle with his first viewer and producer in one person, the political establishment. This relationship has undergone a paradoxical development over the years. In the beginning, the Stalinist establishment held the artist to politics by force, and — after the initial wave of what was frequently enthusiastic approbation — the artist began to squirm in numerous directions. But his role gradually changed. The disintegration of the ideology forced the establishment to call for nonpolitical art, art that does not represent a political commitment, while art itself pressed forward into the role of the demystifier of ideologies and thus into politics.

Once its ideology began to disintegrate, the neo-Stalinist state started to depoliticize society. And it was successful. The citizen concentrated fully on his own privacy, on his own personal concerns. His only demand upon society was that he be given guaranteed, if not extensive, financial means to live his private life, and that he not be asked to exert too great an effort in exchange. Thus a new sort of social contract was concluded: the citizen gave the state all of his rights and, in exchange, the state guaranteed its citizen a modest livelihood at the cost of a minimum depletion of his strength, his manpower. The equilibrium of the status quo rests on this strange contract. As soon as one of the parties to the contract upsets this equilibrium, an explosion results (e.g., Poland in 1970).

But the film artist cannot accept this contract without becoming a resigned craftsman, a manufacturer of made-to-order entertainment and amusement for the establishment. He has no place to turn, nowhere to close himself off. Every attempt to create a work of art will lead him into direct contact with the establishment, where official taste, financial resources, and political interests of the moment are the court of first and last resort. This contact always implies conflict, in which the artist's social sensitivity is formed and honed. And since film art is the result of the collective effort of a large number of people, no conflict or dispute is just the conflict or dispute of a single iso-

lated talent with his patron, but rather a social and political conflict which calls for organization and leads to violent encounters
along entire fronts.

That is why the artist began to think about the organization of
cinematography, and this led naturally to thoughts about the organization of society. This also happens, of course, in the West,
under a different social structure. But here the structure offers
the artist considerable material advantages for the nonfulfillment
of his artistic ambitions and principles, and thus offers him in-
consistency as a way out. The material advantages that neo-
Stalinist society can offer are — in view of the aforementioned
"social contract" and the accompanying egalitarianism — so
negligible that truly talented people simply do not feel that they
are worth the sacrifice.

Hence we find far more artists leading the fight for the reform
of film production and distribution (and thus also for the reform
of society) in a neo-Stalinist state than elsewhere. Their struggle has the intensity of a fight for survival. And by virtue of its
content, it gradually merges with the struggle for survival of
everyone whose talent and ability are held back by the new "social contract." An alliance is created by means of films that disclose the essence of the contract, demystify society, and unmask
the ideology.

Film critics play a not inconsiderable role in this alliance. In
the early years, film criticism was an obedient tool of the establishment, whether out of faith or as a result of opportunism. It
defended the interests of that sole "box office," and it adopted its
criteria for judging film. But with the disintegration of the ideology, the critics' closeness to film art as such and to its existence gradually carried most of them to the other side, where
they were able to perform an exceptional function. Just as film
becomes a true res politica in an increasingly depoliticized society, film criticism becomes one of the primary forms of political journalism. It can interpret and generalize, and it creates a
new type of link among films, their creators, and their viewers.
It assists in the birth of an organization that will defend the interests of film work. And because, in the given situation, even
such an activity is politically radical, if not revolutionary, film
criticism also contributes to the transformation of this organi-

zation into a political force. The social and political nature of the fight for survival of film art achieves a new dimension. Thus, when the Czechoslovak Union of Film and Television Artists (FITES) acquired its own magazine, it definitively threw its hat into the public arena.

This, of course, brings us to the history of film in Czechoslovakia. This history has its own, very special historical context: the traditional and marked social-political role of culture in the modern life of the nation; a century of liberalism in Czech society; its individualism, and the intellectual's role as the conscience of the nation; a sense of history, resulting from the fact that in a mere one or two generations the nation practically ran the gamut of historical experiences that elsewhere had taken centuries.

Consequently, the Czechoslovak experience with public filmmaking became a sort of condensation of the experience of the past. It confirms the advantages, the importance, of public filmmaking for the existence of film art; and in a small country, isolated by its language, it confirms the importance of public filmmaking for the very existence of film. But it is also perfectly clear that these advantages exist only when there are guarantees precluding the dictates of political power.

The Czechoslovak experience confirms that production is indivisibly linked with distribution, because film still remains an art that cannot wait until its viewer seeks it out himself since, among other things, the language of film changes rapidly. Film's increasingly penetrating individualization, internationalization, its growing ability to shake off the limitations of technology, its emancipation from literature and theater — all this strengthens the claim of film to equality with the other arts. But there is no such equality, and there won't be any unless, in educating future audiences, we grant film the same status that painting, music, literature, and the theater have had for ages. And because even this is an expensive project, tied in with the production and distribution of films, it will be difficult to avoid bringing public funds and institutions into it.

This does not interest the Stalinist or neo-Stalinist establishment. It is interested in film as an instrument for concealing the decay of the ideology, as a mass mystifier (that is all that remains

of Lenin's "most important of the arts"), or as today's broadest
and most superficial entertainment, second only to television.
That is why nothing is done to improve the taste of film audiences, which is exceptionally low wherever the establishment
can reach.

The effort to enhance the status of film doesn't really interest
the liberal Western establishment either. Initiative is not ham-
pered, but only in exceptional cases (West Germany and Sweden,
for example) is the establishment willing to do something to help.
And it does so only in the sphere of production, which is not
enough because the distribution system sees to it that films find
their way to the viewer for the most part only as television
films.

There is, of course, a solution for the future, at least in open
societies. For it was not until the development of phonograph
technology, tape recording, radio, paperback books, art repro-
ductions, and television that the democratization of art was facilitated in industrially developed countries, and that better conditions were established for artistic work. I believe this to be
true, even though I have yet to be convinced that the commercial
criteria that apply to all these areas are the best from the standpoint of culture. Be that as it may, what of film until then? What
of film until the development of film production and distribution
advances to parallel the systems of public libraries, the teaching of literature, graphic art and music, publicly financed theaters, orchestras...? What will bridge the gap that separates
us from a technology that will make film production democratic?

*   *   *

Czechs and Slovaks — the ones who worked underground on
the nationalization decree, as well as the ones who were born
into public filmmaking — sought answers to these questions under their own conditions, within their own alternative.

Four "generations" of them. First those who struggled
against studio pictures, for film as art, for directors' films at
least, and whose efforts were halted by the Nazi occupation.
Then the generation of 1945: it established the continuity and
helped to lay the foundations of a public film industry, which was

explicitly to make film as art its raison d'etre. When the first
fruits of its efforts were ripening, Stalinism put an end to everything. Then the generation of 1956, born into public filmmaking. The smoke from the guns of Budapest cut its breath
short. And finally, those of the sixties, the "young wave" and
eventually all their predecessors.

All of the generations became involved with society, with
politics, with the only reality that they could perceive with their
sensitive eyes, that they could reveal with their penetrating vision. And at the moment when they proved that their alternative
does present possibilities for true creation, when it seemed
that they had found at least a partial answer to all those questions, their work fell into oblivion. Like the mythical Atlantis,
it sank slowly beneath the sea, and along with it, the answers
that they had found. The water closed over it, and only its
memory remained. Memory — or is it only a legend? Did
Atlantis really exist? Those who fish for gudgeon in the black
depths there today deny it. They destroy testimony, they burn
documents, they rewrite history, they erase names and film
titles. People who saw for themselves insist in vain. People
smile condescendingly at them, as if to say, "It's a nice dream,
a pretty legend, but you ought to finally wake up."

What follows is the testimony of those who built up this Atlantis. They discovered all too soon that they were building on dangerous ground. Most of the time they were aware of the fact that
at any moment the water might swallow it up. But they could not
do anything but what they did. Perhaps for that very reason.

Before it happened, the world applauded them with enthusiasm,
and supported their work. No other film industry — or only those
of the largest countries — received so many prizes and awards,
so much recognition, in the sixties as did that of Czechoslovakia.
Today it is forgotten. In his reply to a proposal to study the phenomenon of this Atlantis more thoroughly, an important American
critic and director wrote, "There is no such thing as the Czechoslovak cinema." If he meant what was submerged in the black
depths, he was right. If he meant that there never was a Czech
cinema, he was wrong.

Most of the people who speak on the pages that follow were unaware when they spoke of much that we know today. They were

speaking in 1967. The Czechoslovak political establishment had launched its last firm attack on culture. It was after the Fourth Congress of Czechoslovak Writers, and the wrath of the establishment was falling on the Union of Writers, its periodicals, and on literature. The motto, as always, was "Divide and Conquer!" And at that moment the long-banned magazine of the Union of Czechoslovak Film and Television Artists was given permission to publish. In the first issue of Film and TV News (Filmové a Televizní Noviny), on page one, there was the interview with Miloš Forman. It was then that I had the idea of capturing the fragrance of the moment for posterity, of providing a testimony to the times, of presenting the statements of those who stood at the very center of it all.*

Then came January 1968, the Czechoslovak Spring, the Soviet occupation in August, those incredible nine months in a vacuum between heaven and hell, and then, in the spring of 1969, what they called the "normalization," the fatal embrace, and the familiar occupation conditions.

The interviews were conducted and published, just as you will be reading them, until the summer of 1969, and later too, but abroad. All but two of them — those with Jiří Weiss and Alfred Radok, which appear here for the first time. The former did not appear then owing to a series of coincidences, the latter because it was not finished until 1972. Two interviews are missing. The first is an interview with the genius of Czechoslovak puppet film, Jiří Trnka. We kept postponing it from week to week until it was too late: Trnka died. The second interview took place, was written and approved by the individual interviewed, but then the black depths rose and closed over everything. And because the surface is being guarded with machine guns, I put it away in a desk drawer. Maybe some day. It was a sad conversation. But there is enough sadness here without it.

The people who speak here were indeed unaware, when they spoke, of much of what we now know. And of what they themselves know today. Some lie at the bottom of the black depths. Others are desperately grasping at every straw on the surface

---

*The interviews with M. Frič, Z. Brynych, and V. Krška were conducted by Drahomíra Liehm.

in an effort to keep their heads above water. And still others are trying to make their dream come true and utilize their experience elsewhere. But it is very difficult.

No, the ones who speak never know what the people who follow them will know. But it is rarely possible to hear a dialogue between them. Between the real past and its real future. It seems to me that the present can acquire a new dimension from such a confrontation. A new dimension of the authenticity of human experience.

Perhaps that is the significance of the pages that follow.

Antonín J. Liehm

New York
September 1973

Czechoslovak cinematography began the way it did every-where. They played around with the stroboscope at Charles University too, and the famous physiologist J. E. Purkyně thus inadvertently became the local pioneer of cinematog-raphy. In 1898 an architect by the name of J. Křížnecký made the first newsreel, using the Lumière cinématograph, and shortly thereafter, the first traditional situation com-edies. Bohemia was the most highly industrialized area in that part of Central Europe, and long fiction films were being made there as early as 1913. After 1918 (and the birth of the Czechoslovak Republic from the ashes of the Austro-Hungarian Empire), three film production compa-nies emerged, and gradually a regular film industry was formed. The traditional Czech-German cultural symbio-sis facilitated a broad range of cooperation, which sur-passed the narrow national framework. Its products in-cluded the films of Karel Lamač and particularly of Carl Junghans (That's Life) and Gustav Machaty (Ecstasy and Eroticon). By the start of the era of talkies, Prague had the most modern film studios in Central Europe (with the exception of Berlin's UFA). But the onset of sound also limited international cooperation, and the onslaught of Hitlerism brought it to an end, restricting Czech films to a small national market. The economic crisis made the situation even more difficult, and it seemed that Czecho-slovak film was unlikely to survive at all, unless perhaps simply to produce cheap consumer goods for the provin-cial domestic market. Such conditions, of course, placed a premium on artisanship, adroitness, a breadth of abili-ties, because those were the things that could guarantee some sort of profitable enterprise. It was the golden age of artisans catering to so-called folk humor, beer-hall humor, sentimentality. And of the cameramen who soon left Prague to flood Europe with talent (Ota Heller, Jan Stallich, V. Vích, Alexander Hackenschmied-Hamid, etc.) and who founded a lasting tradition.

One person deserves most of the credit for the fact that the new generation that was just waiting behind the door finally found everything ready for an entirely different

path. That person is Martin Frič. He had everything that
was called for in his day — including the dose of cynicism
that was essential for the way of life in a provincial Central European Hollywood. But for Frič, film was not just
something that had captivated him. It became his very
life, the meaning of his life; he was incapable of thinking
in any other terms. He absorbed every influence that
came to him, from all over the world. In addition, he became the first pure extension of tradition in Czechoslovak
film, a tradition that had linked his family for generations
to crucial moments in modern Czech culture and civilization. He had one great advantage over his colleagues, who
were frequently as adroit and clever as he was. It was his
talent. He had a spark, an intuitive intelligence, that
raised him above the provinciality that surrounded him,
without any particular effort on his part.

His thorough professionalism and his instinct in the
sphere of film served to protect him both during the Nazi
occupation and during the period of Stalinism. And so his
films never dropped below an acceptable level of compromise. During the war, he made films after the fashion of
American slapstick comedies, and without batting an eye.
In the early fifties, he was the only one allowed to make
the entirely non-Stalinist comedy, The Emperor's Baker
and the Baker's Emperor. When biographical films were
required, he made the best of them — in fact, the only good
one — The Secret of Blood. And he completed and redid
work that others had begun, and filmed his own minor comedies. And he did it all with an intensity and enthusiasm
that were in keeping with his conviction that it was the only
activity worth pursuing.

One gets the impression that he did not begin to consider the conflict between commercialism and art until he
had become a classic, and the question of art had become
an issue for Czechoslovak cinematography as a whole.
And that he considered it as a result of confrontation with
his young colleagues, and not because he was particularly
interested in it. He knew how to make films, how to catch
fish; he was a connoisseur of wines. But he was a hope-

less stranger in the labyrinth of artistic theory, esthetics, and all the more so in politics. For him, politics was always much less important than film. That was why he could shoot a German comedy or two during the war, just as he could become a member of the Communist Party after the war and receive the title of National Artist under the new regime, an honor that was only a repetition of the honor awarded him by the prewar establishment. He did not really get involved in politics until the second half of the sixties, when, as someone who stood above political parties and was acceptable to all, he became chairman of the Union of Czechoslovak Film and Television Artists. The Union became a political organization overnight, without his knowledge, and later, in his helpless presence, a political organization in open conflict with the regime. The venerable Mr. Frič tried hopelessly to maintain his balance. He was afraid — and justifiably so, in a certain sense — that film would suffer on account of politics, that they simply wouldn't get it all together. But although young Czech cinematography was totally unfamiliar to him, he suffered with it and for it because film was the issue. And he never refused to use his authority to protect anyone in trouble — even when he couldn't tolerate the person's films.

Frič had eighty-five films to his credit, possibly a world record. Whoever hears that is incredulous.

But with Martin Frič, anything was possible. Or almost anything. For instance, for him, a shopkeeper turned honest. That is why we were sitting in his elegant Prague villa, drinking red wine, a rare vintage Burgundy. It all happened in Venice in 1965, when Frič went out to buy himself a pair of shoes, the kind with the deep soft soles. He didn't notice that the salesman had shortchanged him by 5,000 lira until much later, when we were far from the shop, being jostled by the crowd on the Rialto. We decided to go back. Who knows? We found the shop, explained everything, and the salesman gave Frič his 5,000 lira. Frič told me, "I owe you a bottle for this!"

We kept reminding each other of that bottle for two years,

until finally here we sat, but not on account of the bottle.
Our main purpose was to resurrect part of the life of a
man for whom filmmaking had become destiny, and his
daily bread as well.

Frič began.

All the Fričs were nuts, more or less. J. V. Frič, the revolution,
1848, the barricades — he was my great-grandfather. Then there
was another Frič, the world traveler, the one who brought an
American Indian to Prague, the one who was the director of the
Ethnographic Museum. Another Frič founded the planetarium
near Prague. My father wasn't quite normal either. He was an
inventor, and a flier.

I wanted to be a pilot at first, then I studied at the School of Industrial Arts, and performed at the Red Seven Cabaret and at the
Rococo Theater, where I first met Karel Lamač. He was the one
who introduced me to film. I did everything for him: I painted,
did his advertising work, built sets, worked in the labs, played
roles, large and small. Today nobody can make a fool of me; I
know everything from the ground up, from experience. We didn't
have a penny to our names then, and we made films on what we
could borrow or dig up someplace. I even remember hocking my
mother's earrings.

In 1923 Lamač was shooting White Paradise. I had written the
script with him, built the sets, played the romantic lead; and
when it was over, I got just enough money to pay for the ski boots
I had needed for the role. But in the long run I made a lot of
money on White Paradise; it was a real tearjerker. And then we
lost our pants on the next film.

Things were entirely different at that time. We had to think up
everything for ourselves; there were no rules or laws in film yet;
we didn't have any models to learn from. For example, when we
saw D. W. Griffith's Broken Blossoms, we couldn't figure out how
he made those night shots in the rain. We had violent arguments
about it. When Chaplin's A Woman of Paris was running in
Prague, I kept going to see it — and writing a script for it.
Normally a silent film had about 120 titles, but this one had
eight. I knew that something unusual had been done, that you

have to think in terms of film, and then words are not necessary.

But I have to tell you about how I made a so-called "art" film, for demanding audiences. In 1933 I wanted to make a film of Gogol's The Inspector General. An entrepreneur named Meissner had a contract with the comedian Vlasta Burian, and I suggested that I do The Inspector General for him with Burian. He had no idea that it was Gogol, or even who Gogol was; and Burian didn't either. I did The Inspector General. I really liked that movie, but audiences didn't care for it because Burian played it straight; he didn't clown around. Today I consider it one of my best films. And the only reason I made it at the time was to get the better of the producer.

I have always hated kitsch; that's why I made a parody on film kitsch in 1919, The Poacher's Ward. But when they played it in Kladno, they took it seriously!

But I think the greatest success of all my films was Father Vojtěch, the first film I directed independently. It was an awful piece of kitsch, but the movie houses were packed. It's about a young boy who falls in love, unhappily, with a young girl, and so he goes into the clergy; in the meantime she marries his father — simply horrible. I made that film twice: the first time in 1927, and the second time, as a talkie, about ten years later. So I didn't introduce myself with art, but with kitsch. Film and art, in those days?

Whenever I wanted to do "art," everything was much harder — for example, with Jánošík [Slovak folk hero, and eighteenth-century Robin Hood]. Today it is generally regarded as the best film I made before the war, but it had little success in Czech movie houses. It was different from the films that were common at that time, and it's hard to make people accept something new.

Jánošík cost a lot of money — a million. But that also included expenses for the producer's mistress.

We had a script finished for Jánošík, everything was all ready, but we didn't have a Jánošík. Then Karel Plicka told me that he had seen a gendarme in Martin, in Slovakia. A long drink of water this fellow was supposed to be. So we called him in. He was a good-looking son of a gun. His name was Bielik. I told him to get undressed — he had a great build. I made him throw the valaška [a decorative hatchet used by the local country folk] and

run up and down the hillside. I knew I had my hero. I began to blue-pencil the dialogue, and I built everything around that one character. In Prague they told me that I had gone out of my mind, but it probably wasn't the truth, because ever since the film, artists have drawn Jánošík to look like Bielik — that build of his has become a part of the national consciousness. Jánošík as history describes him wasn't nearly as tall.

Then I met a kid in the Tatra Mountains. We asked him if he wanted to be in the movies, and his father said he could. We brought him to Prague by car that evening, and we took him straight to Wenceslas Square. The boy had never even seen a building. He lived with the scriptwriter. He moved into his bathroom and slept in the bathtub; and the writer was mad because he didn't have anyplace to take a bath.

When we finished the film, the boy wanted some shoes with pointy toes, two toothbrushes, a thermometer, a bicycle, and a carpenter's level for his father. He rode the bike back to Slovakia, but he didn't want to live in the village anymore. He came back and apprenticed himself to a goldsmith. The first thing he made was a cigarette case for me. See, here it is.

But all that was a long time ago. That was when they were still describing me as "young and talented." Then Otakar Vávra made his first film, and he was the young and talented one; and overnight I became an old hand. I always did everything that was needed. Every time there was trouble, they came to me — films to celebrate anniversaries, or things that had to be done over. First I fought with producers, and then with dogmatists. The latter were worse.

I am concerned about the young people today. They are very delicate compared with my generation. I am afraid that success will spoil them. As soon as a person says, "I know how to do it," that's the end. I know exactly what the young generation has done for the reputation of our film in the world: I was a witness to it personally in San Francisco and in Paris. Anyone who had anything to do with film there almost saluted me when I said I was from Czechoslovakia. Let's let the young ones work their way through it all the way we did. How can anybody expect Němec to make a film with wide audience appeal? Or Chytilová? It takes an entirely different type of person to make a film with that kind

of appeal.

I get terribly upset when a person presents his viewpoint as an absolute. There are types of art that not everybody can understand. For example, I don't understand modern jazz; it simply doesn't say anything to me. But that doesn't mean I'm going to demand that they stop playing it. The stupid one in that case would be me, and nobody else.

Something like that happened to me with the movie The Party and the Guests. There is a certain kind of sadness that I can't abide, and that film has it. It is an atmosphere, perfectly introduced and maintained, that evokes a most unpleasant response in me. I figured out what it was the second time I saw the film. I think a person might not like that picture because, like me, he doesn't care for a certain atmosphere. Which means nothing in and by itself. But I do feel that today, in this not too happy of times, when even toilet paper is a scarcity in the stores, they shouldn't be making this desperate type of a film, that people shouldn't be given new things to worry about. On the other hand, though, I admit that the times are a part of the artist, that the period penetrates him and he has to let it out.

A question that is essential in an interview with a director: What does film mean to you?

Everything. A few years ago, a new ruling was made at Barrandov that directors had to be graduates of the Film Academy. So I would have had to go to work as an assistant director. That's a fact!

What I don't like in film is the influence of the stage. Talkies are a terrible invention. The important thing in movies is the idea; that's the basis of everything. If it isn't there right from the start, the film won't be worth a thing. A film can be in color, wide-angle, stereoscopic, or even fragrant, but when the idea is bad, nothing in the world can help it.

And another unavoidable question: What about actors?

As soon as an actor becomes too used to the legitimate stage, he is lost for film. He doesn't know how to bring his face close to

the viewer. You can't imagine all the work it took to teach some
of our really good actors that particular thing. Sometimes,
though, an actor stumbles onto it on his own, and then it's easy.
He hardly needs a director at all. But in our country, if somebody is any good, he's in it up to his neck: he does one movie
after another, and destroys himself in the process.

Speaking of people who are good and who aren't, I have to mention the name of Jaroslav Kučera. If anyone made our young wave,
he was the one. He is the most extraordinary cameraman this
country has ever had. Ota Heller was splendid, but was a primitive; he handled his camera beautifully, but he didn't know why.
If I ever get to do a film on Lidice, I should like to do it with
Kučera.

Lidice should be my memorial. I'd like to do the story of
Lidice the way it really happened, without any of the official
paraphernalia.

Jan Werich and I were talking one day, and I was telling him
about Lidice. He said to me, "You'll never make a bad comedy,
and so you don't have the right to do anything else. People need
comedies."

Fall 1967

Frič was already ill by then. He never did make his
film about Lidice. And he made only one more comedy.
He died August 22, 1968, the day after the Soviet occupation of Czechoslovakia. He suddenly resigned the mortal
struggle with his illness. He did not want to live any
more. It was no longer a laughing matter.

Otakar Vávra

It was Frič's Jánošík (1935) that first called the attention
of his countrymen and European film audiences to the fact
that Czechoslovak film had survived the critical transition
from the silent era to talking pictures, and that it was unwilling to surrender its ambitions. Frič joined forces
with the founders of the Liberated Theater in Prague, Jan
Werich and Jiří Voskovec, and accepted their intellectual
guidance, to create two extraordinary political comedies
in the tradition of Clair and Chaplin (Front and Back and
The World Belongs to Us). Josef Rovenský created one
of the greatest works of European lyrical film of the time,
River. The efforts of the literary, theatrical and artistic
avant-garde — with Prague as its second European center,
after Hitler chased it out of Berlin — began to merge with
the ambitions of young filmmakers.

A young director appeared in the middle of it all, almost overnight, a former student of architecture, Otakar
Vávra. Together with young Czechoslovak documentarists,
he brought home the first international laurels and
launched the fight for the equality of film art with the other
artistic disciplines. The Guild of the Maids of Kutná Hora
and Virginity are the films that come to mind, and every
decent film archive will remind us of them.

Since Czechoslovakia had an outstanding production base
in the Barrandov Studios and the Prague laboratories, it
seemed that nothing could prevent its cinematography from
establishing itself firmly on the European scene. But then
came Munich and the Nazi occupation, and the opportunity
that was ripe and ready had to be postponed indefinitely.

Yet it was during those years and the Nazi occupation
that an idea was born and crystallized. It called for a
radical change in the conditions of film production and
distribution — for a nationalized film industry — as a pre-
requisite for the final victory of the concept of film as an
art. The example of the Soviet film avant-garde undoubtedly played an immense role here, as the embodiment of
an ideal that meant the liberation of film from the dictates
of the market and private production, and the possibility
of concentrating on true creation, which for many meant

creation with a special commitment.

A second, no less important impulse was the Central European tradition of extensive public subsidization of cultural activity. In the nineteenth century, public patronage replaced the patronage of the nobility; the existence of state, regional or municipal theaters, orchestras, galleries — fully subsidized and devoted only to fulfilling their cultural obligations — became something to be taken for granted. This tradition legitimized the call for public ownership of film production and for its transformation into a cultural institution, a cultural service, particularly in a small, linguistically delimited country, where subjugation of the commercial interests of private production to the dictates of the backward "popular" taste gave film art hardly any chance at all.

A third stimulus for nationalization was the rise in the prestige of film, particularly of its serious artistic efforts, during the Nazi occupation. Production and the market were both limited, nationalism intensified, interest in the national culture heightened, and all this brought audiences to see the ambitious films to an extent never dreamed of earlier. This phenomenon played an important psychological role, and the decree on the nationalization of Czechoslovak cinematography, prepared in essence by the Czechoslovak filmmakers themselves during the Nazi occupation, was signed as early as August 1945. The path to Czechoslovak film art seemed wide open.

Otakar Vávra played a key part in this process, and not only as a director whose talent had ripened during the occupation, when he took advantage of the favorable conditions for making films based on serious literature. (His 1949 film on the occupation, The Silent Barricade, was a neorealistic work that emerged apart from neorealism as a trend.) He also took an active part in the preparation of the nationalization, and, since he had been a member of the prewar radical left, it was only logical that after 1945, he should become a member of the new film establishment. But he was to pay a cruel price for the position of power that he acquired. Stalinism and its

esthetics demanded films of a very specific type and a
very specific form. Vávra was too much of a leader in
Czech film, his commitment within the nationalized cinematography was far too profound, to allow him to buck the
establishment. Perhaps for a time he even believed that
it was necessary to cripple his own talent in this way.
One thing is certain: an artist with a uniquely positive
awareness of the opportunities that film has to offer, a
man who was sought out as an advisor by other directors
and film writers (he has been chairman of the Department
of Film Direction at the Prague Film Academy for years),
an exceptional educator who was the major force in the
molding of the young wave — this man made films in the
fifties that were monuments to socialist realism, films
that were enough to make one's head spin. No one believed that he could survive this kind of artistic suicide.
But Vávra surprised them all, and in the mid-sixties, he
suddenly fell in step with the younger generation and made
two films, Romance for a Bugle and Golden Rennet, that
constituted a comeback unique in the annals of film. By
1969, when we sat down to our interview, it seemed that
the artist and the politician, once nearly crippled for life
within a single person, had finally come into balance.
That the politician could see as clearly as the artist. He
was starting work on a film about the Inquisition and
witch-burning in Bohemia during the Counter-Reformation.
    Dirty snow was once again thawing on the streets of
Prague. From where we sat we could hear voices through
the closed doors of the neighboring hall, where the Union
of Film and Television Artists was holding its Second Congress: "We reject the very term 'limited sovereignty'!..."
I am convinced that what happened in Czechoslovak film
in the sixties had its beginning in the thirties. Vávra is
the most competent witness.

One characteristic of that period was that a large segment of
Czechoslovak culture was leftist-oriented. Personally, I began
in the Left Front too: we set up the Photo Group and showed
avant-garde films — at that time it was primarily the Soviet

avant-garde — which were very popular. I was a student of architecture, and all this was very clearly reflected among the
students, and not just at the universities. In the thirties there
was a very strong cultural undercurrent, and the secondary
schools played a considerable role in its formation. I recall that
in our school we had weekly reviews of new books, plays, and
films; we gave amateur theater performances.... All that died
out. Today, who sees secondary school students as the future
creators of national culture? Or even as an audience for culture? But it was precisely there that an active, rather than passive, approach to culture was born.

In the Left Front, I became acquainted with Bedřich Václavek
[a Marxist literary theoretician] and, especially, with E. F.
Burian, who made possible my stay in Prague. And so I would
say that the scene was being set for the emergence of Czech film
in the mid-thirties. Writer Vladislav Vančura, journalist Julius
Fučík, founder of Czech structuralism Jan Mukařovský, theatrical director Jindřich Honzl, avant-garde theoretician Karel
Teige, poet Vítězslav Nezval, and numerous others kept getting
together at the Prague Artists' Club and elsewhere; and their
activity laid the groundwork for cinematography.

In contrast to what was going on in literature, in art, in the
theater, in music, I was isolated in professional filmmaking. As
an intellectual, I aroused producers' suspicions, and I ran into a
lot of trouble. Fortunately, at that time the film attempts of
writers Vančura, Olbracht and Nezval appeared, and later those
of theater director and composer Burian, along with the work of
many outstanding cameramen, trained mostly in Germany. (Of
course, they had already begun to leave for Italy and Great
Britain....) Three or four producers had ambitions that were socially and culturally oriented, and they were the ones who gradually helped to establish a certain cultural atmosphere, even in
film. One could say, in characterizing our film work in those
days, that perhaps five of the thirty-odd feature films that were
produced annually were films with a purpose. The producers I
speak of were willing to dole out money for them because it gave
them a certain aura: they could take them to Europe, to Venice....
Naturally, there were certain limits to "progressiveness" that
one dared not exceed; but "social tendencies" were tolerated to

a maximum, and, at the time of the mortal threat to the Republic, patriotic tendencies as well. Thus The Philosophers' Story, based on the nineteenth-century novel by Alois Jirásek, could be made, or The Guild of the Maids of Kutná Hora, although both were banned immediately after the arrival of the Nazis.

And no sooner had this "new film wave" been launched than the occupation came, and that was the end.

Our discussions in the late thirties — more or less free encounters between friends — were immensely valuable. We tried to keep from being isolated, and to form an image of everything that was going on around us. Practically all of the German and Austrian intellectual exiles passed through the Prague Artists' Club, and those of us who were in constant touch there were frequently better informed than the government. For example, we knew that neither France nor England would lift a finger to fight for us, while the government, and perhaps even the people, still thought they would. At the time I was working with Karel Čapek on the adaptation of E. E. Kisch's Tonka, Tart of the Gallows Mob (Čapek didn't want to write anything of his own anymore); and I knew that after his return via Germany from the PEN Club congress in London, Čapek told Eduard Beneš of the real threat to the Republic. But Beneš was dubious. "You artists, your eyes are too big. I have my own sources of information," he said.

You were the first here to consistently introduce literature into film.

At that time there was no hope that anyone would write artistically challenging material for film. There were isolated attempts, but it takes years for a novel to ripen in a man, and nobody was going to do anything like that for film. Even Vladislav Vančura or Ivan Olbracht: the things they wrote exclusively for film were below the level of their literature. It was a good thing that now and then authors took a stab at film criticism. They wrote about film for a number of periodicals, trying to foster a high quality of writing and to raise film criticism to a higher level.

All this finally resulted in film's gradually becoming an art, and we could even begin to consider founding a film academy. Many people were cooperating with us at the time, even people from

the legitimate theater; and everything was concentrated in the Czechoslovak Film Society, originally under the leadership of Vančura. It was within this society that, during the occupation, we prepared the plan for the nationalization of cinematography. That was the work of the prewar Left. But we mustn't identify it exclusively with the Communist Party. The situation was different then: membership in the Party meant something like becoming a soldier, being at all times completely available for political work. And I wanted to make films.

> Don't you think that the period of the Nazi occupation also had its specific features in film, and that to a certain extent it facilitated the transformation that had started in the thirties?

Well, in a way, our work did intensify during that period. Production was terribly limited — six films a year instead of thirty, that was all they let us do — and so we tried to do as many as possible that were worthwhile, that would have something to say to the people. It was mainly a matter of seeing to it that film did not stop speaking Czech, and thinking Czech as well. The Nazis were not out to liquidate us physically, but they did want to force us to cooperate with Nazi film.

It was then that the people first began to comprehend film as something more than just an entertainment for momentary consumption. Another thing that was new, of course, was the fact that the producers who remained didn't have anything to invest in, and so they were willing to spend more on a single film than they would have if there had been more films and the promise of a faster turnover for their capital. And they also took national, patriotic stands and supported the things in film that spoke Czech and thought Czech. They wouldn't make films that were outside that sphere. Thus, during the entire six years of the occupation, not a single Czech film dealt with Nazi subject matter, although the pressure to do so on the part of the Nazis was strong. They didn't push us to do a film about Nazis. They would have been perfectly satisfied with a film just "about life" that would have been some sort of testimonial to what they had introduced.

I've often wanted to talk to you about the fifties. You spent those years in the very center of it all; you saw the entire machinery from very close up.

The strangest thing about the history of the fifties is the fact that, although the Czech and Slovak intelligentsia had always been pretty well informed, and had a pretty good idea of the situation inside the USSR (remember, for instance, how many of our writers left the Communist Party in protest against Stalinization and the Soviet cultural policy in the early thirties, and then had a lot of trouble getting back in?), most of our leftist intelligentsia felt that now they had to serve, that they had to maintain a discipline that verged on the military. Apparently they were influenced by the war years and the millions of casualties. No other explanation can help us to imagine and to understand how educated people, with a tradition of international cultural and political knowledge, could voluntarily submit to the authoritarian leadership and manipulation that they accepted after 1948. The intelligentsia allowed themselves to be disciplined in the name of the main goal: a classless society. They believed that at such a time even democratic thinking must be temporarily suspended.

That is how it happened that all power was assumed by a complex machine (which it is senseless to describe here) that lacked both the knowledge and the sophistication called for by the situation. This machine followed the basest of roads, taking full advantage of the attitude among the intelligentsia that I spoke of, and the attitude of the cultural community in general. On the other hand, it strove to appeal to the workers; it flattered them, bribed and corrupted their majority, until egalitarianism was installed. The end result, of course, was a devastating economic crisis in a land that had been at a high cultural, civil, and technical level.

The total disillusionment and passivity of the people, particularly of those who were good at anything, marked the beginning of the collapse. The factory foreman was disgusted because there was nothing he could do with the [politically protected] loafer, whereas the loafer could destroy him. The specialist was worse off than the average laborer. And all of this began in film.

Today, all we can do is draw a heavy line under it all and total it up. Still, we see here why it cannot all be repaired overnight

either. Naturally, a broad stratum of parasites is to be found everywhere, and there is always the chance that they may gain power. But here it was a matter of an entire, carefully trained stratum of people who were essentially parasitic, and who very soon discovered that one can live by means other than honest work, and that, in addition, one can have power, one can control others — and so forth, and so on.

This, I think, is the key to understanding what happened in the fifties. Party workers were people of strange stuff: they understood everything without having to learn anything. That was why they could make decisions. And art existed only to fill the needs of everyday political work. Anything beyond that was a deviation from the line. In the Soviet Union they used to tell us, "You are, after all, a cultural state with an exceptionally mature people, whereas we are doing away with the vestiges of tsarism." And then, all of a sudden, the tables were turned, and we began to imitate everything Soviet — above all, their blunders. That evoked an overall depression, disgust, and passivity and could lead to nothing but conflict.

> In art, in film, this situation even created its own esthetics, its own justification not only of content but even of language and style.

It all began with the majority's admitting to the principle that art should serve; and then politicians in the sphere of culture took advantage of this. The cream of the leftist intelligentsia, who might have formed an opposition, were practically destroyed during the war, and what remained was far too weak. The esthetics of the day were not formulated in advance: they developed in adapting to the situation.

One day, at a session of the Film Art Corps, three representatives of the political machine appeared as members; and within three months everything that had existed previously had vanished. An "Arts Council" was formed; members were named "for agriculture," "for industry," etc. In film scripts, the negative had to be balanced by the positive; any criticism was considered slanderous; the perspectives of socialism had to be personified ("when the negative predominates, perspective is hindered").

And once again it was all simply a consequence of the contention that the task of art is purely propagandistic. That is the whole secret: the academic esthetics of exaltation, found in other centuries in similar situations. Only the level changes. For example, an opinion that was very popular held that the concept of socialism must be presented to the people "suggestively," that is, in dialogue, because naturally the only thing people understand is what is stated outright.

A hundred new scriptwriters arrived at Barrandov at that time, and they started an amateurish campaign of putting all this into action. The management of the Barrandov Studios, along with the Communist Party organization within the studio, proved how incompetent they were and got rid of them. Although the studio management made a lot of blunders, they did succeed in that. But they were finally told, "Sorry, you are the ones who have to go; now it is the turn of the younger generation."

[Years later, the younger generation did in fact take its turn, except that it wasn't the same at all. These young people were not raised under Nazism, but under socialism.

We passed over many years and events and got to the chapter entitled "school" — that is, the Film Academy, FAMU.]

Abroad, they think that the school has a magic formula for the production of genius.

Except for the first years of what was called the "studentocracy" — when the youth organizations and student committees worked just the way Kundera and Jireš showed it in The Joke, and fresh brats judged old artists — a certain tradition was retained at the school most of the time that enabled us to teach our students to think for themselves. They had freedom to express their opinions and to develop their own artistic personalities. That was the essence of the matter, the wellspring of later successes. At a time when neorealism was entirely unacceptable in Eastern Europe, our students were fully informed, to the point of having an opportunity to analyze individual films. They could debate freely and openly, within the confines of the school, about Soviet films, about formalism; there were no prohibitions of the sort

that existed elsewhere at the time. This gave birth to a creative atmosphere, a relationship to life's truth; and this was almost always apparent in the films that the students produced as their graduation projects.

As time passed, we set up for ourselves a pretty thorough pedagogical concept, which we kept developing and changing, and which we are still developing and changing, partly on the basis of the suggestions and experiences of the students, and in cooperation with them. We have never been in opposition to each other. Our approach is based on the experience of the professors themselves, on the manner in which they developed artistically and theoretically.

When I was working on the curriculum for film direction, I used as my point of departure the need to balance theory and practice. We try to give our students the most profound theoretical education possible, which is immediately, and as broadly as possible, applied to film and artistic work. We try not to have any of the individual subjects taught in an isolated manner, for example, literature and graphic art. We strive, from beginning to end, to train our directors as authors, from the simplest tasks to the most complex ones, from the fact of observation to the stylization of the artist. And so each person progressively creates an autonomous profile of his own before he even graduates from the school.

And another thing: the people who teach there are, as far as possible, professionals with outstanding successes to their credit in artistic and technical work. Americans who have come to observe our work have told us that the composition of our faculty is absolutely unattainable for them. They can't afford the salaries that such people command in the United States.

And yet, none of the professors forces his own artistic personality on his students, but rather tries to discover their personalities, and to facilitate their development. That's all there is to the magic formula; there's nothing else. One thing that we consider very positive is the fact that students in all fields collaborate on school projects and films. The projects conceived by students of scriptwriting and directing go into competition, and the best are produced.

The results that our cinematography has achieved in recent years — mainly the generation of our graduates — have brought

us such fame that today, 50 percent of our student body consists of foreign students, and in some classes, 90 percent. A complete new wave of Yugoslav film artists is now forming at our school, and will undoubtedly emerge as a huge surprise.

In this sense, of course, we could do a great deal more if we had the funds to accommodate the flood of young talent from all over the world, young people who would like to study with us. Our TV studio, for instance (built by pupils of the Electronics Industrial Secondary School, and maintained by them as well), is of such a high caliber from an artistic viewpoint that we could easily transmit programs for regular TV broadcasting, except for the fact that our technical equipment isn't quite capable of it.

> You are a living classic in Czech film. That can't be a pleasant position. What thoughts come to you when you look back over the thirty-five years that you've spent in Czechoslovak cinematography?

Once upon a time I came to filmmaking to help transform our film into an art. It was a time when this artistic consciousness had just begun to form in commercialized film. When I was offered work in Holland and Sweden after my first successes, as a stepping stone to Hollywood, I refused because I wanted to work here as a Czech filmmaker. And I'm still not sorry. I am only sorry that over the years, I have found myself in situations in which I was not doing my job well: I too fell victim to prevailing currents, pressures, and depressions, and it was all the worse for me because I recognized them better than others who were less experienced.

If there is anything that pleases me today, it is the fact that I have found the strength to seize that second wind. I don't feel that I am through, and I would still like to achieve something.

February 1969

> Six months later, Otakar Vávra was the only leading Czechoslovak film director to sign a declaration of loyalty to the new regime. The politician had convinced the artist that it was in the interest of cinematography to play the

game once again. Another six months elapsed, and Vávra had to leave the Film Academy, where he had spent a quarter of a century. (One of his pupils made a film, as his graduation project, about an uninvited guest who moves into the apartment of a young married couple and refuses to leave.) In 1972 the Moscow Film Festival failed to show interest in his fictional description of the Munich period, Days of Betrayal.

One of the most interesting artistic and human destinies thus leaves us with a backdrop of questions about the relationship between the artist and society.

Alfred Radok

The two interviews that follow are very much concerned with the relationship between the artist and society. They are with two of Vávra's peers, who are also linked with the avant-garde of the thirties, with that great artistic revolution and promise. Both of them were marked under Nazism by their Jewishness, so that they were unable to work at home. One (Alfred Radok) left his native land, the other (Jiří Weiss) stayed behind. Radok, born into modest surroundings, sought to listen to the world, its illnesses, its aches and pains, to point out its ailments in a manner both quiet and penetrating, to mistrust everything that puts on too much of an air. Weiss, the son of a wealthy family, went directly to extreme political radicalism, to seeking quick and radically effective cures for old, chronic ailments. A coincidence? Of course. But only a coincidence?

*   *   *

The first time I heard of Alfred Radok, I was sixteen; and the Nazis had already occupied Czechoslovakia. His name was mentioned by one of the many young people drawn to the D-40 Theater, which was the Prague center of avant-garde culture, and to its director, the genius of the Czech avant-garde, E. F. Burian. Radok reminds me a lot of him.

The second time was several years later, in a garret studio where a group of writers, artists, and cinematographers used to gather regularly to dream together about the paths Czechoslovak culture would take after the war, and to begin to prepare those paths. The name of a young man kept cropping up, again and again: a fellow with fantastic plans, ideas, schemes for productions — for instance, of Strindberg — using film, slide projection....
He was sitting somewhere in the Lesser Quarter (actually he was in hiding — he is half Jewish). He had been working under Burian. He hadn't done anything yet, but he was one of those just waiting for the moment when the theaters and film studios would open their doors.

I thought a lot about those days when I sat down in 1972 to write a letter to Alfred Radok in Göteborg, Sweden, where he has been chief director of the theater since 1969, to ask him to tell me more about himself. Because Radok's story is the story of the times in which we lived, and is part of the common destiny of an entire Eastern European generation. He replied almost immediately.

I was born just at the start of World War I, in Southern Bohemia. We used a kerosene lamp for light, and I would wait all day long just to see a real automobile pass through the village on the way to the brewery. When they asked me what I learned about in school, I would say cars. And I would describe the internal combustion engine with passable accuracy. But mostly I was convinced that they taught us about "a storm at sea."

At that time my perception of rural life was intense: both Christian and Jewish holidays were celebrated rigorously. At Christmas the Christ Child brought the Christmas tree, and a servant blew the horn on the village green; at Easter we followed the Resurrection Service by going to my grandfather's for the seder. People in masks and costumes shook rattles on the green, and the firemen's band led the procession, all dressed up in their Sunday best.

Father would send us "Imperial Postcards" from Galicia, with his brief notes in German, "Es geht mir gut" — "I am well" — and addressing my mother "Meine Liebste" — "My dearest one"; and Mother would project the round pictures of the magic lantern on the rough whitewashed surface of the kitchen wall — the old laterna magica — with a kerosene lamp smoking inside it. She used to sing songs and tell us stories to go with the pictures. The pictures, I recall, were bright and colorful. I've never forgotten them.

Another thing I remember is the first time they turned the switch near the kitchen door, and the electric light bulb over the kitchen table turned on.

Father came home from the war. When I was eleven, I was sent away from home — from the village — to "study." Father wanted me to be "something decent." But soon he had some vis-

iting cards printed for me, "Alfred Radok — Loafer." I was the worst pupil in all of Budějovice, Prachatice, and finally at the Commercial Academy at Písek.

My yearning for the theater was strong, specific, and indomitable. I headed all sorts of "cultural groups" and directed whatever I could. I enjoyed playing the guide to strangers, because that way I could imbue every curbstone with historical significance. I used to sneak out of Písek to travel to Prague, to see Jiří Voskovec and Jan Werich's Liberated Theater and E. F. Burian's Theater D.

After I graduated, I went to Prague. I thought that I would get to theater and film by being a journalist. There was a School of Journalism in the Philosophical Faculty of Charles University. But before I had a chance to really make up my mind, the Nazi occupation came. My father became a Jew. And the universities were closed down.

My first victory: I got into Burian's theater as an élève, and later I worked there as Burian's assistant. His influence on me was considerable. I am very much indebted to him, most of all because he helped me learn the meaning of "precision."

After the Protectorate of Bohemia and Moravia was declared, I started to get more and more involved in the world. I began to believe that on the other side, in the USSR, stood the defenses against and salvation from all the Hitlers, Goebbelses and, above all, Himmlers of the world. I worked under various pseudonyms — the last time was in Pilsen; and then Jiří Plachta hid me for a while in the Vinohrady Theater in Prague. Then came a work camp for Jewish Mischlings, half-breeds. My father was arrested; he died in cell #3 in the Little Fortress at Terezín. Other members of my family perished in other concentration camps.

In the short period between 1945 and 1948, I directed production after production. The operatic performances I directed were especially noticed. I didn't illustrate the stories: I tried to find what was "operatic" in the visual transformation of the music. At the same time, I was writing scripts and working with television; and I began to film Distant Journey in 1947 or thereabouts. From then on, I alternated between the theater and film. At a certain point in the early fifties, when I began to become

dangerous — or rather, undesirable — I had to move to the itin-
erant Village Theater, or I spent some time at the old Operetta
Theater in Prague's Karlín district. At that time I was labeled
either a "cosmopolitan," a "formalist," or — as I was characterized by the Stalinist cultural watchdog Ladislav Štoll — "a
person who is standing on the other side."

I was definitely and finally placed "on the other side" by the
trumped-up trials in the early fifties. I am sorry that I never
got around to filming something that I have been getting ready to
do ever since: a documentary about how everyone who had anything to do with preparing those trials — beginning with the guard
at the gate to the Pankrác Prison and ending with the state pros-
ecutor Urválek — was innocent. The camera would interview all
of these "innocents" about the details of their lives and "work."
The camera would try to prove, through its questions, that they
did everything simply because they were "ordered to." The comrades from the prisons at Pankrác and Koloděje would show how
none of them could help it. And after that I wanted to do a dry
and factual reconstruction of the reality of the "interrogations"
and the "preparations" for interrogation. I wouldn't try to conceal the fact that it would only be a reconstruction, prepared by
actors and for the movie camera. The commentary to the film
would have been an authentic record of the trials and interrogations, supplemented by photographs and, where possible, by documentary film shots that have survived (e.g., the Slánský trial,
the speeches of members of the Party's Central Committee and
of the Government).

That was my "big dream" for a film, a film that has been
growing inside me since 1950; and I really hoped I would be able
to make it. It would have been, after its fashion, "a great film."
It is the only way that the unbelievable, inconceivable reality
that we experienced could have been conceived for film. I am
sorry that this particular chapter of my biography didn't get written.

Sweden is a pleasant, quiet country, a little sad, perhaps; but a person can live the life of a human being here — though not really a life of
culture, although one can't measure culture simply by the theater and
film. And there's not a sign of a Pankrác prison and court in Sweden.
The last time they burned a witch here was ages ago.

[Radok could tell a fascinating story. Everyone in Prague knew that. But whenever anyone said it, he would respond with a wave of his hand. Even when the thaw was at its height, no one believed that any censor would allow its publication.

And yet it was all common knowledge: an ordinary story about how — inconsistently and unsystematically and, at the same time, consistently and systematically — they proceeded to trample and destroy what was perhaps the greatest theatrical and film talent of his generation, in the forties, and then in the fifties, and again in the sixties. How Radok survived as an artist; how he succeeded in spite of it all in creating Distant Journey, Grandpa Automobile, Laterna Magica, and then, on the stage, directed his fantastic opera productions during the years immediately following the war; and then later, Leonid Leonov's Golden Carriage, or his supreme achievement in the theater, Romain Rolland's The Game of Love and Death — all that is a miracle under the circumstances. After all, he has achieved an oeuvre of which any artist could be proud, even under more "normal" conditions. Much of it can perhaps be explained by the absurdity of those years.

Alfred Radok — although, perhaps, more likely his wife Marie Radoková — is a systematic, orderly person. And so the following, incredible document was found in his files. It is a letter written to Radok when Distant Journey was the most proscribed film in Czechoslovakia, banned from movie houses in Prague and the larger cities (while the distribution system was making only pennies showing it in the villages — on the theory that nothing could hurt the country people — and so people from Prague used to make expeditions to the backwoods to see it, and Olivier's Hamlet). The letter is from Vladimír Václavík, Czechoslovak Film's General Manager for Production. "Dear Comrade," it reads. "I am enclosing, for your information, a copy of a critique of the film Distant Journey, which you directed. With comradely greetings, ..." and the date was January 17, 1951. The enclosure: "In The New York Times year-end poll, outstanding U.S. film critic Bosley Crowther gives first place in the category of non-English-

language films to A. Radok's Czech film <u>Distant Journey</u>.
The critique of the film (August 28, 1950) said, in part,
'From behind the Iron Curtain comes the most tremendous
and the most frightening film about the Nazi persecution
of the Jews that this critic has ever seen....'" And there
follow more excerpts of critical acclaim in the United
States.

Radok himself is responsible for the fact that he finally
created at least a magnificent portion of the <u>oeuvre</u> that
might have been his life's work. He is responsible because
of his tenacity, his incredible persistence, coupled with his
artistic humility, his complete modesty. Apparently it was
his ever-present awareness that art is a service, and that
the artist is only an instrument, that enabled him to go as
far as he did.

What do I mean? In 1968, conditions were finally such
that it was possible to publish the story that Radok could
tell. But the tempo of events caused the following interview to take place much later. And at that time, Radok was
full of fresh impressions of the television films that Slovak
director Stanislav Barabás had completed. Barabás had
been lauded at Monte Carlo; and after his emigration from
Czechoslovakia in August 1968, he went from success to
success in Europe with his TV films based on Dostoevsky.

I don't know many artists who would start an interview
about themselves by discussing someone else's work.]

You see, Barabás is really aiming back at film, at the old silent
film. He is following a path similar to the one described by
Walter Kerr in <u>How Not to Write a Play</u>. Originally, theater
worked with theatrical instruments — for example, in the time
of Shakespeare — because it wanted to gain as broad an audience
as possible. It had to compete with things like bear fights. And
it succeeded. Bear fights were very attractive and were pur-
ported to be quite a sensation. Later, theater shifted and took
another path. It discovered psychology and came closer to literature. Thus it also became more exclusive, in a way, and lost
much of its former attractiveness and audience. Kerr feels that
it will have to return to its original path, and seek to regain its

instruments, in order to regain its former attractiveness.

The situation is similar with film. The way back, whether it is intentional or not, is very important. Each element in film, be it sound or picture, has its specific function, something that cannot be described in words, something that cannot be used in any other medium. And each is directed toward the content of a film. Barabás employs a matter-of-factness that is the source of his poetry. The poetry in his films consists of the instruments, the elements that simultaneously expand the content of the film. For instance, he often works with signs. The sign itself frequently has its own meaning — an invisible meaning, something that we only sense, as opposed to a symbol, whose meaning is clear. When they are arranged in a certain order, signs can communicate a meaning of their own, which can either help to convey the story of the film or oppose it in a certain manner, expand it, in counterpoint. This is also true of work with rituals. A ritual in and by itself also has a meaning, a significance of its own; and Barabás frequently structures his film so that the characters act out certain rituals, which introduces another meaning, on another plane. And the viewer who is following the ritual or the series of signs visually is also receiving a conglomerate of information.

This is something like the effect of Laterna Magica. Or if you take a look at that huge explosion of film talents in Czechoslovakia in the sixties, you'll find that the main thing, the thing that will survive — or at least that will survive the longest — has something to do with this matter-of-factness.

What is it, this matter-of-factness that I am talking about? The Germans call it Sachlichkeit. In my mind, it means the ability to see things truly, to be able to reproduce the realities of life in a factual manner — that is, to see in each phenomenon the tension of at least two opposite poles. If I love, I simultaneously hate. I see this paradox everywhere I look. That is, if one knows how to view things as an artist does.

The tension of two opposite poles, and solidity. And also the progressive discovery of the content in the form.

You were a member of the generation that created a dream for itself during the war, a great dream about the future of

film and the theater. What was that dream, and how did it respond to the realities that confronted it? And looking back, how do you view the experience of the twenty-five years since the war?

Those questions, grouped like that — even they constitute a drama, probably the drama of every man and every artist: the ideas I had, and what happened to them. What did I do, actually, and what didn't I do? In film, the latter prevails. So I definitely could say more about what I didn't do. But perhaps I can talk about the theater too. There were many things in the theater that I only suggested, but at least I did that. But perfect form? No, not in the theater either.

The circumstances are what is interesting. Why didn't I ever succeed in doing anything perfect in film, and why did I finally quit making films? And what about those suggestions for the theater? When people were allowed to write about me, in a brief period after 1945, they used to say, hopefully, "a young and talented director." And the hopefulness has perhaps stayed with me.

It was during the war that my dream was born, the dream of working exclusively on film. I really did intend to go into film, you know. I certainly thought much more about film than about the stage. What I wanted to say on film, and later in the theater, probably has its origins with Hitler. My father was a Jew. I think that is important; it played an important role in my life. The name "Hitler" evokes a picture in my mind: A little girl, all sugar and spice, is handing Hitler a bunch of wildflowers. Hitler bends over her and smiles a benevolent smile. To me this image is linked with the awareness of what National Socialism meant, just because the image conceals something. I can't imagine how it would be possible to describe the war, Hitler, National Socialism, and concentration camps, without this image.

Let me elaborate a little. First of all, it's the old Potemkin village thing all over again.* Wherever propaganda is trying to

---

*Grigory Potemkin, Russian field marshall under Catherine the Great. The story has it that along the path that the Empress was to travel, he had false-front villages built to make her believe that all was prosperous and in order.

cover something up, it screams an alarm to me: Watch out!
Take care! My wife, Marie Radokova, for years my closest collaborator, my critic, my historian, theoretician, and co-author,
says that it is just this image that taught us to penetrate the
times, to read between the lines, to perceive hidden meanings.
Whenever something exaggerated appeared, something magnified,
like that smile of Hitler's...Watch out! Whenever they were going to toss me out of some place, like the Barrandov Studios in
Prague, they always shook my hand fervently. And any time
someone smiled at me too broadly, that was when I sensed the
greatest danger.

The picture of Hitler with the girl, the hyperemotional parades — all that was interconnected. Things were gradually adding up. And when you had their sum total, they were suddenly
true; they showed the whole truth — arranged in a certain order,
of course, with the right cuts: the parades, the little girls, plus
the concentration camps, all in that order.

In the war we realized that we were entangled in the world,
that we could not simply hide and live in peace somewhere in
Southern Bohemia. I saw Father there, pinning the yellow Star
of David on his coat. That was something very concrete. But
even before that, there was a directive saying that Jews weren't
allowed to have dogs. So we took our little dog and left him about
twenty miles from home; and the next day he came back. It was
just a little thing, but very concrete. Like reading the newspapers back then. Constantly discovering things and suffering
pain. Those two concepts belong together. If a person doesn't
recognize the identity of these two terms, he can't be an artist.
A person who can't put things together, who sees only Hitler and
the cute little girl giving him the flowers, doesn't actually see
anything at all.

And that brings us to my first film, Distant Journey. I wanted
to stress the paradox that so many people — and this was true
later of many in Communist Czechoslovakia — simply don't see
things, don't want to see them, or see only the picture of Hitler
with the little girl. And that is the horror of it. Everything that
they wrote about in the newspapers was depicted as the best. The
most beautiful. Hitler promised Czechoslovakia the only possible salvation. They kept repeating, over and over again, that

everything was great, everything was the best. If you really want
to get a picture of that period, you have to see the one and the
other, not one but two, both sides. And that is what I call matter-
of-factness.

At that time, though, it probably wasn't a conscious thing. For
that matter, I am not a theoretician: I am a director.

As everywhere, it was difficult to get into the clan of filmmakers in Czechoslovakia. But immediately following the war —
and it happened again at the beginning of the sixties — something
broke loose somewhere, and one could at least get a foot in the
door. When I began work on Distant Journey, I had only a minimum of practical experience in film directing. For example, I
didn't discover the fundamental importance and secret of film
editing and cutting until late. I spent hours and hours in the cutting room, watching Jiřina Lukešová doing her work at Barrandov, and that is where I probably learned the most. All my experience was from the theater.

When we read the treatment for Distant Journey, my assistant
director Mojmír Drvota (who was younger but more knowledge-
able in film, a true partner in invention — he is now lecturing
on cinema at Ohio State) said to me, "When this hits the movie
houses, little kids are going to say in their prayers at night,
'God bless Mommy, and God bless Daddy, and God, make me as
good as Tony in Distant Journey.'"

And he was right. The story was true, but the form made it an
unbelievably conventional, sentimental cliché. The compelling
thing for me, of course, was the Jewish "ghetto," Terezín. Besides, it presented an opportunity simply to make a film. And
maybe to say at least something of what I wanted to say. A film
about Terezín, seen the way the Nazis had slicked it up for an
inspection tour by the International Red Cross Commission, seen
through the eyes of the members of that commission. They were
expecting a concentration camp, and what did they find? A human
facility: people putting on plays, holding concerts, children getting sardines (a food that was unknown in all of Germany), with
flowers planted in front of the houses, new trees, a children's
choir singing little songs. There really was such a choir, you
know; and when it had performed its duty for the commission,
all the children, along with their choirmaster, were gassed. In

short, the viewer could see, at least out of the corner of his eye, what I was talking about: that everything is not quite all right. The hidden camera should imply that reality is different from what is being presented. Of course, there are only a few crumbs of that in the film. More's the pity. But otherwise, what happened with the film is common knowledge, isn't it?

> Yes, it is. Also the fact that this theme was filmed many years later by Brynych in Transport from Paradise.

What is less well known is that at the time I was completing Distant Journey, I was ceremoniously tossed out of the National Theater, where I was already working as a director. The immediate reason was the production of a mediocre contemporary play about a peasant uprising in the eighteenth century, and the accusation sounded like something out of an absurd comedy: "He allows the People on stage to go against the People in the audience; he shows the nobility in beautiful clothes, the People in rags!!!" The sentence: Prohibited from working in the theater, but permitted to work in film! So, at least for a while, I became a real film director, even though my films were banned from movie houses.

> That was the wizardry of the fifties, so difficult to grasp from a distance. But enough of that. You were the first in Czechoslovak cinematography to try your hand at a film musical.

That was actually making "a virtue out of necessity," as the saying goes. When I wasn't allowed to do anything else, I took the classical Czech farce by V. K. Klicpera, The Magic Hat, and adapted it, in a very foolish, literal manner, for film. I intentionally wrote it in such a way that the people on the Film Council, who didn't know a thing about film, would read it as literature. As for anyone who knows how to read a script, his hair would stand on end. Most of the sentences didn't mean a thing; it couldn't be filmed. But the trick was successful: they approved it.

I really did want to make a musical, though. But in the end I

had to smuggle music and songs into the film. On location, we did playbacks on the piano, and the music wasn't composed until later. The melodies came during the shooting; so did the lyrics. But that isn't all. At one point the shooting was stopped for two weeks because, in one shot, I used a 25 focus for a top view of the hat. When they showed the rushes, this top view was categorized as "formalism." It wasn't until two weeks later that management decided that I could continue filming. But from then on, they kept a closer eye on the filming, comparing it day by day with the script.

So that is the story of the first musical. I haven't seen it for a long time, and I don't feel like talking about it anymore, except maybe for the fact that I really wanted very much to work with music on TV. The first time I suggested that a jazz orchestra ought to be put on television, they laughed at me and said that I had gone out of my head. That was a sign of the fifties, too. Imagine, that kind of blasphemy on television!

Then, for the next two years I worked on writing another script and getting it approved. It was about Prokop Diviš, the Czech who invented the lightning rod. What interested me about the story was this: a genius, an enlightened fellow, makes a discovery, an invention. And some yokel, a village blockhead, who doesn't reach up to the inventor's ankles, mobilizes the villagers and they go out and destroy his work. The script was finally rejected for two official reasons: first, that Prokop Diviš was a priest, and second, that the lightning rod had already been invented before that, by a Russian. So help me God!

In contrast to <u>Distant Journey</u>, the film <u>The Magic Hat</u> actually went so far as to have an official gala opening; but shortly afterward, I got fired from the studio because my films were not successful. Of course, they told me, if I were to come of my own accord and offer them some significant political theme, they might be willing to talk it over again.

At least we know where they got the text that they copied for all the dismissal notices for the best Czechoslovak directors after the Soviet occupation. People who destroy lightning rods can't be expected to think up anything original.

I would have liked to film political topics. But what they called political at that time was agitprop stuff, which has nothing in common with art or truth. That little girl with the flowers kept coming back to me. The last time I saw her was in the background of a newspaper photograph of Brezhnev embracing Dubček with this huge smile on his face, in Čierná. That was three weeks before the occupation of Czechoslovakia. But I sensed from that photograph that it was the end.

Let's get back to film. My next film wasn't until 1956. It was Grandpa Automobile. At the beginning it was just another somewhat sentimental, somewhat moralistic story. But I was interested in something else: in automobiles and motorists — the spirit of the times, the end of the last century, a view from a distance at a time of great inventions, at the early romantic aspect of what today is quite common. I have always been fascinated by that period. It was a great time for individualism; everyone was an inventor in those days. Today is a time of leveling, of equalization. That was also when I first met Miloš Forman. He worked as my assistant, and we thought up our own inventions on the spot. What we actually were doing was setting up a documentary according to old newsreels. Some things were the truth; others were pure imagination. On a meadow near Poděbrady, we invented a butterfly-catching machine, and so forth. I belong to a generation that saw the first light bulb turned on in their homes. Grandpa Automobile picked up a few international prizes abroad; but after that, Czechoslovak film disowned me again.

> Why did you drop film and devote yourself exclusively to the theater?

I didn't drop; I was dropped. They said with a nice smile that I was a good theatrical director. There was only one time that I did what I wanted on film. But it wasn't a motion picture, it was a TV film. It was Stefan Zweig's novelette The Royal Game, and I used tools specific to television. What are those specific tools? Reportage, interviews, everything that evokes the impression of authenticity and of participation in the story, in the game.

You came from the theater. What is specific to it, and to film ?

What is specific to film and to the theater — two closely related and yet such different arts ? I'd have to start at the beginning. You will agree that we don't have — and we won't find anywhere in the world — a common terminology for even the very simplest contents of our craft. Stanislavsky's terminology is not satisfactory in this case because he simply describes techniques for transferring the reality of life into a new, "artificial" reality; but that is where he leaves off. What we need is to speak about further realities, about "artistic realities" in which we work with rhythm in time and space. And here we should begin to talk about what rhythm is, what space and time in motion pictures and in the theater are. The most important thing to explain is that theater isn't theater simply because one of the walls of the room on the stage is missing, but rather because everything that is happening in space and time on the stage is happening with regard to the viewer, that the viewer is always a partner in the action on the stage — and not just a partner to the actor, but a partner in the theatrical action.

A comparison with film is interesting. What is a shot; what is a cut (space and time)? The definition of rhythm, of course, remains the same: "The arrangement and measurable changes in all the various elements exciting the viewers' interest, and aiming at a single end," according to Boleslavski. But many people believed, and still believe, that all you need to do is remove one wall from a room, and you have theater.

You are the originator of Laterna Magica, *the main attraction of the Czechoslovak exhibition at Expo 58 in Brussels and partly of Expo 67 in Montreal.*

The first time I put theater and film on the same stage was in a theatrical farce that I was finally permitted to direct after having been thrown out of just about everything else. It was at the State Film Theater, which was established to provide State Film with a steady supply of its own actors so that it wouldn't have to be dependent on the performance schedules of the theater. There was a large film screen in the background, and I used it to cre-

ate a period environment, or better, to create the times sociologically; to expose the characters before they stepped out on the
stage; and, finally, to link the action on the stage and the action
on the screen. That was actually the beginning of <u>Laterna</u>
<u>Magica</u>.

What they wanted from me, first of all, was a concept for the
Expo 58 exhibition. I suggested a system of two cubes. The pavilion was to be the outer cube, whereas the inner cube, which
the viewer entered first, was actually a system of concealed
projection screens that progressively showed and introduced the
exhibits in the pavilion and led the viewer to them. I used that
design later on a small scale in <u>Laterna Magica</u>. They told me
that I was crazy, and it seemed that would be the end of it. Then,
some time later, they started in on me again. It turned out that
in the approved design of the pavilion, one room was left over in
which a music theater was to have been installed; it was a wholly
unsuitable room, with a conventional stage. In the end they said
that I could do anything I wanted to, on the condition that I would
use that space and, in addition, that I would use already prepared
and finished film material about factory work, chicken hatcher-
ies, and the beauties of Slovak vacation lands.

I got together with Miloš Forman again, as well as with two
other then unknown adepts, Jan Roháč and Vladimír Svitáček, and
my long-time collaborator Josef Svoboda. And gradually we developed the final concept that surprised the world at Brussels.
It was really creative work, and it didn't attain its final form until we were there, in Brussels. One example ought to show you
what I mean: I was told that I had to have a ballet in it, to the
music of one of Dvořák's "Slavonic Dances." They said I would
get the choreography complete from Prague. Three ballet danc-
ers arrived from Prague, and they were flopping hopelessly all
over the stage, and I was supposed to do something with them.
So that was how the dance number, combining the dance with the
screen, came to be two realities, a dance through the mountains
and landscapes. And we even found a way to use the propaganda
films. That's the secret of <u>Laterna Magica</u>: the recipe prepared
in advance, but the meal cooked from the material on hand, the
joining of heterogeneous materials in a way that results in <u>style</u>.
It's like Columbus and the egg. The original condition was to at-

tach a baroque leg to a renaissance table. As the work progressed, we discovered that it really could be done. The moment
we began to think of joining one of Degas's ballerinas with modern twentieth-century technology, the principle of Laterna
Magica was born.

The name Laterna Magica originated in a crowded trolley car
in Brussels, when my brother Emil (who was doing the Polyecran
in Brussels) and I remembered Mother and the little "magic lantern" in our kitchen, illuminated by a kerosene lamp, and the
smoky pictures, and Mother singing songs and telling stories.

I had originally made plans for a second program for Laterna
Magica, but that was never shown in its entirety. It was composed for a tour of the United States, but when it had been completed, they decided all of a sudden that they wanted it to celebrate some anniversary or other. Of course, it didn't do that.
What bothered them most was Opening of the Wells, to the music
of Bohuslav Martinů. The people who banned that did at least
have a good instinct. It is probably one of the best things I have
done in my entire life.

So the second program they used was set up without me. They
turned Laterna into a carnival attraction for foreigners and foreign countries, and it ceased to interest me after that.

[And then, disjointedly, apparently apropos of nothing:]

When we keep talking about integration, let's not forget what
physiologists say about it. Our brain turns on certain circuits,
and puts together certain tracks. It's not a matter of time. The
brain remembers. In the end, the brain doesn't come up with a
simple sum, but rather with a vector, which implies a new quality. Then it is a matter of constant renewal.

[And he continued:]

I can't help being convinced that culture doesn't begin in theaters
and film studios, but far too frequently in ministries of the interior. That is why you are in America, and I am in Göteborg. On
the other hand, it seems clear that it is the medieval stink of
witch-burning that has made our culture so rich and strong (these

rituals, along with the rituals of folk theater and those of the Catholic Church). That's how we come close to Russia and Poland — I mean, the fact of getting our faces slapped repeatedly throughout history rather than the fact of our all being Slavs. It's most apparent in music, and you can see it very clearly in Chagall. The nature of Czech theater can best be compared with Chagall's paintings, pointing out the fact that what the "West" is lacking is the feeling of Chagall. And all of our dear Chagall originates from pain and tension.

Summer 1972

Jiří Weiss

One afternoon, Jiří Weiss walked into the editorial office of the Prague newspaper where I was working. He wore the uniform of a captain in the British Army. It was early autumn, 1945. Life was just beginning again.

And for the next twenty-five years, we lived side by side, first in a single apartment, later in a single city, in a single country, and finally on a single planet. We experienced joint loves and hatreds, illusions and disappointments. First he was my mentor, later on I was his; at one time he admonished me, later I rebuked him in turn. Things that had been perfectly clear to us that September afternoon in 1945 became increasingly complex and foggy. Clear outlines faded, colors changed, a strange mist veiled people and things, ideas and emotions, until they were unrecognizable.

One thing is certain. Weiss was among those who saw a nationalized film industry as the only solution for the future of film art. That is why he returned to Prague after the war, although he had made a name for himself in Britain, and the door was open to a career. But that was not the career he wanted. He came home to Prague in order to make his dream come true, of all places, there.

* * *

Jiří Weiss is one of those directors whose path to a film leads from idea to picture, whose eyes are conditioned by his brain. He rationalizes what he sees; he summarizes, generalizes, interprets, formulates. He writes. He writes well — for newspapers, but he has even written a novel, and the novel has been published. He speaks four languages, and he speaks them well; he has traveled all over the world. At the age of twenty he was the prodigy of Czech film; at forty, a state prize laureate; at fifty, a professor at the film school in West Berlin.

Weiss is the kind of person who is hard to interview. Such people have everything all thought out and organized in their minds: they won't allow you to lead them; they

don't jump from one subject to another. Interviews with them are essentially monologues, lectures.

But the fact is that the conclusions of such people, the ends at which they arrive, the lessons they have to offer, are all interesting — especially if we know what led up to them, if we can follow their path from its very beginnings through all the tortuous twists and curves that it followed, if we can know what surprises lurked behind corners that today can be viewed as perfectly obvious all along.

I knew that anything that Jiří Weiss and I would have to say to each other after all the years that we had known one another, all the years that our love-hate relationship had persisted, would wind up pretty much in the form of a monologue. And that I would make only a few remarks here and there, from the wings, so to speak. So I insisted, in those endless hours in the spring of 1968, that he talk about his life, that it was time for confessions — general confessions. He agreed. And I knew that it was then mainly a matter of how good a listener I would be.

We had a case in Czechoslovakia that resembled the Dreyfus affair in France. In 1900 some villagers found a dead girl near the little village of Polná. That was at a time when they used to say that Jews needed fresh blood to make their matzos. Suspicion focused on a door-to-door salesman named Hilsner. He was not only a Jew but a German as well, so that the anti-Semitism was joined by the nationality thing. It was perfectly clear to the judge that Hilsner was innocent, but not to the public. The judge didn't want to lose his position, and so finally the Hilsner case turned into a monster trial. It was the first trial to be reported daily to the Prague newspapers by telephone. Hilsner was sentenced to death and was to have been executed.

Professor Thomas G. Masaryk was then a member of parliament for the small Realist Party whose motto was "Truth Shall Prevail"; and he took the case upon himself. He discussed the matter wherever he could, until he got it all the way to the parliament of the Austro-Hungarian Empire; he interceded on Hilsner's behalf with the minister of justice. "Listen, mein lieber

Masaryk," he was told, "if we turn Hilsner loose, the government will collapse...." But Masaryk succeeded in saving Hilsner, at least from the gallows. When Masaryk became president
of the Czechoslovak Republic in 1918, he saw to it that Hilsner,
who was out of prison already, got an honorary pension. Whereupon Hilsner wrote him, "Mister President, if it weren't for me,
you'd never have become famous or president."

One of Masaryk's close friends was the writer Karel Čapek,
who had heard him tell this story. Once he asked him, "What
would you do, Mister President, what would you do if Hilsner
came to you now and said that he really had used Anežka Hrůzova
for the matzos? And what if he wanted to make a public confession?"

The small circle of friends present had a good laugh, and then
Čapek wrote an eight-page story called "Justice for Selwyn." It's
a very cynical story, a story that asks, albeit with a smile,
whether anything at all can be considered final, definitive. That
was Čapek's credo. And this story is the basis for my latest
film, Justice for Selwyn. It doesn't contain a problem of the dimensions of anti-Semitism, but what you have is an enthusiastic
intellectual who stands on the side of justice and truth and gets
entangled in the snares of life. Because in life, terms like justice, truth, equality, and freedom are damned complicated and
relative.

When I consider the most recent Czechoslovak films, the films
of the younger generation, I get the feeling that my friends —
twenty, thirty years old, today — must have arrived at this conclusion practically in their cradles, whereas it took me fifty
years. And looking back at the twenty films that I have made,
and at everything that I have experienced in the process, I somehow can't believe it all myself. It reminds me of an aphorism:
When an American wants his son to find out about life, he ad-
vises him to sign on a ship as a cabin boy. When a Czech wants
his son to find out about life, he orders him to open the window
and watch.

I belong to a generation that was born during the Austro-
Hungarian Empire. I remember seeing Emperor Franz Joseph
as a child. I experienced the establishment of our Republic; I
sat astride my father's shoulders and saw it all happen.

My father was a wealthy man by Czechoslovak standards. He

owned about five houses, three cars, a factory, a wholesale operation. When I was a child, crowds of hungry workers demonstrated in their districts on the periphery of Prague, and I watched. I remember the terrible depression in 1930, which created a force of 800,000 unemployed among the 15 million inhabitants of Czechoslovakia. Beggar after beggar would ring at our gate; when my mother put ham on my bread for lunch, she would always tell me, "Now see to it you don't give anybody a bite; this is just for you."

My father made a success of playing the stock market. One day I was present when he made 20,000 crowns with three telephone calls. He looked at me and said, "See, that's the way to make money!"

I replied, "That's the way to rob the workers!"

My father slapped my face, hard. The contrast, the rift between the way we lived at home and the way my schoolmates lived, made me start to long for a social order in which national resources and property would be justly distributed among all the people who had a share in their creation. Of course, that was before I knew how incredibly difficult it is to set up a truly just distribution, and that there simply isn't any system to base it on. Along with so many Czech intellectuals, I wanted — in the words of the poet Jiří Wolker — "to unsheath my heart," to help achieve the victory of that great justice.

My father owned a house in Berlin, and while there, I got to see and hear Hitler make his speeches. My father was a Jew, but it didn't matter to him in the slightest when he set out on a trip around the world on the Deutschland that it was sailing under a flag that bore the sign of the swastika. (A few years later he went up in smoke in a Nazi crematory, as did my mother, who refused to leave the country because she would have lost three houses in Prague.) And I spent my leisure time chalking inscriptions on street corners in Prague: "Defending Madrid Means Defending Prague!" I wanted to share the truth I believed in with all the world; I wanted to use the most powerful means of expression — and in those days it was film. I used to go to the movies three or four times a week. I must have seen the Soviet film Chapayev at least half a dozen times. I had an overwhelming desire to become Czechoslovakia's Pudovkin or Eisenstein.

(Of course, I had no idea that at that time the latter's last film, Bezhim Meadow, was going up in flames. I was ignorant in those days of the fate of Nikolai Ekke's magnificent Road to Life and so many others.)

In 1936 I told my father that I wanted to become a film director. I got my face slapped again for that. This time he broke his watch — he was left-handed — and he said, "No son of mine is going to be a carnival photographer. You're going to be an attorney for a big bank."

My father's uncompromising position resulted in my leaving home a few months later, to make a living writing advertising copy for toothpaste, soap, automobiles. And, with my own money, I made my first documentary, on 16-millimeter film. It was called Saturday Night to Sunday Morning. It was sort of an imitation of the great documentary by Walter Ruthmann, Berlin, Symphonie einer Grosstadt. In a fit of enthusiasm over the first print, I sent it to the Venice Film Festival and was sincerely surprised when, two months later, I received a certificate from Venice confirming the fact that my film had placed sixth among documentaries. The Kodak people offered to buy the film from me; I had them pay me in film instead of money, and I shot the whole thing again. That's how it happened that, along with Moholy-Nagy's films Sang d'un Poète and Chien Andalou, my own first film was running in one of Prague's experimental movie houses. It was called People in the Sun.

The liberal, progressive film critics of the day praised me to the skies, so I got a chance to shoot my first professional film at the Barrandov Studios. And that film was along a line that marked my entire development from then on. The film was Give Us Wings. It was only about fifteen minutes long, but it was aimed at leading young people in the fight against fascism and Nazism, at calling for the defense of the Republic. There was a song in the film, "We Don't Want War, We're Defending the Peace." And when I heard our soldiers singing that song as they marched at the time of the Munich mobilization, I was really pleased.

Without really meaning to, I became one of the fathers of documentary film in Czechoslovakia. A year later, in Subcarpathian Ruthenia, I made a film entitled Song of a Sad Land. It was about

the wretched mountain people, poor Gypsies, Hungarians, Jews, who have to live side by side in their common poverty, hating each other all the time. This film also had a clearly anti-militaristic and antiracist tone, and I got a state prize for it. I was just past twenty years of age.

I was supposed to do a feature-length documentary on the oc-casion of the twentieth anniversary of the Republic, under the title "Twenty Years of Freedom." Before the film was finished, the freedom was tragically gone. (I succeeded in smuggling part of the material out of Czechoslovakia into Great Britain, where, in 1939, the film was issued under the title The Rape of Czech-oslovakia.) After Munich I made a kind of excursion to Western Europe. I was in France for about a month, and I saw the de-feated soldiers who had fought for the Spanish Republic return-ing there. In London I saw, out of the corner of my eye, what I could expect there; and I didn't care for it at all. I returned to what was left of Czechoslovakia just in time to be able to watch the German Army marching through the streets of Prague on that fateful night of March 15, 1939.

But even before that, a Czech director by the name of Binovec called a halt to all shooting when I came on his set. He an-nounced that he wasn't going to shoot a foot of film as long as "that Jew" stayed on the set. I'll never forget the immobile faces of the workers, the staff, the actors.... They waited to see what would happen, but not a single one of them stood up for me with so much as a word. When I returned to Czechoslovakia after the war, I worked with the same cameraman who had been working with Binovec that day. He never mentioned it. And deep in my heart, I had to smile. I was wiser by then, after all; and I was slower in passing judgment.

It was John Grierson, Basil Wright, and Paul Rotha who got me to Britain. I wasn't allowed to work, of course; but British documentarists kept me under their wing. I had a small allow-ance, seventeen shillings and sixpence a week. I remember walking from Camden Town to Oxford Street, and picking up dis-carded newspapers to read. Going to the movies was a luxury far beyond my means.

All of a sudden, though, I got funds to edit my Czechoslovak film material, and then for my first fiction film, Mr. Smith

Wakes Up. It was about a little London bookseller who doesn't believe in the danger of fascism. He loses consciousness and dreams about Nazism in England. When he comes to, he suddenly realizes what it's all about — this little fellow who had never read any of the books he sold. Surprisingly, it was a comedy. I didn't shoot another comedy until 1966.

Later on I volunteered for the army, and I was assigned to the Crown Film Unit. At that time Grierson was already in Canada; and maybe he wouldn't have understood where his good deed had led me. He was a very envious man, like all apostles of faith.

The Crown Film Unit saw the crystallization of the great movement that was later to be referred to as British civilism. It was the filmmaker's reaction to the untruthful films of the establishment, whether they were made in Hollywood, Denham, Billancourt, or at the Barrandov Studios in Prague. We were interested in the common man; and ordinary people were the heroes of the films of Harry Walt, Humphrey Jennings, and others, people whose pupil and collaborator I became.

My job was to shoot a feature-length semidocumentary — using nonprofessional actors — entitled "We Are Calling All People." It was to have four parts, dealing with the resistance movements in Yugoslavia, Norway, Czechoslovakia, and France. But some Conservative members of the government were opposed to that sort of glorification of the partisans, and so the film was never completed. I only finished the first part, Before the Rate, a reconstruction of a true story from Norway: the fight of the Norwegian fisherman against the Nazi occupying forces. We made the film with the real heroes of the episode, and we did the shooting in a small village in Scotland. The actors who played the Germans — they were antifascist émigrés — were not even permitted to go to the local pub to have a beer.

When the war was drawing to a close, the Czechoslovak Government in exile in London (i.e., Jan Masaryk, its foreign minister) gave me funds for a film that ended up being called Faithful We Shall Remain. It was an attempt at a semidocumentary in which we showed a small handful of Czechoslovak soldiers among the great giants in the common struggle. I learned a lot working on that film. I learned that editing can enable you to create scenes that look real on the screen, even though they are

the result of reconstructions. We all did reconstructions of reality during the war; even the great British documentaries on naval and desert battles are based on reconstructions. Later, when I was shooting at the battlefront, I saw for myself that there is very little one can do under fire.

In 1944 I flew with the bombers as a film director, with British cameramen. When the uprising in Slovakia took place, we prepared three prints of <u>Faithful We Shall Remain</u>; and they were dropped over rebel-occupied territory. I never did find out whether they were ever shown. And there it is: that crazy spark, the idea that a film can have an effect on human lives, that it can help to change the world. That was the idea of my generation: unsheath your heart like a sword, and fight for your convictions with art.

When the second front opened, they gave me a set of captain's bars and I flew off to France. At first I worked alone, with just a sergeant to carry my camera. But under wartime conditions you can't do a thing by yourself; and with the equipment we had then it was doubly impossible. The camera we were working with had a capacity of a hundred feet, one minute of film, and that was all. In addition, a battlefield cameraman risks more than a soldier. A soldier fires off a shot and then ducks his head. The cameraman has to stick out his head, leave it there for a while, hold up the camera, calm down, stop breathing, and stay immobile for the length of the shot. And fifteen seconds in a situation like that is a damned long time. Besides, a cameraman almost always arrives late. In short, every good shot had to be reconstructed (with the exception, of course, of fires, bombings, etc.; but even that was hard).

So we started to do reconstructions on the battlefield, generally after the battle. And the material we came up with was a success — so successful, in fact, that I was assigned a group of eleven Americans and four jeeps, three or four camermen, and sound apparatus. Then we were riding in style. I shot film in Belgium and Holland; I was in on the crossing of the Rhine, and I ended up with the 21st Army Group under General Patton, the one that got all the way to Czechoslovakia. That was when I discovered that the commanders of the Group were trying to keep the Czechoslovak Brigade together, to prevent its members from

having any contact with the inhabitants of their liberated homeland. The Brigade was to be prepared for some sort of missions in Czechoslovakia — missions that were unknown to me and seemed unsavory as well. That made a big impression on me, and had a considerable effect on my later decisions.

May 13, 1945, I returned to Prague. I parted company with that great bunch of Americans, saying, "I'll be seeing you"; but we never met again. Still, I was glad to be home. It was a splendid time, the period between 1945 and 1948. Not just a time of hope for Czechoslovakia, but a time of hope for the whole world. We believed that if we cut off the head of the Nazi dragon, a new world would grow out of the ruins. And at one point, at least from where we sat, it really looked promising.

Upon arriving in Prague I was offered the job of ministerial counsel in charge of Czechoslovak documentary film. The Minister of Information couldn't understand my refusal and was very angry. Instead, I went and shot the inauguration of President Beneš. I had a crowd of cameramen for the job, and I kept thinking that not so long ago most of them had been shooting films for the Germans, without the slightest qualms. But once a person begins to find out about the world in its broader contexts, it becomes more difficult for him to pass judgment.

The problem of Munich was a fundamental one, particularly for my generation. The question of why, and under what circumstances, the Czechoslovak Republic — with its outstanding army — had surrendered without a fight was a very painful one for me. I am afraid that it is a historical question for the Czech nation. This was by no means the first time that we had had a strong army; and yet, every time, we gave up — essentially without a fight. Out of humanism? A distaste for violence? Cowardice? A feeling of smallness? The fact that my first film after returning from abroad, The Stolen Frontier, dealt with that question may be why it was such a success. I made use of some of the things I had learned with the Crown Film Unit: I worked with professional actors and nonprofessionals; I chose unknown people; half of our shooting was done with a hidden camera; and so on.

The original motivation, you might call it a false ambitiousness, to unsheath my heart and fight with art for socialism,

carried me on to new subject matter. My next film was Bridge.
A beautiful topic. A small town, with narrow medieval streets,
has a lovely old bridge. And that bridge kills people. The film
opens with a truck killing a fellow on a narrow street just at the
entrance to the bridge. Everyone agrees that a new bridge ought
to be built. Lots of people prepare plans. But it would mean tearing down this house or the other, eliminating somebody's garden,
chopping down some trees. It turns out that everybody wants a
new bridge, but no one is willing to sacrifice anything for it.

In the meantime, the situation in Czechoslovakia was becoming
increasingly acute; and when the film was completed (it was late
in February 1948 already), it was given the title Beasts of Prey.
It also had a different political tone to it by then: it was not only
sharper but also more dogmatic than we had originally envisaged
it when we were discussing the story. The times and our personal
commitment drew us along and literally transformed our work as
it passed through our hands. In essence, we foretold what finally
happened, and what we wanted. So did a considerable number of
Czechoslovak intellectuals. And when it happened, that is, when
the power was taken exclusively by the Communist Party, we
didn't even realize what was happening, how unique and important
a moment we were experiencing. That is apparent in the fact that
the only ones to get the thing on film, the only professionals on
the streets, were the official newsreel cameramen. Other film
material simply does not exist.

Shortly thereafter, the film industry — nationalized in 1945 —
underwent the first of an almost uninterrupted series of reorga-
nizations. The political establishment changed people and structure, I'd say, on the average of every three months. Anyone who
wanted to — and I was one of those who did — could explain it
away by saying that socialism was an entirely new system and had
to seek and try and learn. It was altogether unclear what was to
be put on film, and why. There were millions of questions; coun-
cils were established, literary advisers were appointed. The
other day a friend and I sat down and figured out that we had survived 147 bureaucrats, that is, administrators of all varieties.
We survived them, but not unscathed.

Still, my faith in the ideal helped me, even in one of the hardest of times, to make one of the best films of my career, New

Warriors Will Arise. It was about the establishment of the Social
Democratic movement in the Czech lands. The hero of the film
was the father of the man who was to become Czechoslovakia's
president, Antonín Zápotocký. Later on, he was the one who held
a protective hand over me when others who had survived the war
in exile in London, particularly those who were Jewish, became
the victims of persecution. In short, this film solidified my political position. At that time I was a member of the Arts Council
and the Film Council; I was a professor and department head at
the Film Academy, and a member of the trade union works council
at the Barrandov Studios. I was a producer: I had my own production group; and, in addition to my own films, I produced four
other films as well. I'll admit that I was becoming intoxicated
with power; but at the same time, my hair would stand on end out
of sheer horror. Something told me that it just couldn't turn out
right. And so one day I began to resign from these jobs, pretty
adroitly, one after another. It was the instinct of the hunted.

Arrests and political trials began to take place in Prague. I
finally saw that I didn't want anything to do with the practice of
persecution and murder. As difficult as it was, I gradually withdrew from political life. Czechoslovakia was undergoing what
resembled a wave of religious fanaticism. People sang songs,
marched in processions; each would reassure the other in his
orthodoxy. And I lost my faith. Critics accused me of making
populist films when I did The Last Shot and used nonprofessional
actors. We were told that we were engineers of human souls and
that our only model was the Soviet Union. In a country in which
the question of whether a film makes money is unimportant, the
only criteria are the judgments of the critics. Not only people
involved in making films read what critics write; administrators do too. The success or failure of a film depends on what one
critic or another writes about you. And whether you get another
film depends on that too, as does the kind of film. Of course, I
know that applies everywhere to a certain extent.

I was ordered to forget England, to forget realism. I was told,
"We require socialist monumentalism; shoot what is typical; don't
shoot what is, but what will be; shoot models and models of models."

I tried it. It was my last political film — My Friend Fabian,
a film about Gypsies, the racial problem. In essence it is the

story of a liberal, a simple fellow who means well and who takes an old Gypsy and his son under his wing. In the beginning he is warmed by the knowledge that he is doing good. But when you up-root a Gypsy from his natural environment, he is neither white nor a Gypsy. The son adapts more rapidly than the father, but of course that means that you are breaking up the close-knit Gypsy family. Doing good is a strain. It begins with the best of intentions; generally a person doesn't think the thing through to its consequences in time and, above all, doesn't think it through to the responsibilities involved.

The author, Ludvík Aškenazy, and I tried quite seriously to analyze the racial problem on the Czechoslovak scale. It is a microscopic problem; there are 160,000 Gypsies in a nation of 15 million. The explosion upon the completion of the film, however, proved that a director under the monolithic socialist establishment had to keep in step and, above all, keep his mouth shut. The political leaders in Czechoslovakia had not yet admitted the existence of a Gypsy problem, and we were rash enough to actually anticipate a solution of the problem. The film was to have been sent to the festival at Venice, but it wasn't. Instead I received orders to make extensive cuts. I told the fellow who was my boss just then that I didn't intend to mutilate my own film. And so, like many other films, it traveled to the safes.

In the meantime, I had started work on another film; but preparations were halted, the actors were paid, and I was put on ice. I was just crazy enough to write a letter to the President and explain my problems. That just goes to show the political significance that the work of an artist can have in such a system. The only Western country that takes film seriously is Italy. Zápotocký had them show him the film — as I have said, my position with him was more or less privileged, on account of my earlier film — and he sort of explained to me the minimum cuts and corrections I would have to make for the film to be shown. Since I had put the mountains in motion, I was obliged to acquiesce. The best scenes were tossed out; others had to be redubbed.

A number of directors and writers helped me in my fight for that film. Actually, we all helped each other a lot in those days. That was a splendid and rare aspect of Czechoslovak cinematography then, the fact that artists stuck together. Even when their

opinions varied on this or that problem, they still stuck together.

The political trials and executions, as well as my own experience with My Friend Fabian, had a profound effect on my career. I realized that a director, no matter how good his intentions, cannot and must not serve directly political aims. It is all very beautiful to want to become a weapon, a spokesman, for great ideas; but in the end a person simply becomes a megaphone for someone who declares himself the sole spokesman.

And who has the power.

It is one thing to believe in Christianity, and another to pay homage to the Holy Inquisition. But this metaphor has a logical flaw. The Church had a history of a thousand years or more behind it, and its movement was slow and gradual. On the other hand, the Eastern European regimes were in some strange ways exceptionally dynamic; and they changed both their official opinions and their attitudes toward the arts with the seasons. All the people making Czechoslovak films underwent unbelievable crises when they were put on trial for disobedience and for displaying a lack of ideology. In the course of this great self-flagellation, our film critics cracked the whip. We were all a little bit hysterical along about then, artists and critics alike. Without mutual punishment and mutual reassurance in the faith, we couldn't have survived. And the critics depended on it for their livelihood. If you didn't stand on the official line in those days, you weren't permitted to work in your profession. Just as I was called to task for My Friend Fabian, other directors had to put on sackcloth and ashes and play the penitent; and some of them — like Alfred Radok, who refused and stood fast against the official points of view — had to leave film work entirely. But because I had once made New Warriors Will Arise — a film of which I am still proud, one that was still being shown and reshown on TV at that time — I succeeded in switching tracks and going over to films on personal subjects, "chamber" films. But even that had its problems.

In 1956, on a skiing trip, I met a lady who told me a story that had taken place during the Nazi occupation. Her son — jealous of his mother — went to his father, a collaborator with the Germans,

and told him that some sort of "uncle" had been calling on his
mother — a partisan to whom she had secretly been giving assistance. She ended up in a concentration camp, and it was only by
a miracle that she survived. It was an interesting story, with mo-
tifs that were entirely unusual in cinematography then. But our
new literary adviser and script editor, who had just returned
from the Moscow film school, called and informed me that the
script lacked sufficient stress on the Party line and that, in addition, I would have to change the boy's oedipal motivation to a political one. Experience had already taught me a lesson; and so,
in order to shoot the film, I performed the required surgery in
advance. The film was called Life at Stake.

Two years later, my film Wolf Trap was shown at the Venice
Festival. I think that my strength probably lies in the fact that I
am interested in the details of life, and this was once again an
autobiographical story. But it had been a very popular novel; and
I realized that in the process of putting a novel into film form, a
director does the author the greatest service if he retains the
characters and spirit of the novel and uses them to make a loose
film variation on the theme.

[I think that it is a little more complicated than that. First
of all, epic structure, as created by the nineteenth-century
novel, is at odds with the visually dramatic structure of
film. That is why a part or an episode of a novel is frequently far better, as film material, than the novel in its
entirety. Of course, it is almost impossible to convince a
novelist of that. But that isn't all of it either. The material, the subject matter, the theme, is always seeking an
adequate form for its content. To put it the other way
around: an author who has mastered one form or another
discovers that the form itself limits his choice of subject
matter.

The ideal combination of form and content gives rise to
great epic or dramatic works — and also to great films.
But once a theme finds its ideal form, this form cannot be
arbitrarily changed. Film versions or dramatizations of
great works of literature almost always meet with failure,
and in the best case they can be no more than an auxiliary

illustration. On the other hand, subjects or characters that apparently did not find their ideal expression in the original form because the author was unable to give it to them or because they themselves (by virtue of their incongruity with the form) did not permit it — these are fertile fields for seekers of their reincarnation. Years ago, Luis Buñuel told me, "Give me poor or mediocre literature, as long as there are a few real characters in it, a real theme. Leave the job of making art out of it up to me." I still think that is the crux of the relationship between film and literature, the possibility or impossibility of putting works of literature on film.]

The topic of a marriage based on one partner's possession of the other and the inability to get out of such a relationship for the sake of real love — this has appeared in several forms in a number of my films. I am profoundly interested in whether people have or have not, in whether they should or should not possess, and in how one person takes advantage of the other. This may have its roots in my youth, in my conflicts with my father, with property, in my leaving home. It is the same in France and Poland, in the USA and the USSR, everywhere in the world.

To have or have not — perhaps that is the basic theme of every film I have ever made.

Like every puritan, I have learned to despise effects. That is why I don't like Godard; I consider him dishonest. Too much of what he has brought to cinematography is gilding, pretense, hypocrisy. Like those Western millionaires who run around Paris in a torn shirt, with millions in the bank at home. If they call me a revolutionary, I can't live like a nabob. Of course, Pierrot le Fou and Breathless are brilliant from a technical point of view; I don't deny their importance as a contribution to cinematographic technique. But they don't have anything to say to me. I grew up in a different land, in a different generation.

I once had a conversation with a Chinese director, the one who made the film Daughters of China. I asked how it happened that he had no close-ups in his film. He said that people in China (this was in 1956) would not understand why there was only a head on the screen when the actor had two feet as well. (A person can

look at a painting and understand it even if its origins are in an entirely different time and culture — simply a sort of logogram.)

I had problems with the film Romeo, Juliet and the Darkness too. Once again it was an autobiographical story in which the author recalled having concealed a Jewish girl in the garret of his house as a youth during the war — something of a Czech Anne Frank. It was also concerned with the problem of the worth of ordinary human decency in a dangerous situation. In the end, anxiety and fear for one's own livelihood win out, while morality and everything else fall by the wayside; decency is dead. And then these people live on, and frequently even have the audacity to give other people lessons in morality.

When the film was shown to the political leaders of the country, it was banned. I was publicly accused of having made a Zionist film, its heroine being a Jewess whom no one is willing to help. They were particularly indignant over the scene in which the inhabitants of the house look on in silence as the girl leaves, to certain death. In order for the film to be shown, I had to reshoot that scene, and several others, so that the non-Jewish citizens would come off at least a little better. The film ultimately won at the San Sebastian Festival; it traveled around the world; and after the success of Kadár and Klos's The Shop on Main Street, it was belatedly shown in the United States under the strange title The Sweet Light in the Dark Window. The distributor apparently decided that there was money to be made on another film with a Jewish subject from the period of Nazi rule in Europe.

Of course, I don't think that old films should go into regular distribution, but rather to special movie houses, to filmothèques, to schools. As René Clair has said, film is photographed reality as seen through the eyes of today. When today changes, the film remains but we are no longer the same.

That was long after Stalin's death, and the "thaw" was under way. Favorable conditions and an exceptionally good film school gave opportunities to the new talents that had grown up in Czechoslovakia in the meantime. We had a nouvelle vague too. But ours was much more of a miracle than the French one, if only because Czechoslovakia is a small country without the tremendous heritage that France can look back to in its literature or painting.

The majority of our film critics — who had for one reason or another toed the "line" under Stalinism — raised the banner of the new wave comparatively early. Until recently they had measured everything only by the yardstick of ideology, but now they lavished all kinds of praise on the first films of greater and lesser talents — perhaps partly because the young ones didn't remember as much.

Czechoslovak cinematography evolved organically; and there were no generation conflicts as such, probably because all the artists, those with experience and those without it, realized their dependence on each other, a mutual dependence that the journalists didn't feel.

At this point I feel like arguing, objecting, asking questions, because I believe that a big change is taking place in the ancient rivalry between the artist and the critic. It wouldn't really matter so much if it weren't for the fact that, for the most part, Czechoslovak film critics played an extremely strong role in the struggle with the establishment, and that they took an active and creative part in the birth of the Czechoslovak film miracle.

The critics that you are talking about — and I am one of them — underwent the same development that you did; generally they were a generation younger and less experienced than you. Even they believed, even they had ideals, even they unsheathed their hearts, even they wanted to subordinate themselves to the great cause. They, too, had to cut and cripple their ideas and opinions; they, too, became the victims of hysteria and psychosis. But unlike the people who made films, who were subject to such pressure from time to time, in working on something that took years to create, the newspaper critics were subject to that pressure daily: they were an anvil that repeatedly resounded under the blows you described when you spoke about changes in policy from month to month. They, too, lost their peasant's faith. They, too, eventually realized that the fault was not with them — as they had falsely believed, and hence tried to exorcise it — but in the system and in the people responsible for the system, or in the people for which the system

was responsible.

But it must be said of them that, although at the outset they were perhaps drunk with victory, they never had the opportunity to be intoxicated with power. It must be recognized that — in that time of trial and in spite of everything that can be held against them — they retained their character and put it at the service of the struggle for Czech and Slovak cinematography at the first opportunity that there was to fight. They never withdrew to "personal" or "chamber" topics, but for years kept up the thankless fight with the neo-Stalinist establishment, in spite of the fact that that establishment offered them unlimited honors and rewards if they would come over to its side. I don't know why they should not have the same right to be judged — as were their contemporaries who made films — not only by the size of the penalty they paid Stalinism for their unsheathed hearts but also by what they did in the fifteen years that followed. But why get into an argument like this? People will figure it out anyway.

The fact is that when the fences of Stalinist esthetics toppled, new people came to the fore in Czechoslovak cinematography and in all spheres of Czechoslovak cultural life. And while the older generation was painfully picking up the pieces of its artistic and philosophical points of view, which it was publicizing more or less voluntarily, the young people entered the scene under the banner of skepticism. They lived in a time of disillusionment, and it was at such a time that they were making their films. They are about thirty now; and they have a smiling, resigned view of the world: My, how imperfect it is! At their age, I saw life as a drama, a duel, as an immense, tragic affair.

I teach in West Berlin, at a film school. But what is this West Berlin film school compared with our Film Academy, which produced Schorm, Věra Chytilová, Němec? When you say to someone from another country, "I am a Czech film director," it's like saying "I am a citizen of Rome." But I still recall my first success abroad: it was in Venice in 1957 with the film Life at Stake. No one knew anything about our cinematography then. At San Sebastian in 1960, I was even a "monster from the East"; and

there were two plainclothesmen following me around everywhere
I went.

The new prestige of Czechoslovak film is not only a result of
the work of the young people. Those of us who, unfortunately,
were born some years earlier have a share in it too. And if I am
where I am today, it is because Vančura was here before me, and
Rovenský, and Frič, with whom I made my first film. You know,
cinematography is a tree: one thing grows out of another. I believe man is formed by his conditions. True, man influences his
conditions as well; but essentially the conditions form the man.
There was a time when I couldn't do the kind of film I would have
liked because the conditions and institutions of the time did not
permit it. Now I can make films; I can, and so can the younger
directors, because conditions permit it. If artistic freedom stays
the way it is, there will be more and more good films. But after
one or two successful films, the young ones will discover what I
discovered, that you can't sing the same song all your life.

The Czechoslovak "film miracle" has simple causes, and they
are not generational. Today in Czechoslovakia, it is possible to
make films that you can't make — at least not to the same extent — anywhere else in the world. Our studios have what might
be called directors' cinematography. It is the director — not the
producer — who is king. He can take just about as long as he
wants to shoot a film; he can use anyone he wants; he has considerable freedom to create. Therein lies the whole miracle. My
pupils in West Berlin are just as talented as our young artists.
But unfortunately they will never become young Formans, unless
conditions in West Berlin arise for the broad development — and
distribution — of film as art.

Partly under the pressure of those young intellects, and partly
under new pressure from critics, I also searched for and alternated genres.

In 1961, I shot a drama about a rural teacher in Slovakia and
his inconspicuous heroism in the face of the Nazi occupation. The
film was called Coward. Films based on the Nazi occupation are
for Eastern Europe about what Westerns are for American cinematography. It is a genre in which you can use situations that
simply cannot be handled in films on contemporary themes. And
yet — or maybe precisely because of that — you can use them to

express the experiences and sensations of today's audiences. In the Stalinist and neo-Stalinist periods, I made a number of films about the Nazi occupation and the atmosphere that prevailed at the time. I didn't spend that period in Czechoslovakia, I didn't experience it personally; but I could make the films ring true because — without realizing it or admitting it to myself — I had lived later under similar conditions.

[Comparing films about the Nazi occupations and resistance movements with American Westerns is important, in several senses, for an understanding of Eastern European film in general, and Czechoslovak film in particular. First of all, there is a clear framework of good and evil in both genres. From this framework emerges a hero who actively overcomes obstacles and opposition and thus becomes the ideal. This framework, this ideal, is ultimately identical with the image that the societal establishment has of itself, with the image that it projects, as the direct heir of that struggle and those heroes. The identification of the viewer with them, with their role, their ethic, their action, is in the final analysis a sort of identification with the establishment. And, at the same time, it is an escape into the past; the viewer's identification with the hero is sufficiently non-committing, since it concerns a time long past — for the younger generation, World War II has already become something from the past century. And so, particularly in the less developed Eastern European countries, in which the mentality is closest to the mentality in the American Middle West, films about the occupation become the films with a broad audience appeal, become action and entertainment films.

But as the director comes to the forefront in cinematography, the structure of the genre changes. On the one hand, it still creates myths or, better yet, maintains the myths that have already been created. Yet, on the other hand, it begins to destroy the myths as well. In the United States, the Western is becoming one of the first film genres in which the producer will permit at least an indirect attack on the establishment philosophy, the destruction of some of

the viewer's deeply rooted myths (the genocide of the Indian population, the racial question, the origin of the antihero). He permits it because he knows that the Western can be counted on to be a box-office success, and thus can always satisfy the producer's main criterion for a film.

The same is true of Eastern European film, even though it appears to be for other reasons. The occupation film is the first genre in which myths may begin to be destroyed, in which the establishment philosophy can be attacked. The producer, the state, remains silent because the main criterion — an ideology that is increasingly vague — remains untouched. The framework and the heroes remain the same. The fact that a basic shift has taken place, that the genre has become the bearer of new reflections and doubts, the relativization of the myth, is something the producer doesn't even sense when he reads the script. Or he senses it, but hopes that the supreme political and ideological powers-that-be will not, or ultimately that the genre will serve him as an alibi if they do.]

The anti-Semitic feeling that surrounded me during the period of the trials and again when I filmed Romeo, Juliet and the Darkness made it impossible to shoot several stories that I would have liked to do. These included a film about Antonín Dvořák, for which I had a finished script. Instead I used another true story and made 90 in the Shade. It was about a fellow who persecutes petty shoplifters by virtue of the power of his office. But when he forces one of them to suicide, judge suddenly turns murderer — doubly so when he discovers the true culprit but is unable to do anything for lack of evidence. I think this film was pretty precise in its expression of the emotions prevalent in the society in which it originated.

On the rocky road of my development, I finally found myself working with a truly great personality in an actor — Rudolf Hrušínský, the hero of 90 in the Shade. I don't mean to say that I no longer believe in nonprofessional actors: I simply believe in personality. I have come to realize that the main thing on the screen is not the director, but who it is that is being photographed. Whether or not the personality on the screen is a pro-

fessional, everything depends on his présence, as the French say.

I love an acting personality in front of a camera. This probably dates back to the time when I was shooting documentaries. To me, an actor is what five divisions of the Soviet Army are for Sergei Bondarchuk.* And a conversation between a man and his wife is more interesting to me than the Battle of Borodino. The miracle of cinematography is the reconstruction (or, if you will, the construction) of a human life. Film magnifies human "fleas" to superhuman proportions, and a tremor of the lips or the eye's loving glance is more powerful than a cannon shot. Maybe that is why my view, whether I plan it that way or not, has always been microscopic, perhaps exaggeratedly so. But that has to do with the personality of the director, who is both the painter and his paintbrush.

I have made over twenty feature films, and at a mature age I realize that life is such a serious affair that we ought to be making comedies about it. And so my most recent films have been comedies. First there was Murder Czech Style (originally called The Culprit), once again based on a true story. At the outset, the main character was a political boss who got his secretary pregnant. When she tried to force him to marry her, he married her off to a postal clerk. He was asked, later on, whether he wasn't jealous of her husband. He gave an uncomprehending laugh: "For heaven's sake, who could be jealous of a husband who works at the post office!" At first I thought that Balzac could help us with one of his stories, but eventually we understood that the interest lay elsewhere, and we began to do the story of the clerk. The film won the Silver Mussel at San Sebastian. Even though, as every well-read child knows, the political system in Czechoslovakia is so entirely different from that in Spain, the audience had no problem understanding the film extremely well. Odd....

And the circle closes, because the next film is Justice for Selwyn, from which we started.

I began as a young enthusiast who wanted to transform the world. I fought on the battlefront with a camera, and then I wanted to become an engineer of human souls, as Comrade Stalin

---

*Soviet director-actor, author of the gigantic film version of War and Peace.

preached. And I ended up doing comedies, and absurd comedies at that, on a motif by Karel Čapek about whether or not it is worthwhile to take a stand for something, whether or not there is any truth. You might say that I have changed from an optimist to a pessimist. Čapek didn't believe that the world can be changed, but I believe that it can, and that the artist has a place in this process. Of course, that place is not based on one political change or another, on one or another political movement.

Every realistic policy changes according to the circumstances. I was once told that it was my duty to the Party to make an anti-Tito film called "The Bartered Land." That would have been something. The same people who had tried to force me to make such a film hurried to greet representatives of the "bloody dog" [epithet for Tito used in the socialist countries under Stalinism] in Prague, as soon as Khrushchev had given Comrade Tito his first bear hug at the airport. Politics change, but the human personality and, above all, the human conscience remain the same. So it seems to me that an artist has to have his convictions and act on them. He can't trust what the critics say either. Critics are dependent on the opinions of their publications and of the producers as well, be they private or public.

Sometimes an artist is born at a time when his personality and his mission, his vocation, are in tune with his times. There may have been five Shakespeares in the twelfth century. But it was not until the Elizabethan years that conditions were such that he could really express himself, because society in England was ready for him then. If Mussolini hadn't fallen, all those wonderful Italian neorealists, and also Fellini and Antonioni, would be making small films in Cinecittà. It was not until the polarization in Italy after the liberation that they were able to produce the tremendous surge, and had the freedom to express themselves. The situation was similar in Czechoslovakia during the disintegration of the Novotný regime. The development of our cinematography from, say, 1960-1961 on was possible only because a situation arose in the industry during which artists had both the means and the freedom.

Freedom: only the artist has it who works with the motto "Omnia mea mecum porto" [All I possess I carry with me] — no matter whether he is a graphic artist, an author, a musician, the three

ancient forms of art again and again. East or West, an artist
must find his position with regard to the establishment.

A director must be given the means for the concept of his work
that precedes his own activity. It is ridiculous to write scripts
for the closet shelf. Even novels are not written for the purpose
of sticking them in a desk drawer, not to mention film scripts.
Films get old; they are bound to a certain social situation, to
mass consciousness. A script that you write today is entirely
cold tomorrow — stale, superfluous, dead, impossible. A film
artist is somewhat like a sputnik, a satellite: he has to be in a
certain orbit if he is to do this, that, or the other film. Of course,
it is very hard to estimate the social effect of his person or of
the work in progress, all the more so when the social situation
in which he lives is in constant motion. Ingmar Bergman can be
what he is only because Sweden gives him a stable platform; Italy
gives Fellini, Antonioni, and Visconti the same thing in a certain
sense. The vector of forces between the Vatican and the Communist Party of Italy has made creative work possible. "It is beautiful to belong to the eternal minority," said Kingsley Martin [the
late editor of the New Statesman in London].

The truth is that making a film calls for extensive means. It's
like sculpture. If you don't get a piece of marble, you can't sculpt
David. Of course, you have to have talent. But where is your talent if you don't have a patron, a Maecenas? Marble? So the
Medici also have a big share in the statue of David. And because
film art needs a patron, an enlightened producer, a small country like Czechoslovakia cannot have a film art unless it is state
subsidized or state supported.

Today, in 1968, Czechoslovak cinematography is a community
of free creative artists — really free, as we can see from the
films that are coming into existence. That is the Czechoslovak
miracle: socialism and freedom. Only under "socialism with a
human face" can a film industry exist in which the main motivation is art.

And a director can make films that are really art only in his
homeland. Here, as elsewhere, the exception confirms the rule.
The technology of cinematography is universal; but what young
lovers whisper in each other's ear, what a street cleaner finds
amusing, how a woman behaves on her wedding night — all that

is known to an artist only in the land where he was born and raised. In that case he is like a monkey leaping from branch to branch, who knows instinctively that he will always catch a hand-hold, no matter what. The jumps, of course, are risky because film is somewhere between a novel and a newspaper: it lasts, and yet it is ephemeral. Unlike wine, festival awards or Oscars age quickly.

The horror of film lies in the fact that it is total. At present it is the art that calls for the staking of the artist's entire personality. Casals is an old man. Picasso has those fiery eyes in that wrinkled face of his. Renoir couldn't use his fingers to paint, so he had them tie the paintbrush to his hand. And he painted — Renoirs. They tell me that Picasso — almost ninety years old — paints two pictures a day. I saw some of them in Paris. They aren't much worse than the ones he did thirty years ago. Bernard Shaw wrote Saint Joan at the age of sixty-three, and In Good King Charles's Golden Days when he was eighty-four. It wasn't a masterpiece; but at that age nobody can even start to direct a film. Painting and writing are the creation of a logogram that every viewer/reader fills in with his own content. Everyone has his own Little Red Riding Hood. But how does Ulysses look, or Ophelia? And Venus? And my first love? And Napoleon? And God? And not just what did he look like, but how did he walk, how did he live? Was he, or wasn't he?

Totality is shattering, too immense for an individual. Besides, how does one master it, how does one express it? By what means of expression? Epically? By visual poetry? By editing? Through the actor? When a person is shooting his first film, he works with the certainty of a child, with the feeling of his generation and the times. The times shift; it is like Tempora mutantur et nos mutamur in illis [Times change and we change with them], exactly as the poet said. This shift can be comprehended intellectually, but not emotionally. The personality of every artist is made up of patterns; and they get deeper, like the grooves on a phonograph record. In the old, classical arts, like painting, music and literature, it doesn't matter whether an artist repeats himself. Chagall combines white horses and the symbols of his youth, over and over again; Picasso does symbols of antiquity, Eros. And we love it. A film is no logogram, though,

but rather a communication of total reality. Everything is stated now, at this moment, in the language of today, fixed for eternity. In fifty years, what is kitsch today will be transformed into a touching memory, like the tango of 1927.

Fellini says that a director can hold out for fifteen years; then the charge that carried him into orbit burns out. I would say that that is about the period of time for which, under optimum conditions, his personality can stay in harmony with contemporary social development, contemporary taste, the contemporary view of the world, philosophy of life. What the astronauts might refer to as a course correction, i.e., an intellectual intervention, the interference of reason in instinctual certainty, reduces a director from a total, instinctive artist to the status of the drudges, technicians, computing pros. Looking back, I think I avoided that particular curse, insofar as it is a curse, because in the West all artists are pretty narrowly specialized. Hitchcock has his thrillers; Wilder, his comedies; Ford, his Westerns. Here, on the Continent, we would consider that kind of specialization a weakening of the personality. Just look at Truffaut: look at the films he has made since 400 Blows, the meandering path along which his personality has fought its way and evolved. That has little to do with technology, but rather with perception. Essentially, technology has been fixed for thirty years: lenses, labs — all that was here then (except for miniature cameras, which will probably bring about a real revolution); but the perception of each generation differs, because each generation has different experiences; so the perception of the artist (and also of the consuming public) is determined sociologically.

The miniaturization of cameras and sound and editing apparatus will certainly lead to more "authors'" films. In this, technology will have a profound effect on the creative sphere. However, this hasn't happened as yet. Personally, my development took place when there was a certain equilibrium, between 1939 and 1968. Technological equilibrium, of course, not philosophical equilibrium. Still, even then, the spread of light portable cameras and small lighting units had brought people out of the studios; and the New Wave arose, seeking to assert its fantasy in the eccentricities of life. In other words, what we (who started in the period of heavy cameras) reconstructed in the studio was found in

nature by the boys with an Ariflex on their shoulders. Once again, as always in the sphere of film, it is a matter of the eye, of visual perception: Cinematography is above all a visual art; the picture is everything — the scenario, that is, not the screenplay.

In this, the Americans are twenty years behind the apes. It's the fault of their television, showing old films as if they were the latest thing. There aren't too many movie theaters, and people don't go to see many new films. But day after day, on TV, they see thousands upon thousands of Hollywood films made during the last thirty years. And so Clark Gable and Jimmy Stewart are discovered afresh by generation after generation. It is interesting to note that on TV, one is not so disturbed by that fixed vantage point that is so unbearable on the movie screen. Perhaps that is because we watch TV at home, in our own surroundings, during supper, phone calls, conversations, so that we ourselves don't demand so much.

And back to technology: the American film director Josef Stryck is seriously working on the problem of holographic — that is, real, three-dimensional — film. So we can look forward to the moment when John Wayne on his white horse will come galloping up to our table, and the bombs bursting in Vietnam will explode in my son's bedroom. Yes, it will come, just the way sound came. But I will be sorry to see the two-dimensional picture go. I love black-and-white film, far more than color; I like graphic art. Even in painting you don't need perspective — no, not necessarily. But you do need a theme. Warhol, Rauschenberg, and the rest (like Godard in film) are simply interior decorators as far as I'm concerned.

> If you were to define the difference between here and
> there — as an artist....

The artist's activity here is firmly established in the fabric of society. Here there are no rich, idle rich or important rich, and politicians come and go, while the artists remain. There, every producer of sausages, automobiles or condoms can, if he chooses, immortalize his name on countless ads, TV spots, until he becomes famous. Maybe even a word in the language. Does anyone still remember that Mercedes was the name of the daughter of

the German inventor of the automobile, Herr Benz? In socialist countries, where factories and products (and, of course, managers) are more or less anonymous, artists can enjoy an expansion of their egos unheard of in the Western countries; and not only "obedient" artists (or artisans). Very often it is the protesting artist who enjoys the biggest fame. Take Solzhenitsyn or, before him, Pasternak. Solzhenitsyn's works are perhaps not being published by state publishing houses, but in spite of that, his name is known by everybody and the government itself, with the highest political bodies of the country as his partners in a dialogue. People call him "the other government." I have never heard of the President of the United States stooping so low as to have a public dialogue with an important artist (by that I do not mean various social occasions, where "stars" are courted by politicians to enhance their pre-election prestige). Here the poets Halas and Seifert have remained — both in "opposition" — strong authorities, not only artistically but intellectually.

I remember arriving at the Czech Embassy in Rome and being asked by the ambassador what I thought of Fellini's Dolce Vita. I replied that I envied Fellini because the ambassador of my country wanted to know what I thought of his picture; I wished, I said, that the Italian ambassador would pose the same question to Fellini about my picture. In Italy the cinema is indeed the No. 1 Art; the people do not read very much and there is (astonishingly) very little theater; the four or five great directors are national heroes, loved and talked about by the entire public. An enviable position, but achieved as a result of that special historical and sociological situation in Italy which cannot be reproduced elsewhere.

A similar situation has developed in Czechoslovakia. Here, for historical reasons, artists have become the spokesmen of the nation. Without literature, without poets, the Czech nation would have dissolved in the sea of German culture, of German schools, of German (Austrian) state administration, and also of the German-speaking bishopry. In a country where the first short novel was not written until 1842, where the puppet theater and popular music and poetry helped national revival, a native cinematography evolved quickly. This particular situation was combined later with the public financing and sponsoring of Czech

film. Each of us felt that he was fulfilling a part of a national dream, pronouncing something important that the nation wanted said. My Western friends are making money. Lots of it. I envy them (the money and their personal freedom), but as an artist in the Barrandov Studios I can, at the moment, produce films without a commercial producer, without a "slot" into which I must fit with my work. True, in the West there are artists with the same freedom we enjoy at the moment, but these are very, very few. The majority are caught in a cage. Sometimes a golden cage, true. But are they happy that their talent is channeled into the narrow niche, into the narrow "slot," that provides them with a villa in Beverly Hills and a bank account? The interesting element in Hollywood is that this virtual enslavement of the artist is entirely voluntary; he is simply paid his fee (admittedly, a very high one) only if he produces what the producer wants him to produce. Seen from here, this is corruption on the supreme scale, and there is pressure as well. Only infinitely more subtle. So that, finally, it all boils down to the personal integrity (and the luck) of the individual creator. Like a sputnik, he must maneuver himself into the right position to achieve what he wants to achieve — if he still has the strength and the desire to!

Spring 1968

Since 1968, Weiss has lived mostly abroad. Trying to make films of his own, of course, but also teaching others — in London, Australia, California, Montreal, and finally in New York. Untouched by the years; more skeptical, of course, but unchanged. Perhaps the best craftsman of them all.

Jiří Krejčík

The wartime situation brought Jiří Krejčík to the film studios. Had it not been for the occupation, who knows where he would have ended up. He was no exception in this, even though he was probably the most talented of all those young people who were cut off from an education when the Nazis closed the Czech universities in 1939, and who sought asylum in this strange cultural industry (because they were ordered to go to work in industry), to learn a craft and discover talents that they had no idea they possessed. Thus the Nazi occupation produced an unexpected new team which was just waiting for a chance when the war ended.

Moreover, Hitler conceived of Bohemia and Moravia as a relatively secure rear area, and the film industry gradually retreated there. Because the cooperation of Czech staff and technicians was essential, it was decided, for the sake of appeasement, to put up with at least a limited production of Czech films. From 1939 to 1945, a total of 124 Czech fiction films were made, and, on the average, they were better films than those made before the war. Also, work on animated cartoons and puppet films was developed in two studios, under various pretexts. Furthermore, the Nazis decided that after they won the war, they would turn the Germanized Prague into a German film center, and so they started an extensive modernization and expansion of the Prague studios. The work was completed shortly before the German surrender. In 1945, therefore, Czechoslovakia stood in the middle of a devastated Europe with an immense, untouched production capacity. At Barrandov Studios, they were dreaming a realistic dream of Prague becoming one of the two or three film production centers for the European continent. At one point, filmmakers of all nations could be seen at the Prague studios, and the dream was not far from becoming a reality.

It took a while for Czech cinematography to get its bearings and step out on the path from which it was forced in 1938. But when members of the prewar avant-garde made the film Siren — unjustly attributed exclusively to director Karel Staklý — which brought Czechoslovakia its first and,

to date, only Golden Lion Award from the Venice Film Festival, when Radok created the powerful Distant Journey and Weiss and Krejčík turned out The Stolen Frontier and Conscience, it seemed that the path was open again, and that nothing could keep Czechoslovak film from rising to European heights on the wings of nationalization.

But Stalin's cultural watchdog, A. Zhdanov, slammed the door even before the first ranks could march through. Stalinism was merciless in crippling the very principles of nationalization, while the dogmatic esthetics that were installed paralyzed individual talent. And another six, seven years were to pass.

*   *   *

It is hard to believe that Jiří Krejčík made his first film, A Week in a Quiet House, twenty years ago. He is not only a member of the generation of founders, the ones who started to build a new Czechoslovak cinematography right after the war. But he is also a member of the generation that we refer to as "the lost ones," the generation that had to bear — and many could not — what was demanded of filmmakers in the fifties.

Krejčík, however, is known not only for his films but also for his obstinacy, his eternal dissatisfaction, mainly with himself and the work he turns out — and, of course, with everything that is connected with it and determines it. And finally, he is also known for displaying that same stubbornness in defending any of his colleagues who — in his eyes — have been wronged, and in fighting for financial and working conditions for everyone in filmmaking that are in keeping with the high opinion in which he holds the profession.

Krejčík celebrated his return to the upper strata of Czechoslovak film with the picture Wedding Under Supervision (1967); and his reward was not merely the nod of the critics but the enthusiastic approval of film audiences as well. His next film, Sean O'Casey's Boarding House for Bachelors, served to confirm it all.

But there are problems with Krejčík — lots of problems, as there are with anybody of substance. Our problem with him, however, is not a common one. Like Evald Schorm, he is convinced that interviews are useless, unnecessary, and a waste of time. He shares Schorm's opinion that the only thing interviews are good for is to be turned down. As far as we know, he really adheres to this rule. If he made an exception in this case, let us attribute it to that rare atmosphere of trust and cooperation that reigned in Czechoslovakia in October 1967.

Your beginnings pretty much coincide with the nationalization of cinematography.

It was a fantastic thing for me when they nationalized the film industry, because all of a sudden I felt I could do something. I had started out in film during the occupation, and I couldn't find a niche for myself. I wanted to work: that was the only thing I was interested in. I was amazed when I heard someone complaining that he didn't get paid enough for a job, or when others complained about this, that, or the other superficial matter. I would have worked for nothing. But, of course, there's no merit in that when one is so young.

At the same time, though, the nationalization period also evoked a feeling of annoyance that they had nationalized everything, lock, stock, and barrel, including lots of former quislings, a number of swindlers, crooks, and so forth. That numbed much of my idealistic enthusiasm at the time. It's always a shock for a young person to see how pure and clean ideals can be sullied. But at the time I was also experiencing a very beautiful period in my life: I was able to do my first fiction film, based on short stories by [the foremost nineteenth-century Czech poet and author] Jan Neruda, and entitled A Week in a Quiet House. I had begun work on the script during the war — just for the fun of it, out of sheer enthusiasm. It never occurred to me that I might get the chance to direct it.

There is a very fundamental difference between our beginnings and the debuts of the young people today. When I wanted to get

started, to assert myself, I didn't concern myself with how I might come up with something new, but rather with proving that I was capable of mastering the old, that is, the craft of film as it stood at the time, the current methods of work. I was surrounded exclusively by older people, experienced in the field of film. I found mistakes and faults mainly in myself, and I was interested above all in pleasing the old hands. So, of course, it was natural that A Week in a Quiet House didn't turn out well, if only in the casting, the sets, the conventions.

I felt that I was becoming a cog in the functioning machine, and a cog that was being taken advantage of at that. From their positions of power, famous directors were postponing the entry of young people onto the scene. I got to direct my first film only because the head of the production group, Václav Kabelík, was asked by the Film Art Council whether he, as a former film producer under private enterprise, would have entrusted me with the job of directing it if it were a matter of his own money. And when Kabelík said that he would, explaining that he had demonstrated the same faith in young Otakar Vávra when he entrusted him with the direction of The Philosophers' Story, they decided that State Film should not be any less benevolent. This aroused an important emotion in me, a feeling of some sort of obligation and gratitude that I was the recipient of such faith; and I was willing to do just about anything they asked. I accepted any convention, their painted sets, casting an important role with a substitute actor....

The younger generation of today emerged from the years gone by with a great advantage: they were all able to start together, in their own teams, knowing that they weren't obliged to make compromises, to conform to standard opinions.

In the beginning, you went from one success to another.

A Week in a Quiet House was really a success, and so I got another film right off the bat. It was Village on the Frontier, but I hadn't had anything to do with the script. Once again I was praised, rewarded; but then it became clear to me that it was essentially a toothless film because it avoided the basic conflict — the expulsion of the Germans and the arrival of the Czech ele-

ment into the border regions [formerly the Sudetan German districts].

In Conscience, which was the high point and the end of that stage of my career, I realized what film work really meant, the pitfalls it presented and the ways around them, and what all could happen in a film, even in direct contradiction to one's own intention. In doing Conscience I succeeded in getting out of shooting with a famous cameraman, and in making them let me work with 24-year-old assistant cameraman Rudolf Stahl. But the only reason I got them to go along was that no well-known Barrandov Studio cameraman was available. The trade union group of cameramen at Barrandov did everything they could to block me from working with Stahl.

Conscience actually signified a turning point in my career; and it was filmed at a time that was a turning point. In 1948 a lot of people were shifted around; once again there were problems with good people and bad people, as in 1945. I lost my friend and co-worker Lukeš, who was fired for no reason at all. I tried to get him back to Barrandov for years afterward — unsuccessfully. That young and talented architect ended up in a field entirely outside film. Another important loss was Karel Höger, whom I had originally cast in the lead. He was not allowed to take the role in Conscience, for reasons that had nothing at all to do with film. When we finished it, the film was proclaimed a product of "sexless cosmopolitanism," and a group of critics began a hate campaign against me.

But I remained at the top of the heap of the young ones; and so a lot of treatments and scripts found their way to my desk, pretty much without anyone trying. And I read and read. Some of the things were awful, incredible junk, trash. And they were serious in asking me to direct them. Mostly it was a matter of variations on the standard theme of the evil factory-owner who was too cheap to equip his assembly line with a new cable, which resulted in a catastrophe when the old, rotten cable broke, and three hard-working workers lost their hard-working lives, whereupon along came February [1948], the mean old factory-owner was kicked out, and the workers nobly took over the administration of their own affairs. Hard as it was to read such things, it was even harder to think up a reason to refuse to direct them. And it was

hardest of all when the author of such a script was, say, National Artist Marie Majerová. Originally Otakar Vávra was supposed to direct her script, but all of a sudden somebody told me I was going to do it instead. Horrified, I phoned Vávra. "You can't be serious," I said.

I was told smilingly that there was no getting around it, that I was going to have to shoot the film. In the end I didn't do it after all, and it hurt my career a lot. The script was finally filmed by Cikán, in all its colorful glory. It was called Warning, and it ran in the movie theaters only a few weeks before they recalled it — for stupidity. It must have been really stupid because they generally didn't recall films for that sort of reason. For that matter, they still don't.

In any case, I had placed myself under the suspicion of having an a priori negative attitude toward topics with an ideological basis. Shortly afterward, I was called up and challenged, finally, to take on a really powerful subject. They offered me two alternatives: Jan Šverma or Julius Fučík.* I chose Fučík. God, that was an awful time. It was the fifties, those unfortunate years when blanks in thematic plans were filled out like this: Woman in Industry; Mechanization in Agriculture; Old and New Production Methods.

> Sometimes they call your generation "the lost ones" — particularly when your initial opportunities are compared with those offered to people starting out in film only one or two generations removed from yours.

I see the tragedy of my generation (though I must say that I don't approve of its being classified as a unit; I always take that as a personal injustice), I see its tragedy mainly in the fact that its members never went into film with a desire to put across "their" subjects. It was all they could do, but they did start out by being

---

*Jan Šverma was a national hero, a Communist partisan in the Slovak National Uprising against the Germans in 1944; he was killed during the Uprising. Julius Fučík was also a national hero. He was arrested by the Nazis for his activity in the Czechoslovak underground resistance movement, and he died in prison.

willing to film anything.

It was also a tragedy that we had no living models to follow, certainly no one that we respected. On the contrary, the people who might possibly have served as models for us offered the greatest pitfalls, and the most malicious satisfaction when one of us stumbled and fell.

Today competition is strong. We have sixty to eighty film directors, and so it is all something of a gamble: we put our ideas on the rim of the wheel, round and round she goes, where she stops, nobody knows. One of us is lucky, the next one isn't. It seems terribly unjust. Still, people have to make a living. There was a time when the only way I could make a living was in television. Actually, I am very grateful to the medium for having allowed me to work at a time when I was called off the set of a film on [the nineteenth-century Czech writer] Božena Němcová and was punished by being forbidden to work in film for two years. The reason? I had managed to antagonize some leading dignitaries in Czechoslovak film. In television I was able to work on Gorky, Shaw, Ostrovsky. There is, of course, always the question of the degree to which my film vision was dulled by my work in television.

I understand our young people very well as regards their inclination not to have anything to do with stage actors, although even that is likely to get on one's nerves sometimes. But maybe it is better, after all, than grappling with all the unfavorable conditions that surround work with stage actors, particularly when one sees that conditions conducive to good work are not forthcoming, struggle as one might. Under the circumstances, Forman's solution is probably the best: he selects interesting character types and succeeds in getting incredible things out of them. The greatest enemy in film work with a stage actor is the theater.

> Young directors are also being increasingly attracted by television, aren't they?

Certainly. Partly, I suppose, from the desire to work, to do something, to achieve something. In film, time drags on, and a person can't just stand around and wait all the time. That is why he turns to television, a mass medium. By and large, television

and the quality of some of the organizational people in it are simply awful. Unbelievable. And the technology is outdated, though admittedly some things have improved.

But apropos of the young ones. I feel a truly sincere admiration for much of their work. Take Jan Němec's The Party and the Guests. I was particularly astonished at Forman's latest, The Firemen's Ball. I consider it a far greater film than his Loves of a Blonde. In the latter, the basic impulse was painted rosy, and was simply an impulse. Věra Chytilová's Daisies strikes me as being something of a conglomerate, in spite of some remarkable observations, their expression in cinematographic terms, and the fantastic acting of the two girls. But The Firemen's Ball is terrific. I realize in retrospect that I watched the film with the eyes of two different people. In one person, everything objected, rebelled, and was unwilling to accept much of what it saw; the other was increasingly drawn into individual scenes, and finally totally swept away.

But you keep talking about others. What about yourself?

I should like to make a film on the motif of wit versus stupidity, and another one on the eternal conflict of our ideas about life, about human interaction, simply about happiness, with the possibilities that we have to put those ideas and dreams into action. All my creative life — I just got a letter from the Barrandov Studios, congratulating me on twenty-five years of work in film — I have been forced more or less to cook from other people's recipes, with all the ingredients premeasured, being able only to do my own mixing and seasoning. For once in my life, I should really like to do something solely on the basis of my own experiences.

In Wedding Under Supervision and in Boarding House for Bachelors you first touched on the comedy and slapstick comedy genre, and you were immediately successful.

The fact that I didn't get around to that genre until now is due only to a series of unfortunate coincidences. After all, I am one of the people who started out thirty years ago with a single intention: to

use absurd humor to unmask bourgeois attitudes, hypocrisy, and pretense. That's where it probably all began. Knowing how to view it all with a sense of humor was the only thing that kept us above it all. This was the wit that carried a lot of us through the occupation, the wit in the tradition of The Good Soldier Schweik and its author, Jaroslav Hašek. It's in me, too, from way back.

[Jiří Krejčík was not a political person. But in the thirties, he was one of the leading organizers of student bufoonery, the philosophy of which he summed up later: "The common sign of youth of all times is revolt against the rigidity of the members of a previous generation, originating in schoolrooms as a revolt against pedantic teachers, professors who do not deserve the noble title of educator-teacher, but rather play the role of rebukers and detectives, annoyers and harassers of youth."]

I have worked with comedy in television, too. In 1948-1949 I started making The Emperor's Baker with Jan Werich, and only unfortunate circumstances stood in the way of my completing it. I originally directed Boarding House for Bachelors for television. But they had given me old, outdated film material to work with, and the result was terrible. In spite of my strong protests, they put it on, and they didn't let me correct it. O'Casey interested me as a study in comic acting. I am happy that Czechoslovak film gave me the chance to do that study.

I am not entirely satisfied with Wedding Under Supervision, mainly because of the script work of the studio's literary advisers. It seemed to me that there was a wide-open field for playing up all the unfortunate circumstances surrounding physical violence, rape as punishable by law, but also for attacking the crime of spiritual rape, and, finally, the worst of all, self-rape, violence against one's own self. Both the abilities of the authors and the subject matter would have allowed much more. It's really a shame.

Fall 1967

Miroslav Hubáček

Krejčík and Weiss survived as artists in spite of everything. They did not do what they might have done; nor did
they receive in their prime the kind of opportunity ac-
corded to the generation of the 1960s. Nonetheless they
did a great deal, and, through their efforts and struggle,
they cleared the way for the ones who got their start in
the sixties.

But there were members of their generation — and they
were in the majority — who did not survive. Because they
had less talent? Perhaps, but it may be that they just
weren't hard enough, forceful and militant enough, stub-
born and adamant enough, or else that they weren't diplomatic enough; in short, that they simply didn't know how
to handle it all. But it needn't have been any of these reasons. The era had an element in it that is reminiscent of
the works of Kafka. It selected individuals or groups and
tossed its net over them, and no matter what they did,
there was no disentangling themselves from the net. The
net fell over the heads of Communists and non-Communists, Christians, Jews, agnostics, workers and intellectuals; some were entangled more, some less, but essentially it was all lacking in comprehensible logic. It
punished some for the same things for which it rewarded
others, demanded of some the opposite of what it demanded
of others, and there was absolutely no use in trying to determine what the charge was, who was the accuser, the
judge, the executioner. In the long run, the real executioner was Time. Exhausted, people gave up the senseless
fight, or found that they didn't have the strength to begin
all over again when the opportunity arose. Some simply
lost their competence after years of forced labor in fields
far removed from their own. In film, for example, one

should mention Miloš Makovec, J. A. Novotný, Miroslav
Hubáček. No one put them behind bars, no one executed
them; nor, for that matter, were they removed entirely
from film work. And yet. . . .
    Needless to say, such a situation was made for oppor-
tunists, people without talent, parasites, informers.
    But Stalinism alone could not break this generation.
The years immediately following Stalin's death seemed to
indicate that it might all have been a mistake, that there
was a way out. And surprisingly enough, people pulled
themselves together, mustered all their strength, took
heart. In the 1956 period, they made their best films —
Makovec's Lost Ones, Hubáček's Plain Old Maid, . . . It
wasn't until the next turnaround that they were finished
off. For these people, that was the blow they couldn't forget, the one they felt the most strongly and painfully.
That was the blow that finally robbed them of their illusions, their faith.

*   *   *

    Miroslav Hubáček belongs to the generation that entered
Czechoslovak fiction film after the war. Its members were
the direct victims of the administratively imposed esthetics of the fifties.
    Still, Hubáček's films In the Penalty Zone, Stories by
Hašek, and Cafe on the Main Street differed from others of the
time by their civilism, their lack of pomposity and unnecessary pathos. Then came Separation, in 1956; and it
seemed that Hubáček was about to take a new road. But
Czechoslovak film had not only its Stalinist 1950s but the
chill that followed at the end of the decade and the beginning of the next. So when he finished Plain Old Maid. . . .
    Hubáček never talks much about himself, but there was
a lot of free time during the Karlovy Vary Film Festival
in June 1968.

The tragedy began with Separation, which was completed shortly

before the conference at Bánská Bystrica in February 1959. That
was when they began to assemble my "personal file." I worked on
the script for Separation with Brynych and Jiří Mucha [Czech writer, jailed in the fifties, son of art nouveau painter Alfons Mucha].
We were ordered to make some cuts. The order had its logic, from
their point of view; I am still convinced that they weren't stupid and
knew very well why they wanted the cuts made. But they didn't
succeed in entirely distorting the film, and so the operation was
only half successful. But three months later, I had the State Control Board on my neck. There were interrogations, in which the
greatest interest centered on the question of why the scenes at
the fair involved the consumption of so much candy. Finally, my
interrogator came out with it: "Listen, that film, don't y'know,
isn't it a little too, don't y'know, how do you say?..." It still
wasn't clear to me. I didn't know.

Then came Banska Bystrica, and that was it. It was in Banska
Bystrica that the fight against revisionism was born, and I was
the subject of an intense investigation.

Finally, once they had my file all together, the General Manager of Czechoslovak Film called me in and told me — it was in
1960, after eighteen years' work in film — that they didn't have anything against my films as such, but that I didn't take an active
enough part in public life, and that I had too little contact with
workers. The investigation was aimed at getting me out of Barrandov and the Film Academy. The favorable testimony about my
activity at the school was entirely ignored, as was my recently
completed film Plain Old Maid.

At the Academy they hesitated; but finally I left, in spite of the
protests of the students. I wasn't allowed to teach or lecture anymore. And as for work at the studio, the only opportunity they
left me was the chance to work under contract — and everyone
knows that working under contract makes it impossible to consider any material that is less than conformist, or to try to do
anything more ambitious. In short, it is the best way to force you
to come up with the most conformist ideas yourself.

In the end, I stayed with the studio. I made a couple of films
that I took over from others. Their concept was finished by the
time I got to them, as was the casting. There was no considering
any of the eight scripts that I still have at home. The authors

quit working with me — and why not? One doesn't want to lose time with a director in a position like mine.

So when the new pressures came later on, no one spoke about the investigation of my life and political attitudes, but rather about some sort of sudden loss of artistic force. Still, it was progress compared with the fifties; it was new. As far as I am concerned, it was simple: I decided not to compromise myself as a citizen; I compromised myself as an artist.

It wasn't like the fifties, you say.

No, it was like this: I never had it easy, but the fifties were a time of secret allegories for a person like me. I'll get back to that. But what was characteristic of the year 1960 was that it didn't differ from the period a decade earlier. It was just that some of us got rolling in 1956, took a lot of things and promises seriously, and all of a sudden there came the shock in the opposite direction and everything began all over again. If I had continued to make films the way I started out, with difficulty, in the fifties, it would probably have been all right: nothing would have happened because, after 1956, it was permitted. All I needed to do was disregard that unfortunate year 1956. But I couldn't disregard it, and that was the trouble. It was all much more dangerous, and much smoother, by then: people were liquidated with a smile because, after all, there were all those years of practice! And besides, it was all terribly sloppy, the proof being that we are sitting here now, that I am alive, and that I even get to make a film here and there. But. . . .

Before the investigation, I turned down the script of Black Saturday. After the investigation, I accepted it. What happened? Essentially nothing. They kicked me out of my job. But the young people I had taught at the Academy, the people whose successes I am so pleased with today — it wasn't so easy to kick them out anymore. I'm not bitter; this game wasn't my game, this economizing with human values was not my affair, but the affair of the management of Czechoslovak Film. That's why I never went to anyone to beg, and patiently filmed story after story, script after script.

It seems to me that my case — and, of course, it was by no

means the only one — upsets the theory that all of this was what was referred to as "errors connected with Stalin's Personality Cult." From 1956 on, everyone knew exactly what was what, yet everyone was quite willing to keep on erring. One can be mistaken for a month, maybe for a year, even for a few years; but being mistaken for all of twenty years — that's not very convincing.

I am all for recognizing all the extenuating circumstances. But the worst thing was the apathy, the indifference of the majority. Of course, they weren't all alike. Some went ahead and took risks, extended an encouraging hand, so that you can differentiate. And anyone who says you can't is either mistaken again, or is covering up something.

There is one special thing about work in motion pictures. It is a matter of practice, of constant renewal. A painter or a writer who doesn't get his chance simply uses his right to renewal, and works anyway. But a film director must wait to get that right from a group of people. And if they don't give it to him, they deprive him not only of his livelihood but of any chance he might have. A film-worker can't have a 35-millimeter camera, a lab, a screen, a theater; he can't just make films for himself, for his closet shelf. Literature always has the hope of gaining recognition even after the author's death. But all you have to do to a film-worker is keep him out of the studio, create a certain aura around him, and that's the end of it. He has even lost the possibility of regeneration. It probably means fighting, struggling. But I said to myself, Why should I, if they don't want me? What the hell! It all belongs to them anyway. I'll just take a nap in the sunshine. That's my deformation. It was probably wrong.

It's like it used to be with the governor or the nobility. Step forward, tip your hat, and they'll hear you out. You don't stand a chance if you don't bow your head and beg. But at the same time, they are more than willing to identify themselves with what you have done, the way they took the credit for the boys that I brought to Barrandov, for instance. It's like with jails — the guy who testified against you falsely from his prison cell has long since been turned loose, but the guy who is innocent spends his life in jail.

What would your generation be doing if it hadn't had its start in 1948, 1949?

What would they be doing? Film. Real film. But those years
didn't kill it; a lot could have been salvaged after 1956. But in
film, the beginning of the fifties was paradoxically transformed
into the beginning of the sixties. It was in 1948 that I got my first
award at Cannes, for a documentary about athletic festivals,
One — A Thousand — A Million. When I made my first fiction
film, a mystery called In the Penalty Zone, I was struck by the
fact that the murderer didn't have to be someone on a certain,
say, intellectual level, but rather a perfectly ordinary doorman.
That was a discovery at the time. Even mysteries were taboo.

We started out with ideas that were quite deformed. For us,
making a film that was conventional every place else was still
something special. We longed to shoot on location, to get out of
the studios. Our ambition was to work our way through to a realistic plane, to do away with painted backdrops and cardboard
sets — that was our avant-garde. Or something else: I wanted to
film Mucha's Flood, but I didn't get to because I wanted to shoot
it on location at the dam, whereas the production group decided
it was going to be done in the special-effects studio (and that is
where they finally did it, too).

The same thing applies to the whole actor business — you know
what I mean. At that time it was almost impossible to take actors
away from the classics, which were dominating the National Theater, for any kind of acceptable film performance. That's why
Krejčík and Helge and I started wondering what to do. Actually,
Czech film acting was a natural continuation of German expres-
sionism. We tried it with the young people. During breaks between films, I personally organized three six-month courses.
We made screen tests, many with people who are well-known actors today. We generally encountered sneers and unpopularity
for our efforts.

It was simply a constant struggle with a lack of sensitivity and
of a professional approach. Everybody kept acting a part — and
they still do — instead of really being something. The General
Manager pretending to be a general manager....

And yet something good came of the fifties after all: if nothing
else, we had worn the management down a little. A lot of things
gradually began to be done from a more realistic point of view.
(My attitude toward the official, artificial style was always that

it was intentional, since it was the only possible framework for all those ideological dogmas.)

Our group wasn't as close, then, as the young ones that came after us. We tried to be; but right away they got between us, they scattered us, they labeled us "the second center." Once, those of us who weren't in the Party got together on something, but the next day some of the Communist film directors approached Minister of Education Nejedlý, and that was the end of our togetherness. You know how hard it was for people to get together mentally, or even physically, in those days. But without a good group — or, if you prefer, without cliques and clans — it is hard to make a good film. Until recently, so much had to be done behind the scenes, in secret.

I said it was a time of allegories. Take the film Cafe on the Main Street. I was shooting it at the time of the trials.* Of course, it was more a matter of intuition — I knew only as much as everyone else — but it was also a matter of getting something across that would speak against the misuse of power, just of doing something, and avoiding doing what we didn't want to do. We were young, and there was no lack of script material: we were offered suggestions from all over. I thought of turning to Hašek [author of The Good Soldier Schweik] and using the old imperial setup to show....

That's how it was. We swallowed a lot of things during those years; but from the point of view of a citizen, I think I am clean. There is always the question of which is more important, resistance or success. Success is problematic in times like those, because there are no criteria. And so you have to avoid everything that makes people unhappy, everything that warps them.

How were things at the Film Academy then, as compared with Barrandov?

---

*The rigged trials in the early fifties that involved the imprisonment, torture, and forced confessions of innumerable people, many of them Jews, many Communists; scores were executed for treason and Zionism. The best known of the trials was the "Slánský affair," so-called because of the involvement of former Party Secretary Rudolf Slánský, who was the main defendant.

At the Academy it was possible to talk about — and often even to put on film, with the students — much of what couldn't be done at Barrandov. From the start, I was always drumming into their heads that a person who doesn't have an opinion of his own can't be a director. A director injects the suggestion of a point of view into the film, and introduces an attitude into the mentality of the staff. The boys at the Academy came from the regular secondary schools, and they either didn't have any opinions, or else they were afraid to speak their minds. So the first thing was, make up your mind, and speak it. And they caught on, quickly and eagerly. But of course you have people who arrive at directing through the Academy, and others who have to take another road.

It was a valuable education for me, too. I was in charge of two classes, four or five years with each of them. The first group was much closer to what we call the realistic school, whereas the second group saw things the way they finally showed up in our young cinematography. But maybe the teacher changed, too: maybe 1956 meant a turning point in my life too, maybe what I wanted to do before, subconsciously, I began to want on a much more conscious and determined plane.

As for leaving the school, I wasn't the first to go. They dropped [directors] Václav Gajer and Miloš Makovec before me; I survived until the investigation, but that finally did the trick.

And when did you go back?

I didn't.

You mean you still aren't back teaching? How come?

How should I know?

And what are you doing?

I have a contract to write a treatment.

How do you make a living?

Well, my wife works — she is a dance teacher. We are a small family; we live a modest life. Besides, I'm not from a family in which there was any great lack of money, so I have no ambition to be rich, to have money in the bank.

I didn't feel like asking any more questions.

June 1968

Zbyněk Brynych

The period following Stalin's death — from, say, 1954 until 1958 — was marked by new attempts to force open the closed door, or at least to push it open a crack. Everyone took part in this fight, members of all generations, even Frič and Vávra, Krejčík and Weiss, and of course Kadár and Klos. But the nucleus consisted of the new generation, the generation that normally would have entered on the scene in 1948-1949, the first graduates of the Film Academy, or the ones who started out as assistant directors after the war. They had to wait five years — that is how long Stalinism held them back — but then they shot forward as if a starting pistol had been fired. New directors who came from the studios still had an edge over new graduates of the Academy.

When the Stalinist establishment reduced annual production (after the Soviet model) from thirty to five or six feature-length fiction films, and when not even the slightest original idea or the most fragile genuine emotion could slip through the machinery of the institutions of approval, there could be no thought of "experiments with young people." It was not until Khrushchev proclaimed the program for a radical increase in film production (which picked up immediately throughout Eastern Europe) that the new generation got its fingers into the pie.

Zbyněk Brynych was the first to spit in the face of the ostentatious pomp and bloodless pose of the Stalinist superfilms. His A Local Romance was the simple love story of a working-class girl and boy; the sets were the chipping and cracking tenement walls, and the dirty, steep streets of one of the working-class suburbs of Prague. The Czech response to Italian neorealism, as filtered through Hungary. No masterpiece, but a glass of fresh water after years of artificial soft drinks.

There was an outcry; official keepers of the ideology launched attacks on "realism of cracking tenement walls," and Brynych, along with his cameraman Jan Čuřík, retreated into experiments with forms that were tolerated if not accepted.

It was from such things that this quiet artist — who had

always lived outside of politics — emerged in the sixties
with two films that appeared to be looking backward but
in reality were speaking clearly to the present. Czech
filmmakers had long since discovered that subject matter
from World War II was an exceptionally good means of
conveying contemporary messages. And so Brynych's
Transport from Paradise, based on the stories of A. Lustig, spoke through the mouths of the Jews in the Terezín
ghetto, not only to their executioners but to the Stalinists
as well: Never Again Like Sheep! And the second film —
his best — And the Fifth Horseman Is Fear (based on the
novelette by Hana Bělohradsjká) is a merciless indictment
of a system of informers and fear. Brynych filmed his
heroes of the forties against the backdrop of contemporary
Prague, in order that there be no mistake. But the point
was perfectly clear without that.

The subject of the political machine, violence and fear
was one that never left Brynych. I, Justice was once again
a protest against brutality, violence and despotism, albeit
in the name of justice. In this case it was a fantasy about
a group of victims of Nazi brutality who kidnap Hitler after
the war and allow him to die a brutal, slow death.

In Summer 1968 he felt that the time had come to make
a film that would be something of a balance sheet for a
Czech in his forties. He had been working on the script
off and on for four years.

I always say that we Czechs have two symbols: Saint Wenceslas
and Jan Hus.* One or the other fits any situation. I incline toward Hus because I like extreme situations. I am ill at ease when
I am not in an extreme situation. When things are too quiet, I tell
myself that nothing good can come of it. Where there isn't anything to fight for, cinematography can be written off, because
film is the art of opposition. That is a principle. I was educated

---

*Saint Wenceslas — the submissive prince trying to find com-
promises with the stronger ones; Jan Hus — the forthright medieval reformer, defying the world.

by extreme situations. I began to understand things around 1943; then came 1948, and 1958; and now we are in 1968.

> And when you don't happen to be in an extreme situation, do you at least look for them in proposed film scripts?

I create them. I think there will always be variations on certain themes. I grew up, and am still living, in an era of extreme injustice — human injustice — in an era in which one can literally pay with one's life for crossing swords with total power. I have made a program of having my say about that. I probably won't be changing programs, either, unless I happen to be living somewhere else. But I live in Czechoslovakia, and Czechoslovakia isn't a very big country, so I must speak on these matters from the viewpoint of a member of a small nation.

Today I get the feeling that, unfortunately, I was always a little early with the films I made. Transport from Paradise wasn't understood until about three years after it came out; And the Fifth Horseman Is Fear also took about three years to hit home.

Right now I am intrigued by the idea behind my latest film, I, Justice: the trend of the world toward fascism in the name of mass complacency, posing the question of what justice really is. Perhaps in time we will be forced to seek culprits among the people we trusted. What I am saying is terrible; it isn't an easy matter. But it can happen.

My last three films revolve around the question of the position of the individual in society and the problem of justice. The world is in such miserable shape that we will probably be struggling with the fundamental questions of our situation for years to come. And that is what we are doing today, because we are a thinking nation, a nation that will always have someone out to get us. If a nation like ours were to revert to a revenge psychosis, that would be just about the worst thing that could happen. A parallel: I was very much impressed by the fact that not a single one of the leaders in our post-January [1968] development called for revenge against his predecessors.

I suppose I shall always work with national subject matter, based on our geographical position, our way of thinking, both of which are European. I never knew how to think like anyone but a

European. I am a European; and I am convinced that some day, common sense is going to have to win out, and there won't be any borders, any frontiers separating people. I am a great believer in Franz Kafka. And I believe in the dissolution of large units — because they are senseless. A large unit, a large nation, whether it wants to or not, becomes a power that takes upon itself the right to make decisions about how smaller nations are to think. It is the sacred duty of the smaller nations to do everything in their power against this, through their way of thinking. America takes its vacations in Europe. And here we sit, right in the heart of good old Europe, thinking, learning, trying to know everything. That is why I have such a strong feeling of belonging to that something indefinable that exists here.

I was captivated by one American film because of a scene that takes place in a bar. A man and a woman are sitting there, drinking; they get drunk, and they sit and talk about what grass is like. Grass. Because they had never seen any. I think there will have to be a return to primitive emotions and values, such as love, justice or injustice, freedom or subjection. This is the destiny of mankind, and our great mission — that is already clear. If the world is interested in us at all, it is because we approached the solutions to our problems with a human face.

For example, Chytilová made a film called <u>Daisies</u>; Němec made three films; Forman, Kadár, Helge, and the rest made other films about.... Well, when you get right down to it, it is all the same frontal attack on one and the same thing, in various permutations, an attack on the question mark that hovers over human values. What would we change in this program of ours? Nothing. And I hope that nothing gets changed.

> That is an answer, already, to the question of what cinematography can achieve, and how it can be used in the new situation.

We are a generation of socialism, and that is a fact. We don't know how to think any other way. They can write against us everywhere: I refuse to argue with pencil-pushers that I know have been bought — for an exceptionally high fee — to write against me or someone else. Nowadays

it is truly just a matter of the backbone of all the people in
Czechoslovak cinematography, that they not let themselves get
rattled, that they continue with their plans. Because I think that
the plans are good ones. We mustn't think about how we could
conform. We have always been less than conformist; and when
necessary, we knew how to wait.

[I brought the conversation back to his last three films. I
told him how precise they seemed to me — they almost
struck me as being cold.]

I've heard that reproach from others, mostly from abroad. "It
is perfect. We are forced to admire it, but we cannot love it,"
was the way one Swiss critic put it.

I feel that if you want to express a philosophical idea, you have
to formulate it with precision. And you have to use the proper
terminology. Otherwise, you haven't a leg to stand on. I forced
my films into a certain coldness intentionally, to evoke a protest
in the viewer about the way the film was made. That protest was
supposed to make him think about the machinery that devours
people. I couldn't show the machine as something imbued with
the warmth of humanity, because it simply isn't.

I filmed a comedy, Constellation Virgo, and a lyrical picture
called A Place in the Crowd. There are two poles inside every individual, and I must admit that one of my poles is certainly that
of A Local Romance and A Place in the Crowd. I am more a person of the latter than of And the Fifth Horseman Is Fear, more
the Romance than the Transport. I am full of ideas like A Local
Romance. But I am convinced that today it is more important to
speak exactly, with precision, not to let oneself get carried away
with any idealism, because that will lead nowhere. At the moment we have to deal with the machinery. We must try to disclose the machinery, to determine just what the principle is that
is going against us. I feel that people will always experience a
period of several years when their predominant effort is directed
toward determining mathematically just why the times have
brought us to where we are.

The only thing that can be used to oppose the machinery is
thought, education, and enthusiasm for ideas that could regener-

ate mankind, put humanity back on its feet. Because this era is clearly insane. It is beautiful in its spontaneity, yes, but it lacks precision. This is the only way I can stand up to it. Otherwise I would be an idealist. I could weep, take pills, have three drinks a day, and thus capture my world for half an hour — and wake up the next morning as dejected as ever. It probably ought to be the other way around: we ought to have a drink in the morning, and sleep peacefully in the evening.

Summer 1968

After the occupation of Czechoslovakia in August 1968, Brynych worked in West Germany, where he filmed, among other things, several short stories by Franz Kafka for Bavarian Television. In 1971 he began work in Czechoslovakia again, with an adventure film about life in the foreign legion, Oasis. It was a Czechoslovak-Soviet coproduction.

Ladislav Helge

In order to transform Czechoslovak film production into a system for the creation of Stalinist academic kitsch, it had been necessary to make covert changes in the postwar organization of production that violated the spirit of the nationalization decree. After 1948 all traces of artistic autonomy vanished. Decisions about what was to be permitted or prohibited were turned over to a central agency consisting mainly of representatives of ministries and political organizations. One would think that not even a mouse could slip through a wall like that.

And yet, in those hopelessly dogmatic years, Czechoslovak cinematography made possible the birth of the work of Jiří Trnka, Karel Zeman, and other poets of animated film who won worldwide acclaim and laurels. How to explain it?

Fairly simply. Artistic animated film, and above all artistic animated puppet film, is probably the least lucrative aspect of film work. Its very existence depends on public subsidies — or at least it did in the forties and fifties — especially in a small country before the boom of television. And Stalinist patronage was generous with these subsidies, since the development of animated film was one of its prestige projects. But while it demanded bland works of propaganda when it came to ordinary feature films, it put far less pressure to bear on animated films, in part because the very nature of animated and, particularly, puppet films is so much a matter of extreme stylization and poetization that they were difficult to harness to the heavy wagon of Stalinist political propaganda. It was much harder for the watchdogs to penetrate the land of fairy tales, folk stories and poetic visions, in pursuit of puppet film, all the more so since at that time folklore was recommended and defended by the state. (Later, an equivalent safety zone was to be found in Jules Verne's technical fantasy, which was Zeman's realm.) The watchdogs stood helpless over scripts for puppet films, and had to be satisfied with censorship of the finished product. And that meant that they could interfere only at a point in the production process when changes might involve a con-

siderable financial loss. Moreover, puppet and cartoon
films were produced in small studios rather than large
ones, and this generally meant work in comparatively
autonomous workshops that allowed for far greater cre-
tive freedom.

Here, then, is the key to understanding the miracle of
Czechoslovak puppet and cartoon films of that period.
And here also is the source of inspiration for the organizational reforms that were put through after Stalin's
death, with a greater or lesser degree of success, throughout Eastern Europe. The essential features of these reforms, which produced the first upsurge of nationalized
fiction film, were: The subdivision of production into
small production groups, headed by artists themselves or
by producers having the full confidence of the artists; a
maximum of creative autonomy for these groups; and
censorship essentially only after the completion of the
film.

The dismantling of Stalinist centralism and the creation
of production and creative groups with an increasing measure of autonomy — these were the prerequisites for the
emergence of the new generation in the mid-1950s. The
struggle for a return to the original concept of nationalized film was fought by that generation; its members were
the backbone and most fiery advocates of that struggle.
The resultant conflict with the establishment was their
conflict. It had its effect on their artistic careers, but it
also made them the most committed fighters for what was
to become a green light for the generation that was to
follow.

That was the case with Ladislav Helge. He became a
Communist after 1948. Not out of opportunism, as was
true with so many, but out of a profound conviction that
therein lay the answer to his questions. He came to independent film direction not through his Party membership,
but on the insistence of Krejčík (a non-Party member by
conviction), whose assistant director he had been.

Ladislav Helge was a puritan in idea and practice.
There was no conflict between what he said and what he

did. His films showed it. Moralities, aimed into his own ranks, with exceptional power and without allegory, pillorying everything that sullied the ideal. School for Fathers made an attack through the children on the father, a functionary corrupted by power and privilege. Great Solitude pointed out the consequences of using untoward means with what subjectively appeared to be the best of intentions, and showed how they destroy not only the intentions but the very people who hold them.

Those films were made in the years 1956-1959. When the political wind shifted under the influence of events in Hungary and Poland, Helge was one of the first to feel the consequences. But his integrity was such that he was not easy to liquidate. So they simply did not allow him to make the sort of films that he would have liked to do. When things finally relaxed in the second half of the sixties, Helge was elected General Secretary of the newly established Union of Czechoslovak Film and Television Artists and, to all intents and purposes, he voluntarily withdrew from his artistic career to make an untiring fight for the creation of favorable conditions for the work of others. Together with Ludvík Pacovský, he deserves the lion's share of the credit for what Czechoslovak films achieved in the sixties.

He did return to film work several years later. His film Shame — which did not get into theaters until the spring of 1968 — is the third part of a trilogy started some ten years earlier. It deals with a Stalinist functionary who finagled away his ideals and destroyed his personality in the service of power, and was finally unable to face himself or those he loved. The fact that this film was rather traditional in form apparently explains why the world did not appreciate its significance as a key to what was to become known as the Czechoslovak Spring.

*   *   *

We started out by talking about beginnings, and how he and Brynych, Jasný, Kachyňa, Vláčil and others were a

group as united as the young wave of the sixties, and how 1959 came along and scattered them to the winds.

The members of that generation weren't all the same. Kachyňa and Jasný came to fiction film as full-fledged directors; they had graduated from film school and worked for a while for the Documentary Film Studios. On the other hand, Brynych, Jaroslav Balík, Jindřich Polák, and I spent our apprentice years as assistant directors. That's probably why we were much closer to film tradition, whether or not we wanted to be. We simply spent the fifties with the people who were making films then.

Looking back at my own debut, I always have to remind myself that in retrospections like this, there is always the danger of idealizing.

I got my first directing job pretty much by accident. They said I was a fairly decent assistant, that perhaps I might...then Krejčík put in a word for me with Ivan Kříž, the writer. Our first film, School for Fathers, undoubtedly went pretty much against the spirit of the dramaturgy of the times. But I don't think I felt any need to undertake a program of opposition to anything, neither with respect to the content of my films nor — above all — with respect to their form. The content was always my dominant concern, and I didn't start to look for harmony with form until much later. So I was rather surprised when my films did what they did and, for that matter, that they did anything at all.

> Excuse me, but that doesn't add up. The group of film artists that we call the generation of 1956 came upon the scene with a testimony so significantly different from the socialist realism and the propagandistic academism that had preceded them that one couldn't help but see it as a program, intentional and purposeful. And here you tell me that you and Kříž, at least, weren't aware of it.

Look, today, twelve years after the events, it would be silly to declare that we were carrying out a program of rebellion. You might say that small impulses were what turned us onto the road. Of course, there was a turning point. In my case it happened

when I was assistant director to Krejčík on the film The Sisters.
We were on location in Eastern Moravia, where the setting up of
collective farms among the small private farmers was a cardinal
problem. The script we were working with turned out to be completely out of step with the real situation.

In the final scene in The Sisters, the boundaries between the
fields are plowed under, with a red banner fluttering above. During the weeks of shooting there, we had gotten to know the people,
and I think that they were really fond of us. One beautiful day we
made extras out of the whole village, loaded them into buses, and
took them to the hill where we were going to shoot the scene. And
suddenly those 150 people got together in a huddle and sent a delegation over to us. They told us that they wouldn't take part in a
scene like that. I won't forget their statement until the day I die:
"We thought you were filming a novel, but you're filming politics."

That was when I realized that it wasn't even politics we were
filming, but something very much at odds with what those people
knew to be the truth, that the politics were nothing but a novel,
fiction, invented from start to finish. The villagers wouldn't do
the scene with us, no matter how much money we offered them.
Finally, we piled them all back in the buses and took them home.
Then we got people to come from the cities and elsewhere, people who didn't see any conflict between the scene and their own
experience — or at least not so much. In the end we did the film
just the way it was in the script.

After that, I wanted more than anything else to do an "anti-
Sisters," except that, somehow, I couldn't write it. By then I
knew that you can't just invent something and then force people
to enact a plot that is contrary to the plot of their own lives. This
was one of the things Kříž and I were trying to get across in
School for Fathers.

And Great Solitude?

In contrast to the mixed feelings I have toward my first film,
Great Solitude is something I was fond of then and later as well.
But then, everything in the film was entirely intentional on both
Kříž's and my part.

But Great Solitude was the beginning of your calvary.

I thought about that a lot while we were shooting Shame last year. Whenever they evaluated any work with a political commitment behind it — and that kind of thing is always essentially realistic — they always accused the artist of being a meddler, of trying to spoil and hinder the common cause. And, of course, they forgot that the people who create that kind of politically committed art must go through agony. They suffer because they see something fundamentally wrong with the society that they want to call their own. It is all the more difficult in that the writing and shooting of such a film do not put an end to the painful process, but rather mark another beginning.

When we were doing the script, and even while we were shooting Great Solitude, we had pretty much of a free hand. There were objections, of course. But the leaders of our production group and the head of the Barrandov Studios at the time convinced anybody who needed convincing.... Then I finished the first print, and I heard that some sort of commission had ordered a showing. Of course, I wasn't invited; but I got into the projection booth and heard everything that was said. It was awful. I had the feeling that maybe I had better not even go home, that they must be waiting for me someplace. The word "anti-Communist" was one of the mildest epithets they used in describing me. In time they convinced me that the end had to be done over. In the original version, the hero winds up alone, and starts to cry. The final version ends up in a pasquinade that I am still ashamed of: the collective farmers come for him, and lead him gently away.

The worst thing, of course, was the feeling that remained inside me. It doesn't happen like that anymore; experience has immunized us to a considerable extent. But at the time I began to wonder whether I hadn't really committed something antisocial, and that is a wound that still bleeds sometimes. At that time, Čestmír Mlíkovský and I had an interesting script ready for shooting: it was called "Tower," and dealt with young people's "nihilism." You should have seen how they tossed it out.

I was a walking, talking inferiority complex. I was anything but the clear-cut personality of an artist. And, of course, that means

trouble. I am not one of those people who blame their failures on circumstances: I always tend to take the blame myself, to stress the responsibility of a film director. But when they criticize a film — any film — they aren't just criticizing the film. They are responsible to the film's creators and a lot of other people. And before a filmmaker pulls himself together after a blow like that, before he gets himself in shape to gamble again, years go by, auto-censorship develops, and various states of fatigue. The total effect can result in the disintegration of an entire generation.

The truth is that the critics stood behind the film and even gave it the Critics' Award. But when "circumstances" developed, the critics broke ranks very quickly. It wasn't the real critics who backed down, though: it was all those little people who write in the newspapers about film, the ones who hold those various offices.

Did I hear you use the word "generation" after all?

I have a theoretical argument going with Jireš about that. He contends that the difference between his contemporaries and mine is that the members of the younger generation are, above all, friends. But of course this was true in my time too — except that our generation of the 1950s fell apart simply because someone thought of calling it a "faction." That was very serious in those days. And besides, every brutal attack from without evokes paranoic tendencies; and that, of course, leads to mutual mistrust among people. I was terribly afraid — and I don't think that my fear was unjustified — that this would be the fate of the generation of the 1960s too. Envy based on competition can be inoculated: all that is needed are a few words: "You're better than he is," or 'If you're to do it, so-and-so can't," and so on. And suddenly, without knowing why, people stop being friends; they stop talking to each other, and begin talking about each other instead. The ideal conditions for such a situation emerged after the conference at Bánská Bystrica in 1959.

What conclusions do you feel should be drawn from these experiences?

There are plenty of experiences to draw from: 1958 and the years that followed, 1966, 1967. The question is what to do so that they don't happen again, now that we all know what good intentions are worth. In any creative work there seems to be the logic of crisis, the logic of a critical situation, that follows from the nature of the thing itself. The tragedy of our generation was in the fact that its crises did not evolve logically, for example, through the exhaustion of creative inspiration, but that critical situations arose from outside. To speak for myself: before I discovered where my strength lay, I got my face slapped and began to vacillate.

But back to your question. There are many problems. Take, for example, the anonymity of factors that interfere in culture. That is going to have to change radically. Creative people have a clear conscience in that they have always formed a united front whenever good works, or organizations that contributed to the creation of a good work, were threatened. And yet this unity has always been suspect. I think that the basis of the problems of cultural policy is there, somewhere. If the attitude toward this unity of creative people changes, and if those responsible for the attitude begin to understand that they are handling people who actually should be working together, then we shall have taken the first step toward normal conditions again.

Of course, there is a contradiction between culture and power. But I will never accept a rationale like: "Sorry, Comrade, but when we discussed it then, the situation appeared thus and so...." You see, I think that just as I try to make films that signal what the times and society are feeling, so it is my duty as a citizen to signal and pillory everything that is not in order in my own sphere. Nor can anyone convince me that there isn't another inner logical fact of culture — the fact that culture is impatient. Where else would the political commitment be, in anything that we do?

Do you think there is any way of making sure that these things won't happen again, at least not in such a crude and unrestrained form?

There should be, but how? There are many opinions; there may even be many ways. And the establishment of an institutional

mechanism that will block, or at least hinder, a backsliding to
the catastrophic cultural policy — that is probably the main problem of the day. Personally, I think that production groups are
just about the only way that film work can be organized. And yet
I have proposed that, in certain drastic cases, the union of film
artists undertake a certain, let's say, "social guarantee," for
want of a better expression, as regards so-called disputable
scripts that have been approved by the production groups. Of
course, the freedom of film workers is greatly complicated by
the fact that they are actually employees of the producer. That is
not the case with, for example, writers, painters, and musicians.

> Tell me, what is the connection between Great Solitude and
> your last film, Shame ?

The direct link between the two is quite clear, I think. We originally wanted to go so far that the hero of Shame would have the
same name as the hero of Solitude. It seemed to us that the inner
logic of the characters corresponded that closely. But even
though we dropped the idea of the same name, the same logic
still applies.

Great Solitude had its problems; so did Shame. But, finally,
we did finish it, by means of complicated coincidences that can
neither be reconstructed nor explained.

The film is actually about...but that is a question of my own
shame again. I am afraid that it might end up the way School for
Fathers did, with the film evaluated on the basis of its having
emerged in a different situation. In short, I made that film with
a feeling that if something didn't happen (the something, thank
God, being what really did happen in Czechoslovakia), we would
lose the last chance that socialism would ever have. That is why
it wasn't the critical, condemnatory note that was most important
to me, but rather giving the main character, the political functionary, with his inner collapse, every possible chance. Still,
there is no way, with characters like the hero of Shame; it just
can't be done. No matter what you do; no matter how good their
intentions are; no matter how honorable their motivations — they
drag the whole thing someplace where they end up with one foot —
no, with both feet — in the abyss. And we're there with them.

Ludvík Pacovský

But let me say one thing: That last chance is still there. But only as a chance. We're still a long way from winning.

[When we got up to go, Helge said, almost in a whisper:]

But I'd still prefer not to have played the role of the author of the film if we had finished it a few months earlier, or if things hadn't turned out the way they did.

Spring 1968

The Soviet invasion, supported and yearned for by people like the hero of Shame, made it possible for Ladislav Helge to play this role. The people that he put on the screen, and whose political and moral failure he uncovered from the viewpoint of a man profoundly convinced of the rightness

of the socialist way, these people did not allow the opportunity for revenge to slip through their fingers. Helge and Pacovský held the Union of Film and Television Artists together for more than a year. They dulled the sharp edge of the times, never lowering the banner of moral and political principles that they had raised. They refused compromises with the "normalizers" and, like the Czech writers, preferred to accept the liquidation of their Union. Helge was released from the Barrandov Studios, and he wasn't even fifty when he found himself permitted — only occasionally — to help out in the dubbing studio, which was his only source of income in the years that followed. But even that was not the end, and so he had to embark on the career of a post-office clerk.

Vojtěch Jasný

Vojtěch Jasný became the central figure of the generation of 1956. He deliberately destroyed the canons of Stalinist esthetics with his film Desire, and he was the first to seek a specifically Czech film language. Together with the genius of the Czech motion picture camera, Jaroslav Kučera, he found in the new conditions an equivalent of the lyricism with which the world had once been enchanted by director Josef Rovenský, cameraman Karel Plicka, young Václav Krška early in the Nazi occupation, and even Otakar Vávra in some of his wartime films. Lyricism, a dominant characteristic of Czech music and painting, was suppressed under Stalinism in the name of sticky sentimentality, but it returned to film in Desire. It was only later that the degree to which it undermined the authority of the standard and enforced academic esthetics became apparent. Desire stood out as a landmark that could not be ignored. In it, four almost plotless stories embracing four periods in the life of man depicted people of flesh and blood, individuals with their destinies delimited above all by Nature, and once again set man up as the center of attention, not to disappear again. The sixties only stressed other contexts of human existence, other frontiers and limits, but Jasný did that too, in his later films.

Not right away, though. Desire and its director escaped the persecution that was inflicted on the generation of 1956 immediately thereafter. Jasný's next two films, with their unconventional treatment of conventional subject matter — I Survived My Death and Pilgrimage to the Holy Virgin — were a necessary detour leading to the first great Czechoslovak social satire, Cassandra Cat (1963), which received the Special Jury Award at the Cannes Film Festival; and to the film All My Good Countrymen (1968; Cannes Special Jury Award, 1969), in which Jasný's bitter lyricism sang a lament over the human balance sheet of the previous two decades.

The constant interruption of normal creative development as a result of external interference is typical of all Eastern European postwar cinematography. Jasný is simply a case in point. When he and Karel Kachyňa made

the film The Clouds Will Roll Away as their graduation
project at the Film Academy in 1949-1950, there was no
doubt about their pioneering talent. That film had all the
marks of the beginning of an epoch: it was socialist in
spirit; it was strongly in favor of human endeavor; its basis was nonstudio reality; its focal point was a real man
with a real destiny. The "truth" of that film was probably
cinematographically more valid than the "truth" expressed
by what was then the neorealist wave. Many of the most
modern and contemporary efforts of Czechoslovak and
world film can look to that motion picture as their ancestor, like Murnau and Flaherty or Rouquier's Farrabique
after World War II. But the film came into being at a time
when it couldn't establish an epoch. It rather ended one
with a view to the distant future. The Clouds Will Roll
Away vanished overnight, almost without a word, and its
authors spent six years producing propagandist documentaries and finally even a primitive espionage film for the
Army Film Studio. It was not until 1957 that Jasný — this
time on his own — faced up to this period with a satire on
army life that was quite bold for its time, September
Nights, based on a play by Pavel Kohout, and then finally
found himself in Desire.

A profound link with Nature, with the people around him,
an understanding of their wisdom, and the poetic language
that he uses to describe them, all this gained for Jasný
the reputation of being the most Czech of Czechoslovakia's
film directors, a person who could never live apart from
the roots of his entire creative personality. In addition,
Jasný was one of the generation of young Communists for
whom there was no conflict between love of country and
faith in the path that it had taken. In that sense he was the
ideal representative of the nationalized cinematography,
even in the eyes of the establishment.

But as the Czech folk saying goes, "everything is otherwise." The conversation that follows began in the spring
of 1967, when dark clouds had begun to collect, as so often
in the past, over Czech cinematography. Four years had
elapsed since Cat triumphed at Cannes. Since then, Jasný

had directed <u>Pipes</u> (based on short stories by Ilya Ehrenburg); and now I had before me the script for <u>All My Good
Countrymen</u>, long in preparation. It is Jasný's Moravian
chronicle of the last quarter-century, a film that is all his
own, a work of the dramatic lyricism with which he has
written his chapter in the history of Czechoslovak and
European cinematography. Will this film also become
a monument to the end of an epoch?

I've been working on the script for <u>All My Good Countrymen</u> for
years, carrying the individual characters and their stories around
in my mind while things slowly crystallized. It's actually sort of
a rosary of destinies, first about one and then about another individual, a history of the collapse of people's dreams, people who
meant well and broke their legs trying.

Why didn't you do it earlier — I mean, a long time ago?

That's simple. I tried to put it through any number of times, but
they always told me that it couldn't be done, that it was impossible. One of the reasons I have finally finished writing the script
now is that I think they have undone some of the old injustices to
some of the people who had been wronged, and hence perhaps also
to film stories and scripts. My work has finally found an end. I've
told it all truthfully, just the way it happened. Perhaps I haven't
done anyone any injustice myself.
  Another reason I dallied with <u>Countrymen</u> was that it was sort
of my innermost film, perhaps even fatefully so. So I kept telling
myself, just let it ripen some more. Now I feel that I'm at the
age at which I have the requisite perspective and experience. It
might have been interesting, ten years ago; but it would have been
different, not ripe enough, not quite completely thought through.
As the years pass, a person may stay himself, but he develops
into other stages, other forms of work.

When it comes right down to it, you haven't made many
feature films over the last twenty years.

About ten. But we have to be specific. Things aren't all that simple in our country. I've finished writing Countrymen now, but for
a long time I had no idea when we would get to shoot it. We were
supposed to do a triptych of short stories, along with Forman,
Schorm and Brdečka. But that got postponed for later. And maybe
we'll have to do something else: maybe for America — three
short stories by Sholem Aleichem. In order to make some films
that we want to make, I guess we all have to make our money
elsewhere, so we'll have enough to live on. You know, Maximil-
lian Schell has the rights to Kafka's Castle; he has a script; he
wanted to shoot it here in Czechoslovakia, but it probably won't
come off — well, it took him three years to make enough to be
able to afford it.

But that's not the only thing. Take the last ten years. I've done
Desire, Cat, Countrymen, all more or less on the same foundation; and when Countrymen is finished, it will be, in essence, a
triptych. When Cat turned out to be a success, I had a chance to
travel around the world a little. I wanted to get to know the
world, and I took advantage of the opportunity.

In the meantime — or actually even earlier — the script of
The Chimney Sweep and the Weather Vane was written. But there
we ran into a technical problem: flying under one's own power.
Looking back, I can see that that wasn't the problem at all, that
that could have been handled quite easily. Most important is the
human problem, the "weather-vaning," the way people turn to
catch the slightest breeze. In this respect the script is by no
means outdated today: unfortunately that is still very applicable,
except that maybe I'm the richer for some newly learned notions
from the sphere of fantastic realism to help me in working on it.
Of course, the main reason I stopped work on the film then was
that [actor Jan] Werich asked me to collaborate on his Falstaff.

We made several attempts, but we never did come up with a
final script for Falstaff. I realized that I was lacking something,
the experience, that I would have to know far more of Shakespeare and about his British roots, the background, the "hinterland." So when it all turned out that way, I had the script for
Pipes at home already. The only one of the episodes which make
up the film that is of any lasting value is the "Fourth Pipe,"

Hubert's story, the one that we did by and large the way we wanted. One reason why it turned out best is that we have the Austrian Empire in our genes, so to speak. But with Falstaff — what isn't in your genes just isn't there, and that's all there is to it. For instance, Němec just couldn't shoot Countrymen. But he could do Prague Jew, or some other romantic history. Maybe that is why neither Fellini, nor Bergman, nor so many others make films abroad. Unless they have to, like Kurosawa — when they can't do what they want to at home. And when you can't do what you want to at home, then it's all the same anyway.

Knowing what you're talking about makes all the difference. For example, the "Captain's Pipe" in Pipes was bad not only because of the lack of time I had for it, but also because of the fact that I just didn't have enough personal experience with the sea. But I am truly fond of Hubert's "Pipe." Besides, it's village life; people from my home used to travel to villages like that across the border to do their apprenticeships; kinfolk used to cross over from there to visit; and for that matter, there wasn't that much difference between our village and the Austrian village. Of course, films like Pipes aren't a matter of principle. Still, if a person loses out in one thing, at least he gains valuable experience. You never get to know a country as well as when you work there. So you try it, if only out of curiosity.

And some native subject matter? Something from home?

Countrymen is that kind of thing. At the moment, it's probably the sum total of it all for me, even though, as the years pass, I might possibly be able to come back to it. For years I've been interested in realistic fantasy. Now, that is another period of my work. The musical is certainly part of this. But take also the question of parallel worlds, the world of humans and that of animals, or time, the various directions that time takes — and telepathy, and dreams. I've been interested in all this for a long time, approaching it from the point of view of a layman. That will have to crystallize, too; but for some time I shall apparently continue in this direction. And to do that, I will need things that cannot always be done here alone. Not that I insist on going out

into the world at any price, but where it is interesting...like the ocean, for example. The sea intrigues me, as one of the constants of our planet.

Besides, I feel that art has innumerable possibilities. If we concentrate too much on the sociological problem, the aspect of the matter that has to do with destiny somehow fades away. And yet destiny and society are always inextricably intertwined. West Side Story is a great, a splendid, thing because in it the sociological view was tied in successfully with the Shakespearean elements of destiny. [The Czech musical] Hop Pickers is almost incredibly well made; but when compared with West Side Story, it just loses something — and that is apparent mainly abroad.* Personally, I think that what it lacks is that peculiar feeling of destiny.

There are so many things in life and in the world in the realm of the unexplained that have been interestingly fathomed by science through empiricism, but they can frequently be perceived far sooner and far more profoundly through art. Once, when Ehrenburg was asked what he would write about when he completed his memoirs, he said, "About dogs." He knew a lot about dogs. And maybe that is the way in which we can grow to understand a lot that can be useful to us, as human beings. If we want to discover and comprehend as much as possible about people, we have to discover and comprehend a multitude of apparently quite irrelevant things, or at least relevant only indirectly. For instance, dogs. Every person does so many stupid things in his life; and when he realizes why, he tries not to repeat them, or not to allow them to be repeated in his life. Also, what we see and hear is only a fraction of what there is to be seen and heard. Dogs hear entirely different frequencies. Or what about dolphins? By and large, the dolphin is as basically good a creature as I can think of. They don't do anything evil; they have a language to communicate in; they'll save a drowning man; they cooperate with each other; they don't have any hands, and so they don't manufacture weapons; and the radar in their heads is as good as that of

---

*In Prague they used to call this quite extraordinary success by the director Ladislav Rychman "The East Side Story."

modern ships, if not better. And yet they can be extremely tough when they defend themselves; not even a shark can break their defenses because the shark isn't as smart as the dolphin. Watching them makes you realize how many things there are that would really be worth going into. Even the question of man's origins keeps being answered again and again, each time differently. And what about Atlantis, and theories about visitors from other planets? All this makes a person feel very strange indeed. Like with this matter and antimatter thing. You know, there is some truth behind every myth. How did Schliemann discover Troy? He was an amateur who simply believed in mythology.

We have to make an attempt to see what is going to happen, irrespective of the particular situation in one or another country. Irrespective, say, of the fact that Greece is under a military dictatorship, and that somewhere else people are grieving for some other reasons, or some other injustices are being done. As a consequence of the boom in telecommunications, technical developments will enable people to dial any television station they please; they won't have to stick to their one or two national channels. So they will learn languages, learn to form their own opinions, learn to see, to compare, to confront.... This is about where a qualitative change in their development could occur. As it stands, man utilizes only a fraction of his brain capacity. But if you give the brain a job to do, and let the subconscious work at it too, it can modulate thoughts for itself that we had no inkling were accessible to it. Even a certain degeneration could result, like some development in the direction of stereotypes, of the sort described by Vladimír Páral, whose analyses I consider very telling. Or, something else that could happen, people could not only travel to other countries but discover many other contiguities that could fortify them for new efforts.

There is a deaf-mute dancer in Spain; she has never heard a note of music, and yet in the flamenco, no one can compare with her. She dances as she pleases, and the accompanying guitar follows her dance. A person like that uses inner vibrations of an entirely different variety as his point of departure.

It seems to me that the trouble with Schorm's Return of the Prodigal Son is that the authors touched on a lot of things, but ended up in a vicious circle. How does a person become a

madman? I saw it once at a clinic in New Jersey: running away from reality and simply reaching another dimension. Drugs aren't just something for abnormal people — though they are that, too: people use them simply because they want to enter another dimension, one that they grow to feel and sometimes can even express in words. Ray Charles sings under the influence of drugs, and we listen to him with our eyes wide open. So it's not simply a matter of degeneration, but of grave problems. Of course, this has to be approached very carefully. There are things a person just barely feels, things he can only rarely confirm for himself by experience; and this infrequent confirmation just isn't enough. But this is about where it is, this is where I should like to work, this is what intrigues me.

In the literature of China, one can find some unusual stories about transformations of people. Once, when I was shooting a documentary there, I offered to shoot two of these stories, but they wouldn't hear of it.

Do you think it could be done?

You know, in cinematography it's sometimes hard to tell what is the fault of organization, what problems we bring upon ourselves, and what is simply our destiny and that of everything that surrounds us. Some day, as I get older, I may want to film only short stories — you know, short essays about people, about animals. I read somewhere that a man has a goose that is thirty-two years old; it protects his children and his house from burglars. Birds do have a degree of reason, too. And how long ago were we still eating beluga from cans? Now scientists call it murder, cannibalism.

As I get older, I said. What if I only get to finish Countrymen and nothing else? What if it just won't work out; what if it won't be possible to do what a person would like? What then? Resign? Or set yourself up your own way? My horoscope says I have twelve truly dynamic, creative years ahead of me. But will I still be able to take advantage of them? The optimism that still possessed me when I was doing Cat has since evaporated. At a time like that, when your work is going well, you could forget what had gone before and what was happening all around. Afterward, of

course, it was a quick trip back to earth.

And so I said to myself, 'I'll write Countrymen the way I feel it, and that's that.''

That actually says a great deal about my attitude toward work abroad and for foreign film companies. Then it isn't a matter of where a person wants to work, is it? Rather, where he is able to work. I said twelve years.... That's not such a long time that I can afford to wait the way I did between The Clouds Will Roll Away and Desire, and between Desire and Cat.

And another thing I just thought of — probably the most important thing: What I want most of all is to defend human dignity.

*   *   *

[Three years later (in late 1970), after Countrymen had an overwhelming success at Cannes (Special Jury Award in 1969) and following the banning of the film in Czechoslovakia, Jasný left his homeland for self-imposed exile. This man, who is the most deeply home-rooted, truly Czech director of his generation, a Communist by conviction at the age of nineteen, wrote me a letter early in 1971. In it, he said:]

I don't care what people say about me. If all I wanted to do with my life was to make films of the folk tales by the Czech classic writers (whom I love), I would return home. But that isn't all of it. I just can't take part in the prostitution that everyone will have to submit to. I simply don't want to be a party to what is happening in my country. They wrote me to come back, that they'd let me work at home, even for foreign producers. But what would I have to promise in exchange? And what would I be permitted to do, and what would be prohibited? They removed the most important episode from my script for Dogs and Men — Schorm ended up making the movie, but they banned it anyway.

I don't have to tell you that I want to move around freely, any way I please, and that I want to think that way too. People at home are growing dull and depressed. If I were to return, my whole family would have to go back too. Maybe I'd receive magnanimous permission to work abroad once in a while, but I

wouldn't be sent without a warden, and I couldn't work on what
I want. . . .

Certainly, homesickness is something that troubles us sorely.
So many things have been interrupted. But I have good friends,
even production people; and when things get rolling, I'm sure that
everything will work out. . . .

*   *   *

[Then, in the summer of 1971, Jasný held another interview
(with newsman S. Volný, as published in the Czech exile
cultural periodical <u>Text</u>). Here is a part of it:]

S. V.: The fact that, of all people, the man responsible for
<u>Cassandra Cat</u> and <u>All My Good Countrymen</u> should be
settled in Salzburg today is, at the very least, a paradox.

Frankly, it surprises me too. But the real surprise came much
earlier, along with the entry of the foreign troops. Originally I
had no intention of leaving. I thought that I'd be able to go on
with my work. When I saw that I wouldn't, I made my decision.
It wasn't just that they banned two of my films. I saw that if I
should want to make any more, I would have to recant what I had
said with <u>Countrymen</u>. That film was more than a decade in the
making, and it is essentially a message that reaches from my
parents and childhood neighbors all the way to where we were
headed with the Prague Spring. And that is something I couldn't
possibly recant.

Nor could I wait another ten or fifteen years. These are the
last years that I'll have the strength to do anything worthwhile.
And I couldn't do it at home. I knew for a fact that if I didn't submit to them completely, I wouldn't be able to do a thing.

You stayed in Czechoslovakia for two years after the
occupation. You say that if you didn't submit completely. . . .

Yes, everyone who works with ideology, even a film director or
scriptwriter, has to express his ideas in one form or another.
Given the current situation in Czechoslovakia, he is obliged to
lie, which means he must either play the part of a political im-

becile, or else withdraw to the sidelines. But a director who —
on top of everything else — has demonstrated his political commitment by the entire course of his life is not even given the opportunity of latching onto peripheral subject matter. What they
demand from a man like that is a complete about-face.

They started saying that, of all my films, the only one that was
any good was Pilgrimage to the Virgin, that in all my work from
then on, I had been mistaken. The next blow was Cannes. In 1969
I was honored there as Best Director, and in 1970 I was invited
to be on the jury. I didn't get the official permission allowing me
to attend until the day before the festival opened, and it was qualified by a set of conditions: I would completely subordinate my
opinions to those of the Soviet juror, and if Costa Gavras's
Confession [based on former Czech Deputy Foreign Minister
Artur London's experiences during the Stalinist purges and trials
in Czechoslovakia in the 1950s] were shown at the Festival Palace, I would file a protest and fly home.

The Soviet juror never turned up. Confession was not shown
officially. If it had been, I probably would have gone into exile a
bit earlier because I had decided in advance that I would hold the
press conference as instructed, but that I would speak out in favor of the film.

> The "Czech wave" was a real phenomenon on the interna-
> tional film scene. Now it is, to all intents and purposes,
> crushed. Is that final?

I think that all that is left is a bunch of "mercenaries in foreign
services." Films aren't made just by those who write, direct,
and shoot them but also by those who give out the opportunities.
Why isn't there such a thing as a widely distributed good German
film? Because there are no producers with artistic sensitivity.
They are simply businessmen. And in Czechoslovak State Film
today, after all the changes, there isn't a single producer who has
both the sensitivity and the opportunity.

> You are in a situation today in which you are a master of
> your craft. But do you think you'll be able to make the
> kind of films you imagine? Won't you be lacking the "hin-

terland" you had at home ?

I have some of the "hinterland" you speak of here, not to as great
an extent as I did at home, but even there it took years to form.
It wasn't easy here in the beginning. Today, though, there appears to be a realistic possibility of making good pictures.

For example, in Baden-Baden I discovered something that I
had had at home: relationships with people, and opportunity —
as when they put a studio at my disposal for three straight
days so that I might experiment with their excellent electronic color technology. Since last spring I've been able to
find a team of people to work with me, too.

I'd like to get around to shooting a script that I've been working on for years, The Chimney Sweep and the Weather Vane. It's
about us, about Czechoslovakia or a similar country; it's about
love and death, about freedom; it's also about socialism and
about man's flying under his own power. With communism, it's
the same as it is with flying: perhaps it can't be done, but we
keep on trying.

Don't you feel the pressure of commercial production here?

That always depends on the people you're working with. I just
don't work with producers who would bring commercial pressure
to bear on me.

Do you think you'll find an audience ?

I think people will go to the movies to see films that contain
tension other than the kind based on murder mysteries, a tension
based on the mystery of cognition. I am convinced that high-
quality, strong films will find success. Most of what the
so-called "young wave" is turning out today is a series of
dry, cool films that can't move the viewer's heart. If a film has
all the constants, that is, if it has social meaning as well as love,
death, birth, if it is really well made, then it will have to move
people, and they will come to see it. What it will take is producers and distributors who are willing to take a risk.

The ideal would be the establishment of some sort of state film

in all countries. That something can be achieved this way is proven by German television, which is state-operated.

Audiences have to be influenced, not just in movie theaters but by the press as well. If the only fare they have is "Bonanza" and mysteries, it isn't enough. In America, people are beginning to go to the movies again; and I think it will happen here too. Film will remain film.

When Fellini received his jubilee statuette at Cannes in 1971, he grabbed the microphone and exclaimed, "Long live film!" When I went up to receive my statuette, as with everyone who had received a number of awards at Cannes in previous years, they gave me the microphone to say something; and instead of saying "Long live film!" I said, "I believe that some day Czech film will again flourish."

And do you believe that?

Yes, I do. But in this context I'd like to say something about being Czech. Once, when Jiří Trnka and I were driving to Vienna, he said to me, "No matter where in the world you go, you'll always be Czech. And why the hell not?" That about sums it up.

I am always going to express myself my own way. Chagall in Paris still painted his own way, based on the background from which he had emerged. But the practical side of things is a different story. We are back to that "hinterland" again, the roots of our inspiration. Well, what we refer to as our Czech roots, what I am sometimes so terribly lonely for, the [Bohemian-Moravian] Highlands where we used to shoot on location and where I had friends all over the place, well, I guess I'll just have to recreate it here. Around Salzburg there are many scholars and experts in any number of fields, such as masques, and passion plays...also sources of inspiration. Occasionally I drop in on an excellent folk artist, a wood-carver, and soak up some more inspiration. It means really establishing contacts and finding out how people live here. And that doesn't happen quickly. That was what I was most afraid of when I was leaving home.

So you will stay Czech. But you were also an artist with a political commitment. Will you remain that as well?

I think I shall. My feeling is that the world is just two halves of a single backside: one half of tin, the other of gold. But it's always the same backside. At home, despotism is enforced by means of political power, whereas here it is done by means of money. I have any number of reservations about life here too, particularly when I see people like parts of a machine, tearing through the countryside in their cars, not seeing any of their surroundings, free only for a little while in the evenings, but no longer aware of their own humanity, their feelings, scurrying around on a treadmill. And that's one of the problems of this side of the world.

Yes, but where will your commitment lie, over here?

I don't care how socialist, or moralistic, or philosophical it sounds: I want to work toward people trying to be better, toward helping make things happen to help them become better. Isn't it absolutely unacceptable for people to keep inventing weapons to use against each other, for young people to be in total opposition to their elders? For that matter, I think something must be done against the self-destruction of the world — not by nuclear bombs, but by chemical poisoning, by auto exhaust fumes, by laundry detergents. I feel that wise people and smart people and good people ought to get together and create a certain power.

But isn't that your Chimney Sweep again? The dream of flying even when we know we can't fly under our own power?

Possibly, but we've got to fight against human stupidity, even if it's a useless battle, if only so that stupidity and evil will not engulf the world.

I used to have a theory about that socialism of ours, that it was a conspiracy of incompetents and egotists. What if a new conspiracy were to be planned and executed, a conspiracy of the good and the wise, who, for example, would launch an attack and take over, say, a TV serial with an audience of twenty million people? A conspiracy of high-level people with good hearts who seized such an opportunity could certainly find ears to listen and hear.

And they would gain power as well, because a lot of people would back them up. And it is not impossible.

Wasn't the Prague Spring just that kind of conspiracy?

That's the point. And neither the Russians nor the Americans were enthusiastic about that. But it was something that can be built upon. It wasn't born of a coincidence or an accident: it was years in the creation. No, I don't consider it a lost cause at all.

Summer 1967/Summer 1971

Karel Kachyňa

Karel Kachyňa's story begins at exactly the same point as that of Vojtěch Jasný. They were inseparable for a long time, until they split up over a rather bad film in 1954. Kachyňa always needed a guru. He found him in the second half of the 1950s in the person of writer Jan Procházka, and from then on the story of the former is much more the story of the latter.

Procházka was undoubtedly a strong personality, a country boy whose life was closely linked with political activity during the war and the years that followed. Because his "class origin" and political biography were perfect, he was able to get away with a lot during the fifties that many old pros in the sphere of literature and film could not.

I remember it as if it were yesterday: the meeting at the Union of Writers, in the mid-fifties, where the country boy — with years of political work in the youth organization and the army to his credit — first spoke up. The openness with which he called things by their right names, the candor with which he touched sore spots without a qualm or a quiver of fear. How was he able to do it? Because he had the confidence and support of the powerful ones. It took another five or six years before others stopped worrying about whether or not someone was going to like what they had to say. How were they able to speak up? The answer was different by then, but not completely so. They did not have the support of the powerful ones, but most still belonged to the ruling Party. Thus, the right to speak openly remained for a long time a privilege, and became a right for everyone only when even Jan Procházka lost all his privileges.

Procházka's story is typical in many respects of the time and the society. The wife of President Novotný heard someone by the name of Procházka speak well of her husband over the radio one Sunday morning. She said, "You ought to invite him over." But the President's secretary got names mixed up, and the one to be invited was Jan Procházka, who had nothing at all to do with the radio commentary. The error was not discovered until after the visitor had charmed the politician with his personality,

candor, and unmistakable fidelity and loyalty. That was
the beginning of the political career of a little-known author and scriptwriter, which led all the way to his membership in the Central Committee of the Party. Procházka became a sort of "poet laureate," hoping that he would
be able to enlighten the establishment. He took advantage
of his position to use his films (he wrote two or three a
year, and Kachyňa put almost all of his scripts on film)
to touch on various taboo and uncomfortable topics of the
past and present. What others would have been forbidden
was permitted to him, what would have been unforgivable
on the part of others was forgiven him. And he was blazing a path forward. His work as head of a film production
group was in a similar vein.

The resultant situation was a complex one. The scripts
and films of Kachyňa and Procházka were, unfortunately,
not as good as one might have wished; they attracted attention chiefly because they overstepped the bounds of
what was generally permitted. It was common knowledge,
of course, that their boldness was, if not fully approved
of, then at least to a certain degree protected from on
high. Any criticism of the artistic failing of a Kachyňa-
Procházka film immediately produced the impression that
the authors were suffering for their political contacts,
whereas praise evoked the opposite suspicion; in short, a
vicious circle familiar to all "court cultures."

But Procházka's aim of bringing culture to the Czechoslovak establishment was doomed to fail. The turning
point was apparently reached when he convinced the President to invite representatives of Czechoslovak culture to
his summer home and spend a day with them. He did, and
the session resulted in the embarassing realization that
communication was impossible. That was the moment
when Procházka began to break with the establishment,
when he became painfully aware that the establishment
could be neither reeducated nor civilized, and that the only
thing that could be done was to overthrow it. From 1967
on, Procházka (and along with him, the films of Karel
Kachyňa) became one of the sharpest critics of the regime.

At the 1967 Congress of the Union of Writers, he made an open attack on the anti-Israeli chauvinism of Czechoslovak policy on the Middle East. He was removed from the Central Committee. After the Soviet occupation he became the number one outlaw. And when he lay dying of cancer in 1970, at the age of forty-two, the secret police watched at his hospital bed to make sure he wasn't pretending.

*   *   *

Karel Kachyňa is known to the world as the author of two films: The Stress of Youth and Long Live the Republic.

My relationship with him was for years an unusual one. We never did anything to each other, and yet there was a certain tension between us. I don't think that the reservations I had about his films had much to do with it. However, a situation like that makes it a little uncomfortable to ask for an interview. Most difficult of all is picking up the phone and calling, making a date. Once that is over, there's only one thing left. You say to him:

Listen, this interview won't make any sense unless we set aside all our diplomacy and you tell me just what you think — about me, about critics, about what has happened in the past few years. We've known each other long enough to be able to afford it. It might even be worthwhile.

That sounds fine to me.

You must admit that you are an unusual figure among the leading Czechoslovak directors of recent years, and among your own generation. You never went against the wave that broke here in the sixties, but then you never were a part of it either. You just went your way, which was a little different from that of all the rest.

I've thought about it, but probably not profoundly enough to be able to make definitive judgments. When I think about all of our

lives in film over the past twenty years, I get the impression that the path we took was unnecessarily tortuous and complicated. That was probably because it led through a maze in which we not only had the problem of disorientation, but also of constantly emerging obstacles; we kept running into walls which we literally had to break down in order to move forward.

We were apparently aiming at identical principles, but life was so unnaturally complicated that we frequently placed obstacles in each other's path, weakening our common effort. And it was just these complications, this lack of confidence, these suspicions that were the expression and the consequence of the pressures of the time in which we were living. Until we finally began to doubt even the rightness of what we were doing.

I remember my first encounter with that sort of thing. Vojtěch Jasný and I went to work at the Documentary Film Studio late in the fifties, fresh out of the Film Academy. In 1951 or 1952, we were supposed to do a documentary about the collectivization of farms. They gave us a few tips; they listed a few collective farms; and on the basis of what we saw and heard there, we wrote the script. We presented it to the Arts Council — which consisted of a disproportionate number of politicians compared with film people — and from then on we didn't stop blushing; they started to make complete idiots of us. What we had written, they said, wasn't the truth at all, because it wasn't in keeping with the agricultural policy of the Party, but simply with what we had heard at the farm. We left like beaten dogs, desperately looking for a way to get the whole thing in some sort of shape. The judges, of course, were people with authority. We were only young beginners in documentary film, and so we did as we were told. The result was a fantastic bastard of a film.

From then on, all of us kept getting into greater or lesser conflicts with institutions that were supposed to guide Czechoslovak culture, and we kept knuckling under. It was possible to escape the pressure, sometimes more, sometimes less; but whatever we did always bore the stamp of the Arts Council, something no creative work can stand. I have often thought of Rembrandt's "Night Watch" — how the notables who commissioned the painting of themselves wanted him to paint it their way, and when it didn't turn out the way they had imagined it, the work of the ge-

nius lay in the attic for years. Too bad that something like that has to be repeated centuries later.

It's probably because nowadays, film needs a patron, the way art did then.

A person tries to find his modus vivendi in art, a space in which he can work, and do what he would like to do. Initially, the area that offered itself was one of fairly general subject matter in which you wouldn't run up against too many obstacles. This includes some of the films that Jan Procházka and I did together, including The Stress of Youth and The High Wall — general humanistic ideas with a strongly lyrical note. A person at least had the satisfaction of having created an artistic picture, on a small scale. But even this ran up against opposition: The Stress of Youth was labeled "formalistic" by the Central Committee of the Party; and when scripts were being approved in the spring of 1961, it was classified as a "film suitable for recruiting young people into agriculture."

It wasn't really too simple with President Novotný from the outset, either. He was said to have stood up for the film at the Political Bureau, whereas in the USSR they rejected it for "formalism." And here we run into some of the external and auxiliary factors that caused a certain isolation on my part. I worked very closely with Procházka, who was scriptwriter and head of the production group. He was active in the Party Central Committee. That apparently cast a certain light on him and me, whether we liked it or not. Everyone knew about it, and different people drew different conclusions from it. Many of them didn't know me or Procházka very well at all. Personally, I have an aversion to highly placed people, no matter who they are. Novotný always appeared to me to be a person whose personal attributes were far below the level needed for the responsible jobs that were entrusted to him. But at the time, Procházka hoped that he would be able to have a salutary effect on the opportunities given to cinematography, which was seriously threatened. In several cases he was successful. The paradox of it all is that Procházka's opinions were not in agreement with those of Novotný.

He explained them at several public talks, and the response

was generally good; but this response was precisely what made Novotný want Procházka on the Central Committee. And that is where the impression arose that perhaps Novotný was better than the rest. Later on, my own personal experience showed me that it was simply impossible to establish any kind of real contact with the man, no matter what the topic was. But he did stand up for the film Long Live the Republic again, against the majority. There wasn't any logic in it, neither ideological nor political; it was just a matter of mood, tactics, and finally despotism. And it was in such situations that some people got the feeling that it might be possible to talk to him after all, to reach some agreement, and to maintain a certain latitude for film work on the basis of certain dispensations. It turned out that this was nothing but an illusion, that the very structure of that kind of power has boundaries that cannot be overstepped. And it culminated the only way it could have — with Novotný launching a violent attack on our film Night of the Bride, simply because we had gone beyond the limits of his understanding and his vision, his capacities. Procházka had already discovered that trying to convince this group of conservatives and its leaders of the need for some artistic freedom was a futile endeavor.

Another difficult circumstance was the attitude of film critics toward me, toward the two of us; they categorized us in advance, isolated us from the larger, main group. I can't help feeling that this attitude wasn't based on our films as such, on an evaluation of our work, but on broader political and artistic considerations. Or at least that these things played a role in their attitude.

I felt this most strongly in the case of the film Carriage to Vienna. That episode took a pretty strong set of nerves, because first we had to fight a battle with the powers-that-be — the censor banned it before it got beyond the script stage. Novotný personally allowed Procházka to shoot the film, on the condition that he would show it to him when it was finished. At the showing, in the presence of other top political leaders, Novotný declared that it was a bunch of nonsense, that the nation wouldn't accept anything like that. This time it was the others who were more conciliatory for a change: they spoke of artistic values; they suggested that we straighten out the end somehow. To make a long story short, I took a beating. But we fared no better at the sub-

sequent meeting and discussion of creative workers and critics at the Film Club. Even though their reasons were entirely different, I had the impression that it wasn't just a matter of their not understanding, but of their intending that the film be stigmatized, condemned. They kept talking about "official," "officially approved," "officially tolerated" art — after all we had just gone through! I was really very upset.

It isn't in my nature to take any counteraction, even when the criticism seems to me to be most unjust. The artist hasn't the right — nor is it his place — to debate with the critics. And besides, I think it is useless. The artist has his critics, true; but the critic has his judge, too — it is Time. Time is a relentless judge. If I go back in my memory, I see that I wouldn't like to be in some of our critics' shoes today. Let the artist do his works of art. But I have always believed that if criticism is based consistently and exclusively on the work itself, there wouldn't have to be so much bitterness.

I don't want to pour out all of my own bitterness here. That is all behind us, and that's what is important. I just wanted to illustrate what I was saying: at the time, in the nervousness that prevailed, everything was guided by other rules and criteria than the right ones.

> It really is hard, now, to explain the uselessness of all attempts to break through this atmosphere. Apparently this was true on both sides.

It was really a terrible time. Where had all those fabulous feelings of the years 1946-1948 gone? We'll never feel like that again as long as we live. We all carried the times on our backs like a dead weight; every word we spoke, everything we did, was falsely marked by it. It was impossible to shake it off. The only person who could do that was someone who crawled inside someplace and didn't do a thing.

> I have tried to imply that the distance between you and the majority was not just the circumstances that you mention, but also a difference in poetics.

That is certainly partly a matter of our generation, preconditioned, of course, by the manner in which we came into contact with art. During the war, I went to art school; I studied figural painting. At the Film Academy, I started out studying to be a cameraman. The same is true of Jasný, except for the fact that he always wanted, above all, to write. Not me — I really wanted to be a cameraman. It wasn't until later that I took up directing. That was my path, and it must be the source of what poetics I have, too.

Whenever I think about this revolution of ours, and about socialist revolution in general, I feel that it needs support in terms of moral perspective. Attention has been confined far too much to the sphere of material prosperity. It isn't until now, perhaps, that opportunities are opening up for the realization of dreams of a better life, which doesn't necessarily mean for a man to have a car, a summer cottage, a job, but rather that a man be better from the moral point of view. It means developing what Christianity had in its Ten Commandments into some sort of new perspective, a moral aim for people to strive for. We don't hear very much about that, even today, in the course of Czechoslovakia's so-called "rebirth" process. The liberation of man, his freedom, is only something necessary to achieve the major aim. It is not an end in itself. That is why the fantastic fact of there not being any more censorship is one of those immense achievements that I always thought would be one of the natural privileges of socialist society. Maybe now it will be possible for some of the more distant ends to be achieved, like the brotherhood of man.

The story of the film Rose Lady, which I have not yet been allowed to shoot, takes place in the fifties, in a unit of military border guards. A young, enthusiastic Communist soldier arrives there, with all the book-learning they could give him, convinced that everything that he had dreamed about would now start coming true. And instead, he encounters an incredible wall of misunderstanding, of administrative violence, of leadership by force — in short, everything that is absolutely out of keeping with any real vision of socialism.

Perhaps this film hero is also a member of our generation, which still feels that it might, perhaps, be able to breathe again

today, because in the fifteen years that follow the period treated
in the film, he would have gone through a hell of a lot himself.

Summer 1968

Karel Kachyňa was one of the few who were allowed to
go on making films after 1969. For children and adoles-
cents. Of course he never made Rose Lady. And the film
he shot from Procházka's script, a special piece of grotesque political horror entitled The Ear, went straight into the censor's safes. Along with the one they made in
1968, about one of the victims of the witchhunt trials in
the early fifties. That film, Funny Old Man, managed to
make it to the Venice Film Festival in 1969.

Václav Krška

With Václav Krška, we arrive at the conclusion of the first "thaw," the first de-Stalinization that gave birth to the generation of 1956 and also to Krška's Hic Sunt Leones and Kadár and Klos's Three Wishes. Those two films became the immediate pretext for a general counteroffensive by the establishment.

What had actually happened? Stalin's death (even more so, the arrest and liquidation of the head of Stalin's secret police, Lavrenti Beria) and the change in the Soviet leadership brought about overall political relaxation in Eastern Europe. Art responded to the new situation, perhaps even more rapidly than ideology and philosophy. Some were willing to consider Stalinism in Czechoslovakia as a mere episode, and they began seeking a quick return — or advance — to the "right road." Many artists who started their careers after the new system had been installed were essentially socialist and wanted simply to function "normally." What they heard from Moscow after 1953, and what was confirmed at the Twentieth Party Congress in 1956, they took seriously and literally.

But Moscow soon became fearful of the demons that it had released. Then came the Polish and Hungarian events of 1956, a new freezing of relations with Yugoslavia, and a return to the heavy-handed regime, quickly in some places, a little more slowly elsewhere.

While political change can come about overnight, years can pass before a work of art advances from the idea to the reader or viewer. And so, in 1957 and 1958, the wrath of the mighty fell on films that had been put into production at a time when the establishment had still been putting on sackcloth and ashes, and calling for courage and boldness, not only with regard to the past but also the present. In the Czechoslovak situation, this was true with respect to quite a few films, including Three Wishes and Hic Sunt Leones.

Three Wishes is a modern fairy tale. A fairy godfather helps a typical "child of the times" to happiness and a career. But when the hero's friend is found guilty of "public criticism" of the bureaucracy and loses his job, the

fairy tale's "three wishes" have already been exhausted.
The fairy godfather offers to grant the hero one more wish
and save his friend, if the hero is willing to give up all the
advantages that he has obtained from his three wishes.
There is a bell for the family to use to call the fairy godfather should they decide to accept his offer. In the final
scene the fairy godfather mutters, partly to himself, partly to the audience, "Well, I wonder, will they ring, or
won't they?"

Hic Sunt Leones opens in an operating room. A team
of doctors is trying to pull the man on the operating table
back to life after a bad accident. The camera then flashes
us back to his story, that of an engineer led by the insen-
sitivity, apathy, immorality, and baseness of those around
him into a potentially fatal accident. And again there is a
question at the end: "Why do these people try so hard to
save an anonymous body, when no one moved a muscle to
help a specific human being when his life was slowly being
destroyed?"

The script for Three Wishes was written by non-Com-
munist Vratislav Blažek, Hic Sunt Leones by Communist
Oldřich Daněk. Three Wishes was directed by Communists Jan Kadár and Elmar Klos, Hic Sunt Leones by non-
Communist Václav Krška.

* * *

Václav Krška got into this complex but oh, so simple
situation about the way Pilate got into the Creed, as the
Czech saying goes. Krška, direct heir to Josef Rovenský
and predecessor to Vojtěch Jasný in the line of Czech
film lyricists, emerged as the greatest hope and talent
when, in 1939, his Fiery Summer (co-directed with František Čáp) sounded the last farewell of the late thirties.
At the end of the war, he finally got to make another film,
the lyrical Magic of the River. The film came to the theaters as the last product of the wartime period rather than
as the first film of the new era — and that makes a difference. Krška tried once more to play that unique tone of

his in The Violin and the Dream. What happened is best left to him to tell.

Krška was inherently apolitical, and to top it off, a homosexual, which two attributes in combination were scarcely forgivable at that time. And so he chose to capitulate, pursuing a sort of romantic historical realism that was entirely alien to him. But in the mid-fifties he returned to the love of his youth, writer F. Šrámek and his stories of youths in adolescence and the melancholy of growing old. And it happened again. The wife of the Minister of Culture was shocked at a private showing of Silvery Wind for governmental dignitaries, and the film gathered dust for years. And so the script of Hic Sunt Leones is also Krška's story. He selected it in the firm conviction that this time it was a matter of his own rehabilitation. He made the best film of his postwar career, and received the most painful blow of his life, a blow from which he never fully recovered. He died sad and exhausted in the autumn of 1969. An artist with an exceptional talent, who fell victim to the cartwheels of history. A rare lyric poet whose misfortune was that he spoke with moving pictures rather than with a pen. His tale is classic. This is his way of telling it:

Being a native of Písek in Southern Bohemia, I bore the mark of Šrámek. They used to pound it into our heads when we were very little: This is where the poet lived. And so we would greet old Mr. Adolf Heyduk [late nineteenth and early twentieth century Czech poet] with real respect when we met him on the street. We lived in a literary and musical environment; and like almost all students, we wrote. We didn't have any radio, any television; but we had student publications....

That was when I met Šrámek. He was a nice man. He wrote in a book for me, "May the silvery wind never cease blowing for you...." A theater was opening in Písek about then, and we decided that we would make the first performance Silvery Wind. I had already begun to do things with film, but Šrámek wanted no part of a film version — he had many reservations. I wrote a

script; I rewrote it. But Šrámek kept saying, "Why not film something else? Why not Moon Over the River?" In the end, I did do Moon Over the River first. And it was hard to get up the gumption even to do that — just five people on the screen, it just wasn't done at the time. A lot happened in making that film, too. You know, it was an era of the kind of films — today we make jokes about them — in which two people walk off toward the sunset, discussing tractors.

While I was doing Youthful Years, about Alois Jirásek [Czech nineteenth century writer and patriot], the production manager came over to me and said, "I've got sad news for you: Šrámek died." And at that moment I decided to shoot Moon Over the River after all.

When Moon was finished, they gave up on me. What to do with something that, they said, "didn't have anything to say"? They arranged to have the film opening in Gottwaldov [formerly Zlín], and they sent Czechoslovak State Film's General Manager Oldřich Macháček along with me. Macháček had a bad name in Gottwaldov for some reason or other at the time, and the intention to hurt the film was obvious. They held the opening of Moon Over the River in the huge theater, the barn that they have in Gottwaldov — and that film is a delicate, chamber affair. The discussion that followed lasted for many hours, and the result was the opposite of what they had expected. We returned; the film went into distribution; and all of a sudden the situation was reversed. Before, the word had been to do away with "Krškism."

But my luck was always bad. If I were to count all the prohibited or confiscated films...and if only a fellow knew why. Messenger of the Dawn was about a young student who came to Prague in the post-Napoleonic period and constructed a steam engine. But he was ridiculed; and finally, out of sheer desperation, he destroyed his machines. That scene was the culmination of the film. When I showed the film to the Arts Council, someone objected that we were living at a time when machines must not be destroyed, and that the end would have to be done over. That was the way decision-makers thought in those days. Today, they're forgotten entities. Well, I argued, I fought — for years I experienced the consequences of that fight — but finally, the end had to go. I did it so that the film would be distributed. I don't like to think about it.

The Way Back had a similar fate. It takes place in a strange environment — I always liked strange surroundings, strange people. It was shot before February 1948, and then it disappeared from the movie houses. Nobody remembers it; there may not even be a print of it. I can't imagine who took upon himself the right to kill someone else's work like that.

The story of what happened to Hic Sunt Leones is notorious — it was being shown, and then it was simply pulled out of theaters. If you throw a stone into a gaggle of geese, the one you hit will let you hear it. The director is always the last one to find out what is going on with his film. At that time I told myself I would never again shoot a film that cuts to the quick. You know, a film isn't a simple thing: you have to love your film, put your heart in it. Then the "responsible" ones come, and they destroy it for you. After a while, they vanish; but it all sticks with you. I mean, look, Silvery Wind was shelved for two years. To this day I don't know why.

Ideas of what films were supposed to look like were odd, and the films that were made at the time showed it. One day I was invited to the Soviet Embassy, and it so happened that I got close to President Zápotocký [President of Czechoslovakia, 1953-1957]. All of a sudden he turned to me (surprisingly enough, he knew who I was) and said, "Let's go for a walk." We walked around out on the terrace without a word. Mrs. Zápotocký came and said, "Mr. Krška, he has to go home." And he said, "Leave us be; I want to walk." So we walked some more, not saying anything. Then suddenly he started.

"Listen, Krška, why do you make that kind of film over there at Barrandov?" "What kind of film?" "You know, that kind." "Oh," I said, "I know." "You see, my wife and I, well, we used to like the kind of film at which we could sit down and wipe away the tears...."

Then I shot the biography of Bedřich Smetana, From My Life. At the first showing at the Ministry, the projection room was full to the brim. When the film was over, silence filled the room, a long, crazy silence. The Minister put his head in his hands and, after a long time, he asked, "What do you think of it, Comrades?" Another long silence. Then he turned to me. "In what period do the Brandenburgs take place, Mr. Krška?" (It's interesting that

they always called me Mister, not Comrade.) I felt as though I were in school again, taking an oral exam; and I said, "Well, in the Gothic." "In other words, at a time when our people were starving; the Gothic is the period of the throttling of the Czech nation," said the Minister, "a period when..." — and he gave me a long lecture. Thirty people listened piously.

You must have had the feeling, sometimes, when you're hurrying to the theater, and you can't get a taxi, and no trolley car is in sight — suddenly you don't care anymore. That's just how I felt then. And so I asked, "Why are you telling me all this, Mister Minister?" "Because," he replied, "in those days, cloth was smuggled, Mister Director; calico was a rare material, and you have all those flags there, cloth banners. And Mr. Krška, all those crosses, crucifixes — in The Bartered Bride, a church with a cross. You have a procession, crucifixes by the chapel; and then Farewell to Home — why the anthem at the end?' Are you trying to bribe the viewer to applaud you?"

And they considered banning my film, then, for just these things. It was a period when people were afraid to talk; they were gradually losing faith in each other. It was a time when it was necessary to remind them of those other Czechs, so very wise and uncompromising. That's why I made biographical films.

Before I decided to shoot Hic Sunt Leones, I hesitated for a long time. I knew that it was a film others were afraid of. When the film was done, Jiří Marek, the head of Czechoslovak Film, let himself be heard, "That's some film; that is the renaissance of Václav Krška!" Why renaissance, I don't know. And bang! The film was banned. And everybody who had been patting me on the back withdrew. And it was then that I decided, never again, nothing that cuts to the quick.

And then there was Bánská Bystrica. I thought they would tear me to shreds. It looked as if I wouldn't be making films at all anymore. I finally mellowed to humor. It was director Václav Wassermann who showed me the way. We ran into each other at the funeral of [actress] Růžena Šlemrová. We were sad; we had both been fond of her, and she had been done a grave injustice, artistically speaking. And it was on this mournful occasion that Wassermann gave me a talking to. "Listen," he said, "why do you keep creeping around? You're old enough to shoot comedies. You're an old man now; you can look down at people already." There was something in what he said. And yet the first film I

ever made was just that — a comedy, Magic of the River.

I recall something that happened with the film The Violin and the Dream. When it was finished, it was sent to some sort of a competition at Rio de Janeiro, and it got a world prize there. I didn't know about it for a long time, until finally they gave me a stack of responses to it at the Ministry. I learned from them, for example, that I am as good as Walt Disney — I had to laugh at that — and that in strength the film was reminiscent of Beethoven's Ninth. And then the Minister declared that I shouldn't be offended that the papers hadn't written about it, and weren't going to, that the time wasn't right to call attention to the fact that in America.... No, I'm not sorry. With all my heart, I don't begrudge the young film artists of today their international recognition: I'm all for them. I know most of them — they are my pupils, my assistants, my friends. I am sorry about something else — but not on my account: they don't realize that we were the ones who prepared the ground for them. Our style may appear silly to them. But when we were doing it, that's the way films were being made. They attend film school now; but when we were starting out, we had no idea about making films. It's a good thing that they are here, especially because the generation that started making films directly after us didn't make a significant mark in Czechoslovak cinematography. Now maybe they won't have any trouble anymore, maybe not. Sometimes a person has to ache his way through a film. When I was writing the script for Moon Over the River, I'll admit that once I even found myself weeping. I am a "weeper," you see. At the movies, when I forget that I am a filmmaker, I cry like an old concierge.

Fall 1967

Oldřich Daněk

In 1958 — as in 1938 and 1948 — Czech cinematography found itself on the threshold of Europe, and for the third time, a foreign hand slammed the door that had almost swung open.

Oldřich Daněk was one of the targets of the pogrom that burst upon Czechoslovak film in February 1959, in the form of a meeting of film artists convened in Bánská Bystrica in Slovakia. The task of the meeting was to evaluate the period of "relaxation." In other words, the meeting was to condemn it, and along with it, those who were particularly guilty of having taken advantage of it. The meeting was also to mete out punishments and to map out a "program" for the future. Bánská Bystrica succeeded in doing all this, and the advance of Czechoslovak film was successfully delayed for a time.

However, the momentum of the erstwhile Zhdanov campaign was lacking, and the whole show gradually turned into a series of odd paradoxes. Minister of Culture František Kahuda, a former mathematics professor at a Brno classical high school, did his duty as cracker of the whip, although later he gave covert support to the new movement. In the mid-sixties, he had to go because he wasn't "progressive" enough, but he eventually became an open supporter of the Prague Spring. The new general manager of Czechoslovak Film, Alois Poledňák, and the new general manager of the Barrandov Studios, J. Harnach, both of whom were installed in their jobs at Bánská Bystrica in order to clean house and break the back of "revisionism," ended up doing more than most to promote the advance of the generation of the sixties. Indeed, Poledňák was the first of the cultural leaders to be condemned by the postoccupation courts in 1970. And there were other such cases.

But at the time of Bánská Bystrica the harmony between the establishment and art was crushed — insofar as it had ever existed after 1948. For art, the ensuing period was one of waiting for an opportunity to liberate itself. But because not even fear was the same as it had been in the first half of the fifties, an interesting struggle for position re-

sulted, with the utilization of various weapons that were at hand.

For example, historical topics, which under Stalinism served merely as a vehicle for bombastic political propaganda and to stress or create myths, gradually began to change into odd versions of the present. As in Verdi's operas. And the more obvious it became that viewers were comprehending this contemporary language of history, the more facile the historical subjects became at speaking the language.

So Daněk made a historical picture, The Nuremberg Campaign. His last film, The King's Blunder, was also historical. His best play is apparently historical as well: Forty Scoundrels, One Innocent.

Daněk had never put all his eggs in one basket. He always had the theater to turn to as an asylum from film, and vice versa. And when the postoccupation "normalization" (to which he responded with a biting historical parallel on stage, I Shall Return to Prague) banned him from stage and screen work, he became one of the most prolific of Czech authors, turning out a series of much-read historical novels.

In late Spring 1968, Daněk was very much attracted to the theme of the Battle of White Mountain.* I asked why.

I've been thinking about how the Czech Estates lost out because they weren't capable of leading their revolution to a successful end. They were too selfish; they weren't properly aware of the situation, of their aims or their possibilities. That is the way I see it, at least; I think that theme is there someplace.

Part of the fault lies with a professor I had for a semester of history in eighth grade. Besides, I could use a lot of maxims

---

*The defeat of the soldiers of the Czech Protestant nobility on White Mountain near Prague on November 6, 1620, concluded the so-called Czech Uprising. The Kingdom of Bohemia thus lost its independence and, until the end of World War I, was a province of the Austrian Empire.

to answer you, like saying that history has a single great advantage: we know how it all comes out. That is why a new dimension is arising in the area between historical reality and the present, except that every analogy is lame. And there is another great attraction: everything is analogous for a while, and all of a sudden the analogy to the contemporary situation vanishes.

In Czechoslovakia, the historical genre has an entirely different feel to it in cinematography. We don't have the means for expensive superproductions, and so we aim more for the soul of history. It seems to me that the result is something unusual that might yet bear interesting fruit.

You mean the allegory, an escape from censorship?

No, that's not it.

True, the correlation with the present has almost always been so clear in our genres that there wasn't anything to hide. In fact, we don't write historical literature, and we don't shoot historical films. All history does is give it all a certain charm of being beyond time. I never thought of work on historical material as being allegorical.

What you are saying about a lack of means, though, applies to all filmmaking in Czechoslovakia. It's more apparent in historical films because we have become accustomed to the pomp of costumes in foreign films, to the spectacle of cast-of-thousands battles. Czechoslovak film is really poor. That is its great disadvantage, but it is also its strength.

I wonder how Vlačil's Marketa Lazarova would look if it were made in the West. How would they approach it? It probably also has something to do with the two poles of our literary tradition. Alois Jirásek [nineteenth-century classical novelist] would be a pretty good point of departure for superfilms. For that matter, in the fifties, he was. But Vladislav Vančura [writer and linguistic innovator of the early twentieth century] was something entirely different. Really, I can hardly think of any historical films in world cinematography that have a consciously intimate level, that strive seriously to capture the thought processes of the people of

the time, to penetrate all the way to the psychology of history.

I truly believe in tradition. Whether we want to or not, our building material consists of stones that are somehow familiar to us. Few of us succeed in coming up with the embryo of a new stone, of new structural material. And even then, it still needs a lot of work before it is usable. In French and Italian film, tradition plays an important role, the past of art as well as the past as such. I am frequently sorry that there is little in the roots of our art that comes from France, whereas there is much that is originally German — I mean that Protestant spirit, which in many ways is Hussite as well. I feel it in myself some of the time. Maybe that is the fate of the literature of a small nation that kept having to defend itself against something and to fight for something: very rarely could it allow itself the luxury of "just playing" in its literature.

> Did the Bohemian Gothic have any influence on the style of The King's Blunder [about the conflict between the individual and unlimited power], which takes place in the fourteenth century?

The problem is that, for me, the film takes place in the present, or — to be more accurate — takes place in the present, too. A person is hard put to say what guides him, what his structural materials are. For that matter, it isn't very good when a stage director or a filmmaker is too aware of them; that is more the job of scholars — it is up to them to disclose or to make connections.

I know the Bohemian Gothic period pretty well; but looking at the film, I don't get the feeling that that period is too much reflected in it. But then, who knows?

But listen, do you think of me as a filmmaker?

> [I had been preparing for this interview for some time as if it were to be with a writer. But somehow it didn't come off; and, because with Daněk one never knows, I began at the film end. And so I avoided the question with a query of my own.]

"What do you think?"

Well, I hold on to film the way people hold on to the crutch that is their profession. I am trained as a theatrical director; I have a diploma to prove it. I even had a certain degree of success in the field; and I have always been afraid to allow myself to feel like a writer by profession. Maybe there is something in my attitude that reflects the old naïve respect for the craft of the writer. In other words, I am trained as a stage worker, and I am a film worker by profession. The film industry also pays my health insurance for me. Besides, I thoroughly enjoy the process of shooting a film. I certainly like that part of it better than the finished product. And I have always enjoyed working with actors in films, and they have liked it too. I might even say that they overrate the finished film. They probably liked the work process better than the result too.

> You are the third or fourth director who has recently tried to prove to me that, in fact, he isn't a filmmaker at all.

I don't mean it that way. For me, film is a profession that I can lean on, a field that I believe I have mastered, at least to some degree. It is hard for a person to determine his main vocation. People in art prefer to do what they can't: what we know how to do is easy for us, and that is why we frequently don't consider it impressive enough. We try for something else, something that we don't know how to do; and often we waste a lot of blood and sweat on things we aren't capable of. This is doubly true of actors.

I don't actually feel any advantages as a result of my dual role as author and filmmaker. Apparently a person isn't aware of them — again, because he takes them for granted. And so I am more conscious of the disadvantages, the lack of confrontation, the lack of discussion. In an art as complex as film, one ought to be able to find sufficient opposition, opponents capable of creative controversy. Such discussion is limited by the fact that I am my own scriptwriter and director. Many people who would otherwise have argued over many a shot just say to themselves, "Well, if he wrote it himself, he probably knows what to do with it." That is why I feel a lack of opposition, and frequently the first opposition I encounter is the film critic, which isn't good.

And, of course, at the outset of my work, there is the studio itself.

A good opponent ?

Who's to tell ? There are no criteria. You can't repeat a film in another production, say, with the original text, the way you can a stage play.

It seems to me that the type of collaboration with the author that was once established in the National Theater by [director] Otomar Krejča and [playwright] Karel Kraus — that is to say, a truly creative sort of cooperation — is just a dream today. For the most part, even in film, the repertory is the only thing that people pursue.

If there is any sphere in which we can speak of cooperation with the author, it is in film, if only in terms of the opposition I spoke of. You encounter a number of opinions; you can take your pick of what you consider to be decisive, of what inspires you in one way or another.

I have a different view. After about twenty years of one-sidedness and famine in the sphere of repertory, our theaters went into the era of literary advisers at the end of the fifties and the beginning of the sixties. An adviser, or dramaturgist, as we called him, an erudite, informed individual, with good judgment, with a "nose," could put a theater on its feet and make it attractive. Today we are past the period of discoveries: it is almost impossible to find an undiscovered genius in the world dramatic repertory. And at that point it becomes apparent that most theaters are incapable of attracting audiences on the strength of productions, or interpretations, or by unearthing an above-average native script. And so our theaters are ruled by the mediocre, and frequently perform to empty auditoriums.

In contemporary film the director is becoming the main creative artist. More and more, those directors who simply follow through on the realization of someone else's screenplay are falling by the wayside.

Of course, I don't think that that is the only way. The domi-

nance of creative directors is a progressive trend in our film. But, say, in American film we find a number of successes that fall exclusively within the category of capable realization. These successes generally come about when a true personality takes things into his own hands. Sometimes the mark of true personality in a director is apparent in the simple fact that he is truly faithful and sensitive in his service to the script of a writer with a strong personality. And not just in America. We both consider Markéta Lazarová and Capricious Summer to be expressly author's films. And look at all the respect and love and conscious service to the work of author Vladislav Vančura that there is in them.

The hegemony of directors ensures one very good thing in cinematography — and in theater as well: a wide variety. When the leading figure of a certain period is a literary adviser or an author, he asserts his personality with a whole series of scripts. But when the leading figures are directors, no matter how much they swear that they belong together, they make such different films that stultification because of the cultivation of an exclusive trend, a single type of script, is impossible. This was once the case, for example, in Polish cinematography.

For that matter, I feel that the plurality of Czech art is possibly the most valuable thing that we have achieved. One of the causes is probably that very hegemony of directors.

> Many people are wondering what is going to happen in art from here on out.

At this point we may not even be able to realize the influence that we have been subject to in the last twenty years — and not just twenty years. Something Protestant, Reformist, something resembling the nineteenth-century National Enlightenment Movement, something Hussite in the best sense of the word, will remain in our art for some time to come. It is probably nonsense to think that we will simply start all over again, even though I sometimes think that that is what we ought to do.

> You have undergone some very specific experiences with politically committed art, not directly in the Stalinist pe-

riod, but at a moment when it appeared that we were out
of that era.

For most Communist artists, these experiences date back to the
period following 1956. In 1953, for instance, I wrote a play about
a controversy between two university professors: the careerist
and rascal advocated Lysenko, whereas the old, appealing professor was on the side of Weismann and Morgan. Let anyone in the
scientific world of that day just try it! But it passed on stage
without attracting any attention; I had no problems with the censors.

Incidentally, the young people today don't realize that the trials
of the fifties were rationalized in part by the need to fight against
police authorities that set themselves above the people, against
the machine that placed itself over the elected officials, etc. The
resolutions in those days did not simply call for the punishment
of this or that individual: they demanded that security organs not
take power over the state, that the government machine not usurp
power over the Party. And many of the accused in the trials were
indisputably representatives of just that kind of Stalinist tendencies, and we knew it, frequently from our own experience.

The fact is that communist culture, as opposed to politics, stood
to a certain degree outside the immediate sphere of interest of
security agencies at that time — not to mention the fact that by
then, culture had established a sufficient number of overseers
from its own ranks. But even culture did not enter 1956 unscathed. Interventions of the Zhdanov variety — the Akhmatova-
Zoshchenko case* — date back to 1948. And we are only mention-
ing the ones that immediately affected the postwar generation.
Where is the difference?

The basic difference is in the fact that up until the Twentieth
Congress of the Soviet Communist Party, a large number of young
Communists were willing, at most, to consider the possibility that

---

*Leningrad Party leader Andrei Zhdanov and his attacks on the
Leningrad periodical Zvezda and authors Mikhail Zoshchenko and
Anna Akhmatova became the main foundation for the Stalinist reg-
imentation of culture in the late forties and early fifties throughout Eastern Europe.

they couldn't quite go along with the Soviet resolution on culture. They admitted it, and were quite uncomfortable about it. Credit for the fact that many at least were aware of it goes to Zhdanov's action against Shostakovich, whom we knew and admired. The rest of it was pretty distant for our generation.

After 1956, we changed. The Twentieth Congress forced the ruling strata to attempt to look democratic, to at least give lip service to the ideals of the October Revolution. At that moment, of course, culture became more of a threat, because it caught onto a lot, and it didn't keep quiet about it. That was when they started taking action again.

There were other differences too, of course. My first play, for example, was once brought under discussion at a session of the theatrical department at the Ministry of Culture. A number of people I respected were on the commission. I was 24 years old; I wanted to be a good Communist, and I kept feeling that I wasn't, yet. And so, of course, I accepted their reservations and their criticisms of my play in an entirely different manner (I might say I was even pleased that they weren't too momentous) from what I did later, when I had begun to come to my senses. Besides, the attacks were not made against the very nature of the thing. In 1951, my work was judged by theatrical professionals, whereas after 1956, I kept encountering people in the role of critic who were members of the machine, who didn't even bring up the subject of art with me: they spoke only of this, that, or the other in my play having a false political effect. Both were aimed at the same thing; both brought the same consequences. But in 1951 there was still an attempt to talk the language of art — or at least that was how it appeared to me at the time — whereas in 1956 the language was exclusively that of Stalinist politics. The comical thing about it is that this was how they finally began to make us aware of the true significance of our efforts, and the controversies that ensued gave birth to our true political commitment.

In recent years, has any particular need for history arisen in Czechoslovakia?

There are moments when we are made particularly aware of our continuity. They are usually moments of a certain nationalism, a

wholesome nationalism, apparently. Even the Hussites looked to the past.

I am especially fond of a certain statement: Those who are not familiar with the past are doomed to repeat it. We had the good fortune — or the misfortune — that the situation in which we found ourselves in past years, and in which we are today, is one we have frequently experienced in the course of European history. Even if we are not certain today whether tomorrow will bring a Battle of Domažlice [a resounding victory of the Hussites over intervention] or a Battle of White Mountain, it is by no means irrelevant to know what road led to Domažlice and what road led to White Mountain.

That would be a nice conclusion.

Maybe it would. But Czech history also appears to me to be a small contribution to current discussions concerning the role of the intellectual in history. Perhaps that is the case in the history of any country, but it is particularly apparent in ours. It was the intelligentsia that brought the nation to its peaks and its chasms. Very rarely did we have anything to export except our brains — and silver, at least for a while; and then, of course, mercenaries.

Three hundred years without independence was actually the result of the fall of the intellectuals, their failure, and ultimately, of course, their emigration. But naturally, the intellectuals have the ability to regenerate themselves under other conditions. Still, at home after White Mountain, they undermined their own roots to such an extent that for a long time they were incapable of regeneration. God, this might have been our story! And, actually, in a certain sense, the question is still open.

Summer 1968

František Vláčil

Socialist realism, the esthetic canon of Stalinism, postulated unity between form (the descriptive, academic realism of the nineteenth century) and content (an unrecognizably distorted vulgarization of Marxist ideology, which gradually descended to Russian nationalism and chauvinism, old-fashioned paternalism, moralizing clichés and overt opportunism).

When the emergency crews of neo-Stalinism tried to gather up the fragments that remained after the explosion that followed Stalin's death, they could do no more than establish a system of priorities, because it was impossible to salvage everything. And so, of course, first place went to politics and ideology, and — at least temporarily — form ran a neglected second. And because no one believed in harmony between art and politics any more, art quickly took advantage of what little freedom was left after the counterattack. Late in his reign, Khrushchev did attack the formalists — perhaps in an effort to protect those who, like Solzhenitsyn, had tried to introduce a new content following the Twentieth Party Congress. But what was still possible in Russia was no longer possible in Czechoslovakia. Khrushchev's distant attack on "formalism" was not reprinted in Czechoslovakia, not even in the Party press, something that was unprecedented.

Consequently, film also took off in a direction that was tolerated and not carefully supervised. At the head of the pack ran art historian František Vláčil, who had found his way to film through his work at the Army Film Studio while he was serving in the army. He made two films on topics that were entirely military in nature — first Glass Clouds, about fighter pilots, and then Pursuit. The latter was ostensibly the story of a pursuit (of whom I don't remember — it's all the same anyway: the pursuers and the pursued keep changing places); it presented a drama of people, pictorially, not verbally. It was, for its time, a discovery, the vision of the author, the director, the cameraman.

After that came The White Dove — the year after Bánská Bystrica, when it was a matter of setting Czechoslo-

vak cinematography back on its feet after it had committed
the mortal sins of Three Wishes, Hic Sunt Leones, etc.
With respect to The White Dove, the uproar wasn't limited
to Czechoslovakia. Some Marxist critics abroad were also
shocked. How could it happen that under "socialism" a
work of art had been created that demonstrated — by purely formal means — the feeling of loneliness and anxiety of
a helpless, trapped creature.

Later on, both those at home and those abroad realized
that whenever an esthetic viewpoint is dictated from above,
the only way to step out of the circle is by means of a different esthetic viewpoint, even if it must sometimes look
to the past for its models. And a step out of the circle is
a step forward, because it is a step into the unbounded,
into unknown terrain.

Vláčil proceeded to become a film poet, turning out
strange, balladic film visions inspired by Czech history,
and perhaps also by Ingmar Bergman. His The Devil's
Trap was such a film. Vláčil's most significant effort to
date is the monumental portrait of the early Middle Ages
in Bohemia, Markéta Lazarová, based on the novel of the
same name by one of the founders of modern Czech prose,
the late Vladislav Vančura. A number of coincidences —
but mainly Vláčil's partial failure to get in hand and discipline the fantastic material he and his cameraman B.
Batka shot — conspired to keep this film from reaching
audiences abroad until years after its completion, and
therefore it did not meet with the success that European
critics had prophesied. Vláčil could no longer carry out
his great plans. The script for "Vision of a Woman with
Child According to Saint John" was ready for shooting in
1969, when it was found frivolous from the ideological
point of view. A year later, preparations for filming an
apotheosis of men behind the wheel and of professional
competence entitled "Rally" were terminated because
Vláčil and his staff did not receive permission to shoot
some of the scenes abroad.

*   *   *

It wasn't easy, but I succeeded in waylaying Vláčil when he came to Cannes — literally against his will — for the showing of Markéta at the festival. The French society of film directors had selected it for one of its gala performances. The cafe where we got together was near the railroad station, far from the ocean.

They describe you as a director and an artist. But what director isn't? So essentially, that doesn't mean a thing.

As far as my being an artist is concerned, it's like this. I studied at the School of Industrial Arts for a while, but I discovered in time that I was no Picasso, and never would be. I left for Brno, signed up for art history and esthetics at the university, and occasionally made some money on the side as an animator for cartoon films. I never meant it to become a profession. Then they moved the animated film studio to Prague, and I went with it. When I had to do my stint in the army, they stuck me in the Army Film Studio, and that's where it all really began.

So actually, I'm an amateur: the only director at Barrandov Studios who never was an assistant, and never graduated from the Film Academy. I was tossed into films feet first. In the army, I made specialized training films. The first film that was a little different was Glass Clouds, about pilots.

But you were asking about my pictorial art background. Film is primarily a visual thing. Even though painting and graphic art are something else, they are also concerned with composition, the arrangement of pictures. Films have to apply many of the same principles. The placement of a character in the picture, for instance, determines his position in the dramatic situation. In addition, in contrast to the kind of picture one hangs on the wall, films have a kinetic aspect. The ideal is — well, how to put it — let's say that a picture has a tremendous advantage compared to literature: it is internationally comprehensible. There is no need to translate or interpret it. So the ideal would be to make a film in such a way that one wouldn't have to dub it or supply subtitles.

My films have never leaned much on my art background. The

verbal side always plays a considerable role — but that interests me more as one aspect of the overall aurally artistic conception, not simply as a vehicle of the plot.

And color?

My first color film, Pursuit, I made a long time ago, and then no more until my last one, Adelheid. In Pursuit, my cameraman Čuřík and I tried to use a minimum of color — white coats against the snow. But we weren't too happy with the result. I've only just come up with a script that I would really like to shoot in color, "The Vision." But I keep having the feeling that color suppresses the story. I mean, you retain a few colored pictures from a film, but you somehow lose what it was all about. I recall one film in which the color was in absolute equilibrium with the story: Lamorisse's Red Balloon.

In 1959, you came out with The White Dove.

That was sort of an unpleasant situation. It came out just when two interesting films had been completed: Krejčík's A Higher Principle and Weiss's Romeo, Juliet and the Darkness. The studio offered all three of them to the Venice Festival, and the director of the festival selected The White Dove. When the Italian left wing made its attack against the festival and its management, this selection was one of the arguments it used in the dispute, saying that the management gave preference to a "nonpolitical" fantasy over the other two films I mentioned. It put our delegation in an odd light. The right-wing press stood behind the film, whereas the left-wing press — although it didn't condemn The White Dove outright — still....
In the long run, it all made so much publicity for the film that it is still selling pretty well. Personally, though, I am not too interested in that side of things. I didn't think of the film as a fantasy; in my mind it expressed a clear, humanistic idea, in entirely comprehensible language.

I agree. But I don't think that the business with The White

Dove at Venice was a coincidence. On the contrary, the
misunderstanding between the Western and Eastern left
wings had already begun. It was based on a difference in
experience, and on the fact that many Western Marxists
used non-Marxist criteria in interpreting art and behavior,
not within their context, but rather within the context of the
interpreter, which can hardly lead to a valid analysis or understanding. And all the while Marx was turning in his
grave. Many people say that it doesn't matter. Maybe
they're right.

I encountered a few other unpleasantnesses. At home somebody
took a crack at me now and then, but that is nothing new or unusual. I recall the accusation that the right wing was praising me
and the left wing attacking me.

And yet that was close to being an ideal film: no dialogue,
everything clear, comprehensible from the picture alone, the boy
in isolation, nobody talking to him. . . .

I still contend that this film played a pioneering role in
the revival of Czechoslovak cinematography.

At that time, everything was running along smoothly in its rut,
with emphasis on dialogue rather than on the pictorial aspect.
We took another road. But I can't complain. Not a single director
worth his salt would come out in opposition to this film, even if he
worked entirely differently. Besides, I feel that The White Dove
really did have an effect on those who took over the oars of
Czechoslovak cinematography a few years later. (At that time
they were barely students.) Not that they started to imitate what
we did; they simply began to work freely, to create outside the
given rules. Personally, I never submitted to any rules. It turned
out that it is always possible to find a way.

You see, they used to give directors various labels, on the basis of common efforts — like our new wave. Even though they
have methods in common, and lots of things in which they differ,
there is a great deal that holds them together. Or take Weiss and
Krejčík, their generation. I never really belonged to anything: I
have always stood outside of any trends, which was fine most of

the time; but in difficult situations I felt the need to lean, not to be alone. Maybe if there had been more "White Doves," the new wave of today would have had an easier time of it too.

> Since then you've made practically nothing but historical, costume films.

It wasn't intentional; it was more or less a coincidence: The Devil's Trap, Markéta, The Valley of the Bees.... In Markéta it was mainly one thing: a testimony about people six, seven hundred years ago, as if they were our contemporaries. Whenever I watched a historical film, I always felt as if I were seeing contemporary people all dressed up in historical costumes. I wanted to understand them, see through the eyes of their lives, their feelings, their desires — in short, I wanted to drop back seven centuries. And in The Devil's Trap I was also caught up by the idea of the fight against dogmatism and obscurantism. Unfortunately, we didn't succeed in tightening it up the way it ought to have been done; but it's rare to find such excellent material. In Markéta it was also the survival of certain myths that are typical of a different stage of mankind's development. There were many nice things in that past, but there is no denying that Christianity was a more progressive phase. As it stepped into the forefront, though, a lot of its bad traits were magnified. And that isn't only true in history, is it? Maybe the interest in history rests in the fact that it is easier for a person to orient himself in the past than in the present.

I had had Markéta somewhere inside me since I was a youngster. And then somebody told me it couldn't be done. That was the push I needed.

> Tying in history with the present, the compass that is history....

Doesn't it seem to you that the new social principles that they have been trying to assert in the world for the past fifty years are based on dogmas and mysticism similar to those of Christianity? The similarity is striking. Recently I've come to feel that socialist thinking has in fact stopped developing, and turned

into a religion, in which the dogmas and principles are untouchable. If you take a poke at them, you are a heretic. The historical material in my films occasionally makes me realize that it is a much better way to disclose contemporary problems. Maybe my background in art history plays a certain role here. You can't really talk about painting either until you see it in retrospect, not on the basis of just what is going on around you at the moment.

The historical realism in your films borders on naturalism.

It's the same thing again, round and round. I am interested in period figures who lived, thought, acted, had feelings, at a certain time in history — in contrast to costume films, where I always get the impression that most of the money has been spent on clothes, and sometimes on clothes that don't always correspond to the period. They need the externals more than the history. On the other hand, what I try to do is to depict the times in such a way that the viewer can really fall back that many centuries into the past. The main problem is in analyzing, in thinking oneself back into the thought processes of the people of the time, undoubtedly different from those of today, and expressing the spirit of the times with the same intensity that is behind contemporary documentaries. It is pretty difficult, and a person generally takes a little punishment for it.

In working on Markéta, I didn't devote myself too much to history; I knew that already. I was more involved in finding materials — pictorial or literary — about certain groups of people who are still living on the level of the Middle Ages, and even some that remain on the level of the Stone Age — backward Australian bush tribes, some Brazilian groups. It was there that I found analogies with the world of people I was telling about. Of course, I was mainly concerned with certain sociological aspects, the use of tools and implements, etc.

But I even ran into analogies that helped me to express the times, like the way contemporary primitives adapt Christianity to their own image (from that point of view, I was particularly interested in Marcel Camus's once-famous film Black Orpheus), or some sects build altars on which we find the Virgin Mary side by

side with other symbols and sacrifices, so that a Christian altar
ends up looking like a pagan sacrificial site. It's a well-known
fact, this integration of Christian myths and liturgies into primitive religions, and vice versa. I also discovered that even if the
world of that time may seem to us to be brutal in many ways, the
mentality of the people then was much less sophisticated in its
brutality than is the mentality of contemporary man.

Otherwise, the period in which Markéta Lazarová takes place
is pretty much of a historical blank. There is very little reliable
information concerning the mentality and life of the people of the
twelfth century. Historical advisers told us when we were through
that we had succeeded in expressing the times very accurately,
without being able to document them in any way. All that costs a
lot of effort — and a lot of money, too. Every detail, starting with
nails, had to be made for the film. I had most of the props —
tools, weapons, etc. — made not with modern equipment, but the
way they were probably manufactured in their times. We hit on
several very interesting things, such as how people preserved
food. Salt was scarce and expensive, so they couldn't salt their
meat down. They simply cut it into little pieces, made balls of it
with lard, and placed them in dry, well-ventilated spots. I found
out that not so long ago they were still using similar methods in
Eastern Slovakia. I asked whether it tasted good, and they said it
did. I asked if it didn't stink. I was told it did, dreadfully; but at
least it wasn't too appetizing and didn't get consumed as fast.

> Those are the customs and the way of life. But how have
> thought processes changed over the centuries?

People then were much more instinctive in their actions, and
hence much more consistent. If a person made up his mind he
was going to do something, he went through with it. The only con-
trolling emotion was fear, and that brought its pressure to bear
mainly at night. That is why some pagan customs stayed with man
for such a long time. Pagan myths were much better for explaining things that man can't explain rationally. The beginnings of
music are back there somewhere, too — in pagan imagery, connected somehow with the darkness of the night.

You said that a person generally takes a little punishment when he does something like that.

When I was pondering over the script — much more so than when I was actually shooting it — what exhausted me utterly was concentrating on the creation of a truthful image of the time. That meant withdrawing from everything around me. But it isn't easy to slough off the time in which we are living. We have to enter into that historical period, shed all the problems that surround us, problems that pull us elsewhere, into the present.

I know a lot of people who would like to do it but can't. I am one of them.

I know. Except that it never really works, completely. In time, of course, a person forms a certain number of ideas; and the more he submits to them, the farther he finds himself from the world around him. For example, I tried to imagine what happens when a twelfth-century highwayman gets snowbound, how he spends his day, his nights. Try it. I couldn't permit standard images to force their way in. For example, in the motif of the incestuous love between two of the most pagan of the children of Kozlík the Highwayman. There was something of my childhood in there, too: A cottager in the Moravian Beskydy mountains was very poor; his wife died; the cottage was far from the world. He buried his wife and proceeded to live with his oldest daughter. I recall a scandal like that. As a boy, I remember they tried to hush it up and keep it from me, but it all came back to me when I was sketching the characters for Kozlík's sons and daughters. Things like that helped me a lot.

Markéta is the first project in a sort of long-term plan I have. The second — although I'll be doing other things in between — is one that I will approach with the same kind of intensity: the fourteenth-century Austrian General Wallenstein. As opposed to Markéta, which is a period story, this is a historical one, with a lot of material to support it. It will be all the harder, because the time I will be handling isn't a historical blank. The central figure is historically very well known. There are as many opinions about him as there are historians. But there is a real question

here: Does Wallenstein still have anything to say to younger people, with their muddled historical consciousness? Heaven knows.
I'd be inclined to say no. But there is a story in his struggle for
power that everyone must comprehend, even if he lacks a historical heritage.

The last part of the trilogy, following Wallenstein, would be a
contemporary film. I don't want to say that it will be about August [1968]; I don't really have a solid impression of that year. I
would be more interested in the currents that led up to it all. But
there is plenty of time for that. Before I get around to it, in a few
years, all kinds of things will settle in my mind; time will sort
out the materials; much of what seemed important will fall by the
wayside.

And what then?

I have noticed a trend toward commercial films among those who
have done much to improve the status of Czechoslovak cinematography, an effort to reach as many people as possible. That is
good, in and by itself. But it always conceals the danger of compromise, not only from the artistic point of view but also in the
selection of a script, in the measure of commitment, etc. Occasionally, though, something emerges that satisfies both the filmmaker and the general audience as well. But that is the exception
rather than the rule.

It is hard to speak for the others, to think for them. I told you
that I have always stood to one side, alone. Besides, I don't go to
the movies very often; I am comparatively unfamiliar with both
international and Czech films. The only ones I know well are my
three loves: Buñuel, Bergman, and Bresson.

As things stand now, I won't say much about what lies ahead.
But who can say more, now that they've brought back the absolute
veto, and could begin to use it at any moment?

Spring 1969

Stanislav Barabáš

Along with historical topics and experiments with form, the experiences of World War II and the Nazi occupation provided another — and the broadest — possibility for freer expression in film art in the period after the crushing of the generation of 1956.

Thus, Yugoslav cinematography had to some extent escaped the curse of socialist realism after the break with Moscow only because it attempted an authentic depiction of the anti-fascist resistance. The resistance and war were the source from which Soviet cinematography was later to draw its first impulses toward renewal. In 1956, it was that same wartime retrospective, protected by the halo of heroism and by the fact that in it the cards were dealt more or less clearly and "justly," that gave Polish cinematography the opportunity to come to grips exceptionally well with the Polish "national theme," the tragedy of Polish history. Not much later, Czechoslovak cinematography turned to the same subject matter, gradually learning to derive works that focused directly on the present. Why this happened has been discussed earlier (pages 73-74).

*　　*　　*

And it was after 1956 that Slovak cinematography really entered upon the scene. The nationalization — in this case above all the provision of investments and the assumption of financial risk by the state — made it possible to create the material base for a national cinematography, as was the case in other smaller and less developed Eastern European countries. But in Slovakia, as elsewhere, there was a dearth of tradition — not only in the area of film, but in a certain sense in literature and art as well. And so the first Slovak films were made for the most part by Czech directors, and then of course by stage directors and actors. The late forties and early fifties were not favorable for the emergence of national talents or for the development of a specific film style, a truly Slovak approach to reality. Moreover, the first generation of Slovak students was still studying at the Prague Film Academy, and Slovak

assistant directors were just mastering the secrets of the craft at Slovak studios. And then, suddenly, the moment arrived: production increased, administrative pressure relaxed, young people were given a little leeway, and they produced the first indisputable evidence that Slovak cinematography existed not only in name but also as an autonomous art with its own approach and its own film language.

It was a language of intense lyricism, closely linked with the wild Slovak countryside, as yet unspoiled by urban life, still free of the sentimentality and banality imposed by the city. A lyricism with an inner charge of tragedy that is unique to authentic folklore and to the folk ballad. This language has its forerunners in the Slovak graphic art of the thirties and forties (Bazovský, Fulla), and in some neglected literary traditions (e.g., Slovak surrealism).

The first to break down the door, so to speak, was Stanislav Barabáš. The better critics of his film The Song of the Gray Dove at the 1961 Cannes Festival immediately registered the fact that something was happening.

After his debut, Barabáš did not stop seeking what was somber, tragic, hidden in man. What the war uncovered, for example; wherever people encountered it in its most brutal form. This was true of his film Knell for the Barefooted, and in a certain sense, of Trio Angelos. But beyond all else, he was seeking an author. He finally found him, after almost ten years, in Dostoevsky. His first film adaptation of the work of the master, The Gentle Creature, ended in triumph, the Grand Prix at Monte Carlo. Shortly thereafter, Stanislav Barabáš, an enthusiastic Communist since his boyhood, who had placed so much hope in the nationalization of cinematography and was bound to it with his entire artistic being, slammed the door and left. That was in the autumn of 1968. He left to become one of the busiest TV directors in Western Europe, with Dostoevsky remaining the key to basic problems within his own soul and around him.

*   *   *

We had first talked on the steps of the Festival Palace in Cannes in 1961. He had reminded me of those steps repeatedly and reproachfully whenever we met in the interim. Long before he had achieved fame at Monte Carlo, I had promised, "As soon as you finish shooting The Gentle Creature, you can sit down and swear at me for two straight hours."

Swear at you, swear at you.... What I held against you was that sort of "farsightedness" of yours, in your attitude toward Slovak cinematography. This is a handicap common to people who have plenty of problems of their own at home, and it generates a condescending view of culture elsewhere. In this case, it was a patronizing paternalism toward Slovak film. What was happening in film in Slovakia simply wasn't reported in the press with the same interest as the work of my Czech friends — as if Slovak film were behind some sort of glass wall.

I don't deny it.

For all of you, the continuity of Czech film was all that existed in our country. And yet I think Slovak film was worth something to Czech cinematography, even in those worst of times, in the beginning. At least it gave the Czech filmmakers some self-confidence. If the films they were making in Prague in those days were bad, there was always the justified consolation that the Slovak ones were even worse.

[I recalled our staircase conversation in Cannes, seven years earlier. And then I remembered another conversation, one that had taken place about two days later, on the same stairs, if not on the very same step. It was an exchange between myself and French director Albert Lamorisse (The Red Balloon). He had said to me, "You people are so terribly charged up that when you finally do get a chance to speak your piece, you will do it far more quickly, and perhaps more intensely, than would be the case

elsewhere...." The two conversations are related. Most of what was said on that stairway came true as soon as the pressure was relaxed, and favorable conditions arose. What was born was truly important. It was our contribution to the fund of world culture and world cinematography.

I turned to Barabáš and asked, "And if we were to return to the subjects of the staircase now, today?"]

The fact that so many people created so many interesting films in such a short time is in itself evidence of a deformation. It isn't normal. There was an excess of pressure, a considerable excess. Remember the Golden Age of Hellenic art? Those weren't normal times either; after the explosion came fatigue. And then defeat followed. It is conceivable that this blossoming of ours today (which is founded on the idea of protest, an investigation of our surroundings and a certain rehabilitation of man) could result in some of the elements' being overestimated. Perhaps our attention has been concentrated too much on what surrounds man; maybe there has been too much stress on the size and the mystery of the institutions that crush him. What if man himself is a mystery? Arthur Miller once wrote, "The fish is in the water, and the water is in the fish...." Maybe we have fallen behind a little in investigating man, and have set our sights on simply showing his position with regard to the rest of the world. We have indeed come to a certain imbalance in our image of the world and man. Unwittingly, but once again, on an entirely different plane, our art finds itself serving a cause. But any service, be it pro or contra, calls for a certain solution. And one hesitates to desert it. When they speak about our having had our say, our having exhausted our subject matter, it is true only where we saw the mystery in just one of the two poles of the man-society relationship. One of the reasons I made a film of Dostoevsky's The Gentle Creature was that, in that story, it is possible to pursue both mysteries: both the structure in which man lives, and the structure of man himself. Czechoslovak film is probably facing a period of the sort that Nathalie Sarraut described in connection with the 'new novel": a period of revealing new psychological and mental qualities and strata in man, and finding ways to depict them.

Where does Slovak cinematography stand in this context?

In Slovakia, no real trend was established. We each went our own
way, each with his own unique scars and his own unique risks.
Our generation of directors (Uher, Solan, Eduard Grečner, Martin
Holly), and now the new generation (Jakubisko, Havetta, Dušan
Hanák), were linked by two things. The first was an ethical principle: not taking part in the public lie. And the second was the
fact that none of us ever accepted reality as being unconquerable.
We make fewer films about conflicts with a mysterious, and
sometimes artificial, reality. The world in our films can be understood, changed, and perhaps even mastered — in short, a
person doesn't necessarily have to be crushed. Perhaps there is
also an attribute shared by nations that have never ruled themselves: their members develop a sort of stubbornness, an intro-
version; they seek the answers inside themselves.

Do you think that Slovak cinematography has expressed —
or at least scratched the surface of — a genuinely Slovak
theme?

There is something: they describe it as being "balladic," a feeling
of frustration over the fact that a nation cannot fully assert its
abilities. But it seems to me that the so-called "Slovak theme"
will be developed in extra-artistic spheres more than in art.
   In my own inner world — and I am speaking for myself, I don't
represent anyone; but maybe it has something to do with the
"theme" — I am interested in man surrounded. Whether he is
surrounded from the outside or from within doesn't matter: my
interest is in the effort he exerts to find a way out. And maybe
the Slovak "theme" is entitled "man with one side vulnerable."
But isn't that a much broader, more general, worldwide theme?
   And then I am interested in man desirous, wanting something
terribly, like maybe to live a life; and he finds it awfully hard.
That is the theme of the little boy in The Song of the Gray Dove,
and also of The Gentle Creature.
   Of course, the Slovak has another attribute. If you knew this attribute the way I do, you there in Bohemia wouldn't be so worried
about some things. I think that the Slovaks always feel the desire

to cling to someone close to them (this might evèn be a purely Slavic attribute). But that doesn't imply the slightest inclination to subjugate the one you are clinging to — or, for that matter, to be subjugated by him either. We just aren't — aren't equipped for that; we aren't built that way. It would be nice if we were, but we aren't. We don't have the requisite historical experience to fall back on.

The Gentle Creature was your first television film, and you hit the jackpot right off.

Certain themes almost demand television. I've wanted to make a film of The Gentle Creature for a long time now, but I was always afraid, until I finally suggested it for television. It seemed to me to be almost ideal material for the medium, with all its duality: a man who keeps lying, who keeps up a pretense all the time. You can't pick this up and present it to the whole world; you need a single reader, a solitary viewer, the sole imaginary witness of what is happening on the screen — the person sitting in front of the TV screen. In our life nowadays, a life so frequently shaken, a life in which humanism has been obliged to retreat so often and so far, we have been forced to remember all sorts of things; and we keep feeling the need to call up a witness; in conflict with this witness, and with his assistance, we keep making finer and finer distinctions. That kind of uncertainty of expression is apparently a very contemporary emotion. Camus already grasped from Dostoevsky that man liberates himself by his speech, and that behind a pile of words lies the rock of truth. Godard once said, "Film is people looking at people who are looking at them...." That definition sounds as if it were created specifically for television. The viewer is completely contained in his viewing, whereas the moviegoer feels the environment of the movie theater, the people around him, and so forth. That is why television is such an excellent medium for the almost intrusive method of storytelling that I chose for The Gentle Creature.

We haven't actually said much about The Gentle Creature; and yet that is, after all, what....

Dostoevsky wrote a sentence: "Man is much, much too broad; if it were up to me, I would narrow him down." That is what The Gentle Creature is actually about — a rather broad man in a rather broad reality, and hence the mystery. People's deeds and gestures should always remain a mystery. There is a beast asleep in man; we are too often amazed when we discover it.

[Barabáš pursued this theme with Radok in 1972.]

I love Dostoevsky as the forefather of modern literature. When I look at him from the point of view of film, it seems to me that he discovered something that I can grasp and accept, and that I also know how to put on film. I mean, Dostoevsky was always very sorry that mankind was losing God. He wanted to be a believer himself. Civilizations losing their religions signify that man is left to his own resources — Sartre defined it more precisely later on, but he used quotations from Dostoevsky as epigraphs in two of his books. And Dostoevsky was afraid for man, deserted in the cosmos: what was to become of him? It seems to me that he sensed that if man tried to go to extremes in establishing his freedom, he would arrive at something very close to fascism. That is essentially the problem of Raskolnikov in Crime and Punishment. At what point is my plan so big that I can start killing for it? And because he was consistent, he said, 'If there is no God, everything is possible, even the question of when I can start killing." These problems troubled me a great deal, particularly after the Soviet occupation of Czechoslovakia. It seemed to me that here, this Russian question-asking was demonstrated in practice — even the Russian inclination to violence.

But there is another thing, too. Dostoevsky leads people into such a state of bathos that they express themselves in so exaggerated a way that their surprised bodies can't cope. And it appears to me that to Dostoevsky, the body is a sort of demarcation line that turns a person back. When the tension reaches a peak that is almost liturgical, something uncomfortable, something embarrassing, something painful happens. Someone slips, or kicks someone; someone falls. That always aroused a sort of sweet terror in me, but at the same time there was something painfully ludicrous about it. Take the funeral scene: I started out

with the dead man's horse wandering around in front of the Russian church where the rite is being held, like on an ikon; and instead of the bereaved relatives, five Gypsy prostitutes are sitting
there, and their voices are audible in the background through the
entire funeral ceremony — it's the funeral music. And it is all
ridiculous and terrible, till you start to choke on it. And that
feeling — a sensation almost too reminiscent of the feeling
brought on by our times and our world — is one that I can express only when it can be interpreted in terms of a sort of rite,
the kind of liturgic approach that turns up so often in modern
film. Another manifestation of that is the preoccupation of contemporary film with Art Nouveau.

February 1968

Peter Solan

Another Slovak director, Peter Solan, broke through in 1962 with a film about a Nazi concentration camp — The Boxer and Death, a success at the San Francisco Film Festival. It wasn't easy, because somebody discovered that, under the pretext of the struggle against fascism, the bounds of convention were being overstepped.

Solan played a most important role in television. Gone were the days when the almighty lord of Czech culture, Minister of Information Václav Kopecký, decided that this capitalist toy didn't need anything better than an old Victorian building in the center of town. True, the building still housed the TV studios. But television had grown considerably since then, and had often become an asylum for talents that had been chased out of the theater or film.

It was no accident that at a time when the journalistic side of television, its ostensible raison d'etre, made Czech television one of the dullest and most sterile in Europe, its artistic programs were among the very best, gaining recognition throughout Europe. Nor was it an accident that, later, it achieved an exceptionally high level in news reportage and social analysis, thus playing a significant role in the developments leading to the Czechoslovak Spring of 1968. Talented people learned the technology and the craft; when they couldn't do one thing, they did another, and when it became possible, they concentrated their forces in the direction of the main current. That was true not only of television, and not only in Czechoslovakia.

Solan was one of those who strove tirelessly for a greater expanse for Slovak art, particularly film, for new opportunities in television, and he helped establish the prerequisites for such growth. Looking back, it is easy to forget or overlook the immense amount of tedious, difficult and risky work that was behind every artistic success, behind every foot of ground gained.

It might be well to recall that the conversation with Solan took place in January 1968. These were days of hope, always accompanied, however, by its Czech and Slovak kid sister — skepticism. The hope remained

throughout the subsequent nine months.

During those nine months, Solan made his most important and his best film, a half-hour TV film called And Behave Yourself!. A young girl is arrested and literally
thrown into a jail cell. And there for endless hours, days,
weeks and months, among the bare walls, subject to constant debasement, she can only think about one thing:
Why? What for? One day she is brought in to a man in
uniform. He has an expressionless face. He leads her
to a park, gives her carfare and, in reply to the query in
her eyes, explains, "It was all a mistake...." Then, as
an afterthought, he calls after her, "And you behave yourself, hear?"

Peter Solan lives in Bratislava, and in 1970 he made a
film entitled The Gentleman Didn't Want Anything.

*   *   *

But tell me, how did you get involved in television?

I don't like watching TV; it doesn't particularly interest me, except maybe where I have a feeling of authenticity, of an experience
that cannot be repeated, such as a soccer game, or the launching
of a rocket, or something like that. Of course, I respect the fact
that television makes it possible for people in the backwoods to
know what's going on in the city. That is certainly a fantastic
revolution; I have to admit that.

But films that were made for the movie screen don't belong on
TV, unless they are strictly "ready-to-wear," run-of-the-mill
material; then it doesn't really much matter. TV has changed
people's lives a lot, though. My mother doesn't budge from the
TV set. She claims she doesn't know how she'd live if she didn't
have it. And I haven't got the guts to ask her how she lived before.

Television has one quality: it is didactic. A viewer who accused
films of being incomprehensible shifted to television in the hope
(generally justified) that he would get solid certainties and clear
answers from it.

TV audiences are pretty cruel. They want the person they are watching to look the way they would like to look themselves. But television ought to show them life as it really is. Yes, television is didactic; and people want their certainties. But those of us who are supposed to give them those certainties — we don't want to talk about certainties anymore; they don't interest us, maybe because everything that was certain has shown itself to be uncertain. Early this year —

[I should explain that this interview began in Bratislava, when we had those awful snowstorms in mid-January, when you couldn't see a hand in front of your face, and it was so cold you couldn't breathe. The weather inspired a typical period bon mot, born someplace in the Czech lands or in Slovakia, that the winter had come on that strong in order to allow the President (Novotný) to go sliding (an idiomatic expression equivalent to the English "Go fly a kite").]

— I was wondering just when I realized that. Everybody experiences his own personal Waterloo, the defeat of his illusions and hopes. With me, it happened like this: My father was a physician. I had a fairly pleasant childhood; we never went hungry. I arrived at Marxism through literature, clinically. Experience has taught us that a person who arrives at his faith this way is doubly dogmatic, because he harbors a deep feeling of guilt for not having experienced poverty and material misery.

In the years between 1949 and 1951, they could have used us for chopping blocks — that's how solid we were. But that was when the worm started to gnaw. It started on account of the Korean war. I was in Prague attending some sort of two-day school session. The Pusan-Wonsan-Taegu triangle no longer existed. The Americans had landed behind the front lines and were advancing northward. And there we were, spending half a day learning the song "Victorious Korea." I asked whether it was really the most suitable thing to do, when the Americans were almost at the Chinese border. That was when the investigation started: How did I find out about that, when it wasn't in the newspapers anywhere? Everyone knew that was the way it was, but that didn't matter. And I began to catch on.

The Film Academy was pretty interesting in those days. The only thing it had in common with the Film Academy of today was the name. Going to school there in 1949 and in 1959 meant attending two entirely different institutions. I was there when we had discussions about [Russian director] Mikhail Kalatozov's Conspiracy of the Condemned. Ten years later the students were discussing Godard. And yet my recollections of the school are fond ones; they were my pleasantest years. They were the years of establishing an axis, an axis to shoot along. That was what we grew up on. It sounds funny, today, except for the fact that it takes years for you to forget it. Every axis like that ties your hands. And because it was a time of certainties, this was also a certainty, one that separated the filmmaker from the non-filmmaker.

When I talk to the young people at the Bratislava Film and Theater Academy about the fundamentals of film work nowadays, I keep telling them that things are thus and so, but that they must be aware of the fact that things are entirely different, too. However, that is going to be their own affair. I never tell them how it is supposed to be, just how it is. They taught us the other way around; and when I finally got into a studio, I almost fell flat on my face because of this idealized image. That's what I am trying to protect the kids from today.

How did you ever decide to go into film?

I never really decided. During the war I didn't see any movies — I was too young. When the first films began to appear, during the [anti-Nazi] uprising in 1944, there wasn't a single one I didn't see. From seat number 10 in the 23rd row — they always used to save that ticket for me — I saw every film that came along. In 1948, I started pre-med; but then I came down with jaundice. I hadn't attended the required 95 percent of the lectures when the year was out, and they wanted me to go back and repeat the year, which made me awfully mad. At that point a friend of mine told me that he wanted to go to film school, that there was such a school, and where it was. I didn't ask anybody: I just wrote them, they invited me to take an entrance exam, and they accepted me. All on account of a silly liver infection.

I used to write poems, too. I sent some to the newspapers; and I got an answer: "They are modern; they will be successful; but today they aren't what is called for." I wrote the date on each of those poems, and what made me write it: for instance, "When Jan Masaryk* Died." Then one day I got scared and clipped the dates off. Those are the little defeats that one inflicts on oneself. It takes a long time for one to get over them.

When I finished school, I went to Slovakia and started work at the Documentary Film Studio there — the same day that Stalin died. No one made a secret of the fact that graduates of the Prague Film Academy weren't welcome; there were rumors that we would be taking work away from the people who had been working in film there before.

I really am not quite clear on how I ever got to fiction film. Nothing from 1956 to 1959. Then I filmed a mystery, and three more years of nothing. Then Boxer, with all the nonsense that surrounded it — banned, shelved...and then another film, another song and dance about it, until it all ended up someplace else than it was supposed to.... But that isn't important anymore; what is important is the fact that someone like [Slovak director] Juraj Jakubisko doesn't have these problems anymore. Still, those years are lost, and no one is going to give them back to us.

If I could have made Boxer back in 1959, even before [Italian director] Gillo Pontecorvo had made his Capo, and nothing even remotely like it had been put on film yet, maybe things would have turned out differently too. In 1962 it was a pretty good film; but the situation at home and in the world was different by then. For instance, Štefan Uher was doing Sunshine in a Net — the Czechoslovak young film wave had started. I want you to understand, I'm not griping: I'm just stating facts. There are other people who are worse off; lots of people came out of that period with a curvature of the spine, so to speak. I'm lucky — that didn't happen to me.

We keep trying somehow to define Slovak cinematography and its role.

---

*Czechoslovak Foreign Minister who was killed under mysterious circumstances in a fall from a window shortly after the Communist coup in 1948.

That's a very complicated problem, though it isn't as bad as it used to be. It was a problem so long as the leadership was intent on applying the brakes. Of course, there is also the question of size. Elsewhere — in Prague, for instance — there is a wave, a current. Here, a wave or a current means one or two people.

The people in charge of Slovak cinematography today have a big advantage over their predecessors: when we get together with them, our exchanges aren't a game of Blind Man's Bluff. We each know what the other is talking about, and that things are really the way one or the other side says they are. That's a big step in the right direction. I might almost call it a victory.

So far as I know, no scripts are being stopped or banned now; but there are people who are still suffering injustices. Whenever one person feels free, another one feels somehow limited, bound. Nowadays, for example, they maintain that a single variety of esthetics has taken over Slovak cinematography. That's nonsense. What do Barabás, Solan, Holly, and Uher have in common? The only thing we all share is the ethics, the conviction that we shouldn't camouflage anything, that we should speak the truth in everything we do.

So I don't feel there are any problems specific to Slovak cinematography. I think that things are going well right now, and I am attending to my own problems, although I can't seem to shake off the feeling that as the pressure slacks off now, films will get worse rather than better. The Czech film miracle was also probably the product of the feeling that "we will be able to sing only one song — or two at best." But, of course, the young ones are there, and they bring something new with them. What we used to consider courageous is something perfectly natural to them; they take it as a matter of fact. That is the difference, say, between Jakubisko and Evald Schorm. All they need is ordinary, day-to-day courage, not the big kind once every five or ten years.

What is fantastic is the fact that people always feel that today, just today, right now, is the time; or else they feel that it can't happen here, that it could never happen to us; etc. And we keep believing it, even though it is such an obvious bit of nonsense. You'll notice that every revolutionary step is always balanced out by a strong reverse impetus. Our generation, of course, is over this illusion already — at least I hope it is. Maybe someday some-

body is going to analyze these things. But let's hope they don't: then people wouldn't have anything to live for.

> I'd like to bring the conversation back to the area of your most recent success, back to television.

In the United States, they have seven channels, nine channels. The advantage in that was that we never saw a single program all the way through. [Slovak writer] Alfonz Bednár kept switching channels, from one end of the band to the other, in the hope that there would be something else to watch; but there wasn't. It was always the same thing. The second channel that they are working on in Czechoslovakia will be worthwhile only if it is approached on an entirely different conceptual basis. Of course, it isn't a matter of channels, nor a matter of technology; entirely different problems must be considered, problems that don't concern just television. But one thing is certain: in the next twenty years, anybody who knows how to hold a camera will have work to do. Television is a mammoth, and I don't think there is anyone to whom this creature couldn't offer a livelihood.

> [All this was said at a time when a great deal had been happening, much of it at the very end of December 1967 and the beginning of January 1968. Many people had no idea how it would turn out. The former Minister of Culture kept calling meetings about the crisis in Czechoslovak cinematography. They even got Solan to one of those meetings. I asked him what he thought about it, and what he said still seems chillingly timely.]

They keep talking about a crisis, about a crossroads, about our not knowing where to go from here. But they were the ones to create the crisis, and the critical moments, the brakes, the barriers. And now they need to convince somebody that they knew all along what the others didn't even dream of.

It's always the same: they are forever rationalizing their own blunders instead of analyzing them, except now it is all somewhat more benevolent. Still, one of these days there is going to have to be a concrete determination of who is really in a crisis. Who!

They say how much better Czech and Slovak film would be if it weren't for the critics. All sorts of people are still convinced that the critics are a hindrance. But who else would have helped Daisies, The Party and the Guests, Sunshine in a Net? Today these films are considered high points. But the people who call them that today, where were they then? It was only the critics. . . .

If one were to make a list of the values of Czechoslovak film that are taken for granted nowadays, it would suddenly become apparent that they are the very same values that those maligned and slandered critics asserted and drummed into people's consciousness. Their executioners stand up today and declare, "See the works of art!" Nobody ever thanked the critics, or even gave them the time of day.

January 1968

Štefan Uher

Štephan Uher was the first to establish a true unity in Czech and Slovak cinematography. In 1962 he made a film called Sunshine in a Net (script by Alfonz Bednár, who has since become the privileged scenarist of Uher's films) that was innovative not only in terms of Slovak cinematography, but of Czechoslovak film as a whole. In his very first feature film, for and about children, We of 9A, the young director had called attention to himself by smashing the conventions of the genre with his unconventional vision, mainly through color and stylization But Sunshine in a Net was something entirely different. The script itself rejected tried-and-tested recipes; it took the still-valid axioms about dramatic structure, conflict, and character interaction and turned them inside out. Uher turned to the inner life of the characters, and the complex problems of their communication with their surroundings (e.g., the hero's mother is blind and her perception of reality is only through the eyes of others). Uher viewed this reality once again with the eyes of Slovak lyricism, but in his hands it was no longer bound by realistic contours. He acted with utter freedom, within the limits of the real world. And finally, he was the first to cast off all political opportunism and to show on the screen the true face of the economic reality of the country — in this case on the example of an agricultural cooperative.

Sunshine in a Net was accused of the most heinous of crimes, and the Slovak establishment prohibited its distribution. But the ice was beginning to break in the Czech lands, the situation was changing again, this time under the pressure of the imminent economic crisis and the political necessity of rehabilitating victims of the political trials of the fifties. (One of the most deeply involved in staging the trials was a man who at that time held the position of Secretary of the Slovak Communist Party.) Sunshine in a Net thus presented a unique opportunity for the new test of strength. Czech film critics held a gala showing of the film that was "banned in Bratislava," a crushing majority of them stood up for it, and they won. The film opened in Prague and Bratislava, and brought about the

definitive opening of the door for the "young wave" of the sixties.

In the sixties, Czech-Slovak polarity was playing the same role in the development of Czechoslovak culture that it has always played. A duality of national character and mentality; a duality of tradition; constant tension, sometimes more, sometimes less, between the two nationalities; unequal economic levels; and of course different conditions in the power structure — all this means that things happen differently and at different times in the two lands. In the past quarter century it has almost become a rule that political heavy-handedness in the Czech lands corresponds to a more relaxed atmosphere in the politics of Slovakia, and vice versa. So the center of gravity alternately shifts from the Slovak east to the Czech west, and along with it, the nature of the impulses and the art itself change. When everything appears lost in Prague, hope is born in Bratislava; when things go badly at the foot of the Tatra Mountains, help is on hand, sooner or later, from the Vltava Valley. This polarity, a hindrance to any permanent stagnation, was the object of envy in Poland and Hungary, whereas the multinational Yugoslavs were familiar with many of the advantages and associated problems.

At the end of the sixties, when the Czechoslovak young wave was about ready to turn into a middle generation of recognized filmmakers, a new group emerged in Slovakia. In the Czech regions, the Soviet occupation and the ensuing "normalization" put an end to everything for a long time to come. But while we would find hardly any of the directors that once were the rage of Europe if we were to walk through the Barrandov Studios in Prague today, all the Slovak directors are hard at work at the Koliba Studios in Bratislava. Štefan Uher is at their head, having completed two films in 1970-1972: the charming If I Had a Rifle (the war seen through the eyes of children, again) and the folk ballad The Maple and Juliana.

*   *   *

Uher and Bednár's most recent film, Three Daughters,
a contemporary Slovak ballad on the King Lear theme, was
just being shown to Slovak audiences when this interview
was conducted. I don't think they were disappointed.

Early in our conversation, Uher quoted a favorite simile
of Bednár's: "Film is today's carnival song."* And immediately voiced his agreement.

In film, it isn't really a matter of grasping reality, but rather of
loosely following the motif to its conclusion, of gaining additional
room for imagination, humor, ridicule. . . .

I might add, in recollection of the most recent bit of genius
in Slovak film, Jakubisko's Deserters and Nomads, of introducing cruelty, brutality, passion as well. As the carnival
song says, ". . .and when they lopped his head off. . . ."

You know, calling us the founders of the whole thing, it's too much
of an honor — they say that's what we were, but at that time everything was up in the air. It was 1962, and the films that launched it
were all being made simultaneously. They had a common negative
wellspring, academism, the sterility of Czech and Slovak fiction
film. That even gave us a certain advantage: we had nothing to
weigh us down, no one to imitate. Of course, there were some
good films even then — by Jasný, Helge. . . . I was in documentary
film at the time, and I brought to fiction film a respect for social
determination. That was why nonprofessional actors broke into
film.

[Uher's telephone rang. It was (Slovak poet) Peter Karvaš.
He told us that Poldo (Leopold) Lahola had died a little while
ago, drinking black coffee at the Koliba Studio. Lahola and I

---

*A tradition at Central European rural fairs: epic ballads,
melodramatic in plot, were sung and sometimes acted out. Their
tone was one of exaggeration and they were frequently unself-
consciously realistic, as seen through the eyes of a primitive or
a child.

hadn't seen each other for twenty years. Late in November
we had missed each other in Bratislava; then he had called
me on impulse in Prague, and we agreed to get together in
January, in Bratislava. He was the first person I ran into
in the hotel lobby.

They had insulted him; they had hurt him. He was like
Ahasver: he wandered all over, making a living any way he
could; he wrote short stories, plays; he made films — but
he didn't sell his soul. He had lived in Munich for the past
few years.

Finally, the circle had closed, at home. We walked the
icy streets of Bratislava. His jokes were bitter; he spoke
in fits and starts. He had just finished the film version of
(Czech novelist) Jan Weiss's Sleeper in the Zodiac. He said
he would show me the film on Saturday; they were planning
a showing for some people from United Artists. We'd get
together Friday night, drink some wine, tell each other all
about the twenty years. . . .

He died on Friday at noon. He wasn't even fifty. And he
will lie in the soil of Slovakia to which he had been drawn
all his life.

Uher continued:]

The other day we were sitting around talking about cabbage soup.
He liked to cook. He wanted to know exactly how I made cabbage
soup. He always said that he would like to make art films as we
do, but that he had to make a living. People say that his stories
from the [1944 anti-Nazi Slovak National] Uprising — they're supposed to be published in Slovak now — have a feeling like the stories of Malaparte. People were looking forward to Sleeper in the
Zodiac, too. Poldo Lahola. . .another memento of Slovak conditions.

[The worst is that we finally picked up where we had left
off, with Uher's interview.]

In Organ, Bednár and I wanted to try for a more synthetic view.
Of course, those are always thoughts after the fact. Many attitudes and viewpoints, even strictly esthetic ones, emerge from

the story itself. Bednár knew it: the Gothic — the greatness of music, and side by side with it, the smallness, the grubbiness of a certain group of human beings. As we worked, it became apparent how the whole thing must be bound together in a vaulted arch. So it happened that in my second film, I found myself departing from something that my colleagues in Prague were doing for a long time afterward.

The Miraculous Maiden was sort of a detour. But I was terribly interested in the subject matter, because Slovak realism was the first real expression of Slovak modern art. We wanted to see whether it was possible to tie in with it, to follow through and bridge the twenty-year gap of trudging in place. My last film, on the other hand, is almost realistic again. It is based on an old ballad about a father and his three daughters. We wanted to show that there is something there that gushes from the depths, to put something of the tragedy of the Slovak nation on the screen.

And there is something else I'd like to formulate. The development of the work of my friends in Prague started out with a violent reaction to the things of the past. Then they followed a variety of paths, until a broad, almost perfect composition emerged, a fan shape, a wide range of cinematography. What they all have in common is the ethics of it. In Slovakia, that kind of breadth is out of the question, if only because of the smaller annual volume of production; and so there will always be just one or two films on top over a period of one or two years, and the profile of cinematography will always need longer periods of time to make itself clear. They say that good cinematography is a national cinematography. I don't believe that too much. It's surely true of Forman, but not of Němec: his theme is much more international, and it is really something to see!

In Slovakia, they talk a lot about an international inspiration. . . .

I don't know. Robbe-Grillett shot two pictures in Slovakia, but that didn't really concern Slovak film very much; for us it was more a matter of obtaining production contracts, and of a way of getting out of isolation. The forms of these endeavors may differ; working on an international basis may even be essential. But I'm

a little skeptical, because so far it has always turned out that co-
productions aren't any salvation. The salvation is in native works;
and in a country of culture — and ours is still such a country —
the creation of culture from native sources is one of the reasons
for existence. Perhaps we get some foreign currency through co-
productions, but otherwise I don't put much stock in them. There
must be a lot of strength in a person to enable him to drink from
foreign wells too. A person soon has his fill of the big wide world.
Of course, we mustn't underestimate the temptation of foreign
currency. Now it's a question of whether our cultural policy will
be broad-minded enough to be able to resolve this problem,
whether it will be broad-minded enough to set as its primary goal
in the sphere of film the full assertion of the abilities of Czech
and Slovak authors to testify freely about themselves and about
their world. Trying to sell these authors for dollars, or to make
that happen through a narrow-minded cultural policy — that could
be a real tragedy. Every small cinematography pays a penalty for
its smallness, and is constantly seeking new paths. Someone con-
forms; someone imitates. Czechoslovak film has resolved this
problem pretty successfully so far by stressing the present, and
a direct, open attitude toward it.

Don't you feel that the ancient history of Sunshine in a Net
reminds you of something?

Possibly. Just as Věra Chytilová felt about Daisies, I also thought
that I had made a serious, positive film; and so I was infinitely
surprised by the reaction of Karel Bacílek.* His objections were
altogether absurd; he saw in it coded attitudes that fellow con-
spirators could easily decode. For example, the solar eclipse
was supposed to correspond to the twilight of communism; and
the beached boat was the contemporary situation of socialism. To
top it all off, it was decided that there was a skepticism in my
film that was ostensibly incompatible with our life and didn't be-

---

*At the time of the film, Secretary of the Slovak Communist
Party. He had been Minister of State Security during the trials in
the early fifties — a Czech whom Stalinism transformed into a
Slovak.

long in our vocabulary. The film might conceivably have defended itself against interpretations like that by itself, but no film can actually ever succeed in defending itself alone — not here anyway. Czech culture took a stand in support of the film, and the situation developed rapidly. Bacílek wanted to take us to some collective farms, to show us how mistaken we were, and that we had been slandering the agricultural cooperatives. And yet he had no idea that when we were shooting some of the rusty farm machines lying idle, we had to have a lot of them taken out of camera range because it seemed as though it would be too much — we had even had to dress up reality. We never did visit the farms: there was a political change, and Bacílek was retired. A year later, Sunshine was listed in an official summary of the successes of our cinematography, and today it is referred to as a model of socialist commitment.

And yet I feel that culture can profit from a certain degree of tension between culture and politics. At least you don't run into stalemates. But what about film? How to resolve the tension there? Essentially, all discussions should take place after completion of the film. An artist must have the faith of society. If he doesn't have that, the only thing you can do is fire him. It just can't work if he is trusted on one script and not on another.

> We keep hearing that the inspiration is gone, that Czech and Slovak cinematography must find a new approach, new materials, a new view that places things in a broader and more positive perspective.

I've heard that too, but always anonymously. I would be very much interested in hearing an actual person formulate that specifically. For the present I suspect that it is only a nice formulation of a certain political need. Because, in my opinion, we are making films about our times, and that is a topic which cannot be exhausted. And it is the duty of everyone in film administration to protect the right to draw on this source without any limits, so that no form of testimony, no witness, will be lost.

Of course, that applies so long as our film is an original testimony, a voice constantly repeating "I am here; you can count on me!" If that were not to be the case, all we could look forward to

would be a place on the margin of culture — not just in terms of
Europe, but also in terms of our country. Are we supposed to find
a way to make films with broad audience appeal? Everyone tries
for that: we don't have to be told that — it doesn't have to be
waved in our faces so much. It's a double-edged sword. For example, our viewers don't go to see Soviet films, which certainly
cannot be accused of a superabundance of intellectualism. If
broad audience appeal is to be an economic argument, maybe a
way should be sought to finance Czechoslovak film by means that
are in keeping with its significance, because it is just the films
with limited audience appeal that are the main source of income
so far as export goes; and the people who make films should finally be told exactly what sells and what doesn't. In the past, the
criteria were ideological; now they are economic. We're jumping
from one extreme to the other. We are a small country; we can't
make a living on our own market, and the films that sell best in
foreign markets are, for the most part, those that are most frequently attacked.

Your generation in Slovakia is already encountering the
pressure of the young ones.

Yes, [directors] Jakubisko, Hanák, Havetta, and [scriptwriter]
Dohnal — we are very fortunate. And you can tell from their work
that they are truly a talented lot. There might well be a confrontation; one has already been started by the extraordinarily gifted
Jakubisko. Their experiences are different from ours. There
will probably be clashes; and as a result, there may be what we
have envied Prague until recently — a greater breadth of composition. It's just a question of their not standing around too long,
not having to wait. They complain about a lot of things; they are
probably justified. As the older generation, we may be swayed a
little by the situation. They see everything with untarnished vision, and that is healthy. Of course, it isn't just the young ones.
Older beginners have also been coming to the fore lately. In 1968,
five of the seven fiction features were made by newcomers. And
we already have sixteen feature film directors, so that gradually
a social problem is arising — but not a financial one, because TV
and nonfiction films offer the possibility of making a living.

How do you feel about professional and nonprofessional actors?

I have always maintained that it is an artificial problem. At one time we gave the nonactors our vehement support; we declared that this was the only solution; we thought it would bring a new social category into film. But it probably depends on the personality of the director, on how capable he is in handling either actors or nonactors. I believe in typology; I have a great deal of respect for a face marked by life. A "nonactor" — that's not the right term — an "untrained actor," that is better; a nonprofessional. One can't stand someone in front of the camera who has no talent, ever. One can use professionals too, exclusively; but I always feel that the key is in the face, the type. I choose people for my films according to how they look. I am always glad when it can be an actor. But mostly I end up with the nonprofessionals. A nonprofessional talent always gives a film another dimension.

In Slovakia, they are very touchy about language. We are a very small nation, our language is the only gem we have, and so purism runs rampant. What they let Forman get away with [in Czech] is something they wouldn't tolerate in Slovak. They keep demanding literary, literate language; but one can't carry on a living dialogue in literary Slovak. So they say that the speech in our films is horrible. They don't care what is said, just how.

What would you be doing if you weren't in film?

That's a hard one. My path to film was classically straight and direct: I graduated from high school and went straight to the film school. They kicked me out for lack of talent after a year; but because I am the only one of the five children in the family who had an education, they took pity on me and let me repeat the work. After that I finished school without any trouble. So I have no other experience.

Many famous filmmakers have seen life from many sides, whereas we are relying on our own immediate experiences. Maybe that's where our strength lies. We shall see how long it will support us. Maybe we will die out for lack of knowledge; maybe we will give all that we have prematurely, and there will be a

question of how to make ourselves useful. There are damned few
who last till seventy, like Renoir.

What would I do? Probably something that would allow me to
travel a lot — not abroad, but in the mountains, the valleys. You
know, I am an alien in the city. Rural life keeps attracting me: it
is more stable, still a little pagan; there is more solidarity, more
unity there. Intellectualism is a big burden. And it's a hindrance,
too. Maybe a person would be freer if.... But this way I have to
hang on to what I've got. And then, if I didn't have anything — I
mean, if I were utterly useless, and no good to anybody — well
then, all I could do would be to get myself named director of a
factory or something.

January 1968

Jaromil Jireš

The first of the young Czechs happened to be Jaromil Jireš. Others were also writing scripts, shooting pictures, but The Cry happened to go into production and distribution first. Its story wasn't revolutionary, certainly not to the extent that Sunshine in a Net was. But behind its quite ordinary plot involving one love and one infant lay concealed a dimension of poetry and the reality of everyday urban life, with everything that implied at the time. The potency and significance of The Cry were not in the story it told, but in what it showed with utter clarity: the influence of young West European cinematography, the fact that this generation of Czechs had attended other schools, had learned from other models, and had made other contacts.

Jireš is a quiet person, polite and pleasant, and his film was the same. And because the time was more one of sharp encounters, provocative declarations or revelations, the protectors of the status quo saw in Jireš a nice boy who wasn't going to poke his nose into matters that are the sole province of the powerful ones in this world. But Jireš is, in addition, uncompromising, adamant and patient. The praise he got from these men irritated him because, in that situation, such praise was equivalent to an attempt to get him excluded from the ranks and to set him up as an example for the rest, particularly since he was one of the few Communists among the young ones. Jireš made a firm decision that his next film would not give cause for any such misunderstanding. And that is probably the main reason — more so than his active and dedicated participation in everything that was happening in those years — why the director of The Cry racked up the largest number of rejected scripts, and why his next film, The Joke, wasn't made until the spring of 1968, and turned out to be one of the most powerful critiques of Stalinism, if not the most powerful one, in Czechoslovak cinematography.

But Jireš always was and remains a lyricist. A strange one, tragical, grotesque, like the real world around him. And so after The Joke, he filmed a poetic, surrealistic vampire story entitled Valerie and Her Week of Wonders

on the basis of material by the late Czech surrealist poet
Vítězslav Nezval. It is his best film to date. And finally,
as the only member of the generation of the sixties who
was still permitted to work in Czech film, he put on the
screen in 1971 a lyrical, poetic diary of the last days of
a Czech girl executed by the Nazis for taking part in the
resistance movement, And Give My Love to the Swallows.
    When this film was shown at Locarno in 1972, the direc-
tor was not permitted to attend the festival with it. And
The Joke has vanished from his official biography. It
simply doesn't exist, and never did.

*   *   *

    The audiences that in the late sixties applauded Forman,
Němec, Chytilová, Schorm and the rest, never failed to
ask after Jireš. He remained the one who had the longest
break between films. People everywhere shook their
heads: "All right, it takes all kinds; but wasting talent like
that, in a country as small as yours. . . ."
    Jaromil Jireš looked at me.

You're teasing me, and you know it.

    Why?

That's what I'd like to know, why you're teasing me. Maybe because The Cry was a romantic dream in its time, and responsible people in cinematography labeled me a harmless dreamer.
    And besides, people I didn't respect at all praised The Cry;
they saw it as the bright antithesis of Evald Schorm's Courage
for Every Day.
    Personally, I couldn't have continued in that direction, nor did
I care to. The rude awakening from my dream was caused by
everything I saw around me. I looked around for material that
would correspond to it all, and I found it, but I didn't put it on
film.
    Then, while I was in the army, [Czech author] Arnošt Lustig

and I wrote a script called "White Birches in the Fall." It was turned down for reasons of amorality; they said it portrayed human slime. But compared with the real situation among the units of the "black troops" [special army units for "politically unreliable" elements], the script was actually an understatement.

Then I filmed a story for Pearls of the Deep,* entitled "Romance"; and I worked at the Documentary Film Studio — the people there are the ones I can thank for giving me the freedom that was refused elsewhere. I used the documentary reconstruction Citizen Karel Havlíček [the story of a nineteenth-century Czech journalist and politician] to try to demonstrate, on the basis of specific facts, the essence of the responsibility of a journalist, of a man who speaks to the public. It was also a chance to observe some of the thought processes of young students of the humanities at the university. I worked with students of history, philosophy, and journalism. I was especially struck by their refusal to believe that in the trials that the Austrian monarchy held against him, after 1848, Karel Havlíček successfully argued his own case — and won. The degeneration of public life in Czechoslovakia had penetrated so deeply that young people who had grown up in a system that they were told was the most just in the world were incapable of believing in the power of truth. Some even maintained that the trials had been rigged so that Havlíček would be freed, as evidence of the Austrian government's liberality. I found that conclusion particularly tragic: How can a person with this kind of attitude write truthfully, if he can't even believe in the power of truth himself?

At the same time, I was working with Karel Michal on the script for "Azure Rapids." It was to have been a film about the totalitarian mentality. I was interested in the way Nazism misused "good, solid citizens," the kind who are the backbone of every totalitarian regime, and in the way expansive and beautiful words can serve to mislead the public. I wanted to demonstrate this particular bestiality specifically in the case of Nazism, al-

---

*Based on several of the short stories of Bohumil Hrabal, one of the most expressive writers of the sixties, this film consisted of separate segments directed by representatives of the young wave: Chytilová, Menzel, Němec, Schorm, Passer and Jireš.

ready condemned by history, known by everyone for what it was. We never did get to make the film, but some day I'd like to return to that theme — except that it isn't a pleasant topic for me right now.

The question remains whether it is only the end product of one's work that is important. In the few years that I didn't make any feature films, I learned an awful lot. It was a rare period of study for me. I wouldn't want to go through it again, though. Now it means starting all over again, only with a much smaller dose of self-confidence than I had then. When you run your head into a stone wall a few times in succession, you can feel a wall even where there isn't any.

In what way do you find the present situation different, or new?

Above all, there are increasing demands on the level of one's thinking. Formerly — I mean right after the lean years of social and artistic sterility — all one had to do was unveil some veiled truths. Now, after some fertile years — in film, in the theater, in literature — the situation is swinging back to normal; and only things of real worth have a right to exist. Veiled truths are disclosing themselves now; art doesn't have to take the place of politics anymore.

Does this mean the end of a politically committed art?

It depends on what you mean. Political commitment on the level of scandal is apparently on the way out. But scandal has no real worth, no value: it is only evidence of a sick society. It is a tragedy when art has to concentrate on pointing out the illnesses of society, as was the case in Czechoslovakia in years past. A time when the main mission of art is to be courageous is indeed a dark period — not to mention the fact that the only courage that can exist in cinematography is tolerated courage: one only gets to film what is approved.

Whereas true courage...?

True courage shows up in a person's life as a citizen, where it is needed. I like The Axe [a novel by Ludvík Vaculík, one of the works of fiction basic to the sixties in Czechoslovakia], not because it is courageous, but because it is a beautiful book. Aside from that, I also respect Vaculík's bravery and prudence.* Of course, the man and the work cannot be entirely separated; but they are two different categories nonetheless. Things were essentially easier before January 1968, when instead of government by the proletariat, we had government by a powerful bureaucracy. Now the question of walking one's own road is a much more challenging one. It is a matter of a positive program. Culture probably played a part in the January rebirth of our republic, but the main struggle took place in the realms of nationalities [i.e., Czech-Slovak] and economics. Art alone can never win out against power. People with their fingers on the triggers of machine guns either laugh at a man who is trying to fight them with a pen or simply shoot him down.

Our political commitment always acted primarily on an ethical plane. Except until recently, politics was a denial of ethics to such a degree that any ethical act was automatically a political one. Today, with politics gradually becoming a matter of real social analyses and attitudes, the hostility between ethics and politics is disappearing. That is how it happens that art on an ethical plane is losing its aura of political commitment.

Do you think that the times are giving birth to a new theme?

That's a difficult question. Certainly, every social change brings with it a new range of themes; and what we are now experiencing is definitely a fundamental change in the life of society, a change that awakens hopes of reaffirming many of our lost certainties, hopes of bringing about a socialism worthy of the name. But you know very well how often prophesies in the sphere of art have proven false and misleading. I believe that art will be able to return to its creativity, to playfulness, to fantasy, without losing any

---

*Vaculík was one of the leaders of those members of the Union of Writers who took a firm stand behind the Dubček regime; he was co-author of The 2000 Words, a liberal manifesto.

of its social significance. On the contrary, it can gain something in the process. But of course that is more my own personal faith than a general prophesy.

Art is the conscience of a nation, of the times — that is a fact. But so long as it is condemned to be only its conscience, it is also its prison, its misfortune. And as for the current elimination of legalized political force and violence, their undercurrents are only beginning to surface. So many socially pathological facts have begun to emerge that we are only just discovering the full extent of the evils of the past. The eruptions from the depths of society — appearing unfiltered this spring and summer — really frighten me. I have in mind the tendency toward obvious violence as a moral principle. Until recently this tendency was couched in pseudohumanistic ideological phraseology, veiled by the framework of institutions. Now, for instance, there are anonymous threatening letters, their language very much in keeping with the Nazi anti-Semitic jargon. Just think what this conceals and implies: the people, for God's sake, the kind of people who must be writing them, people who are frightened of losing their power and position — right there I see one of the themes of today.

If you had your choice of a single film, what would you pick, today, now?

A film about growing old, how a person notices beauty where he didn't perceive it before, a huge carousel that is slowing down, and a person jumps off and starts to push.

*   *   *

[A few months later — after the Soviet occupation — Jaromil Jireš provided an addendum to this interview.]

I'd like to add a few words on this day in autumn. After what we have experienced in the past few weeks, I'd like to express my deep respect for our nations, for their courage, their wisdom, their wit. I am proud that I belong to this land, with its brave representatives. In the critical moments, the Czechs and the Slovaks proved that they have the right to existence and to inde-

pendence. The unity that they demonstrated, a unity that was forti-
fied among all the strata of this land, puts us, its artists, under
an obligation. And I firmly believe that we will be capable of living up to this obligation.

Spring/Autumn 1968

Miloš Forman

How did it happen? How did the dam of ice finally get broken through early in the 1960s? Several overall conditions played a part. A country that until recently had been represented as an exemplary model of socialist prosperity tumbled into one of the most drastic economic crises that Europe had seen since the war's end. Czechoslovakia was the only industrially advanced country in the world at that time whose national income was dropping from year to year, instead of increasing. The structure of the Czechoslovak economy, built up generation by generation since the middle of the previous century, had finally collapsed under the constant pressure of the Stalinist economic model. This considerably undermined the position of the political establishment, which, in the critical years around 1956, had still been able to use the argument of the country's relative economic well-being. The political crises grew more and more unwieldy as a result of the delay in rehabilitating the victims of Stalinism which — in the very different atmosphere of the early sixties — became the object of a political struggle inside the establishment. An additional — and related — factor was the intensification of the relationship between the Czechs and the Slovaks.

With the position and credibility of the reigning apparatus in a weakened condition, the sphere of culture hurried to take advantage of the situation. Its first target was the punitive measures of the late fifties. Books that had been prohibited or scrapped were now published in mass editions; banned films were shown in movie houses; a number of small avant-garde theaters came into existence; the first exhibitions of abstract painting opened in the galleries; all restrictions in the field of musical esthetics suddenly evaporated. And the first appeals for cultural autonomy began to be heard. Prague soon became a city where it was possible to keep abreast of the contemporary world theater and literature to a degree that was superior to that of many West European capitals. Gradually this began to apply to foreign film as well (with the exception of motion pictures from America). The Union of Czechoslovak Film

and Television Artists became an important instrument for the protection of film work and its freedom from interference on the part of the political bureaucracy. Production groups that had been dissolved in the early fifties and reestablished in 1956 were granted considerable decision-making power. And, most important of all, in keeping as usual with the Soviet model, film production increased, and the slogan of the moment was "Enter Youth!"

When all this began to produce results, and the establishment once again tried to put the brakes on, it was too late. The collapse of the economy confirmed the demoralization of the ideology, and the Communists who were active within the cultural front not only quit playing the part of levers, but in many cases became the organizers of conditions for the free development of film work. Moreover, it was not just a single generation that surged forward, but essentially four generations simultaneously: The generation of Vávra, the one of Weiss and Krejčík, that of Jasný and Helge, and finally that of Forman and Schorm. And they were not beset by intergenerational conflicts, as would normally have been the case. Rather, they were firmly joined in a single rank, held together by the fact that, following numerous attempts since the end of the thirties, this was the first opportunity for all four generations to begin to assert their innermost intentions in comparative freedom. And that is how it happened that, standing up to the pressure of the political machinery, there were more than twenty directors of all ages, and with European reputations. No matter how hard it tried, the establishment could not divide or crush this front. On the contrary, its link with other spheres of culture and the arts grew stronger, and as the years passed, something was created that might be called a cultural antiestablishment, with its own socialist ideology, and its own, increasingly democratic, socialist organizations.

*　*　*

But when Miloš Forman and I first sat down for our in-

terview, the establishment's final attempt at a counter-offensive against the "Czechoslovak Film Miracle" was culminating. The theme of the counteroffensive — borrowed from the West — was that all the pioneering films made in the past years should be measured against the yardstick of box-office returns. (Notwithstanding the fact that those responsible for film distribution didn't make the slightest effort to promote such films and, in any case, the main motivation for the nationalization of film had been to protect it from the fatal pressures of the market.) In this situation, the temptation became even stronger to accept attractive offers from abroad, where many sensed the chance to hire the best people cheaply, and to make profitable deals.

Forman was one of the two foreign candidates for an Academy Award. He had just won a Czechoslovak State Prize. Loves of a Blonde ran for 25 weeks in a movie theater in Paris, 27 weeks in New York, and 17 weeks on Hollywood's Sunset Boulevard. Early in June he had shown the rough version of his new film The Firemen's Ball to European film magnate Carlo Ponti, who in this case played the role of co-producer. Then Forman left for London.

Now (that is, early in June 1967) on Národní třída, or National Avenue, in Prague, he has ordered a serving of roast duck with a double order of dumplings. He is wearing white levis and a turtleneck sweater, the way he used to years ago, and he sits back and says, "Well, what do you know? What's new?"

"What do you mean, what do I know. You tell me. How did you make out with Ponti? There are all kinds of stories going around Prague."

You know, it all may be one great big gamble, but at this point it looks as if Antonioni's Blow-Up cost Ponti a million dollars, and he has already made 15 million on it. So he is smiling...naturally. He seems to accept my film the way it is, but he feels that it is too short for distribution. But we're not going to change anything, not a foot of film; the picture is going to be the way I

want it. When I told that to Lindsay Anderson and Karel Reisz in London, they shook their heads and asked me to pinch them. But that's the way it is. Now I'm trying to think of something to supplement it to make up a program that would be acceptable in length for distribution in the regular movie houses that play Mr. Ponti's films, not the ones for sophisticated audiences.

What did you do in London?

That's one of those absurd situations. Some Americans invited me there to take a look at a Soviet play, to see if I would like to direct it. It is Arbuzov's Romance for Three — a nice play, not particularly daring or earth-shattering, but nice. A girl and two young boys in Leningrad under the seige promised each other all sorts of things, and the play shows how it all turned out years later, what happened to whom and what each of them did. I told them I'd think it over. Why should I be the one to do a Soviet story? Well, I guess they figure, since we're almost next-door neighbors....

Are there any advantages in working for a co-producer like Ponti?

You better believe there are. Like, money. And then there are technical advantages. If it weren't for the co-productions, we would never have had the film material to shoot with that we got for The Firemen's Ball. It also has the attraction — a risky attraction, perhaps — of something that a person has heard a lot about, but never tried. Suddenly he has a chance to do it. It may be sort of a flirtation with something; I don't know. It also has its disadvantages, which I am now discovering. In our cinematography, a film 6,000 feet long doesn't make any difference. To Ponti, it does.

Aren't you afraid of that kind of international connection? Are you considering continuing them?

That always depends on the sort of film you're talking about. If you have a script that would permit it, why not try it? Some

types of offers are something else, though. Scripts keep turning
up from all over the place; and for the most part, they are bad.
I probably wouldn't risk it in a case like that, in hopes of a
miracle, even though there are quite a few offers — from America, England, France. . . .

> Less than five years have passed since you literally pushed
> your way through to make your first feature film at the age
> of thirty. Now you have all that fame, a State Prize, almost
> an Oscar. How does it feel?

It all went by too fast, somehow — except that, when you get right
down to it, I am in just about the same situation I was in when I
finished the first half of Competition. It was only three-quarters
of an hour long. The producer asked, "What do we do with it? It
isn't long, it isn't short." And so we made another story. You
are always late in realizing things. At that time, no one could
have guessed where it all would lead, or even that it might open
a door to something. A person is always a little behind, but as a
rule he realizes it too late.

One thing that played an important role in what happened within
our film industry in the past few years is the time that we didn't
work at all because we couldn't do what we wanted. Suddenly the
door opened a little, and the mob standing behind the door broke
it down. And then work got harder from one film to the next. Of
course, the energy that had accumulated over the years, the energy with which we went flying through that door, that is something we are beginning to lose. Things get more difficult as time
progresses.

When we were doing Competition, Black Peter and Loves of a
Blonde, we were out of the public eye: no one knew anything
about us, the films cost a few crowns to shoot, and nobody was
all that impatient about them. And suddenly you are working on
The Firemen's Ball; you feel all those eyes on you; you suddenly
realize all the envy there is around you. Those things still leave
me disoriented. All of a sudden somebody throws an obstacle in
your path; it comes from a direction from which you would never
have expected it. . . . As soon as a person masters one situation,
he is long out of it, never to be in it again.

All over the world you see how 99 percent of the people, talents, artists, and I don't know what all, how for some reason or another they give up their uncompromising stands and demands. Now I'm trying to figure out what makes it happen, and whether we are destined to end up the same way. There are probably many reasons for it. For instance, the enthusiasm of the critics is something that constantly refills the vessel of your energy. But after a while the critics have to find other pets, and so this source of energy is lost to you.

As the years pass, your private life also becomes more complicated; it is harder to concentrate. I know that, in my own life, a maximum of enthusiasm for work is born of endless days of boredom. The more you work, the further you get from that apparently lazy life you used to lead, a life that was immensely more productive than life among producers, script editors, etc.

What is going to happen now? I mean to film, Czechoslovak film.

I don't know. All I know is that when we were in school, we stood in opposition to the previous generation. We tolerated and respected the one that came before it: it was far away, and somehow didn't really bother us. And so I think that the students at the school have to take a stand against us; they simply can't accept us. I can't imagine how they will begin, but the more unexpected it is, the better their chances.

And your generation? Will it hold its own, or will it fall by the wayside?

Neither. It will slowly lose its breath, with occasional fits and Faustian complexes that needn't always be a total loss. Internal and external circumstances play just about equal roles. It is hard to determine what just exhausted itself and what is the result of external pressures. And, of course, those pressures remain pretty much the same. There was much embarrassment surrounding the film Black Peter. It wasn't sent to the Cannes Festival. Letters to the editors about Loves of a Blonde gave the impression of a veritable campaign. The intensity is dif-

ferent every time, of course, but the basis is identical: the nervousness that characterizes the period of time between the moment a film is born and the instant it ceases to be suspect.

Here is a question for somebody: Is a person capable of seeing to it that the unrepeatable, the unique, does not repeat itself?
Can a person avoid allowing the unique to be transformed into
constant repetition? Because, in the end, both the artist and —
with a certain delay — the audience cease to be amused. It would
be ideal if a person could evolve smoothly and progressively
from one stage of his work to the next stage, as "unrepeatable"
as the last. But perhaps only Chaplin had conditions like that. In
our situation, the way things stand, it definitely isn't possible.

Besides, work is slowing down dangerously in our cinematography. Those ten or fifteen people who made Czechoslovak film
what it is today are not working at the tempo that they could.
Look how many of them aren't doing anything, and for how long:
Pavel Juráček, Věra Chytilová, Jaromil Jireš, Jan Němec. . . .
I am convinced that if they could work regularly, at a pace that
they can handle, they wouldn't have to look to Ponti or the Americans for cooperation.

> You were in Hollywood for the distribution of the Academy
> Awards.

That is one of the times when one starts to believe in the immor-
tality of film again. Imagine an immense building, with special
bleachers for the movie fans. The guests have to pass across a
sort of bridge, like fashion models; the announcer says their
names into a mike, and the mob of teenagers in the bleachers
screams incredibly.

I knew before I left Prague that Loves of a Blonde wouldn't
get the Oscar — not only because it would mean that it would go
to a Czechoslovak film two times running [the previous year the
American Film Academy had honored The Shop on Main Street
with an Oscar] but mainly because Hollywood, though part jungle,
is at the same time very loyal. The French film A Man and a
Woman, by Claude Lelouche, was being distributed by Allied Artists, which was on the verge of going broke. Five hundred people
would have been out of work. And an Oscar means a million dol-

lars in additional box-office receipts. But maybe you'd better not put that in; someone might think I'm making excuses.

> You've been all over the world in the last two years. How does it feel?

It varies. In some ways I am much more relaxed because I don't argue about certain things anymore. I know that a person who hasn't seen some things and some contexts from close up, for himself, simply cannot comprehend them.

And then, out in the world, you lose your fear of "big wheels."

It does have some unpleasant consequences because, so long as you haven't seen some things, you aren't tempted.

Of course, the main point is that being abroad just once isn't enough. The first time out, everything seems tremendously simple and easy. At home I heard people say, "Look, Boy, you've been outside; you could do all sorts of things; it would be child's play...." But the closer you look at it, the more aware you are that it isn't child's play at all. You discover how things really are and, above all, you realize what language means — probably the most fundamental segment of culture that influences man.

Needless to say, it is senseless to tell this to anybody, since nobody will believe you until he finds out for himself. I always thought that with interpreting and translating, you can do anything. And then I saw what a damned hard thing it is. For example, in Hollywood, the only kind of film I could shoot with a clear conscience would be the run-of-the-mill class C Westerns, thrillers, mystery stories. But they won't let me do that; they've got lots of people for that. Nobody would give a person a contract if there were the risk of his prolonging his shooting by so much as a single day in an effort to do things a little differently. And if I wanted to work the way I do here, I would very soon be exhausted, from the language, from contact with people. But still, something inside a person is always tempted to at least give it a try.

And another thing. Whenever somebody at home says or does anything, whether it's the continuity girl or the studio director, you know what's behind it. I mean, here it is much easier to guess what this word or that action really means. Not there. In a foreign country you can master the rules of your profession,

but it is much harder to master the rules of the game. Things all over the world are illogical, but they have their order. And because the logic is missing, it is hard to understand them any place but at home.

[That conversation took place in summer 1967. The biweekly Film and TV News had just begun to appear; no one knew what would happen the next day, and this publication had to do the work of two, since Literárný noviny, the Writers' Union weekly, had been closed down by the government.

Miloš Forman was just finishing work on his film about it all, about the firemen whose house burned down before their eyes while people were looting the raffle. He still believed that Mr. Ponti and Mr. Ergas would swallow his film, that Anderson and Reisz were wrong, and that what Ponti was really worried about was the footage. (Ponti eventually withdrew from the contract under different pretexts.) He had no idea of how it would all turn out with the fireman and with the raffle. He didn't even know that the firemen from the neighboring village would come to help with the fire when the fire was already out. And he didn't know a lot of other things, either.

When we sat down in Paris to talk in early 1969, Forman had worked abroad for almost a year. He was looking forward to getting home to his family and his friends, the firemen and the ones who had looted the raffle. Like the rest of us, he was a bit wiser. He had had a lot of new experiences, and he was short an illusion or two. He was still famous, not just at home but abroad too. Neither need nor a lack of interest in his work was forcing him to go back to Prague.

And so I asked him about new experiences, at least during the past three months.]

It's like this. I had a contract with Claude Berri and with Paramount. According to the contract, I was to turn in a script in the summer. I had the treatment; I thought we would wind it up in America in a week or so. But the moment we arrived, things began to happen that were far more interesting and significant than what our film was about. Martin Luther King was killed; there

was racial and student violence — in short, reality was much
more noteworthy and exciting than art. It was impossible to concentrate on work. In order that we might finish our work, we left
for France. No sooner had we arrived, late in April, than May
broke out — the student revolution — and the situation repeated
itself. Finally, we took off to finish the thing in a quieter place,
in Czechoslovakia — which obviously ended up with our turning
in the script now, in the winter of 1969.

Those are the facts. And what else?

It's probably a little too much for us. No one can expect us to
gain wisdom. But who knows whether that isn't just rationaliza-
tion. Take it from any side you want, reality is always so much
more interesting than anything we can think up. It really gets a
person's...how do you say it? Anyway, it makes you feel like
not working.

What do you mean by gaining wisdom?

Forgetting what happened.

Why?

No, that isn't exactly it, either. So many things have happened,
and so many questions have remained open, that a person keeps
thinking real, true events through to an end. Not invented stories,
fictions. But there is no end to it. There is a constant temptation
to write an end to what is going on before your eyes.

In the summer before August 1968, Juráček, Němec and
Jireš spoke about the desire to get away from immediate
reality and a direct commitment.

The wish is sometimes father to the thought. But in June and July
1968, the situation was a little different. It's terrible. I wanted to
film Škvorecký's Cowards. But I gradually realized that I was
less and less interested in it. Under the pressure of events, the
Czech nation had undergone such a tremendous purge of morality

and character that the very subject matter of <u>Cowards</u>.... And yet I was essentially doing the same thing that Němec, Jireš, and Juráček were talking about. I was enjoying getting ready for the comedy in America, which I view without the slightest emotional bias. For me personally, it was all only a game.

But an entirely different situation is arising. I have in mind, for example, what is going to happen, whether certain conceivable or inconceivable restrictions will be introduced into our film. I take after the rest of my generation in being pretty much of a pessimist. It's all a question of experience. What does it all mean to us, everything that happened? Look: a young person can be born into the depths of the Dark Ages, and perhaps it will even be good for him, so long as life's current is flowing out of the darkness.

Consider, for example, the generation of Weiss and Krejčík. They began to mature during the Nazi occupation, at a time of absolute darkness. But the current of development was headed out of it all; and in the end the results of their work were extraordinary. Then came 1948, which shifted them backward until, in 1956, new people succeeded in taking advantage of the timid rays of light. Theoretically, the directors of the previous generation had just as good a chance, but for the most part they didn't take advantage of it. I doubt that it was because they didn't want to.

Or take the next generation: Kachyňa, Brynych, Jasný, Helge. They started out in the period of the greatest intellectual darkness in modern times, after 1948; around 1956 they came up with outstanding films. They got their hands slapped in 1958, and when they were able to do things after 1962, again...I doubt that it was because they didn't want to, but somehow it wasn't possible to begin all over again, full force. They just did other things.

I don't know why it is, but I am afraid that if we get our hands slapped, then in a few years, when an optimum situation starts to form again — and it will happen, that can't be stopped — we won't know how to start all over again either. A subconscious defensive reflex against this outlook urges us to learn quickly to do what they call pure entertainment, clean fun, which is theoretically (but for the most part also practically) independent of the political and social situation.

If you look around in the West, it seems that everything is permitted. Why do they take so little advantage of it, say, in film?

That's why! Notice how the reaction to commercial pressure often manifests itself in the desire to do films that are noncommercial in form. If a producer feels that he isn't going to lose money, he'll let you do a pro-Communist film, a pro-Chinese film, anything. But he is scared to death if you show a desire to make a film praising — I don't know — the greatness of private enterprise, in a form that most people wouldn't understand. And then, of course, there is another thing. In a society in which ideas circulate freely — and far more quickly than in film — in the press, and on radio and TV, no film artist is going to feel the urge to say the same thing with a year's delay.

Another reason is the fact that it is generally young people who come up with films that demonstrate any spiritual commitment. It is very difficult in the West for a young person to break in, no matter what he does. That is, in itself, one way that socially conscious and interesting films are liquidated. That kind of thing can be done, on the other hand, where the entrance of young people into the field is regulated by somewhat more reasonable criteria and points of view. In that sense there is tremendous importance in the little sentence in the nationalization decree that says that artistic considerations play a prime role, over and above commercial considerations. In practice, this means that young people have a far easier time of it when they are starting out here than they do in a commercial film industry. It is a known fact that young people are generally the least conventional, while the essence of commerciality is in the things that the public are used to. The safest bets commercially are things that are ten years old. Fortunately, it does happen — though infrequently — that something entirely new achieves a maximum of commercial success. Something like that introduces mayhem into commercial production; and so from time to time it attempts something new. But when something new appears and is unexpectedly successful, they'll still be manufacturing imitations of it ten years later.

So, when you compare the two systems?

As soon as it happens that in a system of nationalized film, which has placed art over money, artistic considerations cease to be controlled in the name of a single interpretation of reality, in the name of a single ideology, you have the most ideal, the most humanistic setup that filmmakers can dream of. Whenever nationalized film has not achieved such decontrol, it is worse than the commercial system because in the latter you at least aren't under the eagle-eye of ideological censorship, although it does tend to come up with some producers there, too. Anyway, there is always the chance that you will find some fool who will let you have the money you need.

The artist's situation is very difficult, but it isn't hopeless; there is always a chance. Our system would be ideal if it could transform that hope into a certainty. Then one might hope to make a good film. A person needs both hope and certainty — simultaneously. In the system of commercial film, all there is is hope. Of course you are really bad off when you have neither certainty nor hope.

> Will art ever win out over commercial entertainment in cinematography?

Art will probably never win, but then it won't get entirely beaten down by the pressure of commercialism either. A certain ratio, variable within limits, between art and entertainment will maintain itself. Perhaps as time passes the ratio will be weighted in favor of art. Something very interesting is happening in America, and it may bring some interesting results within the next few years. But then again, it may not. All sorts of people, literally, are beginning to make film: there are film departments at all the universities; just about everybody has a 16-millimeter camera; a motion picture camera is turning into what a pencil and paper used to be. That doesn't mean that by the day after tomorrow the industry will be swamped with hundreds of motion-picture Hemingways and Faulkners. As yet, this current hasn't had any influence on the work of large American film outfits. But still, underground and independent films are coming increasingly to the fore. When thirty or forty good independent films are made annually, I'd bet my right arm that three or four of them will be really

worthwhile. Of course, any time someone really achieves something that way, the doors to the big studios immediately open wide
to him. But there he has a rough time asserting a modern viewpoint.

Can our cinematography stay away from commercializa-
tion?

Well, from the commercial point of view, it can't help itself. Our
paradox rests in the known fact that the only truly big commercial successes of Czechoslovak cinematography, at least abroad,
are so-called "artistic" films.

You've been abroad for nearly a year, with only short in-
tervals at home. What about you, now?

It's a — a complicated situation. If all goes well, I would like to
make at least one film abroad, to prove to myself whether I can
or not — and also just to do it, so the unknown would stop being
a temptation, and partly because I don't know what kind of a film
it would be. It will probably be like — and unlike — everything I
have done to date. I have spent thirty years living among the people I made films about, so the films were the result of a certain
knowledge, a certain cognitive process, though not a conscious
one. Just life. Whereas here...finding a story isn't hard. Stories are all over the place! But writing a script about people that
you've known only a few months.... If I were to be altogether
honest, I would probably postpone making the film from year to
year; and I haven't the slightest idea when the hour comes when
a person has the right to stop consuming and start telling. But it
probably won't work out like that; and I am going to have to begin,
even though, I swear, I still don't know what it is going to be.
But I'd like to shoot the next film at home, I really would.

Could you elaborate on that last statement?

No, I really couldn't. I only know that I truly want to do my next
film in Czechoslovakia, apparently out of some instinct for emotional self-preservation.

⌈ That would have made a lovely conclusion to the interview. Really lovely. Dignified. Suitable. In the spirit of patriotic journalism. A real gem. But I thought of something just then, and that ending flew away. Forman had once told me about how he had taken part in a revolution at Cannes in 1968. He had said:⌉

'I was living at the Hotel du Cap. The other guests included about five oil magnates, some princess or other with her whole court, the Beatles, and Orson Welles. When you pressed a button, the bed rocked. In the morning the masseuse dropped in. Then breakfast. Then we went for a swim in the pool — with the Beatles, with Orson Welles, with the princess, and with the oil magnates. In the afternoon a big car drove up and took us to Cocteau Hall, to make a revolution. Everybody applauded us. Then we drove back to the hotel. Like true revolutionaries, we had the chauffeur stop the car on the way back, and we tore down the French flag. Patriotic whores, who were walking the street plying their trade nearby, shook their fists at us and yelled. When I got back to the hotel, I hung the flag out of my window as a trophy.

"In the morning the masseuse dropped in . . . and everything started all over again. The third day of the revolution, Jan Němec said that it was getting on his nerves, that he would stand up in public and refuse to withdraw his film from the competition, put on his tuxedo and lace shirt that evening. . . . He really did succeed in forcing his way up to the platform. There they grabbed hold of him, shook his hand, and solemnly proclaimed that Czechoslovak film director Jan Němec had also joined the revolution, and withdrawn his film . . . and so forth. Němec saw, sadly, that all was lost; so he went out and got drunk. I climbed into the car. On the way back to the hotel I tore down a French flag and, accompanied by the curses of the patriotic whores, rode to the hotel. The flag was gone from my window. With revolutionary indignation, I threw myself at the liveried porter. Mr. Orson Welles, whose window was directly below mine, did not wish any flag — that was what the porter told me, politely. With a sensation of revolutionary frustration, I went to my room and my rocking bed. . . ."

[While Forman was telling me this story, I had to laugh.
Forman likes to tell stories, and he is a good story-teller.
Except, of course, this one wasn't the least bit amusing.
Still, it captures pretty well the conflict situation in which
Western European intellectuals find themselves. I told
Forman what I was thinking.]

That's pretty complicated too. French directors today are practically the only ones in the West who have succeeded in something. They realize that in order to retain at least some of their
independence, they have to be their own producers. That isn't the
case in Italy, or England either. At least they have to be co-
producers. They do, in fact, achieve a certain degree of independence; but this also forces them to try not to lose all their
money, and with it, the ground they've gained. That makes them
compromise, which in turn makes them edgy. The results are
motion pictures that can be characterized as intelligent and
tasteful commercial film — which naturally arouses further nervousness because they aren't satisfied from either point of view.
It isn't "James Bond," but neither is it The 400 Blows.

In Cannes, this accumulated nervousness surfaced and ex-
ploded. And it turned out that — within the overall system here —
a partial reform of the film industry is impossible. In the final
analysis, they themselves are half in favor of a radical reform,
and believe in it, while their other half is closely linked with the
status quo. During the day they attend to their business letters,
and at night they are artists.

That kind of symbiosis of the producer (or the co-producer)
and the director in a single body is slowly beginning to appear
elsewhere as well. In England and in Italy, of course, films are
being made almost exclusively with American money, whereas in
France part of the investment is French; and even the state contributes something now and then. And yet it was in England that
Lindsay Anderson made an exceptional film with Paramount. Of
course, the situation isn't going to change overnight. A few years
ago, American filmmakers turned to European directors. That
was when a few European films chalked up successes on the
American market. Thus, for instance, Tony Richardson or Serge
Bourguignon went to Hollywood. The effort was a flop, and Holly-

wood closed its doors again. Why? Those people wanted to do in Hollywood what they had been doing at home.

Then the situation forced some American to open the door a crack; and all of a sudden Paramount has three huge box-office successes by Europeans: Zeffirelli, Polanski, and Vadim. What is the reason? Maybe I can put it this way: The ones who flopped had tried to bring their own emotion, intelligence, and heart to Hollywood. The ones who succeeded just brought sort of a European intelligence with them. They make perfectly "Hollywood" movies, which differ from the real thing only in a certain type of intelligence. And that makes for success. I once saw Zeffirelli's Romeo and Juliet on stage. The film version he made in Hollywood is incomparably colder. To make a long story short, they left their nostalgia behind in Europe.

> J. M. Domenach would say "the European sense of the tragic."

America wants brains, not a heart, feelings, problems. To hell with that. Sentimental or not, America's tears don't come from the heart. It doesn't cry for the love of its neighbor, but for love of itself.

> [And that was the end. I didn't realize what a potent end it was until later.]

Summer 1967/Spring 1969

Věra Chytilová

Forman was not the only one to bring up the problems of international cooperation in those days. They all knew about it — Chytilová, Němec, Passer, Brynych, Jasný.... And they were all aware of the double-edged sword that such cooperation presented. On the one hand, it offered an opportunity to obtain better working conditions, better film material, better technology, to open the door to the world for Czech and Slovak films, to escape the danger of provinciality, and finally to improve their personal financial situations. But on the other hand, all of them knew that foreign co-producers, or at least most of them, were not guided by an interest in what constituted the basis of the Czechoslovak film miracle: the artistic uniqueness of Czechoslovak film, that which was specific to it because it was bound up with the peculiar Czechoslovak experience. For most of them, this small Central European country presented an opportunity to get talent and production facilities much more cheaply than they could elsewhere. Of course, in order for all that to pay off, those talented people and their film industry would have to produce merchandise that would more or less fit into the slot machine mentioned by Jiří Weiss. And that would be the end. Without any tanks, without any police, without any censorship. An end that would undoubtedly be far more pleasant, true, but that is another matter.

The establishments in film and the state were immediately more than willing to support this sellout. It would have meant an influx of foreign currency for the state treasury, and the comfortable liquidation of the uncomfortable film rebellion. But the motion picture press, the critics, and above all the Union of Czechoslovak Film and Television Artists stood opposed, striving to avoid the exploitation of an underdeveloped country and its cinematography. They sought a system of equal partnership, one that would bring to Czechoslovak film artists the advantages of international cooperation, but at the same time would enable them to continue on the path that had brought them worldwide recognition.

The Soviet occupation resolved this controversy. For

most of the talented representatives of the young wave,
barred from work in film, the sale of their talent to foreign producers through the auspices of the state provides
the only prospect of doing creative work.

*   *   *

Věra Chytilová came to film comparatively late in life,
and after many detours. She told some of the story in her
film The Ceiling, her graduation project at the Film Academy. But she did not tell it all.

The Ceiling was a mature work of art which later was
shown throughout the world; and it was distributed at home
with another of Chytilová's films, A Bagful of Fleas (about
the problems of adolescent girls in a boarding school for
apprentices). The exceptional sound track of The Ceiling
is unfortunately untranslatable. The film is a bitter documentary about the female lot and the maturing of women,
the path to true emancipation. In the mid-sixties, the film
was shown in France. During the discussion that followed,
someone in the audience stood up and said, "They shouldn't
make that kind of film. It undermines people's faith in
socialism. If that is the way it really is, then none of it
is worth it all." How to answer him? People want to be
deluded. Everywhere, always. They are afraid of the
truth. But can we live with it? Věra Chytilová always
thought that we could live only with the truth. Her consistent efforts at unmasking illusions and disclosing myths
caused her films frequently to be labeled cynical — the
universal human defense against the truth.

The Ceiling tells how Chytilová began to study architecture,
how she dropped out in the name of womanhood. She was
strangely beautiful and she even worked as a model, until
she finally settled down as a script girl in a film studio.
That was where she made up her mind that film was to be
her life's work. To break through her "ceiling." The
studio could have helped, but it didn't. It refused to recommend her for admission to the Film Academy; it refused her a scholarship. But Věra Chytilová is, and ap-

parently always was, incredibly obstinate. She took the tests without a recommendation, she was accepted, and she battled her way through. She finished school at an age when others were already teaching, but the Film Academy isn't like other schools, and it is probably just as well. The studio never forgave her for achieving her goal against their will. They were never very fond of her. But she didn't ask for love. Just that they let her do her job.

Chytilová made three feature films. She carried home the Grand Prix from the International Film Festival at Bergamo in the autumn of 1967 for her film <u>Daisies</u>. She had already won the Mannheim Festival award with the film <u>Something Different</u>. And later, in 1970, the award of the Chicago Film Festival for <u>The Fruit of Paradise</u>. After 1969, nothing. She wasn't even allowed to do the classics. She wasn't allowed to work for foreign producers, either.

In 1972, a militant feminist film festival was held in New York. A Chytilová film was there too. I asked whether any of the organizers were interested in the story of one of the world's leading women directors. They sent their greetings — in writing.

The truth is always specific. For example, the truth about militant solidarity ending at your own doorstep. "Simply the truth," as Věra would say.

*   *   *

Chytilová was sitting on the floor; her eyes had a malicious gleam.

What are you doing?

That's like asking what I am thinking. Whether I think that work has become impossible. I'm catching it from all sides, but I still have trouble believing it. I am exhausted from all the commotion with <u>Daisies</u>; and in the meantime, Ester Krumbachová and I have finished another script; and then, along comes Bergamo. So I

haven't been able to follow through and see whether it might not be better if I didn't work at all. And not just me. A lot of things look like nothing, like ordinary obstacles, all sorts of nonsense. But they're not. When you look back, you suddenly see all the energy they robbed you of, all the time, and how little got done in the long run. Not much at all. And what for?

I'm terribly envious of people who work themselves to a frazzle. I'd probably be happiest if I were in a constant rush and a constant tizzy. No, I'm not unhappy, not at all. At least I have more time for my family. I don't want to be sacrilegious. I have my other world — I'm not like Jaroslav [Kučera, her cameraman husband] for whom work and private life are inextricably intertwined. His work penetrates into everything. With me, it's not quite like that. But somehow, film work ought to be set up so that, except for a short break needed for a rest, a person would go smoothly from one film to the next. But apparently everything else is more important than that, even if it sometimes looks as if things were being done toward that end. But of course, they aren't. One wages a constant, eternal struggle with external conditions for the opportunity to work. So I work and work and make new attempt after new attempt, and suddenly I realize that I am constantly concealing from myself the alternative of possibly giving it all up. Maybe we're all washed up, but we just don't know it yet.

So now we are working toward the realization of a script that Krumbachová wrote, partly with me, but mostly on her own, and most excellently. It's the first script that I really like, through and through. [The Fruit of Paradise — the film was completed in a Czechoslovak-Belgian co-production in 1969, and represented Czechoslovakia at Cannes and elsewhere, e.g., Chicago.] And yet, both Ester and I realize that a real film cannot be written. A film is the interdependent operation of many factors; and even though we are aware of them all, and we consider them from the outset, the only ones we can include in the script are the ones that can be expressed verbally. And there are only a few of those. As soon as the literary advance work on a film gets to a certain stage, you have to start working on the film itself. There are always some shortcomings, some mistakes; but in art it is hard, frequently almost impossible, to decide in ad-

vance what is a mistake. Only a very few people in the industry understand that a person needs to be trusted, and needs simply to be given the chance to work. The people we respect the most are those who may have their doubts about us but still, ultimately, understand that doors have to be opened.

First, you must liberate yourself from your own prejudices. The most important thing is getting beyond yourself, trying not to work on something familiar, but rather trying to penetrate further. You don't really begin working creatively until you are at a point where you don't know, where you are finding out. Each step forward involves an immense amount of strenuous effort. And along comes all the auxiliary ballast. I know, for some people jumping hurdles and clearing obstacles is a challenging shot in the arm; but that leaves very little time for what is really important.

The need to liberate yourself.... That isn't true just for the creative process, either. You can confirm it when you look back at various situations you have experienced: how much more penetrating your view can be from a distance.

It has been a year since we finished working on Daisies. My daughter Terezka has grown a head taller. We'll probably use her as our yardstick: one film, one head, and then a break. Last year we didn't take a vacation, nor the year before, nor this year — all because of Daisies. They kept saying, "tomorrow, tomorrow, tomorrow...." Until finally you see that everyone has left town, having told you "tomorrow." And there you sit, like a disappointed lover, and wait. You sit and wait for one year, two. The time eats away at you. What do you do? Nothing. And for every day in your calendar there is a long list of vain hopes.

What is your experience with work for a foreign producer?

When I used to hear about somebody who was ruined by joining forces with a foreign producer, I didn't really understand. It seemed as if it should all be a matter of the contract. Nobody can force me into anything that doesn't suit me. And besides, I always thought that socialist cinematography should constantly bear in mind the liberation of creative effort that is lacking in capitalist production. Because this is difficult to formulate in a contract, if

one doesn't happen to be a lawyer, I told myself that it would probably have to be expressed in a language that producers are accustomed to speaking in: money — that is, to ensure our own freedom by means of their investment, for which no guarantee would be given from our side. If someone wants us to put in some truly creative work (and I don't think we sign contracts for any other kind of work), then he has to give us his confidence; and in no case can he expect to have the right to correct or alter our work — because that someone must want to give his confidence to a person whose only responsibility and obligation is to be true to himself. True to himself, would you believe, even if he is being offered a lot of money.

One producer claimed that that was what he wanted, and nothing else. But in a little while he began to worry about his money, and he changed his mind. In the middle of work on the script, he be-gan to urge us to pursue his commercial viewpoints, saying that he naturally wasn't depriving us of our artistic goals, because, he said, making a film that will bring in a lot of money, why, that is an art! But we showed our lack of character. We were naughty and disobedient and underhandedly made up our minds not to dis-appoint his original faith in us: we finished the script our own way.

When I was in New York recently, they came to us to say that there were people who were seriously interested in my work. First they introduced me to a man who was supposed to be the American manager of Czechoslovak Filmexport [the state firm responsible for all foreign business with films] and was to ar-range all the negotiations. I discovered that this job had been in existence since 1956, without any results whatsoever, not just insofar as production goes, but even with respect to distribution. When we expressed our surprise at his confidence when he had accomplished nothing so far, we were told that there had been certain obstacles in the past, but that these no longer existed. That surprised us even more; but all the same, nothing happened. The obstacles apparently still existed.

Another producer invited us for a most expensive lunch at the most expensive restaurant on the most expensive street. There I found out that if I accepted his offer, I would be completely free: the only thing he wanted was that I shoot a film of something by

Karel Čapek and cast one famous actor in it, and, finally, that his wife write the music for the film. She was present, and there and then she launched into a song that she had already composed for the film. I understood two words in it: "Karlovy Vary, Karlovy Vary." In short, it was just too much freedom for me to handle.

The only thing to do, here or anywhere, is to work with people who really love film, movie fans. If such people were to vanish and film became subject to other points of view, then it would be equally impossible to work here. Even here there are many people in and around motion pictures who are not interested in film and don't know anything about it. I once said, if you recall, that I don't want to make film my livelihood. Boy, did I catch it for that! Even my colleagues made fun of me.

But of course, I didn't mean that I didn't want to get paid for my work. I only meant that I don't want to accept just any job at all costs. But I was foolish to say what I really thought. As you see, I don't do that anymore.

And what about the script that you just finished?

That's complicated. It's hard to talk about. I'm always afraid that I will oversimplify. The working process transforms things; and then if someone looks for the end result in the original explanation, there can be misunderstandings. You do change with time, you know; and your work changes along with you. The end result that you are aiming for is a certain image at the outset, a fairly vague image, because we never know what the reality of the end result will truly be, because we can't know how the process of arriving at that result will transform us, and how this transformation will transform the end result itself.

Generally speaking, the film is about the unequal struggle between a man and a woman. And over it all is the question of the ability to accept the truth — whether a person would actually be capable of living with the ideals he advocates, capable of deserving them. It is much easier to fight for truth than to live with it. Ester Krumbachová quotes Robinson Jeffers' poem about Ferguson, a fellow who screamed for truth but was in fact incapable of accepting even a glimmer of it.

I recall once being present at a discussion in which you were trying to convince someone — I think it was Evald Schorm — that it will never be right unless he starts consistently working with nonactors.

I really like hearing people quote me, because I never remember having said anything, and, for the most part, I may not even believe what I said anymore. For instance, what you just said: I'm not the least bit convinced that one shouldn't work with professional actors, and I'd like to try it myself some day. But when it gets right down to it, then actors sort of spoil things for me; they get in my way. As soon as I visualize them in the film, I know in advance what the thing will look like, and I don't want to know. It's like having all the outlines traced out in advance.

Fall 1967

Jaroslav Kučera

Czechoslovak cinematography has always been very much
the product of its cameramen. This was true long before
its authors and directors became so important in it. At the
time that a handful of enthusiasts within the Prague avant-
garde were trying to bring culture to film, the fame of the
Czech camera was sweeping the world, and its operators
were working behind cameras not only throughout Europe
but in the United States as well. The postwar years saw a
continuation of this tradition. Film is, above all, a visual
art; everything depends on the eyes. Literature can help;
it can build the scaffolding. But it is the eye of the camera that ultimately decides what will appear on the screen,
whether what we see is a mere illustration of literature or
whether it is truly in the film form, an autonomous work
of film.

We are usually aware of the role of the cameraman at
crucial moments. When, for instance, in the mid-fifties,
Sergei Urusevsky began to teach Soviet cinematography
the manner of film vision, and how to carry on the Soviet
film tradition. Or when a cameraman like Wexler directs
a film himself — Medium Cool comes to mind — and we
are suddenly aware of the essential difference between the
camera and the pen.

But for the most part, the cameraman's identity is concealed behind that of the director. Not only on the posters,
not only in the credits, but far earlier, when the preparatory work on a film begins. And yet we know very well
how much Jaroslav Kučera meant for Jasný, Němec and
Chytilová; what Miroslav Ondříček meant for Forman and
Passer; what Jan Čuřík meant for Brynych and Chytilová;
what Bohumil Baťka meant for Vláčil; what J. Sofr meant
for Kachyňa and also for Němec and others. And in Slovakia, what Igor Luter meant for Jakubisko, who is a fine
cameraman in his own right; or what Stanislav Szomolány
meant for Uher. And there are so many others. Of course,
that doesn't mean that cameraman and director are bound
together for life, and that when they split up, it is the end
of the work of one or the other or both. But the "original
twosomes," as we might call them, usually determine a

basic style of work. And frequently its culmination.

*   *   *

Jaroslav Kučera made a big splash when he and Vojtěch
Jasný made <u>Desire</u>, and even more of a splash when they
joined forces again to film <u>Cassandra Cat</u>. He had another
success when he did <u>Diamonds of the Night</u> with Jan Němec.
But his biggest triumph came when, together with his wife
Věra Chytilová and Ester Krumbachová, he created the film
<u>Daisies</u>.

The cliché has it that Kučera is a poet of the movie camera, a master of the moving picture, and who knows what
else. But first and foremost, Jaroslav Kučera is a soft-
spoken, modest, rather fragile person. From the point of
view of an interviewer, he has a rare attribute: he hardly
ever speaks. There are only a few who have heard him talk
at any length, and most of those only think they did. In reply
to a query about how he feels about the state of cinematography in general, he just stared at me. He said that it was
like asking about the contemporary state of, say, painting.

I wouldn't have the audacity to say what is best today, what has
the greatest future. I only know what interests me, personally,
and what doesn't. I know that I have been asking myself an increasing number of questions about just what film is. Perhaps I
just sense where to seek the target. I am most interested in films
that pose basic questions, even if they don't answer them, and
may never find the answers, films that give our knowledge of ourselves even the slightest push forward, no matter how painful that
knowledge might be.

I respect authors who know what they are expressing, those who
truly have something to communicate and who don't ask anyone's
permission to say it. In this sense, I was most strongly impressed
recently by Forman's film <u>The Firemen's Ball</u>. Some people say
that it is an evil film. I don't agree. I admire the inexorable,
merciless vision of the mirror that reflects everyone without exception, the good guys and the bad guys, the smart guys and the

stupid ones. I admire this film because it presents a basic question about the sense and meaning of our actions and our lives, because it interferes with the strength of habit that permits us not to see ourselves. I think the external esthetics of the film are minimal: from a pictorial viewpoint, it is almost entirely factual. But then, the inner structure is all the more complex: the joy of watching people; of watching unique events, enclosed in the ostensibly minute area of the landscape of a human face; the joy of dialogue. But the main thing is the way Forman plays around — and he is pretty cruel about it — with the relationship between language, or the ability to speak, and the ability or lack of ability of his characters to have a conscience. Nor is his playing around quite as innocent as it might appear. With all my heart I should like to see this "game" involve the viewer who is comfortably devoting himself to his own peace and quiet, and to games of an entirely different variety.

But of course, I am also interested in other things. They are naturally tied in with the fact that I feel a closer bond to pictorial art than, say, to literature. It's like this: the overwhelming majority of films work with space that is supposed to be the most faithful reproduction of reality. In a nutshell, we film what is before the camera, or what is placed in front of it for the sake of verisimilitude. Of course, this has its practical significance if our main concern is the conviction that what we see on the screen is a group of real, live people, acting and speaking in a specific area. But I am terribly interested in exploring the possibility of making a cinematographic image into an autonomous affair, completely separate from this conventional concept of film. It is a matter of whether we are simply creating in film more or less beautiful moving pictures of something, or whether these pictures might not be bearers of meaning in and by themselves, whether they might not communicate something subjectively rather than objectively. I should like to conduct an experiment in film on the level achieved years ago by modern painting, poetry, music, to create a new system of film communications media.

From this point of view, I am particularly interested in the films of Jan Švankmajer. In them, objects, figurines, cutouts, and all sorts of things move around and settle down in just the way he wants. For instance, I should like to try out — and carry

to the limits of feasibility — a lot of initial material, notes, fragments, particles — sort of "the material of ideas" — on the basis
of a freely chosen structure of film, a structure that almost appears to form itself, like the way a person thinks, freely, any way
he wants. I know it isn't easy, and maybe it will turn out that an
idea cannot be filmed at all, or else that it would end up being
very cumbersome. Because filming something takes much, much
longer than imagining something; and it often happens that during
that time, everything just evaporates, vanishes. But after all the
years that I have been shooting films, I seem to enjoy the staging
of a film less and less as time passes. And yet films can be
staged well, just as they can be badly staged. But in the best
case, you are only putting trimmings on something that is written
in the text. If a film stresses its dialogue, I am in favor of sim-
plifying the staging, keeping it to a minimum, eliminating all the
trimmings.

> What about color? Is it still true that color is disobedient,
> and that if a person wants to create art, he should stick to
> black and white film with a classical format?

One of the basic premises for good results is the adherence to a
complex of technical conditions and qualities — in other words,
that the entire chain, from the unexposed negative to the print itself and its showing in a movie theater, function at the highest
possible level. Color is a bitch in that if you take the same thing
and shoot it, stylized, in black and white, the black-and-white
stylization can be esthetic in itself, whereas in its basic form,
color presents a more realistic, unstylized image of reality. In
order for it to rise to a superior esthetic function, selection and
alteration must step in. I have met people who contend that true
color photography is the kind that you don't even notice. That's
one possibility. Personally, I think that it is above all a matter of
the degree to which color can have a dramatic function, in addition to its purely esthetic role. To put it tritely, color can have a
pleasurable effect, or else you can select your colors in such a
way that they are impossible to look at. Another possibility is to
give a certain meaning to one, two, three colors, to give them
sufficient definition, to give the audience a key to them, so to

speak. And there are variations on these possibilities.

Everything is very interconnected. For example, when you are listening to a new piece of music, a lot of things go through your mind that have to do with pictorial representation — like the breakdown of reality into elements, in tone, in color, in motion. . . . Take the basic example of motion: you perceive motion at its normal speed, but then you can cut it apart, speed it up, slow it down, and that way you can change reality by intervention from without.

But back to color again. The most important thing is the relation between at least two tones, two colors. One color alone doesn't mean anything, just as a random encounter of colors doesn't mean anything. And yet, sometimes it doesn't turn out exactly the way you imagined. Daisies is an interesting example of that. I wanted to use color concepts to disparage a lot of things; I had no intention whatever of arousing an esthetic impression of beauty. But somewhere, early in the game, it turned out that the structure of things with respect to each other created esthetics whose results I didn't expect at all.

But is it obedient, or is it disobedient?

I think it is about time for color to start being obedient. But of course, that would call for a continuity of effort. We shot Cassandra Cat and we discovered a lot of things; then, after a time, experiments, and then, after another time lapse, Daisies. In order to tame color, a person would have to keep on working with it, without stopping. At an easel, you mess around with a problem as long as it takes to get things straight and clear. But convention has it that, for a cameraman, making a film is a job, and that when you finish it, your work is done. In the best case you can store away in your mind what you discovered, for future use. I would be very happy if I could work independently of film production, and continue with my experiments, even though they are much more expensive than canvas and paints. But that's a constant, eternal problem: films undergo production, not creation. The man who overcomes this contradiction will have a place of honor in the history of culture.

In New York, I got to see some American experimental films. I found many points of contact in them, for instance, in Emsh-

willer's work on 16-millimeter material. I was interested in
how he did it. He lives an hour's drive from New York, in a little
house; he has everything he needs in a little attic, and he does it
there himself — as art.

And back to the question of black-and-white film and color film.
Black-and-white film is, after all, just one of the possibilities of
color film, the simplest of all. But again, the convention of long
years' standing has made us accept it as the normal basis of everything else. If films had been made in color from the very beginning,
black-and-white film would have been an exceptional, extraordinary,
and possibly even a somewhat eccentric example of stylization.

> Do you think there is such a thing as a "cameraman's
> film"?

It only seems that way. A film can present values of such high
quality that it is a pleasure just to look at the pictures. But that
doesn't necessarily mean anything at all for the overall value of
the film. An odd situation has arisen in Czechoslovakia, where in
some cases, for instance that of Jan Čuřík, a director and a
cameraman have worked together more than was customary. It
has happened that the cameraman's role in a film has been developed ad absurdum, as in the case of Sergei Urusevsky. On the
other hand, it is generally true throughout the world that a cameraman is expected to be a first-class technician who turns out an
outstanding piece of work. But very few people feel that he should
have the right to interfere in the structure of the film.

> Where, then, is the cameraman's ideal place?

You mean, what would I want? I don't like the kind of situation in
which they come up with a script, then the director gets it, and
the other components begin to embellish it. What I should like
would be for the initial discussions to be among the director, the
cameraman, the composer, and possibly the art director, and for
these discussions to define the nature of the final form of the
film — that things not be dictated in advance, by a single component; that the individual components not come out in layers, like a
cake, all the way to the superficial frosting of music; rather, that

each be an intelligent facet of the whole. If only one component, one facet, were missing, the film would be in trouble. Of course, this is all work that has to precede shooting. And it is work that isn't completed until the last step of the mixing, when the film finally emerges. That was what was really great in making Daisies with Věra and Ester Krumbachová.

It keeps coming back to the need for films not to be produced, but created. That's what we expected, along with a maximum of creative freedom, from socialist cinematography. It hasn't been achieved yet; on the contrary, someone keeps reinstating the old ways, over and over again, and more and more. This way we will just be burying art again. When Picasso starts drawing a picture of a bull, there is a great deal of uncertainty; he paints it with all kinds of complexity; and the end product — it's just a few lines. You can't tell in advance; you can only arrive at it as you go along.

In short, it is a matter of whether we will allow ourselves to create a setup in which films will be the result of creative work rather than of a production process, and whether we will put together staffs of people who will be willing to work like that.

But there is something that is much more immediate. I sense a severe threat to the continuity of our cinematography. Crowds of people are sitting around, not working. That's all I know. I can't see into it any deeper than that. But the worst thing that can happen would be an interruption of the continuity.

Fall 1967

Evald Schorm

Evald Schorm played the role of the uncooperative guest
in Jan Němec's film The Party and the Guests. When the
guests are literally corralled into that strange and phony
party, which under the guise of merriment and forced good
humor only serves to debase and inhibit people, they suddenly discover that one is missing. He didn't care for that
sort of thing, and picked up and went home. But that's impossible. If a single individual leaves, if a single one of
the guests isn't making merry, the party isn't what it
ought to be. He'd be spoiling everything. They couldn't
be joyful anymore. And so in the name of joy, they take
the dogs and organize a chase for him. (When the erstwhile president of Czechoslovakia, Antonín Novotný, saw
The Party and the Guests, he was furious: "It's also about
the way we banned that fellow Schorm's film and then set
the dogs on him, isn't it...!")

When Schorm made his first feature film, Courage for
Every Day, there was a storm. The hero of the film is a
young worker, a Communist, an organizer, one of those
who is completely certain of his clarity of vision. But
suddenly all his certainty crumbles; he stands alone facing the wall and, above all, himself.

They called a meeting to condemn the film. The year
was 1964. Ludvík Pacovský, in charge of film at the Party
Secretariat, was officially delegated to attend the meeting.
The film was not condemned. On the contrary. And Pacovský declared that, no matter what happened, he was
convinced that the film was good and absolutely truthful.
Of course, he was dropped from the Secretariat on the
spot, and later became Secretary of the Union of Film and
Television Artists, where he did more than most for the
development of Czechoslovak film.

The film was finally released, but the people in charge
of distribution received orders not to do any advertising
or publicity for it whatsoever. Censors blue-penciled all
favorable mentions of the film in the press, and it played
a week in one theater, a week in another, sandwiched between two mysteries or westerns. (They were to do the
same, only more so, with other so-called "permitted"

films.) The result: a minimum of box-office returns.
And in the hands of the people who were leading the attack
on Czech film at the time, that was the leading argument:
"You see, people don't want that."

Courage for Every Day is based on a script by Antonín
Máša. This book doesn't include an interview with him
— we simply couldn't find the time — but he belongs here
just as much as the others. Another Communist within
the young wave, a functionary in the youth organization,
one of the enthusiastic young people of the early years of
socialism. And all of a sudden, he, of all people, became
one of the most vehement critics, without having the protection that Jan Procházka enjoyed for such a long time.
He did all that he could to tear off the mask, to destroy
the myths, and to return the ideal to its original form.
First as a writer of scripts, later as the director of Wandering and A Backward Glance. The establishment frequently viewed him as public enemy number one. But, as
it happened, he became known abroad (Cannes, 1967) for
an entirely different kind of film (made at a time when
getting approval for a socially committed script was out
of the question), a decorative poetic stylization of a dying
world, and of a poet killed by its strange inhabitants,
Hotel for Strangers. And then West European committed
critics attacked him for a lack of commitment, for escapism.

But let us get back to Evald Schorm. He came from
documentary film work, and he kept returning to it between feature films or when he ran up against one of the
walls that stopped him. A documentary made to order —
about the "selfishness" that was supposed to be the cause
of the deteriorating birthrate — entitled Why? became a
crushing social document in his hands. A publicity travel-
ogue about Greece became an essay on dictatorship and
democracy. Reflections is a unique poem about the exis-
tential solitude of man at the moment of dying. There
were others.

His feature film Return of the Prodigal Son is a parable
about a man who just asks that the world be truthful and

candid, and, of course, he ends up in an asylum.

Then the word got around that Schorm was shooting a romance for young girls. Of all people, Schorm. It sounded improbable, but it turned out that this romantic novel, entitled Five Girls in Pursuit, simply served Schorm as a springboard for the creation of a remarkable film about human envy, fury and other unpleasant characteristics of contemporary man.

In 1968 he took a script by Josef Škvorecký and made a comedy called The End of a Priest. Czechoslovak cinematography was the only film industry in Eastern Europe that had enough time during the thaw to make a complete and open analysis of Stalinism from various points of view and in various styles. The End of a Priest is a part of this cycle of films, unique in the history of cinematography, along with Forman's The Firemen's Ball, Jasný's All My Good Countrymen, Jireš's Joke (and perhaps Němec's The Party and the Guests, Juráček's Josef Kilian, and Trnka's The Hand).

Prohibited from film work in 1970, Schorm began to direct operatic productions in provincial theaters.

*   *   *

A silent man, his expression always a trifle mournful, Schorm leans toward gloomy points of view even when there is happiness and fun all around.

I'm not a proponent of false security. There has to be motion, and motion always involves unpleasantness. If you don't allow it to get you down, only then can you have any peace.

[One can't really do an interview with Evald Schorm. He balks, he hesitates, he comes up with a lot of rationalizations. He doesn't think anything, he says; his mind is a blank, and what there is in his mind isn't printable; and if it were, then it would really be bad for him. He doesn't feel like talking about esthetics, but about quite different things.]

I avoid giving interviews whenever I can, because everybody takes things the way they suit him anyway; everyone sees just what he wants to see. Tolerance and an understanding of contexts are rare attributes, always and everywhere. For better or for worse, a person is forever being pigeonholed, in his work or in his life. But neither a man's work nor his life consists of a single genre, a single category into which everything can fit. Understanding is what is needed, and a grasping of contexts; and, for the most part, no one is very anxious to go into that. An open-minded approach is something one encounters only rarely in real life. That's why it is so easy for attitudes, legends, to arise, why it is so easy for senseless hatred to come into being, hatred as senseless as senseless praise. Totally useless, both of them.

And then, a person can't really tell you what he wants. So it's better to shut up. Maybe the only time you can really be honest is in your work — and not even there all the time. The caution and strategy that they keep urging you to practice — that's the end. But honesty is the end too. A certain end. And so a person has to keep getting ready — for death, and for unpleasantness. And he has to expect them.

I once copied a sentence from someplace: Everything can serve as a medium of instruction — and doesn't that mean deeply wounding a beautiful body? You have to try to be yourself, and only then can you surpass yourself. No dogmas will ever protect anyone forever. Nor is there happiness in being carried away by something outside yourself and, when doubts about the dogmas arise, squealing that the world is caving in. They say that, in the concentration camps, falling prey to despair was what brought a person closest to death; not being able to build a support inside oneself. You have to respect yourself, to become your own security, and not be vulnerable to all sorts of nonsense. A person needs strength. Spiritual strength — that's it.

Fromm says that love is activity, the strength of the soul. I like that. Man may still be the master of his fate to some small degree after all. True, he lives in society and is determined by society, but where does it lead when he loses himself? This was demonstrated again at the recent Frankfurt trials of the Nazi concentration camp murderers. Every SS man reiterated endless

(infinite) excuses, about how he had no alternative, how he was doing as he was told, following orders (what else could he do? the other guy was doing the same, so why shouldn't he?), about how he had a wife and beautiful kids — until we almost pitied him.

And that is the crux of it: everyone must decide for himself and by himself, no matter what the price, no matter what the consequences. Decisions are always terribly hard, because circumstances are frequently murky and unclear. Many people who were incarcerated during the war tell me, "At least one thing was clear in the concentration camps: we knew who was who."

Nor can you go out in search of the philosophers' stone, a single ideal, a sole model, and introduce it, and just keep dusting it off. Each generalization has its limits, and the only thing that makes sense is constant re-evaluation, a re-creation. That's a truth that applies to any creative work. If you're to hold your own, even your doubts have to hold their own.

A wise man once pointed out that all revolutions are threatened with crisis at the point where all they try to do is fortify themselves on the basis of what they have achieved, maintain the status quo, without constantly testing their own strength and their own ideals. For my part, I am aware of how little I do that, and how much I ought to be doing it. And that is why in history it frequently happens that many members of the avant-garde sail full steam ahead into the safe harbor of academism. It was Goethe, I think, who said something to the effect that young revolutionaries become old courtiers. The dialectical thinking that we like to expect of others applies to us as well, applies to me, even if it isn't ever pleasant.

You need an awful lot of strength to keep renewing yourself and seeing your faults. And undermining a man's ability to do that, flattering him with false truths and false caresses, is a grave sin. There is never enough unrest, because a person never admits the whole truth to himself. So even a small crack in the eternal process of self-deception constitutes a big step forward. Every civilization, like every individual, should examine its faults and face up to them. Otherwise all the talk, all the noble intentions are abstract and useless. And back to self-deception. In real life, things are happening that are far worse than anything you can think up — so bad that you can't believe it. And what's worse,

that makes it all the easier for you just to shrug them off. I find that odd.

> Up to now, you've been talking about subjects mainly in connection with Return of the Prodigal Son. People often complain that film (I mean "young" film, and specifically young Czech film) is too disquieting, too disturbing.

We are, for the most part, tremendous esthetes. We long for things to be presented to us all prefabricated and shiny, and for creative work, art, to be something like a sweet tidbit following a good supper. But I'm more for art as a bone in the throat. The element of destruction that is in all creative effort is the very catalyst that forces man to resolve his own unknowns. Aside from everything else that it is, life is uncertain and inscrutable. But why do expressions of this uncertainty and unrest make us so uncomfortable? We seek faith, peace, hope. Yet at the same time we hurry to deify, absolutize, science — "Science will solve everything"; "Man can do anything." This kind of generalized optimism can lead to fanaticism, to the death: whoever doesn't lay down his life for his faith is no good! Everything is knowable! But what if everything isn't knowable? What if man cannot perceive and comprehend everything? I don't like the eternal defenders of happiness, the guardians and the advocates. You can't arrive at happiness by force. There is in all creative activity that dizzying leap into the unknown, the risk of seeking and the adventure of finding.

> What is it that you want?

I want to work as best I can — and as long as I can, of course. And I want to devote myself to my work, not to talk — whenever possible. I like medieval morality plays; but personally, I don't have the slightest inclination, nor am I bold enough, to try to improve anyone. I ought to improve myself. Maybe with a little bit of conceit, I would have a single desire: to inspire, at least for an instant to move people to contemplation, but in a way that would make my film a derivative of the inner thoughts of each and every one. I'd like my film to approach the art of music, so

that everyone could think inside himself, for himself, and even
tear himself away, in a sense, from what is happening on the
screen, to immerse himself in his own inner music of images,
desires, and dreams, and to communicate with the film only
through this inner music.

What experience have you had in this effort?

Unfortunately, my experience is such that the perception of a
film is generally reduced to how it comes out: Does boy get girl?
Who sleeps with whom? Whodunit?... That is the way it is with
the perception of literature and everything. And that way even
Anna Karenina is simply a story about a marital triangle. But so
what? If I can't inflict it on the audience the way I would like, it's
my own fault. I like figments and exaggerations and, at the same
time, I like precise documentary vision. In acted films, I am always afraid of imitating reality; external truth is something that
people get a lot of store by. But life is always much more terrible than anything one can imagine, more than documentary film
(which I dearly love) can show, more than can be shown by any
sort of journalism. Life is awful.

And there probably isn't any justice or injustice. It's all the
same. It's just that we, from the viewpoint of our miserable
short lives, are begging for mercy that we will never get, because we can't get it. Any sort of waiting for justice is senseless and vain. What I am saying isn't in any sense meant to be a
complaint or a lament. As one of my friends says, a fellow whom
I have a lot to thank for, 'It's just something one should be aware
of." One thing is certain: a person can warm himself from that
beautiful but indifferent burgeoning of life — the birds keep on
singing, and the trees blossoming, and the leaves falling; and the
snow is always white. And we romanticize twilight and hang at
dawn.

In your last film, opera played an important role, as an element of style. What is your relation to opera? And why?

I love opera, and everybody gets a big laugh out of that. That's
just what I like about opera, its improbability. That is something

you have to consider, and count on. A friend of mine says, "You know, I'd like opera if they didn't do all that singing!" I also like puppet theater; it's a part of my life. Life is so infinitely multi-faceted that even the best imitation can't capture it. And having an imitation of life as the only goal strikes me as being wretched. I like whatever allows me to penetrate the paradox. To achieve knowledge, cognition, on the basis of things that are in mutual conflict, on the basis of cliche's, of unexpected confrontations — that's a greater experience for me than any empirical duplication and attribution. I need constant, unexpected eye-opening, because I am lazy, compulsively bound by inertia; and I have a constant tendency to see only one side of things — the side I want to see.

Schopenhauer says that all arts incline toward music. Music is tremendous. It leads and doesn't limit; it carries you away and leaves you alone. And it is perfectly orderly. That's it! Order, limitation, is beautiful. You can cheat in music, too; but it's harder than elsewhere. Just having good intentions and the en-thusiasm of an amateur is hardly enough in music. You have to know something about it. In film, shortcomings can be faked out fairly easily; and judgments can be made about film far more easily too — you don't have to know much to do that. All you need is the élan of the amateur. Even someone who is stopped dead in his tracks by the complexity of a C major scale finds it easy to pass judgment on a film or a script right off the bat.

Would you like to direct an opera?

It's hard to tell which opera I'd be tempted by. I am interested in various periods of style; and when I don't really have to, I prefer not to specify. Maybe I would like to try working with an opera. What I like about opera is that it doesn't hide the fact that it is opera. But I am afraid that it would be too hard. I just hope that opera doesn't become extinct during my lifetime, and that is enough.

You made a film about envy, Five Girls in Pursuit.

Certainly, but it was a film about a lot of other things too. I never limit a film to a single interpretation. It might also be about the

point when a person begins to be warped, deformed. I liked that aspect of the script. If a writer wants to work with me, I try to base the film on his ideas, and elaborate as far as possible only on his thoughts and feelings. The value is in the author's ideas, and not in any flourishes or curlicues of mine. I enjoy following that precept. And I never enjoy having everything attributed to me — the bad things, certainly, because it is very easy to ruin something.

Envy as such is something terrible. What is terrible about it is that everyone, including myself, has a tendency to rationalize it with noble ideals: improving the world, moralizing, and a thousand other good intentions. People will never be as equal as they would like, and for that reason, envy is inevitable. There will always be someone who has something better, or more of something. At the same time, man is cursed with unlimited vanity, a yearning for power, fame, and property. We speak of equality, and what it means is that we are afraid of anyone's being above us. It is really hard not to yield to envy. But the abundance of envy and hostility and fury that we can observe among our Czech people, that is indeed something that has truly surpassed all limits. Why is it, I wonder? Who knows? The school of hatred brings no happiness.

> You've directed actors, and now you are working only with nonactors.

I really don't like answering questions about professional actors and nonactors. For an actor, one thing is important: to be an actor for posterity, to enjoy it for his own sake, to enjoy the game, rather than to be an actor for a school or a living. And, as in everything else, there is variety in skills and in the limits of inner resources. There is also difference in the ability to understand and utilize a talent, consciously and subconsciously. An inherent part of every talent is the ability to make use of it. For instance, kids and animals come off best on film. The actor who doesn't feel offended by this, but rather knows how to take advantage of it, in the name of art, who knows how to create as Nature herself creates, is the actor film audiences won't forget. I don't mean to belittle conscious creative work and artistic personality — on the

contrary. It's a matter of grasping sincerity, openness, mystery, a lack of logic, amorality, intuitiveness, impulsiveness, inscruta-bility, and all the other indefinable sources, both obscure and clear, that precondition art. There are frequent scholastic con-troversies about this. The scale from the animal (frequently beautiful and interesting) all the way to conscious creative effort does truly exist, and great art always includes the animal world as well, the world of instincts and impulses.

And so what is film to you?

They say of film that it is a con game, and that everything is pos-sible in film. But film doesn't have it easy. People spend money on it. It makes its own glory — sometimes artificial glory — you can consume it in two hours — and everyone just cracks the whip for film to dance to the right tune. All over the world.

Film as art. How many films are art? And generally they are the ones that are welcomed with the most contempt from all sides. Maybe things will improve. Otherwise, though, I am skeptical about theories of constant improvement.

It's best to shut up. It is all senseless, vanity of vanities. But a man has to suffer a great deal before he loses everything. I have no intention of giving lectures on art. First of all, I don't know anything about it; and secondly, there are others for that. Let everyone think and search for himself, his own way. I wish them well, as I wish myself well. True, there is work, duty, con-flict, family, society, talk about art, and certainly even art itself. But there also ought to be a moment of respite — just from no-where to noplace. As friend Li-Po says:

> The water's surface spills grey to the skies,
> In circles above, a silver crane flies,
> I stand on the pier, hand shading my sight,
> Softly I gaze at the sea and the light.

Fall 1967

Ester Krumbachová

There were several approaches to Czechoslovak reality among the young generation of Czech filmmakers. Some — Forman, Passer, Papoušek — perceived that this reality defies generalization. So they made close-ups of the surface, almost microscopic views, and found, frequently to their own amazement, in the microcosms of human action a portrait of social reality as a whole that was more than precise. Others — including Máša, Jireš, to some degree Bočan, and of course most of the previous generation — inclined toward ideological generalization, social analysis. And, finally, a third group — represented by Chytilová, Němec, Juráček, Krumbachová (Menzel and Schorm are hard to pigeonhole since they were alternately attracted to one or another approach) — approached social reality much in the manner of the philosophical literature of eighteenth-century England or, better yet, France: through fables, by taking a philosophical story into the concrete, by tracts, by fantastic dialogue.

The significance of the philosophical and, above all, moral approach can be better understood if we think in terms of an opposition within a Stalinist or neo-Stalinist system at the moment the ideology is disintegrating. Since the ideology is no longer tenable or applicable — indeed, much of it is incomprehensible — it is the ethics, the moral standpoints, that come to the forefront. The ethics become the language of politics, and the moral standpoints become the political criteria. Criteria as simple as truth or falsehood, honesty or dishonesty, brutality or the inability to be brutal, cowardice or bravery, obstinacy or malleability, and so forth, come to coincide exactly with ideologically and politically defined positions. The strength and the weakness of the Czech political opposition is precisely in the fact that its politics did coincide with its ethics, and its moral criteria with its political ones. But this is probably the only way, in a situation in which the political structure and media are not democratic, to arrive at any political criteria whatsoever. And this is also the reason why art, sensitive as it is to ethical problems, can become the direct instrument of politics.

And why the establishment interprets every moral attitude on the part of an artist to be a political one, every moral postulate to be a political challenge. In this context the establishment is undoubtedly justified in this interpretation.

*   *   *

Ester Krumbachová's artistic vision exerted an influence first on the Czech stage and, later, on the films of numerous directors. It might be said that she long anticipated the artistic and visual fin-de-siècle inspiration that has since become a fad throughout the world. Her thinking and what she wrote (which for the most part went unpublished) became an ideological hinterland, a framework, for many films. And because she never refused to help anyone who was at his wit's end — very much like Pavel Juraček — we will frequently find the imprint of her hand where her signature is missing. That is why it is so difficult to measure the degree of her artistic influence, which, in its own way, was a very fundamental one.

Krumbachová wrote the scripts for two of Jan Němec's major films — Martyrs of Love and The Party and the Guests — as well as for Věra Chytilová's Daisies.

She also used one of her scripts to direct a film of her own: The Murder of Mr. Devil. Her first and, to date, her last. A female film throughout, by its politics, its philosophy, its ethics.

Ester Krumbachová is one of the most interesting examples of female culture, East or West. But she lives in Prague, she speaks and writes in Czech, and so no one knows it.

Her apartment is full of plants, books, and paintings. An oleander stands in the hall. Apparently there was no room for it among the Becketts on the bookshelves, or between the Mirós and Hieronymus Bosches on the walls. There are more plants, pictures, and books until you reach the glass doors and go out on the balcony, which isn't really a balcony at all but a miniature Garden of Semiramis.*

---

*The interview that follows is reprinted from The Politics of Culture by Antonín J. Liehm, with permission of Grove Press, Inc.

You know, no carpenter ever set foot in this house. I did every-thing myself.

[I had been preparing for this interview for a long time. I knew what I wanted to ask, but I had hardly gotten out my pencil and pad when the little blonde with those extraordi-narily intense eyes bubbled over.]

Before we begin, I must really tell you something. Even as a young girl, right after the war, I belonged to all the youth bri-gades; I ate plain bread and drank plain water, and though I never joined the Party I was full of enthusiasm for its cause. In those days we learned to regard the rest of the world very skeptically, especially America and American prosperity. The trouble is that when you learn to look skeptically at anything, at other people, you inevitably learn to be skeptical about yourself as well.

What does it mean to think correctly, anyway? When do you stop thinking? Where is the barrier? Whenever I look at a paint-ing, I always ask myself how the painter knew when the picture was finished. I suppose that when you paint or write or think, you try to go as far as you can, and just stop when you can't go any further.

I'll show you what I mean. It's winter. You're feeding the birds. You have a nice, warm, sentimental feeling because you just gave some tasty crumbs to a sparrow. You watch him hop away — and at the streetcorner a cat pounces on him and gobbles him up. If you're a moralist you may get very angry at the cat. But if you give up your moralistic attitude, you may find out that the poor cat hadn't eaten in four days, while the sparrow was caught only because he was so fat he could hardly move. But of course you shouldn't stop here either; you should go on. There's a gentleman sitting by a window, munching a chicken leg; he's watched the whole tragedy. He picks up a shotgun and blows the cat to smith-ereens. Morally, he was obviously in the right. But you go over and ask him why he shot the cat, and you may find out that he'd just bought a new gun and was itching to try it out. Or perhaps he was simply a sadist. You see, this is the sort of theme that in-terests me.

And now let me go back to the beginning: when you are in the

midst of creating something or thinking about something, you can't stop until you reach the limit, the immovable wall.

Superficial people, burdened by all kinds of ideologies, always regard the results of honest thinking as dangerous, as a plot of some sort. You encounter that type of mentality all the time. But you cannot exist only within carefully prescribed bounds; nor can you say anything about the cat until you've learned the whole story. Otherwise your ideas become fuzzy. After all, a person doesn't think against anybody else, nor for anybody else, but simply against himself, against the darkness within himself.

[I wanted to explore other strata of her mind. I also wanted to learn about her youth.]

I'm not sure my life is worth recounting. For a time, at the end of the war, I wasn't even sure whether life was worth living. I resolved this question only when I was about thirty. That's how deeply I was marked by the wartime experience. I longed for justice with an almost Puritan passion. For a while I studied in Brno; I majored in a field called "artistic trades," but I had all sorts of problems and I left. I think that my basic feeling was my inability to recognize any authority over me. But the Brno school had one great advantage: It taught me how to work with my hands, and now I can make just about anything, even scenery.

As I said, I had a lot of trouble with authority. For instance, I would return the official Party greeting with some casual reply like "Ahoy there!" Or I'd ignore instructions on the size of the red flag in one of my posters. For such transgressions I'd often find myself out of work for long periods. And then they said that I was too smart, too bright for my own good. That was intended as an insult. But in reality I am not at all conceited, and I don't try to use intelligence for any ulterior purposes. I suppose that's characteristic of the female mentality; women don't like to puff themselves up too much. I am much more interested in men, anyway, though they are far more dangerous. Even in the erotic sense. Their aggressiveness has little to do with love; it's actually closer to war.

[The conversation turned to her wartime adventures.]

Toward the end of the war, after my return to Brno, I used to take occasional trips to a nearby estate to sketch farm animals. Prisoners of war of various nationalities worked on the estate as farmhands. I got into the habit of bringing them little presents of food, and I'd take their letters back to be mailed. One day a Czech prisoner with whom I had become acquainted asked me to smuggle a roll of paper back to town for him. I was quite frightened, but I told him I would do it. The next day he brought the roll and just as he was handing it to me one of the German SS guards appeared in the doorway of the barn. I will never forget his face; he had a kind of small mustache like villains in French films. I smiled at him, quickly covered up the illicit package with my sketch pad, and proceeded to draw a cow. He stood behind me, watched me for about fifteen minutes without saying a word, then left. I grabbed the roll and, shaking with fear, carried it to the address given to me by the prisoner. In my excitement I'd forgotten the house number, so it took me quite a while to find the right apartment. An elderly lady came to the door and I turned the package over to her. She laughed, unwrapped the roll, spread it out on the floor — and it turned out to contain awful cartoons of German guards in all sorts of grotesque situations, sitting on the latrine, using chamber pots, and so on. In short, the ugliest drawings I've ever seen. The old woman laughed and said: "That's nothing, the boys want to have some fun; just tell him it's safe right here under the sofa."

This silly episode depressed me for a long time. You try to be as honorable and useful as you can, and then you learn that you've risked your life for nothing at all, for a piece of childish nonsense. You have no idea how ashamed I was at the time.

To come back to the present — how do you reconcile your work in the theater with your activities in film?

If I were a director, there probably would be no conflict. But in the case of a writer or designer the situation is quite different.

And yet directing for the stage is not quite the same as directing films.

A stage is not simply space in which imagination is free to roam.
It is space which must be analyzed, understood, delineated. And
in that space human beings and objects have their lives. I wish
that I had one more life to live, then I'd devote more time to the
theater. In school, theater was reduced to specialized categories
in the curriculum — costume, stage design, and so on. Therefore,
one could approach the work in a fresh, unburdened way; that is
to say, in a dilettante way. I'd like to be able to approach film in
the same innocent manner. But it isn't easy. Just imagine standing on an empty stage, without any esthetic preconceptions or
ideas. I think that only artists like Miró or Klee are able to create in this way, without myths. Of course, you must know a great
deal before you can attempt to realize your freedom. But nobody,
neither your predecessors nor your contemporaries, can teach
you anything except precisely this freedom. Klee cannot give you
his little squares, but only the freedom of his conception as represented in his work.

Where is your studio?

Everywhere you look — the floor, the walls, the table. Whenever
I am involved in a project I start drawing like mad. Right now I
am making designs for several films, including films for which
someone else wrote the scripts — and I have just gone through
some 300 drawings. Just look at my calluses! They come from
the special pen I use. I try to study people, to observe them and
to catch their special flavor, their individuality. Characters in
films must be whole, complete persons; everything must fit them
down to the last detail. This perfectionism can be turned upside
down, too: I am intrigued with the idea of experimenting with a
master pattern in which all characters would be molded, and
which would transcend their individual idiosyncrasies. It might
be an interesting experiment in costume design.

You mentioned Klee. What is your attitude toward Western
art in general?

I am interested in many types of art; one has to know as much

as one can learn...but let me try to answer your question somewhat differently. Recently I was visited by some French cultural
officials. They were very enthusiastic about my work and told me
that I must leave at once...for Paris, London, and God knows
where else. I tried to explain to them that even though their advice was well-meant, it was based on a fundamental misunderstanding. Some people believe that even though we ourselves have
chosen this rather uncomfortable way of life, we really live in
this country by some sort of mistake and are always longing to be
elsewhere. But my roots are here, and they go very deep; and the
roots of my work are here, too. I could easily have gone abroad;
that wasn't the problem. I may live on the dirtiest street in
Prague, but that too is part of my life and my work, and it probably couldn't be otherwise.

Since you asked about foreign art, I should mention the tremendous impact that classic Chinese opera had on me. I felt enor-
mous poetic power emanate from the Chinese stage, and when the
lovers slowly pointed at each other without their fingers ever
touching, I felt shivers running down my back. I am convinced
that an artist should have an especially strong feeling for those
two fingers that never touch.

Lately I have thought about a great many things other than art —
about bread and wine and the right to have your own personal
tastes....

And so we're back home again.

I believe that what's going on in our cultural life has its deep roots
in the people. An excavation process is taking place; many layers
that have covered reality are being shoveled aside, illusions of
all kinds are being discarded, and something very valuable is beginning to appear: conscience. I am convinced that this country
has a strong sense of conscience, which has taken the form of a
desire to know the root causes of events and to grasp their inter-
connections. Unfortunately, however, there are still too many
people among us who are narrowly orthodox, who measure everything against some dogma.

It is widely assumed nowadays that the ferment in Czech culture is a response to the events of the 1950s and to certain spe-

cific political events. I believe that the current cultural activity goes much deeper, and that it is an attempt to resolve problems that have been present in our cultural life for the past century and a half.

Recently, a German director who was here on a visit confided in me that he had never encountered so many ardent, intellectually excited people before. Certainly the atmosphere of round-the-clock discussion and argument that has come to characterize our country indicates that something basic and important is taking place.

[I recalled an incident that was quite typical in this connection. In the summer of 1965, a group of us were visiting a film festival in Italy, and after a merry-go-round whirl of activities Miloš Forman took us for a brief rest to a particularly beautiful spot which was serenely free of tourists. Late that night, driving back from Rimini, someone remarked with a laugh: "Do you think anybody in Prague would believe us if we told them we spent this whole gorgeous day discussing nothing but the situation back home?" This kind of involvement is rather unusual in the world today, and it explains a great deal.]

I have often been accused of being a cynic, simply because I refused to believe everything I was told. I think that Hitler showed quite clearly what happens when humanism is replaced by grandiose goals and projects. Concentration camps, the occupation — those were fantastic realities which showed people as they really are. That's why it is no longer possible to get down on your knees and offer up thanks to God. Gods have vanished, and so have myths and illusions about the goodness of man. But some people remain children; they are incapable of abstraction and confuse symbols with realities. But that's another story.

Life can be broken up into small segments: first you learn what is going on, then you learn what is happening to you, and finally you learn who you are. Only then can you begin to find out what you can do, and you learn that it really doesn't amount to very much. This is true even of the giants, like Bach or Vivaldi. They spent their entire lives developing a certain circumscribed area,

and their possibilities were limited. No real artist can be expected to perform all sorts of somersaults. Only a person with no real moral sense can jump from one thing to another. A moral man develops his own area of usefulness as best he can. And he has only a limited repertory of choices.

Many of us like to lean on an intellectual doctrine which conceals our own contributions. We must get rid of idols. It is difficult enough for us to understand one another; there is so much coldness, such a terrible winter between us. No use denying it. We must remove all superficial layers and sediments, carefully and honestly, until we feel the truth between our fingers. And when you get to the bottom, when you uncover the foundations and find that they are not very pretty, you will also find that the most fundamental truths of our time are revealed by people who are unhappy, alienated, desperate.

Why are you so attracted to the cinema?

I am fascinated by the harmonious interplay of the huge number of components that make up a film. In other ways, too, a film resembles a Gothic cathedral. The painter paints, the sculptor contributes his talents, the large army of people who contribute to a film remains more or less anonymous. It seems to me that anonymity is one of the truths of the twentieth century (think of the army, politics, freedom fighters, the resistance movement). Anonymity suits me quite well, except of course for anonymous letters. Our century simply has its own characteristic art form, and that is the cinema. It is still quite new, practically terra incognita. And it is characteristic of the twentieth century that this art form is simultaneously an industrial product, and this duality is a source of a host of problems.

We live in an age of film. We are no longer informed about events by a town crier or drummer, but by television and all kinds of visual media. And it seems to me that the cinema is a more accessible medium than an art gallery. Not because there are more movie houses than galleries, but because films stimulate a different kind of participation. People of our time love the wonders of technology, and film is one of them. It is one opiate that really works. Of course, it is essential to understand the

fundamental basis of every art form. Toward the end of his life, Klee painted a big colored canvas onto a big white canvas in order to stress the nature of color and the nature of canvas and the relationship between the two. After completing the film Martyrs of Love, I realized that the story of the three people could not be told in any other medium or art form. Their fate required a motion picture for its expression. And this is the essence of the cinema: nothing limits you, neither space nor time.

But surely there are analogous aspects in literature, in theater. . . .

Yes, I suppose so. I overstated the case because people look down on film; they don't believe that filmmakers can ever reach the same level of expression as artists in other areas, a Klee or a Faulkner.

And yet film involves many unique means of expression, many elements in addition to speech. When an author states in a book that a host had a vase of artificial flowers on the table, this tells you very little, whereas in a film such a vase could function as an important and organic part of the story. And where but in film can you show beauty in the foreground, beauty in the background, while in between the two levels appears an ordinary, vulgar face!

You are referring to The Party and the Guests ?

Yes. It took a lot of long, hard work before the script was written and the film was finally shot. You have to say everything you know about your subject, and you can stop only when your theme has been completely exhausted. I am afraid I keep repeating myself. Faulkner's statement is absolutely correct, too: every work leaves the author with a sense of shipwreck.

I was very interested in the audience reaction. When the film was shown in a Prague theater, the response was terrific, people laughed and applauded; they were as amused by our attack on stupidity as if they had been witnessing a classical comedy. And I was told by the director, Jan Němec, that the showing was followed by a serious and highly intelligent discussion. There was similar audience participation when the film was shown in one of

the school theaters. All this is terribly important — the desire of people to understand and to discuss.

How did this film come about? I am sure you know people who are the embodiment of apathy, who manage to survive everything, adapt to anything. That's how the theme originated, as an attack on indifference. I don't mind the most ordinary person, as long as he wants something, no matter how stupid it may be. But I cannot forgive indifference.

Daisies actually deals with a similar theme. The heroines of the film are two naïve young girls intimately portrayed. There is always the risk of blackmail in such films by easily gaining the viewer's sympathy, by winning his affection. But the main point of the film was concerned with apathy: the heroines would remain untouched and unmoved even if dead bodies were falling around them.

In The Party and the Guests, the main creative element was distorted dialogue. I tried to create conversation in which the characters said nothing meaningful about themselves. The audience heard only isolated fragments of sentences, as if they had walked suddenly into the midst of a sophisticated party and had no idea what the conversation was about. Some critics claimed to have found hidden meanings in the fragments, but it was my intention to demonstrate that people generally talk only in terms of disconnected ideas, even when it appears that they are communicating with one another. I tried not to mimic real speech but to suggest its pattern, to find a language for the sort of phenomenon that Ionesco discovered in drama.

Not a single word in the film was intended as a secret code; the dialogues were not intended to conceal anything but to reveal the nonsense we hear around us every day. In the past, heroes used words to express tragic situations. Now, tragedy is revealed by pictures, and our words have no relationship to what we see. Newspapers and television are full of the killed and wounded, and people sit around with legs crossed and sip coffee. I know that all this is connected with the development of communication media, but all the same it is hard to accept.

Ionesco consciously looks for absurdity, not only in language but in the real world as well. He conceives of the world as absurdity. I do not share this view. I tried to use paradoxes and

absurdities to characterize people who fail to utter a single reasonable word and whose opinions are ridiculous — yet the ultimate result is tragic.

The Party and the Guests thus developed from a fairly clear
initial concept. Daisies was improvised to a much greater degree. There was a lot of last-minute writing and thinking, and
this is what makes film so interesting. The heroines are a pair
of silly young girls, but they could just as well have been two gen-
erals. They talk a lot of nonsense, mix everything up, and the inevitable catastrophe follows.

Do you believe there is such a thing as a feminine approach
to reality, to creativity?

The feminine temperament is, of course, quite different from the
masculine. We live and function in a man's world. We live in the
twentieth century, yet in many respects it is still hard for a
woman to get along without a man. Particularly in the social
sense. We are still living as guests in a man's world. Naturally,
this also implies a certain advantage for women, since we can
laugh at the world made by men. Generally a woman isn't a fan
of this or that soccer team, and so she can laugh at the antics of
men who get so worked up about a silly game that they start fighting with each other. It's hard to define the woman's outlook precisely, but I think there's no question but that women are more
spontaneous. They don't filter everything through reason. And
yet they have brains. You know what I mean. When a woman is in
love, she'll run over sharp stones or through the mud; she's capable of a demonic force quite different from male abandon. And
men and women take different things seriously. It would be good
if all these traits could be more mixed up.

Basically, of course, all this isn't very important. True respect is earned only by thought — a man's or a woman's — real,
honest thought, which can't be squeezed into any stereotype.

[We stopped, not because there was nothing more to say, but
because even the dynamic Ester Krumbachová can get tired.
In the course of the interview, which lasted several hours,
she managed to prepare a meal that would put a first-class

restaurant to shame, answered a dozen telephone calls, and spoke to me about numerous fascinating matters which for one reason or another could not be included here. Czech culture was always fortunate in its women. Whether they have received all they deserve in return remains a moot question.]

Autumn 1966

Jan Němec

Jan Němec was always what might be called "difficult." Even at the Film Academy, where he was Václav Krška's most talented pupil and had his teacher's support no matter what. Němec always tried to do scripts that, for one reason or another, were unsuitable; he seemed to pull them out of a hat, and no one was ever really sure what his imagination would read between lines that appeared to speak the language of perfectly ordinary realism. Then he met Ester Krumbachová, who even became his wife for a while. It was a meeting of two entirely different natures, but two very similar styles. This was apparent in Němec's first feature film, Diamonds of the Night, which took the reality of a story of the Nazi occupation and created a great parable about a world in which order was established by the "old ones," with the "young ones" trying desperately to save themselves.

The film The Party and the Guests brought Němec directly into the center of the conflict of the mid-sixties. The overall atmosphere had changed to an incredible degree, and the most important aspect of the change was that there was suddenly room for a real fight. The extent of freedom to testify about the world was no longer exclusively subject to the arbitrary decisions of the men upstairs, to backstage machinations and court intrigues. The determination of the limits of artistic freedom was increasingly a result of interactions between the organized establishment and the organized film artists. Film was becoming more and more political, and the fight for its control was increasingly political in nature. No matter what it did, film penetrated further and further into the political arena, above all as the spokesman of the younger generation and its alienation. The struggle developed from one extreme situation to another. Banned films, or covertly undistributed films, began to appear in movie theaters without much fuss, because the new films were pushing the limits of what was possible a tiny step further. Most filmmakers of that period would have been ashamed to think only of how to amuse their audience, of how to satisfy the box office. Each felt the obligation to make

his next film speak to the problems that were of greatest concern to the people. And even where this intent was lacking, contemporary problems entered through the back door as work on the film progressed.

At the same time, a firm sense of solidarity was established on the film front around "drastic" cases. We have seen how Martin Frič took a stand in support of Němec, even though Němec's films could have had little if anything to say to him. But the young ones stood just as solidly behind their elders in difficult situations. For the first time, nationalized cinematography began to operate as something more than just an economic framework which could offer a small country, with a minuscule market, the opportunity to make films. For the first time, within this framework, film became an aspect of culture, fulfilling a function that has been the province of literature or, at some historical moments, the theater in most of the world.

Every situation of that type, in which cultural clashes become the bearers of the political struggle, calls for personalities that will exercise stubbornness and conviction to repeatedly test the elasticity of the limiting walls. Jan Němec was and is such a personality, with all his eccentricities. It was one of the paradoxes of the times that when his film was finally released, thanks to the political explosion that he himself helped bring about, there was another explosion that once again stood between him and potential audiences. After many vain attempts to get The Party and the Guests submitted to the Venice Film Festival in 1967, the film was finally supposed to have its first international showing at the Cannes Film Festival in 1968. And, of course, it didn't.

What came next is not hard to imagine. The name of Jan Němec was put at the very head of the Barrandov Studio's blacklist in post-occupation Czechoslovakia. Blacklists — whether in the East or in Hollywood — can disqualify people from independent film work for years. And after that it is difficult for an artist to pick up where he left off.

Němec was fully aware of all this. He was still abroad
in the summer of 1969. The international success of The
Party and the Guests was still quite fresh. He was warned.
But he wanted to be at home, at all costs. And so he returned, to all intents and purposes by the last train, before they closed the borders again.

*   *   *

It was not a sense of the paradoxical, but rather a lack of
time, that set the scene for the following conversation. It
was the afternoon of July 18, 1968, when not only Czechs
but attentive people throughout the world were buzzing with
two statements released that morning on Prague radio: the
first was the text of the letter from Warsaw [where the five
Eastern European Communist Parties had met and addressed a poisonous missive to the Czechoslovak Party,
which they had conveniently neglected to invite to the ses-
sion]; the second was Prague's answer to that letter. Alexander Dubček was smiling calmly from the TV screen as
we finished our last question and answer. One chapter of
our life was closed; a new and unknown one was beginning.
The past had assumed, with finality, the form of a slapstick
comedy. The future had yet to become the tragicomic
present.

The films I've done so far are known to only a limited audience.
Like stamp collectors. I'm not happy with that, nor with those
films. It's all too much of a hothouse affair.

Of course, today — today of all days.

The difference between today and yesterday is primarily that we
all find ourselves in a situation that we really weren't ready for.
The cards have been redealt, the game is open, and for a moment everyone can play what he wants. The moving force of all
our activity to date has been "the struggle against the dark forces
of reaction," to borrow a phrase from Stalin's history of the Bol-

shevik Party. This driving force has fallen by the wayside, at least for the present. When one lives in a society that is essentially not free, it is the obligation of every thinking person to attack obstacles to freedom in every way at his disposal, which is what happened.

Now, of course, everyone is faced with a choice: What does he really want? What does he feel must be done and said in the new situation, one that differs from the previous situation in that people are no longer behind barbed wire, but rather within a normal society — so that, in our case, a different sort of activity will be called for?

How to relate this to my temperament — that is the question as I apply it to myself. One of the things I am unhappy about in that context is the question of contact with people, with the audience. It's a question that never really seemed important because I didn't want to allow it to detract me from my concentration on the fight for human and political freedom.

The three full-length feature films that I have made have been concerned with the lot of man in situations in which he lacks freedom. In <u>Diamonds of the Night</u>, man is not free as a result of that most external of pressures called war. In <u>The Party and the Guests</u>, it is a lack of freedom that people bring on themselves by being willing to enter into any sort of collaborative relationship. In <u>Martyrs of Love</u>, it is a matter of a lack of freedom or opportunity to act out one's own folly, one's own madness, or dreams of love and human happiness.

But today, in 1968, a Czech lacks freedom in an entirely different way. One might say it is a more normal, more human lack of freedom, no longer the product of the old firsthand police-imposed limitations on individual liberty, but rather of limitations resulting from the massive fraternal embrace of our neighbors.

So the question remains: What is more important today? To talk about the form that non-freedom took in the period just passed? To talk about the more basic non-freedom of man on earth, engendered by the limitations to which he is exposed by necessity? Or finally — and a year ago such a thought would have seemed like outright sacrilege to me — ought we perhaps to allow man the luxury of a short respite, some joy, some entertainment? Personally, I have no answer to this dilemma right now. So in order

to be at least doing something interesting and beneficial, I am working on a TV musical, trying to find a novel and unconventional approach to the genre. I am very curious about how people will respond to it — I mean, whether I will succeed in establishing contact with a broader audience.

[I couldn't help recalling the worried past guardians of Czechoslovak film, with their concern about lack of communicativeness, and all their rebukes to the best film artists for not considering the viewer enough. Would something come to them as they read these lines? Would they, as professional politicians emeritus, find in what they read a better answer to the question that tortured them so — the question of the relationship between art and politics? But then, better to let them rest in peace.

"But what about you?" I asked, returning to the subject at hand.]

The strongest feeling that I have right now is that of battle fatigue from the two-year fight over Party. But what I just said in general is essentially pretty personal too. Today I feel a far greater responsibility for everything that I do and shall do as an artist. The immediate problems of society have finally been picked up by their rightful bearers: TV, radio, the press; and art is no longer obliged to do their job for them, to be covertly journalistic. At this particular moment, then, if it were possible, I would probably opt for all three alternatives. I would make one very entertaining film, another about human existence, and still another that would tie in with the specific political situation. For the time being, I have set aside all the scripts that I had, since they were all somehow linked with the circumstances of the past. It would be senseless to do them now. But I have a feeling that a time will come when it will be possible to return to them.

[He reached for his glass. My thoughts were worried ones — just don't spoil it for yourself.... And I was serious. Němec's talent is so exceptional that the responsibility for it is not solely his private affair.]

I've been full of such a fantastic joy the last few weeks, a feeling of liberation — maybe madness. Nothing is holding me back: I want to live, to enjoy life. . . .

> About the films you've made in the last few years — what general esthetics have you derived from them? Were the esthetics tied in with the times?

Against the backdrop of the present, I certainly wouldn't make any changes in the language of the films I've made, at least not in principle. It could be called some sort of dream realism, something on the borderline between vision and reality. Or better yet: a picture of the real world painted with the aid of visions. For example, if I were shooting <u>Party</u> today, the esthetic principles would remain the same, but still, something would nonetheless change. The external image of the film would probably be crueler, more naturalistic. I couldn't do that when I was shooting it. As for <u>Martyrs</u>, it would certainly be a color film today, full of overly esthetic, almost pompous showiness. In short, I would gauge the medium for telling the story by the story itself, by the viewers, by poetics.

While making all my films so far, I have been afraid that I wouldn't be able to finish them, that someone would call a halt before they were done. All that mattered was rush, rush! So that my work would be all mine. I couldn't let myself be delayed, couldn't stop for an instant. Therefore, the difference in the external situation would certainly influence the esthetics, at least in that sense. And it will continue to exert an influence, even in the future.

> You've been to Cannes, as a participant and a victim. It's going to be hard to forget Cannes 1968.

I disagree very strongly with the kind of a solution that we witnessed there. The thought of enforcing even the very best ideas and intentions by nondemocratic means has always been repulsive to me. I understand that the motives of our French colleagues were just and honorable, but a thing like that cannot be handled by force and brutal selfishness. In the final analysis, it

is ultimately always cruel and inconsiderate of someone else, in this case the audience (and it is entirely irrelevant to me what kind of an audience we mean) as well as the authors of the films themselves. For the latter, the Cannes Festival is an important platform: it gives them a chance to show themselves to the world. As a matter of fact, almost all the French directors who brought about the abrupt closing of the Cannes Festival this year had originally achieved international attention at Cannes or another such festival.

And we find ourselves faced here with a much broader question: To what degree does a person have the right to enforce certain demands selfishly and, in so doing, to harm others? It's a vicious circle, the same thing both here and there.

> You have already had your first experience working with foreign collaborators. What were these experiences, and what conclusions can you draw from them?

I think that this is one of the most important problems facing Czechoslovak cinematography. The world took a certain view of films made in Novotný's Czechoslovakia, and it will take a different one of films from Dubček's Czechoslovakia. Criteria will simply be stricter — no question about it.

The film style that has become typical of our top production will become less and less attractive. That is why Czech filmmakers ought to have unlimited, free opportunities to collaborate with foreign filmmakers, with producers, distributors, and stars. Even the best films d'auteur of the current period are, for the most part, unthinkable in the world today without some degree of international cooperation. The first thing to do is to get rid of the pushcart peddlers and the colonial military officers, and to find ways to achieve cooperation with really serious partners in all fields.

My own personal experience is typical: Two well-known Western European producers came to me with offers of collaboration at a time when it was more or less clear that I would be unable to shoot what I wished in Czechoslovakia. Ester Krumbachová and I wrote a script for a crazy comedy. They pretended to accept it, but of course they didn't pay for it; nor did they make the

slightest effort to facilitate its realization. The reasons for that kind of behavior — and so many others have encountered it in one form or another — are completely unfathomable to me, though I do have the impression that they never seriously intended to collaborate with us, that in fact, by pretending to make investments, they intended to cheat the tax authorities in their countries.

You speak of collaboration with serious partners. What, specifically, do you have in mind?

I am thinking, for example, of some of the less ostentatious producers from smaller countries; then of the various television outfits that are willing to invest in film co-productions; and, finally, of state and semistate institutions such as the Swedish Film Institute. Of course, I am a director, and naturally I don't have the time or the inclination for paper work. But I consider it the prime and obvious duty of Czechoslovak Filmexport and other institutions to be able to find those partners for Czechoslovakia that are most suitable for collaboration with a film culture of the type represented by our industry.

The films that brought our cinematography to the attention of the world have reflected not only our own social, ethical and human problems, but even our material difficulties. Today we are finally European, and we have to work on a scale that is at least equal to that of other European countries, from all points of view. What this means for film, which of necessity is inseparable from the realities of the country itself, is that it must also become much more permanently entrenched in the international forum. But in order to be able to do that, it must of course have at its disposal comparable prerequisites, things like color material, actors, etc. And the only way that can be achieved, under the conditions we face today, is by international cooperation.

Here I should like to return to what we were saying about this year's Cannes Festival. Forman was a big success there. The Party and the Guests didn't come off too badly either. But I kept feeling — apparently much more so and in a much more penetrating way than any of the French or other foreign film artists there — how much these films already belong to the past, how outdated they are, that we will have to take another tack, deal with other topics....

Is our film industry, as it now stands, ready and able to do that?

If film is to maintain its continuity, it cannot surrender that strange duty to strive for something that is the wellspring of its values. But at the same time, it will have to be concerned with the increasingly dynamic tempo that life is acquiring and bear in mind the entry — or, more accurately, the introduction — of TV into public life. This has given film art the opportunity to be itself at last.

The only film to make much of an impression on me recently was Bonnie and Clyde. Sounds trite, doesn't it? Like going along with a fad. But it's the truth. It's a really contemporary film. With its fierce rhythm and its overall poetry, it tunes in on the mentality of contemporary man, including the awful — frequently monstrous — brutality that is taken so much for granted. And at the same time, it shows it up for what it is. And not just the brutality, but everyman's fascination with violence, with murder, which exists in parallel with his inner yearning for personal happiness and his craving for complete fulfillment. In other words, I still maintain that it's not just a matter of a problem peculiar to Czech film, but rather a question of seeking the true nature of film as such. Not just super productions, but even pure films d'auteurs will have to be filled with a new vitality, corresponding to the loaded rhythms of our daily lives.

No creative person in Czechoslovakia can blame anyone but himself for anything. Everyone is fully responsible for himself and for everything he does or doesn't do.

On the other hand, one concrete thing that has survived from the past is an absolutely unacceptable, anachronistic management, both with respect to methods and to personnel, be it in production, export, import, distribution — everything.

Have you any specific plans for the future?

Three or four concrete things. For example, Václav Havel [playwright of the Czech theater of the absurd] and I are working on a script for a political gangster story about an international organization — a corporation, to be precise — concerned with polit-

ical murders. And there are other things.

You've been out of school for five or six years now, and you're a professional in the field of motion pictures. How do you feel about it?

I think it's a nice profession, and it brings with it a fascinating and exciting life. But its output is interesting to a diminishing group of people. So I might say that sometimes it gives me a certain mournful pleasure of the sort felt by, say, the members of a very exclusive golf club.

People get their kicks from the authenticity of television. Film art, for the present, is not hitting the target it should be aiming at. Insofar as it is truly an art, it remains far too much in a hothouse atmosphere.

Summer 1968

A LETTER TO JAN NĚMEC

You spoke to me once. It was
May '68 in Cannes, at a standard
East European reception — harsh, oily liquor
and drab canapes. But journalists are
nature's freeloaders, and the Festival Palace roof
is an agreeable place to be.

You were 31 years old,
a man of medium height, pale-faced,
with limp blond hair, more like a German
or a Dane. You wore an ordinary white shirt,
open-necked, and your trousers were the cream color
of the sports two-seater that you drove.

They had screened your film, "The Party
and the Guests," that dry parable
in black-and-white. I hadn't cared much for it.

(I really only like gangster films and musicals.)
Now, at someone else's reception, the discussion
was of Stalinism, and you came up to me,
looking agitated, and said — what? In French
or English? All I remember is three words —
"It's very important..." — and your meaning.
Then you moved on to other groups.

You must have bored a lot of people.
One had come, after all, to enjoy oneself.
And didn't you know there was a revolution on?
(The French Left, that kaleidoscope
of cannibal sects, specializes
in teaching utopia to foreign comrades.)
You should have been relaxed, joking like Forman.
Instead, you drove your sports car back to Prague.

Today I picked up a magazine and read:
"His trials and anguish have turned
the maker of 'Diamonds of the Night'
and 'The Party and the Guests'
into a helpless invalid, perhaps never again
able to make any kind of film."

What did you say to me that day; Jan Němec?
What were your exact words?*

                              Geoffrey Minish

Jiří Menzel

Jiří Menzel lacks Němec's pathos and his manner, but he is equally obstinate. In Menzel's case, the obstinacy is concealed by a quiet smile, an appearance of shyness, and a transparently naive glance. Only those who know him well will perceive the dozen imps dancing at the back of his eyes, constantly waiting for their chance. Does anyone know when he is serious or when he is joking? When he is truly angry or when he is just pretending? That is undoubtedly his strength. The strength of his talent and of his films.

If Hašek's Good Soldier Schweik is one of the godfathers of Czech literature and culture in general, Menzel is certainly his direct descendant. His sense of humor is of the same breed. Not a showy sense of humor, it is sneaky rather than brash, catching you unawares, always on the brink of tears. But there is something else, unrelated to the tradition of Schweik. Menzel is a master at deflating anything that makes too much of itself, that is too serious, too tragic, anything conceited, anything pushy, or full of hot air. It isn't satire. Menzel just sticks out his foot a little, looking the other way, whistling a tune of utter innocence, and pompousness falls flat on its face, or scrambles out of the mud puddle, looking around helplessly to see who tripped it up.

Menzel directs stage productions almost as well as films. And the Czech theater is also a story. The theater has been in the forefront of Czech public life during the nation's critical periods ever since the beginning of the nineteenth century. And, like film, the theater blossomed in the 1960s. After a fallow quarter century, new leaves began to sprout from the roots planted by the avant-garde of the thirties. The Theater Beyond the Gate, The Theater on the Balustrade, the Drama Club, Semafor, directors Otomar Krejča, Alfred Radok, Josef Vostrý, Jan Grossman and many others became familiar names throughout Europe. Menzel and Schorm worked as directors at the Drama Club. In their turn, the actors of the avant-garde theaters were important contributors to the best Czech films that used professional actors. And this broad

foundation, not limited to a single art, a single field, was one of the secrets of the development of Czechoslovak film.

And that secret is related to another. Prague is a city that is a museum. To walk its streets is to continually pass through centuries, styles, cultures. They exist side by side, yards or inches apart. Prague is a small city, with a population of barely a million, and yet it has twenty permanent theaters, most of them with repertory companies, two opera houses, and much more. The incomparable inspirational quality of the locale, the genius loci, the accumulation of talents, their constant intermingling, the fact that they make up a sort of large family, a community — all this produces sudden bursts of new art, new culture in the broadest sense of the word. That is how it was in the great sixteenth century of Czech humanism, and again in the latter half of the nineteenth, and more recently in the thirties and sixties of our century. And each time somebody came along and trampled it with a hobnailed boot.

*   *   *

Jiří Menzel's reputation was made when the "Mr. Balthasar" episode of the film Pearls of the Deep called the attention of film specialists throughout the world to his abilities. The mystery-parody Crime at a Girls' School presented him to Czechoslovak film viewers. Thanks to the Oscar awarded to his Closely Watched Trains, film audiences everywhere also got to know him. Capricious Summer didn't quite make it to Cannes in 1968 — nor did Menzel, because Cannes was called off as a result of the filmmakers' revolt.

Menzel got a lot of personal publicity in the socialist world by virtue of the acerbic hostility of the Russian periodical Sovetskaya kultura. So Menzel is taken care of, for the foreseeable future, that is.

Tongue in cheek, he says, "It sure is a relief to be famous, at last."

"I'll bet," I nod.

Except that I'm beginning to lose my sense of humor already. All the things that happened around me gave me a boost — I mean, they sort of picked me up off the ground. Now, I'm beginning to be a little afraid of what I'm doing. I didn't really care before, but now they're taking me seriously.

What's wrong with that?

As soon as people begin to take me seriously, they stop being fertile soil for what I am doing.

Look, when you water your flowers, you've got to have that thingamajig with holes in the spout of your watering can, for dispersion. If you just poured the water straight out of the spout, the concentrated stream of water would dig up your soil, and where would you be?

I have a friend, the director Evald Schorm; he's had more experience than I have, and he used to consider it his duty to tell me something sensible once in a while, to set me straight. He was usually right. But whenever he would start to say something like that, I would plug up my ears and ignore what he was saying. I found it much more instructive just to look at him. He influences me far more effectively by just being the way he is than by telling me things. I guess he figured that out for himself, too, because he doesn't talk sense to me anymore. And so, if I want to avoid the danger of beginning to take myself too seriously, I can't let people take me seriously either.

Chaplin?

I don't get the feeling that Chaplin was suddenly possessed by a burning desire to be taken seriously. It never even occurred to me. I rather thought that it was simply fatigue, something that happens to everyone. When I saw Limelight, I felt awfully sorry for him. And I feel even sorrier when I see film critics or students who — at the mention of Chaplin or Clair — dismiss them with a wave of a hand. That's the compensation of an artist, their requital, the end; it's something we all have to look forward to, people getting even with us for once having raised us to the skies. The snobbism where we come from isn't quite that bad

yet, but the way people behave toward, say, Krška — that isn't very nice either. Because if it weren't for Clair and Chaplin, no one today could do what he does. After The Countess of Hong Kong, they tore Chaplin to shreds in France.

Still, most people are happy to be taken seriously!

Well, we all have the right to our own peculiar foibles.

That sounds like an aphorism — neat; for the Sunday supplement, or a TV talk show. But seriously?

We talked about this once with [director and scriptwriter Antonín] Máša. When you try to catch a bird, you can't just go right at him: you'd just scare him off, and he'd fly away. You have to let him be, pretend that you're not the least bit interested in him; and he'll latch onto you himself. As soon as you strive too hard for anything, you destroy it. At best, all that will latch onto you will be a bunch of people who share your opinions. But if you want to talk about things with people who disagree with you, you have to begin with something else entirely.

Hearing you talk like that makes it sound as if in each film you approach the viewer with an artfully contrived design.

But it's not just a matter of the viewer: it's a matter of myself too. If I want to resolve a problem for myself as well, I can't approach it head on. If I did, I'd probably turn tail and run at the very start. But if a person is enjoying himself, he generally runs into things that he'd never have happened on otherwise. The Chinese have a proverb, and it's true: "You don't arrive at the truth by dissection." The more we reach for the truth, the more we analyze, the farther away from it we go. Even for my own personal use, I prefer truth that is perhaps a bit foggy, unclear, but that remains vital with the passage of time, compared with something very precise and pigeonholed, something definitive that has an odor of dead literalness about it.

You can't express anything with a simple sentence or summarize it in a definition. As soon as it's out, you've departed from

the truth. Whenever I do it, I always get the impression that I've just brushed past the truth, past reality.

And what is filmmaking to you, then?

A living.

You get an "A" for aphorisms!

But everything is contained in that answer. If I wanted to qualify it, I'd be lying; I'd leave out a whole lot of things, and what I'd be saying would be the truth only for that moment. Besides, I'd be making a declaration of a program that, if I should really want to adhere to it, would start to fence me in, limit me; and that would be the moment I'd start going to hell.

Another answer to the question of why I make films could be, "Because I am allowed to" — because it is my livelihood, the way I live. I'm not saying it's the best way; I'm not saying it's the ultimate way.

But why, of all things, films?

I don't know. It's hard to put a finger on. I don't think anyone can specify a "why of all things" like that. I heard someplace that the Japanese put a book, a hammer, and a compass in front of a small child. Depending on which item he reaches for, they make their decision on his future profession. I grew up among my father's books [the elder Menzel was closely associated with Czechoslovak animated film and cartoon production], and so that was the direction in which I reached.

And your father's sense of humor?

Well, it's like this: I'm his son, and I don't know him like that. Father is very amusing outside the family, like a lot of people, I suppose. I've always thought that I inherited my sense of humor from my grandfather, on my mother's side. I can thank my father above all for the culture he instilled in me. And I learned from observing my mother how to be rude to people in a way that doesn't turn them off.

And in motion pictures?

You know how I got into film in the first place? It was never much
of a hobby for me. But they turned down my application to the
drama faculty at the university, so I decided to go into TV directing. Then I took an exam for Otakar Vávra, he accepted me, and
so I began to do films.

An impassioned love affair rarely leads to a good marriage.
Hence my somewhat disrespectful attitude toward motion pictures,
the fact that I don't take the work too seriously, makes for much
more relaxed work. That is probably as it should be.

Do you like to work with the stage?

I do. It's more fun, too. And it's different. Theater takes more
effort. In film a person is, after all, more or less a technician.
On stage you work exclusively with people; that's the best part of
it. But seriously, I'd be happiest if I could just answer all your
questions with aphorisms. That doesn't commit a person to anything.

I'll give you the opening of a lifetime for an aphorism:
Whom or what would you like to direct on stage?

No, not that. I used to have fantasies about being in charge of a
theater. I even have repertoire lists in notebooks stashed away
someplace. What I'd like to do terribly is to direct people who
aren't professional actors, but who know how to act and have a
good stage sense — like pop singers, for instance.

One night I went to a student production of the theatrical studio
of the Prague Drama School. The kids had written their own review, based on the nonsense poems of Christian Morgenstern; they
accompanied the verses with dramatic action in counterpoint.
That's what I call truly creative acting.

For the most part, actors think that one has to say the word
"coffin" in a funereal tone. But as I see it, the ultimate in the art
of acting is to be able to say "Go stick your head in a bucket" the
way you say "I love you," and vice versa. But generally your experienced actors don't see this.

When I first met Jiří Suchý [popular hit-song writer and performer, co-founder with Jiří Šlitr of the Semafor Theater], we confided in each other that his life's desire was to direct films, while mine was to have a theater of my own. The fact that neither of these dreams ever came true probably left us both with the healthy ambition that we need. A dream fulfilled is the grave of creative activity.

We had something; may be still have it: the miracle of the Czechoslovak film wave.

I prefer not to think about it. Something like that can happen only in a state like ours, because only in a state where no one is responsible for anything can funds on the order of millions be placed in the hands of people who are entirely unknown. The mess that makes it possible for a barber, say, to become director of a factory also made possible, in fact, the birth of the Czechoslovak nouvelle vague. In a certain sense, then, I suppose I'd be in favor of this chaotic disorder continuing.

And another thing. A well-developed film industry existed here at the outset, so that a person who a priori didn't know much about film didn't have to go under as a result. There were always enough qualified people who knew what they were doing. For instance, there are a lot of technical things that I learned about in school that I don't have to bother with; I can rely on a lot of people who know all of it without ever having gone to school to learn it.

Another important factor is the existence of our Film Academy. Generally, the people who teach at film schools all over the world are people who can no longer practice their professions. But because where we come from, there is no great difference between the fee of a film director and the salary of a university professor, people like Vávra can teach at the Academy. I don't know if there is a film school on a university level in the West that could afford to take on someone like Hitchcock, say, to guide a single class from start to finish through six years.

Still, the organization of the ground swell that we are talking about also required a certain inner unity that was partially created by the pressures to which we were subjected. Everyone was

agreed on who was against us, and whom we were opposed to as
well. This concord even crossed boundaries as difficult as the
generational one. If this goes the way of all things now, well, then,
I just don't know.... But jackasses are always with us.

> That was the unity within cinematography as a whole. But
> what about the unity among the young filmmakers?

First of all, we've all been friends since our school days. I don't
know, but I keep on worrying about what will happen now. Certain
conflicts are bound to arise.

But as to the kinship — you know where it came from? We were
all brought up in the same "family"; we all experienced exactly
the same influences: the Pioneers, the Hemingway thing, the Kafka
thing, the cinéma vérité thing. And the result was that we all
ended up being products of the same culture, with a common aim,
even though our insides were very specific, entirely different,
even from an artistic point of view.

So now, for instance, if I were to have to choose a friend from
among the members of either the Czech new wave or the French
one, I'd choose one of our own people, for proximity's sake —
mental, spiritual proximity, I mean.

Besides, things are small where we come from; we are all here
together, all the time. And even if we come to a parting of the
ways by virtue of our generations or our opinions, we are still
obliged to stay together as people; we cannot truly separate. This
is not the case in France, for instance: there one can go for a
year without running into anyone; people are strangers to each
other.

In Hollywood, now, that's a different story entirely. Everyone
is in the same place again. They threw a party for me there, and
they were all there together, from the young ones like Jewison,
say, all the way to Sternberg and Vidor — as friends. But maybe
they play fair there; maybe they aren't petty and envious of each
other; and if someone makes an extra hundred thousand, maybe
the others just assume that he deserves it.

> [I wasn't entirely sure if that was the whole story, but then
> I wasn't there, so I kept my mouth shut.]

That was the only place where they really treated me like a colleague, irrespective of the size of the country I come from. Not so in France.

You did get the Oscar there.

As for the Oscar, I look at it something like this: if the Union of Czechoslovak Film Workers were to nominate five candidates for the best foreign film of the year, and every member had the right to vote for only one of them, the votes would be counted and the one with the most votes would get the award. This seems more democratic than having a jury chosen more or less at random making decisions about the awards. The main difference, though, is the fact that here in Czechoslovakia, one gets to see many more foreign films, and more interesting ones, than over there in America.

But I would be all for introducing this system for awarding the Trilobite Prize, particularly in the sense that the members of the Film Academy in America are well aware of the fact that there are other people who make a film, not just the director. And so they give the Academy Award for the best animation, sound, music, editing, supporting acting, and, of course, camera work, etc. In our film industry there are people handling these jobs with a high level of skill, talent, and ability all their own, and in their own way they are contributing considerably to the establishment of our directors' glory abroad.

Of course, their criteria are entirely different from ours. That is why they probably shouldn't call the Oscar an award for the best foreign film of the year, but rather for the foreign film best liked in America that year.

And it is sort of snobbish to make an issue of the fact that a film was honored as best film of the year in the USA and neglect to mention the fact that it received the same recognition in, say, Finland. Who is to say that the Americans have better taste than the Finns?

Anyway, someday I'd like to talk to you about Czechoslovakia as we present ourselves abroad.

Why not now?

Well, the fact that success abroad decides success at home ultimately leads to the best of everything being channeled outside our
borders: all the care devoted to the World's Fair in Montreal, just
to show off in front of foreigners. Do you know what we could ac-
complish if those efforts were exerted at home instead? But that
isn't the worst by far. Many things are done with an eye exclusively to foreigners. We even have theaters and troupes living
exclusively off foreign tours. And we at home hardly ever get to
see them. Yet it seems that no one realizes that the cultural stock
that we do have is being gradually used up on tours, that perform-
ers lose their sparkle or pick up things that change them.

Still, it is our success abroad that we have to thank for the fact
that we are tolerated at Barrandov, that the young film artists are
allowed to shoot films. Do you think that after Diamonds of the
Night, Němec would still be making films had it not been for that
film's success in the West?

> Do you remember when we were in Moscow together two
> years ago?

I'd really like to go there again. You know, I never got to see the
city, really. And then I'd go farther, to Siberia. I'd like to get to
know Russia, to see what we should look out for.

> What do you think of the world now that you've seen more
> of it?

That it's good to be home.

You might say that a person explores the world in order to shed
his illusions. That's probably a good thing.

You change priorities on a trip like that; you change your standards about things that seemed very important to you at home.
There is no cause to fall on your butt when you run into apparently
insurmountable obstacles or great people here. And besides, you
just confirm for yourself that everything is relative, and that
things here aren't so much worse than anywhere else.

A person should travel in order to be able to understand why,
in fact, everything about us, and things that represent us, display
a sense of humor. It's not inherited, this humor of ours. It has

been forced upon us, because if you don't have a sense of humor, you can't possibly live in Czechoslovakia.

Spring 1968

In 1969 — the year that all those banned scripts were filmed, and all the films ended up in the safes — Jiří Menzel's best film saw the light of day. Nightingales on Threads is a love story in which the protagonists are the outlaws of the fifties, political prisoners and gypsies. The film is based on a story by Bohumil Hrabal, the author of Closely Watched Trains. Before a film finally emerges from the original idea, a year passes, sometimes more. And so everything that was finally permitted in the spring of 1968 didn't leave the studios until the spring and summer of 1969. Right under the axe that was known as "political normalization." Nightingales on Threads was deposited in the censor's safe.

*   *   *

Would anyone other than Jiří Menzel have thought to ask whether the miracle of Czechoslovak film wasn't perhaps the product of a collapsing economy? Whether only a society in which inflation is such that only things are of any value, a society in which the economic criteria of profitability have vanished, can afford the luxury of unprofitable films? The question is not entirely irrelevant, especially since distribution, in the service of political and local interests, was placing obstacles in the path of production, while import-export was trying to exploit its originality.

In the spring of 1968, the question of what to do about the organization of Czechoslovak cinematography was a pressing one. Full advantage had been taken of the existing structure, which was quite clearly defined. The first plans for a new structure were based, on the one hand, on the principle of public filmmaking, and, on the other, on past experience with the state as sole proprietor of the

film monopoly. Their conclusion was essentially this: "public filmmaking, yes; centralized state ownership, no." More specifically, there was to be extensive decentralization in the sphere of production and in the artistic preliminaries for films, and a reuniting of film distribution and import-export with production.

The detachment of those two principal sources of income from production in the 1950s, with jurisdiction over them assigned to the localities in the case of distribution, and to the Ministry of Foreign Trade in the case of import-export, to all intents and purposes spelled death to the spirit of the nationalization decree, the end of autonomy. It also meant that distribution and import-export would serve the needs of the Stalinist state and its institutions rather than the needs of film art. The experience of the 1960s showed that a political thaw releases public funds for film work that is increasingly free, but that distribution and import-export, in different hands and pursuing entirely different interests, undermine such efforts quite effectively, creating a chasm between films and their potential audiences. Indeed, socialist film distribution throughout Eastern Europe has done far less to educate film audiences to appreciate film art in the past quarter century than was done elsewhere in Europe. This confirms something that has been demonstrated everywhere in the world, namely, that the question of distribution, like the organization of production, is fundamental to the existence of film as an art. They are related matters, neither of which can be resolved effectively without resolving the other.

It is no coincidence that the post-1968 "normalization" in Czechoslovakia first crushed all autonomous organizations in the sphere of culture and replaced them with state institutions, or eliminated their autonomy and subjugated all components of culture to the respective ministries. Disintegration of the ideology leaves the establishment no recourse but to introduce strict controls. Finally, even that great boon of socialist film, the nationalization decree, became a target of its anxiety. Early in the seventies, the

Czechoslovak Parliament was presented with the draft of a law aimed at liquidating this "anomaly," created in the spirit of democratic socialism, and at replacing it with a Stalinist version: Everything belongs to the state, the state foots the bill and has the power, the first and the last say. And so Stalinism was obliged to deny publicly the very principles of socialism, in this case of socialist cinematography. This does have the advantage of making things perfectly clear.

Pavel Juráček

The interview with Pavel Juráček was the last to be conducted before Soviet tanks appeared on the streets of Prague. The acute contrast between Juráček and Němec gives a good picture of the atmosphere of those days. From supreme euphoria to supreme skepticism. It was exceptionally well put by Hungarian director Miklós Jancsó four years later in his film Red Psalm: a revolutionary folk celebration, surrounded by an army. Or, as Juráček put it, on the back of a whale. It is almost incredible, the way it all came true, to the very letter, like a prophesy. (I have always suspected that prophets are not possessed of any magical ability to see into the future. Rather that they have a good memory, and enough courage to be pessimistic.) But what is even more incredible is the fact that this interview, exactly as it appears here, was published in Czechoslovakia four months after the occupation.

Pavel Juráček is better known abroad than at home. It does not speak well for Czechoslovak cultural policy that Juráček's countrymen have hardly had a chance to see his films at all. There probably isn't one of the hundreds of thousands of film club members throughout Europe who hasn't heard of Josef Kilián (A Prop Wanted) and spoken of it with admiration. In Czechoslovakia it was shown for a brief time with another short film that was listed as the main feature. Public response at home? Hardly anybody saw it!

As for his film Every Young Man — winner of the International Critics' Award at the Karlovy Vary Film Festival in 1966 — it was not treated any better on the home market, in spite of its success at the festival at Pesaro in Italy, and in Paris, and God knows where else. And again, who ever saw it in Czechoslovakia?

Thus one of the most committed of Czechoslovak directors, one of the fathers of the young wave, whose scripts have had a decisive influence on many films that do not bear his name as director, has remained unknown to most of the film audiences in his homeland. Especially since his "Gulliver" script, Case for a New Hangman, encountered the wrath of the powers-that-be after a brief run in 1969.

We met in mid-July 1968. We knew what had happened
in previous years; we were trying to find our bearings in
what was happening now and to express the mood of the
times. The future, like any future, was uncertain. "What
do you say about it all?" I asked him.

I'm tired. I guess I've stopped believing. The excitement and
faith that helped me in January and February seem terribly
naive to me today. You somehow always realize later on that
ideals can't be put into action in their ideal form. I'm old enough
already; I ought to have sense enough to know it; but every time
I let myself get carried away.

And in film?

I've had to answer that question many times in the past half-year.
Film has already fulfilled its obligation to what is happening here
today: it did that long before January 1968. It has a clear conscience — at least over the past few years, ever since I started at
the Film Academy. I think it is simply unnecessary and unrea-
sonable to expect something out of the ordinary, something sen-
sational, from film just now — which is perfectly all right. If you
wish, you can consider it evidence of the fact that film has been
honest, true to itself, over the past few years. I know, there have
been banned films and screenplays; but that was an administrative
matter, a question of all kinds of noncreative agencies. There
weren't any cowards or anything like that among the creative
people during that period.
    Maybe it's just my own personal opinion, but I feel that what
we used to fight about, in school and at the dorms, is finally over
and done with. Now we have to begin thinking about something entirely different. All of a sudden, we aren't revolutionary enough
for some people. But the thing is, we were just the way they would
like to see us today already five years ago. It's simple: we have
just gotten over it. What is strange, almost unbelievable, is that
we've got something we dreamed about for years. Not long ago,
something like this would have been considered a fairy tale, a
pipe dream — logical and just, that goes without saying, but also

so beautiful that it couldn't ever come true.

Then, when it happened, I was astounded; and it is repeatedly brought home to me that envy and stupidity are the biggest threat to great ideas. I should like to have been a journalist. I would probably feel a lot better this year. You see, I sometimes have the desperate feeling that everything is going on outside me, and I am terribly ashamed, and it makes me hysterical. I don't work; I don't know what to do. I'd like to go someplace; I'd like to say something to someone, help someone, shut the door on someone. I keep reading newspapers, and I am overwhelmed with the depressing fear that it is all a bad joke.

> Don't you feel that the situation before January 1968 was something that, over the years, had settled in — something that we lived in, grew up in, and hence something that could be interpreted, expressed — whereas today, things are in motion to a degree that art cannot capture them?

No, that's not it. I simply don't want to react to the present by means of film. When I think about the scripts I am going to do, they are very personal, private affairs. I probably wouldn't ever want to do a Josef Kilián again, even if the situation were still what it was before January. I've got a bad year or two to look back on. I also had a lot of personal, altogether private, worries. And one day I realized that there are moments when noble historical events can go to hell, because there are other things — human, personal, private things — that frequently are more important and essential. You can't forget them or brush them aside the way you can the others.

I am trying with all my might to avoid the common conviction that something new has happened in Czechoslovakia. We all know that what is happening is simply the victory of reason over stupidity, nothing else. It is ridiculous to claim that what is going on here now is an experiment. You can experiment with guinea pigs. Politicians love to talk about the historical significance of recent events. But when you project the things that they're talking about against the destiny of man, you see that calling a return to reason and common sense "a historical milestone" is ludicrous from the outset — unless, of course, the politicians are laboring under the

delusion that this land was inhabited by idiots from the time of prehistoric man, up until the January session of the Central Committee of the Communist Party of Czechoslovakia.

My attitude is probably determined by the fact that I won't be able to keep from believing and hoping again. And that has always gotten on my nerves something fierce, ever since I started to use my head. A lot of things have changed, that's true. But when I wake up in the morning, I always lean out the window to where I can see Wencelas Square and look to see whether schoolchildren aren't just happening to be welcoming tanks. And it isn't until I go down to buy some milk, and there is no member of the so-called "worker's militia" standing on the corner of Krakovská Avenue and Žitná Street, rifle on his shoulder, that I am certain that, today, the paper still isn't going to carry a clever drawing of a creature with a toad's face, a rat's tail, a bloody hatchet in one hand, a bag of dollars in the other, and "Alexander Dubček" printed on his cap. I am sick at the thought of how surprised we would all be, at the meetings, when we would learn what swine they were, Dubček and his gang of imperialist agents. And how grateful we would all be to the Party for having taken proper care of those traitors. The vision makes me sick; I keep brushing it aside, but it keeps coming back. If you like, I can rattle off dozens and hundreds of expressions of indignation and strong resolutions that the newspapers would get from factories, collective farms, units of border guards, scientific institutes, and individuals.

It is really frightening that we can know with such certainty and in such detail just what would happen, what they would write and say and do if it all were not to work out. And yet we hesitate to concern ourselves with what we can look forward to if it does work out. I am saying this because I always get irritated when I read or hear some exceedingly radical loudmouth who has suddenly found within himself a feeling of responsibility for the future of this nation — and tries with all his might to formulate some sort of noble program, a message of some sort for the ones who will come after us.

The ones who are still kids today, or the ones who haven't been born yet, they couldn't care less about all those messages of ours. And they are right. Because what can they learn from people who

knew it all and understood it all after it was all over? Do you know what we're going to be, no matter how much we try to look like martyrs today? Quislings — and that's what we are. And if we want to have at least a drop of dignity attributed to us, then it is nonsense to try to think up alibis and excuses and rationalizations. The only thing that we can possibly do is say aloud, Yes, we are collaborators, and we became collaborators of our own free will — enthusiastically, even.

The ones who will come after us aren't going to ask us how they can see to it that it doesn't happen to them. That's just our stupid delusion — the feeling that we have to warn them. They're going to ask other questions. They're going to want to know what happened to us that we stopped believing in things that are even clear to simpletons; what happened to our eyes when all of a sudden we stopped seeing things that would have been clear to a blind man; and what kind of values made us lie and bear false witness, deny our fathers, flatter our fools, and behave like strangers in our own home and plunder our land, without realizing that we wouldn't have any place to go.

Maybe I'm wrong; I don't know. I just keep hearing amazement all around. We keep sounding astonished at how it all could have happened. And I watch Judita: that's my daughter. She's six. In a few years she'll be learning about the trials and how we marched, in shirtsleeves, with our fists clenched, from bad to worse. And already I feel sick at the thought of my expression when she asks me about some detail and I maintain stupidity that it's just something she wouldn't understand.

I simply want to say that if we don't try to comprehend our own destiny, then the ones who come after us won't even stand a chance of understanding us at all. It is up to us to salvage the testimony and, for the rest of it, just to be very humble and glad that things turned out the way they did, and not put ourselves down in vain attempts to determine our historical significance for the future.

Isn't there a certain discrepancy between what you are saying and what you and your friends have been doing, both as citizens and artists, for years?

No, there isn't. If you back off and take a look at it, you'll see that there really isn't.

For all these long years, literature, film and journalism have been supplying public life with rationalizations, gradually forming something that might be called political taste; it is even possible that they have created a language or a way of thinking that has been involuntarily absorbed — by the minds of the very people against whom it was intended. For example, compare the language used by, say, Antonín Novotný [President of Czechoslovakia until January 1968] with the way apparatchiks talked when they came into contact with the intellectual opposition, directly and regularly, in the course of their work. Or else take a look at how — in the past few years — our own Czech style has gradually begun to part company with the Russian style, full of petrified clichés, flowery metaphors, and stale formulas. Slowly, the syntactic and metaphoric elements borrowed from the Russian have begun to disappear; clichés have started to vanish, and the subjective presence of the author has begun to make itself felt, in both speeches and articles. Of course, it is true that, if it weren't for the constant and diligent labor of certain people in culture, TV, and the newspapers, this spring would look entirely different. And who knows whether it would have even come about at all? Naturally, I am very happy that it has proven true: the idea that if a country or a nation wants to live, it has to mobilize its reason, its common sense, and everything that lies stored in its memory — if you know what I mean. I am simply trying to define, somehow, what an artist or intellectual can do, and where his strength lies.

Do you mean to say that the subject matter of the period just past is gone?

You keep talking about film, and I was someplace else already. I don't know whether we had a subject in common, in film. I rather think that we didn't. But you know what's interesting? In the last two years, almost every one of those you call "the new wave" has changed his subject matter and his style. Take Věra Chytilová: The Ceiling, A Bagful of Fleas, Something Different — everybody thought that she had definitely settled into a style. And

then came <u>Daisies</u>. Or take Němec: after <u>The Party and the</u>
<u>Guests</u>, he made <u>Martyrs of Love</u>; and this year he is filming
songs with [popular singers] Karel Gott and Marta Kubišová.
Maybe in a year or two people will be writing about us within the
context of escape films, about our having surrendered something.
But it won't be the truth. Something has just come to an end. It
seems to me that a new stage is coming, and that it will show that
we have much more in common than seemed to be the case in the
beginning, five years ago.

Of course, I would prefer not to try to explain this development
for the others; all I can do is explain it for myself. Right after
<u>Kilián</u> I started to shoot "Gulliver"; but I had to go into military
service, so the plan was postponed for two years. While I was in
the army, I made <u>Every Young Man</u>, a film that still gives me an
inferiority complex every time I think of it. For a year and a half
afterward, I worked on the script of "Gulliver," in a very un-
natural atmosphere; and when I was done and when I literally felt
like throwing up every time I looked at a typewriter and white paper, the General Manager prohibited the shooting of the script. I
wasn't mad at him, or at the people I had to obey. I just had the
feeling that I had exhausted myself and that I couldn't take another step in that direction. And so after a while, I began looking
forward to films that don't have anything in common with any of
that.

> Subject, style, that's one thing. But when the best talents in
> our cinematography stop worrying about its future, its des-
> tiny, it could happen that they will wake up one day and find
> that — once again — conditions no longer exist for them to
> be able to do what they want, for entirely different reasons
> this time. But by then it will be too late.

It could happen. But I can't, anymore. I keep feeling that we are
just a handful of people riding on the back of a whale: we keep arguing about where the whale should swim to, and we don't realize
that all it would take is for the whale to submerge and we'd all
get washed off. I am really furious with myself for taking so long
to realize that we aren't the masters in our own house.

Last fall, I spent some time in France. Progressive people

there did a great deal for our film at a time when it seemed that people at home would destroy it completely. We traveled to the movie theaters, particularly in the rural areas; and there they sat, Communists and non-Communists, all dressed up, hoping that they would finally get a look at socialism and at people who come from socialism. It was pretty embarrassing most of the time. They were very disappointed; they were angry with us. I felt I ought to help them, somehow; but then I said to myself, No, then they'd find out how things really are — they'd see that their naive ideas are simply headed back into the fifties.

As for the very young people, like the students over there, I feel very old compared with them. I'm almost ashamed of not being able to share their committedness and élan. But I still find it easier to communicate with them than with the young Russians.

I am simply arriving at the conclusion that it is completely useless to tell people anything about life being short, and there being only one per customer. I kept helping people; and over the years I have actually done very little work of my own. It seems to me that I had lots of time.

And it was also determined by my relationship to film.

I came to the field pretty much by mistake, like a lot of us. I was studying philosophy and journalism at the university; and in my third year, they kicked me out for not carrying out my duties as a student (they took away our student deferment from military service, and we organized a rebellion). I realized that in order to be a journalist, the main thing isn't knowing how to write, but possessing the correct set of personal attributes. I was too timid to go to someone, to ask someone something; and so at best I wrote about the seagulls on the Vitava River. After we got kicked out of school, Antonín Máša [later to become a film director and screenwriter] and I ended up on small-town newspapers. I was in Nymburk; Máša, in Poděbrady. We lived together. We wanted to go back to Prague something fierce, so we hit on the idea of applying to the film school. And they accepted us.

Do you think that "Gulliver" is a script that marks a different period already?

No, nothing changed there. I just don't care for it. It was an aw-

ful lot of work. It took me a long time to get used to working in a group. It seemed to me that I was "desecrating art" when I didn't do everything for myself. It wasn't until recently that I saw the light: that film needn't be just a grind, that it can even be fun. Take a look at Němec, or at Forman and Passer. I always worked like a horse; I was weary, I was exhausted. But now I have my own production group.

> But that's hard work too. And a responsibility besides, with an obligation to take a stand.

Maybe it's like everything else. I have about ten films to my credit, but actually they aren't to my credit. The same is true of the production group. I promised Fikar* that I would do it, and I couldn't back down. I'm not sorry, definitely not; but I'd hate to hurt anyone. Maybe a person should handle the production group like scripts, so that, for a good crew, it could even be fun. There'd only be people around whom I know very well. I only hope that the studio would understand.

Films? Well, we're going to do Chytilová, "Gulliver," and later, in the fall, Němec; then maybe Krumbachová, this time as a director, Menzel, Krejčík. . . .

> But that would mean going back into battle. You won't be able to sit back and be indifferent to the questions of when and how your films will be distributed. And if they are to get to the viewers, it will mean a fundamental change in conditions in our film, which won't just happen by itself. And the people who created the current conditions aren't going to make the change for you either.

Yes, if you put it that way, you're right. Taking a stand when there is something specific to achieve — sure; but not in general. I've just given up one thing: uncertainty, messianism. My life history is a little different from that of most of the others in the

---

*Ladislav Fikar — a poet who deserves much of the credit for helping to create conditions for the regeneration of literature in the mid-fifties and for the origin of the film wave in the sixties.

young wave. In 1953-1956, after graduating from high school, I
went through a period of great enthusiasm. I spent days sitting in
the libraries; I believed in the mission of the intellectual. I have
been in the Communist Party of Czechoslovakia since 1956 — that
was when so many of us believed that the only way to live a political life, to take a stand, was within the Party. Now, looking back,
I see myself as a clown. No, I didn't do anything: I didn't even
have a chance to. They keep an eagle eye on young people; before
they give you anything to do, you're thirty. Elsewhere in the
world, you have company directors who are twenty-seven years
old, and good ones!

I am awfully envious of those people who were capable of concentrating exclusively on their work. You must know how it is:
People come to you and say, "I don't know why you didn't drop it
all. See, you're forever doing something someplace, and what
does it get you?"

The situation for intellectuals in the twentieth century in Czechoslovakia is absurd. I keep thinking it could be the way it was in
the nineteenth century, but it can't. So we've simply got to find
the kind of position for ourselves that will allow us not to appear
ridiculous, at least not inside ourselves, in our own hearts.

[Pavel Juráček is what might be called a prototype of the
committed intellectual who will never stop caring about
what is going on around him. He was concerned about
whether I had really understood what he had said, what he
was opposed to and what he would like. I said I thought I
had. When one puts the words down on paper, one sees very
clearly that a person can't escape himself. It's just that a
lot of people lose a lot of time on such efforts.

Late in July 1968, Juráček took the final copy of my interview with him to edit. He is conscientious; he works
slowly. It was vacation time, and history was being written
that summer. Everything got delayed, and it almost looked
as if the half-edited manuscript had been lost. But it hadn't.
In October 1968 — two months after Juráček's blackest fears
had been realized — we tried to get together at the Mannheim Festival for a final look at it. We finally made it, late
in November in Prague. We decided not to change anything,

just to leave it the way it was four months earlier when it was written — a document of the times.]

Summer 1968

Juráček was getting ready to shoot Case for a New Hangman in 1969 — in Czechoslovakia, of course. And he did. An extraordinary film. It ran for two months in Czechoslovak theaters; and not a single distributor in the world turned up to buy — and thus salvage — a print of it. Today all the prints are resting safely in one of the innumerable safes of the censors.

"Normalization" pushed Juráček out of everything. Without a job, without means, he tries to write scripts for other directors, children's films, fairy tales, historical legends. But it is difficult. Almost impossible. Someday he will certainly return to the studios, like Němec, Chytilová, Schorm, like all of them. But won't it be too late? Will we some day speak his name in the same breath as that of Jean Vigo?

Jan Schmidt

Jan Schmidt was making a film in the Soviet Union, in Stalin's native Georgia, when the Russian tanks rode into Prague. He collected his staff and somehow made his way home (the government of his homeland was under arrest in Moscow, and air transportation was practically nonexistent). He returned to Georgia in the autumn, just in time to witness local families mourning their fallen sons who, according to the curt announcement of the army, had "laid down their lives in the struggle against the Counterrevolution in Czechoslovakia." Such is how heroes are made — boys who had fallen victim to dysentary, or to a ruptured appendix, or had fallen under the wheels of a half track, far from home in the service of the military. In any case, from then on the villagers only gave the filmmakers from Czechoslovakia dirty looks, and avoided all personal contact. Another film that will have to be made someday — if anyone is still interested.

Schmidt is the personification of an important dilemma that is typical of the sixties and of the Czechs. While intellectual cinematography met with success wherever one turned ("I consider Czech cinematography of the sixties to be the most important event in European film since Italian neorealism," a Polish colleague told me recently), Czechoslovak entertainment films remained far below the European average. This is where a lack of tradition manifested itself. Ever since its regeneration in the early nineteenth century, Czech and Slovak culture (with the exception of folklore) generally served the nationalist struggle, or paddled around in the provincial puddle of local night clubs and cabarets, or else indulged in what Karel Čapek called "novels for parlormaids." The creation of a literature for readers, the thing that Čapek was so good at, was something that Czech and Slovak film had yet to master. It had to learn to entertain as well as it knew how to philosophize, moralize, disclose, by means of slapstick or intellectual humor. Occasionally someone hit the mark — Rychman in the musical The Hop Pickers, Herz in the whodunit The Sign of Cancer, and among the "young wave," Forman most often — but they were exceptions to the rule.

That made Schmidt mad. He felt no contempt for what was referred to as "viewers' films" — for that matter, no one did, but who knew how to make such films? — and he would have liked to have made good Czech equivalents of American westerns, French and British mysteries and comedies. He was not alone. A generation was coming up through the Film Academy that was sick of the social role that Czechoslovak film had been playing, whether it cared to or not. A generation that longed to declare war on everything of the recent past, and to make what they provocatively referred to as "commercial" films. And the generation, or generations, of the sixties also wanted to do something else. It could have been very interesting, but neither the young ones nor their elders go the chance to try it. True, only "commercial" films were being made in Prague after 1969, but they were made by directors who were overshadowed by the high level of the cinematography of the sixties, and who got their chance only as a result of the victory of the mediocre and the sub-mediocre. Still, this should change. Just as the German occupation gave Czech film the opportunity to express itself more fully as a form of culture, the Soviet occupation will sooner or later allow this culture to learn to speak the language of consumer films. This might in turn be the door whereby those who were chased out for political reasons will reenter.

*   *   *

Schmidt was co-director with Pavel Juráček of the film Josef Kilián. Enough has been said about what happened to that film. Schmidt's second film, directed independently on the basis of a script by Juráček, didn't fare any better. The End of August at the Ozone Hotel was tucked away on a shelf for some time because no one was quite sure whether the idea of an atomic war was a paper tiger or not. And when it was decided that it might not do any harm for people to know what such a war might mean, the film passed through movie theaters practically unnoticed. The same thing happened

abroad. It turned up at the avant-garde festival at Pesaro, where it had no business to be; and its fate was sealed. Still, a lot of people all over the world speak of this film as a real cinematographic event (the Czech counterpart of Stanley Kramer's On the Beach, it was written as far back as 1957 by two students at the Film Academy).

Jan Schmidt was no more fortunate with his third film, Lanfieri Colony. But we'll get around to that. In our interview, we started out with Josef Kilian.

Why pick at old sores? Juráček thought the story up, and we made a movie out of it. In some spots the author was singular, in others, plural. The original idea was so fantastic that none of us realized all the ramifications. Things became clearer as we went along, with our efforts to clarify all the complications; and the film progressed to the form in which you know it. The idea is one thing; making the film is another. Looking back a few years after the fact, it seems to me that that's where many things began. That was the starting point from which my generation's films developed. And, naive as Juráček and I were, we were collecting experiences, not just in the sphere of film but in the social sphere as well. And that's the first time we got a rap across the knuckles.

Why did you both do the film?

It's like this. Juráček wrote it. He wanted me to shoot it with him, and I wanted to take a crack at it. For Pavel, a writer, it was also a test, a trial: Could he take what he had written and say it in a picture?

And the Ozone Hotel?

In the first place, that got held up a number of years. First we intended it as our graduation film project at the film school; but the faculty decided — correctly, as it turned out — that it was beyond the limits of the school's resources, and that we couldn't do it there. Then everybody did a "hands off" with it. The word was that, as a matter of principle, our cinematography could not con-

sider the possibility of a third world war, that it would undermine the determination of the citizens to defend their homeland. I fought this fight on my own; Pavel had other things to worry about. Even if the fact of our two signatures on Josef Kilián was, to a certain degree, advantageous...after a lot of hassles, when I was finally through with the film, there was more shuffling of feet, particularly at the Ministry of National Defense, under whose auspices I had finally made the film at the Army Film Studios, as a private in the regular army. In its conception, the film could have served as propaganda material to frighten the Western viewer about atomic war. All right, but should it be shown in Czechoslovakia? The ministry contended that, with this film, the army would be sawing off the branch that it was sitting on. In the end, everything got straightened out, except that the complex relationship between film distribution and the Army Film Studios messed things up again, so that the film didn't get into the movie houses until a year after it was finished.

The response at the festival at Pesaro was paradoxical too. Ozone is, for a fact, brutal, cruel, in a way. But people are funny: if you kill a dog on screen, they get up and leave in droves, whereas if you think up ten different ways to kill a man, they sit and munch their candy bars. At Pesaro they also accused me of being cruel, killing the dog, the cow; at the same time, they weren't even fazed by the fact that the film itself is based on the precept of the mass murder of mankind. They were shocked at the way the girls in the film lived, but no one considered the horrors that had gone before and that surrounded them. People simply don't want to see a variation on the theme of what might actually happen. They are more than willing to read in the papers about the most brutal of terrors and massacres — they have themselves a beer; but you'd better watch out if you have the gall to kill a dog on the screen for them to watch.

Why is that?

Killing people has become a part of our world, and film made a stage set out of it. People are convinced that there is nothing to be done about it. A killed dog, on the other hand, is an isolated thing, a specific act of brutality that their overall training in

cruelty and indifference doesn't allow for. The code of behavior with regard to animals is much more consistent than the code of behavior with regard to people. The ten commandments that you can read in any slaughterhouse is a very humane affair compared to the way people treat one another.

That was why the brutality and cruelty in Ozone Hotel were completely intentional. They were aimed at arousing people, shocking them. Looking back, it seems a little petty. Why? Because in the long run, it was easier to shoot a film about the bestiality of a third world war than about the bestialities that surrounded us.

[I should explain that our conversation was taking place in August 1968, before the Russian occupation, a day or so before Jan Schmidt took off for the USSR, for sunny Georgia, where he was going to be shooting Lanfieri Colony, an adventure movie that he wrote on the basis of a story by (Russian author) Alexander Grin.]

And as for today, nobody knows anything: everybody acted on somebody else's orders. Josef Škvorecký and I come from the same school — sort of a fortress in the middle of the world. There's a sign on one of the walls: "Sow the seed of reason, oh school, and cultivate the root of decisive characters!" And yet for years, things altogether different were taught at that school; people were cultivated on the basis of altogether different principles. When I think of all the history lectures I heard there; and they were told differently each time! Or take the struggle for peace: one has to put up a fight, to struggle. And finally, all we had was numbness and apathy. That's what infuriated Juráček and me in 1958: we wanted to speak out about those things in a different way. When the film was finally done, ten years later, people noticed details, and the destruction of human civilization was a matter of indifference. When you get right down to it, people aren't interested in the downfall of civilization at all. They don't give a damn whether culture, everything that man has created, becomes extinct. They're worried only about the beast. They simply aren't interested in thinking about the big problems. What? Why? It'll all turn out in the end. . . .

You're the only one in the new wave of Czechoslovak film who represents what is called action films.

I like action stories, maybe because I'm too lazy for complex thinking. I don't know how to make deep philosophy; I'm not a thinker who can turn out authors' films. Fortunately, film includes a whole lot of other things besides philosophical meditations — like, for instance, spectacles. And films should be able to make you cry, or amuse you. Mack Sennett's films were simple, and yet they were really quality entertainment, not just cheap amusement. You can see this best in Hemingway — action films with a great underlying thought. Something like that is what I should like to do. Or something like Jack London.

Somebody once asked me what I want to do. I want to tell stories. I like things to be clear-cut. I think it would be great to know how to do it the way John Ford does and, at the same time, to use this method to tell about the sort of things that Fellini treats. Maybe you know what I mean. I am impressed by the old-school American pictures, with their ability to explain just what is what, clearly and without complications. When Passer read my script for the Grin story, he said that I am a "cowboy." He might be right.

Westerns?

That's a kind of art, too; essentially they are fairy tales — with Good and Evil, Black and White. Sometimes they're tales of wars and seiges. In Europe it's a little more complicated, because the seige, the war — I mean the last one — is too recent to tell about that way, and even the war before last.

Romantic films need background; they need more space and perspective. The French and the Italians are better at that. It's hard to come by at home. That's why we are going to have a look at them. That's why we are going to have to look to exotic stories, or stories with a touch of exoticism in them, like Grin, or our own Vladislav Vančura in his way. I am getting some of his short stories ready, from his <u>Queen Dorothy's Bow</u>. There it is again: blood, love, strength — all those signs of authentic, active life.

Is it really just a question of subject matter? Isn't it also a matter of a lack of tradition?

Yes, we do lack the tradition. It's as with mysteries. Where is there any tradition for mysteries in Czechoslovakia? The safe-crackers of the Žižkov district? In the end it all shows up in our people's not only admiring action films but even the world they depict. Our tradition doesn't offer the proper background. It's not just that we couldn't make a film about James Bond: we couldn't even invent him — not to mention the fact that we couldn't even afford it. That's why we are so ludicrous every time we try to imitate other countries in these genres. But it isn't all that tragic. We have to learn to make use of what we do have in the way of background, of what we have that is our own. And there is plenty of that.

Committed film?

There are problems with that, too; but those are our own problems. When I was in Russia this spring, they said, "You're lucky: you can get away with anything now. You're going to have some great films." So I said, "No, that's not the way it is; we're going to have a lot of bad films." And they asked me why. "Well," I said, "because what we've been making films about so far was an expression of the contemporary situation. I'm afraid that the new reality will be more complicated, that it won't lend itself to aphoristic interpretations, I mean, that we won't be able to summarize it in anecdotes. So they'll start making films about the past, like they did after the war. And I don't like that; it seems dishonest to me." I'd just as soon shoot a film of Grin in Russia, about love and money. An old, human story. I guess there'll be a lot of us who will start making films of old human stories.

In Russia?

The longer I was there, the more familiar I became with conditions there, the less I knew the people. Going to Russia as a tourist can be pleasant, enjoyable, interesting — do you remember the first time I was there with you? Working with them is worse. But

on the other hand, if you want to formulate an opinion about this world of ours, it's terribly important that you know the Russians, and their country. Their thinking is simply organized in an entirely different manner from ours. Maybe it's because of the immense expansiveness of it all, the country, the thinking, the people. Fences are suddenly arising between me and my best friends from over there, fences that neither they nor I can cross.

> [It was midnight. The next day Schmidt was leaving — first for Moscow, then to do his exterior shots on location in Georgia, high in the mountains. We didn't know if we had finished our conversation or if we would be returning to it. We got together later than we expected: it wasn't until February 1969, at a projection room at the Barrandov Studios, over an incomplete print of Lanfieri Colony. We didn't really intend to continue the conversation that had been started half a year earlier, actually a century earlier; somehow things suddenly didn't fit in the dimensions of time. But anyway, one thing led to another.]
> Is it a Western, or isn't it a Western?

I think the Russians will like it. In the West, they're better at this. Our approach, not stressing the action side of the thing, is a handicap. I keep drifting off into poetry. I'm interested in how I can introduce things on a different plane into an action film, so that they flip out of the real framework. Some Americans accuse Ozone Hotel of being a conglomerate of art and commerciality. I think that's what it's all about. Take a look at Menzel, the way he succeeded in derailing film onto an altogether different track. Besides, the Russians — and the Americans, too — like their characters to be much more explicit, more unequivocal.

> How about experiences with co-productions?

Our directors have had more bad experiences than good in collaboration with the West. It's a matter of private capital: every penny counts. When you're doing a co-production with the East, it's state money you're talking about; you pay with invoices, not cash. It's easier that way. Besides, where it is a question of the

Plan and fulfilling it, the Russians are always generous. If a common ground could be found, lots of things could be done in co-production. In the West, all they are interested in is making money, and nobody is particularly interested in what he makes the money on. In the East, on the other hand, money isn't all that important, but everyone is concerned just with what you're filming. And that is the crux of it: which is harder; which is more confining: money or ideology? It's apparently a question of the circumstances.

You were in Russia shooting your film in August 1968. Was it...what was it like?

I might answer in the words of Vančura, from my next film: "What is told in stories is frequently such entertaining balderdash that no one is inclined to believe truthful episodes, and no one even reads them. Hence honesty goes to the dogs, and various figments are lauded to the heavens. To the devil with it all! It appears that Truth has lost its shoes and limps lamely away, following Lie, of which the folksaying has it that a lie is short-legged. No need to worry about Lie: she won't get lost."

Summer 1968/Winter 1968

The year is 1648. Representatives of the Czech Protestant nobility in exile dispatch emissaries to their homeland to round up troops for action in the last stage of the Thirty Years' War, an action that could influence the peace negotiations in favor of the Czechs. The emissaries stop at the half-ruined, impoverished estate of a knight named Rynda, who refuses to take part in the game. Ultimately, circumstances sweep him along and he prepares to do battle at the head of a small but determined group, at the moment that a messenger is bringing word of the signing of the peace. That means the end of all hope. But it has no effect on Rynda's decision, and he goes off to fight the Hapsburgs alone.

This is the subject matter of Hynek Bočan's last film to date, Honor and Glory, and one cannot help but think of it as we read how he spoke so optimistically in 1969 about the new generation, about opportunities, about indomitability. What happened to that new generation, and to their films? The films have almost all been stashed away for "safekeeping," and the people have ended up either outside film entirely, or in the studios making short films. Bočan himself did not complete The Decoy. Work on the film was stopped, and God only knows what has become of this black-eyed youth since then.

But where did all the hope — indeed, near certainty — come from that survived in people so long after August 21, 1968? Perhaps it was simply the instinct for self-preservation, the need for illusions, the unwillingness to face up to the ugly truth. After all that had been built up, literally out of nothing, in the late fifties, and then in the the sixties, it was almost impossible to believe that it could be destroyed again. And in the name of the selfsame noble ideal. We were like the people who stood on the very threshold of the gas chambers, wanting with all their strength to believe that they were really the showers that the halls of death were constructed to resemble. "I fear that a Biafra of the spirit will come to pass in Czechoslovakia," wrote French writer Louis Aragon in 1968 after the Soviet invasion. "I am afraid that this is the end of

culture," wrote a Czech artist in a letter in 1972.

How terrible and complete is the revenge of the untalented, the vindictiveness of the mediocre and the less than mediocre, when they act under the protection of foreign bayonets. And this is what the "normalization" in Czechoslovakia consisted of. After the Prussian army had throttled the Paris Commune, the enraged French bourgeoisie ordered ten thousand Communards shot — many times more than had fallen victim to the rage of the people. The frightened burgher takes vengeance for his fear with a consistency and brutality that brook no comparison with that of any revolution. Civilization may have advanced somewhat; there are no mass executions in the heart of Europe for the moment, but executions of the spirit, of the mind and of talent, are carried out with the same thoroughness as was exercised by those at Versailles when they filled the ditches under the fortifications and by the walls of Pêre Lachaise's cemetery with corpses. And yet it wasn't the end then, either. You can't kill an idea, you can't shoot it in the head. Or tradition either; once born, it can never be erased, by anyone.

"Now things are clear and orderly," says Bočan. And there is a strange bit of wisdom in that statement. The sixties in Czechoslovak culture were Franz Kafka years. It turned to him in desperation, seeking a key for understanding the riddle of the supreme alienation of man in a system that had ostensibly liberated him. "It's like something out of Kafka," even the man on the street used to say in those days, although he had never read the poet's work. Now things are clear and orderly, and Franz Kafka is no longer needed. In that sense, the "normalizers" of Czech and Slovak culture have a point. Riddles and mysteries à la Kafka have vanished. Things are all too clear.

*   *   *

Hynek Bočan was another Czechoslovak award-winner at the Mannheim Festival. Up until then (1966), no one in Prague except his colleagues in the film industry knew of

him. He was the youngest member of the entire "wave,"
and the attitude of the others toward Bočan was that of se-
niors toward a sophomore. If I recall, he didn't even go to
Mannheim: he was in the army, and so he couldn't; and even
if he had been able to, it was too late anyway. And what
would he be going there for in any case? Two years earlier,
Vera Chytilova had won at Mannheim, and the previous
year it had been Němec. One couldn't expect the award to
go to another Czechoslovak director. But it did. (And the
next year it went to Menzel; and the fifth year it was the
Slovak director Dušan Hanák.)

Bočan won at Mannheim with the film No Laughing Matter, based on a story by Milan Kundera. Then he adapted
for film the cruel mirror that Vladimír Páral presented
to the world in his novel Private Hurricane.

It is said that a person's third film will show whether or
not he is a director, an artist. I have never gone into the
statistics of the thing, but in the case of Bočan, I have a
feeling it is true. Bočan shot Honor and Glory, based on a
novel by Karel Michal that in itself was outstanding, and
the result is a work of art that will move the heart of any
Czech.

It would have been nice to talk to Bočan about how it all
happened. But owing to the circumstances, my interview
with him in the spring of 1969 more or less coincided with
the end of the Czech wave. And so the poor fellow was confronted with the question: And if you were to summarize it
all?

I'd be more interested in what is going to happen now — and not
just with respect to externals. I simply think that the future is
always more important. It is more than likely that a number of
interesting films will turn up during 1969, because interesting
new people got to make films. At this point they are still just
names, even to me, just members of the next generation from the
Film Academy: Havetta, Renč, Vihanová, Jonáš, Fuka, Tuček,
Vachek, Trančík, Hanák...one generation is winding down while

the other is starting out. It's high time, too. Calling us the "young" wave was already a joke: I'm chronologically the youngest, and I'm thirty-one — not so young anymore.

["It's high time," you say — and I had to laugh. It called to mind a conversation overheard in a Prague tavern one day in 1969: 'It's high time it happened: we were so dopey from all that Spring business that we damn near started to turn in a day's work for our pay."]

What's most important is catching a second wind. If anything is achieved anymore, they are probably more likely to achieve it than we are. It's just that what the "young wave" contributed in a formal sense has been exhausted, and now it's time to go on.

I won't let you get away with avoiding a backward glance — if only because you're all of thirty-one already.

A person always looks back with certain personal, and hence sentimental, feelings. The main thing for me in that period...I mean the main feeling...what, actually? Now I've forgotten it; that's sad, isn't it? Maybe it'd be better to take it from the beginning. You can't consider the "wave" from an overall viewpoint. There are several strata in it. One of them is Chytilová and Němec; then come the more realistic ones, Menzel, me; then the philosopher Schorm, sage that he is, and so forth. But all of us — Forman, Passer, myself, and even Chytilová — were influenced by Italian neorealism. I was the youngest, and I still got a chance to see it in school; but they had to experience the intoxication of neorealism in all its intensity.

As in every art, the most important element in film is the emotional aspect. If you don't arouse an emotion, that's the end of it. Take a look at those films, one by one, and you'll see how those emotions are arrived at, their kinship to neorealism, from lovers to Němec's little old men, Věra Chytilová's bag of fleas, Menzel.... Oh, now I know what I wanted to say.... It's connected with my wanting to know what happens next. I mean, I feel that those films of ours might already be outdated. There are very few films that don't grow old. God only knows how we would

respond today to films that we used to view as a delicacy, that we considered infinitely refreshing.

One thing really played into the hands of the young wave: the situation in which these films originated. Whether you want to or not, you reflect the face of the times. And many of those films were marked by — well, what do they call it in the newspapers nowadays?

I wouldn't know, I don't read the papers nowadays.

I do; there are some pretty challenging things in them — very. But anyway, it has been said that culture thrives on a manure heap. That's why even today good films can come into being. For that matter, it's logical, because pressure builds up counter-pressure. When we were starting out, the times didn't mark us with what had to or didn't have to be done. There was sort of a hatching in it; some things were possible. I certainly didn't have that uncomfortable feeling of embarrassment that I had in 1968 when I was trying for an up-to-date film. No, back at the start everything was clear — everyone knew that this was justice and that, injustice; we were almost hysterical from it all. Now things are nice and orderly, but of course on a different plane. May I change the subject?

Why?

I had sort of a discussion with a friend of mine. He's a great cynic. He said, "Everything that happened in 1968 is great. The younger generation was just about to catch its breath; it was getting ready to wipe us out with a simple argument. We explained that it wouldn't work; and they replied that it would only take a few hundred, that the trade unions. . . . And now they see that life is much more complex than it might appear."

Well put, wouldn't you say? Maybe it would be better without the moral lesson, but it's too late to say "if." It all happened. This is the way it's going to be, and maybe we'll find a way again.

Six years ago you started to shoot your first feature film. Now you have three films to your credit, one Grand Prix

from an international festival. What kind of an experience
was it?

The only thing I was ever sure of was that I knew my craft. And
that is something I am still certain of. But a person doesn't
really learn anything else. For that matter, it's a good thing. If
it were the other way, it would be boredom. I still don't know
anything, just as I didn't know anything six years ago. And I keep
discovering that I am not succeeding in saying what I would like
to say. There are many reasons. One of them is perhaps lazi-
ness. I don't have enough energy for everything. But is that an
objective reason? And then there are many more that I don't
know and don't want to know.

The best thing about film is the adventure: you're forever doing something, and the result ends up different; there is always
a shift of sorts, and that in itself can be interesting. That's the
beauty of it.

I'd probably get mad if somebody told me that I keep making
films about one and the same problem, that I never deviate from
it. But I guess I found a problem like that for myself, and it has
been there from No Laughing Matter all the way to The Decoy,
which is what I am just starting work on.

If you were to name that problem....

I could say "Man and Society"; but I guess that's too broad, isn't
it? In simple terms, the problem of a decent person among bad
people. That's more specific, now. I could take it even further,
but it's just as well if I don't, don't you think? That's a problem
for so many people. We have a double moral standard. We recognize certain canons of Christian morality. There actually isn't
any other; there are no other commandments.

There is Mao.

That's not for me. For that matter, neither is the Christian morality — I mean, not entirely. But a person needs something.
He's living a life, raising kids. But wouldn't it, in the final analysis, be better to tell a child straight out that life is war, that

people are wolves, that a person has to know how to do everything: lie, hurt, debase himself...? I am grateful to film for
having given me the chance to speak for so many people and to
voice our opposition to a period that is unkind to people like
Klima in No Laughing Matter, or Rynda in Honor and Glory, or
the teacher in The Decoy. This ties in with the struggle against
human stupidity. Up to a certain point, brainlessness is always
funny. But when stupid people have power, it is extremely dangerous. A person who is smart and evil, that's bad enough. But
stupid and evil, that's possibly even worse, mainly because there
are so many more of them.

Recently I feel frightened by a sense of helplessness. It looks
as though nothing can be done. That's terrifying.

Do you think that there ever was a period that was kind to
the sort of people you are rooting for?

Of course not; you know there wasn't. But that doesn't mean I
don't wish that there might be. And then, everything is relative.
The times are either completely unkind to them, or else just a
little kind; and that's great. I can say to myself, "Well, what do
you know? Even my kid is going to get a job."

Here's a neat fairy tale for you: there are some people who
are basically decent, and then there are others who are — well,
I don't want to say they are indecent, but they are the sort who
don't obey basic moral rules. The time will have to come when
there will be so many of the decent ones that they will come to
power.

I know it won't ever happen, that it's just a fairy tale; but a
person should do everything he can to help — and if nothing else,
then at least to show the difference between those two strata.

How does Honor and Glory fit into that?

I think it was my best film.

So do I.

Even though some of the things I read about it.... If it had been

my first film, I would have given up. But that's all part of it.

It's Czech subject matter through and through. For instance: the Czechs are essentially farmers — in mentality. Some nations are craftsmen in mentality, or tradesmen; but if you take a Czech, if you take each of them one by one, three generations back, he's from the country. And that makes for personality specifics. It's all there in Rynda the knight, the way Michal wrote him. If someone were to ask me, "What sort of people are those Czechs?" all I'd do would be to tell him, "Here, read this and you'll see."

The seventeenth century had one noteworthy aspect with respect to the twentieth for Czechs. It was then, thanks to the fifteenth and the sixteenth centuries, that some sort of national feeling was born; and everything that went on then, within that context, is still going on around us today. All the surface ballast has changed, yes; but not the substance of the thing.

Rynda is immense in one respect: he is apparently incomprehensible; at first glance his behavior seems illogical. But who of us behaves logically? The controversy that surrounds him — for instance, is he a positive or a negative figure? — is resolved for the author by the times in which he himself lives. Look, the book is five, six years old: the film was shot in the autumn of 1967, it was completed in the summer of 1968, it hit the movie houses early in 1969. And during that time, as the situation in Czechoslovakia changed, it came to have several almost opposite aspects, resonances — without anything changing in the work itself. Rynda kept behaving the same way, but every so often he was seen in a different light, so that he developed from a negative figure all the way to what was almost a positive one, in terms of the viewer's image of him.

> It was your first historical film, or at least your first costume film.

It's really hard work. I studied everything I could get my hands on about the period of the Thirty Years' War. It's fantastic reading. You never stop being amazed that we still exist as a nation. Imagine: a quarter of the nation, the segment that knew how to read and write, went into exile and, to all intents and purposes,

vanished there. I read something interesting some place: in 1938 the Germans had an internal directive to allow the emigration of the Czech intelligentsia, and top people in general. They knew that a nation without these people is much more easily controlled. I thought of the period after the Battle of White Mountain [1620 — a definitive defeat for the Czechs during the Thirty Years' War] when I was reading it, and was all the more surprised at how the ability to regenerate evolved in the nation in spite of it all.

But it took a while.

Besides, the period in which Honor and Glory takes place, 1648, around the time of the Peace of Westphalia, had an immense influence on the way that the national character was formed — a nation of Schweiks [in Hašek's novel, Schweik embodies a well-meaning denseness and obsequiousness that mess everything up, leaving the enemy unsure as to whether it is stupidity or sabotage]. We don't like hearing it, but if we were a nation of heroes, we probably wouldn't have survived. God knows which is better. Maybe it's better to be a nation of heroes, at least for a while, and then to become extinct. The choice that we are offered is by no means a pleasant one. But maybe it's better, after all, to be a nation of Schweiks.

But that isn't your Rynda.

I guess there is a little of both in the nation. Jan Hus was also a product of it. But of course, heroes enter the pages of history by dying. Schweik entered history only by virtue of the fact that Hašek was a genius. Since there are very few geniuses, that is an unreliable road to fame. The only dependable path to history is to lay down your life for a cause. Sad.

And no matter what you do, you hurt your own people. That's a tragedy from which there is no escape. But there is one thing. Look at Rynda: "Are you a Catholic or a Protestant?" — "I say my prayers and think what I please...." Once somebody really convinces him, then nobody can move him; he would be willing to burn for his faith, like Jan Palach or Jan Zajíc [two Czech stu-

dents who in 1969 chose self-immolation as their form of protest against the Russian occupation of Czechoslovakia and its
consequences]. That is one of the basic traits of our national
character.

It's a shame that there couldn't be a lot of other things in the
film. Like the paradox of the Thirty Years' War, which no one
won, but which ended because no one had any strength left.

The only ones who lost were the Czechs, who started
everything.

By that unfortunate defenestration in 1648, the Czech uprising
against authority. Schweik again. They were all probably very
drunk that day, don't you think?

But one mustn't look at it like that. The defenestration was a
fantastic thing. It all started on account of the church that the
governors didn't want to allow the Protestants to have. A bunch
of Czechs throw a Czech viceroy out of a window, onto a pile of
manure: they don't kill him; they are satisfied with that debasing
act.

Or another interesting thing. A Czech rules Czechs as governor. The man who turns Turk is worse than a Turk proper. And
all they did was give him a swift kick; they didn't even stab him
in the gut.

Now what are you going to do?

The Decoy is going to be a cruel and sad film. Before I did that,
I shot a TV serial based on Jaroslav Foglar's The Mystery of
the Riddle, an adventure story about five boys, a children's horror story. I always was very fond of those children's adventure
stories. Now I've made up my mind that I'm going to do a comedy, an original one by Ivan Klíma, maybe Škvorecký's Tank
Batallion.

You say that a lot of good films will be made — now, soon,
right away. What is this optimism of yours based on?

Certainly a person can't overlook all the obstacles that crop up

to hinder this kind of optimism. But on the other hand, as compared with the West, we have some truly basic problems. For example, we are not as bothered as Western literature and film are by questions such as whether it is right or wrong for a man to live with two boys. The system in which we live has much in common with the West, but it also has many specific characteristics. It reacts far more sensitively to things that are basic to man. Here everything is much less packaged; it's easier to grasp and feel, even where it isn't essentially any different. Take, for example, the meeting of the apartment house committee in No Laughing Matter. I thought that no one outside Czechoslovakia would understand it. And yet the audience in West Germany laughed enormously, and people walked around talking about it, just as here.

Maybe my optimism is exaggerated, maybe it won't be this year, maybe not even next year; but I have the feeling that some day it will happen — because that is another of our specific national characteristics.

Spring 1969

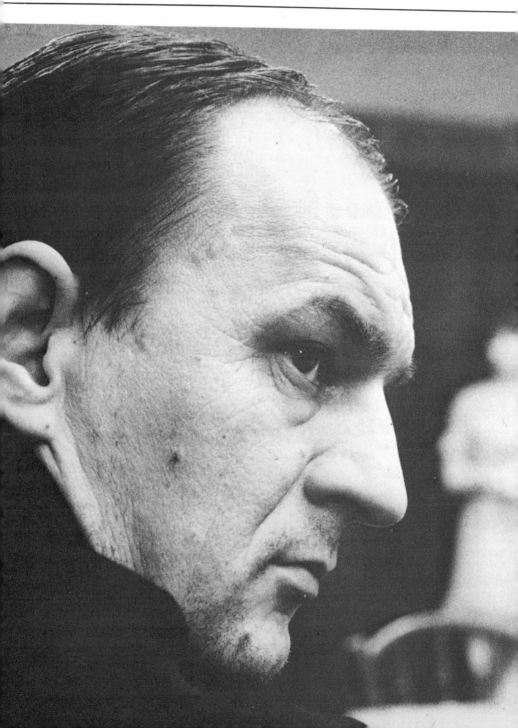

The Prague interviews are drawing to a close and it is no coincidence that the final one is with Jaroslav Papoušek, who somehow resembles Jiří Menzel. Not physically, but in the manner in which he walks through the world, softly, with a bit of a smile, visually recording details of human zoology. So that when he comes home at night he can take pen and paper — and now on the screen, too — to reconstruct that human menagerie.

Jaroslav Papoušek was an integral part of the threesome that included Miloš Forman and Ivan Passer and that was responsible for the films Black Peter, Loves of a Blonde, The Firemen's Ball, and Intimate Lighting. But that is more or less "inside" knowledge: his part in these films is known only to people who read — and remember — the credits, to the initiated, the fans, in short, the film buffs. And yet I think that not a single one of these films would have come to be if it hadn't been for Papoušek, and maybe the fame of the other two members of the trio would not have reached the heights it has either.

Papoušek made his debut as an independent film director with The Most Beautiful Age, a film about sculptors, coal-carters and models (male and female), but mainly about the world and the little people we know from the four previous films.

Together with Kachyňa, Jireš, and perhaps also with Schmidt and Juraj Herz,* Papoušek is one of the leading Czech film directors who were not declared "amateurs" during the "normalization" in 1969 and who were permitted — subject to certain conditions — to continue their work. He invented a group of heroes, the Homolka family, the quintessence of Czech socialist petty bourgeoisie (or for that matter, any petty bourgeoisie), and he has already made three films about them: Ecce Homo Homolka, Big

---

*Herz is not in this volume because he stood more or less on the periphery (although he made some nice films, like The Sign of Cancer, the best of Czech mysteries) and today occupies himself with artistic fin-de-siècle screen stylizations.

<u>Shot Homolka</u>, and <u>Homolka and the Purse</u>. This is Papou-
šek's zoological presentation of one human species, whose
stories and dramas revolve around such problems as how
not to get involved in the problems of others, how to manage when one Sunday afternoon the TV doesn't work, how
to rip off a crown here, a crown there — if possible at the
expense of others, and with a minimum of effort.

It took a while for people beyond the borders of
Czechoslovakia to discover that cinematography is never
really dead as long as artists with Papoušek's perceptive-
ness, sense of humor, and intense diligence still exist.
Today, the family Homolka is beginning to appear on movie screens in Western Europe as the harbinger of the new
Czechoslovak reality. And it is a reality that is surprisingly similar to that of all silent majorities, as the support of every status quo.

Of course, it is also true that after years of big words,
slogans, struggles and tragedies, the man who has gone
through it all is left only with his own narrow microcosm.
And here, as in a drop of water, art reflects — what?

*   *   *

We sat in a cafe in Prague on a Saturday morning. The
city was nearly buried in snow, and everybody was turning
on his TV to see if Prague had been signed away in a treaty,
to be annexed to Siberia. It hadn't — not that Saturday, anyway.

I asked Papoušek how he ever got into film.

I really don't know myself. When I was a student at the Academy
of Graphic Art, my pal Jaroslav Boček [later a film critic and
director of short films] and I used to go to the movies together.
One day he said to me that we ought to try it. But nothing came of
it. And so I began to write, just for the hell of it: three short stories, each about one page long. And then I started to write about
something that happened to me when I was a boy, one of those un-

comfortable, embarrassing situations. Well, I gave the material to a friend of mine to read — he worked in a publishing house — and he liked it — not the short stories, the other. And I discovered that I really enjoyed writing. I finally quit working with sculpture and began to write from morning to night. I didn't do anything but write, and get into debt.

Then Miloš Forman read the script. He liked it, and he offered me a chance to work with him. And that's the way we have worked together ever since. The thing I was talking about was <u>Black Peter</u>, of course.

What did you think of film then?

Not much of anything, actually. It's like this: I enjoyed film, it amused me; but I didn't have any basic attitude. I mean, we had a Tati club — Tati is still my god — and I said to myself that someday I'd like to make films, not because I love comedies or because I have something important to say, but simply because I had the feeling that I could apply everything that I enjoyed — art, literature, fun — to film. When I was writing <u>Peter</u>, I never thought that it could be a movie. It wasn't until I got together with Forman and Passer that I sort of formulated my basic esthetic views toward film work. And yet I never got the feeling that they were the experts and that I was just a little sculptor who was forever getting underfoot. I don't know if it was because they were so tactful or because I was so dense, but that's the way it was. Nor did I ever feel that they were putting more into it than I was. No, each of us was an equal among equals.

You were saying that you didn't develop your esthetic views until you began work in the group....

It's just that I don't like the word "art" and everything that seems to be connected with it — I mean, the way it has developed, nowadays, including the life style and the expressions that go with it. My ideal would be if everything could just stay anonymous, not the actors, of course, but everything else. I don't like labels, either; pigeonholing things doesn't give me any sort of thrill.

What I like is...well, I don't know...inner intuition. I just think it's best to make films the way you make anything, like houses or whatever. That's probably because I am basically a country fellow, with the mentality of a sculptor. And sculptors are more laborers than anything else; they don't do much philosophizing. However, unfortunately, when I get together with sculptors today, I feel like a filmmaker. But still, I am more comfortable with them than with other filmmakers.

> Make films, you say, the way you make anything — as you build houses. But commercial cinematography has been making films for years the way everything else is made, like the product of any craft, good or bad.

No, what I have in mind is more like the old country bricklayer who built everything with his two hands; he'd show up in the morning, light his pipe, and start laying brick, working it out as he went along. And the houses I was talking about: I was thinking more of a village cottage, an individual structure, not a skyscraper apartment building. Hollywood, commercial cinematography today, those are prefabricated structures, impersonal steel and concrete apartment houses. What I really like is to get right down and work, and sweat. It's the work I enjoy more than anything. The product is only secondary, to me.

> And yet, in Czechoslovak cinematography, even before you came along, the end product was something like a village cottage — I mean, on the average. You certainly couldn't call it steel and concrete. But the perfection of the craftsman wasn't in it, the professional skill.

The problem was in the fact that the films weren't spontaneous. People didn't make films because they were doing something they wanted to do very badly. They were doing only the things they were allowed to do, things that were required of them, more or less, whereas we walked into film as free people, and we did only what we wanted to do. And we didn't encounter a single obstacle that couldn't be overcome. Up till now we've done only the films

we wanted to do. The people who were making films in the fifties
can't say that — and for the most part it wasn't their fault. They
call what we are doing "authors' " films, but I think a more descriptive word would be "personal" films.

The most important thing was, I think, that the criterion wasn't
in the professional approach, I mean, perfection within the craft.
Neither Forman nor Passer is a professional in the common
sense of the word. And I can't even mention myself in that category.

Maybe we are more "common" than the others who had a similar approach, and we put more emphasis on the humorous side
of life. People have a need to laugh, and it's such a strong need
that they are grateful when you offer them the opportunity.

> Why was Loves of a Blonde more successful, among a
> wider audience, than your other three films? That has
> always been a mystery to me.

Perhaps because it has so many points of contact with the popular romance type of literature: a young girl comes to the city,
the boy she came to find doesn't want her.... And it has so much
in common with the most ordinary of human experiences. But
that's also true of the other films...I don't know. Sometimes it
makes me wonder too.

> Your films played an important role socially, because you
> did call so many things by the right name, and confronted
> people with a looking glass.

That's all because we were working with things we were familiar
with, without the slightest intention of introducing something
world-shaking to the viewer. We always had a hell of a lot of fun
doing it; we were moved, and that's about the size of it. Even The
Firemen's Ball didn't originate with our sitting down and saying,
all right, now, let's do a metaphor about — well, about what the
film turned out to be a metaphor of. We just made a film about a
ball and about a certain group of people, and we only realized the
possibility of the metaphor later on. What was important to us
was the fact that it was about those same ordinary little people.

That's what thrilled us, not any metaphor. Naturally, then we adapted the individual people's lives and the plot itself to the metaphor; but the main pleasure was in everything materializing through little things, those specific, human, nonsense things.

As I said, the secret is probably in the fact that it always began with the situation, the story, the event, and that was always something we were familiar with. The ideas didn't even enter the film till later. Maybe sometimes you have to do it the other way around, but I don't think I'd enjoy it that way.

> Earlier today you were talking about watching television, and you were saying what a relief it is when at least some people who speak in the name of politics give the impression of not being complete idiots, that they know how to finish a sentence. I had the feeling that all that had something to do with the world of your films and their social significance.

The little people in our films usually don't know how to finish a sentence. Neither do I, most of the time. Maybe that's why I like them. As a filmmaker, I am not interested in people who know how to finish a sentence. But as a citizen...that's something else entirely — naturally, the difference between a pal and a leader. There may be a contradiction in this. I don't know, but I don't think so.

I was perfectly satisfied when everybody came to Miloš and Ivan with their questions and let me be quiet and work. Now that they're suddenly coming to me too, I keep realizing that I don't really know much of anything, and that I don't even feel the need to formulate things for myself. That's probably why I like poetry — three dots instead of the final formulation of a thought or a sentence. I enjoy listening to articulate people. But what I enjoy most is listening in on conversations in a train or a tavern. For instance, in Black Peter: do you remember the scene in which [the actor playing Peter] Vladimír Pucholt says, "Watch me!..."? I saw that happen once, in a pub. It took about an hour, and the guy wouldn't go away; he kept thinking that the others weren't paying attention. That's the universe, so far as I am concerned; that's poetry. And I am capable of appreciating that. But

philosophy? Maybe Rousseau — but even Rousseau just as a man who takes walks and thinks about people and things, because I do that too, somehow.

> You are an art school graduate. Does that have anything to do with film?

Film consists of pictures. I think that, as an artist, I have something to do in film, yes. And when I really liberate myself, then I'd like to assert that part of myself even more. Right now, it's mostly the literary thing.

> Does your art help you at all?

I should say so! I have a spatial imagination that is well trained. I see things pictorially even before they become pictures. That keeps a person from writing something that isn't visual — like feelings. For instance, "He stared, and the forest and the blue sky were reflected in his eyes." — that sort of nonsense.

> Forman, Passer, and now you — all of you work with nonprofessional actors.

"Birds of a feather flock together." I see a nonprofessional actor as a person who can bring more to a film than I am capable of inventing and putting down on paper. He doesn't create; he simply IS. One of the greatest experiences for me is when an untrained actor does something that I know no one will ever do again, those little pieces of action that maybe no one will ever notice. Of course, a nonprofessional has his limitations. But then, doesn't everyone?

> Now you've had a new experience: your first independently directed film, with neither Forman nor Passer working with you, the way you used to work with them.

No question about it, it was a disadvantage. You miss the correction that the others can give you; when you're alone, you have to make your own corrections. And besides, you can't fill in for each other, and that's bad, because in the kind of film that we do, the

script is never complete until the film is finished. Other than that, I find it hard to evaluate the difference myself. I was always in the background, and the others were up front. I've never been in this situation before, and so once in a while I'd say to myself, "Damn, I wish the guys were here. . . ." It didn't make me any more nervous than that, no; but you can probably tell from the result, all the same.

And any other experience?

Mainly, the work is far more interesting for me this way — as work, I mean. When I'm on the set by myself, only my own stupidity will show up on the screen; I am responsible to myself for everything. I used to argue a lot with the guys, and that was one of the good things about our work together. But in the end, all I could do was make a suggestion; on the set, the director is boss, no matter what. I enjoy the idea that no one is going to bail me out, that I'm all alone. It's a good feeling. Of course, if the guys had been on the set with me, some things might have turned out better.

The Most Beautiful Age is probably weaker than the four films that we did together, but I feel the best about it. I mean, I get the best feeling from my work on it. It was a sorely needed experience. You get to know yourself and understand what you are capable of and what you aren't.

I feel much freer. There is a scene in The Most Beautiful Age: an old man suddenly ups and climbs over a stepladder — no reason at all, he just does it. We probably wouldn't have done that, before.

The "guys" are shooting abroad, in America. Isn't that a temptation? And what do you hear from them?

Nothing. We don't write letters. Actually, they sent me a postcard the other day, asking me to write them. But they know I won't. They just wrote that for the hell of it.

Am I tempted to go to America? Not like that, not out of ambition. Maybe to learn something, or maybe to make some money so I could stay home afterward and do preparatory work on a film for, say, three years, and not have to worry about anything. But I'd never write a script for such work abroad; no, I couldn't do that. Besides, I don't really like to travel anyplace, especially in

foreign countries. I like my peace and quiet. The guys may make a great film. They've been there a while; they know the language, a little; but they're restless, they're nervous, naturally.

Do you go to the movies?

Sure I do — just like anybody else; mostly to see comedies. I'm happiest when it's perfectly clear what it's going to be, as in Martin Frič's films. I could never make films like that myself. He was a complete professional.

I don't really believe in what they call serious, ideologically committed films, though I don't underestimate or condemn them either. Personally, I enjoy the average comedy more than the average "heavy" film. Of course, when it has a form to it, style, like Jan Němec's things, well, that's a horse of another color.

[So much for the most ordinary of ordinary people, who for years has been making the most extraordinary films. We got up to go; he looked at me again.]

I guess I haven't told you much. But, you know, I'm more for the fun and nonsense stuff.

Summer 1969

Juraj Jakubisko

No one will ever be able to say what would have happened to the Czech young wave if it had been allowed to age normally. If it had been able to continue its work under similar or, as they all hoped, better conditions. Nor will anyone ever know what would have become of the next generation, whose first films — if they succeeded in completing them in 1969 and 1970 — also ended up in the censors' safes: The Visits, a tryptych of short stories directed by Vladimír Drha, Otakar Fuka and Milan Jonáš; Pavillion No. 6 by Balada; Wasted Sunday by Drahomíra Vihanová; Guard by Renč. (One can also wonder about the exceptional talent of Karel Vachek.)

But one thing is certain: In 1968 the focus of interest was once again shifting to Slovakia, primarily — although by no means only — because the unique and original talent of Juraj Jakubisko had ripened there, after he had graduated from the Film Academy in Prague.

In apposition to the detailed drawing, the philosophical symbolism and the irony of the Czech school, Jakubisko emerged with a literal explosion of passion, violence, brutality, crazed rhythm and surrealistic association that spring first from Slovak folklore and then from hearts that beat an accelerated, more temperamental Slovak pulse.

Jakubisko is kin to Brazil's Glauber Rocha, America's Robert Downey, Mexico's Alejandro Jodorovski, Yuri Ilyenko of the Ukraine, Sergei Paradzhanov of Armenia, Miklós Jancsó of Hungary, and in a way to Poland's Stanislaw Kutz. They share a world in which the basic color is blood red, the dominant sign is that of death, the main diversion is violence, in which heroes dance a merry jig of revolution and war, only to add their heads to the others that have fallen.

But Jakubisko's work contained something of that Eastern Slovakia of his that made it distinctive — even in terms of Czechoslovak cinematography. His Crucial Years, for example, was a Slovak film despite its having been shot in Prague. The film had much in common with the efforts of Jakubisko's fellow students; but the tone was different, the childhood, the roots.... And yet Jakubisko is one of those Slovaks who speak Czech flawlessly, one of those who don't

display their Slovak origin (or, for that matter, their Czech
origin) like a banner in questions involving the relationship
between the Czech and Slovak nations, or their cinema-
tographies.

It seems to me that these are the most valuable people
for establishing a truly autonomous national culture, and
not just superficially national either. They are also the
ones who probably are the most meaningful for a cohesive-
ness of the two nations that would be more than just proclaimed, that would be vital and deep, that would predeter-
mine the individuality of each.

*   *   *

Whether the tanks really did roll into the focus of Jakubisko's cameras in 1968, as he later said, is irrelevant.
The fact is that in the final print of his film Deserters and
Nomads, immediately following shots of the merry killing
that took place during the liberation of Slovakia at the end
of World War II, Jakubisko cut directly to the unmerry
killing and nonkilling — by soldiers in the same uniforms
— in Czech and Slovak towns and villages in the last days
of August 1968.

Juraj Jakubisko, the foremost creator of Slovak film, was
repaid for that cut from one scene to the other — no other
pretexts were even given — by having his name placed on
the list of those banned from film work. And those two
fantastic films of his, Deserters and Nomads and Birds,
Orphans and Fools, were not shown much anywhere. In
spite of the fact that the former, shown outside the competition at Cannes in 1969, was considered the most interesting film of the festival. Czechoslovak cinematography
had lost its future, and so interest in it was lost as well.

We talked in Bratislava in the spring of 1969. Jakubisko
began with his current film.

It is called Birds, Orphans and Fools. Isn't that the saying, that
God looks after fools and birds ?

The young people who walk through the film, the ones the film

is about, don't interest me for their eccentricity. They are, in their own way, typical. First they went through a period of moral poverty; now they are seeking happiness in lunacy and foolishness, rejecting any sort of commitment. They try for commitment, once, twice, but unsuccessfully. They don't even know how to paint what they want to express, and they end up trampling everything they are fond of. Man is simply not enough of a fool — in the Shakespearean sense of the word. So far, I have shot a lot of film. I don't know how some things will come out myself. For example, I don't even know if my hero, who killed himself three times over, really dies or not.

I saw the second and third parts of Deserters and Nomads today.

The second one, Dominique, was in the shooting stages late in August 1968. It starts out as a comedy, but it ends tragically: they all kill each other off. That's the way it goes. I was supposed to do some shots of some geese in a courtyard; and when everything was ready and we opened up the gates, and a gaggle of geese was supposed to come waddling into the courtyard, a tank rumbled in instead. And so I got it all down on film. I took a long time to decide whether or not to leave it that way.

[Our conversation up to that point had taken place in the morning, in the projection room at the studio, before they finished rewinding the footage. In the evening we began by talking about Jakubisko's years in Prague.]

I shared many things with the Prague young wave; we had similar beginnings and a great deal in common. I was Jireš's assistant when he made his Hall of Lost Footsteps while still at the Academy. We wrote the script together; and it seems to me in retrospect that it was a fateful encounter, his and mine, an encounter with experimentation. We got our kicks from the form, the combination of color with black and white. I admit that it had its effect on me; and besides, I got the reputation of being an experimenter. All the professors said I was. My tutor was the old gentleman [director] Václav Wassermann; and he always backed

me on whatever I thought up, whenever he was convinced that I
was being honest. That was all that mattered to him. And it is
very fundamental in art. He said to me, any number of times,
"You ought to go back to that Eastern Slovakia of yours."

I used to relate my childhood impressions. Deserters was described as a film based on cruelty. But what is cruelty? The
world perceived through the eyes of a child's experience....

This morning you said something about my poetics being different, being Slovak. I don't really feel any diametrical difference, at least between Bratislava and Prague. I once told somebody that I don't feel like a Slovak director; at most I might feel
like an Eastern Slovak director. People there are extremely
temperamental; they are like the Italians, really very different
from people in Central or Western Slovakia. If somebody is a
cripple, he doesn't turn into an introvert, he doesn't isolate himself from the world. He carries his burden with a sense of humor — I might even say joyfully — and his life is much more
joyful, too.

So if I am different in any way, that is where it came from.
And besides, Havetta and I are graduates of industrial art school.
We approached film through graphic art, through photography.
We were both influenced by a sensitivity for things, a sort of
linear imagination. That is where we found our love for film.
The problem, then, was not to turn into a graphic artist in film.
I had to slough off a lot of things that I knew. When you see
Havetta's film The Party in the Botanical Garden, you'll see the
difference between us. He sees things impressionistically, whereas I am trying to overcome expressive vision. What I want is for
film to stop being a static composition, for it to turn into a dynamic whole. A lot of other things merge into that whole, things
that film in particular, as a synthetic art, can collect under a
single roof.

Film is a collective art — at least that's what a lot of people
say; and it's true — to a considerable extent. You can't just be
alone and, all by yourself, shove your intention wherever you
please. You have to react to a lot of things, and everyone finds
his own methods of work in the process. Either he creates reality, or else he makes it submit to his will, as I did when I
worked on The Ceiling with Chytilová. She makes a film as if

she were buying a hat: a magnificent ceremony, full of elegance
and feminine cleverness. And all the while she is suffering. In
a little while the hat she bought doesn't appeal to her anymore,
and right there a style of storytelling emerges.

The method I use is based on a system of permanent uncer-
tainties: The script that I write is doomed to extinction; I know
that I can't stick to it, that it is more in the nature of a set of
directions for getting the film started. Not that I don't know what
the film is going to be about. But I don't want to know the details
in advance, the things that will give it its final form. At a typewriter, you are subject to conventions, to things that you've seen on
the screen, or to what you may have picked up from cinematography.
The specific solution of a specific problem, frequently at odds
with the script solution, often brings new elements, things that
would simply never have occurred to you at the typewriter. If
you don't rely on a finished script, you are forced to keep your
eyes open to see what you might steal, and where. A more spontaneous method of work emerges that way, a method that is much
closer to my mentality.

The Eastern roots that you mentioned apparently help to form
my esthetics as well. I do use elements in my work that are —
if you will — Eastern European; but I use others too, elements
that we all have in common. What is entirely different, though,
is probably the connection of cruelty with poetry, something that
is unique to folk poetry. I like folklore, and I keep inclining toward it. In telling a story, I keep finding naturalistic elements
intermingling with poetic ones. And that is probably how an unusual kind of film poetics, not far removed from absurdity, is
born.

In my new film, for example, there is a scene depicting a rural wake. In the East, you can hardly tell it from a wedding, except perhaps in the manner of dress. Everybody is singing, and
the loudest of them is a little old man. All of a sudden, a moth
starts to beat its wings against the windowpane. The people stop
singing and begin to chase the moth. Only the little old man keeps
on singing, until the moth flies into his mouth. Okay, that's just
the way it happened; I saw it happen that way. But suddenly the
scene shifts to a plane of modern absurdity: the little old man
suddenly begins to sing in a high, sweet voice. And that is where

things change. Reality leads the viewer to something that allows him to shift to someplace else, where reality leaves off. And the viewer is still with me. Do you know what I mean? Even the cruelty of Deserters is no longer realistic cruelty, but an exaggeration of cruelty that is almost beautiful. People where I come from are accustomed to blood: there is nothing odd about it; they do all their slaughtering and butchering themselves. To make a long story short, my starting point is in a different reality, in circumstances that in many cases no longer exist.

In Dominique it is all more real. The film is about the process, the mechanism, of killing, about how easily people learn to kill, just because, say, somebody has a different color uniform on. In the end, they aren't even aware of it. And do you know where I was aiming? I decided to film two other stories to go with Deserters because I wanted to show clean dying, without sweat and blood, to show that sweat and blood don't mean anything yet, that it is far more cruel when all that is left in the end is a pile of green dust. The last story, Nomads, is at the same time a fairy tale about God. Man invented God and His laws in order to be able to break them. Mankind has come so far that if God truly existed (and the end of the world and the last judgment), it wouldn't interest men at all. They would keep on committing murder in the name of some doctrine.

And Fools? Orphans? Birds?

I think of foolishness as a drug for life, the opposite of Crucial Years, if you will. There it was a question of a moral code, a moral relationship to life. Birds, Orphans and Fools is more a view from the other side. Maybe it is even close to the pattern of today's young people. Kids don't want to grow up; and by their foolishness, their lunacy, they cover up their own insecurity. They want to achieve a feeling of happiness, of certainty; they want to find their own personality, not get lost in the crowd. And at the same time, they deny themselves the idea of commitment because they don't want to grow with ideas that — according to common knowledge — age too fast. In my film they move somewhere between film tragedy and film farce. The story itself is very simple: two boys and a girl. But there is sort of a second

plane — if I were to exaggerate I'd call it a philosophical plane — expressed in statements that are constantly in conflict with the behavior of the characters and are constantly being discredited by their behavior. The tone is more than joyful, but the film it- self will probably be very cruel. The very rational hero finally succumbs to an emotion as primitive as, for instance, jealousy; and he hastens to end his own life because it no longer has any value to him. Everything that he had encountered and that had been sacred to him had suddenly been trampled underfoot — even his efforts to find happiness and to find himself.

Or to explain it in other terms: my three heroes are orphans because their parents murdered each other. The girl is Jewish; her folks were killed by the Nazis. The Communists were re- sponsible for the deaths of the parents of one of the boys, and the Jews had killed the other boy's parents. A threesome of con- troversial orphans, the product of the absurdity of our world. For instance, the film begins with an exchange following the seven days in August 1968:

"We should have gone off to the mountains."

"They'd have shot us all to bits."

"But it would have taken longer."

"And we would be as free as before...."

Or:

"When soldiers invade your country and steal your house and your language, build yourself a house in your soul and you'll be happy."

But shortly thereafter, the same hero says:

"People wonder about history repeating itself. They murdered in the Middle Ages; they are still murdering today. Maybe Christ was a prophet that God sent to show people how to get out of the vicious circle of killing. Christ went against violence alone and proclaimed the truth only by words. For a person to assert his right and his truth that way, he needs a lot more guts and strength than he does if he tries to fight for the same thing with a weapon in his hand...."

Statements like that in my film become something like intel- lectual playthings, fading in and out of the main motif of the hero's emotional life. All the while my heroes will not admit that they are aging, that they are unhappy. Yet they can't fool

themselves; they sense their sorrow and their unhappiness, and so they come to a tragic end. In short, you can't be crazier, more foolish, than the world around you.

In Crucial Years you touched on a theme that interested me: a Slovak among Czechs, in a Czech environment.

The younger generation of Slovaks, and not just the artists among us, never had the antagonistic attitude toward Czechs that undoubtedly exists in Slovakia: that was the province of the older people, and any exceptions that you find always end up having some connection with older people. I wanted to show that in Crucial Years. When I cast a Czech actor as my hero — and, what is more, one who spoke bad Slovak, according to people here — they thought it would harm the film. But they were wrong. It seems perfectly natural to me to put people of various nationalities together. And I'm sorry I couldn't be as matter-of-fact about it from the outset, that I had to work under the tension that was in the air, to pay my dues. That is why Crucial Years would be hard for a foreign audience to understand. But I couldn't get around that tension. If I were to return to that subject matter today, I would base it all on the conviction that various nations and nationalities existing side by side is a perfectly natural phenomenon.

I ask everyone what he got out of the Film Academy.

Generally, a higher education doesn't give a person much of anything. Still, my stay there, and in Prague in particular, was one of the most beautiful experiences of my life. In Prague and in the whole Czech nation, the immense cultural heritage is almost tangible. In fact, I discovered that I could often hold much more interesting conversations with a perfectly ordinary person, like maybe a young girl who had hardly finished high school, than here in Bratislava with a university student. Maybe the difference in environment has something to do with the fact that I found myself there. Here I might have pretended, whereas there I had the guts to be myself — to find a path where no one could follow me, a path to experiences that are entirely unique and that

I got from Slovakia. Not to mention the fact that a bunch of wonderful people got together at the Academy, and that I grew up in close touch with the generation that established the Czechoslovak new wave.

> Do you believe there is something miraculous about the Film Academy?

I don't. I've said it before. A higher education doesn't give you the basic knowledge that would, in and by itself, be particularly applicable in art. But one thing is there: When Chytilová, Němec, Menzel, Schorm, and the rest were studying at the Film Academy, we were in a single building; and — counting the professors and the staff — there were a hundred of us at most. Every completed film was in essence sort of a small family celebration. I am certain that we knew less than the students know today — there wasn't even that much theory then. The other day I went back for a visit after four years, and I was a little frightened. The school had become something uniform. I mean, a lot of general exercises and theoretical lectures force people into a single rut. We had to put everything together from the beginning on, starting with script preparation (we worked from unapproved screenplays); but our situation was essentially easier. In the years of political stagnation, film stagnated, too; and it wasn't very hard for young people to show their quality against a background like that. And now maybe we are old ourselves, and blocking the way of the young people. I don't know for sure; I still haven't felt it. I just sense it, somehow.

> Isn't the center of gravity shifting gradually to Slovakia?

There is, in fact, a big difference here. No matter how bad it used to be in Prague, you could work with comparative ease. There you found true joy in your work, a real challenge to achieve something. That will disintegrate with time. Slovakia is now finding itself in a similar situation. People are full of enthusiasm; their work is succeeding — I don't really know how to formulate it. It's like when something is hemming you in, something that you can, that you must, burst open, tear apart. At the same time, it

makes you stronger. Imagine that three young people here are
shooting their first films — half of a year's entire production.
In such a situation you suddenly feel that someone is sharing the
burden that every young artist carries. And, in turn, that pushes
the work of each of them ahead.

From the moment I arrived here from Prague and began to
work, that is to say, from the moment that there was another one
of us, the ones who hadn't been doing much of anything suddenly
became more assertive. They lost their fear and their self-
consciousness toward customs that prevailed here, toward the
routine. Now we are trying to set up a group of young artists in
Slovakia, to join forces somehow, so that we may be better able
to put through things that might not get the approval of the repertory selection people.

What kind of film would you like to make?

You know, when they [the armies of the Warsaw Pact] came in
August, I suddenly quit feeling like an enfant terrible, and dialogues turned up in my script that I would have laughed at earlier. I might say that I have turned a bit more serious. I have
become convinced that you've got to have a commitment, that
you can't talk in allegories, but straight from the shoulder. Some
day — and I think that's what all of the young ones want to do —
I'd like to shoot a film about what I saw in August 1968, what I
thought and what I felt then, without having to censor myself.
That doesn't seem to me in any way incompatible with my esthetics to date. It would simply be the greatest absurdity, the greatest cruelty, the most immense of all that I've ever succeeded in
putting on film.

I'm glad that I was with the people here during those critical
times. If I had left — and I had a lot of offers — I would have
lost the moral right to make a film like that. What do you think:
will it ever be possible to do it?

[His question was apparently rhetorical.]

I tell you, there isn't any greater bliss than being able to tell the
truth. I don't mean just being right, knowing the truth.... At one

point I had the feeling that we ought to turn the studios over to the people who make documentaries. In retrospect, though, it turns out that, as time passes, it is increasingly possible and necessary to use the language of fiction film. There have been too many facts and news photos, and they are beginning to resemble each other. With the passage of time, facts change, in relationships, in human destinies. . . .

[Here, all of a sudden, our conversation petered out, ended without a final punctuation mark. It was late, very late. The waiters in the hotel restaurant were peering at us. A group of Fighters Against Fascism [an official organization consisting mostly of anti-Nazi Resistance veterans and concentration camp prisoners] were still sitting in a corner; we shook hands with them and exchanged words of encouragement and optimism.

Jakubisko apologized:]

I didn't tell you much of anything. I'm awfully tired. Maybe some other time. . . .

Spring 1969

Elo Havetta

The interview with Elo Havetta almost didn't materialize.
In late June and early July of 1969, Czechoslovakia was not
the best place for that sort of thing. In March, seven
months after the occupation by the Soviet army, the Czechoslovak national hockey team beat the USSR to win the world
championship. One hundred thousand people, perhaps two
hundred thousand, perhaps even more, sang the national
anthem in downtown Prague the night of the victory. And
hundreds of thousands more celebrated in public squares
in cities, towns and villages throughout the country. The
satisfaction of those smaller and weaker ones who refused
to acquiesce and who conducted a seven-month campaign
of passive resistance that is unique in history. Then someone with a great deal of experience and malice aforethought
threw a carefully selected stone at a long-predetermined
target: the display window of the Soviet airline, Aeroflot.
The next day, Soviet Defense Minister Grechko was in
Prague. A few weeks later, the last of the political leaders
of the Czechoslovak Spring were out of the government, and
the "normalization" stage had begun. Atlantis was truly
beginning to sink. By late June, only the tips of church
steeples remained above water, but their bells were still
ringing.

A festival of Czechoslovak film was held at Sorrento in
September. Directors and actors gathered, some from
other countries; speeches were made; awards were presented; the entire cinematographic harvest of the previous
years was shown; and Elo Havetta's first film had its pre-
miere. But everyone knew — and incidents with the brand-
new, "normalized" Czech delegation only served to confirm
it — that the festival was in fact a wake. A gala requiem.
Early in October, Dušan Hanák won the Grand Prix of

the International Film Festival at Mannheim. It was the sixth Mannheim Grand Prix to be awarded to a beginning Czechoslovak director in eight years. Hanák's film was called 322, which, in official medical nomenclature, is the number signifying a diagnosis of cancer. The film's hero, discovering that he is a victim of the fatal illness, spends the last months of his life disclosing the malignant growths in the world around him. Society's cancers.

Both Hanák and Havetta made new films in 1972. The tip of a chimney, just breaking the water's surface, is releasing a thin wisp of smoke.

*　　*　　*

Elo Havetta completed his first feature film, The Party in the Botanical Garden, in 1969.

Havetta was born in 1938, so one wouldn't think — from his age — that he is part of a second wave, the next generation of Czechoslovak cinematography. But we have always had some confusion in our generations and age classifications, because somehow we haven't been on very good terms with history. People have either grown up too fast, or else they have just stayed young. That is why we stopped pigeonholing artists by their age a long time ago. Still, Havetta's entry upon the film scene coincided with the "wave" that was asserting itself so strongly, primarily in Slovakia, but that seemed to be getting ready — shall we say "subcutaneously" — in the Czech lands as well. Havetta's place is at the end of one line and at the beginning of the next, concluding the past chapter and perhaps introducing the one that follows. But that chapter will have to be written before we can begin to discuss it.

I asked Havetta how he differs from those who came before him. (It was June 1969. We were in the hall near the mixing rooms, at the Koliba Studios in Bratislava.)

Possibly in the fact that they followed the spirit of the times in trying to arrive at some sort of objective realism. If anything,

then, I am closer to Chytilova' than to Forman, because I am interested primarily in the imaginative side of things. As for my
perception of people, I guess I come closest to Schorm. He even
influenced my graduation film project, Forecast Zero. Before
that, I made what they called a documentary, 34 Days of Absolute
Calm, which, again, comes closer to being a stylization: it is
about an experimental pumping station, far from civilization — a
genre documentary, but something entirely different all the same.
There are a lot of analogies with silent film in it; it borders on
slapstick comedy. And yet it's still about man, but summarized
globally into sort of an exaggeration, a parable, if you will.

When the new wave was starting to break, in Prague and in
Bratislava, it was a matter of personal testimony.

And today?

The difference between us is in our formal approach, but that
isn't all. Scriptwriter Lubor Dohnal has written that we intend to
make escape films. Somebody might say that: at the price of five
million crowns a throw, that's pretty much of a luxury. But I take
a different view of it. They kept telling us to make films with
wide audience appeal, in the good sense of the word. Jakubisko's
Deserters and Nomads is a film that also appeals to a broad audience. I made a film about life; and that's permissible, I think.
The measure of commitment is always a matter of your point of
view.

You said that what came before was a time of personal
testimony.

I said that what I am interested in is imagination, exaggeration,
"letting go." If I don't find it in the script, I try to put it there.
I really don't think that imagination, stylization, generalization, any of these detract from the profundity of one's testimony.
Take Věra Chytilova': how much more profound Daisies is than
her earlier film, Ceiling — with all due respect! A lot of people
would say that it's just the other way around, that she used to
probe more deeply and that now she is adhering to the superficial.
I was all hung up on microanalyses, but I finally got caught up in

the globalism of a testimony about reality rather than in specific individual segments of it, so it's still a testimony, but from a different point of view.

Besides, people today have more of a tendency to work together. I tried it at the outset, too; but it's a waste of strength. Just let everybody be nice and different, unique. It so happens that you just saw some new films by Jakubisko, Uher, and myself. If you see them all together like that, you naturally discover that there are similarities among them, that there are clear-cut consistencies. But we are going our own ways. Sometimes we don't even see each other for a long time, let alone know what each is doing.

Tell me, what did Dohnal actually mean by "escape films"? It keeps coming back to me. Even escapism can be a form of commitment. That's a sign of the times, isn't it?

I've tried to define it many times. But when you are working, it's hard. There isn't time for definitions; a person has to rely on his sensitivity. An ironbound screenplay is worthless today. Even Czech objective realist films had them, occasionally. But today we are literally improvising on a given theme.

But don't you feel that imagination, stylization, generalization, symbolism — all that is worthless unless it has reality behind it?

Naturally, symbolism or globalism that doesn't have human or social reality to back it up is sheer formalism. We all fought our way through reality with a hell of a lot of effort before we could begin to summarize things in fantasies. A time of testimonies....
Every one of us considered his film to be his alone, maybe his final opportunity to say something or, better yet, to bear witness to reality. You understand. For instance, this was the problem of almost all of the graduation film projects at the Film Academy. Maybe that's the way it still is at the school today. Yes, I'd really like to know where film is headed. They used to tell me that what I did was just playing around, purely formal experimentation. But we took it all terribly seriously. We didn't have anything but

lousy conditions, but we worked with a passion.

An inclination away from commitment in general?

Perhaps. But that doesn't apply to my films. Don't forget that
the kids at the school today are really just kids. The "wave" was,
for the most part, made up of older students.

Pessimism?

What do you expect? The experience of this generation can't lead
to anything else. For that matter, it isn't true just of us, but applies to all the rest who underwent similar experiences as well.
Take the Yugoslavs, the Hungarians.... It's all just a bit clearer
with us. Honest to God, I don't know why I ought to be an optimist.
What gives me the right to be?

A lack of faith?

Faith would be nice, but it just doesn't work. Reality is against
it. And wait till you see Hanák's film: he is a hyperpessimist,
dead serious. He can't take a joke in these matters. I don't know,
but I haven't met an optimist with faith yet, unless maybe in the
older generation, the ones who just won't admit it to themselves.
  Maybe there is some hope in Prague; something is always happening there — motion, defense. But here in Slovakia...I am
afraid that in a while we'll have to start attending sessions at
which they approve or reject the scripts. Maybe my pessimism
is just the immediate product of the situation; I'd like to believe
that's what it is. But skepticism must be a generational thing —
profound skepticism.

Right now there is an explosion of talent in Bratislava.
Why is that?

Delayed reaction. It happened in Prague, and here it just waited.
We were in on it in Prague; we saw it all and experienced it all.
Then a new director took over the studio in Bratislava, a fellow
who wasn't afraid to take a risk. For that matter, why not risk

two or three experiments ? He knows that everyone who is just starting out is three times more determined not to turn in a sloppy piece of work, and that in itself is a certain guarantee.

I could have made The Party in the Botanical Garden a year before I did. But it had to wait until conditions were ripe, until somebody decided to back it up.

> But it isn't just that the Slovak wave started to break later: it has an entirely different feel to it.

We were searching for our own language. That's a more active process than forming groups. Recently, when we were having trouble getting ourselves across, we began to think about a "group" of young filmmakers. But being a "lonely runner" has its advantages. I've told you before — we keep running into each other, but none of us gets to see a foot of the film the others are shooting; we have no influence on each other.

> And yet you have so much in common.

You wonder why ? You saw the latest Slovak films, one right after the other. I didn't. Maybe the common bond is folklore, a mood, a mentality. Jakubisko was the first to show that folklore is something more than just songs and dances — a living tradition. It's still alive among the Yugoslavs, too — a melting pot of nations; the Balkans; Eastern Europe. It's not a matter of differences in mentality, nor of environment, but of some sort of common national electricity.

That is one source of the poetics that we share. Is there anything else ? This is the first time anybody has ever asked me that, the first time I've ever thought about it. For instance, Jakubisko and I both worked for Radok: the two of us have that in common. That's certain to be reflected in what we do. One could find other things, I'm sure.

> Why did it take so long in Slovakia ?

Only my generation, and perhaps the one that came just before us, had an opportunity to study in Prague at the film school and

to establish contact with the rest of the world. You say it took so long — what about <u>Sunshine in a Net</u>?

There was folklore in Frič's <u>Jánošík</u>, too. And we don't have to go back that far, either. There are much more recent examples. I might say that we are perhaps the first who knew how to recreate folklore as something modern — not like a resurrected museum, not like a canned folklore, but as something that has its own vitality, and always has had. As for what used to be called "folklore films," well, they were just canned cans: 'How they used to dance folklore here in 1969."

Much of what has been dead in the Czech lands for a long time still exists here in Slovakia. There, your father's and your grandfather's grandmother used to make up fairy tales. Here, it was my own grandmother.

Summer 1969

Ivan Passer

When I talked with Ivan Passer in the spring of 1969, he was preparing to go home one more time, to make sure that what he would like to do most of all is truly impossible: to make films in his native tongue.

That is the heartfelt desire of all those filmmakers who have had to switch countries. It was Dassin's great desire; Poland's Skolimowski has never really adapted — he is still drawn to it, as was Robert Siodmak. The situation was hardly different for Glauber Rocha, and for all the others who have been uprooted, and will be. Passer is possibly even worse off than the rest. His films are made up of thousands of minuscule details of the day-to-day life of ordinary heroes, of everything that is deposited in the deep subconscious, things that are hard to define if one hasn't grown up with them.

But that isn't the only reason why the fading opportunity remained on his mind when the waters were closing over Atlantis. It was an opportunity that film art had never found anywhere else, at least to that degree and for that length of time. In essence, it gave talented people the means to develop their gifts in any direction they pleased, to speak on any subject they chose, and in their own, unique language — unless they really did speak the same language. It was an opportunity to speak through their art on matters involving the very foundations of the existence of the nation, the society, the individual. Or to talk about things that don't amount to very much, really. To have their work continue even when it was not understood right away, or when it would take time for the initial effort to mature. To have their films live beyond the year that they were produced, with more of a future than the late show on television. To share in the decisions affecting film's existence, and not be at the mercy of political despotism, the despotism of the market or of bad taste.

Czech film artists had a right to this opportunity because they had spent years fighting for it. They were covered with scars, but each marked a step forward, toward the creative freedom that they had dreamed of. Did they really believe that they would bring it off? We have seen how

skeptical they were, how they were able to see themselves
with irony. But Passer's backward glance speaks quite
clearly: Of course they believed it, for otherwise the immense effort they made would have been impossible. And
if they had the chance, they would have started again, there
or anywhere. In the pursuit of conditions for creative work
similar to those afforded artists who don't need an entire
industry, but rather just a pen and paper, a brush and canvas, or a keyboard.

This is optimism bordering on the Sisyphean, of course.
But artists and intellectuals have never known any other
kind. They have to push their boulder up to the top of the
mountain. Like Kazakov's dog. That is the nature of their
freedom. Chain them at the foot of the mountain, tell them
a thousand times a day that it is all for their own good, that
the boulder must of necessity roll down again, that even a
fool knows that, and they'll die on you, or else go mad.

The Czechs have been chained so firmly that they cannot
budge. The Slovaks have just a little more leeway. The
ones who departed to roll their boulders up other mountains
are feeling their way with difficulty. The path is similar,
and yet it is so different from the one they had climbed so
many times, and retreated down just as often. Still, their
Sisyphean labors are carried on elsewhere, by others. And
not just in Eastern Europe. Everywhere there is the feeling that society must help to rescue film art from the dictates of the market, without letting it fall prey to the dictates of politics, so that it will have a greater measure of
creative freedom and broad access to its audiences.

*   *   *

Ivan Passer can make films like Intimate Lighting and
Boring Afternoon. But he is also part of a threesome, Forman — Passer — Papoušek, whose names are signed to the
films Competition, Black Peter, Loves of a Blonde, and The
Firemen's Ball. These films are known to the uninformed
simply as "Miloš Forman films."

Of the members of the Czechoslovak "young wave," Pas-

ser is the one whose hands were slapped most frequently. Was anyone as frequently tossed out of school, out of work, out of the film industry itself as Passer? He lived much more within the shadow of his "unsavory" class origins than, say, Evald Schorm, Věra Chytilová, or any of the rest.

Passer makes a rule of not talking; and when he does talk, it is not about himself, especially when he is away from Prague. Yet, at that time of day the French call "the hour between the dog and the wolf," when it isn't quite light anymore but the darkness hasn't yet descended, I got Passer to give me an interview — in Paris in 1969.

Naturally, we didn't start out by talking about Ivan Passer, but about Papoušek.

Have you seen his The Most Beautiful Age yet?

I haven't seen it. They were just doing the mixing. "Next time," he said. But I'm not concerned.

He is a steamroller, you understand; he's going to make thirty films. Nothing can shake him: he can't be stopped. First film or second film, no matter; let the Chinese come, it doesn't matter — he is going to keep on making interesting films.

There are two types of directors. The first are people like Bergman. He made fifteen films before he discovered what he wanted. Many of those films are still good. But that's irrelevant. The important things came later. Or Antonioni, or Fellini...eight films, but there is a line in it, some graduated, progressive, logical development. I envy them.

The other kind are the ones who make an excellent first film and then shift into conventionality. Take Truffaut. In Truffaut, of course, I find the struggle, the fight he carries on with himself, fascinating. It is almost touching — the way he finally found a balance between the urge to commercialize and the yearning of an artist to express himself his own way, disregarding the commercial aspect surrounding film.

The two types of directors you describe — where would you mark the dividing line?

That varies. It certainly isn't a matter of character, because we are talking only about people with character. The other kind doesn't interest us. Generally, I think what [Czech prewar critic] F. X. Šalda said about the indivisible link between art and character applies only to people who somehow date back to the nineteenth century. It is to their credit — I envy them — but today, it no longer applies. In this matter a person's century isn't determined by the date of his birth, but rather by his upbringing, his education, his personality. One can very well be born today and belong to, say, the fourteenth century. People from various centuries are growing up all around us: Roman, Gothic, Puritan, Renaissance....

It is more a typological thing. A person develops in a complicated process toward a certain type. The older he is, the more "of a piece" he is; but at the same time, he has a decreasing number of opportunities, he finds that it is increasingly difficult to change things in himself. When I was about to be born, I could have become the President of the United States: my possibilities were unlimited. Not so today. I never wanted to be a film director, and yet I won't ever be anything else. The same is true of our personality and profession. It is highly improbable that we will ever become anything different from what we are at thirty.

What primarily interests me about films today is, who were the people behind the camera? That is something that you can always tell on the screen. When you meet Buñuel, you realize that he has his films written all over his face. When you read his life story without knowing him, you ask, "Is it possible that he survived it?" Then you meet him and you say to yourself, "Aha!"

People with a greater degree of fragility can have the strongest possible will to develop their character; in the end, the frost will burn them. Critics are mean to them; and they go straight to heaven when they die, because they've gone through hell on earth already.

> Don't you feel that a considerable role is played by the conditions under which they function? Under certain circumstances, characters break more easily, and even more fragile natures will hold up better under better conditions.

Of course. This is true everywhere, though. Our cinematography was a veritable island in this respect. Perhaps it will stay that way. If film art is to be saved, the only way to work is the way that we worked in Czechoslovakia the last few years. Naturally, things will evolve; nothing is ideal. But what existed in our cinematography up until August 1968 — they still don't realize it in the West — meant that Czechoslovakia was in fact the only place in the world where a person who made films didn't need to be a pessimist.

Control or censorship, whether it is financial or political, always has the same consequences: it destroys both character and talent. Financial control is probably a bit more consistent, because all the figures can be added up to the penny. Naturally, political control is physically more dangerous: it can wind up with the person who is being controlled getting killed — and it frequently has ended that way. Still, it is easier to find a crack in it. An ideological accountant is much more likely to make a mistake than the accountant who counts pennies.

Unbelievable things have been happening in Czechoslovakia in recent years — and not just in film. To our amazement, the people who were responsible for film were people who regarded film as an art. That faces the creator with an entirely new type of responsibility — or maturity. This responsibility needn't, of course, be dead serious, even though — it goes without saying — it isn't terribly jolly. All the same, though, it doesn't lead to puritanism. It's just about the same difference as there is between stealing apples and not getting caught, and growing your own apple tree and picking an apple whenever you feel like having one. The pleasure has altogether different roots.

The Czechoslovak experiment interested me tremendously, and it's a crying shame that we couldn't come to grips with the whole thing. Now maybe all we'll be doing is stealing apples again.

> We are — or were — experiencing a sort of Renaissance symbiosis of a number of arts. It even seemed that we were only just at the beginning of such a period.

I always say to people who ask me where the miracle in Czechoslovak film came from that it wasn't just film. It is impossible

today for film or theater or literature to skyrocket all of a sudden and leave the rest behind. Of course, film is more visible from abroad. But look at the sensation that Krejča* and his Divadlo Za Branou caused last fall in Europe. Or take painting in Czechoslovakia today — it is more than admirable, if only because it lived in such isolation. Europe has yet to discover it. When a person is linked with this entire culture as its consumer, it is actually difficult to make a bad film. The others simply won't let you. Whenever I put it like that, people laugh at me. It really sounds like a nice, slick bon mot, but it is the truth.

It also has to do with the question of your consumers. In Czechoslovakia, culture is somehow an organic part of society. In England, it still looks like a thief that has stolen into one's flat in the middle of the night. In France, it is more a part of good upbringing, part of the French idea of being well-behaved; but I am not convinced that anyone there really feels the need of it.

[Forman, who had just entered the room from stage right, the bathroom, says, "I know one who does."]

Whereas we feel it as a simple need, something like air or water.

[Forman sits down on the couch in his pajamas and asks whether he could have a cup of coffee, too. "But bread is getting expensive, water stinks of chlorine, and the air is full of pollution."

Fortunately, at that point someone rang the bell. It was French film director Claude Berri, and Forman quit interjecting his two cents worth because he was supposed to

---

*Otomar Krejča, actor and stage director, led the National Theater in Prague to a position as one of the best theaters in Europe during the second half of the fifties. He was removed as director; but he succeeded in opening his own little theater, Divadlo Za Branou (Theater Beyond the Gate), which acquired a unique reputation throughout Europe. In 1971, Krejča was once again fired as director; and in 1972, his theater was closed down by the Ministry of Culture. During the fateful late sixties, Krejča was the head of the Czechoslovak Union of Theater Artists.

fly to San Francisco with Berri the next day. And so we finally got around to Passer's filmmaking.]

I am interested in film — and when I say film, I mean everything connected with it — as if it were a beast out of the fairy tales, the kind with a lot of heads that a person meets one sunny morning and has to fight. Honest to God, that beast will test you from all points of view; it will force you to know yourself. If I ever understood film, I understand it less and less as time progresses. Now I've seen it from all points of view, in England, in America, in France, and at home. That's why I am incapable of talking about film right now. I am by no means what the French refer to as a "cinéphile," a film fan, a lover of film art. And I also think that I am actually not a filmmaker. I am certainly not possessed by it. I can be free of it any time I want to. The only reason I don't is out of obstinacy. A person always tries hardest to get the woman who turns him down. But then it isn't love anymore, but wounded pride and vanity. In short, it is something entirely different.

I've worked at all sorts of jobs, but filmmaking is probably exceptional in that there doesn't seem to be another field in which a person encounters such absolutely heterogeneous characters, people or opinions, from visionaries to businessmen of the highest caliber. And besides, I feel that the people who go into film — and politics — are the ones who didn't make a go of it in other professions, which is what brings people together from a broad range of entirely different fields. One isn't born to film: one arrives at it, in contrast to, let's say, a poet.

[I recalled that someone who knows a lot about film and who thinks about filmmaking a great deal once said to me, 'I always try to imagine whether this or that film director could be an artist if it weren't for film: a poet, an actor, a painter, a musician. . . .'' This question apparently contains the answer to more than one problem ostensibly concerned exclusively with film.

I said to Passer that they generally speak of Czech films elsewhere in the world as being "small."]

Sometimes I get the feeling that in the West, opinions on film are sometimes subject to fads similar to the one that received official support after the conference at Bánská Bystrica.

[Passer made this reply more than a week later, early one Saturday morning at ten o'clock. It was the Saturday that Passer and Forman were due to return to Prague.]

Most critics keep asking what a film is all about. They are more interested in the story than in the film as a whole. I am convinced that run-of-the-mill criticism here is about ten years behind what we are doing at home. I have forgotten all that Zhdanov terminology already, but they are still using it. "A small film." For example, I think that <u>Daisies</u> is a "big" film. They don't think so because they can't wring a poster slogan out of it, what it was trying to say. But then I don't think I know what a "big" film or a "small" film really means. I do know that our cinematography as such is "big." And if it still hasn't produced a big film, then I don't doubt that sooner or later it will. Something like that doesn't happen just because someone wants it to. It comes like a bolt out of the blue; no one knows how or why, not even the people who create it.

In short, everything takes time. Which of the products of Czechoslovak culture do they think of as big, on their own scale, here in the West? Music? But that had a tremendous continuity; it was in the making for centuries. The other arts always went on for a while, and then some <u>deus ex machina</u> came along and interrupted their development. One can have a beautiful baby, but to have a beautiful adult human being requires certain uninterrupted conditions of growth.

At the same time, it is easier to determine a great era than great components. Name for me a great film of neorealism. Who knew, at the time, which of the films was truly "big," even though it was perfectly clear that the era was a great one? When I try to imagine a great film, a film with a capital F, I realize that what you need is a genius. Maybe we don't have anyone like that yet. But the soil is ready for one, I think. Except that the poor guy is probably going to be out of luck: he'll get there when the apples are all picked. That has happened so often with us.

All right, though: what is a "small" film? People keep waiting for one film to shake the world. But they didn't recognize it, at the time, even with Eisenstein's Potemkin.

> In this context there is the popular claim of Western left-wing or radical critics that the best Czechoslovak films are essentially bourgeois.

That, in my opinion, is another example of Western snobbism. I'm sorry, but some of the things that most of them admire seem petty bourgeois to me — like Godard's most recent work. It puts on a radical face; but it is condescending not toward society, from which it recruits its clowns, but toward the viewer. I don't like it when they operate with words like "petty bourgeois." It's the semantics of the thing. I mean, the expressions probably have a different meaning for each of us. In a film that is supposed to be non-bourgeois, one finds someone saying, "Advertising is the product of a bourgeois civilization..."; and yet all these films are made the same way. They work with shock appeal: dialogues are slogans that are supposed to shock the way advertising slogans do; they use color the way advertising uses it. But if something is painted red, that still doesn't mean that it has a different morality. In every film in which there is killing, in close-ups, the blood runs by the gallon. Where is the difference? In my eyes, Godard is the perfect product of his times and his society. Help me say it.... Maybe if I approached it from the other side...it is simply interesting that Godard gives the impression (I said it to Forman once, I'll think of it...) — I'd be interested in knowing whether he does it intentionally, whether it is a pose, or whether he doesn't know about it — but anyway, he gives the impression of contempt for everything around him. And yet he is incapable of taking a step outside the system. There are many beautiful spots in his films, and his early films are often completely beautiful; but he has it all in his blood; he has comprehended his environment so perfectly that he has become its product.

Listen, what is advertising? A cool, calculating, professional attack on the abstract consumer. It gives me the creeps. It's inhuman. Of course, it's successful; but it leaves a bitter taste in your mouth. In spite of all his esthetic beauty, Godard is inhuman

too. I get the feeling that even the blunders in his films are of the type that he knows will take hold. What is interesting about advertising is that you can't learn anything from it about the people who create it, unless it is the fact that they are good craftsmen. And yet advertising contradicts itself: it denies the laws that it has created; it shocks even by shocking itself. And this is precisely all I know about Godard from his films. He seems to be ashamed of the most beautiful passages in his films. And when people like that contend that our films are bourgeois, I get the feeling that I know where it all comes from: everything that doesn't stink of blood and gunpowder deserves the epithet "petty bourgeois" — except, who knows if it isn't the other way around?

I recall a gentleman who used to accuse Czech films of being petty bourgeois. He happened to be a Frenchman, a high-school professor; and he kept wanting to know how come we don't have any great heroes, why we keep on making films about little people. He kept giving me examples from French literature — he named a writer I had never heard of — and because he was being intolerant, I was intolerant too; and I said that we make films about little people because in our own fashion we feel responsible for them. The big ones can take care of themselves. That's why we are interested in the little ones.

When you think it through, what is the epitome of petty bourgeois morality? The extreme that you naturally will find at the very bottom, at the very beginning: fascism. And I would be tremendously interested in which is closer to fascism, one of Godard's recent films, or Czech films. Maybe a lot of things become clearer from this point of view. If you wish, of course, you can find some morbid beauty in Nazi architecture and painting, which so obviously resemble the products of Stalinism. And what do we have here, actually? Every fascism starts out looking leftist, or at least very radical. Ultraradical. Just take a look at home, at the people who have been standing on the far right of society, and are constantly referred to as leftist extremists.

The revolutionary nature of a slogan is so much simpler than the revolutionary nature of an analysis — not to mention a microanalysis. They ought to understand that in the West.

That has something to do with the experience of reality as such. Experienced reality in art — that is an unplowed field from the point of view of theory. We have heard those slogans repeated thousands of times. But all that is far too abstract. One can insert anything into it, any sort of specific content. What is exceptional about Czechoslovak film, I think, is in the fact that it is consistent in its pursuit of reality, like a bloodhound. What is it like to be young? What is it like to be a father? A son? What is it like to be a worker? What is anxiety like, and power? And, of course, what does it mean to love somebody? And what is that concrete cliché of which 95 percent of our daily activity is composed? We travel from one cliché to the next. That is also why I think that Czechoslovak film has set up its own process of repertory selection, a repertory of permanent crisis.

You'll notice that, compared with the classical form, the characters don't change in our purest films. They pass from one microcrisis to the next. It is sort of a permanent, chronic state of affairs that probably best describes our existence within the realm of reality: permanent microcrisis. Essentially nothing is happening to us, just one negligible louse-up after another. The individual crises are not important: it is the quantity that matters. This is an original contribution of Czechoslovak film which has to do with the obstinate investigation of surrounding reality. That is the way it is. And the films are a diagnosis resulting from discovering reality — no critique, no prescription, no cure. A statement of the fact that, as individuals and as a society, we are in a state of permanent crisis. That effort is one of the things that has always fascinated me about our film. You see, for me that repeatedly launched struggle with reality is far more of an adventure than any extravagant spectacle that the human mind can invent.

Of course, I understand that, for a person who doesn't suffer that particular reality, all this needn't be particularly interesting. He probably doesn't even know what this is all about. Man's relationship toward reality, man as a reality within himself. . . . I often have the feeling that, with respect to reality, we live in sort of a light sleep, awakening only occasionally to realize what reality is really like. The rest of the time we are dozing, and we consider reality to be that nonobjective art that frequently looks

like reality from our vantage point on the borderline between sleep and wakefulness.

> A Western producer is likely to be much more willing to dish out money for a film with a topic based on revolutionary slogans than for one that makes a consistent microanalysis of social reality.

Why are there going to be six films about Guevarra all of a sudden? Why was it the wealthiest people or companies that suddenly started to make films about professional revolutionaries? It's so clear.... I wasn't the least bit surprised when some Americans declared that they "hated" the script for Forman's American film [Taking Off]. Maybe they recognized themselves, the way some people did at home. And that is one of the things that tempts me about the possibility of work in America. You understand...they don't even have a vocabulary for some things yet.

> [Forman, who had just returned from America, where he had visited for a few days between the beginning and the end of this interview, had brought back not only a contract for himself, but also an offer for Passer.]

This is a dilemma I haven't yet resolved. I would like to do a film in Czech. It isn't till you miss something that you realize what it means to you. I'd really like to do that, terribly. And yet it is a temptation to do a film elsewhere, in different surroundings, under different conditions. I am tempted. Not to mention the fact that ever since I was a kid I've been a wanderer. I wouldn't come home for three, four days. They finally got used to it at home. Then I used to go and travel with road shows, every day in a different town, until they stopped me.

  Now it's all back again; everything is straightened out, and I am relaxed again. But you can't just wander; you've got to work, too. So why not do some work where I happen to be wandering? Like, some day, I would like to make a movie in Russia. I know what it would be, too: short stories, poetical ones, very lovely. Perhaps you shouldn't write that; people might misunderstand.

[I assured him that they wouldn't — really, hardly.

We parted and saw each other only now and then. Ivan was wandering, as usual, and writing scripts, negotiating with producers, having discussions with students. And he made his first American film, <u>Born to Win</u>. Then he went to Europe for a long while, where his film was a great success, much more so than in America, because Ivan's European vision spoke a more penetrating language there.

And then he wrote some more scripts and wandered some more, until we finally sat down in the odd, art-imbued atmosphere of the Hotel Chelsea on 23rd Street in New York. We had a mouse called Byku for company (named from Forman's nickname); and I reminded Passer of the last time we had spoken, of how the interview had concluded: 'I would like to make a movie in Russia some day....''']

I had a story for Russia, honestly I did. It was by Kazakov. About a blind dog, a hunting dog. He can't see: he just follows the scent; he's blind, but he has to hunt and fulfill his yearning. He always comes home bloody and beaten...and then he goes off again. It's a beautiful story about freedom — about how, if you're a hunting dog, you've got to hunt. That's all there is to it. And if you're a human being, you've simply got to carry out certain human ambitions. Doing this particular piece in Russia would have made sense.

What do you feel has come to light in the three years since we interrupted our conversation in Paris?

In the first place, the fact that my wandering nature probably saved me from the fate of my friends, acquaintances, and colleagues in Prague. I know very well what it means, to live the way they are living today; I know all their states of anxiety, all the suffering, more mental than physical. Naturally, Pavel Juráček just had his electricity turned off because he couldn't pay his bill. He has to read in a cafe.

[I remembered the grammar-school readers in the fifties: anecdotes about the student days of Klement Gottwald — his

landlady refused to give him kerosene for his lamp because
he couldn't pay his rent, and so he used to read under a
street lamp. The stories of revolutionaries in grammar-
school readers all seem to have a vague resemblance to
each other — anywhere, any time.]

Living there, without being able to make films — like blind dogs.
Bloody, beaten. We know from the experience of the Hungarians,
the Russians, the Poles, that directors who have been put out to
pasture for any length of time have never — except for isolated
exceptions — pulled themselves together again to do any work. I
may not pull myself together either, from all this pulling up of
roots. But at least it has some human sense to it. Maybe I won't
catch anything, but at least I can hunt, do what my nature wants
to do.

Another thing that has been confirmed over the last three years
is something that I already knew, more or less: that in America,
film is, first and foremost, a craft, and only after that is it anything else. And the rest comes only in exceptional and rare
cases — which is of course, true for other arts as well. What
film is doing here is what we used to call "applied art" at home.
Although I've already shot one film here, it all remains something of a mystery to me — I mean, the function of film here. For
whom, and why... ? At home this was absolutely clear to me; I
didn't have the slightest doubts.

I don't think that it is simply the problem of a European in
America, either. Nor is it a specifically Czech affair. I've spoken
to directors from Poland, to Hungarians who tried to make a film
in the United States. They spent months here, and they couldn't
get rid of the same feeling that I have. In all probability it is a
question of the experience of people who have made films in a society in which the demand is for something other than commercial success. But don't get me wrong, I don't mean to damn commercial requirements in principle, nor do I take a condescending
view of them. But our fight with censorship and political pressure
was essentially identical with the day-to-day struggle and the
petty conflicts of our audiences. We saw that millions of people
were behind us, and that they had their fingers crossed for us.
When you go forth into battle here for similar aims, however, and

try to strike at least some sort of balance between commercialism and art, you are practically alone. And besides, you look a little like a clown.

But it isn't exactly the same lack of freedom, as some people say. The nature of the limitations that one runs up against is not irrelevant, nor is their source or their significance. It's not like the difference between two mountains or two temperatures: it's a far more complicated difference. For example, one could even die in a situation of political restriction, not just an artistic death but also a physical one. That kind of restriction hurts, physically. But on the other hand, at the moment of any relaxation of the restrictions, we are rewarded for each and every success by an immense feeling of satisfaction. It's like being placed at the mercy of gods that you don't talk back to. And since they are gods, it is a question of power, not of tolerance or intelligence. Falling into disfavor is like finding yourself on the wrong side of Providence: it affects your entire life.

The other kind of restriction — I don't know if it can be referred to as a lack of freedom. Here, I don't actually have to do anything. If I select filmmaking as my vocation, I have to accept, along with it, a certain reality even before I begin. I may — and sometimes I must — fight it, but I can't gripe. People who complain that they can't do art films here (and at times I do it too) get on my nerves a little, and sometimes I feel like telling them, "You knew what you were getting into!"

Of course, both there and here — in the final analysis — we are slaves to the masters who pay us. Except that here, if you don't like it, you can bow out and go next door. And at least you have some hope. Over there, on the other hand, the master has you chained, and even wants you to love him for the fact that you are slaving on his cotton plantation. Here, now, he doesn't care. But it wasn't always like that. When a master in South Carolina had slaves on his plantation, he also wanted them to love him. Do you see how much that says about social realities? About one of the dimensions of the social distance between here and there?

For an artist over there, success is like escaping mortal danger, like when a miracle happens. In a situation like that you have a strange feeling of ecstasy, of exaltation, something almost physical. Pavel Juráček used to call it the "enthusiasm of extinc-

tion." It's not just the fact that you have escaped danger, in this
case, the danger of artistic liquidation — that is probably too
personal; it's also a question of what and whom you are sticking
your neck out for. The significance of that kind of decision, that
kind of commitment, their meaning — that is what is fundamental
and of primary importance. Americans would say that you have
to "determine your priorities." Sticking one's neck out for something that isn't worthwhile, that doesn't make sense, isn't any
proof of one's strength of character, nor of one's heroism; and
it doesn't bring a feeling of satisfaction, because it's simply stupidity.

So much for the personal point of view.

From the impersonal point of view, there was undoubtedly the
feeling of one's place in history, and hence of having a mission.
All of a sudden you are part of a current that you can see coming
on over the centuries, in your own nation and in others. You have
the feeling that that is the way it always was; you feel as if you
had a calling, as if you had been chosen. It is no messianic complex. You simply feel that it was always these people who, more
than anyone else, were ultimately responsible for "the survival
of the species." It's as in nature: for instance, in Africa there is
a bull who takes over the role of the protector of the herd. And
he is so busy that he doesn't get to eat, and he keeps getting
weaker and weaker until some other, stronger, bull takes over
from him. In the end he is so weak that he can't keep up with the
herd, and he dies, or else he turns into a loner, that is, a far
more vulnerable individual.

I have always had this purely visual feeling when I have been
face to face with people in Eastern Europe (it isn't so here) who
took these tasks as their own. I used to wonder how they would
survive — intellectually, not physically. I have always been
fascinated by that sort of person. And I miss them — men like
Juráček, Helge, Němec, Ludvík Pacovský*.... There were doz-

---

*Pacovský was secretary of the Union of Czechoslovak Film
and Television Artists in the late sixties. Together with Ladislav
Helge, he kept the Union going until 1970, when they refused to accept
fundamental compromises with the occupation regime; and, like
the Union of Czechoslovak Writers, the film and TV union was
dissolved. Pacovský went to work as a night taxi driver.

ens of them I could name. Vojtěch Jasný was one of them. Those are the ones you don't forget, and you don't stop missing them.

But back to conditions for work as an artist: I don't believe in absolute freedom. If there was such a thing, everything would stop, right then and there. But the road to freedom, that is what occasionally wrings something interesting out of us. Bohumil Hrabal* used to say, "The best time is when the system lets the door open just a crack, and you ram your knee in there and try to push the door open with all your might. Of course, we artists, we intellectuals, know somewhere deep in our subconscious that it will be better, for us, for our work, if we never get the door all the way open. But we mustn't ever tell that to those others, the ones who are leaning on the door from the other side!"

And it's probably the truth. The only thing one can do in Paradise is sleep.

What does film mean to you?

A challenge. The French have an even better word for it: Le défi. That more than anything. I don't think of film as an art. There is obstinacy in it, hatred, disappointment, struggle. That must be it. The fight. The effort to master, to subdue film. I don't know if it is a good thing. Probably not. But there is one thing I know for certain today: If twenty years from now I am looking back over my life, the decisive fact in its evaluation will be how I came out in that struggle. I am not a religious person, and patriotism has a bit of a sour taste to me — I am far from being a political fanatic. But like every human being, I need a firm point, something to lean on, something to grab hold of. And film is that point for me.

But how? That's the real question. How to get to it, how to grab it and not let go, how to master and subdue it?

There are people in the world of cinematography for whom the visual side of film is not the main one. But the ones that I would call "filmmakers by birth" are the ones in whom you can feel

---

*One of the most popular and best Czech writers of the sixties, author of the novelette Closely Watched Trains and many other stories that became the basis for new wave films.

constant surprise at what they see. They have succeeded in re-
taining freshness of vision; their eyes are constantly amazed.
They use their eyes in experiencing joy, nobility, fear, love,
hatred. . . .

As for me personally, this is tied in with encounters with interesting people. I watch them; I listen to them; I think up stories for them and about them. And the enthusiasm that they
arouse in me, my interest in them, my fascination with their
fate — all this I want to share with others. In short, I approach
it all through people. I meet someone, and that inspires me, even
if it isn't really him in the final version. And when I tell you that
I meet, say, five people like that every day, you can imagine my
frustration at the knowledge that I shall never make all those
films.

That is about all I know about filmmaking — what's most important, anyway.

Spring 1969/Summer 1972

Jan Kadár

It is no coincidence that Jan Kadár and Elmar Klos are the last in this series of interviews. Both stood at the cradle of nationalized film, each in his own place. Klos was one of the authors of the draft for the nationalization plans, having experienced the other side of the coin as a youth in Hollywood years earlier. Kadár came to film straight from a Nazi concentration camp. And, out of sheer enthusiasm, he made a positivistic film, <u>Kitty</u>, about a young village girl who became a factory worker. He got his hands slapped, and that was the way it would always be. Klos helped him, and got his knuckles rapped for his pains. For twenty years the two were inseparable; they bore the good and the bad together, they believed, they served, they fought, they struggled, until those tanks rolled into their script. They just barely were awarded the title of National Artists, and then Klos was tossed out of film and the Film Academy, which he had helped to build years before, while Kadár began afresh across the ocean. True, he had the aura of his Academy Award, but essentially he had to begin at the beginning all the same. With all that that implies.

In Prague they are unwriting history. The people did not exist. The films were not produced. Nothing happened.

*   *   *

Jan Kadár has been a friend for as long as I can remember. I don't even know when we first met, but it was back in the days when we were both convinced that we would change the world, right then and there, and that art, specifically film, was a direct and immediate tool for this transformation. And from then on, we traveled pretty much in parallel. The path he took led him from one conflict, one troublesome situation, to another, while mine led me along the same obstacle course.

A motto we had retained from the days of our youth was inherited from the romanticism of <u>The Three Musketeers</u> — and, surprisingly, I heard it from the youth of Moscow after the revelation of Stalin's crimes. On their lips it had all the attributes of a political program, a very short-

lived program, of course, under the circumstances. That
motto was "One for all. . . ."

Thus I was also involved in the "bourgeois objectivism"
of the film Kidnapped; in the slandering of public figures
committed in Music from Mars; in the revisionism of
Three Wishes; in the libel against the wartime underground resistance — the crime committed by Death Is
Called Engelchen; and finally (a natural corollary), in the
covert Zionism of The Shop on Main Street. And so it is
no wonder that, in the fall of 1970, Jan Kadár and I ran into
each other on 88th Street in New York.

We decided to continue a conversation begun years earlier in Czechoslovakia, not far from the historic White
Mountain. There had been a third voice in that original
conversation, the voice of Elmar Klos, Kadár's partner in
the creation of his films in Czechoslovakia. Jan was in his
forties, while Klos was older by almost a full generation.

One of the things we discussed was the rare, exemplary
symbiosis of this duo of filmmakers, one that could be a
lesson for cinematography today, because their method has
a great deal to contribute to the solution of the problem of
the film d'auteur.

Then the topic drifted to their great success of that moment, The Shop on Main Street; and this led directly to
general questions of film art and its ethics. The conversation in 1964 went something like this:

KLOS: In our picture Death Is Called Engelchen, many saw the
influence of the poetics of Resnais. I didn't see Hiroshima until
after we had written the script for Engelchen, but in a way I have
to agree with them. It just goes to show that similar things exist
simultaneously in the world, independent of one another, the result of a parallel need to express new dimensions in human perception and thought. There is no divided world in this sense:
impulses appear everywhere, in all areas. It used to be true
when it was said that people are separated by tall mountains and
broad rivers, but that is all over. That is why I no longer believe

in a "national" art in any strict sense of the word. There may be something resembling a more or less national theme or subject matter, different forms of social awareness, but certainly not separate art forms. At a time when on TV screens the entire world has observed a man looking back at the Earth from out in space, it seems a bit ludicrous to speak of artistic regionalism.

KADÁR: But the past does act on the present in some things. For example, the West knows far less about us than we know about the West. People from the West often ask us questions of a type and on topics we would be ashamed to ask them, questions we essentially know the answers to, with respect to the West in any case. For example, they were far more surprised and worried than we were about our film The Defendant. [This film is entirely unknown in the United States, where Kadár and Klos have won an Oscar.]

KLOS: There would have been no Italian neorealism had it not been for the Soviet cinematography of the twenties and early thirties. Nor would there have been the entry upon the scene of the new Czechoslovak films had it not been for the French New Wave, the cinéma vérité, the young Americans, the contemporary Italians. I am convinced that much of what is valuable in films throughout the world today would not exist without the Russian impetus I mentioned. In my mind, Storm Over Asia remains one of my most significant experiences from the years in which the human personality begins to form.

KADÁR: The original image of film as "moving pictures" is to a large extent dissolving, and film art is entering the scene. The differentiation that is taking place is a definitive confirmation of the maturity of cinematography and of its belonging to the family of the arts. I think that socialist cinematography is in the best position to help this development along. The last twenty years of our film industry have undoubtedly been a decisive period in terms of the contribution it can bring to the world.

KLOS: Without a nationalized film industry there would have been no Trnka [artist and creator of animated films], no Zeman

[creator of fantastic and imaginative fiction films], no Czechoslovak animated films and cartoons, no short films; there would
be no film school, and without our academy the flood of talented
people we have today would not exist either.

KADÁR: The nationalized film industry proved what it could
achieve if its true substance were properly understood. In cinematography, everything matures quickly; and for the most part
the field has reached maturity here — except for two very important branches in which they still have no idea of what is going
on: distribution and foreign trade in the film sector. That is, I
think, generally true.

KLOS: There isn't a country in the world that has come up with
a true solution to the problem of the gap between "consumer"
films and film art.

KADÁR: In Czechoslovakia we have also seen what an artistic
climate can mean. No one person can make a film industry. It's
like a marathon race. As a cluster of runners forms, the tempo
increases, standards rise, new ideas and directions of thought
appear, totally unexpected people emerge from nowhere. Our
young artists, lacking, perhaps, in experience but introducing a
considerable amount of talent and intelligence, started out from
a denial of everything that had gone before; and all of a sudden
they had created new values.

KLOS: The Film Academy played a considerable role. It gave
them the impetus, the chance to express themselves freely. When
they were studying at the academy they were out of the direct
current of the wind, so to speak; and yet they were able to maintain contact with what was going on in the world. And when the
time came, they took their places. The previous, postwar, generation was in an entirely different position. There was a great
deal of promise in it, but it plunged rapidly into the atmosphere
of the fifties, and it crumbled, leaving only fragments, isolated
individuals. What has emerged today, on the other hand, is a
current that sweeps along with it everything capable of regeneration, a current that drowns pseudopeople. The era of great

and ostentatious productions is over; film direction has ceased
to be black magic.

KADÁR: That also explains the emergence of so many <u>films</u>
<u>d'auteur</u>. Unity of form and content, so essential to every art,
is finally being achieved in films. Film direction in the sense
of the mere execution of someone else's subject matter has become a matter for consumer films.

KLOS: <u>Films d'auteur</u> began with Chaplin, with Clair. And that
is also where film as art began.

KADÁR: The best of Czechoslovak films today are authors'
films, even though in many cases they express the feelings of a
single generation. An author's film is above all a testimony; and
the only people who can testify, who can bear witness, are those
who have something to say.

*   *   *

[That was seven years ago, 1964. And then came 1965,
1966, 1967, 1968....]
   Tell me, how is it that you're in New York, and what has
happened during the last three years?

Well, the years you mention actually began a long time earlier,
just like our entire history. But perhaps it is better to begin at
the end.
   In July 1968 I began shooting a film that was finally entitled
<u>Adrift</u>. We were living in Bratislava, in Slovakia; we did our
shooting in the environs of the city, and the whole atmosphere
was very tense. There were the meetings between Czech officials and the Russians at Čierna, and then the Warsaw Pact
countries' conference at Bratislava. One evening after we were
through shooting, I stopped off at Klos's hotel. He was immobi-
lized at the time with a broken ankle. We sat and talked for a
while, and then we heard a strange noise coming in through the
window from out on the street. Klos said, obviously joking,
"Could that be tanks?"

I looked out and, sure enough, two tanks were weaving their way drunkenly down the square. The vehicles were unmarked. What kind of nonsense? We weren't even too upset; it was a period of almost constant military maneuvers. One of the tanks drove off; a cluster of people gathered around the other one. I went downstairs and asked where the tanks came from. "Russia," they told me. "What do you mean, Russia?" I looked around, and there were Russian soldiers on all corners of the square in front of the Carlton Hotel. I called up to Klos: "It's just like it was in Budapest."

He didn't understand me, closed his window, and went to sleep. I stayed out the whole night, and in the morning I told Klos, "We won't get anything done today."

"Why not?" he asked. And so we at least went out to take a look at where we had scheduled our shooting for that day. There was a temporary bridge there, and soldiers. We waited a day; we waited two days. Then the staff flew back to Prague. On Sunday I learned that the border was open, and so I picked up and left for nearby Vienna, with no trouble at all en route. It was fall already, so we couldn't do much more work on the film anyway.

I think this story is typical. Millions of people in Czechoslovakia spent that first night somewhat as I did. We were really that foolish, that mad, such prisoners of our own imaginations that we were incapable of imagining something like what was happening. And the worst of it is that it somehow didn't really have anything to do with ideology.

I recall what the Poles and the Hungarians kept telling us: There is an important lack in the history of you Bohemians — you have never experienced a Russian occupation. That night filled that gap in our history, the missing link.

It's probably not difficult to see that at a time when the world was collapsing about my ears, I wasn't in any sense capable of shooting a film about how an unknown woman was dragged out of the water. Some time earlier, in Prague, I had received an offer to make the film Angel Levine in America. I had agreed to do it, but I had no inkling then that I would be free so soon.

The film studios at Barrandov in Prague were a tangle of con-

fusion; no one knew anything. Only Klos was capable of disengaging himself. His rational mind would not allow him to consider the possibility of the film being left unfinished. It is thanks to him that it was finally completed. After I left, he supervised the shooting of several autumn exterior sequences, and finally it was decided that the film would be completed in the spring of 1969. And I came to New York to do Angel Levine.

When I recall those beginnings of mine here, in 1968, working from a script that was never completed, without any knowledge of English — it was the most difficult challenge I had ever faced. Sometimes a person is convinced he could never, ever, do something or other. Then the situation arises, and he does it, and outdoes himself. By May 1969 Angel Levine was on film; and then there was a quick editing job; and in July I was back in Slovakia, shooting Adrift. In August, it was back to New York for the sound work, and then back to Czechoslovakia to wind things up. We were through on September 25; and by then "normalization" was clearly in the air. What had still seemed possible in July had vanished from the realm of feasibility by September. Even incurable idealists like me finally saw where we stood.

They sent me the completed first copy here, to New York; and, with the agreement of Klos and the producer, some final editing was done here; in 1970 everything was finished in Prague. The New York opening was in July 1971.

> It's almost incredible that a person could complete two films under such conditions.

Angel Levine helped me immensely in one way: it enabled me to bury myself in work, and that was how I overcame the shock of August 1968. As for Adrift, it wasn't easy to go back several times into a situation that was deteriorating markedly from day to day. But I wanted to do an honest job and not leave any loose ends, not cause any damage. Everyone, including the people in leading positions in the Czechoslovak film industry and at Barrandov Studios, was very decent to me. And today I am glad that I completed the film — in spite of all the compromises.

In July 1969 the Minister of Culture, Galuška, presented us with the title of National Artist. We all felt that it was sort of a

good-bye party. Two days later Galuška resigned from his ministerial post.

And what about a backward glance, from your workroom
on 88th Street in New York, a retrospective view of all the
years, to the very beginning, your first film, Kitty?

It's hard to talk about. It was a magnificent time of illusions.
We felt as if we had been reborn. The war had been a very dramatic period for me: I had lost my entire family, I myself remained alive only thanks to coincidence, and I wouldn't permit
myself to entertain any doubts about the road I had embarked
upon. Others felt differently. I had a friend, also a film director.
As the years passed we found ourselves in parallel situations,
not permitted to work; but I argued with him violently for twenty
years. It was not until the sixties that I felt obliged to look him
in the eye and apologize, to admit that he had been right all along.

    There was one controversy after another, and today I ask my-
self how it is that we kept agreeing to compromises. Out of lazi-
ness, or out of a fear of having to admit to ourselves what we had
sensed for years? I personally believed that the ideological concept of the culture of the time was basically correct; yet I was
almost constantly at odds with it, in conflict with it. I still don't
comprehend why we didn't grasp what was happening. I had real
trouble with practically every film, first on my own, and then
with Klos.

    I had to leave Slovakia because of Kitty. There were some per-
sonal things involved, too; but the main point was that the Party
line had been changed overnight. It had been decided that it was
no longer necessary to urge people to leave the farms for industry — quite the contrary. But above all, the film wasn't "national" enough, it wasn't sufficiently steeped in folklore and Slo-
vakism, you see. And that was referred to as "the bourgeois
point of view." I remember all too clearly the meeting at which
they branded me with that label. There were three of them there
(later they all lost their jobs, and all three were imprisoned),
and I just sat by, thunderstruck.

    Or take Kidnapped. From our point of view today, it was, of
course, an extremely naive, dogmatic, cold-war type of film. But

even our modest effort to make things at least a little believable, probable, was the voice of heresy. The tag they applied to that was "bourgeois objectivism." Finally, the old Russian film pioneer and director Pudovkin, who in spite of everything had not lost his feeling for film, helped get Kidnapped into movie theaters despite its being banned.

Then — still full of good intentions, and with faith in the meaning of our work — we attempted a critique of bureaucratic stupidity in the form of the musical comedy Music from Mars. The film was literally torn to shreds for having "slandered public figures," and posters were ripped from billboards overnight at the last moment.

And then we gave it up for a while and made a film that had nothing to do with politics or any so-called "social" subject matter, House at the Terminus. There were no problems; everyone was happy.

But in the immense élan of 1956 we stuck our necks out again. We were supposed to start Three Wishes in 1957. In October 1956 we took a trip to Budapest. We discovered that everything we had wanted to express was done and ready in Hungary. There, in the fall of 1956, our film would have been superfluous. We had no idea that, within three weeks, the situation would end the way it did. And when it happened, we decided to do the film after all — maybe for that very reason. But there was very little left of our illusions, so we were not particularly surprised when the obvious occurred: released from work, blacklisted, fined. . . .

Well, when we were finally able to return to work, it was to do Death Is Called Engelchen; and it all began again, only in a different form.

> It is probably terribly important to people like us to try to give an honest answer to several questions: When did we actually lose our illusions? And what was it that allowed us to enter that August night in 1968 so totally unprepared, so inexcusably naive? Why?

The end of our illusions? Perhaps after Hungary, between 1956 and 1958. And then what? Well, anyone who didn't go through it will have difficulty understanding. Someday I would like to make

a film about the share of guilt that may be laid at the door of intellectuals, and about their ability to rationalize, to justify everything. About people who in all good faith helped to build and maintain the whole delusion. They criticized; occasionally they even made themselves troublesome; but basically they helped it all along, and didn't lose faith. That is one of the questions that bothers me a great deal.

Events proved the others right, the ones who withheld all their help and cooperation from the outset. Today, with a clear conscience they can say that they knew from the start what we know today. But did they really know it all?

I keep going back to the moment when I saw those first two tanks. The greatest shock was the realization that we had never been free for an instant, that we had only been kidding ourselves for twenty years. There was the feeling that we had been dreadfully deceived. It is absurd and an oversimplification to compare the confrontation with the Russians in 1945 with that in 1968. In 1945 they truly came as liberators, freeing us from the Nazis. That has nothing to do with ideology. What was decisive in 1968 was the depth of the insult, the realization that we had been living a lie for twenty years — at all costs maintaining in our minds the image of 1945 — our faith and human dignity now ground into the dust. At that instant a person realized how horribly everything that had been good in him had been misused. That was probably my main reason for leaving, not any fear for my own personal safety. I was in no greater danger than anyone else. Nor was it any desire to improve my material situation. I am a holder of the title National Artist, as well as the pension that goes with it, and I am entitled to a funeral at state expense. And changing countries at our age, for a film director, is far from a wise gamble as far as material benefits go. But in 1968 I simply arrived at the realization that the only person I could accuse of dishonesty was myself, and that, at least once in my life, I would prefer to be a citizen rather than a subject — if not at home, then at least somewhere in the world. And that is sometimes harder than the simple effort to survive.

But how is it that it took us all so long?

Yes, it did. We spent our entire lives learning how to dodge, to speak only part of the truth, to work ourselves into stylizations. It was necessary to shed that too, particularly when we really had nothing to lose anymore. But of course it is a hard, evil, painful process. I am not surprised that so many of those who left try to avoid going through it. Instead of taking advantage of the opportunity to think without the familiar pressures, be they external or internal, they keep trying to rationalize, to justify something. They are laboring under the delusion that it will make life easier for them.

And it is interesting that this particular phenomenon is noticeable in connection with entirely dissimilar ideologies.

[At that point, somehow, it became impossible to continue. We both fell silent, and then decided to postpone the conversation, a difficult one at best, to a later date. The next time we met, I said that I'd like to bring up a topic related to the one we had abandoned, a topic that is frequently avoided. The anti-Semites in Prague today naturally have not failed to remind Kadár of his Jewish origins, and have even gone so far as to attribute the worldwide success of The Shop on Main Street to the "mobilization of the international Zionist movement." Kadár agreed to discuss the issue.]

But don't forget that we have to finish what we started. That's not something that can just be left dangling.

[I promised not to forget.]

The way I was brought up, I never had any deeply Jewish feelings as regards religion or, for that matter, with respect to national allegiance either. I might say that I didn't really know I was a Jew until Hitler declared me one. At that time, many Jews in the area of Czechoslovakia occupied by the Hungarians thought that if they converted to Christianity as a religion, they could avert the consequences that threatened them by virtue of their origins. For the first time in my life, I acted as a Jew; I refused conversion and served in a work unit with a yellow armband rather than a

white one, which was the privilege of those baptized. I was twenty years old, and then twenty-one. ... Like most of the so-called "progressive" elements of my generation, I had grown up in the first autonomous Czechoslovak Republic, and I saw the answer to the Jewish question in social change rather than in Jewish nationalism. The events of 1945, and subsequently those of 1948, appeared to me to be a radical solution to the entire problem; and it never entered my mind that my Jewish origins might ever play any role at all. In conversations with Leopold Lahola [a Slovak writer and director who chose exile in 1949], I considered his decision to move to Israel to be his answer to his own personal problems, and I refused to see any more general motivation behind it. The first blow came with the trials in the early fifties [11 Czechoslovak Communists were hanged, and hundreds of others — mostly Jews — were imprisoned, on patently false charges and after obviously contrived confessions; the most frequent charges were "Zionism" and "treason"]. The anti-Semitic nature of these trials was difficult to reconcile with everything I believed in. But there was a sort of self-indulgence in me that kept me from drawing any of the essential conclusions. From the ideological viewpoint, about which I felt no doubts, it was difficult, almost impossible, to accept the conclusions that so obviously presented themselves. Today it may sound incredible, but it was possible then for a person not to see, not to comprehend, the logic that was so excruciatingly clear.

In addition, there was the fact that the wartime tragedy of the Jews was so nearly identical with the tragedy of other nations — caused by Nazism — that common sense refused to grasp a new instance of the evocation of Jewish origins as an aggravating social circumstance, as an attribute to be held against one. But then it is also possible that what we considered common sense was already warped, distorted sense, shadowed by the somber gloom of ideology.

Realizing the truth and following it through to its logical consequences would have meant the collapse of our entire world outlook. It was apparently too soon for that. And so we were willing to attribute everything to individuals, to call everything bad "mistakes." Yet what had happened could no longer be undone: the scar remained, and the tissue beneath it became in-

creasingly sore and sensitive. In my case there was undoubtedly
also the fact that I had never encountered racial discrimination
personally, neither in my work nor in my private life, at least
not as its direct target. And there is something else: in Central
Europe, one apparently accepts a certain amount of anti-Semitism
as a reality, and one distinguishes merely differences of degree.
The Bohemian lands had always been touched to a comparatively
lesser extent than surrounding countries; anti-Semitism was a
peripheral phenomenon there. The area's humanistic traditions,
enveloping so much with a rosy cloud, and a comparison with
Hungary, Poland, not to speak of Slovakia — all this literally
forced one to explain matters away in terms of blunders or mistakes.

When I turned for the first time to a Jewish theme and, in 1964,
began to prepare The Shop on Main Street, it was once again simply because the tragedy of the Jews was identical with the tragedy
of Europe at a certain moment in its history. And yet the artistic necessity to see things concretely urged me to object to
Klos's enlightened approach — in which he stressed the broader
significance of the film — with the statement that first and foremost I was doing a film concerned with an old Jewish woman under fascism.

> [I remembered that discussion very well. We had been sit-
> ting near White Mountain (it was 1964, a few days after the
> completion of The Shop on Main Street), and this had been
> one of the topics. They had been immersed in it, constantly
> interrupting each other; and so, later, it was difficult to re-
> call who had said what. Klos started it.]

KLOS: Perhaps we have succeeded in using one specific case,
and not just an isolated one. The same thing could clearly take
place anywhere, even today.

> [And then both of them.]

KADÁR: From the outset we were concerned with today's point of
view although, of course, on the basis of specific, precisely situated
subject matter. Today, people often ask, "How could it ever have
happened?" We feel that no one may be excluded from the soci-

ety in which he lives, and no one may be robbed of his rights as
a human being. As soon as something like that can happen, anything can happen, thanks to the indifference of the bystanders.
All that is needed is a little bit of cowardice, of fear. Someone
once wrote that people are, after all, for the most part good,
reasonable, sensible; they aren't murderers. Even the Nazis
were in a minority; and yet, over a six-year period, they put their
mark on the world. Mňačko said it in his report on the Eichmann
trial: As soon as the world accepted as a reality the approval of
the Nuremberg race laws in Germany, the rest was simply a matter of imagination.

KLOS: Trying to alleviate the lot of people in concentration
camps after the fact is nonsense. As soon as you accept the game
as such, the principle of the game being "Everything is possible,"
there is no stopping anything anymore. It is an immense oversimplification to paint brutality simply in the form of the Devil.
It can just as well be very jovial, neighborly — and no less evil.

KADÁR: The basis of violence consists for the most part of
harmless, kind people who are indifferent toward brutality.
Sooner or later these people may overcome their indifference,
but then it is usually too late. This is true everywhere, and at
all times. Without these good people as the bearers of an ideology of brutality, there would be no brutality. There can be no
rationalizing here about the nasty old Nazis or about anyone else.
Nor can we maintain that it is all over and that it can never happen again. It can, as long as such people exist. I think the most
terrible thing in The Shop on Main Street is the banquet where
everything begins, and where it all seems entirely normal. Yet
everything is completely absurd. The only normal person in the
world is a deaf old woman, right up to the point where she calls
upon the organizers of the pogrom, the police, to protect her.

KLOS: Another thing. If we say that we want the truth about the
present, we have to tell the truth about the past. The period in
question is that of Slovak fascism, a period that has appeared
only infrequently in our art. We must face this truth: it is our
obligation to the generation that actually doesn't know anything

about it anymore. For instance, who among them knows that it
was the parliament of the wartime Slovak state that was the first
to approve the Nuremberg race laws? Even fascist Hungary came
to that later. And another very timely question: To forgive or not
to forgive, to forget or not to forget? Ought we perhaps to delete
part of history? I do not think that we can permit the passing of
time to give everything we have experienced some sort of yellow-
ish, muted tinge.

KADÁR: I would put it in entirely subjective terms, about like
this: if someone killed my father, I probably wouldn't kill him in
return, but I couldn't forget it either. That is the tone of our
films. No one can dodge responsibility — not anywhere, and not
for anything.

> [That was seven years ago. Today we are sitting on 88th
> Street, and we are talking about the same thing, except that
> somehow it concerns us differently now. Will we know how
> to stand fast? Will we be able to?]

The reaction to The Shop on Main Street was extremely interesting. It was not just Jews who considered it their film, one
that spoke to them. Outside of Central Europe, it was more apparent that the question was a more general one, a question of
humanism. I had intentionally attempted to erect a monument to
all victims of persecution. The immense monstrosity of the entire tragedy, of what happened in Europe under Nazism, of the
manner in which the world gradually moved toward it — all this
did not become apparent until years after the fact either.

The feeling of being a Jew, not so much from a national as
from a historical viewpoint, was something that I didn't realize
fully until 1967, when, under the pretext of anti-Zionism, the new
anti-Semitism appeared. Suddenly it was clear (and I had to admit it to myself) that the "socialism" that had been installed in
Czechoslovakia, the "socialism" that we had expected so much
from, had in fact solved nothing. Whether I want to be or not, I
am a Jew. And so I said to myself, "Why not?"

From then on it wasn't a problem anymore. The question of
anti-Semitism remains a vital one, and it will always be exploited

wherever it suits political power to do so, regardless of ideology. There is one great consolation — that being Jewish is not always reserved for the Jews. Mňačko [one of the most vocal advocates of the Israeli cause at the Fourth Congress of Czechoslovak Writers] was just as Jewish; so was Vaculík [a key figure in the liberal writers' movement prior to the Prague Spring], so were you, and so were many others — simply people who at the time found themselves on a common platform, taking sides and a stand in a common struggle.

And you see, here is another reason why I left Czechoslovakia. I never wanted to hear that again, to find myself in a situation in which I would have to dodge, to make elegant excuses for the fact that I happen to be Jewish. I have always had a deep contempt for people who do that.

Perhaps anti-Semitism is truly a European ailment; perhaps it took root too deeply as it emerged historically. And it shows itself in some very odd ways. In discussions about The Shop on Main Street at the Film Club in Prague, I was amazed, for example, at how some of my Slovak colleagues — young people who had been children during the war and who had nothing to do with anything that happened — maintained that it all wasn't so bad, that it is all a matter of some sort of Jewish melancholia.

One Jewish film director even went so far as to tell me that he admired my courage in allowing the leading role to be played by a Polish Jewish actress. That's what I call roots! It's like when Miklós Jancsó once did a lovely short film about a town with a ruined synagogue, to which a single Jew returned after the war. There were several Jews in the Hungarian political leadership at that time. The film was never allowed to go into distribution — so as not to arouse any evil spirits!

I am therefore not in the least surprised that the Czech collaborationist press attributed the success of The Shop on Main Street to Jewish influence in the West, and remains unmoved by the fact that in the United States the film received an award that is given by all churches (a sort of ecumenical honor), and that in the Vatican it was nominated for the prize of the Office Catholique, in spite of the fact that the catharsis of the film is suicide, which is frowned upon by the Church.

What is happening is most obvious in the USSR. The regime is

producing conscious Jews among people who, under other circumstances, would frequently not be. In my case this process was
truly successful, and I don't hold it against the regime at all.

But a more essential and more interesting question has to do
with the rest of you: How did all of you become Jews? How easy
it would have been for them to inspect the arsenal of weapons
used by the opposing ideology and to appropriate everything that
could serve the needs of the day-to-day policy of a dictatorship
in Eastern and Central Europe!

> The Shop on Main Street was the first film based on "Jew-
> ish" subject matter in your twenty years of work in motion
> pictures. In the United States. . . .

In the American film industry they generally try to buy and sell
not your talent, but your most recent success.

Since I arrived here, at least twenty-five script ideas on Jewish subject matter have crossed my desk. I don't try to avoid
them if they interest me; but somehow I have turned them all
down because, as material, each individually has not appealed
to me.

Angel Levine interested me for another reason. Here was another absurdity, the antagonisms between ethnic groups in which
the problem of black and white intermingles with the Jewish
question. In this case it is all the more absurd in that both the
black and the white are Jews. The inability to communicate is
absurdity to the third power. A large segment of the audience
and the critics did not understand the film because they see
racial antagonisms in terms that are too primitive. At best they
look at the question from a liberal position, whereas Angel Levine has gone beyond liberalism. The original story on which it
was based is a delightful tale: an old Jew falls for a black man's
story that he is an angel, and everything turns out fine. I changed
the ending to the exact opposite. Basic mistrust makes it impossible to take the final step toward a rapprochement, and so the
story ends tragically. Many found that difficult to digest and accused me of violating the ethnic balance of the story. But I was
interested in the general human problem, beyond the limits of
everyday disputes. And so I satisfied neither the blacks nor the
Jews.

There was something else they didn't catch: that it is part of human nature that man doesn't recognize an opportunity that life only rarely grants him. For a variety of reasons, we generally miss that chance, as individuals or as a society. And we don't recognize it until later, when it is irreparably late.

Some day I would like to make a film about how the tragedy of the Jews continues, a continuation of the wartime tragedy and everything it engendered. It was not left to the Jews alone: it became a new pretext for a power conflict. Jews and Arabs are only players of minor roles; their true interests are obviously entirely beside the point.

And so we have finally arrived at what should have been — if we had not been the ones conversing, with all that we have inside us and behind us — the primary subject of our interview. You have been here for two years; you've made one film and edited and dubbed a second; you are preparing a third; you are a member of the Film Academy; you live in the center of the New York film world. How would you characterize the differences between what you knew in Prague and what you have come to know here? What are the problems here, and the perspectives?

A complex question. Very complex.

I started working in films after our film industry had been nationalized. The nationalization in Czechoslovakia was the outcome of the long-standing efforts of film artists who had grown up in a commercial film industry and who saw in reconstruction from the ground up the solution to the problems that faced them — economic problems, but mainly artistic ones. Of course, the basic difference is not in the question of ownership, but in the fact that in the "socialist" countries, cinematography is, in the ideal sense, a cultural institution, whereas here, in spite of all efforts to the contrary, it remains above all a commercial institution. There, the value of the product ought ideally to be measured by artistic, cultural quality; here, above all by box-office receipts.

But nothing, anywhere, exists in its pure form. In a region where cinematography had an expressly provincial character, a film industry was built up after 1945 even in places where there

were no economic foundations for it in the past. Until that time it was entirely unthinkable that there might be a national film industry — with ambitions to compete on a European scale — in, say, Romania, Bulgaria, or Slovakia. So if we look at the matter purely from the viewpoint of the existence of a film industry, I must say that the recognition of filmmaking as a state-subsidized cultural institution made the industry pull itself up from nowhere by the bootstraps. Thus, even in the gloomiest, most dismal of times, it was possible for Trnka's films to come out of Czechoslovakia, something inconceivable in such a small country under conditions of commercial cinematography.

Of course, the ideals of the original pioneers of a nationalized film industry were turned inside out. Instead of a commercial producer, the state turned producer and was represented by a bureaucratic apparatus whose basic decisions were not based on cultural or artistic motivations, or even on commercial ones, but on strictly political considerations or, to put it more accurately, on considerations of power. Surprisingly enough, however, we learned to make our way; and even the dullest apparatus was incapable of preventing at least a certain number of good films from coming into being.

It is hard to decide which is worse, commercial or political pressure. It is probably a matter of the degree to which the pressure is brought to bear. It goes without saying that, from an economic standpoint, we were spoiled. The sixties in Czechoslovakia apparently showed what the advantages of a socialized film industry can be. Several important elements converged at that point: the bureaucratic apparatus lost faith in itself after a long series of failures; there was a miraculous joining of forces among those responsible for the production of films in the artistic, economic, and organizational sense; all of a sudden the film critics displayed noteworthy quality and good taste. All of this together brought into being — in a country where the basic prerequisites were no better than elsewhere — a cinematography whose significance can no longer be left out of the context of modern film as a whole. In short, when the fatal pressure of a film market does not exist (though I am against wastefulness, and there was plenty of squandering of already depleted resources in Prague), when the bureaucratic apparatus is weak and degener-

ates, and when creative potential has a place to grow, there is suddenly such a burst of creative energy that a nationalized film industry can demonstrate its vitality. Unquestionably, despite all the problems that existed in Czechoslovakia between 1963 and 1968, it was the country with the best conditions in the world for making films. We sensed it then, but it wasn't until later that we became fully aware of it.

All that, as we have yet to discover, is connected above all with a basic attitude toward culture.

> I think it was best expressed in 1970 by Lindsay Anderson, a good friend and connoisseur of Czechoslovak cinemato- graphy, who created some of the greatest films made under the conditions of Western cinematography: "You know what a great fan of yours I was," he said to me. "I really thought — and still think — that the conditions under which films were made in your country had every chance of becoming the best in the world. In many ways, they already were. But at the same time, I kept feeling that it could all be destroyed overnight, by a single gesture, and that what would remain wouldn't leave even a limited possibility, not even any hope. Here, for the most part, conditions are incomparably worse than the ones to which you have become accustomed. But no matter what happens, no matter how badly one fails, there will always be a chance, or at least a hope. That is the main difference."
>
> [Kadár nodded his head, a little sadly.]

Naturally, the film industry in the United States is organized on entirely different principles. A person can do everything, and nothing. The production of a film is so expensive, as is distribu- tion, that no investor can afford long-term losses. Occasionally films emerge outside the framework of the existing structure. But every such success is immediately swallowed up by the com- mercial system, which always tries to exploit the success of a film by endlessly repeating it. Yet the result can never be the same again.

The fear that responsible people have in anticipating failure and loss is at least as great, if not greater, than the fear of a

bureaucratic official in the face of possible ideological "error."
Both, surprisingly enough, have the same aim, though their motives may differ: to achieve the broadest possible response
among audiences. In the "socialist" countries, they speak of a
film's "audience success," whereas here they speak simply of
commercial success, gauged purely and simply by box-office
receipts.

There is only one essential difference in the overall situation,
and I would call it a psychological one. In Prague, all of the people who were making films were basically in the same boat, and
for that reason they could, and even had to, apply collective pressure. The success or failure of any one of them was, in the final
analysis, the success or failure of all. In spite of the differences
between us, I trembled for Němec's film or Forman's to be a
success, just as Jasný was rooting for mine. Naturally, each artist is governed by his own ego; but this didn't play such an important role because we didn't get in each other's way. Actually,
we were all civil servants. When they took someone off an unfinished film, it was only in isolated instances that anyone would
be willing to pick up his work. Here everyone is for himself;
no one is interested in anyone else; if people meet at all, it is on
social terms. Any attempt to concentrate forces in the interests
of a collective aim is of short duration and is determined almost
exclusively by material considerations.

And then there is another interesting phenomenon. A person
who lives here might conclude that a film needn't appeal to the
broadest of general audiences. The country is immense, certainly big enough for a variety of films to have something to say
to a variety of types or segments of the audience and still make
money. But the immense costs connected not only with production but also with distribution (regardless of whether it is a "big"
film or a "small" one) cause an investor to run the same risk no
matter what. That is why there are only two possibilities: success or a flop.

Every film always ends up as one of the so-called "big ones."
When I first began to work on a film and spoke to members of
the staff, the first question people asked (production people, not
people with any financial involvement) was, "Will the film make
money, or won't it?"

Their interest was very genuine because their next job was dependent on this question. Was your last film a financial success? You'll get another one. Was your last film a flop? Who knows, it could mean the end of you. There is no such thing as having made a name for yourself. We used to add up our successes, and a single failure was of no significance. Here you start fresh every time. For example, I was surprised by the fear that even famous directors displayed concerning where their next job was to come from. A director tries to line up his next film while he is shooting, in case the one he is working on is not a success and his own worth diminishes. His worth is directly proportional to that of his most recent film, i.e., its commercial success.

Another thing that is typical is respect or disrespect for a name. If you have a success on your hands, there is no limit to the respect you command. Take the successful Antonioni. Then he made a film that was not a hit and, overnight, his former fame went down the drain.

In these matters the situation here and in Czechoslovakia is diametrically different. Of course, there are turbulent developments under way in America: old structures are disintegrating; tried and tested formulas are turning sterile; filmmaking is in an unheard-of crisis; there is the influence of European film; a new, very dynamic generation is entering the scene. Everyone knows that something has to happen, and new paths are being sought. But sought in the same old way! There is no clear-cut trend; no one really knows what direction to take. New people acquire top jobs with a vague idea of how to create something new, but immediately find themselves prisoners of the same old pressures — because the main thing, the commercial structure, remains unaltered. If someone manages to step out of line and makes a successful film to boot, no one analyzes the reason for its success, or its true quality. There are only superficial efforts to repeat this success the same way. And so, immediately, everything degenerates. One year Easy Rider appears to be salvation, and everyone hurtles off in that direction. The next year it is Love Story, and everyone runs in exactly the opposite direction. New bosses — who change surprisingly quickly — don't know any more than their predecessors did. They just don't wear the traditional business suit; their hair is long — or longer; but

willy-nilly, they must work in the same old way.

And yet the crisis in American filmmaking today isn't really something natural. Even though a certain type of traditional movie house is dying out — people simply go to the movies less — there is a definite increase in the consumption of films for television (even though it must be said that it is at the expense of quality), not to mention the fact that we are on the threshold of the cassette era. So there is a real need for production. The crisis is more an expression of general confusion, of panic, of the fact that a number of varied phenomena are appearing simultaneously: the disintegration of the traditional structure and the old points of view; the birth of a new audience, specifically among young people; and the discovery of new technical perspectives. All that, along with an increasingly tense political situation, creates an atmosphere that has nothing whatever in common with that constant and eternally and solely authoritative criterion — commercial success. Hence the confusion; hence the immense sigh of relief everyone heaved when Love Story was a big box-office hit. They think once again that they've found a new recipe, now that the star system is dead and a single name is no longer a guarantee of success.

After the success of several directors with some individuality and a few unusual themes, producers suddenly began to emphasize the director. But even these flashes of brilliance are simply flashes; and so the unexpected success of Love Story, with no single individual who could be marked as an attraction, led once again to renewal of the myth of so-called "studio" pictures (everyone talks about Bob Evans; no one remembers A. Hiller). Once again we have the nimbus of the infallible studio that knows the exact ingredients for the cocktail audiences love, the studio, therefore, that rightfully deserves the responsibility and the laurels. But the swing back in this direction won't be permanent either. On the contrary. Confusion and searching will gradually increase; production will become more and more atomized. But the search will take place only on the plane of repeated individual attempts, not in the form of purposeful, concentrated effort. Everyone is running on his own, scrambling for himself; let's see who wins the race. All the same, there will still be breakthroughs, here and there, by individuals. Young people, both young artists

and young audiences, will continue to play an important role, because just as they reject the old, tried-and-tested patterns of the
establishment as a whole, they also reject the old forms of existence of the film industry.

What about work on films?

The production process in and by itself is not too different from
what we have known in Czechoslovakia. People in the film industry are very able professionals, but essentially not any better
than the ones we worked with. One thing is true: they do work under better technical conditions.

But the real difference is that people are very much afraid for
their jobs, and perhaps for that reason they are much less independent than their European, particularly their Central European,
counterparts. The principle is one of compliance. They do their
work with precision, but they appear overly reluctant to use their
own initiative. When I told my assistant director to tell me what
he didn't like about something we were shooting, he was very
much taken aback. He never told me, either; and he never contributed anything of his own to the film. The makeup man was
equally uncomfortable when I asked him for his ideas — he was
assuming that he would get precise instructions.

Here there simply isn't time for that exciting game we used to
play within the limits of our joint creative tension. But the real
content of that game was creativeness in the art of making films.

When a director isn't surrounded by a closely knit circle of
people, built up by years of working together, he is very much
alone.

And organizationally?

Most time and energy are devoted to putting together what is
called a "deal." That is, the process whereby all the agents and
lawyers agree on the composition and disposition of the pie that
is to come. And the money is found. Not the big money, but what
is referred to as the "front money," for putting together the preliminary project. And the "package" is put together: the director, the author, and the actors.

I was really astonished to find that, in a country with such a
tradition in filmmaking, so little attention is paid to the script.
For example, it is too much of a luxury to lose time in finding
out whether the partnership determined at the conference table
is even possible from a creative point of view. The scriptwriter
won't even give an opinion of the material until he has a contract
in his pocket. There is never enough money for the establishment of proper conditions for the literary preparation of the film.
If you don't have an exclusive position — thanks to your connections or your previous success — you waste so much energy before the project is even put together that you have comparatively
little left when it comes to doing the film itself.

> [At this point we looked at each other and burst out laugh-
> ing. In Prague they used to say that a director who has
> been through the exhausting struggle with the political bu-
> reaucracy literally crawls up to the set, and by the time
> he is supposed to start work, he is at the end of his
> strength. How often had we heard this said — and how
> often had we said it ourselves.]

In view of the strong position of the trade unions, shooting is such
an expensive affair that it is regarded, to all intents and purposes, as a necessary evil. On the other hand, much time is devoted to the finishing work, mainly because a surprisingly small
number of people are necessary for it. In short, if more money
were devoted to the preliminaries — and compared with what is
expended later, the amounts are almost negligible — films would
be better and, above all, much cheaper. But that is not the point.
 Let me give you an example. I was supposed to direct a film
based on a very successful novel, a film that the producer had
been trying to put together for a long time. We began discussions
early in 1970, and it was clear to both of us that realization of
the film would be difficult — it was to capture the world of a
schizophrenic girl, reality and fantasy were constantly intermingling — and that the film would require several months of
preliminary effort with key members of the staff (the director
of photography, the art director, the costume designer). For
eight months I attempted to put across this self-evident truth. I

argued that if we were to improvise, the film would ultimately cost five times as much as it would with the proper preliminary effort; that, in this case, improvisation would be nearly impossible; and that I didn't care at that point who was going to play the leading role because that could be settled during the preliminaries.... They looked at me as if I were an idiot who didn't know what was important. In spite of the fact that it was a very well-known company — or perhaps precisely because of that — the discussion about the individual who was supposed to play one of the leads took up the entire preliminary discussion, and everything else was at a standstill. When the staff finally got together and we again presented the problems we were faced with, they all finally realized that we couldn't just jump in feet first and start shooting unless we wanted to come up with a total catastrophe. Rather than devote the time and money to setting things up properly, which would have made it possible for us to stay well within the financial limits, they finally called the whole thing off, at the last moment. And everyone seemed vastly relieved.

In other words, a person would assume that Americans would know what a film requires. But far from it. Millions are squandered, and pennies saved; what is important is what goes on at the banks and what goes through the computers, rather than whether the final product is a good one. That is one of the mysteries of the American economy, a mystery that is probably beyond our comprehension. And so, in various systems, money is thrown away and values are destroyed in various ways, and the problems of the creative artist remain essentially the same.

Of course, one thing is basically different. Whereas in Prague we spent a considerable part of our shooting time waiting for actors (who were also on the state payroll and not exclusively at the disposal of the film that was being shot), the actor here is generally extremely well disciplined and is available for the full eight or nine hours of shooting. I don't necessarily mean the stars — they generally present a special problem of their own — but rather the other members of the cast.

It is clear from what I have been saying that if an artist wants to retain some sort of control over the film, it is essential that he himself be the producer, or at least co-producer. That, of

course, does not mean that he will actually undertake the job of the producer. It isn't really so much a matter of the economic or organizational function of the producer, but rather of the retention of artistic integrity. The right to make decisions about such things as the composition of the cast or the final editing of the film was until recently the privilege of only a very small number of directors. The job of the producer here is entirely different from that of the producer as we knew it. He has very little in common with our naive and oversimplified image of a man who is not perhaps primarily a creative factor, but certainly one who knows motion pictures from all angles and assists in the birth of the film. Here the producer, for the most part, doesn't strive to do anything but buy a successful story or "property," put together a "package," and sell it to one of the big companies. This he knows how to do perfectly. His familiarity with film as such, on the other hand, is generally little or nonexistent; but he has all the rights nonetheless.

Now that the era of the stars is drawing to a close and directors are moving into the spotlight, most of them have discovered that they can do the producer's job by themselves, including the job of picking up his slice of the pie — something we never knew about, and didn't care about either.

This is terribly important for European directors, who generally haven't needed to play the part of the producer. The so-called "independent" producer doesn't resolve anything because he is never truly independent, and everything still ends up, in the final analysis, where the money comes from. A big company has a name; it can guarantee credit and, in exchange, can pick up a large percentage of the take. And it demands of the producer what he, in turn, demands of the director. And so one might just as well be one's own producer.

> So the ideal producer is a dream. Isn't the name of that dream "Elmar Klos"? [Kadár smiled.]

As I said at the start, my beginnings were in a nationalized film industry. Klos knew a great deal about the economics of motion pictures. From the very outset, he tried to stress economy in production, and I always took it as hassling on his part. But of

course he was right all along. The way films are made in the
East, particularly in the USSR, is an out-and-out luxury.

But you're right: the more I look back over the twenty years
of work with Klos, the more I can see that he is in fact what
might be called the ideal producer, in the broad sense of the word.
He has the knowledge, the sophistication, the breadth of view, and,
in addition, a thorough knowledge of all the elements of the creative and production processes, from dramaturgy [which in European film and theater entails script selection, editing, adaptation,
and all script work prior to production], direction, and film editing through production organization and technology. In addition,
he is a master in the art of handling people, and an outstanding
pedagogue. I have yet to meet anyone here with such qualifica-
tions. And if I were to define the ideal producer, whom I envi-
sion primarily as a creative personality, I would really come up
with something epitomized in the name "Klos." It is thanks to
him that — in spite of all the pressures that existed — we retained a certain degree of independence. Thanks to him, and to
the degree of self-sufficiency we exercised as a duo, we were
less vulnerable than most. I don't know who else would have survived (in the creative sense) the blow that we received in 1958.
If I were ever to find such a producer here, everything else would
be easy. I don't know whether Klos realized how much he meant.
Here he might be compared only with Thalberg, the Thalberg legend. But I wouldn't trade him for anyone. I don't even know
whether they appreciate him at home.

And another thing: he was fantastically adaptable; he never insisted on having his own way. When he disagreed, he always
found a way to achieve the best results.

> When you were talking about your Czechoslovak experi-
> ence, you mentioned the role played by film critics in what
> was achieved in Czechoslovak cinematography. Would you
> like to make a comparison here, too?

The unique phenomenon of Czechoslovak cinematography in the
sixties apparently allotted a unique role to the critics as well.
It was simply that a large group of artists and a large group of
critics had an interest in common; they both were concerned

with the same thing, Czechoslovak film per se. And so it happened that the critics, side by side with the artists, fought to put through certain tendencies, without retreating from their basic obligations, without relaxing their criteria. The critics succeeded in discerning truly progressive tendencies; they didn't review, they analyzed; they didn't try to flatter the audience or the artists; and, above all, they didn't try to show off.

Here, the critics have another function because the role of the press in America is also different. And consequently we won't run into anything like that line of criticism and its pressure here, although American cinematography could really use it as things stand now. Here the critic is more or less a guide for the public, and in this sense he exercises more power than he warrants. He cannot make a film successful (as Czechoslovak critics could and did in the sixties), but he can break it (as Czechoslovak critics could not). An unfavorable review in The New York Times can ruin a movie's chances completely. In Czechoslovakia in the sixties, no critic, no newspaper, had that kind of power, even when he or it tried to turn the political and police apparatus against a film. And yet there are very few true analyses here; reviews are, for the most part, impressions. I don't want to cast any aspersions on the integrity of American critics, or on their open-mindedness. But one thing is certain: critics as a group are not personally involved in the fate of cinematography; they do not stand or fall with it. There is none of the close personal contact between critics and artists that flourished in Prague and Bratislava without any damage to the high standards of the critics. On the contrary, the kind of close relationship I am speaking of raises the quality of criticism; and where it is lacking, it shows up in the quality.

Another interesting point here is the role of the critic in advertising, from the viewpoint both of the film's publicity and of the critic himself. The latter aspect explains why a critic does not object when the advertising people extract a quotation from his review even though, when taken out of context, it is frequently diametrically opposed to his overall opinion of the film. And then even twenty out-of-context quotations from the pens of twenty different critics need not be at all indicative of the true feelings of the critics. As for the serious critics, they too exist, of course; but, well, who reads them?

So now we've come around full circle: Much depends on the overall attitude toward the place of culture in society.

If we don't consider film art to be merely merchandise, it needs a patron. And in the twentieth century, who can afford to be a patron of an art to the extent needed, except the state, or some other financially well-heeled social institution? But the traditional American fear of any state interference or of the meddling of society in the individual or private sphere is so intense that the very thought of anything of the sort sounds like a nightmare even to those film artists who would have the most to gain from such a solution. Of course, we know both the advantages and the dangers of the intervention of society, and so we can understand their fears, even if we find them a bit difficult to accept. We know that by rejecting this solution, cinematography places itself within the circumference of an extremely vicious circle. New trends have a chance only if, miraculously, a commercial hit is simultaneously an example of artistic quality. Given the audiences of today, that kind of miracle is the exception rather than the rule. The system does not encourage exceptions of that type, so they remain isolated, peripheral phenomena, marginal to the main current.

Naturally, if the attitude toward culture were different from the ground up, and if film were recognized as a part of culture, it would be possible to find many stimuli for artistic film art even without a greater degree of interference by the state. Such stimuli would help break through the vicious circle of the commercial regimen, and would fortify new trends and ideas. Occasional efforts in this direction have been made in Western Europe. On an American scale, some of these European solutions — e.g., bonuses, tax exemptions, guarantees, loans — would of necessity play an important role.

If something doesn't happen, the vicious circle will continue unbroken; and it is difficult to imagine how, under such conditions, a new cinematography could emerge even in a country with as much exceptional film talent as this one.

You were determined that we return to the question of responsibility, the guilt that intellectuals share in the crimes of the Stalinist era.

It is all so difficult. Whenever a person brings it up, he finds himself rationalizing and justifying.

Intellect as such probably doesn't have anything to do with the fact that you don't really know where the train is headed until you get off, not until you take a look from the outside. Then you can always get back on if you want to. While you are on the train, instinct and intuition are frequently better guides than intellect. That, once again, is true irrespective of ideology. And it is not without interest to consider who learned something from our experience, and who did not.

Besides, a person finds it difficult to accept his own defeat. Defeat is less painful for a politician than it is for an artist, for an intellectual. The latter is faced, upon failure, with the realization that his life's work was based on false premises, and that he was the one to establish these false premises in the first place. This realization is extremely uncomfortable, so disturbing, in fact, that the intellect immediately jumps the track, admits to having erred; yes, I've paid the price, but...and the "but" puts us right back where we started.

Sometimes it leads to complete irrationality, to total absurdity. In 1968, when the Russian Army had been occupying Czechoslovakia for some time already, a lot of people were still arguing about whether the occupation was a wise and reasonable thing from the Russians' point of view. How long does it take us to realize that what seems irrational and absurd is absolutely logical? Ten kilometers away from us, from Bratislava, people knew and comprehended, but we didn't, not us. What is it? Willfulness, wishful thinking, the self-delusive instinct for self-preservation — like the people in concentration camps who didn't believe they were going to the gas chambers?

But tell me, if we had known, seen, understood, what would we have done? And there we are! I was in Budapest with a delegation in 1956. I told my Hungarian friends, "Boys, what you're doing is dangerous; the Russians won't let it come off." They were all Communists — I had known them for years. They laughed: "For heaven's sake, nothing can happen. You don't understand; everything is all right!" And meanwhile, from the outside, we could tell where their train was heading.

In 1968, at the Karlovy Vary Film Festival, I got into a big

discussion with my friends from Hungary, who had seen it all
happen in their own country, before and after. We ended up in
a violent argument. I maintained that they didn't understand a
thing, that they were opportunists, that everything was all right,
that nothing could happen to us — "After all, we're not Hungarians." "No," they said, "you're not. But they are always the
same." We didn't come to any agreement.

This exchange of positions, this turning of the tables, verges
on the farcical. Perhaps it is more descriptive than any long
dissertation.

The end of fairy tales is at hand. There is no such thing as
extenuating circumstances. History is very strict. It punishes
not only the conscious justification of events and of one's own
self in the name of faith and good intentions, but naïveté and ig-
norance as well. Nor is this true only for those of us who have,
if the truth be told, already paid a high price.

We are still left with one question: What would we have done
had we understood? Specifically, you and I, the two of us? A
question without an answer. We have paid dearly.

Or another one: To leave one's country, or not?

The most difficult admission is that of one's own superfluity,
the realization that one is no longer needed. A doctor can tell
himself that he is needed. But an intellectual? In a military and
police occupational regime, in which he cannot speak out, cannot
publish what he writes, cannot exercise any of his functions as
an intellectual? And yet....

[Questions without answers. The importunate companions
of our lives. Forever. Occasionally they strike a spark of
truth in us, a grain of awareness. And along with it, a new
question. Around and around.]

Winter 1964/Spring 1971

Conclusion

Jan Kadár can't understand it. He simply cannot comprehend. In the United States, filmmakers are desperate. They are chased from art to commercialism with a club; their ideas are crippled; they are beaten down day by day, month by month. But if you try to bring up the subject of public filmmaking with them, you had better duck! "Never, we won't let them make slaves of us...." Okay, but who foots the bill for progress in technological development, and assigns a decisive role to military projects, the space program, and all that? The state. Society. And isn't cultural progress also the responsibility of society? "Go on, those are European intellectual ideas. Socialism." Well, French President Pompidou says, "The role of the state with respect to culture is to supply the means." Another European intellectual? A socialist?

It is useless. These are all short circuits, differences in voltage, and fuses blow until it looks like the Fourth of July. It is easier in Europe, at least to some degree. The East occasionally relaxes its guard; the West occasionally opens the state till. Convergence? Nonsense! More like the old respect for culture, inherited from feudalism and the ancient Greeks; the recognition that it is the duty of the state, as a social institution, to attend to culture's livelihood. The French are more concerned with pictorial arts, architecture, sculpture; the Germans with music; the British with history. In Russia, Lenin declared that film is the most important of the arts.

But this book is not intended to answer the question of how to go about it, of how to liberate us from all points of view and bar us from none. It is a book about a dream that was halfway to becoming a reality, a dream that rests at the bottom of the sea. About people who paid for the realization of that dream with their blood, and in the end never did get to see the Promised Land. About the Atlantis that was a small film industry, an industry

that produced a long series of exceptional films that the world got to see, and others that lie buried in safes. It is a book of innumerable very specific and minute experiences with a system of film art that is unfamiliar to most of the world. Anyone who wants to dream this dream will have to fathom those depths.

And some day, who knows, Atlantis may emerge again. What will it be like? Will it be fragrant with the new spring of rebirth, or will it be rank with the stink of dead dreams that ought not to be resurrected?

Atlantis, a structure of the lives, the histories, the skepticism of the heroes of this book. Splendid, talented, brave and honest people, who almost achieved the impossible.

Filmography

STANISLAV BARABÁŠ (1924-)

1960   The Song of the Gray Dove
(Pieseň o sivom holubovi)

Story and script by Albert Marenčín and Ivan Bukovčan;
produced by FS Bratislava-Koliba

1963   Trio Angelos
(Trio Angelos)

Based on a story by Jan Kákoš; script in collaboration
with Kákoš and J. A. Novotný; produced by FS Bratislava-Koliba

1963   Knell for the Barefooted
(Zvony pre bosých)

Story and script by Ivan Bukovčan; produced by FS
Bratislava-Koliba

1966   Tango for a Bear
(Tango pre medveďa)

Based on a story by Ivan Bukovčan; wide-angle film;
produced by FS Bratislava-Koliba

1967   The Gentle Creature
(Něžná)

Based on the novelette by Dostoevsky; produced by
Slovak Television, Bratislava

HYNEK BOČAN (1938-)

1965   No Laughing Matter
(Nikdo se nebude smát)

Based on the novelette by Milan Kundera; script in collaboration with Pavel Juráček; produced by FS Barrandov

1966   Camp Black Dolphin
(Tábor černého delfína)

Script in collaboration with Jiří Stránský; short film; produced by FS Gottwaldov

1967   Private Hurricane (Private Tempest, Tempest Under the Eiderdown)
(Soukromá vichřice)

Based on the novel by Vladimír Páral; script in collaboration with Věra Kalábová; produced by FS Barrandov; distributed in U.S. by Grove Press

1968   Honor and Glory
(Čest a sláva)

Based on the novel by Karel Michal; script in collaboration with Michal; produced by FS Barrandov

1969   The Mystery of the Riddle
(Záhada hlavolamu)

Based on the novel by Jaroslav Foglar; produced by Czechoslovak Television, Prague

1969   Reform School
(Pasťák)

Based on the novel by K. Misař; produced by FS Barrandov; no distribution

ZBYNĔK BRYNYCH (1927-   )

1958   A Local Romance (A Suburban Romance)
(Žižkovská romance)

Based on a story by Vladimír Kalina; produced by FS
Barrandov

1959   Five Out of a Million
(Pĕt z miliónu)

Based on a story by Vladimír Kalina; produced by FS
Barrandov

1960   Skid
(Smyk)

Story by Jiří Vala and Pavel Kohout; produced by FS
Barrandov

1961   Every Penny Counts
(Každa koruna dobrá)

Story by O. Zelenka and B. Zelenka; produced by FS
Barrandov

1962   Don't Take Shelter from the Rain
(Neschovávejte se když prší)

Story by Jindřiška Smetanová; produced by FS Barrandov

1963   Transport from Paradise
(Transport z ráje)

Based on short stories by A. Lustig; produced by FS
Barrandov; distributed in U.S. by Grove Press

1964   A Place in the Crowd
(Místo v houfu)

Story by A. Máša; produced by FS Barrandov

1964   And the Fifth Horseman Is Fear
(A pátý jezdec je strach)

Based on a story by Hana Bělohradská; produced by FS
Barrandov; distributed in U.S. by Audio Brandon Films

1965   Constellation Virgo
(Ve znamení Panny)

Based on a story by Milan Uhde; produced by FS Barrandov; distributed in U.S. by Audio Brandon Films

1965   The Rhythm of First Love
(Tempo první lásky)

Produced by FS Barrandov

1966   Transit Carlsbad
(Transit Karlsbad)

Based on a story by Jan Procházka; produced by FS
Barrandov

1967   I, Justice
(Já, spravedlnost)

Based on a novel by Miroslav Hanuš; produced by FS
Barrandov

1968   Dialogue
(Dialog)

Based on a story by T. Vichta; composite film directed
with J. Skolimowski and P. Solan; produced by FS Bratislava-Koliba

1972   Oasis
(Oáza)

Produced by FS Barrandov in a co-production with the
USSR

VĚRA CHYTILOVÁ (1929-   )

1962   The Ceiling
        (Strop)

        Story in collaboration with Pavel Juráček; medium-
        length film; graduation project; produced by FAMU
        (Film Academy) Studio

1962   A Bagful of Fleas (Bag of Fleas)
        (Pytel blech)

        Story and script by the director; produced by Documen-
        tary Film Studio, Prague; distributed in U.S. by Impact
        Films

1963   Something Different (Something Else)
        (O něčem jiném)

        Story and script by the director; produced by FS Barran-
        dov; distributed in U.S. by Impact Films

1965;   The World Cafe
        (Automat Svět)

        Segment of the film Pearls of the Deep (Perličky na dně);
        script in collaboration with Bohumil Hrabal; produced by
        FS Barrandov

1966   Daisies
        (Sedmikrásky)

        Story in collaboration with Pavel Juráček; script in col-
        laboration with Ester Krumbachová; color; produced by
        FS Barrandov; distributed in U.S. by Audio Brandon Films

1969   The Fruit of Paradise (The Fruit of the Trees of
        Paradise)
        (Ovoce stromů rajských jíme)

        Story and script in collaboration with Ester Krumba-

chová; color; produced by FS Barrandov and Elisabeth
Film, Brussels; distributed in U.S. by Radim Films

OLDŘICH DANĚK (1927-)

1960   Three Tons of Dust
        (Tři tuny prachu)

        Story and script by the director; produced by FS Barrandov

1961   A Searching Look
        (Pohled do očí)

        Based on the director's novel; produced by FS Barrandov

1963   The Nuremberg Campaign
        (Spanilá jízda)

        Story and script by the director; wide-angle film; pro-
        duced by FS Barrandov

1964   The Mammoth Hunt
        (Lov na mamuta)

        Based on the director's play; color; produced by FS
        Barrandov

1968   The King's Blunder (The Royal Blunder)
        (Královský omyl)

        Based on the director's novel The King Flees from
        Battle (Král utíká s boje); wide-angle film; produced by
        FS Barrandov

MILOŠ FORMAN (1932-)

1963   Competition (Talent Competition)
        (Konkurs)

Composite film consisting of two stories, Competition
and If There Were No Music; script in collaboration with
Ivan Passer; produced by FS Barrandov; distributed in
U.S. by Audio Brandon Films

1963   Black Peter (Peter and Pavla)
        (Černý Petr)

Story and script in collaboration with Jaroslav Papoušek
and associate director Ivan Passer; produced by FS
Barrandov; distributed in U.S. by Audio Brandon
Films

1965   Loves of a Blonde (A Blonde in Love)
        (Lásky jedné plavovlásky)

Story and script in collaboration with Jaroslav Papoušek
and associate director Ivan Passer; produced by FS
Barrandov; distributed in U.S. by Audio Brandon
Films

1967   The Firemen's Ball (Like a House on Fire)
        (Hoří, má panenko)

Story and script in collaboration with Jaroslav Papoušek
and Ivan Passer; color; produced by FS Barrandov; distributed in U.S. by Cinema Five

1970   Taking Off

Story and script in collaboration with Jean Claude
Carriere, John Guerra and John Klein; produced by
Universal Films Inc., USA

1972   Decathlon

Segment of Visions of Eight; produced by Palomar
Films, USA

MARTIN FRIČ (1902-1968)

Selected Films

1929   Father Vojtěch
(Páter Vojtěch)

1929   The Organist at St. Vitus
(Varhaník v sv. Víta)

1931   The Good Soldier Schweik
(Dobrý Voják Švejk)

1935   Jánošík

Distributed in U.S. by Janus Films

1937   The Hordubals
(Hordubalové)

1937   People on a Glacier
(Lidé na Kře)

1938   School, the Basis of Life
(Škola, základ života)

1935   Kristián

1940   Liduška of the Stage
(Muzikantská Liduška)

1941   Hard Is the Life of an Adventurer
(Těžký život dobrodruha)

1942   Barbora Hlavsová

1944   The Virtuous Dames of Pardubice
(Počestné paní pardubické)

1944   The Ring
        (Prstýnek)

1947   Tales from Čapek
        (Čapkovy povídky)

1947   Reiterate the Warning
        (Varuj!)

1950   The Trap
        (Past)

1950   Tempered Steel (Steel Town)
        (Zocelení)

1951   The Emperor's Baker and the Baker's Emperor
        (Císařův pekař a pekařův císař)

1953   The Secret of Blood
        (Tajemství krve)

1964   A Star Called Wormwood
        (Hvězda zvaná pelyněk)

1967   Recipe for a Crime (Strictly Secret Premieres)
        (Přísně tajné premiery)

1968   The Best Woman of My Life
        (Nejlepší ženská mého života)

Films with Vlasta Burian

1932   Anton Špelec, Marksman
        (Anton Špelec, Ostrostřelec)

1933   His Majesty's Adjutant
        (Pobočník jeho výsosti)

1933   The Inspector General
        (Revisor)

1933   The Ruined Shopkeeper
        (U snědeného krámu)

1935   Hero of a Single Night
        (Hrdina jedné noci)

1937   Three Eggs, Soft-boiled
        (Tři vejce do skla)

1940   Baron Munchausen
        (Baron Prášil)

1940   The Catacombs
        (Katakomby)

1956   Closeup, Please
        (Zaostřit, prosím)

Films with Hugo Haas

1933   It's a Dog's Life
        (Život je pes)

1934   The Pet
        (Mazlíček)

1934   The Last Man
        (Poslední muž)

1935   Long Live the Dear Departed
        (Ať žije nebožtík)

1935   The Eleventh Commandment
        (Jedenácté přikázání)

1936   Street in Paradise
        (Ulička v ráji)

1937   Morality Above All
        (Mravnost nade vše)

Films with Jiří Voskovec and Jan Werich

1934   Heave Ho
        (Hej rup)

1937   The World Belongs to Us
        (Svět patří nám)

Films with Oldřich Nový

1939   Eva and Her Foolishness
        (Eva tropí hlouposti)

1941   Blue Star Hotel
        (Hotel Modrá Hvězda)

1941   A Lovely Person
        (Roztomilý člověk)

1942   Valentine the Good
        (Valentin dobrotivý)

1949   The Poacher's Ward
        (Pytlákova schovanka)

ELO HAVETTA (1938-)

1969   The Party in the Botanical Garden
        (Slávnosť v botanickej záhrade)

        Story and script by Lubor Dohnal; produced by FS
        Bratislava-Koliba

1972   Wild Lilies
        (Lalie poľné)

        Produced by FS Bratislava-Koliba

LADISLAV HELGE (1927-   )

1957   School for Fathers
        (Škola otcu)

        Story and collaboration on script by Ivan Kříž; pro-
        duced by FS Barrandov

1959   Great Solitude
        (Velká samota)

        Story and collaboration on script by Ivan Kříž; pro-
        duced by FS Barrandov

1961   Spring Breeze
        (Jarní povětří)

        Based on the novel Citizen Brych (Občan Brych) by Jan
        Otčenášek; script in collaboration with Otčenášek; pro-
        duced by FS Barrandov

1962   White Clouds
        (Bílá oblaka)

        Story and collaboration on script by Juraj Špitzer; wide-
        angle film; produced by FS Barrandov

1963   Chance Meeting (Without a Halo)
        (Bez svatozáře)

        Based on the novel Full Stride (Plným krokem) by Jan
        Otčenášek; script in collaboration with Otčenášek; pro-
        duced by FS Barrandov

1964   The First Day of My Son
        (První den mého syna)

        Story and collaboration on script by Ivan Kříž; produced
        by FS Barrandov

1967   Shame
        (Stud)

Story and collaboration on script by Ivan Kříž, produced by FS Barrandov

1969   How We Bake Bread
(Jak se u nás peče chleba)

Script by Ivan Kříž; produced by FS Barrandov; film never completed

MIROSLAV HUBÁČEK (1921-   )

1950   In the Penalty Zone
(V trestném území)

Script by Miloslav Koenigsmark; produced by FS Barrandov

1952   Stories by Hašek (Tales of the Old Monarchy)
(Haškovy povídky)

Based on short stories by Jaroslav Hašek; script by Ivan Osvald and Karel Feix; directed in collaboration with Oldřich Lipský; produced by FS Barrandov

1954   Cafe on the Main Street
(Kavárna na Hlavní třídě)

Based on the novel by Géza Včelička; script in collaboration with Jiří Brdečka and Jiří Mareš; produced by FS Barrandov

1956   Separation (Discord)
(Roztržka)

Story and script in collaboration with Jiří Mucha and Zbyněk Brynych; produced by FS Barrandov

1959   Plain Old Maid (Ugly Old Maid)
(Ošklivá slečna)

Script by Oldřich Daněk; produced by FS Barrandov

1960   Black Saturday
        (Černá sobota)

        Based on a radio play, Demijohn (Demižon); script by
        a group of authors; produced by FS Barrandov

1963   To Begin Again
        (Začit znova)

        Story by Pavel Tobiáš; script in collaboration with
        Vladislav Delong and O. Zelenka; produced by FS
        Barrandov

JURAJ JAKUBISKO (1938-   )

1967   Crucial Years (Age of Christ)
        (Kristove roky)

        Script in collaboration with Lubor Dohnal; black-and-
        white and color; wide-angle; produced by FS Bratislava-
        Koliba; distributed in U.S. by Grove Press

1968   Deserters and Nomads (Deserters and Pilgrims)
        (Zbehovia a putníci)

        Stories and scripts in collaboration with Ladislav
        Tažký and Karol Sidon; color; produced by FS Brati-
        slava-Koliba; distributed in U.S. by Columbia Pictures

1968   Birds, Orphans and Fools
        (Vtáčkovia, siroty a blázni)

        Story and script in collaboration with Karol Sidon; pro-
        duced by FS Bratislava-Koliba and COMO Films, Paris;
        distributed in U.S. by Terence Young, London-New York

VOJTĚCH JASNÝ (1925-   )

1950   The Clouds Will Roll Away (It Isn't Always Cloudy)
        (Nem stále zamračeno)

Script, camera and direction in collaboration with Karel
Kachyňa; feature-length documentary; graduation project,
produced by the FAMU (Film Academy) Studio

1951   For a Joyful Life
        (Za život radostný)

        Script and direction in collaboration with Karel Kachyňa;
        feature-length documentary; produced by Documentary
        Film, Prague

1952   Extraordinary Years
        (Neobyčejná léta)

        Story, script and direction in collaboration with Karel
        Kachyňa; feature-length documentary; produced by
        Documentary Film, Prague

1953   People of One Heart
        (Lidé jednoho srdce)

        Script, camera and direction in collaboration with Karel
        Kachyňa; documentary; color; produced by Czechoslovak
        Army Film

1954   It Will All Be Over Tonight
        (Dnes večer všechno skončí)

        Story and script by Lubomír Možný; directed in collabo-
        ration with Karel Kachyňa; color; produced by Czecho-
        slovak Army Film

1957   September Nights
        (Zářijové noci)

        Based on the play by Pavel Kohout; script in collabora-
        tion with Kohout and František Daniel; produced by FS
        Barrandov

1958   Desire
        (Touha)

Story by the director; script in collaboration with
Vladimír Valenta; produced by FS Barrandov

1960   I Survived My Death
(Přežil jsem svou smrt)

Story and script by Milan Jariš; produced by FS Barrandov

1961   Pilgrimage to the Virgin
(Procesí k panence)

Story and script by Miloslav Stehlík; produced by FS
Barrandov

1963   Cassandra Cat (That Cat)
(Až přijde kocour)

Story by the director; dialogue in collaboration with Jan
Werich; script in collaboration with Jiří Brdečka; wide-
angle film; color; produced by FS Barrandov; distributed
in U.S. by Audio Brandon Films

1966   Pipes
(Dýmky)

Based on Ilya Ehrenburg's Thirteen Pipes; script by the
director; wide-angle film; color; produced by FS Barrandov and Constantin Film, Vienna

1968   All My Good Countrymen
(Všichni dobří rodáci)

Story and script by the director; color; produced by FS
Barrandov; distributed in U. S. by Faroun Film, Montreal

1970   Dogs and Men
(Psi a lidé)

Story and script by the director; film completed by
E. Schorm; no distribution

JAROMIL JIREŠ (1935-   )

1960   Hall of Lost Footsteps
        (Sál ztracených kroků)

        Story, script and camera by the director; short film;
        graduation project in the field of camera; produced by
        the FAMU (Film Academy) Studio

1960   Clues
        (Stopy)

        Based on a story by Jan Drda; short film; graduation
        project in the field of direction; produced by the FAMU
        Studio

1963   The Cry (Yell)
        (Křik)

        Story and collaboration on script by Ludvík Aškenazy;
        produced by FS Barrandov

1965   Romance
        (Romance)

        Segment of the film <u>Pearls of the Deep</u> (Perličky na
        dně); script in collaboration with Bohumil Hrabal;
        produced by FS Barrandov

1968   The Joke
        (Žert)

        Based on the novel by Milan Kundera; script in collabo-
        ration with Kundera; produced by FS Barrandov; dis-
        tributed in U.S. by Grove Press

1969   Valerie and Her Week of Wonders (Valerie and the
        Week of Miracles)
        (Valerie a týden divů)

        Based on the surrealist fantasy by the poet Vítězslav
        Nezval; script in collaboration with Ester Krumbachová;

color; produced by FS Barrandov; distributed in U.S. by
Janus Films

1971   And Give My Love to the Swallows
(A pozdravujte vlaštovičky)

Based on the diaries of Marie Kudeříková; produced by
FS Barrandov; distributed in U.S. by George Gund Films

PAVEL JURÁČEK (1935-)

1963   Josef Kilián (A Prop Wanted)
(Postava k podpírání)

Script by the director; co-directed by Jan Schmidt;
medium-length film; produced by FS Barrandov; distributed in U.S. by Impact Films

1965   Every Young Man
(Každý mladý muž)

Story and script by the director; produced by FS Barrandov

1969   Case for a New Hangman
(Případ pro začínajícího kata)

Based on Jonathan Swift's Gulliver's Travels; script by
the director; produced by FS Barrandov

KAREL KACHYŇA (1924-)

1950   The Clouds Will Roll Away (It Isn't Always Cloudy)
(Není stále zamračeno)

Script, camera and direction in collaboration with
Vojtěch Jasný

1951   For a Joyful Life

Script and direction in collaboration with Vojtěch Jasný

1952   Extraordinary Years

Story, script and direction in collaboration with Vojtěch Jasný

1953   People of One Heart

Script, camera and direction in collaboration with Vojtěch Jasný

1954   It Will All Be Over Tonight

Direction in collaboration with Vojtěch Jasný

1956   The Lost Track (The Lost Trail)
(Ztracená stopa)

Story in collaboration with Štefan Sokol; script by the director; color; produced by Czechoslovak Army Film

1959   Smugglers of Death
(Kral Šumavy)

Script in collaboration with F. A. Dvořák and Rudolf Kalčík; produced by FS Barrandov

1960   The Slinger
(Práče)

Based on the novel by Jan Mareš; script in collaboration with J. A. Novotný; produced by FS Barrandov

1961   The Country Doctor (Fetters)
(Pouta)

Story by Jan Procházka; script in collaboration with Procházka and Lubomír Možný; produced by FS Barrandov

1961   The Stress of Youth (The Proud Stallion; Piebald; Lenka and Prim)
(Trápeni)

Story by Jan Procházka; script in collaboration with Procházka; wide-angle film; produced by FS Barrandov

1962   Vertigo
(Zavrat)

Story by Jan Procházka; script in collaboration with Procházka; wide-angle film; produced by FS Barrandov

1963   Hope
(Naděje)

Story by Jan Procházka; script in collaboration with Procházka; wide-angle film; produced by FS Barrandov

1964   The High Wall
(Vysoká zeď)

Story by Jan Procházka; script in collaboration with Procházka; produced by FS Barrandov

1965   Long Live the Republic
(At žije Republika)

Story by Jan Procházka; script in collaboration with Procházka; wide-angle film; produced by FS Barrandov; distributed in U.S. by Audio Brandon Films

1966   Carriage to Vienna
(Kočár do Vídně)

Story by Jan Procházka; script in collaboration with Procházka; wide-angle film; produced by FS Barrandov; distributed in U.S. by Audio Brandon Films

1967   Night of the Bride
(Noc nevěsty)

Story by Jan Procházka; script in collaboration with Procházka; wide-angle film; produced by FS Barrandov

1968   Christmas with Elizabeth
(Vánoce s Alžbětou)

Story by Jan Procházka; script in collaboration with
Procházka; wide-angle film; produced by FS Barrandov

1969   Funny Old Man
(Směšný pán)

Story by Jan Procházka; script in collaboration with
Procházka; wide-angle film; color; produced by FS
Barrandov

1970   The Ear
(Ucho)

Story and script by Jan Procházka; no distribution

1971   Jumping the Puddles Again
(Už zase skáču přes kaluže)

Based on the novel by Alan Marshall; color

1971   The Loves of Alexander Dumas Sr.
(Lásky Alexandra Dumase St.)

Czechoslovak television, Prague

1972   Train to Heaven
(Vlak do stanice nebe)

Story by Jiří Joachymstal; script by Ota Hofman;
children's film; produced by FS Barrandov

JAN KADÁR (1918-)

1950   Kitty

Produced by FS Bratislava-Koliba

1952   Kidnapped
(Únos)

In collaboration with Elmar Klos; based on a story by
B. Kunc; produced by FS Barrandov

1954   Music from Mars
(Hudba z Marsu)

In collaboration with Elmar Klos; story by Vratislav
Blažek; produced by FS Barrandov

1957   House at the Terminus
(Dům na konečné)

In collaboration with Elmar Klos; story by L. Aškenazy;
produced by FS Barrandov

1958   Three Wishes
(Tři přání)

In collaboration with Elmar Klos; based on the play by
Vratislav Blažek; produced by FS Barrandov

1963   Death Is Called Engelchen
(Smrt si říká Engelchen)

In collaboration with Elmar Klos; based on the novel
by Ladislav Mňačko; produced by FS Barrandov; distributed in U.S. by Audio Brandon Films

1964   The Defendant (The Accused)
(Obžalovaný)

In collaboration with Elmar Klos; based on a story by
Lenka Hašková; script in collaboration with Vladimír
Valenta; produced by FS Barrandov

1965   The Shop on Main Street (Shop in the High Street)
(Obchod na korze)

In collaboration with Elmar Klos; based on the story by
Jan Grossman; produced by FS Barrandov; distributed
in U.S. by Audio Brandon Films

1969   Adrift (Something Is Drifting on the Water)
(Touha zvaná Anada)

In collaboration with Elmar Klos; produced by FS
Barrandov in a U.S. co-production; distributed in U.S.
by Films, Inc.

1967   Angel Levine

Based on a story by B. Malamud; produced by United
Artists

JIŘÍ KREJČÍK (1918-)

1947   A Week in a Quiet House
(Týden v tichém domě)

Based on Jan Neruda's Tales from the Lesser Quarter;
script in collaboration with J. A. Novotný; produced by
FS Barrandov

1948   Village on the Frontier
(Ves v pohraničí)

Story by František Dvořák and Zdenka Infeldová; script
by Dvorak and Vladimír Tůma; produced by FS Barrandov

1949   Conscience
(Svědomí)

Story by Vladimír Valenta; script by Jiří Fried and
J. A. Novotný; produced by FS Barrandov

1953   Dawn Above Us
(Nad námi svítá)

Story and script collaboration by Jiří Marek; produced
by FS Barrandov

1954   Sisters
(Frona)

Story by Jaroslav Zrotal; script in collaboration with
Zrotal and Vladimír Bor; color; produced by FS Barrandov

1958   Mrs. Dulska's Morals
(Morálka paní Dulské)

Based on the play by Gabriela Zapolská; script by Jiří
Fried; produced by FS Barrandov

1958   Glory
(Glorie)

Segment of the film <u>About Supernatural Matters</u> (O
věcech nadpřirozených); based on short stories by Karel
Čapek; script by Vladimír Bor; produced by FS Barrandov

1959   Awakening
(Probuzení)

Story and script collaboration by Otakar Kirchner; produced by FS Barrandov

1960   A Higher Principle
(Vyšší princip)

Story and script by Jan Drda; produced by FS Barrandov

1961   Labyrinth of the Heart
(Labyrint srdce)

Based on the play by František Pavlíček; story and
script collaboration by Pavlíček; wide-angle film; produced by FS Barrandov

1962   Midnight Mass
(Polnočná omša)

Based on the play by Peter Karvaš; script in collabo-

ration with Karvaš and Albert Marenčin; wide-angle film; produced by FS Bratislava-Koliba

1964   Tales from the First Republic
(Cintamani a podvodnik)

Based on short stories by Karel Čapek, Tales from the Other Pocket (Povidky z druhé kapsy); produced by FS Barrandov

1967   Wedding Under Supervision
(Svatba jako řemen)

Story and script collaboration by Zdeněk Mahler; produced by FS Barrandov

1968   Boarding House for Bachelors
(Pension pro svobodné pány)

Based on Sean O'Casey's play Bedtime Story; wide-angle film; color; produced by FS Barrandov

1970   Games of Love
(Lásky hry Šálivé)

Based on stories by Boccaccio and Margueritte de Navarre; script in collaboration with Zdeněk Mahler; color; produced by FS Barrandov

VÁCLAV KRŠKA (1900-1969)

1939   Fiery Summer
(Ohnivé léto)

Based on the director's novel To Leave with the Autumn; script and direction in collaboration with František Čáp

1945   Magic of the River
(Řeka čaruje)

Based on the play by Josef Toman; script in collabo-

ration with Jaroslav Beránek; produced by FS Barrandov

1947 The Violin and the Dream
(Housle a sen)

Story and script by the director; produced by FS Barrandov

1948 When You Come Back
(Až se vrátíš)

Based on a story by Ema Řezáčová; script in collaboration with Václav Řezáč; produced by FS Barrandov

1949 The Revolutionary Year 1848
(Revoluční rok 1848)

Based on a story by K. J. Beneš; script by Beneš, M. V. Kratochvíl and Otakar Vávra; produced by FS Barrandov

1951 Mikoláš Aleš

Story by Miroslav Mičko and Jan Poš; script in collaboration with Poš; produced by FS Barrandov

1951 Messenger of the Dawn
(Posel úsvitu)

Based on the novel by J. R. Vávra; script by Jaroslav Klíma; produced by FS Barrandov

1952 Youthful Years
(Mladá léta)

Story by Jiří Mareš and Vladimír Neff; script in collaboration with Vladimír Neff; color; produced by FS Barrandov

1955 Moon Over the River
(Měsíc nad řekou)

Based on the play by Fráňa Šrámek; color; produced by FS Barrandov

1954   Silvery Wind
        (Stříbrný vítr)

        Based on the novel by Fráňa Šrámek; color; produced
        by FS Barrandov

1955   From My Life
        (Z mého života)

        Based on the novel Song of a Heroic Life (Píseň hrdin-
        ného života) by Jiří Maránek; script in collaboration
        with Maránek; color; produced by FS Barrandov

1956   Dalibor

        Based on the opera by Bedřich Smetana; script in collabo-
        ration with Jaroslav Beránek; color; produced by FS
        Barrandov

1956   Labakan

        Based on the fairy tale by Wilhelm Hauff; script in
        collaboration with Jaroslav Beránek; color; produced
        by FS Barrandov and the Studio for Acted Films, Sofia

1957   Legend of Love
        (Legenda o lásce)

        Based on the play by Nazim Hikmet; script in collabo-
        ration with Hikmet; color; produced by FS Barrandov
        and the Studio for Acted Films, Sofia

1958   The Way Back
        (Cesta zpátky)

        Story and script by Pavel Kohout; produced by FS
        Barrandov

1958   Hic Sunt Leones (Scars of the Past)
        (Zde jsou lvi)

        Story and script by Oldřich Daněk; produced by FS
        Barrandov

1960   Green Corn
(Osení)

Story by Jan Jílek; script in collaboration with Jílek and
Miloš Velínský; produced by FS Barrandov

1961   The Day the Trees Will Bloom
(Kde řeky mají slunce)

Based on the novel The Most Beautiful World (Nejkrásnější svět) by Marie Majerova; script in collaboration
with Jiří Cirkl; produced by FS Barrandov

1964   Comedy Round a Doorhandle
(Komedie s klikou)

Story and script by Z. F. Duda; produced by FS Barrandov

1964   The Optimist
(Optimista)

Segment from the film Place in the Crowd (Místo v
houfu); story and script by Antonín Máša; produced by
FS Barrandov

1967   The Girl with the Three Camels
(Dívka s třemi velbloudy)

Story and script collaboration by Miroslav Stehlík; produced by FS Barrandov

1968   Spring Waters
(Jarní vody)

Based on the novel by Turgenev; wide-angle film; color;
produced by FS Barrandov

ESTER KRUMBACHOVÁ (1923-   )

1970   The Murder of Mr. Devil (The Murder of Dr. Lucifer)
(Vražda Inž. Čerta)

Script by the director; produced by FS Barrandov

JAROSLAV KUČERA (1929-   )

Jaroslav Kučera was director of photography for the films listed below. Information on most of the films appears under the names of the directors.

1951   For a Joyful Life

Karel Kachyňa and Vojtěch Jasný; camera in collaboration with Jan Šmok

1955   It Will All Be Over Tonight

Karel Kachyňa and Vojtěch Jasný

1956   The Lost Track (The Lost Trail)

Karel Kachyňa

1957   September Nights

Vojtěch Jasný

1958   Desire

Vojtěch Jasný

1960   I Survived My Death

Vojtěch Jasný

1961   Pilgrimage to the Virgin

Vojtěch Jasný

1962   A Rainy Day
(Deštivý den)

Jiří Bělka

1962   Slippers
(Střevíčky)

Miroslav Ondráček

1963   Cassandra Cat (That Cat)

Vojtěch Jasný

1963   The Cry (Yell)

Jaromil Jireš

1964   Diamonds of the Night

Jan Němec

1964   A Boring Afternoon

Ivan Passer

1965   Pearls of the Deep

Věra Chytilová, Jan Němec, Evald Schorm, Jiří Menzel
and Jaromil Jireš

1966   Daisies

Věra Chytilová

1967   Dita Saxová

Antonín Moskalyk

1968   All My Good Countrymen

Vojtěch Jasný

1969   The Fruit of Paradise (The Fruit of the Trees of
Paradise)

Věra Chytilová

JIŘÍ MENZEL (1938-)

1965   The Death of Mr. Balthasar
        (Smrt pana Balthazara)

        Segment of the film <u>Pearls of the Deep</u> (Perličky na
        dně); script in collaboration with Bohumil Hrabal; pro-
        duced by FS Barrandov; distributed by Contemporary
        Films — McGraw-Hill

1965   Crime at a Girl's School
        (Zločin v dívčí škole)

        Segment of the film of the same name; story and script
        by Josef Škvorecký; produced by FS Barrandov

1966   Closely Watched Trains
        (Ostře sledované vlaky)

        Story and script collaboration by Bohumil Hrabal on the
        basis of his novelette; produced by FS Barrandov; dis-
        tributed in U.S. by Audio Brandon Films

1967   Capricious Summer
        (Rozmarné léto)

        Based on the novelette by Vladislav Vančura; script in
        collaboration with Václav Nývlt; color; produced by FS
        Barrandov; distributed in U.S. by Audio Brandon Films

1968   Crime in the Night Club
        (Zločin v šantánu)

        Story and script collaboration by Josef Škvorecký; pro-
        duced by FS Barrandov

1969   Nightingales on Threads
        (Skřivánci na nitích)

        Script in collaboration with Bohumil Hrabal on the basis

of his collection of short stories <u>Advertisement for a House I Don't Want to Live In</u> (Inzerát da dům ve kterém nechci bydlet); color; produced by FS Barrandov; no distribution

JAN NĚMEC (1936-)

1964   Diamonds of the Night
        (Demanty noci)

      Based on the novel by Arnošt Lustig; script in collaboration with Lustig; produced by FS Barrandov; distributed in U.S. by Impact Films

1964   The Liars (Impostors)
        (Podvodníci)

      Segment of the film <u>Pearls of the Deep</u> (Perličky na dně); script in collaboration with Bohumil Hrabal; produced by FS Barrandov

1966   The Party and the Guests (Report on the Party and the Guests)
        (O slavnosti a hostech)

      Story and script collaboration by Ester Krumbachová; produced by FS Barrandov; distributed in U.S. by Audio Brandon Films

1967   Martyrs of Love
        (Mučedníci lásky)

      Story and script in collaboration with Ester Krumbachová; produced by FS Barrandov; distributed in U.S. by New Line Cinema

1968   Oratorium for Prague

      Short film; distributed in U.S. by Cinema Five

JAROSLAV PAPOUŠEK (1929-   )

1968   The Most Beautiful Age
(Nejkrásnější věk)

Story and script by the director; produced by FS Barrandov; distributed in U.S. by Grove Press

1969   Ecce Homo Homolka

Story and script by the director; produced by FS Barrandov

1970   Big Shot Homolka
(Hogo fogo Homolka)

Story and script by the director; produced by FS Barrandov

1971   Homolka and the Purse
(Homolka a tobolka)

Story and script by the director; produced by FS Barrandov

IVAN PASSER (1933-   )

1965   A Boring Afternoon
(Fádní odpoledne)

Based on a story by Bohumil Hrabal; medium-length film; produced by FS Barrandov; distributed in U.S. by Audio Brandon Films

1965   Intimate Lighting
(Intimní osvětlení)

Story and script in collaboration with Jaroslav Papoušek and Václav Šašek; produced by FS Barrandov; distributed in U.S. by Audio Brandon Films

1971   Born to Win

Produced by United Artists

ALFRED RADOK (1914-   )

1949   Distant Journey
(Daleká cesta)

Story by E. Kolár and M. Drvota; produced by FS
Barrandov; distributed in U.S. by Audio Brandon Films

1952   The Magic Hat
(Divotvorný klobouk)

Based on the play by V. K. Klicpera

1956   Grandpa Automobile (Old Man Motor-Car)
(Dědeček automobil)

Story by A. Branald; produced by FS Barrandov

JAN SCHMIDT (1934-   )

1963   Josef Kilian (A Prop Wanted)

Co-directed by Pavel Juráček

1966   The End of August at the Ozone Hotel
(Konec srpna v hotelu Ozón)

Story and script collaboration by Pavel Juráček; produced by Czechoslovak Army Film; distributed in U.S.
by New Line Cinema

1968   Lanfieri Colony
(Kolonie Lanfieri)

Based on the story by Alexander Grin; script by the
director; produced by FS Barrandov and Mosfilm

1970   Queen Dorothy's Bow (The Bow of Queen Dorothy)
(Luk Královny Dorotky)

Based on a story by Vladislav Vančura; script by the
director; produced by FS Barrandov

EVALD SCHORM (1931-   )

1964   Courage for Every Day (Everyday Courage)
(Každý den odvahu)

Story and script in collaboration with Antonín Máša;
produced by FS Barrandov; distributed in U.S. by Audio
Brandon Films

1965   House of Joy
(Dům radosti)

Segment of the film Pearls of the Deep (Perličky na
dně); script in collaboration with Bohumil Hrabal;
color; produced by FS Barrandov

1966   Return of the Prodigal Son
(Návrat ztraceného syna)

Story by the director; script in collaboration with Sergej
Machonin; produced by FS Barrandov

1967   Five Girls in Pursuit (Saddled with Five Girls)
(Pět holek na krku)

Story and script collaboration by I. Hercíková on the
basis of her novella; produced by FS Barrandov

1968   The End of a Priest (Death of a Priest)
(Farářův konec)

Story and script collaboration by Josef Škvorecký; produced by FS Barrandov; distributed in U.S. by Grove
Press

1968   Slippers of Bread
        (Chlebové střevíčky)

        Segment of the film Prague Nights (Pražské noci); story
        by Jiří Brdečka; script in collaboration with František
        Uldrich; color; produced by FS Barrandov

1969   The Seventh Day, the Eighth Night
        (Den sedmý, osmá noc)

        Story and script in collaboration with Zdeněk Mahler;
        produced by FS Barrandov; no distribution

1970   Dogs and Men
        (Psi a lidé)

        Film completed by Schorm after its original director,
        Vojtěch Jasný, left Czechoslovakia; no distribution

PETER SOLAN (1929-   )

1956   The Devil Doesn't Sleep
        (Čert nespí)

        Based on stories by Peter Karvaš; script and direction
        in collaboration with František Žáček; produced by FS
        Bratislava-Koliba

1959   The Man Who Didn't Return
        (Muž ktorý sa nevrátil)

        Script in collaboration with Jozef Tallo; produced by
        FS Bratislava-Koliba

1962   The Boxer and Death
        (Boxer a smrť)

        Based on the novel by Józef Hen; script in collaboration
        with Hen and Tibor Vichta; produced by FS Bratislava-
        Koliba; distributed in U.S. by Audio Brandon Films

1963   The Face in the Window
        (Tvár v okne)

        Story and script collaboration by Tibor Vichta; produced
        by FS Bratislava-Koliba

1964   The Case of Barnabas Kos
        (Prípad Barnabáš Kos)

        Based on a story by Peter Karvaš; script by Karvaš and
        Albert Marenčin; produced by FS Bratislava-Koliba

1968   Dialogue
        (Dialog)

        Segment of <u>Forty-Year-Old</u> (Štyridsaťročni); story and
        dialogues by Tibor Vichta; produced by FS Bratislava-
        Koliba

1968   And Behave Yourself!
        (A sekať dobrotu)

        Produced by Czechoslovak Television, Bratislava

1971   The Gentleman Didn't Want Anything
        (A pán si neželal nič)

        Based on a story by Peter Karvaš; produced by FS
        Bratislava-Koliba

ŠTEFAN UHER (1930-)

1958   There Once Was a Friendship
        (Bolo raz priateľstvo)

        Story and script collaboration by Valdemar Sent;
        medium-length film; produced by Documentary Film
        Studio, Bratislava

1961   We of 9A (Form 9A)
        (My z 9A)

Story by Mária Masaryková Ďuríčková; script in collaboration with Ďuríčková and Dušan Kodaj; color; produced by FS Bratislava-Koliba

1962   Sunshine in a Net
(Sěnko v sieti)

Story and script by Alfonz Bednár; produced by FS Bratislava-Koliba

1963   The Organ
(Orgán)

Story and script by Alfonz Bednár; wide-angle film; produced by FS Bratislava-Koliba

1966   The Miraculous Maiden
(Panna zázračnica)

Story and script collaboration by Dominik Tatarka; produced by FS Bratislava-Koliba

1967   Three Daughters
(Tri dcéry)

Story and script by Alfonz Bednár; produced by FS Bratislava-Koliba

1969   Genius
(Génius)

Story and script by Alfonz Bednár; produced by FS Bratislava-Koliba

1971   If I Had a Rifle
(Keby som mal pušku)

Based on a story by Milan Ferko; produced by FS Bratislava-Koliba; distributed in U.S. by George Gund Films

1972   The Maple and Juliana
        (Javor a Juliana)

        Story and script by Alfonz Bednár; produced by FS
        Bratislava-Koliba; distributed in U.S. by George Gund
        Films

OTAKAR VÁVRA (1911-   )

        Otakar Vávra has some 35 or 40 feature films to his
        credit as a director. A selected list is provided below.

1931   Light Penetrates Darkness
        (Světlo proniká tmou)

1934   We Live in Prague
        (Žijeme v Praze)

1935   November
        (Listopad)

1937   The Philosophers' Story (A Philosophical Story)
        (Filosofská historie)

1937   Virginity
        (Panenství)

1938   The Guild of the Maids of Kutná Hora
        (Cech panen kutnohorských)

1939   Humoresque
        (Humoreska)

1939   The Enchanted House
        (Kouzelný dům)

1940   The Masked Lover (The Masked Mistress)
        (Maskovaná milenka)

1940   Romance of May (Fable of May)
        (Pohádka Máje)

1941   The Turbine
        (Turbina)

1945   Rozina the Foundling
        (Rozina sebranec)

1946   The Way to the Barricades
        (Cesta k barikádám)

1946   Presentiment
        (Předtucha)

1948   Krakatit

        Distributed in U.S. by Audio Brandon Films

1949   The Silent Barricade
        (Němá barikáda)

1954   Jan Hus

        Distributed in U.S. by United Cineworld

1955   Jan Žižka of Trocnov
        (Jan Žižka z Trocnova)

        Distributed in U.S. by United Cineworld

1957   Against All
        (Proti všem)

        Distributed in U.S. by United Cineworld

1958   Citizen Brych
        (Občan Brych)

1959   The First Rescue Party
        (První parta)

1960   August Sunday
        (Srpnová neděle)

1961   Night Guest (Night Visitor)
        (Noční host)

1965   Golden Rennet
        (Zlatá reneta)

1966   Romance for a Bugle
        (Romance pro křídlovku)

1968   The Thirteenth Chamber
        (Třináctá komnata)

1969   Witch Hammer
        Kladivo na čarodějnice)

        Distributed in U.S. by New Line Cinema

1972   Days of Betrayal
        (Dny zrady)

FRANTIŠEK VLÁČIL (1924-   )

1958   Glass Clouds (Glass Skies)
        (Skleněná oblaka)

        Story and script by the director; short film; produced
        by Czechoslovak Army Film

1959   Pursuit
        (Pronásledování)

        Story and script collaboration by Rudolf Krejčik;
        medium-length film; color; produced by Czechoslovak
        Army Film

1960   The White Dove
        (Holubice)

Story by O. Kirchner; produced by FS Barrandov; distributed in U.S. by Contemporary Films — McGraw-Hill

1961   The Devil's Trap
(Dáblova past)

Based on Alfred Technik's novel <u>Mill on a Submerged River</u> (Mlýn na ponorné řece); script by F. A. Dvořák and M. V. Kratochvíl; produced by FS Barrandov

1955/ 66   Markéta Lazarová

Script in collaboration with František Pavlíček, based on a novel by Vladislav Vančura; wide-angle film; produced by FS Barrandov; distributed in U.S. by George Gund Films

1967   Valley of the Bees
(Údolí včel)

Story and script collaboration by Vladimír Körner; produced by FS Barrandov

1969   Adelheid

Based on the novel by Vladimír Körner; color; produced by FS Barrandov

JIŘÍ WEISS (1913-)

1947   The Stolen Frontier
(Uloupená hranice)

Story by Miloslav Fábera; script in collaboration with Josef Mach; produced by FS Barrandov

1948   Beasts of Prey (Wild Beasts)
(Dravci)

Story by Miloslav Fábera; script in collaboration with Josef Mach; produced by FS Barrandov

1949   Song of the Meet, I and II
        (Píseň o Sletu I, II)

        Two-part documentary; color; produced by FS Barrandov

1950   The Last Shot
        (Poslední výstřel)

        Story and script by Milan Rusinský; produced by FS
        Barrandov

1951   New Warriors Will Arise
        (Vstanou noví bojovníci)

        Based on the novel by Antonín Zápotocký; script by
        Jiří Fried and F. A. Dvořák; produced by FS Barrandov

1954   My Friend Fabian (My Friend the Gypsy)
        (Můj přítel Fabián

        Based on the story Two Gabors (Dva Gaboři) by Ludvík
        Aškenazy; script in collaboration with Aškenazy; color;
        produced by FS Barrandov

1955   Puňťa and the Four-leaf Clover
        (Puňťa a čtyřlístek)

        Story and script collaboration by Ota Hofman; color;
        produced by FS Barrandov

1956   Life at Stake (Life Was at Stake)
        (Hra o život)

        Based on the novel Native Voice (Rodný hlas) by K. J.
        Beneš; script in collaboration with Beneš; produced by
        FS Barrandov

1957   Wolf Trap
        (Vlčí jáma)

        Based on the novel by J. Glazarová; script in collabo-
        ration with Jiří Brdečka; produced by FS Barrandov

1959   Appassionata (That Kind of Love)
(Taková láska)

Based on the play by Pavel Kohout; story and script
collaboration by Kohout; produced by FS Barrandov

1960   Romeo, Juliet and the Darkness (Sweet Light in the
Dark Window)
(Romeo, Julie a tma)

Based on the novella by Jan Otčenášek; story and script
collaboration by Otčenášek; produced by FS Barrandov;
distributed in U.S. by Audio Brandon Films

1962   Coward
(Zbabělec)

Story by Ivan Bukovčan; script in collaboration with
Ota Ornest; produced by FS Barrandov

1963   Golden Fern
(Zlaté kapradí)

Based on the story by Jan Drda; dialogues in collaboration with Otomar Krejča; wide-angle film; produced
by FS Barrandov

1965   90 in the Shade
(Třicet jedna ve stínu)

Script in collaboration with David Mercer and Jiří
Mucha; wide-angle film; produced by FS Barrandov and
Raymond Stross Productions International, Great
Britain

1966   Murder Our Style (Murder Czech Style)
(Vražda po našem)

Story and script collaboration by Jan Otčenášek; wide-
angle film; black and white with one sequence in color;
produced by FS Barrandov; distributed in U.S. by
Columbia Pictures

1968   Justice for Selwyn
        (Případ pro Selwyna)

        Based on a story by Karel Čapek; produced by Czecho-
        slovak Television, Prague

                    *   *   *

Other Czechoslovak Films with U.S. Distribution

Pavel Hobl	Do You Keep a Lion at Home? (Audio Brandon Films)
Antonín Máša	Hotel for Strangers (Grove Press)
Jan Moravec	Adventures with a Naked Boy (Contemporary Films)
Ladislav Rychman	Lady on the Tracks (Columbia Pictures)
Josef Steklý	Good Soldier Schweik (Contemporary Films)
Jiří Trnka	Emperor's Nightingale (Rembrandt Films)
	Midsummer Night's Dream (Show Corp.)
	Song of the Prairie (Rembrandt Films)
	The Hand (Contemporary Films)
Karel Zeman	The Fabulous Baron Münchausen (Audio Brandon Films)
	War of the Fools (Audio Brandon Films)

Index of Names

Index of Films

About the Author

Antonín J. Liehm was born in Prague in 1924. After World War II he worked as a journalist, editor and critic. He was a member of the editorial board of Literarni noviny (Literary Gazette) from 1960 to 1967, when the magazine was shut down by the government and Liehm and others were expelled from the Communist Party. In June 1968, he was named editor-in-chief of a new daily newspaper, but the Soviet occupation of Czechoslovakia in August prevented its publication.

Mr. Liehm left Czechoslovakia in 1969. He now teaches European film and literature at Richmond College of the City University of New York. He is the author of The Miloš Forman Stories (1975) and The Politics of Culture (1971).